Un comentar para el dia

Un devocional para cada día del año

Así como las tejas de un techo encajan entre sí,
las palabras de Dios encajan una con otra,
hacer una cubierta para la vida de una persona.
R. L. D.

por
Robert L. Doudna

Un comentar para el dia

Reina Valera Gómez

A menos que se indique lo contrario, todo el texto bíblico ha sido tomado de la *Santa Biblia, Reina Valera Gómez*, © 2004, 2010, 2023 por Dr. Humberto Gómez Caballero. Usado con el permiso del Dr. Humberto Gómez Caballero.

Iglesia Bautista Libertad de Matamoros Tam. México.
Liberty Baptist Church of Matamoros Tam. Mexico

P.O. Box 1286
Olmito, Tx 78575

Estados Unidos de América
Correo electrónico: humberto_gmz@yahoo.com
Teléfono: (956)867-1281

Traducción del inglés al español latino realizada
por Agencia de traducción Christian Lingua

Foto de portada y diseño de Robert L Doudna

Introducción

Estas reflexiones se adaptan al plan de lectura. Aunque no sigas el plan, sacarás provecho de cada reflexión. No todas las reflexiones son para todos, pero cada reflexión será para alguien. Cada una de ellas te tomará cinco minutos de lectura. Están diseñadas para una lectura matutina, aunque leas la Biblia la noche anterior, y están pensadas para que las lleves contigo en tu día a día. Algunas de estas reflexiones parecen similares o, incluso, comienzan con la misma pregunta. Otras inician con una declaración de Dios. Quizás sientas que muchas empiezan de la misma manera, pero se utilizan distintos ángulos que traen a la luz puntos de vista diferentes. Creo en lo que el Espíritu Santo está haciendo aquí, pues lo he buscado para escribir cada día, creo que nos está moldeando un poquito a la vez. Esta no es una presentación intelectual. Si eso es lo que esperas, deberías buscar otro libro. Incluso puede que pienses que la forma en la que presento algunos escritos no es la correcta. Mi intención es influenciar y quizás llegar a lugares en ti a los que nunca has llegado, por eso, la forma en que lo presento es un tanto diferente, ya que hace que la persona reflexione y piense. No me considero el autor; yo solo soy un escritor que escribe lo que escucha decir al Espíritu Santo en su interior.

Plan de lectura de la Biblia de R. L. D.

Hace varios años, quise que la Palabra de Dios entrara en mi mente y corazón más de lo que lo había podido lograr hasta ese momento, por eso, diseñé este plan. Con mi esposa lo hemos usado por muchos años. Llevará al lector a través de los Evangelios cuatro veces en un año, lo que mantendrá frescas las palabras de Jesús. Cubrirá el resto del Nuevo Testamento dos veces al año. El Antiguo Testamento está dividido en dos partes para leerlo durante el transcurso de dos años, o en un año si se leen las dos partes. La lectura de las tareas tomará en promedio unos cuarenta y cinco minutos.

Para nuestras vidas hoy, las cuales están bajo el nuevo pacto dado a través de Jesucristo, lo más importante que debemos escuchar de la Biblia son las palabras del Señor. Lo siguiente en importancia serían las palabras registradas por sus seguidores en el libro de los Hechos, las epístolas y el libro de Apocalipsis. Y lo tercero más importante sería el Antiguo Testamento. Todas las palabras de la Biblia son importantes para nuestro caminar cristiano y debemos darles la prioridad adecuada. Este plan de lectura está organizado para llevar al lector a través de los Evangelios del Nuevo Testamento (las palabras de Jesús) cuatro veces al año y el libro de los Hechos, las epístolas y el libro de Apocalipsis dos veces al año. El Antiguo Testamento está dividido en dos partes, para que pueda leerse en dos años (una parte cada año), o en un año (las dos partes). Las tareas del Nuevo Testamento se asignan por capítulos enteros y el Antiguo Testamento se adapta para alcanzar una cantidad promedio* de lectura. La tarea del Antiguo Testamento indica dónde leer a partir del día anterior.

	Antiguo Testamento		Nuevo Test			Antiguo Testamento		Nuevo Test	
Ene	Ano I	Ano II	Evang	H,Ep,A	Feb	Ano I	Ano II	Evang	H,Ep,A
1	Gen 1:31	Neh 2:20	Mt 1	Hec 1	6	Gen 35:29	Job 34:37	Mr 9	Rom 9
2	Gen 2:25	Neh 3:32	Mt 2	Hec 2	7	Gen 36:43	Job 36:33	Mr 10	Rom 10
3	Gen 3:24	Neh 5:19	Mt 3	Hec 3	8	Gen 37:36	Job 38:41	Mr 11	Rom 11
4	Gen 4:26	Neh 6:19	Mt 4	Hec 4	9	Gen 38:30	Job 40:24	Mr 12	Rom 12
5	Gen 5:32	Neh 7:38	Mt 5	Hec 5	10	Gen 40:23	Job 42:17	Mr 13	Rom 13
6	Gen 7:24	Neh 7:73	Mt 6	Hec 6	11	Gen 41:24	Ss 3:8	Mr 14	Rom 14
7	Gen 8:22	Neh 8:18	Mt 7	Hec 7	12	Gen 41:57	Ss 6:10	Mr 15	Rom 15
8	Gen 9:29	Neh 9:15	Mt 8	Hec 8	13	Gen 42:38	Ss 9:20	Mr 16	Rom 16
9	Gen 10:32	Neh 9:38	Mt 9	Hec 9	14	Gen 43:34	Sa 10:18	Lc 1	1Cor 1
10	Gen 11:32	Neh 10:39	Mt 10	Hec 10	15	Gen 44:34	Sa 14:7	Lc 2	1Cor 2
11	Gen 13:18	Neh 11:36	Mt 11	Hec 11	16	Gen 45:28	Sa 17:15	Lc 3	1Cor 3
12	Gen 14:24	Neh 12:47	Mt 12	Hec 12	17	Gen 46:34	Sa 18:50	Lc 4	1Cor 4
13	Ninguno	Ninguno	Mt 13	Hec 13	18	Gen 47:31	Sa 21:13	Lc 5	1Cor 5
14	Gen 16:16	Neh 13:31	Mt 14	Hec 14	19	Gen 48:22	Sa 22:31	Lc 6	1Cor 6
15	Gen 17:27	Est 1:22	Mt 15	Hec 15	20	Gen 49:33	Sa 24:10	Lc 7	1Cor 7
16	Gen 18:33	Est 2:23	Mt 16	Hec 16	21	Gen 50:26	Sa 26:12	Lc 8	1Cor 8
17	Gen 19:26	Est 4:17	Mt 17	Hec 17	22	Ex 1:22	Sa 27:14	Lc 9	1Cor 9
18	Gen 19:38	Est 6:14	Mt 18	Hec 18	23	Ex 2:25	Sa 30:12	Lc10	1Cor 10
19	Gen 20:18	Est 8:17	Mt 19	Hec 19	24	Ex 3:22	Sa 31:24	Lc 11	1Cor 11
20	Gen 21:34	Est 10:3	Mt 20	Hec 20	25	Ex 4:31	Sa 33:22	Lc 12	1Cor 12
21	Gen 22:24	Job 1:22	Mt 21	Hec 21	26	Ex 6:30	Sa 35:28	Lc 13	1Cor 13
22	Gen 23:20	Job 3:26	Mt 22	Hec 22	27	Ex 7:25	Sa 37:40	Lc 14	1Cor 14
23	Gen 24:28	Job 5:27	Mt 23	Hec 23	28	Ex 8:32	Sa 38:22	Lc 15	1Cor 15
24	Gen 24:67	Job 7:21	Mt 24	Hec 24	Mar 1	Ex 9:35	Sa 41:13	Lc 16	1Cor 16
25	Gen 25:34	Job 9:35	Mt 25	Hec 25	2	Ex 11:10	Sa 44:26	Lc 17	2Cor 1
26	Gen 26:35	Job 11:20	Mt 26	Hec 26	3	Ex 12:51	Sa 47:9	Lc 18	2Cor 2
27	Gen 27:17	Job 12:25	Mt 27	Hec 27	4	Ex 13:22	Sa 49:20	Lc 19	2Cor 3
28	Gen 27:46	Job 15:35	Mt 28	Hec 28	5	Ex 14:31	Sa 51:19	Lc 20	2Cor 4
29	Gen 28:22	Job 17:16	Mr 1	Rom 1	6	Ex 16:36	Sa 55:23	Lc 21	2Cor 5
30	Gen 29:35	Job 19:29	Mr 2	Rom 2	7	Ex 18:27	Sa 57:11	Lc 22	2Cor 6
31	Gen 30:43	Job 21:34	Mr 3	Rom 3	8	Ex 19:25	Sa 59:17	Lc 23	2Cor 7
Feb 1	Gen 31:35	Job 23:17	Mr 4	Rom 4	9	Ex 20:26	Sa 62:12	Lc 24	2Cor 8
2	Gen 31:55	Job 27:23	Mr 5	Rom 5	10	Ex 21:36	Sa 65:13	Jn 1	2Cor 9
3	Gen 32:32	Job29:25	Mr 6	Rom 6	11	Ex 23:33	Sa 68:35	Jn 2	2Cor 10
4	Gen 33:20	Job 31:40	Mr 7	Rom 7	12	Ex 25:40	Sa 69:36	Jn 3	2Cor 11
5	Gen 34:31	Job 33:33	Mr 8	Rom 8	13	Ex 26:37	Sa 71:24	Jn 4	2Cor 12

	Antiguo Testamento		Nuevo Test			Antiguo Testamento		Nuevo Test	
Mar	Ano I	Ano II	Evang	H,Ep,A	May	Ano I	Ano II	Evang	H,Ep,A
14	Ex 28:21	Sa 72:20	Jn 5	2Cor 13	3	Num 21:35	Pro 25:28	Mr 6	Heb 8
15	Ex 28:43	Sa 73:28	Jn 6	Gal 1	4	Num 22:41	Pro 26:28	Mr 7	Heb 9
16	Ex 29:46	Sa 75:10	Jn 7	Gal 2	5	Num 23:30	Pro 27:27	Mr 8	Heb 10
17	Ex 30:38	Sa 77:20	Jn 8	Gal 3	6	Num 24:25	Pro 28:12	Mr 9	Heb 11
18	Ex 31:18	Sa 78:31	Jn 9	Gal 4	7	Num 25:18	Pro28:28	Mr 10	Heb 12
19	Ex 32:35	Sa 78:72	Jn 10	Gal 5	8	Num 26:41	Pro 29:27	Mr 11	Heb 13
20	Ex 33:23	Sa 80:19	Jn 11	Gal 6	9	Num 26:65	Pro 30:33	Mr 12	Sant 1
21	Ex 34:35	Sa 83:18	Jn 12	Efes 1	10	Num 27:23	Pro 31:31	Mr 13	Sant 2
22	Ex 36:19	Sa 85:13	Jn 13	Efes 2	11	Num 28:31	Ecl 2:26	Mr 14	Sant 3
23	Ex 38:23	Sa 88:18	Jn 14	Efes 3	12	Num 29:40	Ecl 4:16	Mr 15	Sant 4
24	Ex 39:43	Sa 89:52	Jn 15	Efes 4	13	Num 31:54	Ecl 7:29	Mr 16	Sant 5
25	Ex 40:38	Sa 92:15	Jn 16	Efes 5	14	Num 32:19	Ecl 8:17	Lc 1	1Pedro 1
26	Lev 3:17	Sa 96:13	Jn 17	Efes 6	15	Num 32:41	Ecl 9:18	Lc 2	1Pedro 2
27	Lev 4:35	Sa 99:9	Jn 18	Pilip 1	16	Num 33:56	Ecl 10:20	Lc 3	1Pedro 3
28	Lev 5:19	Sa 102:28	Jn 19	Pilip 2	17	Num34:29	Ecl 12:14	Lc 4	1Pedro 4
29	Lev 7:21	Sa104:35	Jn 20	Pilip 3	18	Num 36:13	Cant 3:11	Lc 5	1Pedro 5
30	Lev 8:36	Sa105:45	Jn 21	Pilip 4	19	Deu 1:46	Cant 5:16	Lc 6	2Pedro 1
31	Lev 10:20	Sa106:48	Mt 1	Col 1	20	Deu 2:37	Cant 6:13	Lc 7	2Pedro 2
Apr 1	Lev 12:8	Sa108:13	Mt 2	Col 2	21	Deu 3:29	Cant 8:14	Lc 8	2Pedro 3
2	Lev 13:59	Sa111:10	Mt 3	Col 3	22	Deu 4:24	Isa 1:31	Lc 9	1Jn 1
3	Lev 14:57	Sa115:18	Mt 4	Col 4	23	Deu 4:49	Isa 2:22	Lc10	1Jn 2
4	Lev 15:33	Sa118:29	Mt 5	1Tes 1	24	Deu 5:33	Isa 4:6	Lc 11	1Jn 3
5	Lev 16:34	Sa 119:56	Mt 6	1Tes 2	25	Deu 6:25	Isa 5:30	Lc 12	1Jn 4
6	Lev 18:30	Sa119:120	Mt 7	1Tes 3	26	Deu 8:20	Isa 7:25	Lc 13	1Jn 5
7	Lev 19:37	Sa119:176	Mt 8	1Tes 4	27	Deu 10:22	Isa 9:21	Lc 14	2Jn
8	Lev 21:24	Sa 125:5	Mt 9	1Tes 5	28	Deu 11:32	Isa 11:16	Lc 15	3Jn
9	Lev 22:33	Sa 131:3	Mt 10	2Tes 1	29	Deu 12:32	Isa 13:22	Lc 16	Judas
10	Lev 23:44	Sa135:21	Mt 11	2Tes 2	30	Deu14:29	Isa 15:9	Lc 17	Apoc 1
11	Lev 25:22	Sa 138:8	Mt 12	2Tes 3	31	Deu 16:12	Isa 17:14	Lc 18	Apoc 2
12	Lev 25:55	Sa140:13	Mt 13	1Tim 1	Jun 1	Deu 17:20	Isa 19:25	Lc 19	Apoc 3
13	Lev 26:46	Sa144:15	Mt 14	1Tim 2	2	Deu 19:21	Isa 21:17	Lc 20	Apoc 4
14	Lev 27:34	Sa146:10	Mt 15	1Tim 3	3	Deu 21:23	Isa 23:18	Lc 21	Apoc 5
15	Num 1:54	Sa 150:6	Mt 16	1Tim 4	4	Deu 22:30	Isa 24:23	Lc 22	Apoc 6
16	Num 3:13	Pro 2:22	Mt 17	1Tim 5	5	Deu23:25	Isa 25:12	Lc 23	Apoc 7
17	Num 3:51	Pro 3:35	Mt 18	1Tim 6	6	Deu 24:22	Isa 26:21	Lc 24	Apoc 8
18	Num 4:49	Pro 5:23	Mt 19	2Tim 1	7	Deu 26:19	Isa 27:13	Jn 1	Apoc 9
19	Num 5:31	Pro 6:35	Mt 20	2Tim 2	8	Deu 28:46	Isa 28:29	Jn 2	Apoc 10
20	Num 6:27	Pro 7:27	Mt 21	2Tim 3	9	Deu 28:68	Isa 29:24	Jn 3	Apoc 11
21	Num 7:47	Pro 8:36	Mt 22	2Tim 4	10	Deu 30:20	Isa 30:33	Jn 4	Apoc 12
22	Num 7:89	Pro 10:32	Mt 23	Tit 1	11	Deu 31:30	Isa 32:20	Jn 5	Apoc 13
23	Num 9:23	Pro 11:31	Mt 24	Tit 2	12	Deu 32:14	Isa 33:24	Jn 6	Apoc 14
24	Num 10:36	Pro 13:25	Mt 25	Tit 3	13	Deu 32:52	Isa 35:10	Jn 7	Apoc 15
25	Num 11:35	Pro 14:35	Mt 26	Filem	14	Deu 34:12	Isa 36:22	Jn 8	Apoc 16
26	Num 13:33	Pro 15:33	Mt 27	Heb 1	15	Jos 2:24	Isa 37:38	Jn 9	Apoc 17
27	Num 14:45	Pro 17:28	Mt 28	Heb 2	16	Jos 4:24	Isa 39:8	Jn 10	Apoc 18
28	Num 15:41	Pro 18:24	Mr 1	Heb 3	17	Jos 5:15	Isa 40:17	Jn 11	Apoc 19
29	Num 16:50	Pro 20:30	Mr 2	Heb 4	18	Jos 6:27	Isa 40:31	Jn 12	Apoc 20
30	Num 18:32	Pro 22:29	Mr 3	Heb 5	19	Jos 7:26	Isa 41:29	Jn 13	Apoc 21
May 1	Num 19:22	Pro 23:35	Mr 4	Heb 6	20	Jos 8:35	Isa 42:25	Jn 14	Apoc 22
2	Num 20:29	Pro 24:34	Mr 5	Heb 7	21	Jos 10:43	Isa 44:20	Jn 15	Ninguno

	Antiguo Testamento		Nuevo Test			Antiguo Testamento		Nuevo Test	
Jun	Ano I	Ano II	Evang	H,Ep,A	Ago	Ano I	Ano II	Evang	H,Ep,A
22	Jos 13:23	Isa 45:25	Jn 16	Ninguno	11	1Sam18:30	Jer 34:22	Lc 1	1Cor 1
23	Jos 16:10	Isa 48:22	Jn 17	Ninguno	12	1Sam19:24	Jer 35:19	Lc 2	1Cor 2
24	Jos 18:28	Isa 49:26	Jn 18	Ninguno	13	1Sam20:42	Jer 36:32	Lc 3	1Cor 3
25	Jos 20:9	Isa 51:23	Jn 19	Ninguno	14	1Sam22:23	Jer 38:13	Lc 4	1Cor 4
26	Jos 21:45	Isa 54:17	Jn 20	Ninguno	15	1Sam23:29	Jer 39:18	Lc 5	1Cor 5
27	Jos 23:16	Isa 57:21	Jn 21	Ninguno	16	1Sam24:22	Jer 40:16	Lc 6	1Cor 6
28	Jos 24:33	Isa 58:14	Mt 1	Hec 1	17	1Sam25:19	Jer 41:18	Lc 7	1Cor 7
29	Jue 1:36	Isa 59:21	Mt 2	Hec 2	18	1Sam25:44	Jer 42:22	Lc 8	1Cor 8
30	Jue 2:23	Isa 60:22	Mt 3	Hec 3	19	1Sam26:25	Jer 43:13	Lc 9	1Cor 9
Jul 1	Jue 3:31	Isa 62:12	Mt 4	Hec 4	20	1Sam28:25	Jer 44:30	Lc10	1Cor 10
2	Jue 4:24	Isa 63:19	Mt 5	Hec 5	21	1Sam29:11	Jer 46:12	Lc 11	1Cor 11
3	Jue 5:31	Isa 65:25	Mt 6	Hec 6	22	1Sam30:20	Jer 46:28	Lc 12	1Cor 12
4	Jue 6:24	Isa 66:24	Mt 7	Hec 7	23	1Sam31:13	Jer 48:33	Lc 13	1Cor 13
5	Jue 6:40	Jer 1:19	Mt 8	Hec 8	24	2Sam 1:27	Jer 48:47	Lc 14	1Cor 14
6	Jue 7:25	Jer 2:19	Mt 9	Hec 9	25	2Sam 2:32	Jer 49:11	Lc 15	1Cor 15
7	Jue 8:35	Jer 2:37	Mt 10	Hec 10	26	2Sam 4:12	Jer 49:39	Lc 16	1Cor 16
8	Jue 9:29	Jer 3:25	Mt 11	Hec 11	27	2Sam 6:16	Jer 50:20	Lc 17	2Cor 1
9	Jue 9:57	Jer 4:31	Mt 12	Hec 12	28	2Sam 7:29	Jer 50:46	Lc 18	2Cor 2
10	Ninguno	Ninguno	Mt 13	Hec 13	29	2Sam 9:13	Jer 51:32	Lc 19	2Cor 3
11	Jue 11:28	Jer 5:31	Mt 14	Hec 14	30	2Sam11:27	Jer 51:64	Lc 20	2Cor 4
12	Jue 12:7	Jer 6:15	Mt 15	Hec 15	31	2Sam12:31	Jer 52:34	Lc 21	2Cor 5
13	Jue 13:25	Jer 6:30	Mt 16	Hec 16	Sep 1	2Sam13:39	Lam 1:22	Lc 22	2Cor 6
14	Jue 14:20	Jer 7:34	Mt 17	Hec 17	2	2Sam14:33	Lam 2:22	Lc 23	2Cor 7
15	Jue 15:20	Jer 8:22	Mt 18	Hec 18	3	2Sam15:37	Lam 3:66	Lc 24	2Cor 8
16	Jue 16:31	Jer 9:26	Mt 19	Hec 19	4	2Sam16:23	Lam 5:22	Jn 1	2Cor 9
17	Jue 18:10	Jer 10:25	Mt 20	Hec 20	5	2Sam17:29	Ezeq 2:10	Jn 2	2Cor 10
18	Jue 18:31	Jer 11:13	Mt 21	Hec 21	6	2Sam18:33	Ezeq 3:27	Jn 3	2Cor 11
19	Jue 19:30	Jer 12:17	Mt 22	Hec 22	7	2Sam19:30	Ezeq 4:17	Jn 4	2Cor 12
20	Jue 20:17	Jer 13:27	Mt 23	Hec 23	8	2Sam20:26	Ezeq 6:14	Jn 5	2Cor 13
21	Jue 20:48	Jer 14:22	Mt 24	Hec 24	9	2Sam21:22	Ezeq 7:27	Jn 6	Gal 1
22	Jue 21:25	Jer 15:21	Mt 25	Hec 25	10	2Sam22:51	Ezeq 8:18	Jn 7	Gal 2
23	Rut 1:22	Jer 16:21	Mt 26	Hec 26	11	2Sam23:39	Ezeq 9:11	Jn 8	Gal 3
24	Rut 2:23	Jer 17:10	Mt 27	Hec 27	12	2Sam24:25	Ezeq 10:22	Jn 9	Gal 4
25	Rut 3:18	Jer 17:27	Mt 28	Hec 28	13	1Rey 1:53	Ezeq 12:28	Jn 10	Gal 5
26	Rut 4:22	Jer 18:23	Mr 1	Rom 1	14	1Rey 2:35	Ezeq 13:23	Jn 11	Gal 6
27	1Sam 1:28	Jer 20:18	Mr 2	Rom 2	15	1Rey 3:28	Ezeq 15:8	Jn 12	Efes 1
28	1Sam 2:36	Jer 22:9	Mr 3	Rom 3	16	1Rey 5:18	Ezeq 16:34	Jn 13	Efes 2
29	1Sam 3:21	Jer 22:30	Mr 4	Rom 4	17	1Rey 6:38	Ezeq 16:63	Jn 14	Efes 3
30	1Sam 5:12	Jer 23:22	Mr 5	Rom 5	18	1Rey 7:51	Ezeq 17:24	Jn 15	Efes 4
31	1Sam 6:21	Jer 24:10	Mr 6	Rom 6	19	1Rey 8:30	Ezeq 19:14	Jn 16	Efes 5
Ago 1	1Sam 8:22	Jer 25:38	Mr 7	Rom 7	20	1Rey 8:66	Ezeq 20:49	Jn 17	Efes 6
2	1Sam 9:27	Jer 26:24	Mr 8	Rom 8	21	1Rey 9:28	Ezeq 21:32	Jn 18	Pilip 1
3	1Sam10:27	Jer 27:22	Mr 9	Rom 9	22	1Rey 10:29	Ezeq 22:31	Jn 19	Pilip 2
4	1Sam11:15	Jer 28:17	Mr 10	Rom 10	23	1Rey 11:43	Ezeq 23:49	Jn 20	Pilip 3
5	1Sam12:25	Jer 29:32	Mr 11	Rom 11	24	1Rey 12:33	Ezeq 25:17	Jn 21	Pilip 4
6	1Sam13:23	Jer 30:24	Mr 12	Rom 12	25	1Rey 13:34	Ezeq 26:21	Mt 1	Col 1
7	1Sam14:52	Jer 31:40	Mr 13	Rom 13	26	1Rey 14:31	Ezeq 27:36	Mt 2	Col 2
8	1Sam15:35	Jer 32:25	Mr 14	Rom 14	27	1Rey 15:34	Ezeq 28:26	Mt 3	Col 3
9	1Sam16:23	Jer 32:44	Mr 15	Rom 15	28	1Rey 16:34	Ezeq 30:19	Mt 4	Col 4
10	1Sam17:58	Jer 33:26	Mr 16	Rom 16	29	1Rey 17:24	Ezeq 31:18	Mt 5	1Tes 1

	Antiguo Testamento		Nuevo Test			Antiguo Testamento		Nuevo Test	
Sep	Ano I	Ano II	Evang	H,Ep,A	Nov	Ano I	Ano II	Evang	H,Ep,A
30	1Rey 18:46	Ezeq 32:32	Mt 6	1Tes 2	16	1Crn 28:21	Amos4:13	Lc 9	1Jn 1
Oct 1	1Rey 20:22	Ezeq 33:33	Mt 7	1Tes 3	17	1Crn 29:30	Amos5:27	Lc10	1Jn 2
2	1Rey 20:43	Ezeq 35:15	Mt 8	1Tes 4	18	2Crn 2:18	Amos6:14	Lc 11	1Jn 3
3	1Rey 21:29	Ezeq 36:38	Mt 9	1Tes 5	19	2Crn 4:22	Amos7:17	Lc 12	1Jn 4
4	1Rey 22:53	Ezeq 37:28	Mt 10	2Tes 1	20	2Crn 6:11	Amos8:14	Lc 13	1Jn 5
5	2Rey 2:25	Ezeq 39:10	Mt 11	2Tes 2	21	2Crn 6:42	Amos9:15	Lc 14	2Jn
6	2Rey 3:27	Ezeq 39:29	Mt 12	2Tes 3	22	2Crn 8:18	Abdias	Lc 15	3Jn
7	2Rey 4:37	Ezeq 40:16	Mt 13	1Tim 1	23	2Crn 9:31	Jonas 2:10	Lc 16	Judas
8	2Rey 5:27	Ezeq 40:49	Mt 14	1Tim 2	24	2Crn 11:23	Jonas 4:11	Lc 17	Apoc 1
9	2Rey 6:33	Ezeq 41:26	Mt 15	1Tim 3	25	2Crn 13:22	Miq 1:16	Lc 18	Apoc 2
10	2Rey 8:29	Ezeq 43:27	Mt 16	1Tim 4	26	2Crn 15:19	Miq 2:13	Lc 19	Apoc 3
11	2Rey 9:37	Ezeq 44:31	Mt 17	1Tim 5	27	2Crn 17:19	Miq 4:13	Lc 20	Apoc 4
12	2Rey 10:36	Ezeq 45:25	Mt 18	1Tim 6	28	2Crn 19:11	Miq 6:16	Lc 21	Apoc 5
13	2Rey 12:21	Ezeq 47:12	Mt 19	2Tim 1	29	2Crn 20:37	Miq 7:20	Lc 22	Apoc 6
14	2Rey 13:25	Ezeq 48:14	Mt 20	2Tim 2	30	2Crn 21:20	Nah 1:15	Lc 23	Apoc 7
15	2Rey 14:29	Ezeq 48:35	Mt 21	2Tim 3	Dic 1	2Crn 22:12	Nah 2:13	Lc 24	Apoc 8
16	2Rey 15:38	Dan 2:13	Mt 22	2Tim 4	2	2Crn 23:21	Nah 3:19	Jn 1	Apoc 9
17	2Rey 16:20	Dan 2:49	Mt 23	Tit 1	3	2Crn 24:27	Hab 2:20	Jn 2	Apoc 10
18	2Rey 17:41	Dan 3:30	Mt 24	Tit 2	4	2Crn 25:28	Hab 3:19	Jn 3	Apoc 11
19	2Rey 18:37	Dan 4:18	Mt 25	Tit 3	5	2Crn 26:23	Sof 1:18	Jn 4	Apoc 12
20	2Rey 19:37	Dan 4:37	Mt 26	Filem	6	2Crn 28:27	Sof 2:15	Jn 5	Apoc 13
21	2Rey 20:21	Dan 5:31	Mt 27	Heb 1	7	2Crn 29:36	Sof 3:20	Jn 6	Apoc 14
22	2Rey 22:20	Dan 6:28	Mt 28	Heb 2	8	2Crn 30:27	Hag 2:23	Jn 7	Apoc 15
23	2Rey 23:20	Dan7:28	Mr 1	Heb 3	9	2Crn 31:21	Zac 1:21	Jn 8	Apoc 16
24	2Rey 24:20	Dan 8:27	Mr 2	Heb 4	10	2Crn 32:33	Zac 3:10	Jn 9	Apoc 17
25	2Rey 25:30	Dan 9:27	Mr 3	Heb 5	11	2Crn 33:25	Zac 5:11	Jn 10	Apoc 18
26	1Crn 1:54	Dan 10:21	Mr 4	Heb 6	12	2Crn 34:13	Zac 6:15	Jn 11	Apoc 19
27	1Crn 2:55	Dan 11:19	Mr 5	Heb 7	13	2Crn 34:33	Zac 7:14	Jn 12	Apoc 20
28	1Crn 3:24	Dan 11:45	Mr 6	Heb 8	14	2Crn 35:27	Zac 8:23	Jn 13	Apoc 21
29	1Crn 4:43	Dan 12:13	Mr 7	Heb 9	15	2Crn 36:23	Zac 9:17	Jn 14	Apoc 22
30	1Crn 5:26	Ose 1:11	Mr 8	Heb 10	16	Ezra 2:70	Zac 11:17	Jn 15	Ninguno
31	1Crn 6:30	Ose 2:8	Mr 9	Heb 11	17	Ezra 4:24	Zac 13:9	Jn 16	Ninguno
Nov 1	1Crn 6:65	Ose 2:23	Mr 10	Heb 12	18	Ezra 6:22	Zac 14:20	Jn 17	Ninguno
2	1Crn 7:40	Ose 4:19	Mr 11	Heb 13	19	Ezra 8:36	Mal 2:17	Jn 18	Ninguno
3	1Crn 8:40	Ose 5:15	Mr 12	Sant 1	20	Ezra 10:44	Mal 4:6	Jn 19	Ninguno
4	1Crn 9:44	Ose 7:16	Mr 13	Sant 2	21			Jn 20&21	
5	1Crn 11:25	Ose 8:14	Mr 14	Sant 3	22	Isa. 42:1-9		Lk 1	
6	1Crn 12:40	Ose 9:17	Mr 15	Sant 4	23	Isa 9:6-7 & Isa 61:1-3		Heb1:6-13 Lk 2	
7	1Crn 15:29	Ose 11:12	Mr 16	Sant 5	24	Isa 7:14 & Miq 5:2	Mt 1&2	Gal 4:1-7	
8	1Crn 16:43	Ose 13:8	Lc 1	1Pedro 1	25	Isa 53:1-12 & Isa 9:2		Jn 1 Heb1:1-5	
9	1Crn 18:17	Ose 14:9	Lc 2	1Pedro 2	26	Salmos 8 & 23		Mt 5 & 6	
10	1Crn 20:8	Joel 1:20	Lc 3	1Pedro 3	27	Salmos 33, 34, & 145		Mt 10	
11	1Crn 22:19	Joel 2:32	Lc 4	1Pedro 4	28	Salmos 66, 67, & 68		Lc 15	
12	1Crn 24:31	Joel 3:21	Lc 5	1Pedro 5	29	Salmos 138 & 139		Jn 14 & 15	
13	1Crn 25:31	Amos1:15	Lc 6	2Pedro 1	30	Salmos 103, 104, & 105		Jn 17	
14	1Crn 26:32	Amos2:16	Lc 7	2Pedro 2	31	Isaias 55:8 & 9			
15	1Crn 27:34	Amos3:15	Lc 8	2Pedro 3					

*Las asignaciones están más o menos el 20% del promedio real.

Génesis es un libro profundo con mucho contenido. Muestra la creación y las primeras generaciones de la humanidad. El capítulo 1 trata de la creación, de principio a fin, y el capítulo 2 da más detalles. Lo primero que notamos es el poder milagroso de Dios: él habló, y fue hecho. Lo primero que Dios creó está más relacionado a la física de lo que solemos pensar. «Dijo Dios: "Sea la luz". Y fue la luz». Nosotros pensamos en la luz tal cual la conocemos: la luz del sol, la luz de la luna, la luz de las estrellas, la luz de una llama, la luz de las bombillas eléctricas de algún tipo.

Pero si continuamos leyendo los versículos 13-18, vemos que el sol, la luna y las estrellas no se crearon hasta tres días después, en el cuarto día, entonces ¿qué creó Dios el primer día? Parece ser la existencia física de la luz. Nosotros no podemos separar la idea de la luz de la fuente de esa luz que conocemos, pero no podríamos conocerla como lo hacemos si Dios no hubiera creado la existencia física de la luz.

Hoy nos toca una reflexión corta, pero la idea de lo que conlleva puede llenar todo tu día.

En la región de Galilea, Dios comenzó a revelarle a su pueblo a su Hijo, Jesús, el Mesías. Todos los apóstoles y probablemente la mayoría de los discípulos que seguían a Jesús eran de allí. Puede ser que como Galilea estaba tan lejos de Jerusalén, los fariseos, los sacerdotes y los escribas del Templo no tuvieran una influencia tan fuerte. Los judíos se reunían en las sinagogas con los rabinos, sin embargo, parecer ser que la influencia que el sacerdote de Jerusalén tenía sobre las personas no llegaba hasta los rabinos de Galilea. Es probable que haya habido más tolerancia en Galilea que en Jerusalén.

Luego del ministerio de Jesucristo y de su resurrección, Dios llevó la actividad principal al corazón de Jerusalén. El día de Pentecostés, la promesa del derramamiento del Espíritu Santo llegó a todos los que estaban reunidos, posiblemente unas 120 personas (v. Hch 1:14 y cf. con 2:1: **estaban todos unánimes y juntos**). Cuando una multitud de judíos se reunió ante la extrañeza de lo que les estaba sucediendo a los discípulos, Pedro, quien antes se había escondido de miedo, habló y confrontó a los judíos sobre su participación en la crucifixión, lo que les trajo convicción de pecado y la necesidad de tener a Jesucristo en sus vidas. Este mismo Pedro (y nosotros), un cobarde, que antes había obrado mal (reprendió a Jesús, etc.), que negó conocer a Jesús tres veces ante el tribunal, que huyó y se escondió (con el resto de los seguidores de Jesús), ahora con el poder del Espíritu Santo, alza su voz y predica un mensaje tan poderoso que tres mil judíos confiesan sus pecados y aceptan a Jesucristo como su Mesías.

Nosotros, al igual que Pedro, debemos tener el poder y el obrar del Espíritu Santo y debemos permitir que este actúe a través de nosotros. El Espíritu Santo solo obrará en nosotros y a través de nosotros si se lo permitimos. ¿A cuántas personas en el cuerpo de Cristo, la Iglesia, se les enseña que deben permitir que el Espíritu Santo las use y obre a través de ellas? Tiene que haber un permiso consciente, una búsqueda de Dios para que nos empodere con el Espíritu Santo y así continuar la obra del reino de Dios.

Pedro fue transformado; fue lleno del Espíritu Santo, y su poder obraba en él y a través de él. No solo había nacido de nuevo*, sino que ahora caminaba en el poder del Espíritu Santo y con valentía le ordena a un cojo que camine (lo sana como Jesús había sanado a tantos otros). A medida que la multitud se acerca, vuelve a predicar que deben arrepentirse y aceptar a su Mesías, y les repite pasajes del Antiguo Testamento como si fuera un erudito versado, lo cual no era. Solo había sido un pescador, pero había estado con Jesús por casi tres años. Ese día, muchos creyeron en lo que Pedro les dijo, y el número de creyentes ascendió a cinco mil.

*Cuando Pedro nació de nuevo, recibió una vida nueva que antes no tenía. De mi lectura, deduzco que sucedió en Juan 20:22 cuando Jesús soplo y ellos recibieron el Espíritu Santo. En otros dos pasajes el soplo de Dios da vida: en el huerto de Edén cuando Dios sopló en la nariz del hombre (Adán) y fue el hombre un ser viviente (Gn 2:7) y cuando Dios le ordenó a Ezequiel que les profetizara a los huesos secos (Ez 37:4), y aparecieron tendones, carne y piel sobre ellos (v. 8). En dos traducciones literales que tengo, es el Espíritu quien da la vida.

La palabra hebrea aquí significa «espíritu», «viento» o «aliento». Es una palabra que usaban los judíos para referirse al Espíritu de Dios. *«Así ha dicho Jehová, el Señor: "¡Espíritu, ven de los cuatro vientos y sopla sobre estos muertos, y vivirán!"»* (Ez 37:9). Cuando Ezequiel profetizó, el Espíritu entró en los huesos secos, y estos se volvieron cuerpos con vida y se pusieron en pie. Creo que cuando Jesús sopló sobre los discípulos, ellos en ese momento recibieron una vida nueva, un nuevo nacimiento. La salvación (la vida nueva) por la sangre de Cristo no estuvo disponible hasta que Jesús murió en la cruz por todos nuestros pecados.

Antes de la cruz, cuando los discípulos caminaban con Jesús, parece ser que había una cobertura especial, una unción o algo parecido que Dios les había dado, pero el nuevo nacimiento del que Jesús le habló a Nicodemo no estuvo disponible hasta la muerte de Jesucristo en la cruz. Juan 20:22 relata la primera vez que Jesucristo está con los discípulos desde que resucitó de entre los muertos y la primera vez que el nuevo nacimiento por su sangre está disponible para ellos.

Jesús dijo: «*No solo de pan vivirá el hombre, sino de toda palabra que sale de la boca de Dios*» (Mt 4:4 y Dt 8:3). En el desierto, los judíos recibían alimento del cielo, un tipo de pan que los nutría. Nuestra alimentación de hoy en día es mucho más que pan, tenemos variedad de productos. Muchos son deliciosos a nuestro paladar y otros tantos son buenos para nuestra salud. En este pasaje, la representación de todo buen alimento es la palabra **pan**. La palabra más importante en este versículo es **solo**. Jesús está diciendo que el hombre cuya vida depende únicamente del alimento del que se provee, en realidad no está vivo, existe sin estar vivo. El Señor dijo que sin él en nuestras vidas estamos muertos: «*De cierto, de cierto os digo: El que oye mi palabra y cree al que me envió tiene vida eterna, y no vendrá a condenación, sino que ha pasado de muerte a vida. De cierto, de cierto os digo: Viene la hora, y ahora es, cuando los muertos oirán la voz del Hijo de Dios, y los que la oigan vivirán*» (Jn 5:24-25).

Alimentarnos únicamente con pan no nos da plenitud. Esta solo llega cuando aceptamos a Jesucristo en nuestras vidas por la Palabra de Dios. Sabemos que cuanto mejor nos alimentemos con buena comida, más saludables estarán nuestros cuerpos: en buen estado físico, sanos, fuertes, resistentes para completar la obra, etc. Entonces, si tenemos en cuenta lo que dijo Jesús, también será verdad que una buena alimentación de la Palabra de Dios hará que nuestras vidas alcancen la mayor plenitud que el Padre deseó para nosotros. Esa comida diaria de la Palabra de Dios nos dará lo que necesitamos para la vida espiritual: buen estado espiritual, salud, fortaleza y perseverancia espiritual, conocimiento y poder dados por el Espíritu Santo.

Una ingesta diaria de la Palabra de Dios nos dará fortaleza espiritual en nuestras palabras para convencer a los no salvos de su necesidad de salvación, nos ayudará a fortalecer a los hermanos y, sobre todo, a tener una relación íntima y personal con Dios. Jesús quiere lo mejor para nosotros, y una alimentación diaria de la Palabra de Dios es casi tan importante como una dieta diaria rica en alimentos saludables.

Nota rápida sobre Hechos: Cuando las personas oímos la verdad de nuestra condición (quiénes somos, cómo estamos, quién Dios es y cómo es él), eso nos atraviesa el corazón y nos enfrentamos a dos opciones: una es preguntarnos qué debemos hacer, como lo hicieron las tres mil personas a las que Pedro les predicó el día de Pentecostés, y arrepentirnos y aceptar a Cristo como la voluntad de Dios (Hch 2:37-38). La segunda opción es responder como lo hicieron los fariseos, los saduceos, el sumo sacerdote y el concilio de Israel cuando oyeron hablar a Pedro y se enojaron, se enfurecieron y quisieron matar a todos los que decían la verdad (Hch 5:28-33).

En el **sermón del monte**, Jesús dijo: «*De manera que cualquiera que quebrante uno de estos mandamientos muy pequeños y así enseñe a los hombres, muy pequeño será llamado en el reino de los cielos; pero cualquiera que los cumpla y los enseñe, éste será llamado grande en el reino de los cielos*» (Mt 5:19). Si nos limitamos a leer solo este versículo, pareciera que para tener alguna esperanza de éxito en el reino de los cielos, debemos cumplir toda la ley. Sin embargo, primero debemos ver a quiénes les dice esto Jesús: a los judíos en primer lugar (y, con el tiempo, también a nosotros). Los judíos creían que por cumplir la ley estaban justificados delante de Dios. Aunque nadie la cumplía por completo, tenían un concepto elevado de sí mismos porque cumplían (obedecían) la mayor parte.

Un ejemplo de esto es el sumo sacerdote en el juicio de Jesús antes de llevarlo ante Pilato. Cuando Jesús dijo en Mateo 26:63-65 que era el Hijo de Dios, el sumo sacerdote se rasgó las vestiduras (v. Lv 10:6 y 21:10). Si seguimos leyendo el sermón del monte, en Mateo 5:19-28 vemos que Jesús explica que nadie lo logrará siguiendo la ley, que todos han fallado; luego, en los versículos siguientes, muestra las profundidades de la ley, que es aún más estricta de lo que los judíos creían.

Volviendo al versículo 19 donde Jesús dice: «*Pero cualquiera que los cumpla y los enseñe, éste será llamado grande en el reino de los cielos*», vemos que el único que puede cumplir la ley a la perfección y enseñarla es Jesús mismo. Él nos muestra lo necesitados que estamos, cuánto necesitamos el evangelio que él ofrece, ser salvos por gracia a través de la fe, puesto que no podemos recibir la salvación por medio de la ley.

¿Hasta dónde llegamos para encontrar lo que ya tenemos? ¿Todos los días seguimos intentando estar a la altura? ¿Cuántas veces terminamos el día sintiéndonos derrotados porque vemos que fracasamos en nuestro intento de ser santos? ¿Qué es lo que no vemos, qué es lo que todavía no conocemos, cuál es el amor del Padre que aún no hemos visto? ¿Tenemos la salvación que nos ha dado? Si es dada, ¿se la puede ganar? Si intentamos ganarla con nuestras obras, ¿es un regalo?

A menudo los hombres intentaron estar a la altura, generaciones de judíos lo intentaron, pero conforme vamos leyendo en el sermón del monte, Jesús mostró que nadie había estado a la altura, incluso cuando creían que sí, Jesús les mostró la profundidad de solo dos pecados descritos en la ley que muchos de ellos estaban cometiendo.[1] ¿Acaso no vemos claramente lo que Cristo ha hecho y regalado a través de su obra en la cruz? ¿Acaso no conocemos el valor de lo que hizo al morir en la cruz en nuestro lugar? ¿Aún no hemos colocado su preciosa sangre sobre nosotros? Debemos permitir, y conocer, lo que esa sangre nos ha dado.[2] Ya basta de intentar estar a la altura, ya basta de esforzarnos por ser santos. No podemos por nuestros propios esfuerzos, solo mediante el regalo dado a nosotros.[3]

A Noé se le dio el regalo de sobrevivir al diluvio que Dios trajo sobre toda la tierra. Uno podría decir que esto no fue así porque Noé construyó un arca para salvarse del diluvio. Yo te preguntaría: ¿Cómo sabía él que debía construirla? ¿Cómo sabía que venía un diluvio? Fue Dios el que le dio las medidas y la forma, y Noé respondió a lo que le fue dicho. ¿Hemos nosotros respondido a lo que se nos ha dicho, que debemos aceptar a Cristo y su perdón y que así seremos salvos de nuestros pecados? Si es así, ¿no seremos arrastrados por el diluvio del pecado, así como Noé fue arrastrado junto con el arca por las aguas del diluvio? ¿Acaso no nos damos cuenta de que Cristo es nuestra arca y de que estamos en él, como se nos dice por medio de Pablo?[4] «*Dijo luego Jehová a Noé: "Entra tú y toda tu familia en el arca, porque sólo a ti he visto justo delante de mí en esta generación"*» (Gn 7:1).

Somos justificados porque recibimos la justicia de Cristo[5] a través de lo que hizo en la cruz, y podemos permanecer en él y no ser arrastrados por las aguas del pecado del mundo. Al momento de nuestra salvación, somos limpios de todos nuestros pecados previos; y la sangre de la cruz nos limpia de cualquier pecado que venga a nuestras vidas después. Si nos volvemos a Jesús en arrepentimiento buscando su perdón, inmediatamente comprendemos que no nos ahogaremos. Cristo mismo es quien nos lleva para vivir en la eternidad.

---

1   Mt 5:21-30.
2   Rm 5:9; Ef 1:7; Col 1:14; Tt 3:4-6; 1 P 1:2.
3   Sal 143:1-2; Rm 3:20.
4   Rm 6:11, 8:1; 1 Co 1:30; 2 Co 5:17; 1 P 5:14.
5   Rm 5:19; 2 Co 5:21.

Los judíos fueron deportados a Babilonia a causa de su maldad, según lo que Dios le instruyó a Nabucodonosor. Estuvieron en Babilonia durante setenta años, y Dios comenzó a llevar un remanente de los judíos de vuelta a Jerusalén. Esdras, el sacerdote, estaba en el primer grupo que regresó, y Nehemías, el gobernador, estaba en el segundo grupo. En un día de descanso de la obra de reconstrucción de Jerusalén, todo el pueblo se reunió, y Esdras leyó la ley que les fue dada a través de Moisés. Cuando el pueblo oyó la lectura de la ley, lloró: «*Nehemías, (...) Esdras (...) y los levitas que hacían entender al pueblo dijeron a todo el pueblo: "Hoy es día consagrado a Jehová, nuestro Dios; no os entristezcáis ni lloréis"; pues todo el pueblo lloraba oyendo las palabras de la Ley*» (Ne 8:9).

El libro de Nehemías no dice por qué el pueblo lloró, pero podemos concluir que no fue de alegría porque se le dijo al pueblo que no se entristeciera ni llorara. A veces cuando leemos la Palabra de Dios, lo que Jesús dijo, los que los apóstoles dijeron, tendemos a sentir remordimiento y a entristecernos, pues vemos qué tipo de pueblo somos realmente. Ver esto es bueno y espiritualmente sano, porque hasta que no lo hacemos, no conocemos la plenitud de la gracia de Dios que nos fue dada por completo y gratuitamente mediante el sacrificio de Jesús en la cruz. A los judíos se les dijo que no se entristecieran ni lloraran. Esdras, el sacerdote, le dijo al pueblo que siguiera su camino, que comieran, bebieran y dieran regalos a quienes no tenían nada. Esdras les dijo que era un día consagrado al Señor (no para llorar ni estar deprimidos), y que el gozo de Dios era su fuerza. Luego de escuchar esto y de sentirse animados por los levitas, el pueblo continuó sus actividades y se regocijó.

Hoy cuando dedicamos tiempo a reflexionar sobre Dios en nuestras vidas y somos confrontados por nuestros caminos pecaminosos conforme oímos lo que Dios tiene para decir, quedamos paralizados como los judíos cuando oyeron la ley que Esdras leía. Él les dijo que no se quedaran estancados allí, que lo dejaran ir y que se regocijaran en Dios. Nosotros hoy recibimos la gracia que provee la salvación, la vida eterna con Dios. Al oír esto, tenemos mucho más para regocijarnos que el pueblo al que Esdras le habló aquel día. Me imagino esto como una valiosa moneda de dos caras, cuyo valor más alto yace en la segunda cara. La primera cara de la moneda es ver realmente nuestra naturaleza pecaminosa y tener esto siempre en cuenta. La segunda cara de la moneda es de mayor valor porque es allí donde veo que Dios ha realizado su obra de gracia plenamente (no parcialmente): de forma completa pagó por todos mis pecados, lo cual yo no podía hacer.

El regocijo viene cuando vemos, en la segunda cara de la moneda, lo que Dios ha hecho por nosotros, sabiendo cómo somos por la primera cara de la moneda. El Señor nos llama a regocijarnos en él[1] y no podemos realmente hacerlo si no vemos y sabemos lo que hay en la primera cara de la moneda. Es entonces, cuando vemos lo que hay en la segunda cara de la moneda, que podemos realmente regocijarnos celebrando con alegría al Dios de nuestra salvación por las maravillas que ha hecho por nosotros. Este es el verdadero gozo del Señor en el cual se dice que encontraremos nuestra verdadera fuerza (Ne 8:10).

---

1   Flp 4:4.

Dios hace promesas, algunas que están condicionadas a un accionar de parte nuestra y otras en las que Dios jura algo por sí mismo, independientemente de lo que nosotros podamos o no hacer. Las promesas de Dios en las Escrituras suelen llamarse pactos o juramentos. Es una alegría para el hombre oír las promesas que Dios le hace, aunque deba hacer algo para obtenerlas. Esto demuestra el deseo de Dios de que al hombre le vaya bien.

En Génesis 9:9, Dios hace una de estas promesas que no está condicionada por lo que el hombre haga o deje de hacer: «*Yo establezco mi pacto con vosotros, y con vuestros descendientes después de vosotros*». Es una promesa eterna que Dios le hace al hombre, y que durará hasta el fin de los tiempos. «*Estableceré mi pacto con vosotros, y no volveré a exterminar a todos los seres vivos con aguas de diluvio, ni habrá más diluvio para destruir la tierra*» (v. 11). Esta promesa decía que nunca más se iba a destruir a los seres humanos y a los animales de la tierra con un diluvio. Dios puso una señal para recordar la promesa que había hecho (sin importar qué tan malvado se volviera el ser humano) que es el arcoíris en el cielo que aparece a veces luego de la lluvia (v. 16-17).

En Nehemías 9:6, Esdras, el sacerdote, alaba a Dios por la creación y por preservar la tierra y todo lo que en ella hay (seres humanos y animales). Dios preservó al hombre y a los animales en el diluvio por medio del arca y luego prometió que nunca más volvería a destruir la vida en la tierra con un diluvio. Dios guarda su promesa. Él prometió a través de los profetas que enviaría un Salvador, y leemos que eso sucede en el libro de Mateo. Dios prometió que nos enviaría poder de lo alto.[1]

Este poder no era algo que el hombre conociera, no se encontraba en la tierra, no era un poder ya extendido al hombre, era un poder ajeno al hombre hasta que Dios se lo dio para realizar y lograr cosas que el hombre por sí solo no tenía la habilidad ni el poder de hacer que sucedieran. Vemos este poder en acción en los creyentes del libro de los Hechos. Algunos han dicho que este poder fue dado de manera específica solo a los apóstoles para establecer la Iglesia; aunque también hubo diáconos, como Esteban y Felipe, que obraron maravillas y milagros entre las personas[2] y que no eran apóstoles, solo discípulos elegidos por el pueblo[3] y presentados ante los apóstoles, quienes oraron y les impusieron las manos para la tarea asignada.[4]

Hoy, como discípulos de Dios, debemos esperar y buscar este poder que se nos prometió para realizar la obra del reino de Dios. Si creemos que podemos realizar la obra de Dios con nuestras habilidades únicamente, nos engañamos a nosotros mismos, y el enemigo se sale con la suya. Es solo con este poder prometido que nosotros podemos en nuestro diario caminar vencer al enemigo y traer las bendiciones de Dios a la tierra para que el hombre pueda disfrutar de la salvación y la vida eterna con Dios.

---

1   Lc 24:49.
2   Hch 6:8, 8:6.
3   Hch 6:3.
4   Hch 6:6.

Pablo era un judío muy serio y devoto, instruido por Gamaliel, uno de los más grandes judíos de Jerusalén.[1] Pablo, que en ese momento se llamaba Saulo, vivía estrictamente según la ley, destacándose entre sus pares.[2] Pablo esgrime este argumento para defenderse como igual a cualquier judío. «*Aunque yo tengo también de qué confiar en la carne. Si alguno piensa que tiene de qué confiar en la carne, yo más: circuncidado al octavo día, del linaje de Israel, de la tribu de Benjamín, hebreo de hebreos; en cuanto a la Ley, fariseo; en cuanto a celo, perseguidor de la iglesia; en cuanto a la justicia que se basa en la Ley, irreprochable*» (Flp 3:4-6).

No se podía encontrar falta en Pablo según su obediencia meticulosa a la religión judía. Sin embargo, a pesar de su devoción a Dios, él no conocía lo más maravilloso del Padre: al Mesías enviado al mismo pueblo de Pablo para llevarles salvación por medio de la fe, y no las obras. Pablo hasta se encontró luchando contra Dios; en su camino a Damasco para infligir más daño a los seguidores de Jesús, tuvo que ser confrontado por Cristo mismo: «*Lo rodeó un resplandor de luz del cielo; y cayendo en tierra oyó una voz que le decía: —Saulo, Saulo, ¿por qué me persigues?*» (Hch 9:3-4). Pablo era muy devoto a Dios en la religión judía, pero ignoraba la verdad, lo que Dios estaba haciendo. Hoy, podemos aceptar la salvación de Jesús en nuestras vidas, pero como Pablo, en nuestro fervor religioso por Dios, podemos estar equivocados en lo que creemos que es la verdad de Dios.

Es fácil equivocarse, Pablo estaba siendo el mejor judío que creía que podía ser. Podemos pensar que estamos siendo los mejores cristianos que podemos ser, pero estar luchando contra los caminos de Dios. Debemos estar atentos al Espíritu Santo y buscarlo para que nos revele la verdad, como expresó Jesús: «*Pero el Consolador, el Espíritu Santo, a quien el Padre enviará en mi nombre, él os enseñará todas las cosas y os recordará todo lo que yo os he dicho*» (Jn 14:26). Si nos tomamos en serio seguir los caminos de Dios, incluso estaremos dispuestos a pedir que Jesús nos confronte, como lo hizo con Pablo, que nos llame la atención, que nos muestre que estamos yendo por el camino incorrecto y que nos cambie la dirección para ir por su camino.

---

1   Hch 5:34, 22:3.
2   Ga 1:13-14.

Debemos tener cuidado de no poner a Dios en una caja, porque como dijo un hermano creyente, no podemos tenerlo encerrado allí. Muchos dicen que una persona debe creer y ser bautizada para recibir la salvación y la vida eterna. En la lectura del día de hoy en Hechos 10, vemos que Dios envió a Pedro a la casa de un gentil para hablarle. Pedro hacía su mayor esfuerzo por seguir a Dios. Sabemos que había predicado en Jerusalén un par de veces y miles se acercaron a Cristo. Había orado por los enfermos y cojos, y estos recobraron la salud. Había orado por una mujer que había fallecido, y esta recobró la vida. Todo señala que Pedro está intentado hacerlo todo como Dios dice. Luego, aparece esto: es enviado a la casa de un gentil.

Por alguna razón, los judíos creían que no debían entrar en la casa de una persona que no era judía. A veces, lo que creemos que sabemos es justamente lo que no sabemos. Este pasaje insinúa, por la acción de Pedro y por su forma de pensar, que él no habría ido a la casa de Cornelio si no hubiera oído y visto la instrucción que vino del cielo: *«Y les dijo: —Vosotros sabéis cuán abominable es para un judío juntarse o acercarse a un extranjero, pero a mí me ha mostrado Dios que a nadie llame común o impuro»* (Hch 10:28). Podemos ver por la obediencia de Pedro, sin contender con la ley, que estos gentiles (la familia y los amigos de Cornelio) recibieron la salvación incluso antes de que Pedro terminara su presentación. No solo esto, sino que también recibieron los mismos dones espirituales (sobrenaturales) que habían recibido los judíos seguidores de Jesús el día de Pentecostés. Fue muy claro que recibieron la salvación y la vida eterna sin haber sido bautizados, pues Pedro dice esto: *«¿Puede acaso alguno impedir el agua, para que no sean bautizados estos que han recibido el Espíritu Santo lo mismo que nosotros? Y mandó bautizarlos en el nombre del Señor Jesús»* (v. 47-48).

A veces podemos creer que estamos seguros de algo y luego Dios nos muestra que estamos equivocados. Seguir a Dios es un caminar de constante aprendizaje donde somos iluminados más y más en cada colina y a la vuelta de cada esquina. *«Por esta causa (...) no ceso de dar gracias por vosotros, haciendo memoria de vosotros en mis oraciones, para que el Dios de nuestro Señor Jesucristo, el Padre de gloria, os dé espíritu de sabiduría y de revelación en el conocimiento de él; que él alumbre los ojos de vuestro entendimiento, para que sepáis cuál es la esperanza a que él os ha llamado, cuáles las riquezas de la gloria de su herencia en los santos y cuál la extraordinaria grandeza de su poder para con nosotros los que creemos, según la acción de su fuerza poderosa»* (Ef 1:15-19). No sabremos cuál es la plenitud de Dios ni todo lo que es para nosotros ni todo lo que tiene para nosotros hasta que lleguemos al cielo. Deja que Dios te lleve más allá de lo que creías saber.

Nos vamos a Antioquía. Leemos sobre esta ciudad en Hechos, ¿qué encontramos allí en esos días? Encontramos judíos y gentiles devotos que se reúnen buscando a Dios y a Cristo, tanto que comienzan a llamarlos «cristianos». Eran conocidos por la gente de Antioquía como los seguidores de Cristo. ¿Los que te rodean saben por tu forma de ser que sigues a Cristo? Estamos en este mundo, pero no somos de este mundo.[1] No deberíamos ser iguales a los que son de este mundo. Quizás no lo hagamos conscientemente, pero le pertenecemos a Dios y estamos vinculados a él, es decir, tenemos una relación con Dios y, si este es el caso, se nota aunque nosotros no nos demos cuenta, otros lo ven. Qué gran reflejo somos de la misma presencia de Dios en nuestras vidas.

Cuanto más tiempo pasamos con Dios, más lo reflejamos. Su Palabra forja nuestro carácter. Así como la comida que comemos nos da forma, la Palabra que leemos nos moldea. Esto no siempre se da porque nos esforcemos por vivir rectamente de acuerdo con su Palabra —aunque lo hagamos—, sino porque esta hace crecer en nosotros la semilla de lo que no sabemos que sucede, pero sí sucede. Los niños crecen, no saben cómo lo hacen, solo saben que crecen. Nosotros a veces no sabemos que crecemos, pero los que están alrededor nuestro ven que lo hacemos. Jesús dijo que hacer la voluntad de su Padre era, de hecho, su alimento: «Él les dijo: —Yo tengo una comida que comer, que vosotros no sabéis. (...) Mi comida es que haga la voluntad del que me envió y que acabe su obra» (Jn 4:32-34). Leer la Palabra de Dios es ciertamente una de las cosas que Dios desea para nosotros. Debemos continuar creciendo en Cristo para parecernos mas a él. Somos transformados cada vez más a su semejanza.[2]

Los que están cerca de nosotros ven un cierto parecido a Cristo, incluso si no nos damos cuenta, y pueden no saber qué es, aun así, notan algo. ¿Quién puede saber el efecto que tenemos sobre otros? O se sienten atraídos hacia nosotros o se alejan. Las Escrituras nos dicen que tenemos un aroma espiritual: «Pero gracias a Dios, que nos lleva siempre en triunfo en Cristo Jesús, y que por medio de nosotros manifiesta en todo lugar el olor de su conocimiento, porque para Dios somos grato olor de Cristo entre los que se salvan y entre los que se pierden: para estos, ciertamente, olor de muerte para muerte, y para aquellos, olor de vida para vida» (2 Co 2:14-16). Se nos dice que los que somos salvos somos una luz para el mundo: «Vosotros sois la luz del mundo; una ciudad asentada sobre un monte no se puede esconder» (Mt 5:14).

Puede que nunca sepas qué efecto generas en los que están cerca tuyo, porque no todos cosechan, algunos plantan (aunque no sepan que lo están haciendo) y otros riegan. Puede que otros le hayan hablado a alguien sobre Cristo; esa persona luego te ve a ti, y eso refuerza la verdad de Jesús y la acerca más al día en que acepte a Cristo como Señor.

---

1   Flp 3:20.
2   Rm 8:29; 2 Co 3:18.

No te sorprendas cuando los incrédulos te acusen de cosas malas ni cuando los creyentes que no creen todo lo que Dios dice y hace también te acusen. Los fariseos, los saduceos y otros líderes religiosos dijeron que Jesús era malvado, lo acusaron de ser Beelzebú y de echar fuera demonios con ese poder, así como de ser el príncipe de los demonios.[1] Jesús sanó a muchas personas que estaban endemoniadas; les expulsó los demonios, y ellas fueron sanas otra vez. Lo que Jesús hacía era algo bueno; sin embargo, los líderes religiosos lo criticaban porque él no lo hacía a la manera de ellos.

En la parábola del buen samaritano, Jesús insinúa que los fariseos y otros líderes no mostraban compasión. Les dice que Dios desea que practiquen la misericordia (no el sacrificio sin misericordia); y los acusa de sentir más misericordia por sus animales que por las personas, dando a entender que están dispuestos a quebrantar la ley para cuidar de un animal, ya sea porque muestran piedad ante las necesidades del animal o, peor aún, por avaricia, porque el animal tiene cierto valor monetario y es parte de sus riquezas. Cualquiera sea el motivo, ellos están dispuestos a quebrantar lo que ellos creían que era la ley para salvar o ayudar a un animal, pero no a un hombre enfermo o necesitado. Debemos tener cuidado de no acusar a alguien que pueda estar haciendo la voluntad de Dios. A Jesús lo acusaron falsamente, aunque estaba haciendo la voluntad divina. Habrá quienes acusen, solo debemos tener cuidado de no ser nosotros.

Probablemente no tengamos la suficiente madurez; tampoco sabemos lo que Dios le ha hablado a otra persona. Si nos acusan a nosotros, debemos practicar la bondad y tener paciencia. Todos necesitamos tiempo para madurar y estamos en diferentes etapas. No importa en qué etapa estemos, siempre podemos madurar y aprender un poco más. No importa de qué lado de las acusaciones estemos, acusar lastima a ambas partes. Nadie tiene una coraza lo suficientemente fuerte como para que la acusación no lo afecte, y a nadie que acuse le resulta fácil cuando se da cuenta de que estaba equivocado.

Cuando otros declaran estar haciendo la obra de Dios, pero nosotros no estamos de acuerdo, nuestra primera acción debería ser orar, no tirar piedras. Aunque estas palabras no fueron dichas para nosotros, debemos prestar atención a lo que Gamaliel dijo: «*Entonces levantándose en el Concilio un fariseo llamado Gamaliel, doctor de la Ley, venerado de todo el pueblo (...) dijo: —Israelitas, mirad por vosotros lo que vais a hacer respecto a estos hombres, (...) si es de Dios (...); no seáis tal vez hallados luchando contra Dios*» (Hch 5:34-35, 39).

---

[1] Mt 12:24.

En la lectura del día de hoy en Mateo, leemos una parábola muy pequeña de solo dos versículos: «*El reino de los cielos es semejante a un comerciante que busca buenas perlas, y al hallar una perla preciosa, fue y vendió todo lo que tenía y la compró*» (Mt 13:45-46). En la parábola, Jesús cuenta que un hombre encontró algo, una perla que valía más que todo lo que tenía, así que vendió todo, entregó todo y compró esta gran perla. Al comienzo de la parábola, dijo: «*El reino de los cielos es semejante*». ¿Hemos encontrado el reino de Dios? ¿No es esto lo que recibimos con nuestra salvación? Al reino de Dios también se lo llama «cielo». Pablo afirma: «*Pero nuestra ciudadanía está en los cielos, de donde también esperamos al Salvador, al Señor Jesucristo*» (Flp 3:20).

Es grandioso darnos cuenta de que somos ciudadanos del cielo, de que hemos encontrado esa perla de gran valor y de que dimos todo para comprarla. Hemos recibido esa perla de gran valor y hemos recibido la salvación, pero ¿hemos entregado todo lo que teníamos? Jesús da su salvación de forma gratuita, él ya pagó el precio verdadero de lo que costaba: su vida en la cruz. Cuando aceptamos la salvación de Jesús, le entregamos toda nuestra vida a él, es decir, le pagamos a quien pagó nuestra deuda. Jesús es bueno y bondadoso, no fuerza el asunto, él pregunta y espera.

Veamos algo de los hijos de Israel a medida que se adentran en el desierto después de que Moisés los sacara de Egipto. Son rescatados por la gran mano de Dios que los libera de los egipcios, cruzan el mar Rojo por tierra seca, Dios destruye a sus enemigos del ejército de Egipto ahogándolos en el mar Rojo, van al monte de Dios, escuchan su voz, Moisés recibe los diez mandamientos escritos en piedra por el dedo de Dios y luego son llevados al desierto. Esteban nos cuenta algo interesante sobre esto en Hechos 7:43: después de todas las maravillas y milagros que Dios había hecho por ellos, aun así, llevaron el tabernáculo de Moloc (un dios extranjero) y la estrella de Refán (otro dios extranjero) con ellos. Dios había hecho todas estas cosas por ellos, y aun así se aferraban a algo más.

Dios te ha librado grandemente, te ha librado de tus pecados y te ha dado el gran regalo de la salvación, pero ¿le has entregado todo a Jesús? Todo lo que eres y todo lo que tienes le pertenecen. ¿Hay algo que todavía lleves contigo, y que sepas que él quiere que le entregues? Ciertamente nuestra salvación es una perla de gran precio, el mercader dio todo lo que tenía para obtener esa preciosa posesión. ¿Has dado todo lo que tienes por este precioso regalo?

El borde del manto de Jesús. Cuando Jesús estaba camino a la casa del líder de la sinagoga, una mujer que tenía una enfermedad desde hacía doce años creyó que con solo tocar el borde del manto de Jesús (sin tocarlo a él), podría ser sana.[1] Recibió la sanidad cuando poder salió de Jesús, y él dijo: «Alguien me tocó». Hoy leemos que Jesús caminó sobre el agua y que cuando él y los discípulos llegaron a la costa en barco, la gente le llevaba a los enfermos para que pudieran tocar el borde de su manto. *«Trajeron a él todos los enfermos; y le rogaban que los dejara tocar solamente el borde de su manto. Y todos los que lo tocaron, quedaron sanos»* (Mt 14:35-36). En Hechos, vemos que Pablo y Bernabé llevaron el evangelio a muchas regiones.

Creemos que Pablo debe haber sido un gran orador para predicar el evangelio a pueblos extranjeros que no conocían al Dios de Israel y para que muchos creyeran y se convirtieran al cristianismo. Hoy creemos que si tenemos predicadores, misioneros y evangelistas que hablen como Pablo, muchas personas serán salvas. Pero hay un punto importante en las Escrituras que pasamos por alto, no se nos enseña a verlo, dado que, en esta área, todos hacemos agua. Se encuentra registrado en Hechos que muchos a los que les fue presentado el evangelio creyeron por las señales y milagros realizados.

Algunos argumentarán enseguida que fueron los doce discípulos los que obraron maravillas y milagros. En nuestra lectura del día de hoy en Hechos 14, esto sucede dos veces: *«Sin embargo, se detuvieron allí mucho tiempo, hablando con valentía, confiados en el Señor, el cual daba testimonio de la palabra de su gracia, concediendo que se hicieran por las manos de ellos señales y prodigios»* (v. 3), y *«Cierto hombre de Listra estaba sentado, imposibilitado de los pies, cojo de nacimiento, que jamás había andado. Éste oyó hablar a Pablo, el cual, fijando en él sus ojos y viendo que tenía fe para ser sanado, dijo a gran voz: —¡Levántate derecho sobre tus pies! Él saltó y anduvo»* (v. 8-10). Pablo no fue uno de los doce discípulos que caminó con Jesús, Bernabé tampoco, los diáconos Esteban y Felipe tampoco. Si escudriñas el libro de los Hechos, verás que todos ellos realizaron maravillas y milagros como confirmación de la verdad del evangelio que predicaban.

El poder proviene de nuestra cercanía a Jesús. Los hombres que mencioné, de los que leemos en el libro de Hechos, caminaron cerca de Jesús. Pablo incluso dice que lo que sabe del evangelio que predica no es lo que le enseñaron los apóstoles y otros líderes, sino lo que le enseñó la revelación directa del Señor Jesús resucitado.[2] En el tiempo en que Jesús caminó entre los hombres, muchos creían que, si lograban acercarse lo suficiente a Jesús como para tocar el borde de su manto, recibirían el poder para ser sanados. ¿Acaso estamos tan alejados de Dios en la actualidad? ¿No vemos las señales y los milagros de la confirmación del evangelio porque estamos muy alejados de Jesús? Caminar cerca de Jesús no implica grandes demostraciones de una vida santa, Pablo dice que todos fracasamos en esa área.[3]

En gran parte de nuestras sociedades se dice que si uno quiere salir adelante, debe actuar, debe hacer que suceda. Esta actitud se ha colado en la Iglesia de manera que muchos piensan que tienen que actuar para que Dios los apruebe y los use. Esto no es así; si fuera cierto, la gracia y la misericordia de Dios estarían muy devaluadas. Lo único que nos permite esa cercanía a Jesús es la rendición. Rendirnos a él es lo que nos brinda salvación, no las obras. ¿Por qué cambiaría el camino de Dios después de ser salvos? Cuando nos entregamos por completo a Dios, su poder obra en nosotros y podemos realizar grandes cosas porque la fuerza y el poder para hacerlas provienen de él, que hace su obra de la manera que él quiere. Ninguna obra de nuestra parte y con nuestros esfuerzos producirá resultados duraderos en el reino de Dios. Jesús nos dice que tomemos su yugo, que vayamos por su camino, que tomemos nuestra cruz y lo sigamos a donde él va. De hecho, el mismo Jesús dijo que estaba haciendo lo que vio hacer al Padre en el cielo. Ahora nosotros debemos seguir a Jesucristo y ver lo que él está haciendo.

---

1   Mt 9:21.
2   Ga 1:12; Ef 3:3; 1 Co 11:23.
3   Rm 7:18.

En Mateo 15:22-28, una cananea (sirofenicia) que tenía una hija endemoniada se acercó a Jesús. Aquí me quiero enfocar en la condición de esta mujer cananea: una madre que ama a su hija y está dispuesta a hacer todo lo que pueda para ayudarla. Cuando un hijo está en problemas, las madres se desesperan por hacer todo lo que está a su alcance por ese hijo, incluso sacrificando su propia vida. En este caso, esta mujer sirofenicia sabe qué trato puede llegar a recibir si se acerca a un hombre judío.

Ella ha oído hablar de Jesús y está convencida y tiene fe de que él puede ayudarla. Se acerca, y él primero la rechaza y la ignora, pero ella insiste para obtener la ayuda que necesita en su apremiante necesidad. La mujer continúa buscando la ayuda de Jesús, y él la compara con un perro y le dice que los hijos de Israel están primero. Ella fue buscando ayuda para su hija, aunque sabía que este era el trato que podía llegar a recibir. Tenía fe en que Jesús podía ayudarla y perseveró incluso después de que la compararan con un perro (los perros tenían muy poco valor en Israel).

Incluso después del insulto, ella sigue buscando la ayuda de Jesús cuando muchos de nosotros abandonaríamos sin esperanza alguna. Esto me recuerda a la parábola que Jesús le contó al pueblo sobre una viuda que una y otra vez le pedía a un juez que le impartiera justicia; el juez, por la insistencia de la mujer, le concedió su pedido.[1] En este caso, esta madre es una mujer extranjera, aparentemente descalificada antes de comenzar, pero que estaba convencida y tenía fe de que Jesús oiría su petición y la ayudaría.

Por último, Jesús le dijo que no tomaría el pan de los hijos (de Israel) para dárselo a los perros (casi sin valor). La mujer en su fe le contesta que hasta los perros (humillándose a ser considerada casi sin valor) comen de las migajas que caen de la mesa de sus amos. Una vez más, esta madre, en lo que dice, muestra que tiene mucha fe porque le dice a Jesús que incluso una migaja es suficiente para la necesidad de sanar a su hija. Gracias a lo que dijo, Jesús le otorga su petición, su hija es sanada del demonio, y Jesús declara lo grande que es la fe de la madre. Tenemos mucho que aprender de esta mujer, como mínimo: humildad, fe y perseverancia (no rendirse). Quizás haya más por aprender aquí. Mientras leemos esto, cada uno de nosotros deberíamos preguntarle al Espíritu Santo[2] qué quiere enseñarnos a partir de las acciones y la fe de la mujer cananea.

---

1   Lc 18:2-5.
2   Jn.14:26.

Cuando leemos las Escrituras, debemos depender de Dios para que nos dé ojos espirituales para ver. En el relato de los tres visitantes celestiales que fueron a Abraham en su camino a destruir Sodoma y Gomorra, hay mucha más información que solo la visita a Abraham para anunciarle el nacimiento de su hijo y el pedido de Abraham de perdonar a las ciudades por los pocos justos que pudiera haber allí. Estas palabras del Señor se encuentran en Génesis 18:19 y deberíamos tomarnos un momento aquí para reflexionar sobre ellas. El Señor dijo que Abraham les enseñaría y les ordenaría a sus hijos y a los hijos de su casa a guardar el camino del Señor. Esta es una declaración interesante. En el Nuevo Testamento, podemos ver lo que Jesús dice y nos sentimos atraídos a la ley dada a los judíos, no sé por qué razón. Cuando oímos lo que se decía en el Antiguo Testamento, inconscientemente las relacionamos con la ley. Aquí lo que el Señor dice que va a hacer en Génesis 18:18 es anterior a la ley dada por Moisés.

El Señor no dice que es algo posterior que va a ser dado a través de Moisés, sino que es algo inmediato que Abraham le dará a Isaac y a los que están con él, aquellos que fueron circuncidados con él. No leemos sobre ninguna otra ley dada a Abraham más que la circuncisión (en el octavo día luego del nacimiento todos los hombres debían ser circuncidados). Aparte de esto, vemos solo dos cosas más en la vida de Abraham: la primera es cuando Dios le dice que vaya a otra tierra que le mostraría, y Abraham fue. La segunda es que Abraham hizo sacrificios a Dios. No existe una larga lista de reglas de comportamiento que Dios le da, solo la circuncisión.

El Señor dice en el versículo 19 que Abraham enseñaría el camino del Señor, lo que suena al resumen de la ley que hace Jesús: amar al Señor nuestro Dios con todo nuestro corazón, alma, fuerza y mente, y a nuestro prójimo como a nosotros mismos.[1] Esto se parece mucho a cómo actuó Abraham; a él se le ordenó que circuncidara su prepucio, y nosotros debemos ser circuncidados en nuestro corazón. Elijo vivir en una relación con Dios como la que tenía Abraham. Procuro no ceñirme a una interminable lista de cosas que se pueden y no se pueden hacer según la ley, e intento relacionarme con Dios por medio de las dos únicas leyes que Jesús nos dio, además de seguir y enseñar el camino del Señor que Abraham enseñó: tener un corazón circuncidado, ir cuando Dios dice que vaya y que mi vida sea un sacrificio vivo a Dios. Otra cosa importante se encuentra en Génesis 18:27: Abraham se describe a sí mismo solo como polvo y ceniza, así demuestra su corazón humilde.

Abraham se muestra como alguien sin valor y no hace alarde de sus logros. ¿Hacemos nosotros lo mismo o cuando vamos a Dios queremos que reconozca algunas de las buenas cosas que hemos hecho? ¿Nos acercamos a él queriendo ser reconocidos por ser buenos cristianos? Cuando Abraham le rogó al Señor, podría haber usado su obediencia de dejar su tierra natal para seguir al Señor como valor agregado, pero no lo hizo. Todo lo contrario, él se humilla en la realidad de lo que es (nosotros somos iguales): solo polvo y ceniza. Otra cosa que veo es la misericordia del Señor. En el versículo 32, el Señor dice que no destruirá la ciudad si allí se hallaran tan solo diez personas justas.

Dios nos llama a tener misericordia y a actuar de manera justa.[2] Aquí vemos a Abraham rogar por la vida de solo diez personas. No conozco el número de habitantes de Sodoma, pero estoy seguro de que diez es un porcentaje muy pequeño. Me atrevería a decir que hay un porcentaje mayor de cristianos en Estados Unidos en la actualidad y que Dios desea (está en su corazón) perdonar a este país. Nosotros debemos ser como Abraham, rogar por la misericordia de Dios para nuestro país, sea cual sea. Estas tres cosas juntas muestran algo del carácter de Abraham: él enseñó el camino del Señor mediante una relación cercana con el Dios que es dador y proveedor de vida, no mediante una lista reglamentada de leyes.

---

1   Mt 23:37; Mc 12:30; Lc 10:27.
2   Mt 23:23.

«Yo soy el camino, la verdad y la vida; nadie viene al Padre sino por mí».[1] Estas son las palabras de Jesús, ¿las creemos? ¿Vivimos nuestras vidas como si fueran ciertas? ¿Comenzamos nuestro día con gran expectativa o con duda y desesperanza de no saber cómo terminará? Si creemos las palabras de Jesús, sabremos que nuestro día, el día que comenzamos, está en sus manos. Para quienes creemos en él y le hemos entregado nuestras vidas, toda la vida es a través de él. Sin embargo, comenzamos nuestro día con nuestra perspectiva de lo que será o de lo que deseamos que sea. No obstante, Jesús dice que a través de él y en él tenemos todo: el camino, la verdad y la vida. Parece que Abraham sabía esto en su relación con Dios, que es lo que Pablo les dice a los atenienses: «*En él vivimos, nos movemos y somos*» (Hch 17:28).

Al empezar nuestro día, debemos poner esto es nuestros corazones, que todo es por Dios. Jesús ha hecho algo grandioso al venir del cielo y morir en la cruz por nuestros pecados para que tengamos un camino para llegar a Dios a través de él. Abraham tenía una gran relación con Dios, pero no la relación que tenemos nosotros que nuestros pecados son perdonados gracias a lo que Jesús ha hecho por nosotros. Si comenzamos nuestro día con esto mente, ¿no cambiarán las expectativas para el día? Tendremos victoria en nuestra desesperanza, victoria en nuestras intenciones, todo puesto en su lugar por Cristo quien nos da la victoria en nuestras vidas para el día a día. A veces perdemos de vista quién controla el día.

Aunque lo demos por sentado, no está mal plantearse por dónde debemos ir, pero es fundamental recordar que Cristo es el camino, nuestro camino, la verdad, la verdad para nosotros, y la vida, nuestra vida. A veces llevamos una carga demasiado pesada, a pesar de que Jesús dice que puede ser ligera si tomamos su yugo.[2] Si así lo hacemos, él lleva el peso más grande del día. ¿Confiamos en él, dependemos de él? ¿O nos lanzamos al día creyendo que con nuestro propio poder lo lograremos, incluso que lo lograremos para la causa de Dios? No somos nosotros los que hacemos grandes obras para Dios, él no necesita nada de nosotros. Recuerda: él dijo que se haga luz, y hubo luz. ¿Qué ayuda necesitaría de nosotros? Aun así, Jesús nos llama a su obra. Él, que ciertamente no necesita de nuestra ayuda, nos llama a su obra y nos dice a cada uno de nosotros: «**Sígueme**». Si comenzamos nuestro día sabiendo que todo es a través de él y por él, le preguntaríamos: «Bueno, Señor, ¿qué me depara el día de hoy? Tengo planes que puedes modificar en cualquier momento, ¿cómo puede lo que planifiqué para hoy darte gloria? No es que vaya a hacer un gran acto espiritual. Todo lo contrario, es no interponerme en tu camino, entregar todo mi ser para que tú puedas usarme para hacer grandes cosas».

A veces puede que ni siquiera sepamos lo que se hará para una causa celestial a través de nuestra vida, pero la persona o las personas impactadas saben, y Dios en el cielo también. Nosotros debemos entregarnos a él, tener fe de que usará una vasija rendida y darle gloria a él por cómo obra a través de nosotros.

---

1   Jn 14:6.
2   Mt 11:30.

Jesús dice que si tu mano o tu pie te hacen pecar, debes cortarlos. Si tu ojo te hace pecar, debes quitártelo.[1] Esto debiera ser así también un hábito, un estilo de vida o una práctica. Si este hábito, este estilo de vida o esta práctica nos es ocasión de caer, nos hace pecar cada vez que lo hacemos (o casi cada vez), es mejor que la quitemos de nuestras vidas. Algunas de estas cosas son cosas que hacemos que no queremos abandonar. En ese punto, se trata de una elección: ¿lo vamos a hacer como Dios quiere o como nosotros queremos (y exigimos)? Esto que hacemos puede que no sea un pecado en sí mismo, sino que cada vez que lo hacemos terminamos pecando.

Un ejemplo fácil sería tomar una bebida alcohólica. En ninguna parte de las Escrituras dice que no podemos beber alcohol, pero si cada vez que bebemos un poco, queremos más y nos embriagamos, entonces habremos pecado, pues la Biblia dice que no debemos embriagarnos.[2] Es decir, tenemos una opción: ¿abandonaremos esa práctica, la quitaremos de nuestra vida o elegiremos continuar pecando? Existen muchas cosas en la vida que nos atraen, la pregunta es cuál será nuestra decisión. Pecar es fácil, abstenerse no. Si no hacemos nada al respecto, nuestra carne nos llevará directo a pecar. Tenemos que ser determinados para alejarnos del pecado. Antes de ser salvos, éramos esclavos del pecado y no podíamos alejarnos de él.[3]

Ahora que somos salvos, hemos recibido la libertad para alejarnos del pecado por medio de la muerte de Jesús en la cruz, la pregunta es: ¿elegiremos hacerlo? El pecado es despiadado y fue introducido en el mundo por un depredador salvaje que hasta intentó destronar a Dios en el cielo y por eso fue expulsado. Ahora está tras nosotros, quiere hacernos pecar.[4] Antes de ser salvos, estábamos a su merced, pero ahora su poder sobre nosotros ha sido derrotado por la cruz de Cristo. Podemos elegir, debemos elegir, ¿lo haremos? El poder está en la elección. Es sorprendente lo rápido que la tentación desaparece cuando dejamos de intentar luchar contra ella con nuestras propias fuerzas y tomamos la decisión valiente —no la fuerza para alejarla— de no pecar. Incluso a veces es necesario declarar en voz alta al Señor nuestra decisión de no pecar. Esa decisión que tomamos nos da la victoria de la cruz, no la victoria de nuestras fuerzas, sino el poder de la cruz que destruyó el control que el diablo tenía. A veces la tentación desaparece de manera instantánea.

Dentro de nosotros tenemos muchas tentaciones, puesto que la carne siempre quiere llevarnos por ese camino. También puede ser un demonio, pero como elegimos no pecar por el poder de la victoria de la cruz, este queda sin poder alguno y tiene que huir. No tenemos idea del poder que tenemos al elegir, no el de nuestras fuerzas, sino el poder que transformó todo lo que existe cuando Jesús murió en la cruz. El gran y poderoso sacrificio perfecto que transformó todo el tiempo, desde el huerto de Edén hasta el día del juicio, e incluso más allá. Tenemos una opción, ¿qué decisión tomaremos?

---

1   Mt 5:29-30, 18:8-9.
2   Ef 5:15-18.
3   Rm 6:16-23.
4   Ap 12:14-17.

Cuando leemos un relato en las Escrituras, sobre todo en el Antiguo Testamento, no vemos el paso del tiempo. En Génesis 20, Abraham va a Gerar y le dice a la gente que Sara es su hermana. El rey Abimelec ve que Sara es una mujer hermosa y la toma para su harén. Dios le declara a Abimelec que era hombre muerto si no se la devolvía a Abraham. Todo esto parece ocurrir en unos pocos días, pero no fue así. Probablemente sucedió en un lapso de seis meses o más, porque Abimelec vio el efecto de lo que Dios le había hecho: ni su esposa ni ninguna de sus esclavas había podido quedar embarazada y dar a luz. Dios había cerrado toda matriz de las mujeres de Abimelec; esto no es algo que se note en pocos días (v. 17-18). Juan, al final de su Evangelio, nos dice que si todas las cosas que hizo Jesús fueran escritas, probablemente no cabrían en el mundo todos los libros que se escribirían. Si el Antiguo Testamento nos diera todos los detalles, ¿cuántos volúmenes se habrían necesitado para registrarlo? A veces, de una página a otra pueden pasar años. El tiempo que Moisés estuvo en Egipto enviado por Dios para liberar al pueblo del faraón sin duda es mucho más largo de lo que pensamos.

En un momento todo el ganado muere y lo siguiente que sabemos es que vuelven a tener ganado. ¿Cuánto tiempo tardaron en acumular más ganado, meses, años? Muchas veces leemos algo en las Escrituras, pero realmente no lo entendemos. Esto puede haber sido parte del problema con el joven rico que leímos en nuestra lectura del Nuevo Testamento de hoy; él solo entendió en parte, tal vez solo lo que quería entender, pero no todo. El joven rico preguntó qué cosa buena podía hacer para recibir la vida eterna. Jesús le dice los mandamientos que debe seguir para recibirla (Jesús está hablando en el tiempo antes de la cruz cuando la única manera de recibir la vida eterna era cumplir toda la ley dada a través de Moisés). El joven rico dijo que había cumplido todos esos mandamientos, entonces Jesús le dijo que vendiera todo lo que tenía y se lo diera a los pobres. Es probable que en este punto Jesús le estuviera mostrando al joven rico que no había cumplido con todos los mandamientos mencionados; Jesús dijo: «Ama a tu prójimo como a ti mismo». Quizás el joven rico solo había amado como a sí mismo al prójimo que elegía, pero no a todos.*

Cuando Jesús habló de los pobres, puede que fueran a los que el rico no había amado como a sí mismo. Cuántas veces (tal vez por cómo nos han enseñado o por lo que hemos entendido de las Escrituras) pensamos que hacemos lo que dice la Biblia, pero no es así. Continuamente debemos pedirle al Espíritu Santo que nos ayude a conocer el significado completo y verdadero de las Escrituras. Esta es la razón por la que Jesús en Juan 14:26 dijo que el Padre enviaría al Espíritu Santo, para enseñarnos.

---

* No digo que vendas todo lo que tienes y se lo des a los pobres, pero sí te digo que consideres cómo quieres que te traten los demás, y luego ve y trátalos de esa manera.

Jesús cuenta la parábola del dueño de una viña que contrata obreros. El dueño obviamente es Dios, la viña es el mundo y nosotros —que somos salvos e introducidos en el reino de Dios— somos los obreros. El que trabaja alegremente y quiere ver crecer la mies tiene un corazón (si se parece cada vez más a Jesús) que se alegra de que haya más obreros, más cristianos, más personas salvas, incluso en el último momento. ¿Debemos esperar una recompensa mayor por nuestro arduo trabajo de más tiempo que los que acaban de entrar, cuando no fuimos nosotros los que pagamos el precio para que se nos permitiera entrar en el reino de Dios? A todos se nos concede más de lo que merecemos. El trabajo que hacemos no es para ganar crédito, porque no podemos añadir nada a la obra que Jesucristo hizo en la cruz. Lo que nosotros hacemos es unirnos a Jesús en su obra de presentar el amor de Dios a todas las personas y llevar a cuantos sea al reino de Dios.

Cuando Jesús dice «Toma tu cruz y sígueme», no habla de ninguna paga. En lugar de eso, antes de que se nos diga que tomemos nuestra cruz, se nos dice que nos desprendamos de lo que tenemos, que nos neguemos incluso a nosotros mismos y que ya no le demos valor a lo que somos. Todo gira en torno a Jesús, a quien seguimos. Él y lo que él hace se convierten en el centro de atención. Si él es realmente el centro, entonces nos alegramos de llevar a otros a conocerlo, aunque sea en el último momento. Nos alegra que hayan entrado en el último momento y que estén en la eternidad con nosotros en presencia de nuestro Dios. A todos se nos da más de lo que merecemos; ninguna obra nuestra podría hacernos ganar la salvación que tenemos.

Ninguna obra de nuestra parte podría saldar nuestra deuda de pecado, solo nuestras vidas. Una vez que hubiéramos dado nuestra vida, muriendo por nuestros pecados, ya no estaríamos vivos para recibir la salvación. Dios es el que llama, el que pagó el precio que nosotros debíamos, el que nos da gratuitamente la salvación cuando nos arrepentimos y se la pedimos.

¿Es nuestra vida un árbol sin fruto? Veo muchas lecciones en lo que Jesús dice sobre la higuera en el camino por el que él va, esta pregunta inicial es una de ellas. A la vista de los demás, podemos vernos como cristianos sanos y firmes, erguidos, bien arraigados, vestidos con todo el carácter correcto que un creyente debe tener y, sin embargo, no producir fruto. Esto es crucial. Verse bien, aparentemente hacer lo correcto —incluso lo mismo que los líderes/maestros tal vez dicen hacer, lo que muestran— y, sin embargo, no producir fruto que extienda el reino de Dios, es un fracaso costoso.

Jesús cuenta la parábola en la que Dios es el dueño de la viña y corta y echa al fuego las ramas sin fruto.[1] Solo hay una manera de producir fruto: permanecer en la vid que es Jesús. Comportarse correctamente como cristiano, practicar todas las cosas aparentemente correctas que son visibles a otros (ir a la iglesia, estar en la escuela dominical, ir a los estudios bíblicos, unirse a las reuniones de oración, etc.), pero sin producir fruto, no nos lleva a ningún lado, excepto al fuego. La única manera en que realmente podemos producir fruto es cuando renunciamos de verdad a intentarlo por nosotros mismos (a producir desde nuestro propio poder) y confiamos totalmente en que la vid (Jesús) producirá fruto en nosotros. Podemos aparentar estar bien para otros y para nosotros mismos, pero si no dependemos totalmente de la savia (poder) de la vid, solo luciremos frondosos, pero sin fruto. Es solo cuando nos rendimos por completo a Jesús y renunciamos a todo esfuerzo de nuestra parte, que el Señor puede producir (y así lo hará) frutos que nunca creímos posibles en nosotros.

A veces nos esforzamos tanto por ser buenos cristianos que nos interponemos en el camino para que Cristo actúe en nosotros. ¿Alguna vez tus hijos han tratado de ayudarte a hacer algo? Claro que es bueno que quieran ayudar, pero no tienen la habilidad, aunque quieran hacerlo; y mientras ellos lo intentan y se esfuerzan, no está resultando; lo único que logran es interponerse en el camino para que nosotros lo hagamos bien. Cuando por nuestra cuenta, aun pensando que es correcto, nos esforzamos en producir fruto, estamos tan ocupados en ello que Cristo no puede acercarse a nosotros y producir fruto. Es como la persona que habla tan rápido y tanto que no podemos decir ni una palabra. Cuando nos esforzamos tanto, este es el problema que Jesús tiene para producir fruto en nosotros.

Muchas cosas en la Palabra de Dios parecen ilógicas, esta es una de ellas. Para permitir que Cristo produzca fruto en nosotros, tenemos que esforzarnos menos, dejar de pensar que sabemos lo que debemos hacer. Pablo nos dice que Dios pone su voluntad en nosotros[2] y si dejamos de esforzarnos tanto por nuestra cuenta pensando que sabemos qué hacer, y en cambio, miramos dentro de nosotros, encontraremos un deseo que Dios ha puesto allí que quiere que cumplamos. Recuerda que estás en el yugo con Jesús,[3] mejor averiguar a dónde va él que tirar del yugo tratando de ir a otro lugar. Muchas veces lo que pone dentro de nosotros puede ser algo con lo que nos sentimos incómodos y nos alejamos de ello, pero es en lo que Dios nos dará la victoria y él recibirá toda la gloria. Recuerda que Gedeón tuvo que deshacerse de casi todos los soldados y quedarse con solo 300.[4]

Dios quiere la victoria y la gloria en el fruto que crece en nosotros, es la savia que viene de la vid, es Jesús obrando en nosotros. Quiero producir todo el fruto que pueda para ver el reino de Dios extenderse en este mundo. La única manera en que puedo hacerlo es rendir a Jesús todo lo que soy, todo lo que pienso, todo lo que hago, incluso todo lo que me parece correcto, sin esconder nada. Debo menguar para que Jesús crezca más en mí.[5]

---

1   Jn 15:1-6.
2   Flp 2:13.
3   Mt 11:29-30.
4   Jc 7:2-7.
5   Jn 3:29-30.

El rey preguntó: «¿Cómo entraste aquí sin estar vestido de bodas?». Esto fue en la parábola que Jesús enseñó sobre el rey que dio un banquete de bodas para su hijo (Mt 22:2-13). No se necesita mucha perspicacia para saber que el hijo es Jesús y el rey es nuestro Padre en el cielo. En otras partes de las Escrituras se nos enseña que habrá una boda y un banquete. Nosotros, la Iglesia, somos la novia y nos casaremos con Jesús.[1] Ni siquiera se nos permite vestirnos a nosotros mismos. Es otro el que nos viste adecuadamente. Aquel a quien el rey le preguntó cómo hizo para entrar sin estar vestido correctamente es apresado, atado de pies y manos, y arrojado a las tinieblas (lo que las Escrituras refieren en otros lugares como el lago de fuego). De nuevo vemos que si estamos vestidos como cristianos con solo lo que hemos hecho por nosotros mismos, sin rendirnos (entregarnos) a otro, eso no será suficiente para permanecer en el banquete de bodas, aunque pensemos que tenemos derecho a estar allí. Esa vestimenta apropiada que debemos tener parece ser la sangre de Cristo y su justicia. La recibimos gratuitamente cuando aceptamos a Jesucristo como Señor y Salvador.

No hay nada que podamos añadir a la sangre para calificarnos más, ni nuestro comportamiento, ni nuestra obediencia, ni nuestros sufrimientos. Estas cosas beneficiarán nuestras vidas en este mundo en bendiciones y el favor de Dios, pero ninguna de ellas nos ayudará a entrar en el banquete de bodas. Es solo la sangre de Cristo la que nos llevará al cielo; quien no la tenga, será expulsado. Es difícil para nosotros, en una cultura donde no se dan sacrificios de sangre, conocer su valor —aunque si los hubiera, no nos harían ningún bien—. Por eso, es difícil para nosotros entender el valor de la sangre del sacrificio. Debemos ir al Antiguo Testamento para encontrar este valor. En Génesis 31:44-55, Labán y Jacob hacen un pacto entre ellos. Juntan un montón de piedras y comen sobre ellas. No se aclara el momento en que comieron, pero más adelante en los versículos se nos dice que Jacob hizo un sacrificio que comieron en la montaña y luego dice que Labán se marchó. Parece que el sacrificio tenía algo que ver con el acuerdo entre ellos, posiblemente para sellarlo.

En The Complete Jewish Study Bible (Biblia de estudio judía completa), el comentarista dice sobre 1 Samuel 11:1: «*Literalmente, "sellar un pacto" es una referencia al sacrificio animal que era un sello del pacto entre dos partes*». Esto puede haber sido lo que hicieron Jacob y Labán. En Génesis 15:8-18, Dios hace un pacto con Abram en el que se sacrifican cinco animales. En Éxodo 24:5-8, vemos el valor de la sangre rociada sobre el altar para consagrarlo y sobre el pueblo mientras Moisés decía esto: «*Ésta es la sangre del pacto que Jehová ha hecho con vosotros sobre todas estas cosas*» (v. 8). Hay un valor que Dios pone en la sangre que no es entendido en nuestros días, sin embargo, debemos creer, porque se nos habla de su valor. De una manera espiritual, todos debemos ser cubiertos con la sangre del sacrificio perfecto que es Cristo para entrar en el banquete de bodas.

Para tomar nota, una de las primeras veces en que Jesús se les apareció a los apóstoles después de su resurrección, él les dijo: «**Mira, tengo carne y huesos**».[2] ¿Notan lo que falta? No dice nada de la sangre, ya no la tiene, porque fue dada en la cruz por todos nosotros.

---

1   Ap 19:7-9.
2   Lc 24:39.

El libro de Job debe tomarse en el sentido correcto. Trata de un hombre íntegro delante de Dios. Entonces el diablo desafía esa integridad trayendo calamidad sobre su vida, pero Job se mantiene firme a través de las pruebas. La verdad que podemos ver de Dios está solamente en los primeros dos capítulos y los últimos cinco capítulos porque en 42:7 la Biblia nos dice que Elifaz, Bildad y Zofar no hablaron las cosas de Dios que eran correctas. Ni siquiera se puede dar valor a lo que dice Job en los capítulos 2–38, porque habla desde la angustia. Dios, en 38:2, le habla directamente a Job y le pregunta: «¿*Quién es ése que oscurece el consejo con palabras sin sabiduría?*». En los 36 capítulos entre 2–38 podemos ver las declaraciones insensatas de los hombres cuando creen saber más de lo que saben. Lo principal que hay que ver en estos capítulos es que Job nunca renuncia a su integridad a pesar de no tener sabiduría. Cualquier enseñanza que se valga de lo que aparece en los capítulos 2–38 para mostrar algo que no sea la necedad del hombre no debe ser tomada en cuenta, las palabras que se encuentran allí son solamente la insensatez de los hombres, no la verdad de Dios.

Siempre hay quienes se creen más de lo que son. Estos eran los amigos de Job que querían darle consejo. Lo mismo vemos en la época de Jesús. Todo el capítulo 23 de Mateo es una reprimenda a los que dicen ser religiosos, pero solo lo son por fuera sin cambiar nada de la maldad del corazón. Es una advertencia para nosotros. Debemos hacer todo lo posible para cambiar nuestro corazón. Jesús dijo que el hombre habla de lo que tiene en el corazón. Creo que también podemos ver que muchas de nuestras acciones (respuestas naturales) también se originan en el corazón. Una respuesta airada, una declaración de orgullo, la arrogancia que nos coloca por encima de los demás, todas son respuestas que salen del corazón y que son incorrectas. A veces la gente habla sin tener toda la información; de nuevo, no saben lo que creen que saben. Esto es lo que le sucede a Pablo cuando se dirige a Jerusalén, adonde sabe que debe ir. Al ver lo que Pablo hace en Hechos 21–23, vemos que a veces los que nos rodean no ven lo que Dios nos ha llamado a hacer.

En Hechos 21:4, las personas a las que el Espíritu Santo les muestra lo que le sucederá a Pablo hacen todo lo posible para convencerlo de que no vaya a Jerusalén. En Hechos 21:10-12, de nuevo el Espíritu Santo le dice a la gente lo que le sucederá a Pablo si va a Jerusalén. Pablo está decidido a ir aparentemente sabiendo que esto es lo que el Señor quiere que haga. Es evidente que esto es lo que el Señor quería porque se lo dice a Pablo en Hechos 23:11. No todos los que nos rodean, aunque sean sinceros y fieles, siempre pueden ver o discernir lo que Dios quiere que hagamos. A veces tenemos que resistir sus consejos permitiéndoles, con gracia hacia ellos, que piensen que no tenemos razón; debemos ceñirnos a aquello a lo que Dios nos ha llamado.

Jesús, en Mateo 24, habla de su regreso y del fin de los tiempos (v. 3). Esto es un poco misterioso, los apóstoles cuentan en sus escritos que esperaban que Jesús volviera pronto, pero han pasado dos milenios y todavía estamos esperando. Podemos estar seguros de que Jesús volverá, llegará el fin de los tiempos, se establecerán el cielo nuevo y la tierra nueva, y Dios estará presente con nosotros y nosotros con él. Jesús nos dice aquí que estemos atentos, esperando su regreso. Nos dice las señales que tendrán lugar para que estemos atentos. Pero lo único que podemos saber es de la estación en que él volverá, pues dice que cuando veamos los brotes en la higuera sabremos que el verano está cerca.

Ha habido muchos que han predicho el día del regreso de Jesús (según sus cálculos y supuesto conocimiento) y se han equivocado. Jesús nos dice que estemos atentos, también dice, hablando a los discípulos (y a nosotros), que no sabremos el día. Incluso dice que será cuando no lo esperemos y que nadie sabe, ni siquiera los ángeles saben qué día ni a qué hora volverá. Solo el Padre lo sabe. Jesús nos dice en Hechos: «*No os toca a vosotros saber los tiempos o las ocasiones que el Padre puso en su sola potestad*» (1:7). Nosotros debemos estar preparados, pues él nos dice: «*Velad, pues, porque no sabéis a qué hora ha de venir vuestro Señor*» (Mt 24:42).

Queremos pensar que sabremos la hora para poder apresurarnos y prepararnos. Jesús cuenta una parábola en el capítulo 25 sobre diez vírgenes que esperaban la llegada del esposo. Estas vírgenes somos nosotros esperando la venida de nuestro Señor. Aunque no sabemos cuándo será, al mediodía, al atardecer o a medianoche, debemos estar preparados. ¿Qué significa estar preparados? Había cinco vírgenes que no se aseguraron de tener suficiente aceite, pero las otras cinco sí lo hicieron. Cuando venga Jesús, debemos tener suficiente aceite en nuestras vidas. En las Escrituras, muchas veces el aceite representa el Espíritu Santo. Esto es de lo que tenemos que estar seguros, que tenemos el Espíritu Santo en nuestras vidas. Las otras cinco vírgenes dejaron que el Espíritu se fuera de sus vidas. ¿Tienes una relación con Dios en la que el Espíritu Santo está activo en tu vida? «*Pero el que persevere hasta el fin, este será salvo*» (Mt 24:13).

En los primeros días de la Iglesia, la gente pensaba que Jesús vendría pronto.[1] Él todavía está esperando que el Padre le diga cuándo. Nosotros somos las vírgenes, la novia que espera su venida. Debemos estar listos y ocuparnos de sus asuntos. Necesitamos que ese río de vida fluya a través de nosotros en lo que sea que Jesús tiene para cada uno de nosotros.[2] Asegúrate de que tu lámpara esté llena con su luz encendida para que otros la vean. «*Velad, pues, porque no sabéis a qué hora ha de venir vuestro Señor*».

---

1   Flp 4:5.
2   Jn 7:38.

Ayer, en Mateo 24:3, leímos la respuesta de Jesús a la pregunta de los discípulos y hablamos un poco de las diez vírgenes. Hoy retomamos algunos ejemplos de Jesús: **la parábola de los talentos** y **la parábola de las ovejas y los cabritos**. En la parábola de las diez vírgenes, una de las cosas que él enseña es una continuación de lo que habló en Mateo 24:40-42, que es velar. La Biblia Amplificada, en Mateo 24:42 y 25:13 da el significado de velar: *preste estricta atención y sea cauteloso y activo.* Jesús habla de estar atentos (sabiendo que él viene y ocupándonos de sus asuntos), porque así como el diluvio sorprendió a la gente en los tiempos de Noé, la venida de Jesús será una sorpresa para muchos, pero nosotros no debemos sorprendernos.[1] Jesús vuelve a enfatizar esto cuando cuenta la parábola de las diez vírgenes, que termina con la misma recomendación (o tal vez, incluso, con una advertencia) de estar alertas (Mt 25:13).

Jesús no quiere que seamos perezosos en cuanto a sus asuntos. Lo siguiente que dice es que él ha hecho una inversión en nosotros al morir en la cruz pagando un alto precio[2] y quiere que esa inversión prospere. A los que han invertido bien los recompensa y los invita a compartir el gozo que él disfruta. En la última parábola del capítulo 25, Jesús habla de los que pretenden hacer su voluntad y de los que realmente la hacen.

Lo interesante es que los que realmente han hecho la voluntad del Señor se sorprenden al descubrir que lo habían hecho. **Los siervos que el señor puso a cargo** (Mt 24:45-47), **Las diez vírgenes** (Mt 25:1-12), **Los talentos encomendados** (Mt 25:14-30), **Las ovejas y los cabritos** (Mt 25:31-46), todas estas parábolas hablan de cómo debemos vivir. Debemos ser conscientes de que él ha puesto una obra en nuestras manos, que debemos vivir nuestra vida cotidiana con nuestras lámparas llenas para ser una luz para el mundo. Debemos recordar la inversión que él ha hecho en nosotros haciendo todo lo posible para multiplicar nuestro número. Debemos permitir que nuestra luz brille[3] y que el río brote desde lo más profundo de nuestro ser,[4] dejando que su Espíritu fluya a través de nosotros. Si lo hacemos, estaremos realizando su obra sin siquiera saberlo.

---

1   Gn 7:4, 11, 23.
2   Hch 20:28; 1 Co 6:20.
3   Mt 5:16.
4   Jn 7:37-39.

Jesús sabía que pronto llegaría el final de su misión en esta tierra entre los hombres, como uno de ellos. Él sabía que esto iba a suceder y dijo que las Escrituras tenían que cumplirse (Mt 26:24, 31; Hch 26:22-23). Les dijo a sus discípulos que sería entregado a los hombres y crucificado, que había sido preparado con perfume (por la mujer) para su entierro. Sabía que esto iba a suceder, pero incluso para Jesús, no era fácil. Estaba angustiado y se retiró a orar al huerto de Getsemaní, un lugar de agonía, de gran dolor y de introspección para poder rendirse al propósito de Dios.

En el lugar de oración, Jesús estuvo solo, pues incluso los tres íntimos amigos que llevaba consigo y a los que les pidió que oraran se durmieron. Cuando se retiró de ahí —y sometiéndose a la voluntad del Padre—, fue inmediatamente traicionado con un beso por uno que se llamaba a sí mismo «seguidor» de Jesús. Este era, en cambio, el líder de aquellos que habían venido con espada y garrote a arrestar al Maestro. Si los que venían a arrestarlo hubieran sabido quién era Jesús —aunque no lo escucharan—, habrían sabido que las espadas y los garrotes no eran suficientes si Jesús no estaba dispuesto a ir con ellos.

Él sabía que se estaba librando una batalla, pero no una terrenal. Esta batalla estaba teniendo lugar en el reino espiritual, y Satanás sin saberlo estaba a punto de perder. Pedro sacó su espada y atacó en defensa de Jesús, pero este le dijo que la guardara. Pedro no entendía cómo se libraría la batalla. A menudo nos parece que cuando tratamos de seguir a Jesús y comenzamos a hacer la obra según nuestro propio pensamiento de cómo debemos hacerla, Jesús nos dirá: **Detente, guarda tu método, él nos diga cómo debe ser.** Para ayudar a entender esto mejor, veamos lo siguiente: «*Porque mis pensamientos no son vuestros pensamientos, ni vuestros caminos son mis caminos, dice Jehová. Como son más altos los cielos que la tierra, así son mis caminos más altos que vuestros caminos, y mis pensamientos más que vuestros pensamientos.*» (Is 55:8-9).

Al seguir a Jesús, al emprender la obra que él nos encomienda, al orar acerca de entrar en esa obra, debemos tener en mente estos versículos. Lo otro que ayuda es saber esto: «*No con ejército, ni con fuerza, sino con mi espíritu, ha dicho Jehová de los ejércitos*» (Za 4:6). Pedro trató por su propia fuerza y poder, pero Jesús hizo la obra por medio del Espíritu.

HECHOS. Algunos lo llaman **Los hechos de los apóstoles**, sin embargo, el libro de los Hechos es más que eso, es el registro de las acciones y los acontecimientos de la Iglesia primitiva, que incluye más que solo a los apóstoles. Si tomamos la actitud de que solo se trata de los apóstoles, es fácil suponer que es solo un registro de la historia que nos permite saber lo que sucedió entonces. Cuando vemos el libro de los Hechos como las acciones y los acontecimientos de muchos en los comienzos de la Iglesia, encontramos que hay ejemplos que podemos seguir. No todas las predicaciones que fueron acompañadas por señales y maravillas fueron hechas solamente por los apóstoles. Otros discípulos también lo hicieron, y nosotros como discípulos de Cristo debemos hacer algunas de estas mismas cosas. Puede ser que la misma frase que Satanás usó con Eva en el huerto todavía la use hoy con nosotros en la Iglesia para tratar de disminuir el efecto de la Iglesia en el mundo.

El énfasis principal de lo que Satanás le dijo a Eva fue **¿De veras Dios os ha dicho?**, lo cual sembró la duda en la mente de Eva. Hoy, Satanás les dice lo mismo a muchos en la Iglesia. Debido a la duda que Satanás siembra en los corazones de muchos hoy en día en la Iglesia, hay poca creencia de que las cosas que leemos en Hechos todavía estén sucediendo en la Iglesia actual. Muchos dicen que todos los grandes movimientos de Dios a través de aquellos creyentes fueron solo por un corto tiempo con el fin de establecer la Iglesia. Oyen las palabras de Satanás que dice: **¿De veras Dios os ha dicho?**, y llegan a la conclusión de que las señales y prodigios, el oír a los ángeles, el echar fuera demonios, el resucitar a los muertos y mucho más fue solo para la Iglesia primitiva, y no creen, no oran al respecto ni lo intentan. Así que, por lo tanto, se han convertido en una Iglesia débil que hoy intenta predicar el evangelio sin que haya ninguna señal o maravilla.

Hechos es el nombre del libro que Lucas escribió, un registro de los acontecimientos y acciones de la Iglesia primitiva. Sin duda, el nombre se refiere a los actos o acciones de la Iglesia primitiva. Debemos ver entre nosotros los mismos relatos que nos conciernen hoy como una verdad viva en la Iglesia, tal como la observamos en la Iglesia del libro de los Hechos. Dios nos dice que busquemos y escudriñemos. Esta es una de esas cosas que debemos buscar y escudriñar para encontrar la verdad.

La obra más grande que cualquier cristiano puede hacer es **morir a uno mismo**. Podemos ver que esto es lo que Job terminó haciendo al final de su queja. En Job 40:3-5, después de ser confrontado por Dios, él muere a sí mismo diciendo que es de poca importancia y vil, y que cerrará su boca e incluso la cubrirá con su mano. Job se da cuenta de que había hablado con arrogancia e ignorancia y que no sabía nada ante Dios. Morir a uno mismo es la obra más grande que podemos realizar, pero puede ser la más difícil. En nuestra lectura del día de hoy en el último capítulo de Mateo hay un versículo que puede pasar desapercibido, pero que contiene mucha verdad. El versículo 15 habla de una mentira que se le dijo al pueblo judío y que muchos todavía creían en la época en que Mateo escribió su Evangelio. Cuando nosotros hoy en día no queremos escuchar la verdad o no queremos creerla, nos aferramos a una mentira y le damos poder en nuestras vidas, es así como somos engañados.

Hacia el final de su ministerio, Pablo habla con los judíos de Roma, teme que las mentiras dichas en Jerusalén hubieran alcanzado y afectado a los judíos allí en Roma.[1] Es probable que, para deleite de Pablo, ellos no hayan oído ninguna de las mentiras acerca de él (Hch 28:21). Pero sobre la fe en Jesucristo, la mentira que comenzó en Jerusalén (Mt 28:15) y todo lo que habían dicho el sumo sacerdote y los ancianos (Mt 28:11-13) se había extendido tanto que hasta en Roma los judíos habían oído que esta secta era denunciada en todas partes (Hch 28:22). Parece que nosotros, como personas que somos, nos apresuramos y estamos dispuestos a creer una mentira antes que la verdad. Dios dice en Isaías 55:8-9 que sus caminos y sus pensamientos están muy por encima de los nuestros. Se necesita fe para creer y morir a uno mismo (renunciar a nuestra opinión y a la conclusión de nuestras mentes) para aceptar y poner nuestra confianza en lo que Dios nos habla y nos enseña en su Palabra. Solo cuando renunciamos a intentarlo (cuando morimos a nosotros mismos), podemos avanzar con Dios. Muchas veces pienso en cuando Moisés llevó a los israelitas fuera de Egipto por orden de Dios. En nuestras mentes estrategas, seguramente habríamos hecho algo diferente para escapar del faraón y su ejército. Nunca habríamos llevado al pueblo contra un mar en el que no había ruta de escape.

El camino de Dios es mucho más elevado que el nuestro. El pueblo temía, pero Moisés sabía que era allí donde Dios los quería, aunque no supiera lo que Dios iba a hacer cuando los llevó allí. Dios no solo proveyó un gran escape (su camino), sino que también llevó al faraón y a su ejército a una trampa, y destruyó al enemigo de Israel (su camino). El camino de Dios es siempre el mejor y debemos creer todo lo que él dice en lugar de creer una mentira. Morir a uno mismo es el trabajo más duro que jamás haremos, pero producirá el mejor resultado cuando Dios comience a obrar a través de nosotros (su camino).

---

1   Hch 28:17-21.

El Espíritu Santo me ha hablado hoy sobre la **oración**. En Romanos 1, el primer lugar donde vemos orar a Pablo es el versículo 8, donde agradece a Dios por los creyentes en Roma y por su fe. Esta es una forma de oración. La oración parece ser más que una petición por nuestras necesidades, es una conversación con Dios. El punto culminante de la oración se da cuando Dios responde a lo que decimos y nuestro espíritu siente su presencia. La mayor parte del tiempo que pasamos en oración no es en este punto culminante y, muchas veces, somos los únicos que hablamos, pero sabemos que Dios está escuchando cada una de nuestras palabras. Pablo confía en que Dios siempre lo escucha. Por lo tanto, la acción de gracias siempre debe formar parte de nuestra oración. En el siguiente versículo (v. 9), Pablo dice que siempre los menciona sin cesar (a los creyentes en Roma) en sus oraciones. Por la forma en que Pablo comienza el versículo 9 podemos entender que es probable que cuando ora por ellos es por la propagación del evangelio en el crecimiento espiritual de ese cuerpo de creyentes, como se indica en los versículos 11 y 12. En nuestras oraciones debemos orar por la propagación del evangelio; Jesús dijo que la cosecha está lista, que debemos orar por los cosechadores.[1]

Hay quienes tenemos el valor de compartir con los que nos rodean lo que Jesús ha hecho en nuestras vidas. Puedes notar que dije «los que tenemos el valor», hay unos pocos que tienen el valor por sí mismos para compartir el evangelio, pero todos estamos llamados a hablar a otros. Esta es la razón por la que debemos orar por la difusión del evangelio, debemos pedirle a Dios que nos dé a todos sus hijos valor para hablar de él. En Hechos 4:29, los apóstoles y los creyentes de Jerusalén oraron pidiendo valentía para hablar la Palabra de Dios. Si los apóstoles necesitaban la bendición de la valentía de Dios, cuánto más necesitamos la mayoría de nosotros la bendición de la valentía de Dios hoy, incluso ahora. Debemos orar unos por otros para recibir de Dios el valor para hablar de su grandeza. Hay una oración de Pablo que debemos ver y escuchar. Pablo habla de aquello por lo que ora en los versículos 13-15. En la oración del versículo 10, suplica que de alguna manera pueda ir a los de Roma. Cuando pedimos algo en oración, ¿estamos dispuestos a aceptar cómo Dios lo dispone y lo lleva a cabo? Pablo estaba decidido en su corazón a ir a Roma: «*Pasadas estas cosas, Pablo se propuso en su espíritu ir a Jerusalén, después de recorrer Macedonia y Acaya. Decía él: "Después que haya estado allí, me será necesario ver también Roma"*» (Hch 19:21).

Entonces, Dios le reveló a Pablo que si iba a Jerusalén sería arrestado y encarcelado;[2] a lo que Pablo respondió: «Yo estoy dispuesto no sólo a ser atado, sino también a morir en Jerusalén por el nombre del Señor Jesús».[3] Entonces Pablo escucha esto del Señor, «*a la noche siguiente se le presentó el Señor y le dijo: "Ten ánimo, Pablo, pues como has testificado de mí en Jerusalén, así es necesario que testifiques también en Roma"*» (Hch 23:11). La oración de Pablo de la que habla en Romanos 1:10 es contestada y el resto del libro de los Hechos, desde el capítulo 21, habla de todo lo que Pablo pasó mientras Dios contestaba su oración para llevarlo a Roma. ¿Estamos dispuestos a pasar por lo que Dios tiene en mente darnos en respuesta a nuestra oración? Es importante que oremos, y debemos estar dispuestos a que Dios responda a nuestra oración a su manera, nuestra manera puede no producir los resultados del reino que la manera de Dios sí logra.

---

1   Lc 10:2.
2   Hch 21:11.
3   Hch 21:13.

Hoy el Espíritu Santo me habla la palabra **longanimidad**. Como leemos en la lectura del día de hoy en Génesis 29, Jacob practica la longanimidad con Labán. Veremos en los capítulos siguientes que Labán cambia continuamente los acuerdos hechos con Jacob, exigiéndole siempre más. Incluso sustituye a la hija que le promete a Jacob por sus siete años de trabajo por su hermana, aquella en la que Jacob no estaba interesado. No digo que Jacob fuera un santo, pero sí veo que practica la clemencia con Labán. Jacob tiene derecho a plantear una gran queja, pero nunca llevó el asunto ante la justicia, sino que siguió aguantando a Labán a pesar de que Labán no hacía lo correcto. Jacob continuó con Labán otros siete años por la hija de Labán que él realmente quería. Incluso después de eso, Labán siguió cambiando los acuerdos. Hoy en Marcos 2, podemos ver que Jesús practica la longanimidad de Dios mientras habla con los fariseos, los escribas y el pueblo judío, cuando estos se quejaban de lo que él hacía y de lo que decía.

Durante años, los líderes judíos no habían enfocado la ley de la manera correcta, no habían permitido que los efectos de la Ley produjeran un buen comportamiento en sus vidas. Jesús, a través de su ministerio, habla de lo que era la ley y de cómo los judíos la habían malinterpretado. Los judíos eran como Labán con Jacob, no cumplieron con su parte del acuerdo del pacto. En Romanos 2, Pablo inicia su argumento explicando que los judíos promueven la ley a otros, manifestando su derecho a declarar la ley por su pertenencia a Dios, por su herencia y circuncisión. Es muy probable que Pablo utilizara este mismo argumento que presentó aquí en cuanto ingresaba a una ciudad, ya que lo primero que hacía era ir a la sinagoga para predicar primero a los judíos.

Él presenta este argumento a los judíos tratando de mostrarles que por la forma en que viven, por las cosas que hacen y la forma en que presentan la ley, están haciendo que su circuncisión sea incircuncisión. La clemencia de Dios es lo que nos ha llevado a la salvación a todos los que creemos. Fue su longanimidad, porque si somos sinceros, todos admitiremos que somos culpables ante Dios (judíos y gentiles) y que deberíamos haber sido eliminados hace mucho tiempo, como los del diluvio. Por su longanimidad, Dios nos trata como no merecemos. Hemos recibido misericordia y gracia de un Dios clemente que no solo toleró nuestras malas acciones, sino que se compadeció de nosotros e hizo un sacrificio él mismo: Dios el Padre ofreció a Dios el Hijo en la cruz como sacrificio por el pecado. Dios hizo esto en su clemencia hacia nosotros para que nuestros pecados pudieran ser perdonados. Nosotros, como seres humanos, seguimos queriendo cambiar el acuerdo, pero Dios nunca lo hace. Él nos llama: «*Venid a mí todos los que estáis trabajados y cargados, y yo os haré descansar*» (Mt 11:28).

Hoy veremos la **fe**. Vemos que Jacob tuvo fe en que Dios (el Dios de su padre Isaac y de Abraham) lo bendeciría a pesar de la forma en que Labán lo amenazaba y engañaba. Jacob siguió a Dios incluso con todos los obstáculos que tenía ante él. Al seguir a Dios, finalmente vuelve a la tierra de su padre. Jacob es el padre de los doce patriarcas. Él y sus hijos terminan a salvo en Egipto, y ya conoces el resto de la historia. En nuestra lectura del día de hoy en Romanos 3, Pablo declara que es por la fe, y solo por la fe, que somos aceptados por Dios. Dice que la ley estaba allí para cumplir su función de guiarnos a ver que somos imperfectos. Más adelante, Pablo explica que gracias a la ley se dio cuenta de que codiciaba, y que codiciar era visto por Dios como pecado. También nos dice que reconocer nuestra pecaminosidad resalta la justicia de Dios (v. 5).

Pablo dice (v. 1-2) que los judíos tenían un lugar especial ante Dios, no por sus logros u obediencia, sino por Abraham y porque eran sus hijos. Él afirma que las declaraciones y el conocimiento de Dios fue dado a través de ellos a lo largo de los años desde Abraham, y que el Mesías vino de ese linaje. Sin embargo, Pablo continúa diciendo que tanto los judíos como los gentiles son pecadores (v. 9) y que no podemos alcanzar la aceptación de Dios por nuestros logros de buena conducta (v. 20). Por lo tanto, Pablo nos hace ver que es solo por la fe que Abraham tenía antes de hacer algo bueno o malo de acuerdo con la ley, que fue considerado justo delante de Dios. Pablo nos asegura que es por esa fe en la obra que Dios hizo en Jesucristo en la cruz, y solo por ella (v. 26-28), que somos justificados ante Dios.

Debemos recordar que, aunque estamos llamados a vivir rectamente ante Dios, no es por cómo vivimos ni por cómo nos comportamos ante Dios que somos aceptados por él y que tenemos vida eterna, sino que esto es únicamente por la fe. Solo recibimos la salvación por medio de Jesucristo y la obra que hizo en la cruz. Es un regalo gratuito. Jesús dijo: «**El que cree en mí tiene vida eterna**».[1] Muchos en el pasado caminaron con Dios por fe. ¿Qué clase de fe tuvo que tener Abraham para dejar a su familia y el lugar que conocía para seguir a Dios a un lugar que no conocía y del que no tenía ni idea, solo porque Dios le dijo que fuera? ¿Qué hay de Pablo? Él seguía un pensamiento incorrecto cuando arrestaba seguidores de Cristo hasta que tuvo un encuentro con el Señor resucitado y recibió la salvación. Entonces predicó a Cristo, y los judíos lo consideraron un traidor. ¿Cómo era su fe para hacer esto? La fe es algo en lo que debemos caminar con Dios.

---

1   Jn 6:47.

El tema de hoy es la **paz**. Es interesante cómo el Espíritu Santo ha ido entrelazando los temas de los últimos cinco días. Comenzó con el **morir a uno mismo**, siguió con la **oración**, luego la **longanimidad**, después la **fe** y hoy es la **paz**. Recuerdo las palabras de Jesús: «*Mi paz os doy; yo no os la doy como el mundo la da*». Todos estos parecen ser elementos importantes en nuestra vida cristiana.

Morir a uno mismo es crucial. Si no morimos a nuestros propios pensamientos y opiniones, no podemos aceptar lo que Jesús tiene que decir. Él no solo murió por nosotros y nos dio la salvación, sino que también, si lo escuchamos, nos habla de una mejor forma de vivir que, si se lo permitimos, empieza a crecer en nosotros a partir del nuevo nacimiento. Si morimos a nosotros mismos, entonces necesitamos de la oración para encontrar y desarrollar nuestra nueva vida estableciendo una relación con Dios. Sus caminos no son nuestros caminos.[1] La longanimidad, que parece estar relacionada con la perseverancia paciente, tiene que ser parte de nuestras vidas. Luego, el Espíritu Santo habló de la fe. Morir a nosotros mismos nos permite comenzar a desarrollar la fe. Sin fe, la longanimidad sería insoportable. Vemos que Abraham puso en práctica estas primeras cuatro cosas, aunque no de manera perfecta. El tema del que hablaremos hoy es la paz. Hay paz cuando nos damos cuenta de que la bendición de Dios es toda nuestra. En la lectura del día de hoy en Romanos 4, Pablo nos dice que recibimos nuestra salvación y podemos tener una relación con Dios solo a través de su gracia. «*Por eso, la promesa es fe, para que sea por gracia*» (v. 16).

Pablo nos dice que Abraham tuvo fe en Dios y que esto le fue contado por justicia (fue considerado justo delante de Dios). No fue justificado por ninguna obra de su parte, ya que la ley no había sido dada todavía. La ley fue dada a través de Moisés más de 400 años más tarde. Hoy nosotros obtenemos la salvación y la justicia por medio de la fe, cuando creemos en Jesucristo y lo recibimos en nuestras vidas. Ya no la recibimos por la ley, sino por la gracia que Dios nos otorga. Cuando logramos comprender que nuestra justificación con Dios está completa gracias a que creemos y aceptamos lo que Jesús hizo en la cruz por nosotros, sin ninguna obra de nuestra parte, encontramos una paz eterna, diferente a la paz que el mundo da (falsa paz), encontramos la paz que Dios da.

Cuando se nos quita la carga de que debemos hacer algo para recibir la justificación, nos damos cuenta de que es mucho más fácil empezar a vivir de la manera que Jesús nos indica. Por la gracia de Dios, el estrés de tener que hacerlo bien desaparece. «*Mi paz os doy; yo no os la doy como el mundo la da*» (Jn 14:27). No podíamos tener paz con la ley, pero con la gracia la tenemos plenamente como Cristo la da. Recíbela, conócela y créela.

---

[1]   Is 55:8-9.

La libertad viene cuando conocemos a Jesucristo. En Marcos 5, vemos a tres personas que tienen un encuentro con Jesús. El primero es un hombre endemoniado. Jesús les ordena a los demonios que se vayan, y el hombre es liberado, recibe la libertad y la paz, y les cuenta a todos sobre su experiencia —como Jesús le pide—. Luego, vemos a una mujer que ha estado enferma durante doce años, y a la que ningún doctor ha podido ayudar. Conoce a Jesús y, al tocar sus vestiduras (solo el borde de su manto), es libre de su dolencia. Jesús le dice que su fe en él y en el Padre es lo que la ha restaurado y liberado de su enfermedad, y le indica que se vaya en paz. La tercera persona que tiene un encuentro con Jesús es la hija muerta de Jairo, a quien le dice: «¡Muchacha, levántate!» (de la muerte). Con estas palabras de Jesús, la muchacha es liberada de la muerte y vuelve a la vida —a la plenitud de la vida—, y a los padres les dice que le den de comer. Pablo comienza el capítulo 5 de Romanos de esta manera: «*Justificados, pues, por la fe, tenemos paz para con Dios por medio de nuestro Señor Jesucristo*».

Él continúa argumentando que se nos concede libertad cuando recibimos a Jesus en nuestras vidas, y la prueba convincente que presenta es que aunque el pecado se extendió a todos los hombres debido al pecado de Adán, el poder mayor de la gracia ha venido sobre los hombres, a liberar a aquellos que aceptan y reciben al Señor Jesucristo, que es el poder supremo. El diablo intenta mantener ciega a la humanidad poniendo en el corazón del hombre el deseo orgulloso de alcanzar por sus propios medios el éxito personal y el valor propio. Esto es orgullo propio en su máxima expresión. El orgullo se opone a lo que Dios quiere hacer en nuestras vidas, es lo que nos aleja de lo que él tiene para darnos.[1] El orgullo fue lo que llevó al diablo a rebelarse contra Dios.[2]

El orgullo es lo que hizo que Adán y Eva pecaran. Es incluso lo que mantiene a la gente tratando de agradar a Dios siguiendo la ley. El orgullo solo nos mete en problemas, nos impide recibir todo lo bueno que Dios nos ofrece. Incluso, si permanecemos sumergidos en él, impide que recibamos nuestra salvación. De ser este el caso, al final de los tiempos, terminaremos en el mismo lugar que el diablo.[3]

Al momento de ser salvos, quizás no renunciemos a todo orgullo, pero hemos enfrentado nuestra pecaminosidad sabiendo que necesitamos ayuda. Morir a uno mismo es lidiar con nuestro orgullo, incluso a diario. Si acudimos a Dios con humildad, reconociendo nuestra necesidad, él nos ayudará a liberarnos cada vez más de nuestro orgullo, que debe morir para que nosotros podamos vivir. Encontrarse con Jesús —tanto personalmente, cuando anduvo por la tierra hace más de dos mil años, como espiritualmente en la actualidad— trae libertad a cada uno de los que confían en él.

---

1   1 Jn 2:16.
2   1 Tm 3:6.
3   Ap 20:10.

Vivimos para Cristo, hemos muerto al pecado, nos dirigimos hacia la eternidad en el cielo. Pablo nos dice que cuando aceptamos a Jesús en nuestras vidas y recibimos la salvación, nuestro viejo yo, el hombre pecador, es crucificado con Jesús y muere con él para que el poder del pecado ya no tenga autoridad sobre nosotros (Rm 6:6). Antes de la salvación, nos rendíamos al pecado por no conocer otro estilo de vida, incluso a lo que a veces nos parecía bueno a nosotros mismos o a la sociedad que nos rodeaba y, sin embargo, era pecado cuando se lo comparaba y medía con la santidad de Dios. Pablo habla de algo confuso en Romanos 6:14 cuando dice que ya no estamos bajo el dominio del pecado, puesto que ya no estamos bajo la ley, sino que somos libres de elegir, ya que ahora estamos bajo la gracia. La humanidad tiende a querer encontrar su valor (lo que a veces da lugar al orgullo o se afianza en él) en sus logros, para ganar un lugar, una posición, delante de Dios. Tendemos a regresar a la ley para de alguna manera tratar de mostrar que, gracias a nuestro esfuerzo, estamos aprobados para recibir de Dios.

No podemos recibir como recompensa la totalidad del perdón perfecto porque no somos capaces de realizar la plenitud de la obra perfecta que se requiere. Pablo nos dice en Romanos 5:12 que todos los hombres han pecado. Pedro en Hechos 15:10 les dice a sus hermanos judíos que no han sido capaces de soportar (completamente) el yugo de la ley. Cuando tratamos de ser aprobados por la ley, nos ponemos de nuevo (como esclavos) bajo la ley de la que Jesús nos ha liberado. Algunos pueden decir: «Sí, pero los diez mandamientos, ¿no debemos seguirlos?». ¿Qué dice Pablo en Romanos 6:16? Que nos convertimos en esclavos de aquello a lo que continuamente nos sometemos (con nuestros esfuerzos). Debemos doblegarnos a la gracia y no apegarnos a la ley, ni siquiera a los diez mandamientos (v. 14).

Pablo habla aquí de la obediencia que conduce a la justicia. ¿De dónde viene esta justicia? Viene de creer en Cristo, de rendirse a Cristo, de elegir vivir bajo la gracia en lugar de sujetarnos a la esclavitud del pecado. Jesús dijo: **Vengan a mí, crean en mí, síganme.** Esto es lo que debemos obedecer, su llamado. Todo lo que necesitamos está en él, el autor y consumador de nuestra fe.[1] Él vino y se ofreció a sí mismo. ¿Qué elegiremos? Ahora que no somos más esclavos, tenemos la libertad de elegir.

---

1   Hb 12:1-2.

Es difícil conocer la voluntad de Dios, pero es peligroso seguir adelante en nuestras vidas sin ella. Conocer la voluntad de Dios —su voluntad inmediata— para nuestras vidas es importante. Él sabe lo que quiere de nosotros, ¿cómo podemos nosotros saberlo? La vida no es fácil; más difícil aún es encontrar la voluntad de Dios. Esto es lo que nos lleva al régimen de la letra, es decir, a la ley obsoleta dada a Moisés (Rm 7:6), o a las tradiciones de los ancianos, los hombres que nos precedieron. Dentro de la ley es donde podemos sentir que estamos logrando algo; sin embargo, es como ir a un negocio y seguir pagando, a pesar de que el negocio ya no está funcionando y de que esos pagos no nos aportan ninguna ganancia. Jesús habla de aquellos que hacen un esfuerzo (y tratan de que otros también lo hagan) por seguir las tradiciones de los ancianos. Pablo habla del esfuerzo de seguir una ley que ya no nos aporta nada.[1] Él nos aconseja que sigamos al Espíritu y que vivamos por este.[2]

Esto no es fácil de hacer, pero es a lo que Dios nos llama. Muchas denominaciones que comenzaron con un hombre que aprendió a seguir al Espíritu, ahora, después de un par de generaciones, han desarrollado reglas. Han vuelto a esto porque no es sencillo seguir al Espíritu como el líder fundador aprendió a hacerlo. Nos sentimos atraídos por la manera fácil de hacer las cosas: aunque ser obediente a las normas requiere diligencia, es más fácil que buscar, escuchar y aprender del Espíritu. Dios nos llama a un camino difícil y a una fe firme en que el Espíritu Santo obrará en nosotros y a través de nosotros. ¿Hemos realmente muerto a nosotros mismos,[3] estamos de verdad buscando hacerlo a su manera? ¿O estamos tratando de complacerlo con nuestro propio esfuerzo, siguiendo reglas en lugar de seguir a su Espíritu que está dispuesto y quiere guiarnos?

¿Hemos realmente oído lo que Jesús le dijo a la mujer junto al pozo? Le está hablando verdad, una verdad que va hacia el futuro, el futuro de la Iglesia de la que ahora formamos parte. Jesús no le dijo que sería así solo por un tiempo, no le dijo que sería así durante los primeros cien años, ni durante los primeros quinientos años, ni siquiera durante mil años. Él dijo que será así. Así que lo que él dijo es para ahora también: «*los verdaderos adoradores adorarán al Padre en espíritu y en verdad, porque también el Padre tales adoradores busca que lo adoren*» (Jn 4:23). Es por el Espíritu que adoraremos, es por el Espíritu que seguiremos, es por el Espíritu que sabremos cómo y adónde ir. Se necesita morir a uno mismo para encontrar la dirección del Espíritu. Él quiere toda nuestra atención para poder decirnos lo que Jesús está haciendo y lo que quiere de nosotros. Jesús quiere que lo sigamos, él sabe cuáles son los planes del Padre, nosotros somos sus siervos-esclavos para ayudar a realizar la obra del Padre.

Morir a uno mismo a veces significa dejar de hacer lo que estamos haciendo para esperar en el Espíritu. En una ocasión, escuché una enseñanza que decía que Dios es un caballero, él no interrumpe ni entra donde no es invitado. El Espíritu Santo también es Dios y, si no es invitado, no va a interferir, tú tienes que invitarlo. ¿Te detendrás, esperarás y lo invitarás a entrar?

---

1   Ga 3:21, 23-25; Hb 8:13.
2   Ga 5:16, 18, 25.
3   Lc 9:23, 14:43.

¿Qué estamos haciendo? ¿Qué es nuestro ser? Todo lo que tenemos como humanidad es un fracaso. Nada nuestro tiene valor: ni nosotros ni nuestra inteligencia ni nuestro trabajo duro ni nuestros logros ni lo que hagamos con nuestro propio esfuerzo e inteligencia…, nada. Fallamos la prueba de Dios. Él establece el estándar y por mucho que lo intentemos siempre nos quedamos a medio camino. Comenzó en el huerto del Edén, lo único que teníamos que «hacer» era no comer de un árbol en particular. Todos los demás árboles del jardín eran nuestros, podíamos comer de ellos y hacer lo que quisiéramos. Solo había un requisito de parte de Dios: no comer de ese árbol, y fracasamos. Quizás digas que fueron Adán y Eva, no nosotros. ¿Acaso no te das cuenta de que ellos empezaron su vida mejor posicionados que nosotros? Ellos fueron la creación directa de Dios y aun así fallaron.

Nuestra situación de partida es menos favorable que la de ellos, así que nuestro pensamiento de que podemos hacerlo mejor que ellos solo proviene de nuestra arrogancia y orgullo, que nos descalifica del estándar que Dios puso; hemos fallado. Pablo nos dice de muchas maneras que Dios quería que conociéramos la verdad sobre nosotros mismos y que por eso le dio al hombre (a los judíos) la ley que, según Pablo, nos muestra nuestra pecaminosidad. Hay algo interesante acerca de la ley que muchos no ven. Las Escrituras nos dicen que la ley fue dada porque los judíos (y nosotros como humanidad) fuimos un pueblo terco. Abraham siguió a Dios sin necesidad de una ley. Sus hijos, en cambio, se quejaron al poco tiempo de ser liberados de la esclavitud en Egipto tras haber sido testigos de muchos milagros. Dios los libró cuando llevó al faraón y a todo su ejército al mar Rojo, destruyéndolos por completo.[1] No mucho tiempo después, cuando Moisés estaba en el monte, volvieron a mostrar su carácter; no eran como Abraham.

Pablo, Pedro y —tal vez— Santiago vieron que el hombre no podía ser justificado por la ley, se necesitaba algo más grande para salvarnos: que Dios en su misericordia nos diera la gracia a través de Jesucristo, para que él hiciera lo que nosotros no podíamos hacer. Esto es lo que Pablo nos dice en Romanos 8: si en nuestra carne no pudimos cumplir los requisitos de la ley, ¿por qué creemos que sí podremos cumplir los requisitos para alcanzar la vida con esta misma carne? Somos salvos por la gracia de Dios cuando aceptamos a Jesucristo como Señor, y es solo por la obra del Espíritu Santo (otra vez de Dios) en nosotros que podemos cumplir plenamente los requisitos para alcanzar la vida. No debemos vivir según nuestra carne, sino que debemos buscar al Espíritu Santo, encontrarlo, escucharlo, aprender de él y caminar por él si queremos lo mejor que Dios tiene para nosotros y para la Iglesia, su pueblo en la tierra.

---

1   Ex 14:23-28.

La **paz de la adopción**, la **bendición de pertenecer**, la **seguridad de la aceptación**. Estos son privilegios que el creyente en Jesús debe reconocer. Ninguno de nosotros merece lo que Dios nos ha dado. Incluso el pueblo elegido de Dios, un pueblo que él tomó para sí mismo de entre todas las naciones gracias a la fe de Abraham, según lo que Pablo dice en Romanos 9:31-32, no pudo cumplir la ley para recibir la bendición. Ellos sabían de Dios, oyeron de sus caminos, se les dieron sus leyes, se les mostró (y se los hizo guardianes de) una copia de su templo que está en el cielo y, sin embargo, no pudieron ser hallados justos por su propio mérito. Pablo dice que ellos caminaron en su propio esfuerzo humano tratando de ser considerados justos, en vez de obtener la justicia por fe, como su ancestro Abraham lo hizo. Por lo tanto, Pablo nos dice que aquellos que se han convertido en hijos de Israel, de Abraham, son hijos por fe, no por linaje.

Todo lo que recibimos de Dios como cristianos es por nuestra fe, no por lo que nosotros hacemos para él. Esto da lugar a que realicemos las obras de Dios, porque tenemos una libertad y una seguridad de espíritu que nos permiten enfocarnos en la obra, y no en si hemos hecho lo suficiente o lo correcto para agradar a Dios. Cuando estamos preocupados por cumplir con el requisito, eso ocupa un lugar en nuestra mente que constantemente está llamando nuestra atención. Cuando somos libres de esta preocupación, podemos escuchar y sentir en nuestro interior lo que Dios ha puesto allí, y lo que Dios quiere que hagamos. Te recordaré de nuevo lo que tantos pasan por alto de lo que Dios hará en cada uno de nosotros: «*Porque Dios es el que en vosotros produce así el querer como el hacer, por su buena voluntad*» (Flp 2:13).

Dios obra poniendo en ti su voluntad, ahí es donde encontrarás su guía, está plantada en tu interior. Dios obra poniendo en ti su deseo de hacer las obras que él tiene para ti, ahí es donde encontrarás lo que él quiere que tú hagas como individuo, está grabado en tu interior. Muchas veces buscamos fuera de nosotros lo que Dios tiene para nosotros, lo que quiere que hagamos. Buscamos lo que debemos hacer en listas de las Escrituras o escuchamos a otros que suponemos saben lo que debemos hacer. A veces buscamos por todas partes para encontrar lo que Dios quiere que hagamos, cuando todo el tiempo estuvo dentro de nosotros, donde Dios lo ha plantado.

Cuando sabemos desde ese lugar qué es lo que Dios ha dispuesto para nosotros, nos sentimos confiados en que tendremos éxito porque Dios lo ha ordenado, lo único que tenemos que hacer es entregarnos a ello. ¡Dios quiere lograr grandes cosas a través de cada uno de nosotros![1] La paz, las bendiciones y la seguridad son nuestras solo mediante la fe, sin ningún esfuerzo de nuestra parte para lograrlas. Sabiendo esto, podemos avanzar felices hacia la obra que Jesús nos ha encomendado: anunciar a otros el mensaje del evangelio; enseñar y discipular a los que son salvos, y expandir el reino de Dios en la tierra como en el cielo.

---

1   Ef 2:4-10.

En Marcos 10 hay una progresión interesante. Los apóstoles se quedan asombrados y perplejos (v. 24-32). El pasaje comienza con los fariseos interrogando a Jesús sobre un punto de la ley que Moisés les había dado. Aquí están los discípulos, elegidos por Jesús, tratando de ser buenos judíos, caminando con el primer profeta verdadero que ha habido en Israel en cuatro siglos, aunque él es mucho más de lo que ellos creen. Se acercan los fariseos y dicen lo que todos los judíos sabían que eran las palabras de Moisés, pero Jesús dice que eso no es exactamente así. Jesús afirma que si un hombre se divorcia de su mujer y se casa con otra es culpable de adulterio. Luego, la gente empieza a llevar a sus hijos a Jesús, y los discípulos, pensando que eran una molestia para él, intentan alejarlos. Jesús les dice a los discípulos que dejen en paz a los niños porque de ellos es el reino de Dios.

No solo esto, sino que Jesús les dice a los apóstoles que si no reciben y aceptan el reino de Dios como un niño, no entrarán en él. Ahora bien, esto está muy lejos de la ley que es lo que todo Israel conoce como el camino hacia Dios. Luego, un hombre rico que los ha estado siguiendo se acerca a Jesús y le pregunta qué debe hacer para ganar la vida eterna. Jesús le habla solo de seis mandamientos, y el hombre rico dice que los ha cumplido toda su vida. Jesús examina el corazón y no la ley. Le dice al rico que, si quiere heredar la vida eterna, debe vender todo lo que tiene, dárselo a los pobres y, luego, seguirlo. Todo esto se vuelve difícil de entender para los apóstoles; entonces Jesús les dice que es más fácil que un camello pase por el ojo de una aguja, que un rico se salve.

Cuando los apóstoles preguntan qué recibirán ya que han renunciado a todo, Jesús les dice que recibirán cien veces más junto con persecuciones. Esto los confunde totalmente. Jesús continúa diciendo que el primero será el último y el último será el primero, y que para liderar uno debe ser esclavo de todos. Muchas veces nosotros leemos las Escrituras y quedamos confundidos, desconcertados y perplejos; no somos los únicos. Incluso los apóstoles muchas veces no lo entendían, toda su comprensión de lo que ellos pensaban que era ser un seguidor de Dios estaba siendo totalmente desafiada. El Espíritu Santo fue el que ayudó a los apóstoles a entender, como vemos en el libro de los Hechos, y es el Espíritu Santo quien hoy ayuda a los creyentes a entender. Lee lo que dijo Jesús en Juan 14:26.

Como hombres (humanidad ante Dios), podemos encontrarnos pensando más en nosotros mismos de lo que deberíamos. Este es el lugar en el que se encuentra Job, en la agonía de su miseria. No es hasta que Eliú declara la grandeza de Dios que Job es capaz de considerar su posición correcta ante él. En un momento oportuno, Dios le habla a Job (Job 38:1 y 40:1) y le pregunta realmente cuán grande es él (Job). Después de que le hace a Job muchas preguntas y Job se da cuenta de su lugar, le responde a Dios que no tiene respuesta (ningún conocimiento) y que no dirá más nada. La humildad surge fácilmente cuando asumimos nuestro lugar correcto ante Dios, pero a muchos de nosotros nos tienen que confrontar con nuestros defectos, tenemos que ser humillados por Dios, para encontrar este lugar de humildad.

Dios está buscando un pueblo humilde (no debilucho) que lo siga, que crea lo que dice, que haga lo que ordena y que vaya a donde le guíe. Es grandioso cuando nos rendimos, cuando renunciamos a todo lo que tenemos, y luego el Señor nos da (en ese estado de humildad) más de lo que teníamos antes. En la última semana antes de que Jesús fuera arrestado y crucificado, mientras él y sus apóstoles/discípulos iban camino a Jerusalén, Jesús maldijo la higuera. Los discípulos lo habían visto hacer muchas cosas extrañas durante sus tres años juntos, esta es una de ellas. Jesús va a la higuera en busca de frutos y no encuentra más que hojas. Marcos nos dice que no era temporada de higos. Muchas cosas que hacía Jesús parecían extrañas, la primera sucedió cuando estaba con sus padres a la edad de doce años y se quedó en Jerusalén. José y María, al darse cuenta de que no iba con la familia de vuelta a casa, regresaron a Jerusalén.

Puede que pensaran: «¿Qué le pasa a este niño? ¿Por qué haría algo así?». Por su respuesta, cuando José y María lo encontraron, Jesús no pensaba que hubiera hecho algo malo, él estaba en el templo con los que hablaban de Dios. Seguramente, para José y María esto era un comportamiento extraño. Si realmente nos humillamos ante Dios y hacemos las cosas a su manera, otros dirán que tenemos un comportamiento extraño. Una vez que descubrimos quiénes somos realmente ante Dios, como lo hizo Job, comenzamos a actuar más y más como Jesús. Así es como nos vemos ante un mundo que no desea nada con encontrar a Dios o seguirlo. Su condición está formada por sus propios deseos, que son defectuosos en comparación con Dios. Dios nos llama a ir a él, a seguirlo, a parecernos cada vez más a Cristo. Para el mundo, este comportamiento parece extraño.

¿Qué es el pecado? ¿Qué consideramos pecado? ¿Son pecados solo las cosas que figuran en una lista en las Escrituras? ¿Qué hay de todo lo que se opone al camino de Dios? El pecado es con lo que luchamos constantemente, una vez que somos salvos tenemos a disposición un perdón constante para aquellas veces que no somos lo suficientemente fuertes para enfrentarnos a él,[1] sin embargo, debemos resistirlo con todas nuestras fuerzas. Amar a nuestro Dios es huir del pecado, por eso es en nuestro corazón, en nuestra alma, en nuestra mente y en nuestras fuerzas (Mc 12:30) donde debemos esforzarnos para resistirlo. El pecado puede ser mucho más amplio de lo que pensamos. Se nos dice que si pensamos que algo es pecado (aunque en realidad no lo sea) y seguimos adelante y lo hacemos, entonces se nos cuenta como tal. El pecado aquí es ceder a lo que creemos que es pecado. Muchas veces es nuestra actitud la que es pecado, no la acción. El pecado es lo que aqueja al mundo. Pablo nos dice que no hagamos lo que hace el mundo, que vayamos en la dirección contraria y que no nos dejemos vencer por el mal (Rm 12:2, 21).

Aun cuando intentemos o aparentemos ser religiosos, si es solo nuestra propia determinación y no lo hacemos como Dios quiere, eso puede ser pecado. Los líderes religiosos de Israel confrontaron a Jesús una y otra vez, y lo pusieron a prueba porque él meditaba y enseñaba el camino de Dios. Parece que muchos estaban en el liderazgo por el pecado de su corazón. En una ocasión, los líderes religiosos confrontaron a Jesús y le preguntaron **con qué autoridad hacía estas cosas**[2], y él les respondió con una parábola que muestra la verdad sobre ellos (Mc 12:1-8). En el versículo 7, los labradores se dicen a sí mismos: **Éste es el heredero; venid, matémoslo, y la heredad será nuestra.** En el relato de Jesús, ellos no se dicen a sí mismos que la viña será suya, sino que la herencia será suya. La herencia es mucho más que la viña, es toda la riqueza del hombre, se trata de dinero. Es probable que algunos líderes religiosos se hayan esforzado por alcanzar esa posición motivados por la riqueza que obtendrían.

Lo que Jesús hacía obstaculizaba su camino hacia esa riqueza, así que estaban decididos a detenerlo. Debemos tener cuidado con lo que hacemos y examinar nuestros motivos (hay muchos otros aparte de las riquezas). Debemos analizar si nuestro celo por difundir la religión se origina en un ámbito donde Dios no nos quiere. Incluso en la vida cristiana, seguir el camino fácil puede no ser el camino de Dios y puede convertirse en un lugar peligroso para nosotros.

---

1   1 Jn 2:1-2.
2   Mc 11:28.

¿Qué día es hoy? ¿Qué hora es? ¿Estamos velando? ¿Estamos sirviendo correctamente a nuestro Maestro? ¿Esperamos su regreso en cualquier momento? ¿Nos ocupamos de sus asuntos? ¿Estamos haciendo lo que Jesús dijo? ¿Vivimos a la manera de Jesús? ¿Nos amamos los unos a los otros? Esta última pregunta fue el nuevo (y último) mandamiento de Jesús para nosotros. No nos dijo que amáramos al mundo, sino que nos amáramos los unos a los otros, los que formamos el cuerpo de Cristo. Nos encontramos en él, debemos morir a nosotros mismos y vivir en él, debemos parecernos a él. Muchas veces los Evangelios dicen: **Él amó**. Pablo nos recuerda que la suma de los mandamientos del Antiguo Testamento se encuentra en el segundo mandamiento que Jesús nos dio, amar a nuestro prójimo como a nosotros mismos (Rm 13:9).

Pablo continúa diciendo que, al practicar el amor al prójimo, cumplimos todos los requisitos de la ley (Rm 13:10). Esto es lo que debemos hacer: amarnos los unos a los otros. De esta manera, el mundo sabrá que somos cristianos, esto debe ser parte de nuestro testimonio hacia ellos. En primer lugar, debería haber alegría en los que formamos parte de la Iglesia (**Iglesia** son las personas creyentes, no un edificio). ¿Hay alegría? Esto no es algo que te puedas poner y vestir; si es falso, el mundo lo verá enseguida. La alegría proviene de Cristo que está en nosotros y nos asegura el futuro, de que nuestros pecados son perdonados y de que tenemos un lugar en el cielo con Dios.

A veces, esta alegría no puede surgir porque nos aferramos a algo de este mundo. Como muchas veces te recuerdo, debemos morir a nosotros mismos. Ahí viene la alegría, cuando permitimos que la vida de Cristo surja en nosotros —su vida en nosotros, ya no la nuestra—. Lo siguiente es cómo nos ven tratarnos los unos a los otros, si ven sinceridad en la alegría que tenemos juntos. ¿Nos cuidamos unos a otros, incluso como una familia? Eso es lo que somos; se nos dice que somos hijos del mismo Padre, somos hijos de Dios. Deberíamos desear que llegue el momento en que estemos todos reunidos en el cielo.

Jesús nos advierte que estemos atentos y preparados para su regreso en cualquier momento (Mc 13:32-33). También nos indica que estemos ocupados con la obra que él nos ha dado a cada uno (Mc 13:34). Además, nos dice que velemos (Mc 13:35-37). Así que debemos estar ocupados en la obra del reino de Dios: unos plantando la semilla del evangelio, otros regando la semilla y otros cosechando. Debemos producir fruto en nosotros mismos y ayudar a otros a producir su fruto. Debemos ocuparnos de los asuntos del reino de Dios, amándonos unos a otros —no murmurando ni chismeando—, y velando —esperando el regreso de Jesús con un espíritu alerta—. Hay una cosa que Jesús dice en los Evangelios que me inquieta. Él pregunta: «**Cuando venga el Hijo del hombre, ¿hallará fe en la tierra?**».[1] ¿Tú qué piensas? ¿Qué encontrará en ti?

---

1   Lc 18:8.

¿Qué es lo contrario de la paz? Podemos decir la confusión, el caos, la guerra, etc. Lo que Pablo nos dice en Romanos 14 es que la ley es lo contrario de la paz, a pesar de que él habla mucho de la ley. Jesús dijo: «**La paz os dejo, mi paz os doy; yo no os la doy como el mundo la da**».[1] Jesús nos liberó de la ley cumpliéndola por nosotros —esta ya no tiene autoridad sobre nosotros, estamos bajo la gracia—. Pablo está hablando de este tipo de gracia. Él no está diciendo que hagamos nuevas leyes para gobernar a los creyentes, leyes sobre qué comer y qué no comer, leyes sobre qué días honrar y qué días no honrar. El punto de Pablo es este: no importa cómo vivamos delante de Dios, cuando seamos llevados a su tribunal, todos estaremos en igualdad de condiciones, ninguno calificará. Todos, sí, todos necesitamos la sangre de Cristo para que por su gracia nuestros pecados sean perdonados.

Lo que Pablo parece querer decir es que si nosotros, cada uno por sí mismo, no podemos cumplir el estándar de Dios, ¿cómo podemos exigir que los demás hagan lo que consideramos correcto cuando nosotros mismos no somos capaces de hacer lo correcto ante Dios? Debemos entender la gracia, ya que es lo que cubre a todo el cuerpo de Cristo. Para no ser confuso aquí, lo que trae la gracia de Dios sobre nosotros es la sangre de Cristo que está sobre nosotros. Estamos cubiertos espiritualmente por su sangre, eso es lo que mantiene la muerte lejos de nosotros —así como la sangre de los corderos sacrificados en Egipto, y que fue untada en los postes de las puertas y los dinteles, mantuvo alejada a la muerte de las viviendas de los judíos a los que Dios estaba libertando—.[2] Hemos sido libres de la maldición de la muerte que vino sobre nosotros a causa de nuestro pecado. Nuestros pecados han sido perdonados por lo que Jesús hizo en la cruz por nosotros.

La gracia de Dios siempre es suficiente para todos los que acuden a ella por el pecado más profundo.[3] Debemos conocer esta paz, debemos tenerla por fe. Nuestros intentos por estar a la altura para Dios siempre fracasarán, nunca serán suficientes para pagar por nuestro pecado. Jesús es el único que pudo cumplir la tarea de pagar por nuestro pecado. Dios mismo murió por nosotros para que pudiéramos ser perdonados. Quién lo hubiera sabido, quién podría haberlo imaginado, quién podría entender que Dios haría esto por nosotros... Y sin embargo, él lo ha hecho.

---

1   Jn 14:27.
2   Ex 12:23.
3   Jn 1:16; 2 Co 9:8.

El tema que el Espíritu Santo me ha inspirado para hoy es el **amor**. Hablo del tipo de amor que Dios tiene por nosotros, un amor que lo entrega todo, que se sacrifica por el otro. Es el tipo de amor que es extraño en nuestra cultura estadounidense, en la que conseguir los logros personales e individuales es lo principal —lo que se ha instalado en nuestras iglesias y es evidente en nuestras oraciones, que son más acerca de nuestro bienestar y de nuestras necesidades y placeres—. En cambio, una oración de acuerdo con el corazón de Dios y su amor se enfoca principalmente en el otro.

Este es el amor de Dios. Si examinamos con ojos que buscan la verdad, veremos este tipo de amor cuando miremos la cruz, y oiremos hablar de este tipo de amor cuando estemos en la mesa de la santa cena y escuchemos las palabras de Jesús: «**memoria de mí**». Este tipo de amor se manifiesta claramente si estamos dispuestos a ver y a escuchar las palabras de Pablo en Romanos 15:1: «*Los que somos fuertes [maduros espiritualmente] debemos soportar las flaquezas de los débiles y no agradarnos a nosotros mismos*».

En la última mitad de Marcos 14 y en todo el capítulo 15, Jesús actúa en este tipo de amor. Se lo acusa falsamente y lo arrestan, se somete a ser apresado por los que han venido a arrestarlo, aunque el poder de sus palabras es suficiente para hacerlos retroceder.[1] Lo llevan ante el concilio judío para juzgarlo, pero él no busca complacerse a sí mismo. Jesús podría haber tomado el asiento del sumo sacerdote en ese mismo momento, con doce legiones de ángeles del Padre para respaldarlo.[2] Pero esa no era la voluntad del Padre, ese no era un amor conforme a su corazón. Sacrificarse por el bien de los demás es un amor conforme al de Dios. En esos últimos días antes del arresto de Jesús, él les da a los discípulos su último mandamiento: **que se amen unos a otros** (los creyentes).[3] Él estaba hablando del tipo de amor que se sacrifica a sí mismo. Podemos ver este tipo de amor en Jesús, a quien debemos parecernos.

Pablo, después de su encuentro con Jesús en el camino a Damasco y los tres días siguientes, fue confrontado por este tipo de amor.[4] Desde ese momento, Pablo demuestra este tipo de amor, actúa en él y trata de enseñárnoslo en sus epístolas. Sí, es un tipo de amor muy extraño en nuestra cultura; pero si buscamos al Espíritu Santo y le permitimos que nos ayude a entender,[5] podremos tenerlo. Este es el tipo de amor que Jesús mostró al brindarnos la salvación. Pablo lo demostró, incluso estuvo dispuesto a ser condenado eternamente para que todo el pueblo judío recibiera la salvación.[6] Dios nos llama a algo que muchos de nosotros desconocemos. Si realmente lo buscamos y nos entregamos plenamente a Dios, él obrará en nuestras vidas para que conozcamos y practiquemos este tipo de amor, el tipo de amor que podemos ver desde Génesis hasta Apocalipsis.

---

1   Jn 18:6.
2   Mt 26:53.
3   Jn 13:34, 15:12, 15:17.
4   Hch 9:3-18.
5   Jn 14:26.
6   Rm 9:3.

No somos tan diferentes de aquellos que siguieron a Jesús durante tres años, oyendo sus palabras, viendo sus señales y prodigios, y sintiendo su presencia. Ellos fueron los que vivieron a Jesús de una manera especial. Y gracias a los escritos que ellos dejaron, nosotros hoy tenemos el beneficio de seguir a Jesús por las historias volcadas en el Nuevo Testamento, que posiblemente nos transmiten el mayor conocimiento general de la vida. Pero a pesar de todo esto, tanto nosotros como ellos tenemos defectos y dificultades para creer. Jesús muchas veces les describió a sus discípulos cómo sería cuando fuera arrestado, juzgado y crucificado; sin embargo, ellos se sorprendieron cuando esto finalmente ocurrió. ¿Cuántas veces nos ha dicho Jesús en nuestra vida cómo iba a ser algo, y aun así nos sorprendimos cuando sucedió? Aquí vemos aquello en lo que todos somos iguales, aquello que nos descalifica a todos —como ninguna otra cosa—, eso que, sin importar el rango, alto o bajo, es un defecto que se encuentra en todos nosotros: la incredulidad.

María Magdalena fue al sepulcro de madrugada, no encontró allí el cuerpo de Jesús, le habló un ángel y se le apareció Jesús resucitado. ¡Qué testimonio! Con esta gran noticia fue a los que habían estado con el Señor, y ellos se negaron a creerle (Mc 16:11). Dos seguidores de Jesús que salieron de Jerusalén después de la crucifixión iban camino a Emaús, cuando Jesús —a quien desconocieron— se puso a caminar con ellos y les habló de que las Escrituras decían que esto le pasaría al Mesías. Los dos le pidieron a Jesús, a quien no reconocieron, que se quedara con ellos esa noche. Cuando empezaron a comer, se dieron cuenta de que el extraño era Jesús por la forma en que bendijo la comida. Vaya, ¡qué testimonio! Habían caminado kilómetros con el Señor resucitado, se habían puesto a comer con él y, cuando lo reconocieron, él desapareció de su vista.

¡Qué gran noticia, qué experiencia tan extraordinaria! Se apresuraron a regresar a Jerusalén para compartir la gran noticia de que Jesús estaba vivo, de que había resucitado, con los que habían seguido a Jesús, pero los otros seguidores se negaron a creerles (Mc 16:13). Luego Jesús se apareció a los once, los reprendió y les reprochó su incredulidad. Nosotros, como ellos, muchas veces somos incrédulos. A veces en nuestras mentes, como en las mentes de aquellos que estaban con Jesús, lo que está escrito en las Escrituras o los testimonios de otros parecen imposibles de creer por nuestro razonamiento y pensamiento finito. Si Jesús se te apareciera ahora mismo, ¿te mencionaría alguna incredulidad en tu vida, así como se las mencionó a los once apóstoles?

La palabra que el Espíritu Santo me trae hoy es **redención**. Las dos primeras definiciones en el diccionario Webster son: *1) Recompra de bienes o prisioneros capturados, el acto de procurar la liberación de personas o cosas de la posesión y el poder de los captores mediante el pago de un equivalente; rescate; liberación; como la redención de prisioneros tomados en guerra; la redención de un barco y su carga. 2) Liberación de la esclavitud, de la angustia o de la responsabilidad de cualquier mal o confiscación, ya sea por dinero, trabajo u otros medios.*

Por lo que vemos, el diccionario Webster se refiere a una persona o cosa que no puede hacer nada para liberarse de aquello que la mantiene cautiva y que debe ser liberada por las acciones de otro. En las Escrituras, vemos que Dios muchas veces redime a José de la esclavitud en la que se encuentra, y lo termina colocando como gobernante de Egipto sin nadie por encima de él, excepto el propio faraón. Luego, en cierto sentido, vemos que José redime a su padre, a sus hermanos y a todos los suyos de la muerte que una hambruna estaba trayendo a la tierra. En el primer capítulo de Lucas, vemos en primer lugar el acto de redención por parte de Dios cuando libera a Zacarías y a Elisabet de la esclavitud de la esterilidad. Al momento de la dedicación, purificación y circuncisión de Juan el Bautista, Zacarías, lleno del Espíritu Santo, dio gracias y alabó a Dios por haber traído liberación y redención a su pueblo (Lc 1:68). Dado que Zacarías fue lleno del Espíritu Santo, profetizó la verdad.

Zacarías sabía bien que la redención vendría de la mano de Jesús, que es a quien se refiere en el versículo 68. Zacarías discierne esto por distintos motivos: conocía bien a María, su pariente, quien se había quedado con él y su esposa durante tres meses (v. 56); por la experiencia que tuvo su esposa, Elizabet; por las alabanzas de María a Dios (v. 41-55), y, seguramente, por las muchas conversaciones que habrían tenido —sobre todo María y Elizabet, ya que Zacarías solo escuchaba, pues no podía hablar (v. 20)—. Cuando María visitó por primera vez a Elisabet, Juan el Bautista, el bebé que Elizabet llevaba dentro de ella, saltó al oír el saludo de María. Puede ser que Juan el Bautista, aún en el vientre, se alegrara de la presencia de su Señor Jesucristo, que también estaba todavía en el vientre de su madre, María. Una vez que Jesús nació y fue llevado para ser consagrado, un hombre llamado Simeón alabó a Dios porque se le había permitido, antes de su muerte, ver la salvación de Dios —el acto de la redención— para el pueblo (Lc 2:30).

También había allí una profetisa llamada Ana que también alabó a Dios y habló del niño Jesús a todos los que esperaban la redención de Jerusalén (Lc 2:38). En 1 Corintios 1:4-9, en especial en el versículo 8, vemos que todo lo que Pablo dice es acerca de la redención, y termina el capítulo en el versículo 30 diciendo que Dios ha hecho que Cristo sea nuestra sabiduría, nuestra justicia, nuestra santificación y nuestra redención. Esto que somos en Cristo es gracias al acto redentor de Dios a través de Jesucristo. Nosotros, por nuestro propio esfuerzo, somos incapaces de liberarnos de la esclavitud a la que estamos sometidos; es Dios quien nos redime. Aunque Dios no nos diera ninguna otra bendición en toda nuestra vida, nuestra boca y nuestro corazón deberían manifestar gratitud por la redención que él ha pagado por nosotros: Jesús en la cruz.

Humildad, tarde o temprano todos nos enfrentamos a ella. Podemos ponérnosla nosotros mismos como una prenda y llevarla beneficiándonos de las cosas para las que Dios puede usarnos mientras la llevamos puesta. Pero parece que hay muchos de nosotros a los que Dios tiene que desnudar y quebrantar antes de que estemos dispuestos a vestirnos de humildad. Nuestro ego y orgullo constantemente se oponen a que nos vistamos con ella. En la lectura del día de hoy vemos a los hijos de Jacob, cuyo ego y orgullo los llevaron a vender a José como esclavo, a vivir una mentira ante su padre y a enfrentarse cara a cara con su culpa. Dios les dio algo maravilloso al hacer de José, aquel a quien ellos expulsaron, el gobernador de Egipto. Pero antes de recibir esta bendición, Dios tenía que despojarlos y quebrantarlos, porque no estaban dispuestos a vestirse con el manto de la humildad. En la lectura del día de hoy en 1 Corintios 2, Pablo dice que fue a los corintios en humildad (v. 1-5).

No fue fácil para él hacerlo. Él estaba en Jerusalén, lleno del orgullo y la arrogancia de ser un judío hecho y derecho, y no estaba dispuesto a aceptar que Jesús era el Mesías. Antes de que Pablo se convirtiera en seguidor de Cristo, se llamaba Saulo. Saulo, al igual que muchos de los otros judíos, decía que Jesús no podía ser el Mesías porque Jesús no había ido a ellos de la manera en que ellos lo habían determinado. Saulo estaba tan complacido de sí mismo que fue al sumo sacerdote para pedir autoridad para arrestar y llevar presos desde Damasco a Jerusalén a los seguidores del Camino.[1] En el Nuevo Testamento, se nos presenta a dos hombres llenos de orgullo, que se vistieron de humildad luego de ser duramente quebrantados por Dios. Pedro casi juró que no negaría a Jesús y que incluso moriría con él si fuera necesario.[2] Luego, en menos de veinticuatro horas, negó conocer a Jesús o incluso saber algo de él. Pablo fue confrontado por el Señor resucitado camino a Damasco, y esto lo afectó tanto que se negó a comer o beber durante tres días.[3]

¿Cuánto necesitamos que Dios haga con nosotros antes de estar dispuestos a vestirnos de humildad? Podemos ver que Pedro y Pablo fueron usados por Dios en gran manera una vez que estuvieron dispuestos a ponerse ese manto de humildad. ¿Cuánto queremos que Dios nos use? ¿Y cuánto tendrá que hacer Dios para que lo logremos? ¿Será por las buenas o por las malas? ¿O tal vez un poco de ambas? Parece que depende de nosotros cuánto haremos; lo que reste, LO HARÁ DIOS.

1   Hch 9:1-2.
2   Lc 22:31, 22:54-62.
3   Hch 9:9.

Dios es Dios, no hay otro. Él es el alfa y la omega, el principio y el fin. Todo es suyo. Pablo nos dice en 1 Corintios 3:22-23 que para todos aquellos que somos salvos, ya «sea Pablo, Apolos o Cefas, sea el mundo, la vida o la muerte, sea el presente o lo por venir», todo es nuestro, y nosotros somos de Cristo, y Cristo es de Dios. Lo tenemos todo porque estamos en Cristo, y Cristo está en Dios.

La familia de Jacob pensó que se quedaría sin nada a causa del hambre,[1] pero Dios le había prometido a Abraham que sus hijos heredarían la tierra. Eso no iba a ser posible si perecían en la hambruna. Así como todas las cosas son nuestras porque somos de Cristo y él es de Dios; todas las cosas eran de la familia de Jacob porque ellos eran de Abraham y Abraham era de Dios. Justo cuando los hijos de Jacob pensaban que todo estaba perdido, que no sobrevivirían por la hambruna o que perderían su libertad por lo que este gobernador de Egipto pudiera hacerles,[2] Dios apareció, y José anunció lo increíble: que él, el gobernador de todo Egipto,[3] el administrador de todas las provisiones, era su hermano José y que cuidaría de ellos poniéndolos en lo mejor de la tierra. Los hijos de Jacob eran hijos de Abraham y lo que era de Abraham era de Dios. Dios cuida de lo que es suyo. Él, incluso cuando nosotros no podemos entender cómo, cuando todo parece perdido, provee para nosotros de una manera que nunca podríamos imaginar, e incluso cuando sucede, apenas podemos creer que sea verdad.

Aquí es donde debemos tener fe. Mientras enfoquemos nuestra situación desde nuestra propia perspectiva, veremos las cosas como lo hicieron los hijos de Jacob: todo está perdido. Debemos renunciar a nuestro punto de vista —que también muera cuando morimos a nosotros mismos—; nuestra perspectiva de todas las cosas tiene que ser la de Dios: su enfoque, sus caminos y sus pensamientos,[4] que ciertamente son mucho más altos que los nuestros. Sus caminos y sus pensamientos hacia nosotros son lo que nos sostiene, incluso hasta la eternidad. Su Palabra nos habla de él, debemos creer lo que él dice, esta es nuestra fe, este es nuestro futuro. Encontraremos que Dios hará lo increíble, lo que nunca podríamos pensar o imaginar, esta es su especialidad: él hace lo imposible.[5]

Como dice Pablo, para nosotros que somos salvos, todo es nuestro y pertenecemos a Cristo, y Cristo pertenece a Dios, y Dios cuida de lo que es suyo.

---

1   Gn 42:2.
2   Gn 42:6-20, 43:8, 44:4-13.
3   Gn 45:3.
4   Is 55:8-9.
5   Lc 1:37, 18:27.

¿Qué es la vida? Sin Dios, no tenemos nada, ni siquiera la vida real. Jacob y su familia, a causa de la hambruna, tenían un futuro dudoso, ¿sobrevivirían o morirían? Sin Dios, Jacob podría no haber tenido vida. Pero Dios, obrando en él y para él, proveyó de una manera que él nunca hubiera soñado. Él recibió la vida en plenitud desde su mismo nacimiento. En este punto de la historia, Jacob estaba en la tierra de Egipto con más de lo que jamás podría haber soñado, porque Dios había estado trabajando en esto, posiblemente, desde el nacimiento de José, e incluso antes. Si José hubiera sido aceptado por sus hermanos, nunca habría acabado en Egipto.

Es en Egipto donde Dios eleva a José a un puesto donde el único superior a él era el mismo faraón. Dios había estado proveyendo para Jacob y su familia incluso antes de que Jacob supiera que tenía una necesidad, mucho antes de que comenzara la hambruna. Cuántas veces pensamos que Dios no conoce nuestra necesidad, pedimos y pedimos, ¡y nada! Sin embargo, él sabe de nuestra necesidad incluso antes que nosotros.[1] Él dispone las cosas para los que acuden a él de una manera que no vemos, pero llega exactamente en el momento en que lo necesitamos. Parte de nuestro problema es que queremos tener todo resuelto mucho antes de necesitar algo, pero Dios no obra de esta manera.

La fe no es tener lo que quiero cuando quiero, sino tener lo que necesito cuando lo necesito. Dios siempre está velando por nosotros, él ve cada necesidad que tenemos, nunca estamos solos. ¿Cuánto confías en él? Esa es la cuestión. ¿Sabes que Dios te tiene en su mano como lo sabía David? David en el salmo 18 alabó y agradeció a Dios porque sabía que su vida había sido rescatada y subsistía gracias al poder y la obra de Dios en ella. Jesús, cuando fue tentado por el diablo, le respondió: «*No sólo de pan vivirá el hombre, sino de toda palabra de Dios*» (Lc 4:4).

Si todo lo que tenemos es pan (comida), Jesús dice que no tenemos vida. Al hombre que dijo que lo seguiría, pero solo después de enterrar a su padre, le respondió: **Deja que los muertos entierren a sus muertos**, dando a entender que aquellos que están sin Dios no tienen vida. Nuestra vida es de Dios, y diariamente debemos ir a él por nuestra porción necesaria para vivir.

---

[1]   Mt 6:8; Sal 139:4; Is 46:9-10.

Odres nuevos y odres viejos. Dios todavía está tratando de hacer que la Iglesia acepte todo el vino nuevo en el odre nuevo. Jesús dice que quien ha tenido lo viejo dice que lo viejo es mejor y no desea inmediatamente lo nuevo (Lc 5:37-39). La principal diferencia que veo entre lo nuevo y lo viejo es que, en lo viejo, al hombre se le atribuye justicia por lo que él logra, y en lo nuevo, la justicia se le atribuye por lo que Dios ha logrado en favor del hombre. Seguimos queriendo algún crédito por algo que podemos hacer bien. La enseñanza de Cristo nos dice que la única manera en que podemos recibir justicia y vida eterna es aceptándolo a él y lo que él ya ha hecho por nosotros. En la cruz, Jesús dijo: «Consumado es».[1] No fue su vida en la tierra la que había terminado, sino la obra para la que había sido enviado. Esa obra era pagar por los pecados de toda la humanidad. Habrá muchos que no aceptarán la obra que Jesús hizo por ellos en la cruz por su redención.[2]

Pocos, como dice Jesús, pasarán por la puerta estrecha y aceptarán lo que él hizo por ellos. Al tratar de seguir practicando algo de lo viejo —alcanzar logros propios—, insultamos a Jesús y decimos que su obra en la cruz no fue completa, lo que supone que él se equivocó. Con esto, decimos que la obra no está terminada y que nosotros debemos hacer algo más para finalizarla en cada uno de nosotros.

¿Terminó Jesús la obra en la cruz? Por supuesto. ¿Nos llama Jesús a vivir una vida a su manera? Sí. La obra está completa, pero Jesús nos llama a vivir a su manera día tras día a medida que somos transformados a su semejanza más y más. La obra en la cruz de pagar por todos nuestros pecados, de principio a fin de nuestras vidas, está completa. No hay nada que podamos hacer para pagar por nuestros pecados más que aplicar el pago ya hecho pidiendo el perdón que nos viene por su gracia. El vino nuevo va en contra del orgullo en nuestra carne, que siempre causará dificultades. Pablo llega a la conclusión de que no es él el que peca, sino su carne.[3] Tenemos que intentar doblegar nuestro orgullo y pedirle a Dios que nos ayude, que nos permita tomar cada vez más del vino nuevo y cada vez menos del vino viejo.

Juan el Bautista dijo que él debía menguar para que Jesús creciera cada vez más en él.[4] En nuestra vida como cristianos debemos parecernos cada vez más a Cristo, debemos esforzarnos y orar para menguar y que Jesús crezca más y más en nosotros. ¿¡Acaso será posible que el mundo vea a Cristo viviendo en nosotros!?

---

1   Jn 19:30.
2   Mt 7:13.
3   Rm 7:20, 25.
4   Jn 3:30.

En el principio, Dios bendijo a la creación.[1] En la lectura del día de hoy, vemos que Jacob bendijo a los hijos de José (Gn 48:20) y que Jesús da la misma enseñanza en Lucas 6 que en el **sermón del monte** en Mateo, aunque aquí está en un lugar llano. Podríamos llamarlo **El sermón Bienaventurados vosotros**, al menos por la primera parte, porque Jesús comienza diciendo **Bienaventurados vosotros**. En Lucas se registran cuatro de las **Bienaventurados vosotros** (Lc 6:20-22) y en Mateo hay registradas nueve **Bienaventurados vosotros**.[2] Al final de la **Bienaventurados vosotros**, en Lucas y Mateo, Jesús dice: **Gozaos**.

En Lucas 6:23, dice: «*Regocijaos en aquel día*» y en Mateo 5:12: «*Regocijaos y alegraos*». En la última **Bienaventurados vosotros** en Lucas y Mateo, vemos que las bendiciones no siempre significan **buenos tiempos**, solo significa que hay cosas buenas que vienen a nosotros de parte de Dios. Si no fuera Jesús quien lo dice, sino un hombre, le preguntaríamos cómo sabe que es algo bueno, una bendición: «*Bienaventurados seréis cuando los hombres os odien, os aparten de sí, os insulten y desechen vuestro nombre como malo por causa del Hijo del hombre*» (Lc 6:22); y «*Bienaventurados seréis cuando por mi causa os insulten, os persigan y digan toda clase de mal contra vosotros, mintiendo*» (Mt 5:11). Sin embargo, es Jesús quien lo dice, por lo tanto, sabemos que es verdad. Jesús continúa después de esto y dice: «*Gozaos en aquel día y alegraos, porque vuestra recompensa es grande en los cielos*». La bendición de Dios es para nosotros, pero no siempre viene de la manera que deseamos y esperamos. Estoy seguro de que hay muchos creyentes que en un momento u otro han orado a Dios para que los bendiga y los acerque a él, y luego entran de inmediato en un momento difícil de la vida.

Después de la lucha, se dan cuenta de que están más cerca de Dios, pero no sabían cuando oraron qué camino los llevaría allí. Tal vez incluso Pablo, en su ferviente deseo de servir a Dios como fariseo, hizo este tipo de oración. Luego se encontró tirado en el suelo, confrontado por el Señor resucitado en el camino a Damasco, y después quedó ciego durante tres días. Cuanto mayor es el error en lo que creemos, más nos costará acercarnos a ese lugar con Dios. ¿La dificultad hace que no sea una bendición?

Una bendición no siempre es algo que **nos hace sentir bien ahora**, sino que es la manera que Dios tiene de llevarnos a un mejor lugar en nuestra relación con él y, muchas veces, a un lugar más feliz en esta vida que vivimos en la tierra. La bendición no siempre se trata de hoy, sino de la eternidad. Dios les dijo a Abraham, a Isaac y a Jacob que los bendeciría (a ellos y a sus hijos), que haría de ellos una gran nación y que serían de bendición al mundo.[3] Unas pocas generaciones después, se encuentran esclavizados en Egipto y maltratados con dureza. La bendición que se les dio a Abraham, a Isaac y a Jacob de que se convertirían en una gran nación llegó tiempo después, probablemente durante el reinado de David y Salomón. Y la bendición para el mundo llegó cuando Jesús, nacido del pueblo judío, murió en la cruz y pagó por los pecados de toda la humanidad.

Si hemos recibido a Jesús como Señor, estamos en comunión con Dios, y su favor hacia nosotros (gracias a lo que Jesús hizo por nosotros) nos coloca en un lugar donde continuamente recibimos las bendiciones de Dios, aunque muchas veces no las reconozcamos. Debemos estar siempre agradecidos por las bendiciones de Dios, porque las recibimos todos los días.

---

1   Gn 1:3-31.
2   Mt 5:3-11.
3   Gn 12:2, 46:3, 18:18, 22:18.

Lejos de mí pensar que tengo un gran conocimiento. El que nos guía a todos es el que tiene el gran conocimiento. Él es quien nos dirige en nuestro camino, quien nos da a cada uno de nosotros el conocimiento necesario para cumplir con la parte y la posición que él nos ha dado en el cuerpo de Cristo. Su conocimiento es mayor que nuestro conocimiento y pensamiento. Muchas veces nos equivocamos cuando vemos las cosas y pensamos cómo deberían ser; son sus caminos los que se establecen. José, a pesar de ser un gran hombre que se volvió muy cercano a Dios en Egipto, no sabía lo que Dios estaba haciendo. José tomó a sus dos hijos —Manasés, el mayor, y Efraín, el menor— y los llevó a su padre Jacob para que los bendijera. José puso al mayor a la derecha de Jacob y al menor a su izquierda.

La costumbre era que el mayor estuviera a la derecha y recibiera la bendición mayor. José debería haber sabido (lo mismo que nosotros deberíamos saber), por su propio pasado y por el pasado de su padre, que no siempre es el mayor el que recibe la bendición mayor. Jacob era gemelo con su hermano, que era el mayor de los hijos de Isaac, y Jacob era el menor. Y de los hijos de Jacob, José era el penúltimo y, sin embargo, la bendición mayor llega a través de él. Conocemos y no conocemos los caminos de Dios. Se requiere una búsqueda, una rendición constante, un deseo de tener el conocimiento que Dios tiene para cada uno de nosotros. Jacob tenía el conocimiento que Dios le había dado y, cuando José puso a Manasés a su derecha, Jacob, sabiendo lo que Dios le había dado, cruzó los brazos y le dio la bendición mayor a Efraín.[1]

Poco después de esto, en el capítulo 49, Jacob continúa bendiciendo y hablando del lugar que cada uno de sus hijos tendrá, los cuales se convertirán en las doce tribus de Israel. Ese es el conocimiento de Dios que supera al nuestro. Es él quien sabe todas las cosas. Somos nosotros quienes tenemos que dejar de lado (rendir) el conocimiento que creemos tener al morir a nosotros mismos, y orar para que Dios plante en nosotros el conocimiento que él desea que tengamos.

En este punto podemos comenzar a avanzar hacia el reino de Dios. Uno de los primeros pasajes que Dios plantó en mi corazón como una revelación dada por él es Isaías 55:8-9: «*"Porque mis pensamientos no son vuestros pensamientos ni vuestros caminos mis caminos", dice Jehová. "Como son más altos los cielos que la tierra, así son mis caminos más altos que vuestros caminos y mis pensamientos, más que vuestros pensamientos"*».

---

1   Gn 48:13-19.

¿Quién es Dios? ¿Es Jehová el único dios en tu vida? ¿Hay otras cosas en tu vida que reciben más atención de ti que Jehová Dios? En nuestras culturas actuales, creemos que no tenemos muchos ídolos como en los tiempos bíblicos. ¿Hay religiones que hablen de un dios diferente de Jehová? Sí, pero como cristianos, los reconocemos y nos mantenemos lejos. Hay quienes dicen que siguen al dios de la creación y lo llaman Alá o Jehová sin Jesús. Como cristianos, si no tenemos una relación firme con Dios, podríamos ser atraídos hacia uno de estos, lo cual puede parecer correcto, pero no lo es.

Pero cuando hablo de dioses que compiten con Jehová en nuestra vida, no me refiero a los dioses de este mundo que sabemos que no se parecen en nada a nuestro Dios. ¿Es Jehová el único dios en tu vida? Las cosas pueden convertirse en dioses o ídolos para nosotros. ¿Hay algo en tu vida a lo que le eres más leal mediante el tiempo, el dinero o la devoción sincera que le dedicas que compita con tu lealtad a Jehová? Todo aquello que nos preocupa más —aunque sea de manera subconsciente— que darle un lugar en nuestra vida a Jehová, es un ídolo. Puede ser una profesión, un logro, un auto, un deporte, un cónyuge, una casa, nuestros hijos, etc. A veces estamos enceguecidos por aquello que nos roba nuestra lealtad a Dios, y nos preguntamos por qué es tan difícil tener una relación con él. Incluso podemos poner nuestros logros religiosos por encima de nuestra relación con Dios.

En la lectura del día de hoy en 1 Corintios 8:9, 12, Pablo nos dice que ser demasiado religiosos en la libertad que sabemos que tenemos puede serle de tropiezo a un hermano más débil. Puede que seamos intransigentes en nuestra libertad, que no tiene nada que ver con nuestro caminar cercano con Dios, pero debemos estar dispuestos a sacrificarnos (renunciar) por el bienestar y el crecimiento de otro. Jesús nos dio un último mandamiento, amarnos los unos a los otros.[1] En esto debemos tener éxito. Debemos colocar a Jehová Dios en el lugar más alto, por encima de todo lo demás, y nuestro hermano creyente ha de ir justo debajo. Esto es lo más importante: que **amemos al Señor nuestro Dios con todo nuestro corazón, alma, mente y fuerzas, y a nuestro prójimo como a nosotros mismos.**

---

1   Jn 13:34-35, 15:12, 17.

La paz y la seguridad son lo que muchos buscan, pero pocos encuentran. Todo al respecto acapara nuestra atención, aunque sea de manera subconsciente. El mundo que nos rodea está constantemente buscando la paz y la seguridad en los lugares equivocados. Hay quienes las buscan en la educación superior; otros, en una carrera exitosa; algunos, en la popularidad como artistas; otros, en la posición política; algunos, como figuras deportivas, y así podríamos seguir.

Desde el principio, la humanidad ha sido cegada por el gran engañador. En Salmos 27, el rey David habla de la paz y la seguridad que tiene en Jehová, el Señor. Los versículos 3, 5 y 10-11 registran la confianza de David en Jehová, donde encuentra su paz y seguridad. En el versículo 14, David, como uno de los profetas de Dios, nos dice dónde encontrar la paz y la seguridad: «¡Espera en Jehová! ¡Esfuérzate y aliéntese tu corazón! ¡Sí, espera en Jehová!».

El mundo busca la paz y la seguridad en el lugar equivocado. El diablo engaña las mentes de los hombres que buscan el lugar donde encontrar esa gran paz y seguridad. A la humanidad le parece equivocado el camino que Dios le ofrece. Incluso aquellos de nosotros que hemos recibido la salvación tenemos dificultad para encontrar esa paz y seguridad. La forma que a nosotros nos parece correcta para alcanzar la paz y la seguridad es contraria a la manera que Jesús nos enseña. En Lucas 9:24, Jesús dice que el que quiera salvar su vida, la perderá; y el que la pierda por causa de Jesús, la salvará.

Los judíos esperaban que el Mesías tomara la autoridad —el trono de Jerusalén— y que gobernara el mundo quitándoles el poder a los romanos en Judea. El camino de Dios era que Jesús viniera, fuera apresado por las autoridades judías y romanas, entregara su vida y muriera en la cruz para lograr el objetivo. La paz y la seguridad se encuentran en Jesús —en el camino de Dios—. Jesús dice en Lucas 9:23: «Si alguno quiere venir en pos de mí, niéguese a sí mismo, tome su cruz cada día y sígame». Exaltar el propio ser, el gran engaño del diablo, es como el mundo piensa que encontrará la paz y la seguridad; pero Jesús nos dice que solo muriendo a nosotros mismos y siguiéndolo a él encontraremos esa paz y seguridad tan anheladas.

Hablamos de tener una fe ciega, la que cree aunque todavía no lo veamos, la fe para seguir aunque no podamos ver física o mentalmente. Somos llamados a creer lo que no vemos. Se necesita una fe ciega para ver lo que no vemos. Jesús le dijo a Tomás que bienaventurados son los que no lo han visto y, sin embargo, creen.[1] Es difícil seguir lo que Dios quiere que hagamos. Somos de este mundo y tendemos a depender de las habilidades terrenales para seguir a Dios. Somos muy deficientes a la hora de producir fruto espiritual con nuestro esfuerzo terrenal.

El fruto espiritual debe producirse por la fuerza espiritual por medios espirituales. Es por el Espíritu que seguimos a Dios. Para muchos de nosotros que hemos vivido gran parte de nuestra vida terrenal antes de ser salvos, es difícil aprender a vivir por el Espíritu. Aquí es donde encontramos la fe ciega, la fe que viene por el Espíritu según la necesitamos. Jesús envió a los setenta, y sin duda les dio poder con alguna unción especial, ya que el poder de lo alto aún no había sido dado para sanar a los enfermos, echar fuera demonios, etc.

El apóstol Juan nos dice que el Espíritu aún no había sido dado.[2] Cuando los setenta regresaron, habían podido expulsar demonios, tomando autoridad sobre ellos en el nombre del Señor. Fueron enviados por las palabras que Jesús les había dicho y, de alguna manera, caminaron en una fe ciega y fueron capaces de sanar a los enfermos (no solo dar primeros auxilios), hablar del reino de Dios y echar fuera demonios en el nombre de Jesús. La fe ciega no viene por aprender más y más. Jesús dijo que agradecía al Padre por haberles ocultado estas cosas a los sabios, entendidos y eruditos, y habérselas revelado a los niños.

La fe ciega viene por creer más y más. Viene por estar dispuesto a creer más y más de lo que Dios dice en su Palabra, lo que dice a nuestro corazón en lugar de lo que el mundo nos dice y lo que nosotros mismos pensamos. Se trata de esperar que Dios haga lo que él dijo que haría. Nosotros somos aquellos que estamos dispuestos a creer, aunque no entendamos, a permanecer firmes en las palabras de Dios con fe, creyendo y actuando solo porque él lo dice, independientemente de si podemos razonar por qué o cómo. Dios está buscando personas valientes que estén dispuestas a parecer tontas ante el mundo, porque creen en aquello que parece absurdo e irrazonable. Caminar con fe ciega es difícil, pero es una bendición cuando lo logramos.

---

1   Jn 20:29.
2   Jn 7:39.

Pedir a Dios. Al pedirle a Dios, declaramos nuestra creencia de que él es capaz de dar. Por el contrario, si no le pedimos, declaramos que tenemos dudas de que él pueda darnos lo que necesitamos. Me doy cuenta de que muchas veces no pedimos porque nos sentimos indignos y que no lo merecemos. ¿Merecíamos la salvación? Sin embargo, Dios nos la dio ¡Y cómo! Si no había nada que pudiéramos hacer para merecer la salvación, ¿qué podemos hacer para merecer pedirle a Dios algo después de nuestra salvación?

Cuando los discípulos le pidieron a Jesús que les enseñara a orar, él no dijo nada acerca de lograr o realizar algo, tener gran obediencia, etc., solo les dijo cómo hacerlo y, luego, les contó la parábola de un hombre que fue a su amigo porque necesitaba pan para un invitado. Esto nos muestra que debemos seguir pidiendo y pidiendo hasta que recibamos. Jesús no les dijo: **Después de que hayan hecho esto o aquello, entonces pueden venir y pedir.**

En otra ocasión, Jesús relató una parábola sobre una viuda que iba constantemente a un juez hasta que el juez le hizo justicia.[1] Jesús estaba enseñando acerca de pedirle a Dios, de seguir acudiendo a él confiados de que nos escuchará y nos responderá. ¿Cuánto creemos que Dios nos escuchará? Esta es la pregunta que debemos respondernos a nosotros mismos. Lo único que debemos hacer cuando le pedimos algo a Dios es creer. Jesús da el ejemplo de un niño que va a pedirle a su padre pan o pescado: el niño tiene la confianza de que su padre escuchará su pedido y que le responderá dándole lo que tenga.

En otro pasaje, Jesús dice que debemos acudir a Dios creyendo como niños pequeños.[2] Los niños pequeños siempre creen que su padre les dará lo que piden, nunca lo cuestionan, simplemente piden. Jesús nos dice que se necesita muy poca fe de nuestra parte para que Dios haga obras maravillosas a nuestro favor. Cuando le pedimos a Dios, estamos declarando que creemos que él es capaz de darnos cosas buenas y de obrar a nuestro favor y que él está dispuesto a escuchar nuestra petición —no por lo que hayamos hecho para merecerla, sino por lo que Jesús ha hecho para darnos el derecho de pedirla—.

---

1   Lc 18:1-8.
2   Mc 10:15.

¿Por qué intentamos hacer aquello que no nos corresponde? ¿Cuántas veces asumimos tareas que no nos atañen? Una vez que recibimos la salvación de Dios, debemos servirle. Él es quien provee para nosotros, quien administra, quien asigna la tarea a cada siervo, quien cuida a todos los siervos. Dedica un tiempo a averiguar lo que el Señor tiene para ti, no asumas una tarea que él le ha designado a otra persona. Puede ser que Dios ordene a varios la misma tarea, pero asegúrate de que sea esa la que te asigna a ti.

Dios quiere que todo funcione sin problemas. Si las personas no escuchan y solo hacen lo que creen que deben hacer, algunas tareas se hacen dos veces y otras no se hacen para nada. Nos enredamos tanto en hacer nuestra propia lista de todo lo que debemos hacer para Dios que a veces ni siquiera lo escuchamos cuando nos habla. Cuando somos salvos, debemos negarnos a nosotros mismos.[1] Nos humillamos cuando somos salvos, confesamos que somos pecadores, nos arrepentimos de nuestros pecados y le pedimos a Jesús que sea el Señor de nuestra vida. ¡Qué rápido volvemos a tomar el control de nuestra vida en vez de entregárselo a él!

¿Qué es «negarse a uno mismo»? ¿Es negar el 20 % de nuestra vida? ¿O será el 50 %? No, es negarnos a nosotros mismos el 100 % del control de nuestra vida. Sin embargo, como es el 100 % a lo que tenemos que renunciar, somos nosotros los que tenemos que cederlo, Jesús no lo arrebata. Otra frase que se usa es «morir a uno mismo». Esto significa que todo lo que tiene que ver con nuestra vida se lo entregamos por completo al Señor, ya no tenemos nada de control. Nos causamos muchos problemas porque nos obligamos a hacer cosas que el Señor no quiere que hagamos. Servir significa trabajar duro para lograr algo, significa escuchar para saber qué es lo que el Señor quiere que logremos.

En nuestra lectura del día hoy en 1 Corintios 12:14-21, Pablo habla de la Iglesia (nosotros) como un cuerpo con todas sus partes. Dice que si el pie quiere ser una mano, no sirve; si una oreja quiere ser un ojo, no sirve. Lo mismo ocurre si cada parte piensa que tiene que hacer el trabajo de todas las demás partes también, esto tampoco servirá. En Éxodo capítulos 3 y 4, vemos que, cuando Dios llama a Moisés, le dice esto: *«yo estaré en tu boca y en la suya, y os enseñaré lo que habéis de hacer»* (4:15). Dios es quien decide y da órdenes, nosotros somos los que las seguimos. No te agobies con una carga de trabajo que Dios quizás no te haya llamado a hacer. Tómate ese tiempo especial con él para permitirle que te guíe y te hable de lo que él tiene para ti.

---

1   Mt 16:24; 2 Co 5:15.

La longanimidad es un atributo de Dios que estamos llamados a asumir, que debemos asumir. Para ser sinceros, hay que admitir que Dios necesitó mucha longanimidad para que recibamos la salvación que ahora poseemos. Parece que la longanimidad es lo que emana de un gran amor. En la lectura del día de hoy, Jesús habla acerca de un hombre que tenía una higuera en su viña que no daba fruto, por lo que ordenó que la cortaran (Lc 13:6-7). El viñador, el que le tenía amor, dijo: «déjame revolverlo y agregarle nutrientes y tal vez produzca frutos».

Este es nuestro Dios amoroso que nos da otra oportunidad, practica la longanimidad, nos anima y nos da los nutrientes de su Palabra con gran esperanza de que daremos frutos. A pesar de toda la oposición de los fariseos y los líderes judíos, Jesús continuó hablando la verdad a aquellos que lo escuchaban. Al final de Lucas 13, leemos sobre el corazón de Jesús, su amor, su longanimidad; él cuenta que Jerusalén continuó matando y apedreando a aquellos que eran enviados con la verdad de Dios; sin embargo, manifiesta cuánto había deseado reunirlos como una gallina reúne a sus polluelos bajo sus alas. Unos días después de esto, Jesús realiza el mayor acto de amor, muere en una cruz por personas que no lo merecen: tú y yo. Hoy, leemos el gran capítulo de Pablo sobre el amor: 1 Corintios 13. En todo lo que Pablo dice sobre el amor, vemos longanimidad para ser pacientes y amables, para nunca ser envidiosos ni celosos, para no ser jactanciosos ni altivos ante los demás. Se necesita longanimidad para no darse por vencido ni ser grosero. En la longanimidad no insistimos en nuestros propios derechos y no dejamos que los insultos nos afecten fácilmente.

Se necesita longanimidad para no tener en cuenta el mal que otros nos hacen, y para nuestro sufrimiento cuando no hemos hecho nada malo. Se necesita longanimidad para mantenernos firmes y no regocijarnos en la injusticia, sino esperar que la verdad prevalezca. Se necesita longanimidad para soportar lo que venga y estar dispuesto a creer lo mejor de cada persona. En la longanimidad, seguimos teniendo esperanza cuando parece que no la hay.

La longanimidad de Dios, que emana de su amor, es lo que nos ha traído la salvación. Jesús vino a la tierra, vivió como hombre, pero siendo Dios, soportó toda la resistencia de los que no creían y, finalmente, sufrió la cruz para que nosotros, los indignos, pudiéramos ser salvos. Esta es la máxima expresión de la longanimidad, y él nos pide que hagamos todo lo posible por practicarla en nuestras vidas con quienes nos rodean. Debemos ser como Cristo.

¿Qué es la vida en realidad? ¿Tú qué piensas? Lo que el mundo cree que es la vida, en realidad no lo es. Durante sus tres años de ministerio, Jesús siempre dijo que si queremos la vida, tenemos que creer en él. No solo está hablando de la vida eterna, sino que dice que quienes no lo tienen en sus vidas ya están muertos. Vida es existir conociendo a Dios, interactuando con él, tener su influencia en nuestro andar diario, que sople sobre nosotros su aliento. Sin Dios en nuestras vidas, no hay una eternidad de vida, solo una eternidad de muerte. Hay una eternidad que sucede después de esta vida en esta tierra. Incluso a nosotros, como cristianos, nos cuesta entender qué es la vida real.

Seguimos creyendo lo que el mundo dice que es, nos sumergimos en la forma en que vive el mundo, y se necesita diligencia para no ser influenciados. Es una búsqueda de seguir y vivir el camino de Dios. Su camino trae plenitud a la existencia, que es lo que nos llena de alegría y seguridad. Nosotros debemos seguirlo, él es el que nos guía. Encontramos plenitud de vida cuando Dios nos guía hacia algo que ni siquiera sabíamos que existía antes de aceptar a Jesús en nuestras vidas. Dependemos de su provisión cada día para lo que necesitamos. Él es quien sabe el camino que cada uno de nosotros debe seguir. Dios guio a Moisés en formas que este último nunca imaginó, incluso lo hizo caminar en medio de un mar.

En los salmos, David habla de cómo Dios nos guía. En Salmos 36:5-9, David habla de cómo es cuando seguimos a Dios, y termina con el versículo 9b: «*En tu luz veremos la luz*». En Salmos 37, David aconseja que encomiendes tu camino al Señor (v. 5) y explica qué significa eso (v. 7). En el versículo 34, como preámbulo a lo que declarará en los versículos 39 y 40, David dice: «Espera en Jehová, guarda su camino, y él te exaltará para heredar la tierra». El camino de Dios es la vida verdadera que dura por la eternidad. En Lucas 14:33, Jesús nos dice que el camino de Dios es que renunciemos a todo derecho sobre lo que es nuestro, que abandonemos todo lo que tenemos para ser sus discípulos. ¿Calificamos para ser sus discípulos?

ADQUISICIÓN: Acción de adquirir. Hemos adquirido una vida que fue comprada por otro; el único requisito que tenemos es rendirnos. El precio que se nos exige parece algo pequeño y, sin embargo, es enorme. Aceptar algo tan grande como la salvación —la vida eterna— de parte de otro que la compró para nosotros significa que admitimos que no podemos hacerlo nosotros mismos, que alguien más tiene que hacerlo por nosotros. En la salvación, nos arrepentimos y le pedimos a Jesús que entre en nuestras vidas, pero muy pocos se rinden por completo; eso lleva tiempo, incluso años. La mayoría de nosotros hemos sido formados para ser orgullosos: todo lo que nos rodea implica que debemos lograr algo, que debemos llegar a ser alguien, que debemos tener éxito. Se necesita orgullo y egoísmo para alcanzar el lugar que todo a nuestro alrededor nos indica que debemos ocupar. Estas mismas cosas son contrarias a lo que Jesús nos ha enseñado y nos llama a hacer.

Rendirse no es sencillo. Por lo general, conlleva nuestro quebranto. Esta parece ser la situación en la que se encontraba David en Salmos 38. En el versículo 3, David reconoce que está en esa condición debido a su pecado. Él siente todo el peso de sus iniquidades (v. 4). Llega al punto en que ve su propia necedad (v. 5). En su quebrantamiento encuentra humildad, la que le permite poner toda su confianza en el Señor (v. 9) Al saber que su respuesta está solo en Dios (v. 15), confiesa su condición en el versículo 18 y hace todo lo posible por estar cerca de él y depender de él (v. 21). David confiesa que su salvación está en el Señor (v. 22). Rendirnos puede ser fácil o puede ser difícil. Aunque parezca difícil, entregarnos completamente a Dios es mucho más fácil que si el Señor tiene que quebrantarnos. Parece que para muchos de nosotros, el Señor tiene que hacer esto último.

Es doloroso, casi más de lo que sentimos que podemos soportar, pero no volvería a donde estaba antes de que Dios me quebrantara por nada en este mundo. El quebrantamiento es una bendición. Dios comienza a ser más para nosotros de lo que jamás pensamos que podría ser. **Adquisición:** he adquirido y estoy en el proceso de adquirir más de lo que jamás soñé, más de lo que jamás merecí. La adquisición fue hecha por otro, por Jesucristo, y me fue dada libremente como una posesión que es toda mía, verdaderamente mía, de principio a fin. Somos el hijo descarriado que ha vuelto al Padre, quien le ha dado completamente todo, de forma gratuita y con amor.[1]

---

1   Lc 14:11-23.

Debemos ser personas firmes. ¿Cómo lo hacemos? Aferrándonos a Dios con todas nuestras fuerzas. En nuestra lectura del día de hoy, David comienza el salmo 40 de esta manera: «*Pacientemente esperé a Jehová, y se inclinó a mí y oyó mi clamor, y me hizo sacar del pozo de la desesperación, del lodo cenagoso; puso mis pies sobre peña y enderezó mis pasos. Puso luego en mi boca cántico nuevo, alabanza a nuestro Dios*». Así debe ser en nuestra vida cristiana. No podemos aferrarnos a Dios con fuerza si también nos aferramos a otra cosa para nuestra seguridad.

Solo debemos asirnos de Dios, aferrarnos al Señor cada minuto del día. Si permanecemos firmes, esto nos evitará muchos problemas. Pablo luchó contra su carne, y de su lucha surge un buen consejo para nosotros: una lista de cosas buenas en las que debemos pensar.[1] Esto es parte del permanecer firmes. Nos mantiene alejados de los problemas porque no permite que nuestras mentes divaguen hacia lugares a los que no deberíamos ir. Dios quiere que pensemos en las cosas buenas de las que él nos habla y que mantengamos nuestras mentes puestas en él, que confiemos en él y que dependamos de él para suplir nuestras necesidades. No debemos acumular posesiones, sino saber que Dios cuidará de nosotros porque está en control de nuestro mañana y de todos los días por venir. Él quiere que sepamos que cuidará de nosotros. Jesús dice: **Donde esté vuestro tesoro, allí estará también vuestro corazón.** Cuando ponemos nuestra confianza y nuestra fe en Dios demostramos que nuestro tesoro está en él.

Esto es aferrarse. En otro pasaje, Jesús nos dice que nos aferremos a la vid, que es él.[2] Esto es permanecer firmes. ¿Acaso una rama puede producir fruto si muchas veces al día o muchos días seguidos se desprende de la vid? Sin duda, es una idea absurda. ¿Cómo podemos producir si no estamos unidos a la vid? Este tipo de comportamiento solo trae debilidad —o, incluso, la muerte—. Aferrarse y confiar son dos acciones muy importantes. Aferrarse es el acto de estar muy cerca; nos mantenemos cerca estando en una relación. Parte de cómo hacemos esto es escuchar lo que Dios ha dicho o nos está diciendo.

Permanecer en su Palabra es parte del aferrarse, del asirse y del sostenerse. Al principio, puede parecer difícil permanecer firmes, pero tras intentarlo por un tiempo, se convierte en algo sin lo cual sentimos que no podemos vivir. Cuando descubrimos las riquezas con las que nos alimenta la Vid, Jesús, nos preguntamos cómo hemos podido vivir sin ellas antes.

---

1   Flp 4:8.
2   Jn 15:4.

En todo lo que somos, estamos bajo aquel que creó todas las cosas.[1] Aquellos de nosotros que hemos entregado nuestras vidas a él, hemos sido salvos del castigo que nos fue impuesto por nuestros pecados. Hemos sido redimidos con un precio muy alto, el que Dios se pagó a sí mismo para poder restaurar la relación con la humanidad.

En toda su bondad nos ha redimido con su propia obra para acercarnos a él. Nuestras vidas están en sus manos, para que seamos agradecidos por lo que ha hecho. La maravillosa y poderosa grandeza de sus acciones nos permite acercarnos a aquel de quien nos alejamos en nuestro pecado. El escritor de Salmos 42 deja claro que su esperanza solo está en Dios y que solo en él busca esa ayuda. Ya en ese entonces las personas sabían que la ayuda debía venir de Dios. Nosotros hemos recibido esa ayuda, la cual ha estado a disposición de la humanidad conforme a lo que habló Moisés acerca de la promesa de la simiente de Abraham.[2]

Dios se ha acercado a una creación que en su mayoría le ha dado la espalda. Nosotros en nuestra necedad, guiados por nuestro propio conocimiento, hemos seguido nuestro propio camino cosechando nada más que tristeza y penurias sin siquiera saber que así lo hacemos, pues al no tener nada con qué comparar, lo que hacemos nos parece correcto. Dios se revela para que tengamos algo con qué compararnos, y así nos damos cuenta de que no estamos a la altura, de que nuestro desempeño es insuficiente.[3] Quienes reconocemos esto, nos arrepentimos de nuestro camino y de nuestras malas acciones y nos rendimos a nuestro Señor a quien hemos encontrado; él, gracias a lo que ha hecho, nos da vida: vida en este mundo como nunca la tuvimos antes y vida eterna en la que estaremos con él para siempre.

Un gran día se acerca para los que aman al Señor: «*Porque como el relámpago que al fulgurar resplandece desde un extremo del cielo hasta el otro, así también será el Hijo del hombre en su día*» (Lc 17:24). Tan grande será el día en que Cristo venga de nuevo que nadie quedará sin enterarse. Hemos hallado lo más grande que cualquier persona en cualquier lugar podría descubrir. Jesús cuenta la historia de un hombre que encontró la más valiosa de las perlas y renunció a todo lo que poseía para obtenerla.[4] Esta es la gran salvación que Dios ofrece, y está disponible para cualquiera que busque al Señor. Así hallaremos a un Dios que tiene el tesoro más rico que jamás conoceremos. El salmista anhela al Señor, así como un ciervo con mucha sed brama por agua. Quienes hemos encontrado esta salvación tenemos que darnos cuenta de que es lo más importante que hallaremos y que vale la pena renunciar a todo lo que tenemos para obtenerla.

---

1   Gn 1:1; Ef 3:9.
2   Hch 3:22, 25.
3   Rm 3:23.
4   Mt 13:45-46.

¿Sabemos a dónde vamos? Sí, vamos al cielo por lo que Jesús hizo por nosotros en la cruz y porque lo hemos aceptado como nuestro Señor. Pero ¿qué hay de nuestras vidas ahora, sabemos a dónde vamos? Quizás creemos que sí, pero si no nos dirigimos allí a través de Jesús, no llegaremos a donde se supone. Jesús dijo que él es el camino, la verdad y la vida.[1] ¿Quién hace los planes para tu próximo año y tu próxima década?

Algunos dicen: **Bueno, no me puedo quedar sentado todo el día esperando oír una voz del cielo.** Mi pregunta es: ¿le has preguntado a Dios qué quiere hacer en tu vida o a través de ella en el próximo año? Algunos dirán: **Bueno, le pregunté a Dios ayer y no me ha dicho nada, así que mejor me pongo a hacer algo con la información que tengo.** La información que tenemos en la Biblia es importante, pero la forma en que Dios quiere aplicarla en nuestras vidas en particular puede ser diferente de lo que hemos imaginado.[2] También debemos ser pacientes con el tiempo que le damos al Señor para que responda. El pueblo le pidió a Jeremías que fuera a Dios para preguntarle una cosa en particular, y Dios no respondió durante diez días (no pierdas de vista que fue Jeremías quien preguntó).[3]

¿Se puede comparar esperar en Dios durante diez días cuando Jesús estuvo en el desierto cuarenta días antes de comenzar su ministerio, puesto que tenía mucho que hacer en los siguientes tres años? ¿Debería haberles dado otro uso a esos cuarenta días? Los apóstoles tenían mucho que hacer, todo lo que Jesús les ordenó que hicieran justo antes de ascender al cielo por última vez.

Sin embargo, Jesús les instruyó que **esperaran** en la ciudad hasta que fueran investidos con poder de lo alto.[4] ¿Estamos dispuestos a esperar cuando Dios dice que **esperemos** (si es que estamos en la lista)? ¿Estamos dispuestos a ir si él dice que vayamos? ¿Estamos dispuestos a resistir si él dice que resistamos? A menudo, pensamos que Dios nos está guiando en función de lo que nos parece razonable; pero las cosas de Dios muchas veces no tienen sentido para nosotros, solo para él, pues son su camino. La única manera de saber hacia dónde va Dios es preguntarle. Jesús dijo: **Toma tu cruz y sígueme.**

Planificar nuestro próximo año depende de Dios, siempre que le entreguemos nuestras vidas para su obra. Él puede darnos el privilegio de discernir el año que tendremos por delante, o puede que solo nos lo revele día a día. El secreto para saber a dónde vamos es ponernos totalmente en sus manos; así llegaremos justo a tiempo y exactamente al lugar correcto. Cuando creemos que lo entendemos todo, obstaculizamos nuestro propio camino hacia un conocimiento verdadero. En Lucas 18, Jesús dice que debemos ser como niños, buscar como niños, creer como niños, seguirlo como niños.

---

1   Jn 14:6.
2   Jr 9:11.
3   Jr 42:2, 7.
4   Lc 24:49.

La vida es una lucha continua. Solemos escuchar la frase **La vida es buena**, pero si no nos la dan en bandeja, nos cuesta trabajo alcanzarla; y después de alcanzar la buena vida, nos cuesta trabajo mantenerla. Por supuesto que hablo de la vida terrenal, sin Jesús. La vida es buena cuando por fin se la entregamos al Señor. Aceptar la salvación y entregar nuestra vida a él no siempre suceden al mismo tiempo. Muchos de nosotros vivimos durante años con la salvación dada por Jesús antes de entregarle toda nuestra vida para su obra en nosotros y en el mundo. Él nos espera con paciencia, siempre nos llama y desea lo mejor para nosotros.

Pablo menciona la gloria en el rostro de Moisés después de estar con Dios y cómo esta se desvaneció con el tiempo. Sin embargo, nos dice que la gloria de Jesús en nosotros aumenta con el tiempo, no se desvanece. Lo cierto es que, para que esto suceda, tenemos que estar en contacto con Jesús día tras día. ¿La gloria de Jesús en ti es la misma que en el momento de tu salvación o va en aumento? Hay todo tipo de tratamientos a los que el ser humano se somete para lograr un efecto dado, desde tratamientos de belleza hasta quimioterapia para el cáncer. El mejor tratamiento al que podemos someternos para obtener el mejor efecto es una dosis diaria de Jesús.

Podemos obtener una dosis de él al meditar en la Palabra, al reflexionar sobre su grandeza y sobre quién es él, al orar, al adorar, al estudiar, etc. Lo principal es que tenemos que estar en él, entregarnos diariamente para que él haga su obra en nosotros y para que su gloria en nosotros pueda aumentar más y más a medida que pasa el tiempo.[1] Esa obra conforme nos rendimos y nos presentamos a él es lo que trae la buena vida. El mundo que nos rodea no conoce esta buena vida, pero si nos sometemos a diario al tratamiento de Jesús, el mundo que nos rodea comenzará a ver su gloria en nosotros y comenzará a preguntarse qué es lo que tenemos. Tenemos a Jesús, y necesitamos más y más de él cada día. Gracias a Dios por su bondad que derrama sobre nosotros cuando nos rendimos a él.

---

1   Jn 3:30.

Hogar es donde moramos. Espiritualmente, ¿qué podemos decir del hogar? Algunos dirían que el hogar es donde está el corazón. Entonces, ¿dónde está tu corazón? Pablo habla del hogar de una manera en la que normalmente no pensamos: «*Conforme a mi anhelo y esperanza de que en nada seré avergonzado; antes bien con toda confianza, como siempre, ahora también será magnificado Cristo en mi cuerpo, tanto si vivo como si muero, porque para mí el vivir es Cristo y el morir, ganancia. Pero si el vivir en la carne resulta para mí en beneficio de la obra, no sé entonces qué escoger: De ambas cosas estoy puesto en estrecho, teniendo deseo de partir y estar con Cristo, lo cual es muchísimo mejor; pero quedar en la carne es más necesario por causa de vosotros*» (Flp 1:20-24).

Para Pablo, estar con Cristo en el cielo sería grandioso porque estaría en casa, pero también parece sentir apego por esta vida en la tierra, ya que aquí puede ministrar al cuerpo de Cristo. En sus cartas a las iglesias, habla de que siempre ora por ellas y muchas veces anhela estar ahí. Para él, estar con la Iglesia, el pueblo de Dios, también era estar en casa, por eso le fue difícil elegir, aunque finalmente decidió que quedarse en la tierra lo más posible era lo mejor para la Iglesia.[1]

Dejó a un lado estar en el cielo, lo que le hubiera dado gran deleite, para poder transmitir el evangelio a una persona más. Cuando estamos con los hermanos, ¿nos sentimos a gusto? Y si no es así, ¿por qué? Tal vez haya que hacer un examen de conciencia. Algún día todos los que seguimos a Cristo estaremos con él en el cielo por toda la eternidad, pero ¿y ahora? Pablo parecía estar siempre contento donde estaba, anhelando el tiempo en que todos estemos en el cielo. «*Y sabemos que el que resucitó al Señor Jesús, a nosotros también nos resucitará con Jesús, y nos presentará juntamente con vosotros*» (2 Co 4:14).

Podemos ver la alegría en la vida de Pablo, sin importar cuán difícil fuera la situación, ahí él encontraba su hogar: «*Por tanto, no desmayamos; antes, aunque este nuestro hombre exterior se va desgastando, el interior no obstante se renueva de día en día*» (2 Co 4:16). Hogar es el lugar donde Dios nos tiene en este momento. Encontrar ese contentamiento que tuvo Pablo parece ser donde encontramos nuestro hogar: aquí, por ahora; en el cielo, por la eternidad.

---

1   Flp 1:26; 2 Co 4:15.

Cuando escuchamos, ¿prestamos atención? Pedimos a Dios que nos guíe, pero ¿escuchamos con atención? Queremos saber qué camino tomar, pero ¿escuchamos con atención? Pedimos el favor de Dios, sus bendiciones, pero ¿escuchamos con atención? Cuando las personas que nos rodean hablan en voz baja, tenemos que prestarles atención y escuchar lo que dicen. Dios habla en un silbo apacible y delicado,[1] ¿nos tomamos el tiempo para prestar atención y escuchar lo que él dice?

Los expertos en comunicación nos informan que uno de los mayores problemas que tenemos en la comunicación es que no sabemos escuchar. Algo que hacemos es interpretar las palabras del otro en función de lo que queremos oír, y, por lo tanto, no estamos realmente escuchando lo que el otro está diciendo. A veces todo nuestro pensamiento está en lo que queremos decir y ni siquiera escuchamos lo que dice la otra persona. Si hacemos esto con los que nos rodean, que son fáciles de oír si prestamos atención, ¿cuánto más lo hacemos con Dios, que es difícil de oír? Él nos habla y nosotros oímos, pero ¿escuchamos? Lo que dice puede no coincidir con nuestro razonamiento, así que tomamos sus palabras y las ajustamos a nuestra lógica y seguimos esa interpretación. Jesús estaba molesto con los líderes religiosos de la época porque hacían justamente esto.

Tenemos que aceptar la palabra de Dios como la palabra de Dios aunque no tenga sentido para nosotros. Si él es mucho más grande que nosotros, es lógico que lo que él dice no siempre nos resulte comprensible. Cuando Dios dio el maná a los israelitas (Ex 16:14), les impartió instrucciones al respecto. Debían recogerlo cada mañana y no guardar nada para el día siguiente (Ex 16:16, 19). Algunas personas escucharon solo lo que quisieron e intentaron guardar algo para el día siguiente (Ex 16:20).

Luego se les dijo que el sexto día recogieran el doble para guardar la mitad para el día siguiente, porque no habría nada que recoger (v. 22-23). Quizás algunos recordaban que la noche anterior lo habían guardado y se había podrido con gusanos, y por eso no guardaron nada y salieron el séptimo día a recoger su maná para ese día, pero no encontraron nada (v. 27). ¿Acaso hemos cambiado desde entonces? ¿No actuamos igual? Me temo que somos iguales, y muchas veces oímos lo que queremos oír o se nos ocurre que lo que oímos no puede ser así. Debemos escuchar con una mente abierta, con confianza en el Señor —que sabe de lo que habla—, no pensando en lo que queremos hacer o lo que queremos decir. Dios nos ama a nosotros sus hijos y quiere instruirnos. Nosotros, ¿estamos escuchando?

---

1 1 R 19:12.

La ofrenda. ¿En qué pensamos cuando hablamos de ofrenda? En primer lugar, es lo que uno ofrece a otro o por otro. Por lo general, en la iglesia, podemos pensarlo como nuestro apoyo económico al ministerio. Esto es algo que debemos tener en cuenta. Dios nos pide que apoyemos su obra. Pablo nos dice que el obrero es digno de su salario, que no se debe poner bozal al buey que trilla el grano.[1] También dice que aquel de quien recibimos bendiciones espirituales debe participar en nuestras bendiciones económicas.[2]

También debemos apoyar la obra de la iglesia cuidando a los necesitados. Debemos apoyar la palabra de Dios en la evangelización y el trabajo misionero. Debemos apoyar a los huérfanos y a las viudas.[3] Debemos dar de corazón para todo esto y no pensar que pagamos cuotas para estar en un club. La Iglesia no es un club, es el cuerpo de Cristo que funciona para Cristo. Pero aun teniendo todo esto en cuenta, el concepto de ofrenda debería tener un impacto mucho más profundo.

En el último versículo de 2 Corintios 5, Pablo nos dice que Dios ofreció a Jesucristo, que no conoció pecado, como pecado (para que reciba nuestro castigo en nuestro lugar) para que en Jesús y a través de él pudiéramos llegar a ser justos delante de Dios. ¿Te das cuenta de lo gigantesco que es que nos convirtamos en justos sin ningún esfuerzo de nuestra parte? Pablo continúa exhortándonos a no recibir la inmensa gracia de Dios en vano (2 Co 6:1). En el versículo 2, nos habla acerca del socorro y la salvación extraordinarios que hemos recibido. ¿Acaso no es esta la mejor y más asombrosa ofrenda que alguien pudiera dar?

Fue suficiente para salvarnos a ti, a mí y a las multitudes que han sido rescatadas del pecado a lo largo de toda la historia. Esta es la ofrenda que debe estar en primer lugar en nuestras mentes, corazones y espíritus. Por ella, somos motivados a hacer muchas de las cosas que Dios nos ha pedido. En la lectura del día de hoy en Lucas 22, se detalla el arresto de Jesús, el episodio principal de la ofrenda de Dios para nuestra salvación y mucho más. Te animo a que leas con el corazón, en los capítulos restantes de Lucas, sobre la gran ofrenda que Dios ha hecho por ti.

---

1   1 Co 9:9; 1 Tm 5:18.
2   Ga 6:6.
3   St 1:27.

Vida, Escritura, justicia. Me resulta extraño que el Espíritu Santo me hablara de estas tres cosas a la vez. Sin embargo, me parece que tienen su razón de ser. La vida que vivimos, la vida eterna que buscamos, la verdadera vida ante Dios es nuestra meta. Entonces, ¿qué se necesita para encontrar esta vida plena, eterna y agradable a Dios? Podríamos concluir que la hallaremos con lo que pensamos y razonamos en nuestra mente que es bueno. Sin embargo, eso no nos llevará muy lejos, porque Pablo dijo que la sabiduría del mundo no encontró a Dios (nosotros tratando de averiguarlo por nuestra cuenta), que por la necedad de los hombres somos salvos.[1] Solo podemos saber lo que Dios tiene que decir a través de las Escrituras. Debemos leer la Palabra de Dios y creerle, ignorando totalmente nuestro propio pensamiento, razonamiento y lógica. Si pudiéramos conseguir lo que buscamos (plenitud, eternidad, y agradar a Dios) por nosotros mismos, Jesús no habría tenido que venir. Las Escrituras nos guiarán a encontrar la verdadera plenitud, la vida eterna y el camino para agradar a Dios. Debemos creer lo que leemos en la Palabra de Dios, lo que él nos dice.

Creímos la Palabra de Dios (lo que es extraño para cualquier pensador que considera y razona las cosas), que decía que si nos arrepentíamos y aceptábamos a Jesús en nuestras vidas experimentaríamos un nuevo nacimiento. Al hacerlo, en nuestras vidas ocurrió algo que es difícil de explicar a un no creyente. Sin embargo, sucedió, algo sobrenatural tuvo lugar, un espíritu nació en nosotros que no estaba allí antes y que cambió nuestro pensamiento. Las cosas que pensábamos que eran importantes ahora ya no lo son. Descubrimos que nuestros gustos y preferencias cambiaron, pero no podemos explicar por qué. No es que tomamos una decisión para cambiar, sino que simplemente fuimos diferentes después de recibir la salvación. Lo mejor que podía pasar en nuestras vidas, recibir la vida eterna, sucedió porque creímos en ese momento lo que las Escrituras decían. Debemos continuar creyendo en las Escrituras ahora como lo hicimos cuando fuimos salvos.

Creer las Escrituras es lo que nos lleva a la justicia. La justicia no viene a nosotros por nuestros logros, sino por fe. Los judíos trataron por años de lograrla a través de la ley, pero Pablo dijo que fallaron. Él nos dice que recibimos la verdadera justicia por fe, al igual que Abraham.[2] Debemos creer por fe que Jesús es el Hijo de Dios, el Mesías enviado del cielo para redimir a la humanidad. Debemos creer en la ofrenda que Dios hizo en nuestro favor, y no ser como tantos que no estuvieron dispuestos a creer que Jesús era el Mesías cuando este les predicó en el campo, en las casas y en el templo.

No debemos creer que Jesús fue asesinado por hombres revoltosos que se rebelaron contra la voluntad de Dios y pusieron al Mesías en la cruz. Incluso eso fue obra de Dios para salvar a un pueblo perdido, es decir, a nosotros. Es fácil leer el relato del arresto, el juicio y la crucifixión de Jesús y culpar a todos esos hombres malvados que lo hicieron. En el libro de Hechos, Pedro ora a Dios y explica por qué todo esto le sucedió a Jesús: Dios así lo había predeterminado.[3] ¿Cómo podríamos ser salvos sin una ofrenda por nuestros pecados, ni sangre que nos limpiara, ni resurrección que mostrara que nosotros también resucitaremos? Vida, Escritura, justicia: todo se relaciona. No podríamos tener justicia si esta no estuviera detallada en las Escrituras, la Palabra de Dios en la que tener fe. Y las Escrituras nos enseñan cómo ser salvos y tener vida verdadera en Dios. Debemos obedecer, creer y vivir.

---

1   1 Co 1:21.
2   Rm 4:1-9.
3   Hch 4:28.

Hoy el tema es la **seguridad**. En este mundo que nos rodea, con todas sus calamidades y desasosiegos, aunque los del mundo digan que están seguros, se trata de un sentido distorsionado de la seguridad. La mayoría dirá: **Si tan solo tuviera X, sería feliz y estaría seguro.** Cuando finalmente reciben/adquieren/poseen X, descubren que no son verdaderamente felices ni están seguros. Muchos afirman que Dios ha puesto un vacío en nuestro ser que solo él puede llenar. Aquellos de ustedes que han aceptado a Jesucristo en su vida ahora tienen ese vacío lleno. Sin embargo, aunque estamos en este mundo, pero no somos de este mundo,[1] debido a la calamidad y el desasosiego que nos rodea, nuestra fe se debilita y nuestra seguridad comienza a flaquear. La verdad es que tenemos a Cristo en nosotros,[2] tenemos a Dios, que llena ese vacío, tenemos al Espíritu Santo, que nos enseña y nos guía.[3]

Nuestra fe flaquea porque el diablo nos miente tratando de convencernos de que Dios no es tan grande como dice que es. El diablo comenzó esto en el jardín con Eva y ha seguido mintiéndole a toda la humanidad.

La pregunta es: ¿le vamos a creer a Dios, o le vamos a creer al diablo? Parafraseo un poco lo que el diablo le dijo a Eva: **¿De veras Dios os ha dicho?**. Creo que esto es lo que nos sigue diciendo hoy, intentando hacernos dudar. Él pretende que usemos nuestra mente para llegar a una interpretación ligeramente distorsionada de lo que pensamos que es la verdad. La verdad es que somos personas falibles y cualquier cosa que se nos ocurra es un error. Dios nos da la verdad, simple y llanamente, pero como no nos gustan algunas de las cosas que él dice, tratamos de manipularla. Nuestro orgullo, nuestro ego, nuestros deseos (lo que Pablo llama «la carne») no quieren alinearse con lo que es la verdad que Dios nos da. Lo que David escribe en Salmos 61 tiene que ver con la seguridad, sobrepasa la vida y llega hasta la eternidad. En los salmos de David, podemos ver que él muchas veces tuvo miedo —como nosotros—, pero eso no cambió dónde estaba el fundamento de su seguridad. Era a esa misma seguridad (su Dios) a la que clamaba. En la lectura del día de hoy en Lucas 24, vemos a unos discípulos temerosos. Acababan de perder a su líder, a quien consideraban el Mesías prometido que asumiría la autoridad en la tierra y restauraría todo (Lc 24:21).

En lugar de arreglar las cosas, los líderes judíos habían entregado a Jesús a los romanos, a los mismos que pensaban que Jesús iba a conquistar, y estos lo habían ejecutado. Las mujeres fueron al sepulcro a velar el cuerpo de Jesús, y un ángel les dijo que había resucitado y que no estaba allí. Ellas, asustadas y asombradas, les dijeron a los once apóstoles lo que a ellos les pareció una locura (Lc 24:11).

Muchas veces los apóstoles habían escuchado la verdad de los mismos labios de Jesús, quien les había dicho que sería arrestado, entregado a los gentiles (los romanos), ejecutado, y que al tercer día resucitaría de entre los muertos. Nosotros nos encontramos en ese lugar a menudo, oímos y oímos, pero no escuchamos. Cada vez que Jesús decía que resucitaría al tercer día, los discípulos se preguntaban unos a otros qué significaba, y obviamente que como no podían entenderlo, no creían. Estamos llamados a creer, aunque no entendamos o no tenga sentido para nosotros. Aquí es donde se encuentra la seguridad, creer en la verdad por improbable que parezca. Nuestra fe es lo que nos mantiene en la verdad, nuestra entrega a Dios es lo que nos permite tener fe, nuestra rendición total a él es lo que nos da seguridad.

---

1   Jn 17:14.
2   2 Co 13:5.
3   Jn 14:26, 16:13-14.

¿Amar? Shakespeare dijo: «**Ser o no ser, esa es la cuestión**». Por el gran énfasis que Pablo puso en sus escritos, sobre todo en 1 Corintios 13, puedo escucharlo decir: **Amar o no amar, esa es la cuestión.** A pesar de tantas dificultades, él logró mucho por el reino de Dios, lo cual nos anima a todos a hacer más; sin embargo, dijo que todo lo que había logrado era en vano si no tenía amor. El primer amor al que Dios nos llama es a amarlo a él. Dios mostró su amor a la humanidad desde el principio en el maravillosamente bendecido jardín del Edén, cuando creó al hombre a su propia imagen y le dio toda cosa buena para cubrir sus necesidades. Hoy en día podemos dar un paseo y sentarnos en un hermoso jardín y disfrutar de su belleza, un jardín hecho por el hombre, ¿te imaginas lo que era el jardín que Dios había hecho y dado a Adán? En su amor por Adán, Dios le permitió nombrar a todos los animales que había creado, lo cual era su derecho, pero le dio ese privilegio al hombre. En su amor por Adán, le dio a la humanidad libre albedrío para que pudieran elegir, pero les advirtió que no comieran de un árbol dado, cosa que hicieron y que nos ha traído tristeza y penurias desde entonces.

Al parecer, Dios deseaba compañía y fue al jardín al fresco del día en busca de Adán y Eva, y los llamó: «¿Dónde están?».[1] Los amaba, por eso les proveyó todo lo que necesitaban y les advirtió sobre los peligros que sabía les traerían angustia y desesperanza, y los llamó porque quería que ellos lo amaran a él. Hemos estado leyendo en Éxodo 20 y 21 sobre las cosas que Dios comenzó a hablar a los israelitas a través de Moisés. Hacía tres meses que habían salido de Egipto[2] donde Dios había hecho milagro tras milagro para demostrar a todos quién era él, y podríamos pensar que esto iba a hacer que los israelitas lo amaran. Dios dice que visitará la iniquidad de los padres que practican cosas malas hasta la tercera y cuarta generación de sus hijos (en Éxodo 20:5, pero lo volvió a reformular más tarde[3]).

En cambio, para aquellos que aman a Dios, él tendrá un efecto positivo no solo hasta la tercera y cuarta generación, sino hasta mil generaciones (Ex 20:6). Más adelante, en Deuteronomio 6:5, se ordenó a los israelitas que amaran al Señor su Dios con todo su ser. Jesús vuelve a traer esto convirtiéndolo en el nuevo pacto, y agrega algo más, tomado de Levítico 19:18, y dice que amen a su prójimo como a sí mismos. En esencia, Jesús afirma que el amor es la plenitud de todas las cosas que Dios nos ordena: «*De estos dos mandamientos dependen toda la Ley y los Profetas*» (Mt 22:40).

En la primera mitad, e incluso en el resto de Juan 1, se ve reflejada la gran afirmación que Juan hace: «*De tal manera amó Dios al mundo*» (Jn 3:16). Jesús era el cordero, el Cordero de Dios.[4] Puede que esto no signifique mucho para nosotros, más allá de pensar en un hermoso cordero todo lanudo y blanco que no lastimaría a nadie..., hasta que lo ponemos en el contexto de la práctica de la Pascua en la que cada hombre (llamaremos a uno Abías) debía tomar un cordero para estar con él durante cuatro días. El cordero de Abías estaba con él, cerca de él, siempre allí, durante cuatro días; luego, Abías lo mataba y sacrificaba. ¿Entiendes ahora la imagen del Cordero de Dios? Así de grande es el amor de Dios por nosotros. Por eso no podemos evitar corresponder a dicho amor, por lo que él hizo por nosotros incluso cuando todavía estábamos en pecado y merecíamos solo su ira.[5] En esto Jesús también nos llama a amar a nuestros hermanos con este mismo tipo de amor: «*Que os améis unos a otros; como yo os he amado*» (Jn 13:34).

---

1   Gn 3:9.
2   Gn 19:1.
3   Ez 18:17, 20.
4   Jn 1:29, 36.
5   Rm 5:8.

Padres, ustedes tienen una gran responsabilidad. Deben ser un fundamento para sus hijos, una guía, un protector, un proveedor. Ser padre no es una tarea fácil. Hay muchos que solo son padres biológicos; otros que son padres de hijos que biológicamente no son suyos. Dentro de la iglesia hay padres espirituales. Pablo se refiere a sí mismo muchas veces como el padre espiritual de las iglesias a las que escribe.

A lo largo de la historia de los judíos, desde el libro de Éxodo, donde leemos cómo Israel es sacado de Egipto y recibe la ley a través de Moisés, hasta David y otros salmistas, podemos ver las huellas de las manos de un Padre amoroso que cuida, guía, dirige y castiga a sus hijos. Jesús, en Juan 2:14-17 dice: **¡Qué le han hecho a la casa de mi Padre!** (mi paráfrasis). Se está refiriendo a Dios como su Padre. Jesús nos dice que él ha hecho el camino y que podemos ir a Dios Padre con confianza como hijos que buscan guía, protección y provisión.

Dios Padre es nuestro fundamento, todo lo que somos, todo lo que hacemos e incluso a dónde vamos, todo se basa en el fundamento de quién es él. Fuimos creados por él, cada respiración que damos es por él, somos guiados por su palabra, y nuestra respuesta a esa palabra es lo que nos da seguridad en la eternidad. Un padre es importante, ya sea Dios Padre, un padre espiritual como Pablo o, incluso, nosotros que somos padres para nuestros hijos. Como vemos en nuestro Padre celestial, todos los padres debemos ser un fundamento para nuestros hijos, dándoles guía y dirección, enseñándoles lo que tenemos para ofrecerles, ayudándolos a crecer física y espiritualmente en la vida. Desconozco la razón de por qué hoy el Espíritu Santo decidió hablar sobre los padres, pero algunos de los padres que lean esto tal vez sí lo sepan. Quiero concluir con algunos de los pasajes que tenemos sobre los padres:

«Y vosotros, padres, no provoquéis a ira a vuestros hijos, sino criadlos en disciplina y amonestación del Señor» (Ef 6:4).

«Padres, no exasperéis a vuestros hijos, para que no se desalienten» (Col 3:21).

«También sabéis de qué modo, como el padre a sus hijos, exhortábamos y consolábamos a cada uno de vosotros» (1 Ts 2:11; Pablo compara su cuidado con el de un padre).

Este pasaje del Antiguo Testamento no menciona específicamente a los padres, pero ciertamente podría agregarse a la lista: *«Instruye al niño en su camino, y ni aun de viejo se apartará de él»* (Pr 22:6).

En tiempos pasados ha habido muchos que por fe han seguido a Dios en las dificultades, en la tristeza, en la alegría, en el gozo y en la gratitud. Todos los que siguieron a Dios sabían que todo estaba en sus manos y que él los sostenía, sin importar en qué condición se encontraran. La única confianza que Pablo siempre tuvo fue que un día vería a Dios y que estaría delante de él en el cielo, por siempre y para siempre. Esta fue siempre la alegría y la vida de Pablo. En una ocasión, él dice que ausentarse de este mundo sería estar con Cristo, su Señor,[1] y que esto lo alegraría. ¿A nosotros también nos alegraría? ¿O seguimos buscando la alegría aquí en este mundo terrenal? ¿Cómo nos comportamos?

¿Nos alegramos cuando nos acercamos a Dios, o es algo así como un deber más que un privilegio? Hay quienes encuentran alegría en Dios, como lo hizo el apóstol Pablo, pero muchas veces son mirados con extrañeza, incluso por algunos de los que están en la Iglesia. ¿Cuál es el costo de caminar con Dios? El diablo ataca. El mundo se ríe y se burla, se nos excluye de varias cosas. Ya no le encontramos valor a lo que el mundo ofrece, ya que gran parte de ello solo se sustenta en el mal. Este es el mundo en el que estaba Pablo, este es el mundo en el que estamos nosotros, siempre será así en cierto modo. El pecado ha entrado y ha afectado a toda la creación en esta tierra.

Llegará el día en que todo será restaurado, pero hasta entonces debemos caminar en la misma fuerza que Pablo, en la fuerza que obtuvo de su Señor, de su relación con Cristo. Pablo incluso dijo que vivía en Cristo,[2] así era como sobrevivía y existía. ¿Has llegado a darte cuenta de que solo eres capaz de vivir (en estos tiempos difíciles) porque estás en Cristo, de quien recibes la vida que no te puede ser quitada? ¿Estás tan unido a Cristo que, en cierto modo, estás en tu eternidad incluso ahora? En algún sentido, Pablo lo estaba, pues dice que morir era estar con Cristo y que vivir en el mundo era Cristo. Él siempre se veía a sí mismo en Cristo[3] y creía que un día todo sería restaurado.

En su vida, Pablo había respondido de una manera un poco retroactiva a lo que Pedro dijo el día de Pentecostés cuando predicó a los judíos el primer sermón de salvación: *«Para que vengan de la presencia del Señor tiempos de consuelo, y él envíe a Jesucristo, que os fue antes anunciado. A este, ciertamente, es necesario que el cielo reciba hasta los tiempos de la restauración de todas las cosas, de que habló Dios por boca de sus santos profetas que han sido desde tiempo antiguo»* (Hch 3:19b-21). Pablo esperaba ese tiempo de restauración y hasta entonces su vida era Cristo. ¿Puedes decir que tu vida es Cristo?

---

1   2 Co 5:6, 8; Flp 1:20-26.
2   Ga 2:20.
3   Rm 14:7-9.

Hoy veremos el ayuno como estilo de vida. Por lo general, se piensa que ayunar es prescindir de la comida, pero esto podría no ser un estilo de vida. Quienes practican el ayuno de forma regular, un cierto día de la semana cada semana, pueden referirse a él como estilo de vida. Sin embargo, de lo que quiero hablar hoy es de un estilo de vida que influye en cada día de nuestra vida, en cada momento que vivimos. El ayuno de comida implica privarnos a nosotros mismos de ciertos alimentos o de todos los alimentos que deseamos. Ampliar el significado del ayuno al de un estilo de vida significa que, al seguir a Dios, nos privamos de muchas cosas que deseamos, de aquellas cosas que Dios nos ha hablado y nos ha mostrado que no son buenas para una vida espiritual madura. Cuando recibimos nuestra salvación (y en las siguientes primeras semanas), nos damos cuenta de que muchas cosas que deseábamos antes ya no las deseamos.

Este es un estilo de vida que cambia dentro de nosotros de forma automática, es parte del nuevo nacimiento. Después hay elecciones conscientes que tenemos que hacer como parte de la vida del reino. La oración del Señor, la que les enseñó a sus discípulos, comienza así: «Padre nuestro que estás en los cielos, santificado sea tu nombre. **Venga tu reino. (...) como en el cielo, así también en la tierra»**. El reino de Dios en la tierra como en el cielo somos nosotros viviendo a su manera: valorando lo que él valora, haciendo lo que él hace, yendo a donde él va, bendiciendo como él bendice, etc. Parte de esa vida en el reino es no hacer las cosas que él nos dice que no son buenas para nosotros o que no deberían estar en nuestras vidas. Todos los días tenemos que tomar decisiones. Nos alejamos de lo que deseamos porque Dios nos dice que debemos hacerlo. Este es un tipo de ayuno.

Jesús le dice a la mujer en el pozo que la forma en que los samaritanos adoran e incluso la forma en que los judíos adoran en Jerusalén va a cambiar, que la verdadera adoración va a ser adorar al Padre en espíritu y en verdad. Jesús le está diciendo que la manera en que los samaritanos desean adorar a Dios y la manera en que los judíos desean adorar a Dios va a tener que cambiar, porque en espíritu y en verdad es la manera en que el Padre desea que lo adoren los que lo siguen (Jn 4:20-24). Podemos estancarnos tanto en nuestro ritual religioso que ya no seguimos a Dios en espíritu y en verdad. Privarnos de lo que deseamos, incluso de mucho de lo que pensamos que debemos hacer o tener, es lo que el Padre está buscando en nosotros. Jesús dijo: «tome su cruz, y sígame».[1]

Él no dijo: «Encuentra una cruz que te guste, tómala y vete donde te plazca». Él dijo: **Toma tu cruz, la que Dios ha designado para ti, y luego ve a donde yo voy, haz lo que yo hago**. Durante sus tres años de enseñanza antes de ir a la cruz, dijo que solo hacía lo que veía hacer al Padre.[2] ¿Estamos haciendo únicamente lo que vemos hacer a Jesús o estamos haciendo lo que queremos hacer sin estar dispuestos a renunciar a lo que deseamos como nuestra forma de vivir la vida cristiana? Dios decide qué parte quiere que seamos en el cuerpo de Cristo: pie, nariz, mano, etc. (1 Co 12:14-18). Debemos privarnos de lo que deseamos y buscar a Dios para descubrir lo que él quiere que seamos y que hagamos. Privarnos de los alimentos que deseamos es un ayuno en la forma en que comemos, privarnos de lo que deseamos o de cómo deseamos vivir es un ayuno como estilo de vida.

---

1   Mt 16:24; Mc 8:34; Lc 9:23.
2   Jn 5:19.

Dependencia, ¿acaso eso no es fe? La pregunta es si realmente dependemos de Dios o si tomamos las riendas en nuestras manos y nos lanzamos a conseguirlo por nuestra propia determinación. De esta manera, podemos parecer cristianos. Una vez oí una oración que un hombre había hecho al Señor, que decía algo así: **Señor, te ruego que me hagas como una esponja y me llenes de ti para que cuando me aprieten seas lo único que salga.** Podemos por propia determinación comportarnos (por fuera) como deberíamos, pero ¿qué pasa cuando nos aprietan? Yo quiero ser tal que mis reacciones naturales ante las situaciones sean el comportamiento correcto de un cristiano, aunque el resto del tiempo no me vea del todo bien (según cómo me juzguen los demás), en lugar de llevar un disfraz que me haga ver bien.

Pedirle a Dios que nos ayude a quitarnos la fachada y la máscara, y luego mirarnos en un espejo espiritual puede ayudarnos a lograrlo. Morir a uno mismo no es nada fácil, tenemos que enfrentar nuestros fracasos, nuestro orgullo y nuestro ego. ¿Dónde ponemos la dependencia? Dios quiere que la depositemos toda en él, pero nuestro ego y orgullo quieren que la depositemos en nosotros mismos. Esta es la razón por la que tantos quieren, todavía de alguna manera, cumplir un poco con la ley. El orgullo y el ego quieren poder decir **yo** hice algo por mí mismo. La verdad es que lo único que hemos hecho nosotros es no estar a la altura de la ley, pero Jesús ha hecho todo por nosotros en la cruz.

Él pagó por nuestros pecados,[1] es su sangre la que nos cubre,[2] es por su sacrificio[3] que tenemos vida eterna. La lectura del día de hoy de Salmos dice: «*Bendito Jehová Dios, el Dios de Israel, el único que hace maravillas*» (Sal 72:18). Solo él hace maravillas, y nosotros somos los destinatarios de muchas de ellas. A veces, no recibimos las grandes maravillas que Dios quiere darnos porque nos interponemos en el camino tratando de hacerlo nosotros mismos. Hemos visto este comportamiento en los niños: **quieren hacer algo por sí solos,** y nosotros queremos ayudarlos, pero muchas veces no podemos hacer nada mientras lo intentan, y cuando finalmente se dan por vencidos, ahí sí podemos ayudarlos.

En la lectura del día de hoy de Juan 5, vemos que los judíos cuestionaban a Jesús por lo que estaba diciendo. En sus mentes, habían formado una idea de cómo debía comportarse un religioso judío. Jesús no se comportaba así y lo persiguieron por eso (v. 16). Siempre habrá quienes por propia determinación se comportarán como cristianos por fuera, pero no tienen lo que deben tener por dentro. Muchas veces perseguirán a otros que, ante sus ojos, no siempre actúan bien por fuera, pero que cuando se los aprieta, sale más de Jesús que de ellos mismos. Así como una esponja absorbe mucha agua gracias a todos los espacios vacíos en su interior, así nosotros debemos vaciarnos de nosotros mismos para poder absorber mucho más de nuestro Señor.

---

1   1 Co 15:3; Ga 1:4; 1 P 2:24; 1 Jn 2:2.
2   Rm 3:25, 5:9; Ef 1:7; Col 1:14; Hb 9:22, 13:12, 20; 1 P 1:2, 19.
3   Hb 9:26.

El pan de vida. El hombre puede vivir solo de pan (el elaborado con algún tipo de grano) y agua. Es la sustancia básica que nos sostendrá en la vida. Es interesante que todo nuestro cuerpo pueda sustentarse con una única fuente, aunque la mayoría de nosotros posee una dieta mucho más variada. Además del pan, deseamos otros alimentos, pero el pan por sí solo podría ser suficiente. El apetito del hombre es amplio, le apetecen diferentes alimentos. De la misma manera sucede en nuestras vidas espirituales, el hombre anhela mucho más que solo eso que sustentará su vida espiritual. Los judíos tenían este problema. En la ley se les ordenó que no tuvieran otro dios delante de ellos más que Jehová.

Sin embargo, su anhelo hizo que, a pesar de que habían visto todas las grandes obras, las grandes señales, las grandes maravillas de Dios, con el tiempo comenzaran a buscar a los dioses de las naciones que los rodeaban y pusieran una barrera entre ellos y Jehová. En nuestro mundo actual hay muchos dioses de diversas naciones, y el hombre con sus anhelos tiende a querer una dieta de más de uno. Actualmente en nuestra cultura, el dios de muchos parece ser el **individualismo**. Hasta en la Iglesia hay personas que sirven a **este** dios y no pueden servir al único Dios Jehová. Debido al anhelo del hombre, se necesita un esfuerzo constante para mantenernos fieles a un solo Dios. Incluso dentro de la Iglesia existe el peligro constante de que se introduzca otro evangelio.

El evangelio que Jesús nos presentó es bien claro: arrepentirnos de nuestros pecados, aceptarlo en nuestras vidas, tomar nuestra cruz y seguirlo. Pablo fue el gran apóstol de los gentiles, es decir, de la mayoría de nosotros. Él presentó el evangelio como Jesús se lo presentó. Sin embargo, a pesar de ser tan simple, Pablo tiene que escribir a los gálatas acerca de no aceptar otro evangelio. Jesús nos dice que él es el pan de vida que ha descendido del cielo. En él está todo lo que necesitamos. Él es la dieta básica que nos sustentará en la vida, no necesitamos nada más. No necesitamos otro evangelio, ni otro dios; Jesús es suficiente (Jn 6:32-35).

Él le dijo a la mujer en el pozo que le pidiera el agua viva para no tener más sed.[1] En nuestra dieta espiritual, recibiremos todo lo que necesitamos del Pan y el Agua de vida, que es Jesús. Él nos sustentará y viviremos.

---

1   Jn 4:10.

Desayuno de campeones. Todos hemos oído la frase. Sin duda, se refiere a la fuerza física de una persona, pero ¿cómo sería si se aplicara a los campeones espirituales? Una dieta diaria de Dios nos fortalecerá y hará que nuestro espíritu se desarrolle. Los campeones espirituales libran batallas mucho más grandes que las que se libran en lo físico. No sabemos qué poder poseemos en el nombre de Cristo. Hasta los demonios deben obedecernos. El problema parece ser que la mayoría de la Iglesia sigue caminando, tratando de hacer el trabajo de Dios, con sus propias fuerzas, suponiendo que el poder de Dios está por supuesto obrando en ellos detrás de escena. Nuestro deber como seguidores de Jesús es saber, no suponer.

Dios nos llamó a una obra, a una fe en él y a tomar las armas y herramientas que él nos ha dicho que usemos. Si soy carpintero, no voy a trabajar suponiendo que tengo un martillo y una sierra, sino que me aseguro de tener un martillo y una sierra. Debemos estar seguros de que tenemos las armas y herramientas que Dios quiere que usemos. De la misma manera en que buscamos en la caja de herramientas para tomar el martillo y la sierra, vamos a Dios, le pedimos y recibimos a sabiendas lo que él quiere que usemos. Las armas y herramientas de Dios son poderosas y asombrosas para derribar fortalezas. Si las fortalezas son espirituales, ¿podemos luchar contra ellas con nuestras propias fuerzas? Ni siquiera podemos controlar el comportamiento en nuestras propias vidas para vivir como Dios quiere que vivamos, ¿cómo lograremos derribar fortalezas con nuestras propias fuerzas?

La Iglesia actual supone demasiado. Creemos que sabemos, pero no es así. Somos como esos líderes espirituales supuestamente maduros de los que leemos hoy en Juan 7, que creían saber (en sus propias fuerzas) y dijeron al resto de la gente que Jesús no podía ser el Mesías. Dijeron que sabían de dónde era Jesús y que del Mesías nadie lo sabría (v. 27). El problema era que no sabían tanto como pensaban que sabían, porque siendo el Espíritu Santo el padre del nacimiento terrenal de Jesús, ellos realmente no sabían de donde era él. Además, al creer que sabían de dónde venía Jesús, dijeron que él no podía ser de la línea de David, de la cual surgiría el Mesías. De nuevo, al suponer que sabían, no eran conscientes de que David en los salmos se refería a Jesús como su Señor, probando así que el Mesías no podía ser hijo de David. En su suposición, los líderes no sabían que Jesús nació en Belén, la ciudad de David.

Incluso cuando Nicodemo les preguntó quién era Jesús, ellos —seguros en su suposición— respondieron que buscara y viera si algún profeta había surgido alguna vez de Galilea. Debemos ser precavidos en nuestras suposiciones. Suponer que somos campeones espirituales sin tener el desayuno correcto es algo tonto y peligroso para nosotros. Debemos saber, no suponer, que tenemos las armas y herramientas necesarias para hacer la obra que Dios tiene para nosotros. «*Aunque andamos en la carne, no militamos según la carne, porque las armas de nuestra milicia no son carnales, sino poderosas en Dios para la destrucción de fortalezas*» (2 Co 10:3-4).

Hoy es el día. ¿Qué día? El día para alegrarnos en el Señor. ¿Quiénes somos? ¿Cómo estamos? En nosotros mismos podemos no ser nada, casi pasar desapercibidos, pero si hemos recibido la salvación a través de Cristo, somos todo por medio de él. El Padre ve a todos los que estamos en Cristo como completos, ni más ni menos.

Dios ve todas las cosas de manera muy diferente a nosotros. Él está por encima de todo lo que existe, de todo lo que se piensa y de todo lo que conoce la humanidad. Luchamos entre nosotros para ganar posiciones, cuando somos todos iguales ante Dios. O estamos dentro o estamos fuera. Solo hay una manera de entrar, y es a través de Jesucristo. Él es quien pagó el precio que pesaba sobre todos nosotros[1]. No era un precio que mostrara nuestro gran valor, sino el que debíamos pagar por nuestros pecados o, de lo contrario, enfrentaríamos la ira de Dios[2], algo que ninguno de nosotros desea ver.

Vaya, la ira de Dios estaba contra mí, y yo no tenía nada de valor con que pagar mi deuda. Todos debemos recordar lo que debíamos y lo que recibimos. Darnos cuenta de lo que debíamos y no podíamos pagar y de que Jesucristo se sacrificó para pagar nuestra deuda y rescatarnos nos lleva a un lugar de humildad. Él con gran sufrimiento clamó al Padre en el huerto de Getsemaní, recibió los abusos de los líderes religiosos, los romanos lo ridiculizaron, le pusieron una corona que le hirió la cabeza, lo azotaron con tal ferocidad que le desgarraron la carne de la espalda y, luego, lo pusieron en una cruz para morir por lo que tú y yo hemos hecho, no por lo que él había hecho. Estos pensamientos nos llevan a un lugar triste, de arrepentimiento y humildad. Nunca debemos olvidar esto, ese precio que fue pagado para que pudiéramos formar parte de la familia de Dios.

Se nos dice que somos hijos de Dios. Tal vez sea una manera apropiada de pensar en ello. Cuando recordamos nuestra vida antes de nuestra salvación, nos damos cuenta de que no actuábamos como si tuviéramos un verdadero sentido. Practicábamos el pecado, algunos de nosotros de tal manera que ni siquiera queremos recordarlo. **Gracia sobre gracia**[3], esto es lo que todos necesitamos. Puede que algunos miren a su alrededor y digan que no son tan malos como otros, pero basta **un solo pecado para hacernos insuficientes e inaceptables**. La humildad, la entrega y la sumisión es lo que nos hace aceptables a través de Cristo, quien murió por nosotros, en nuestro lugar, y pagó el precio de nuestra deuda.

Cuando pensamos en estas cosas, podemos tender a querer escondernos en la oscuridad. Aquí es necesario escuchar de nuevo lo que Cristo dijo en nuestra lectura de hoy: «*Yo soy la luz del mundo; el que me sigue no andará en tinieblas, sino que tendrá la luz de la vida*» (Jn 8:12). Jesús quiere que estemos en la luz, su luz, incluso hemos de ser su luz para el mundo, «*hijos de Dios sin mancha en medio de una generación maligna y perversa, en medio de la cual resplandece[mos] como lumbreras en el mundo*» (Flp 2:15). Siempre recuerda con humildad lo que fuiste y lo que Jesucristo ha hecho por ti; y en esa alegría, sé un resplandor que irrumpa en las tinieblas del mundo para mostrarles a las personas que hay esperanza y salvación en Jesucristo.

---

[1]   1 Co 6:19-20.

[2]   Jn 3:36.

[3]   Jn 1:16; Rm 5:20; 2 Co 9:8.

Autenticidad, ¿somos personas auténticas? ¿Lo que hacemos y como actuamos es realmente lo que somos? ¿Somos reales? Jesús nos llama a vivir en la verdad. ¿Vivimos en la verdad o casi todo lo que hacemos es una fachada? ¿Cómo va a ver el mundo quién es Cristo si nosotros lo ocultamos? Debemos dejar que nuestra luz brille, alabarlo, mostrar su amor, permitir que él viva a través de nosotros para un mundo hambriento. Una de las últimas cosas que Jesús ordenó a sus discípulos (y a nosotros) fue que nos amáramos los unos a los otros,[1] es decir, al cuerpo de Cristo, la Iglesia. Muchos tratarán de ampliar esto y dirán que debemos amar al mundo. Es cierto, pero aquí Jesús está hablando de los hermanos. Nosotros, la Iglesia, debemos amarnos los unos a los otros, pero no estoy seguro de que estemos haciendo un buen trabajo. Si el mundo no puede ver amor en el cuerpo de Cristo, ¿cómo pueden creer que los amamos como Cristo amó a un mundo perdido cuando les decimos que los amamos y que queremos ayudarlos? Ellos ven y saben que, si no nos amamos entre nosotros, no los amaremos a ellos.

Se supone que debemos tener a Cristo viviendo en nosotros, se supone que deben ver a Cristo en nosotros. Lo que ven, ¿es a Cristo o a nuestra manera de discutir y hablar mal de los demás? Antes de que podamos invitar y atraer al mundo perdido a la familia del cristianismo, debemos tener nuestra casa limpia y atractiva. Dios es un gran Dios, pero si no nos comportamos, el mundo se preguntará qué tan buen Dios puede ser. Él quiere salvar al mundo y quiere usarnos, pero si dejamos un mal sabor en la boca del mundo, puede que no nos quieran, e incluso puede que nos escupan tan rápido como puedan. ¿Qué clase de favor le estamos haciendo a Dios si somos así?

En la época descripta en los evangelios, los fariseos eran la representación de Dios para el mundo judío. En nuestra lectura del día de hoy, Jesús sana a un ciego que es llevado ante estos representantes. Al ser interrogado por ellos, el hombre fue auténtico y dijo: «*Si es pecador, no lo sé; una cosa sé, que habiendo yo sido ciego, ahora veo. (...) Pues esto es lo maravilloso, que vosotros no sepáis de dónde ha salido, y a mí me abrió los ojos. Y sabemos que Dios no oye a los pecadores; pero si alguno es temeroso de Dios y hace su voluntad, a ése oye*» (Jn 9:25, 30-31). Los fariseos que lo interrogaban no estaban siendo auténticos, estaban actuando ante la gente para que pensaran que eran santos. Muchas veces Jesús habló de los fariseos y a los fariseos indicando que lo que había dentro de ellos no era santo, a algunos hasta les dijo que eran hijos del diablo.

Pablo había enseñado a los gálatas a ser auténticos, a ser quienes eran en Cristo. Pero después de su primera visita, en la cual les enseñó sobre Jesús, llegaron los judíos, quienes querían que empezaran a ponerse las vestiduras del judaísmo asumiendo ciertos rituales judíos para cumplir con la ley. Pablo les está suplicando, persuadiéndolos de que no escuchen a estos falsos maestros, de que no se pongan algo que los mismos falsos maestros no se ponían. La forma en la que actúan puede parecer grandiosa, pero el corazón sigue contaminado. Dios nos llama a ser auténticos, nos llama a amarnos los unos a los otros, a dejar que nuestra luz brille para que los que están en un mundo oscuro puedan verla. ¿Qué ve el mundo en ti?

---

1   Jn 13:34, 15:12, 17.

¿Somos personas sabias? A veces confundimos sabiduría con educación. Así es como nos ha programado nuestra sociedad. Nos han dicho que la educación es lo que necesitamos. Incluso en los evangelios, los inteligentes/educados de la época se consideraban personas sabias. Dios dijo que confundiría la sabiduría de los sabios, reduciéndola a nada.[1] Toda la Escritura tiene que coincidir, y Dios dijo que si alguno de nosotros no tiene sabiduría, que se la pida a él y que él nos la dará. Una vez que recibimos la sabiduría de Dios, ¿estamos incluidos entre aquellos a quienes Dios confundirá? Debe ser que esto se dijo de los inteligentes/educados para que supieran con certeza que se refería a ellos, ya que ellos se consideraban a sí mismos sabios, y a Jesús y a sus discípulos los tenían por necios. ¿Cuántos de nosotros hoy necesitamos pedirle sabiduría a Dios, pero estamos ciegos a nuestra necesidad porque tenemos educación y nos consideramos inteligentes, suponiendo que eso equivale a sabiduría?

Si eso fuera sabiduría y conocimiento verdadero, entonces las universidades y colegios estarían llenos de personas que siguen a Dios sabiendo que Jesucristo es el único camino. La mayoría están tan engañados que no creen que exista una eternidad. La eternidad estará en uno u otro lugar: el cielo o el infierno (el lago de fuego donde será arrojado el diablo). Al hombre le cuesta adquirir sabiduría. Ni siquiera cuando Dios realiza un milagro tras otro entendemos que él es Dios y que debemos seguirlo. Estamos leyendo en el libro de Éxodo todos los milagros en Egipto y en el desierto y, sin embargo, el pueblo se niega a seguir a Dios. Asaf, el escritor de Salmos 78, relata la historia de Israel y cómo una y otra vez provocaron la ira de Dios (v. 58). En Juan 10, Jesús continúa con su diálogo con los líderes judíos, tratando de convencerlos de que lo escuchen, de que sepan que él es el Mesías y que él y el Padre uno son. Les dice que su sabiduría no es sabia o, de lo contrario, lo reconocerían. Su sabiduría no es sabia porque todo lo que ven es su propia posición como justos. En Gálatas, Pablo continúa su cuestionamiento de por qué renunciarían a la libertad que habían recibido por el evangelio para volver a quedar atrapados en la ley. Todo el problema en Galacia fue porque algunos judíos llegaron declarando ser sabios y diciéndoles a las personas que no estaban completas con la salvación dada por Cristo de forma gratuita.

Estos forasteros les decían que aún era necesario que hubiera un esfuerzo de su parte. A nosotros, como personas, nos gusta pensar que somos sabios, lo que refuerza nuestro ego, incluso si no lo admitimos de forma consciente. Ser sabios delante del Señor es quebrantarse, creer, aceptar y esperar todo lo que él dice. En ese lugar de quebrantamiento, muchos de nosotros descubrimos que no tenemos sabiduría y que debemos pedírsela a Dios. Salomón la pidió: «*has pedido para ti sabiduría y ciencia para gobernar a mi pueblo*» (2 Cr 1:11).

En Santiago 1:5 se nos dice: «*Si alguno de vosotros tiene falta de sabiduría, pídala a Dios*». Pablo ora por los de Colosas para que reciban sabiduría: «*no cesamos de orar por vosotros y de pedir que seáis llenos del conocimiento de su voluntad en toda sabiduría e inteligencia espiritual*» (Col 1:9). No es una sabiduría reconocida por el mundo, pero sí reconocida por Dios.

---

1   Is 29:14; 1 Co 1:19, 3:19.

Un pueblo de dura cerviz, así llamó Dios a los que Moisés sacó de Egipto. Se especula que parte de lo que Dios quería que Moisés aprendiera durante sus cuarenta años fuera de Egipto era cómo pastorear ovejas, ya que él tendría que, bajo la guía divina, pastorear al pueblo desde Egipto hacia donde Dios quería llevarlos. Yo crecí en una granja con animales. Teníamos muy pocas ovejas, pero pasando tiempo con granjeros, aprendí acerca de ellas. Son uno de los animales más tontos y testarudos que existen. Dios llamó a Moisés para que sacara a su pueblo Israel de Egipto por la promesa que les había hecho a Abraham, a Isaac y a Jacob. Dios los llamó un pueblo de dura cerviz.[1] Eran testarudos, como estos animales. Es interesante que Jesús se refiera a nosotros como ovejas. Él dice algunas cosas buenas acerca de ellas, tales como: «Mis ovejas conocerán mi voz». Sin embargo, como pueblo, creo que a veces todavía somos tercos. No cedemos fácilmente a su llamado de salvación, muchas veces nos negamos a creer lo que él dice, nos resistimos muchas veces a lo que él nos ha dicho que hagamos. Él nos dice que pasemos por un lugar, y nosotros pasamos por otro.

Sí, parece que todavía queda un poco de dureza de cerviz en nosotros. La gracia de Dios es maravillosa, su misericordia es grande, su longanimidad es enorme. Jesús trató con personas de dura cerviz durante sus tres años de ministerio antes de entregarse a sí mismo en la cruz por nosotros. Muchos de ellos se negaron a creer que él era el Mesías. En la lectura del día de hoy en Juan 11, vemos que Jesús resucitó a Lázaro de entre los muertos (v. 43). (Aclaración: en cierto sentido, esto es lo que Jesús ha hecho por todos los que ahora somos salvos, nos ha resucitado de entre los muertos, porque antes de aceptarlo en nuestra vida, estábamos muertos). Jesús sabía que Lázaro no permanecería muerto, así que cuando lloró, no fue porque su amigo estuviera muerto, como suponían y lloraban los demás. Él vino a resucitar a Lázaro de entre los muertos para establecer ante muchos su autoridad en la tierra como el Mesías.

Pareciera ser que a Jesús le entristece que (v. 33) algunos de estos que eran queridos para él tuvieran que sufrir para que él pudiera mostrar su mesianismo. El versículo 37 es muy cierto, si Jesús hubiera estado allí, Lázaro no habría muerto, pero entonces no habría podido demostrar a todos que el Padre lo había enviado desde el cielo y que tenía poder sobre la muerte (v. 42). Jesús y el Padre sin duda establecieron esto a partir de lo que leemos en los versículos 4 y 6. Después de escuchar que Lázaro estaba enfermo, Jesús esperó dos días más. Él sabía incluso antes de salir de donde estaba para ir a Betania que Lázaro ya estaba muerto (v. 11 y 14). A Jesús le entristecía que Jerusalén fuera tan terca y hasta lo dijo: «*¡Jerusalén, Jerusalén, que matas a los profetas y apedreas a los que te son enviados! ¡Cuántas veces quise juntar a tus hijos como la gallina junta sus polluelos debajo de las alas, pero no quisiste!*» (Mt 23:37).

A Jesús le entristecía que María, Marta y quienes estaban con ellas tuvieran que llorar la muerte de Lázaro para poder mostrar su propia gloria. ¡Cuánto se entristece Jesús por nosotros cuando desea estar a nuestro lado, pero lo rechazamos! Muchas veces es nuestra terquedad la que nos mantiene alejados de Jesús. ¿Cuándo cederás y te acercarás a él?

---

1   Ex 32:9

Paz es el tema que surge de nuevo hoy. La paz divina es lo que realmente todos buscamos. Una paz que calme todo el desasosiego que sentimos dentro de nosotros. El mundo habla mucho de la paz, pero la única paz que el ser humano conoce, piensa o imagina es que todas las personas en la tierra estén en paz entre sí. Esta no es la paz divina, es una paz falsa; y si en el mundo no hubiera más guerras ni discusiones ni odio, el ser humano aún tendría ese desasosiego dentro de sí y seguiría buscando la paz. La falsedad ha estado desde el jardín del Edén, desde el momento en que el diablo le habló a Eva.

Es solo cuando aceptamos a Jesús en nuestras vidas que este tipo de paz, la paz divina, toma su lugar en esa parte de nuestro ser interior que ha estado buscándola. Incluso entonces seguimos luchando por tener paz dentro de nosotros, pero no es porque esta paz divina no sea suficiente. No somos de este mundo, pero estamos en este mundo.[1] Estoy seguro de que ninguno de nosotros experimentará la plenitud de esta paz divina hasta que no lleguemos al cielo. A pesar de que tenemos la plenitud del ser divino viviendo dentro de nosotros, aun así, albergamos incertidumbres y tenemos temores. Cuanto más permitimos que Cristo viva en nosotros, más paz tenemos. Sí, recibimos la plenitud de Cristo en el momento de la salvación, pero todavía depende de nosotros cuánto nos rendimos a Cristo y cuánto permitimos que él viva en nosotros y a través de nosotros. En la lectura del día de hoy, vemos que, cuando Moisés regresó al campamento, después de haber estado en la montaña en la presencia de Dios, su rostro resplandecía (con la gloria de Dios) con una luz especial.

En ese momento creo que Moisés conoció el mayor grado de paz divina que cualquier persona en esta tierra pueda tener. Es después de estar en la presencia especial de Dios que experimentamos esa paz divina, pero así como esa luz en el rostro de Moisés se desvaneció con el tiempo, nuestra paz también se desvanecerá a menos que continuemos exponiéndonos de forma regular a la presencia de Dios. Si así lo hacemos, las demás personas notarán esa luz y esa paz en nuestras vidas mientras vivamos en este campamento llamado tierra. ¿Estás recibiendo tu dosis diaria de la presencia especial de Dios pasando tiempo con él cada día?

---

1   Jn 15:19, 17:14; Flp 3:20.

¿Dónde estás? ¿En qué te has convertido? ¿Cómo te imaginas ser? ¿Qué valor ves en la vida? Estas son preguntas importantes que debes responder. Si lo haces con tu propia sabiduría e inteligencia, tu respuesta puede ser errónea. Las verdaderas respuestas a estas preguntas son lo que Dios dice acerca de ti en su Palabra, en la Biblia. ¿Has notado lo que Dios da como respuestas a estas preguntas acerca de nosotros? Puede que no sintamos que lo que Dios dice acerca de nosotros se aplique a nosotros, y podemos concluir que esto se debe a que no somos dignos de recibir tales bendiciones. Incluso podemos observar nuestra pecaminosidad y concluir que las bendiciones de Dios serían desaprovechadas si se nos dieran a nosotros. Nuestra conciencia tiene derecho a mostrarnos nuestra pecaminosidad, pero no tiene derecho a determinar lo que Dios puede o no darnos. Es el dador quien tiene ese derecho, es Dios quien decide lo que somos dignos o indignos de recibir. Nosotros, por nuestra propia condición, no tenemos derecho a recibir nada; sin embargo, no recibimos por nuestra dignidad o indignidad, sino por la dignidad de Jesús, y él ciertamente es digno.

Por eso recibimos, lo único que tenemos que hacer es creer en esto. Cuando creemos que recibimos porque Jesús es digno, entonces recibimos. Tenemos que creer que tenemos derecho a recibir, es un derecho que nos dio Jesucristo al morir en la cruz por cada uno de los que creemos en él. El derecho es nuestro, dado por Dios de forma gratuita a un pueblo que necesita su amor, para redimir a todos los que están perdidos. Antes de ser salvos, nuestro orgullo es lo que nos impide recibir el regalo amoroso de Dios de la vida eterna. Después de ser salvos, si realmente nos vemos como somos, con nuestra vergüenza y sentimiento de indignidad, dudamos en ir a Dios. Esto nos priva de todas las otras grandes bendiciones que Dios tiene para nosotros en su reino aquí en la tierra. Cuando se trata de recibir o no recibir, no es por nuestra dignidad, sino porque Cristo es digno. Pablo nos describe como muertos (Ef 2:1) en nuestros delitos (pecados), bajo la influencia del príncipe de la potestad del aire (Ef 2:2), comportándonos según las pasiones de nuestra carne y los pensamientos de nuestra propia mente, siendo merecedores de la ira de Dios y herederos de su enojo (Ef 2:3); pero indica que a pesar de estar en esa situación de muerte y de ser totalmente indignos, Dios, en su gran amor (Ef 2:4), nos dio vida en Cristo (Ef 2:5).

Si Dios hizo todo esto mientras no éramos salvos, ¿por qué nos negaría ahora alguna bendición del reino? Dios quiere darnos mucho, pero al igual que con la salvación, la cual no podíamos recibir hasta no creer, lo mismo sucede con todo lo demás que él quiere darnos. Pablo nos dice que, si bien todavía estamos aquí en esta tierra, también estamos sentados en los lugares celestiales en Cristo. Estamos allí en Cristo porque él es digno, lo cual no tiene nada que ver con nuestra dignidad o indignidad (Ef 2:6). Lee de nuevo lo que dice Pablo en Efesios 2:7-10 y comprende lo que dice. En el versículo 7 dice que Dios hizo esto (nuestra salvación y sentarnos en los lugares celestiales) para demostrar las inmensurables riquezas de su gracia en su bondad para con nosotros en Cristo Jesús. ¿Puedes decirme cuántas son las inmensurables riquezas? Ahora regresa a las preguntas que hice al principio y respóndelas de acuerdo con lo que Dios dice acerca de ti.

Tiempo para todo. Todo tiene su tiempo y hay un tiempo para todo. «*Todo lo hizo hermoso en su tiempo, y ha puesto eternidad en el corazón del hombre, sin que este alcance a comprender la obra hecha por Dios desde el principio hasta el fin*» (Ecl 3:11). Y «*Porque para todo lo que quieras hay un tiempo y un cómo, aunque el gran mal que pesa sobre el hombre es no saber lo que ha de ocurrir; y el cuándo haya de ocurrir, ¿quién se lo va a anunciar?*» (Ecl 8:6-7). El tiempo del hombre, el tiempo de Dios, el tiempo del juicio, todos estos son tiempos importantes. El tiempo del hombre solo Dios lo sabe con exactitud. El tiempo de la obra que Dios hace desde el principio hasta el fin nadie lo sabe exactamente. Sabemos que viene el tiempo del juicio, pero no sabemos bien cuándo. La noche antes de su crucifixión, Jesús habló con sus discípulos y les dijo que cuando él se fuera de regreso al cielo, les prepararía un lugar y que regresaría por ellos (Jn 14:2).

Se nos dan pistas sobre cuándo será eso, pero no sabemos el momento exacto. Lo importante es saber que Dios ha designado un momento para que esto suceda.[1] No es algo aproximado, es un momento exacto. Dios hace todas las cosas con exactitud. Como nosotros no somos capaces de entenderlo, tampoco podemos entender la forma en que él actúa.

Por lo que leemos en las Escrituras, a veces parece que Dios está un poco confundido o sorprendido, pero él sabe todas las cosas. Hay algo en él que no podemos comprender, pero habrá un momento en que todo será revelado. Jesús dijo que cuando llegue el juicio, todo saldrá a la luz. Se nos dice que habrá un tiempo en el que conoceremos tal como somos conocidos.[2] Viene un tiempo en el que veremos a Dios como realmente es. Viene un tiempo en el que esta tierra pasará y vendrá una tierra nueva.[3] Antes de que Jesús viniera, enseñara y muriera en la cruz, el plan de Dios para la humanidad era un misterio.

Pablo pasa la mayor parte de Efesios 3 hablando de este misterio. La confianza que debemos tener (fe) es que Dios ha establecido un tiempo para todo, y todo sucederá en el momento justo. No será diferente por lo que hagamos o dejemos de hacer. No será diferente por lo que Satanás haga. Será justo a tiempo. Dios tiene un cronograma de principio a fin de lo que está haciendo. Si estamos dispuestos a aceptarlo como Señor, los tiempos están fijados para todo en nuestra vida. Debemos creer que todo está bajo el control de Dios y que sucederá con la precisión de un reloj. Él es Dios.

---

1   Hch 1:7.

2   2 Co 13:12.

3   Is 65:17, 66:22; 2 P 3:13; Ap 21:1.

En este día, ¿qué debemos ser? El mundo a nuestro alrededor ejerce una influencia sobre los demás, y puede hacerlo sobre nosotros si no estamos atentos y no nos cuidamos de ello. Debemos estar en este mundo, pero no ser de este mundo. Jesús dijo que él no era de este mundo y que si estamos en él, nosotros tampoco somos de este mundo.[1] Debemos cuidarnos de la influencia del mundo y saber quién es el que actúa en todas las personas.[2] Somos llamados a ser un pueblo diferente.[3] Ciertamente, si seguimos a Cristo y nos volvemos tan parecidos a él como podamos, para el mundo pareceremos un pueblo peculiar, extraño y diferente. Es fácil, como cristiano, comenzar a parecernos al mundo en muchos sentidos. Todos los días somos bombardeados por lo que el mundo persigue. Cuando hay suficientes contaminantes en el aire que se depositan en una planta, esto reducirá su producción de frutos. Debemos cuidarnos de los contaminantes del mundo que nos rodea que pueden depositarse en nosotros.

Es de Cristo que nos debemos nutrir, tomar alimento espiritual, tomar fuerzas para vivir y el sustento para dar fruto. Jesús nos dice: «*Permaneced en mí, y yo en vosotros. Como el pámpano no puede llevar fruto por sí mismo, si no permanece en la vid, así tampoco vosotros, si no permanecéis en mí. Yo soy la vid, vosotros los pámpanos; el que permanece en mí y yo en él, este lleva mucho fruto, porque separados de mí nada podéis hacer*» (Jn 15:4-5). Pablo ruega a los efesios (y a nosotros) que vivan dignos del llamado que recibieron (Ef 4:1). Somos llamados a ser diferentes al mundo, viviendo de una manera que honre a Dios.

En Efesios 4, Pablo dice que debemos realmente esforzarnos por mantener la armonía de la unidad (v. 3), y continúa hablando de cómo deberíamos diferenciarnos del mundo. Gran parte de esto se reduce a uno de los mandatos de Jesús, él nos ordenó tres veces que nos amáramos unos a otros;[4] dijo que de esta manera, todos sabrían que somos sus discípulos.[5] En nuestra lectura del día de hoy, Pablo habla de esto mismo: «*os ruego que andéis como es digno de la vocación con que fuisteis llamados: con toda humildad y mansedumbre, soportándoos con paciencia los unos a los otros en amor*» (Ef 4:1-2). (Estos son otros pasajes relacionados: 1 Corintios 1:20-21, Colosenses 2:8, Santiago 2:5).

Jesús nos llama a ser diferentes; los apóstoles nos instruyen y nos alientan a ser un pueblo piadoso que viva conforme a Dios. Debemos estar unidos a la Vid, producir fruto, ser un pueblo diferente, tener la luz de Cristo. Esto es lo que debemos ser en este día y todos los días, « *andéis como es digno de la vocación* ».

---

1   Jn 17:15-16.
2   Jn 14:30; 2 Co 4:3-4; Ef 2:2.
3   Tt 2:14; 1 P 2:9.
4   Jn 13:34, 15:12, 15:17.
5   Jn 13:35.

Mi Dios es Dios. Esta es una declaración con la que todos deberíamos familiarizarnos. Debemos decirla, creerla, vivirla. Dios es todo para nosotros. Él es nuestro creador, nuestra guía, nuestro salvador. Él es quien nos llama desde lejos. Él es el Rey poderoso, el Señor de todo. Él es el principio de todas las cosas y el fin de todo lo que conocemos. Él es el Alfa y la Omega. Él es absoluto, todo lo que necesitamos. Él es nuestra necesidad y nuestro sustento. Él es quien nos hace saber. Él es todo para nosotros. Sin él no viviríamos, no sabríamos, no estaríamos conscientes de nuestra necesidad y no podríamos sentirnos plenos. Sin él no tendríamos futuro ni razón para vivir. Él es nuestro todo en todo. ¡Qué bueno es conocerlo! ¡Qué grandioso es que nos haya redimido! ¡Qué bondadoso y misericordioso es él con nosotros! Todo lo que somos y todo lo que podemos llegar a ser está en él. A veces se ha dicho que las personas están demasiado llenas de sí mismas. Muchos cristianos aplicarían este pensamiento al mundo que nos rodea, pero no a sí mismos.

El mundo está perdido, y quienes no permiten que Cristo entre en sus vidas están yendo por ese camino ancho que lleva a la destrucción. Así que, ya sea que estén llenos de sí mismos o no, no marcará ninguna diferencia en su final si van por ese camino ancho. Los que se ven afectados por estar demasiado llenos de sí mismos somos nosotros que vamos por el camino angosto. Cuando estamos demasiado llenos de nosotros mismos, le damos muy poco espacio a Dios para que obre en nuestras vidas. A medida que vemos cada vez más todo lo que Dios es, podemos valorar cada vez menos lo que somos. Dios obra en la vasija rendida, cuanto más espacio le damos, más obra él en nosotros. Lo que sale del torno del alfarero es una especie de recipiente que se debe llenar con algo. Dios es el alfarero y nosotros somos el barro.[1] En la creación, él nos hizo una vasija, y con qué nos llenamos depende en gran medida de nosotros.

Si bien Dios nos formó, nos da libre albedrío para determinar con qué nos llenamos. Si identificamos nuestro corazón, nuestra alma, lo que somos, con rocas endurecidas, entonces comenzamos nuestras vidas como vasijas llenas de nada más que rocas. Cuando aceptamos a Jesús, renacemos y el Espíritu nace en nosotros. Muchas veces en las Escrituras se hace referencia al Espíritu como agua viva. Nuestra vasija está llena de rocas de nuestro estado anterior, pero ahora al ser salvos, el agua viva ha llenado los espacios entre las rocas, las cuales representan los lugares duros en nuestras vidas que el agua viva no puede llenar. Es por nuestro libre albedrío que eliminamos más y más rocas (lugares duros) de nuestra vasija y, a medida que lo hacemos, Dios continúa dándonos más y más agua viva para llenar esos vacíos. Pablo nos exhorta: «*Mirad, pues, con diligencia cómo andéis, no como necios sino como sabios, aprovechando bien el tiempo, porque los días son malos*» (Ef 5:15-16). En este capítulo y en el anterior, Pablo describe lo que en nuestras vasijas pueden ser rocas que debemos quitar, y lo que debe ocupar cada vez más su lugar es el agua viva que entra en nosotros. También nos dice: «*No os embriaguéis con vino, en lo cual hay disolución; antes bien sed llenos del Espíritu*» (Ef 5:18).

A medida que nos permitamos ser cada vez más llenos del Espíritu (agua viva) y menos de nosotros mismos (las rocas), descubriremos que habrá más de Dios en nuestra vida. Al escuchar la verdad y creer más en ella, nos disponemos cada vez más a quitar las rocas de nuestras vasijas. Antes de su arresto, Jesús les dijo a sus discípulos que, si bien estaban tristes porque los iba a dejar, lo que les esperaba era aún mejor.

Nosotros creemos que caminar con Jesús sería lo mejor que nos podría pasar, pero él dice que hay algo aún mejor. «*Pero yo os digo la verdad: Os conviene que yo me vaya, porque si no me voy, el Consolador no vendrá a vosotros; pero si me voy, os lo enviaré. (...) Pero cuando venga el Espíritu de verdad, él os guiará a toda la verdad, porque no hablará por su propia cuenta, sino que hablará todo lo que oiga y os hará saber las cosas que habrán de venir. Él me glorificará, porque tomará de lo mío y os lo hará saber*» (Jn 16:7, 13-14). Quita las rocas para que puedas tener algo mejor en ti, como Jesús ha prometido.

---

1   Is 64:8.

¿Cómo nos encontramos hoy delante de Dios? Podemos estar delante de él por gracia, por la sangre de Cristo que nos cubre y nos limpia de nuestros pecados. Para aplicar esto plenamente, debemos ser temerosos del Señor. El temor requiere respeto porque sabemos lo que puede hacer aquel a quien tememos. La ira de Dios es terrible y asombrosa, es lo que merecemos a causa de nuestro pecado. Alguna dulce joven inocente podría pensar: **Quien yo, Yo nunca he hecho nada malo en mi vida.** Puede haber hombres que crean que nunca hicieron nada tan perverso como para merecer la ira de Dios.

Las Escrituras nos dicen que no hay nadie bueno, ni siquiera uno.[1] Comparados con Dios, somos un pueblo malvado. Cuando somos capaces de admitir que somos malos y perversos, la gracia de Dios se vuelve mucho más valiosa. Cuando conocemos la gracia que hemos recibido, la profundidad de dicha gracia, esto hace que nuestro respeto por Dios se magnifique. ¿Nos presentamos ante Dios con temor y temblor? No, porque conocemos su gracia. Si entendemos que tal grandeza es la gracia que Dios nos ha dado en la salvación, ¿por qué dudaríamos de cualquier otra cosa que él quiera hacer en nuestras vidas?

Si podemos darnos cuenta de la gran joroba que esa gracia nos ha quitado en la salvación, el resto debería ser una escalada fácil. Dios nos pide que creamos, así que después de tener fe (creer) para ser salvos (un suceso importantísimo), ¿por qué debería ser tan difícil creer lo que Dios tiene para decir después de eso? Supongo que nos cuesta creer porque tratamos de entenderlo con nuestro cerebro. La fe está más en el corazón, en el alma, en el espíritu, que en el cerebro. Si este pudiera lograr cosas muy grandes, entonces podríamos haber cumplido con la ley para recibir la salvación. No pudimos, ninguno de nosotros pudo. Debemos tener fe para agradar a Dios y recibir mucho de lo que tiene para nosotros. Jesús afirma que los discípulos tenían esta fe y que por eso creyeron (Jn 17:7-8).

Aunque vemos que todos abandonaron a Jesús en su arresto y juicio, fue por su fe en la gracia de Dios que regresaron. (Ver lo que Jesús le dice a Pedro en Lucas 22:32). En Juan 17, Jesús también estaba orando por nosotros (Jn 17:20). Su oración también es por quienes hemos creído (con fe) en lo que los discípulos han hablado y enseñado. Es por medio de nosotros que aquellos del mundo que Dios le dio a Jesús llegarán a la fe, creerán y se convencerán de que el Padre envió a Jesús para salvar a un mundo perdido (Jn 17:21). Con estas palabras en Efesios 6:10 y 13, Pablo nos anima a permanecer firmes en nuestra fe: «*Por lo demás, hermanos míos, fortaleceos en el Señor y en su fuerza poderosa. (...) tomad toda la armadura de Dios, para que podáis resistir en el día malo y, habiendo acabado todo, estar firmes*».

---

1   Rm 3:10, 12.

Un querido amigo, eso es lo que tenemos en Cristo. Él siempre está cerca, preocupándose por nuestro bienestar. Él vino del Padre para traernos libertad, para darnos alegría y para mostrarnos una vida mejor. Este mundo tiene una visión distorsionada de lo que hace que una persona sea verdaderamente feliz. Lo más importante con respecto al verdadero gozo es que viene cuando tenemos una relación íntima y de paz con Dios. Cuando Jesús nació, cuando vino a este mundo, los ángeles proclamaron paz en la tierra; esa fue la paz que se concretó más tarde cuando Jesús murió por nosotros en la cruz. Su muerte pagó por nuestros pecados y eliminó la barrera entre nosotros y Dios.

Inmediatamente después de la última cena con sus discípulos, Jesús dijo que les enviaría un consolador (a ellos y a nosotros) y luego dijo: «*La paz os dejo, mi paz os doy; yo no os la doy como el mundo la da. No se turbe vuestro corazón ni tenga miedo*» (Jn 14:27). ¿Quién sino un querido amigo haría algo así por nosotros? En esta declaración, Jesús —que sabía que iba a morir en la cruz— también dijo que éramos sus amigos: «*Nadie tiene mayor amor que este, que uno ponga su vida por sus amigos*» (Jn 15:13). Esta es la canción que cantamos **Qué amigo tenemos en Jesús**. Incluso nos dice: «*De cierto, de cierto os digo que todo cuanto pidáis al Padre en mi nombre, os lo dará*» (Jn 16:23). Qué buen amigo es Jesús para nosotros que nos da el derecho de presentarnos ante el Padre y hacerle peticiones.[1]

Esta relación que Jesús nos ha dado con Dios brinda una gran paz. Debemos dejar que lo que leemos hoy en la segunda parte del capítulo 18 de Juan y lo que leeremos mañana en la primera parte del capítulo 19 penetre en nuestra alma, es todo lo que nuestro querido amigo Jesús hizo por nosotros. En todas sus cartas, justo después del saludo, Pablo dice: «Paz de Dios nuestro Padre y del Señor Jesucristo». El apóstol siempre reafirma esa paz que tenemos con Dios. En su vida predicando el evangelio, pasó por muchas dificultades debido a la relación y la amistad que tenía con Jesús.

Él también fue amigo de aquellos que había llevado a Cristo. Este es el tipo de amistad que Jesús nos está llamando a todos a tener unos con otros en el cuerpo de Cristo: «*yo estoy entre vosotros como el que sirve*» (Lc 22:27). Jesús dice que debemos servirnos unos a otros, así como él nos sirvió. Y dice: «*Que os améis unos a otros, como yo os he amado*» (Jn 15:12). Jesús también dice que en esto encontraremos paz; en la relación y la amistad con Dios y en la relación y la amistad con nuestros hermanos.

---

1 Jn 16:26-27.

Humildad, ¿cómo podemos describirla? Supongo que Jesús sería la descripción perfecta de la humildad. Ser humilde no significa permitir que la gente te atropelle, Jesús no actuó así. Él tenía derechos que nadie conocía y, aun así, con humildad, soportó todas las objeciones. Les mostró a las personas milagros que nunca se habían hecho antes; sin embargo, en su incredulidad, lo condenaron. Una y otra vez, los discípulos de Jesús no lo entendieron, y él siguió enseñando y enseñando, sin darse por vencido. Solo cuando su obra estuvo terminada se detuvo, e incluso entonces, tras su arresto, siguió enseñando. Su arresto también fue un acto de humildad. En Juan 18:6, cuando Judas y la multitud que lo acompañaba fueron a buscarlo y preguntaron por Jesús de Nazaret, él contestó: «**Yo soy**», y ellos retrocedieron y cayeron al suelo.

Sin duda, esto no era para adorar a quien habían ido a arrestar. Al parecer, ellos fueron abrumados (superados), el «**Yo soy**» tuvo la victoria, y aun así se dejó arrestar y llevar a juicio. Pedro, en su esfuerzo por mostrarse fuerte, después de que Jesús le dijo que lo negaría, hirió con la espada a uno que venía con Judas. Entonces Jesús le dijo que guardara su espada, ya que él podía pedirle al Padre que enviara doce legiones de ángeles para rescatarlo.[1] Esto es lo máximo de la humildad, tener el poder de derribar y, aun así, dejarse llevar y crucificar por el bien de la humanidad.

Podemos ver la humildad de Jesús en la profecía de Isaías: «*Ciertamente llevó él nuestras enfermedades y sufrió nuestros dolores, ¡pero nosotros lo tuvimos por azotado, como herido y afligido por Dios! Mas él fue herido por nuestras rebeliones, molido por nuestros pecados. Por darnos la paz, cayó sobre él el castigo, y por sus llagas fuimos nosotros curados. Todos nosotros nos descarriamos como ovejas, cada cual se apartó por su camino; mas Jehová cargó en él el pecado de todos nosotros. Angustiado él, y afligido, no abrió su boca; como un cordero fue llevado al matadero; como una oveja delante de sus trasquiladores, enmudeció, no abrió su boca*» (Is 53:4-7). Podemos ver esto en nuestra lectura del día de hoy en Juan 19.

También en nuestra lectura de hoy descubrimos lo que Pablo dice acerca de la humildad: «*Completad mi gozo, sintiendo lo mismo, teniendo el mismo amor, unánimes, sintiendo una misma cosa. Nada hagáis por rivalidad o por vanidad; antes bien, con humildad, estimando cada uno a los demás como superiores a él mismo. No busquéis vuestro propio provecho, sino el de los demás. Haya, pues, en vosotros este sentir [humilde] que hubo también en Cristo Jesús*» (Flp 2:2-5). El orgullo no tiene lugar en el cuerpo de Cristo. Todos luchamos con «la rivalidad o la vanidad», por lo que debemos hacer un esfuerzo constante para dejarlas de lado y para andar humildemente delante de Dios.

---

1   Mt 26:53.

¿Cómo es que somos bendecidos? ¿Cómo es que recibimos tantas maravillas de Dios? ¿Cómo es que tenemos paisajes tan hermosos en la tierra y una naturaleza tan bella? Las majestuosas montañas, la perfección del vuelo del colibrí, cada precioso detalle de cada una de las flores. ¿Cómo es que somos tan bendecidos? Es por el amor de Dios nuestro creador. Aunque hemos pecado, Adán y Eva como bases de la humanidad, y todos y cada uno de nosotros individualmente, Dios ha seguido amándonos en las formas en que ha creado esta tierra en la que vivimos. En el pecado inicial en el jardín, cuando se comió del fruto prohibido, Dios no solo podría haber obligado a la humanidad a salir del jardín para vivir con el sudor de su frente,[1] sino que podría haber dicho una palabra y hacer que esta tierra fuera más parecida al terreno de Marte o la Luna. Él no lo hizo, sino que la dejó tan hermosa como la había creado.

A través de la historia, Dios siguió llamando al hombre para bendecirlo y, como todos sabemos, en la primera parte de la historia nadie escuchó su llamado, excepto Noé. Dios preservó la vida de la humanidad a través de este hombre y de su familia. Más tarde, llamó a Abram y de su descendencia formó una nación por medio de la cual bendeciría a toda la humanidad. Por medio de esa nación —el pueblo judío—, Dios en su amor nos bendice a todos en gran manera: del cielo nos envió un Salvador para que viviera entre nosotros como un hombre, pero aún portando la divinidad celestial de Dios. Jesús, que no hizo nada malo, sufrió en nuestro lugar las consecuencias del pecado, para que quien lo acepte como Señor reciba el perdón de sus pecados.

Esta es la mayor bendición que Dios le ha dado a la humanidad. Gran parte del mundo se beneficia de la bendición de la creación y disfruta de la belleza de la tierra, pero muchos se pierden la mayor bendición, el perdón de sus pecados, y en cambio, pasan por la puerta ancha que lleva a la destrucción. En nuestra lectura del día de ayer en Juan 19, Jesús dijo: «Consumado es». Podría interpretarse que quiso decir que todo había terminado, que Jesús había hecho lo mejor a su alcance, aunque muchos no lo escucharon, y que no había esperanza para nadie más a partir de ese momento. Pero no fue así. Los discípulos pensaron que sí, por eso se escondieron de los judíos y lloraron la pérdida de Jesús.

No sabían cómo continuar, estaban devastados porque no entendían lo que Jesús les había dicho una y otra vez: Jesús había dicho, **Resucitaré y todos serán bendecidos**. En la lectura del día de hoy en Juan 20, vemos la resurrección de Jesús y las bendiciones para sus seguidores. ¿Cómo es que somos bendecidos? Así es como somos bendecidos, desde el principio de los tiempos hasta el fin, mediante el amor de Dios aplicado plenamente a la humanidad a través de Jesús. «*De tal manera amó Dios al mundo, que ha dado a su Hijo unigénito, para que todo aquel que en él cree no se pierda, sino que tenga vida eterna*» (Jn 3:16).

---

1   Gn 3:19.

¡Qué gozo es servir al Señor! La libertad que Dios nos ha dado por su gracia y misericordia, el perdón que nos ha dado a través del sacrificio de Cristo, debería darnos un gozo extremo. ¿Sabemos realmente de qué hemos sido perdonados, de qué esclavitud hemos sido liberados?[1] De ahí viene el gozo, de conocer a nuestro Dios y lo que él ha hecho.[2] Sí, debemos conocer nuestro pecado, pero no quedarnos allí, ¿realmente sabemos lo que Jesús ha hecho por nosotros en la cruz? Él es quien tomó nuestros pecados sobre sí mismo y sufrió el castigo para que no fuéramos culpados.[3] ¡Qué alegría si lo aceptamos! Todo ha sido hecho por Cristo, lo único que nos queda por hacer es lo que dijo Jesús: «**tome su cruz y sígame**».

Seguirlo a él debe darnos gozo, incluso llevar nuestra cruz puede darnos alegría si sabemos qué se nos ha perdonado a cada uno de nosotros y si conocemos el privilegio de trabajar con él. Fue el amor lo que motivó a Jesús a cargar su cruz para ayudarnos a nosotros que no podíamos sostenernos a nosotros mismos. Debemos estar dispuestos a hacer lo mismo y, al hacerlo, encontrar alegría en nuestro amor por cooperar con los demás. Cuando solo vemos nuestras propias necesidades y no las de los demás, no estamos siendo como Cristo.

Jesús vio nuestra necesidad y estuvo dispuesto a venir a esta tierra, soportarnos (a la humanidad) y morir por nosotros. Este fue su gozo debido a su amor. «*Como el Padre me ha amado, así también yo os he amado; permaneced en mi amor. Si guardáis mis mandamientos, permaneceréis en mi amor; así como yo he guardado los mandamientos de mi Padre y permanezco en su amor. Estas cosas os he hablado para que mi gozo esté en vosotros, y vuestro gozo sea completo. Este es mi mandamiento: Que os améis unos a otros, como yo os he amado*» (Jn 15:9-12). Desde nuestra perspectiva terrenal, necesitamos ver cómo será para nosotros en el futuro, como dice Judas: «*A aquel que es poderoso para guardaros sin caída y presentaros sin mancha delante de su gloria con gran alegría*» (Jds 1:24).

De aquí proviene nuestro gozo, el cual se basa en algo mucho más profundo que la felicidad o la satisfacción con la vida. A partir de nuestra lectura del día de hoy de Juan 21, creo que los discípulos se alegraron mucho cuando vieron a Jesús en la orilla. Pedro también recibió su perdón por parte del Señor a pesar de haberlo negado tres veces; de lo contrario, si yo hubiera estado en el lugar de Pedro, habría sido el último en salir del barco..., si es que lo hacía.

Este era el gozo que Pedro conocía. Además, podemos esforzarnos toda la noche tratando de hacer la obra sin éxito, y luego descubrir que, si tan solo escuchamos a Jesús, él nos dirá cómo hacerla sin fracasar. Seguir a Jesús en la obra es lo que nos trae gozo. ¿Lo estás siguiendo hoy o solo estás tratando de ser un pescador de hombres sin la guía de Jesús?

---

1   Jn 8:31-34.
2   Ef 2:12-13, 16, 18; Hch 10:15; Ap 1:5.
3   Hch 13:39; Rm 8:2.

Sal de este mundo. Debemos vivir en el mundo, pero no ser parte de él. ¿Cuántos de ustedes todavía son parte de él o permiten que él sea parte de ustedes? No debemos abandonar este mundo, pero debemos asegurarnos de que no esté en nosotros ni nosotros en él, en el sentido de no vivir a su manera ni valorar lo que valora.[1] Cuando los israelitas entraron en la tierra prometida, se les ordenó que no siguieran los caminos de aquellos a quienes estaban expulsando ni que adoptaran sus dioses. ¿Hay caminos de este mundo que has adoptado que se opongan a los caminos de Dios? ¿Estás siguiendo a algunos de sus dioses y no estás totalmente rendido a Jehová Dios?

Jesús dijo que no se puede servir a Dios y a las riquezas[2], lo que implica que la riqueza puede convertirse en un dios. Si hay algo en tu vida por lo que vives tanto o incluso más que por Jehová Dios, entonces eso es un dios para ti. El mundo sirve a muchos dioses que no reconocemos como dioses. ¿Tu carrera es más importante para ti que Jehová Dios? Entonces se ha convertido en un dios para ti, como lo han hecho muchos en el mundo, sacrificando a sus esposas e hijos por el bien de su carrera. Hay otras cosas como estas que pueden convertirse en dioses del mundo, y nosotros sin darnos cuenta podemos adoptarlos como nuestros. Dios dice que salgamos de en medio de ellos y que no practiquemos ni sus caminos ni sus valores.

Debemos ser un pueblo santo, lo cual obtenemos de Cristo. Él es quien nos hace santos, pero también somos llamados a vivir una vida como la de Cristo. ¿Lo estás haciendo? Cuando Jesús vino a la tierra (en esos pocos años que vivió aquí), la gente notaba que era diferente, que no era como el resto. ¿Hay algún lugar al que vayas donde las personas a tu alrededor noten que eres diferente? No me refiero a una diferencia en santidad, sino a un interés genuino por las personas, un amor por las personas como el que tiene Dios por ellas, un deseo de que puedan llegar a conocer la gracia de Dios que te salvó de tus pecados. ¿La gente se da cuenta o estás tan camuflado con manchas del mundo que los demás a tu alrededor ni siquiera lo notan? Se supone que los demás tienen que notar que somos diferentes, debe haber una luz en nosotros, deben poder ver la luz de Cristo y experimentar un amor y un interés genuinos. ¿Qué ven las personas a tu alrededor, qué sienten? Oramos para que el mundo sea salvo, incluso para que Dios traiga un avivamiento. ¿Las personas ven algo en nosotros que anhelan o tal vez lo que observan es algo que prefieren evitar?

En el Antiguo Testamento, los judíos sufrieron porque siguieron los caminos de las naciones que los rodeaban y adoptaron sus dioses (ídolos). Vemos esto en nuestra lectura del día de hoy en Salmos 106:34-40. No debemos destruir el mundo que nos rodea como lo tuvieron que hacer los judíos, sino que somos llamados a vivir una vida como la de Cristo para que, cuando las personas nos observen, se convenzan de sus caminos pecaminosos. En nuestra lectura del día de hoy en Colosenses, Pablo escribió: «Siempre que oramos por vosotros, damos gracias a Dios, Padre de nuestro Señor Jesucristo, pues hemos oído de vuestra fe en Cristo Jesús y del amor que tenéis a todos los santos» (Col 1:3-4). Pablo dice que, gracias a la esperanza que ellos tienen en el cielo, están dando fruto y creciendo (v. 5-6).

Queremos que nuestras vidas den fruto y que el mundo que nos rodea sea salvo. Si vivimos una vida como la de Cristo, tal vez los que nos rodean se den cuenta de que nunca han escuchado a otros hablar como nosotros hablamos (con amor, como lo hizo Jesús) y tener verdadera compasión por ellos, preocuparse por su bienestar eterno. Tú y yo debemos trabajar en nuestras vidas para que reflejemos a Cristo, orando para que él obre en nosotros y a través de nosotros para que el mundo pueda ver que hay un camino mejor, un único camino a la vida eterna.

---

1   Jn 15:19, 17:14-16.
2   Mt 6:24.

Ten fe. Esta oración solo tiene dos palabras y, sin embargo, qué difícil es llevarla a cabo. Luchamos y nos esforzamos, nos animamos a creer y, aun así, seguimos siendo débiles. Yo mismo muchas veces he tenido que confesarle al Señor, al igual que el hombre cuyo hijo era epiléptico: «¡Señor! Yo creo, pero ayúdame en mi incredulidad».[1] Muchas veces veo la fe de Abraham y deseo tenerla. ¿Alguna vez Abraham dudó? Al parecer, sí, un par de veces; no obstante, Dios vio que su fe era tal que se la contó por justicia.[2] Esto no sucedió porque Abraham cumplió con la ley, la cual vino a través de Moisés, sino por su fe, porque le creyó a Dios. *«A Abraham le fue contada la fe por justicia»* (Rm 4:9). Esta es la clase de fe que aspiro a tener y que deseo en mi corazón. Es difícil, por eso le pido ayuda a Dios. ¿Me gustará cada lección que Dios usa para enseñarme? No, pero estoy dispuesto a aprender para acercarme un poco más al tipo de fe que Abraham tenía.

La fe de Abraham fue tal que Dios formó a toda una nación a partir de su linaje, a pesar de que cuando se lo dijo a Abraham, este ya era grande para tener hijos. Esto es tener fe, creer que Dios puede hacer lo imposible.[3] Nosotros decimos que es difícil tener fe. Nuestra mente, educada en lo que nos han enseñado los hombres y que en nuestro país es opuesto a tener fe en Dios, nos es un obstáculo para creer. (Recuerda que ayer vimos cómo a veces adoptamos los dioses de este mundo sin saberlo; este es uno de ellos). Nuestra fe tiene que surgir de algún otro lugar que no sea nuestro cerebro, tiene que surgir de nuestro corazón. Si se establece allí, el cerebro se alineará con lo que el corazón cree y esperará grandes cosas de parte de Dios.

Hoy en día, muchos dicen que Abraham era solo un pastor de ovejas y que, por falta de inteligencia, le era fácil tener fe. Puede que esto no sea verdad; suponemos cosas que no deberíamos. En la ciudad de donde era la familia de Abraham, la ciudad de Ur, los arqueólogos descubrieron que en esa época (en la que Abraham estuvo allí) estaban muy avanzados en matemáticas y conocían la multiplicación, la división, la raíz cuadrada y la raíz cúbica. Nosotros suponemos que, porque era una sociedad antigua y pastoreaban ovejas, eran personas sin educación. Dios nos llama a creer, sin importar en qué lugar nos encontramos en la vida. La lectura del día de hoy es un gran salmo escrito por David. Si tenemos fe en lo que Dios hará en nosotros y a través de nosotros, alabaremos a Dios, no porque se nos ordena hacerlo, sino porque surge de una alegría genuina. ¿Tuvo David problemas? Claro, sin cesar. ¿Pecó David? Sí, sabemos que sí. Entonces, ¿de dónde surgió esta alabanza? Surgió de su corazón porque creía en Dios.

En nuestra lectura del día de hoy en Mateo 2, si María y José no hubieran tenido fe, nuestro Señor no habría sobrevivido a sus primeros dos años en la tierra. Si Dios había determinado que Jesús viviría hasta los treinta y moriría en una cruz, nadie podía cambiar eso. No obstante, quiero que veas la fe de María y de José cuando hicieron lo que Dios les habló sin cuestionar nada, solo creyendo y actuando en consecuencia. Quienes somos salvos tuvimos una gran fe en que naceríamos de nuevo, aunque no entendíamos en absoluto el cómo. Aun así, podemos testificar que algo cambió en cada uno de nosotros después de aceptar a Jesús en nuestras vidas. En esa fe debemos caminar por el resto de nuestra vida cristiana. En la lectura del día de hoy, Pablo nos aconseja: *«Por tanto, de la manera que habéis recibido al Señor Jesucristo, andad en él, arraigados y sobreedificados en él y confirmados en la fe, así como habéis sido enseñados, abundando en acciones de gracias»* (Col 2:6-7).

---

1   Mc 9:24.
2   Gn 15:6.
3   Lc 1:37, 18:27.

Mis amigos. Así nos llamó Jesús por medio de sus discípulos. Si él nos considera amigos, entonces así debemos tratarnos nosotros en la Iglesia. Me sorprende que la Iglesia, es decir, todos aquellos en el mundo que creen en Cristo y lo han aceptado como Señor, esté tan fragmentada. Pablo nos dice que en Cristo no hay división[1] y que, aunque estemos en este mundo, también estamos espiritualmente con Cristo en el cielo.[2] Entonces, ¿cómo es posible que si estamos en Cristo y tenemos el mismo Señor, estemos tan divididos? Las denominaciones se forman por una razón u otra, pero no deben formarse para dividir a la Iglesia, la cual es el reino de Dios en la tierra y está compuesta por todos los que tenemos a Cristo como Señor. Jesús dijo que el reino de Dios no era algo que veríamos venir o un lugar en la tierra al cual ir, sino que estaba entre nosotros.[3]

Cuando estamos unidos, somos el reino de Dios. Sin embargo, he visto que las denominaciones se han vuelto un factor de división, hasta se han construido muros dentro de la Iglesia para que unos no se relacionen con otros. Muchas veces, como individuos, cuando estamos lejos de casa, solo vamos a un servicio dominical si pertenece a la misma denominación. Debemos derribar esos muros y aceptar a nuestros hermanos y hermanas que son salvos de sus pecados por la misma sangre que nos limpió a nosotros. ¿Acaso nos dividimos porque nos creemos más efectivos en que se nos perdonen los pecados y porque sentimos que vivimos una vida más aceptable delante de Dios que otra denominación?

Pablo dice que todos hemos pecado, por lo tanto, todos estamos descalificados por igual.[4] Si no calificamos para entrar, entonces ¿qué más podemos hacer para calificar si solo fuimos aceptados por la sangre de Cristo? No hay nada que podamos hacer que nos haga ganar el favor de Dios; solo cuando nos rendimos y aceptamos que Cristo obre más y más en nosotros haciéndonos más semejantes a él es que podemos acercarnos más a Dios. Jesús afirmó que porque lo hemos amado y hemos creído en él, podemos acudir directamente al Padre con nuestras peticiones.[5]

No es algo que hayamos logrado ni nuestra forma de vida lo que permite que vayamos al Padre, sino es a través de lo que Cristo ha hecho y porque estamos en él. Si continuamos construyendo estos muros o si reforzamos los que ya están, le hacemos daño al reino de Dios. No puede haber verdadera paz en la Iglesia, que debe representar a Cristo en el mundo, si continuamos separándonos. Cristo nos llamó a ser uno en él, ¿estamos prestando atención a lo que él dice o solo oímos lo que nos gusta —que es diferente a lo que le gusta a otra persona— y causamos división? En la lectura del día de hoy en la epístola de Colosenses, capítulo 3, Pablo habla de lo que causa desunión y por qué no debería ser así. En el versículo 3, dice que nuestras vidas están escondidas en Cristo, todas nuestras vidas como una sola. En el versículo 11, nos dice que no puede haber división. Entonces, ¿qué hemos hecho y qué debemos solucionar?

En los versículos 13-15, el apóstol nos da la fórmula para lograr esta unidad. Debemos grabarnos esta fórmula en el corazón y aplicarla entre nosotros. Puede que, con nuestras divisiones, e incluso a veces discusiones, el mundo no quiera saber nada de nosotros. Se supone que debemos amarnos mutuamente y atraer al mundo a Cristo por lo que ven en nosotros. ¿Qué ven en ti?

---

1   1 Co 1:13.
2   Ef 2:6.
3   Lc 17:20.
4   Rm 3:23.
5   Jn 16:23, 26-27.

Heme aquí, Señor, úsame. ¿Cuántos de ustedes han pronunciado estas palabras al Señor en oración? Estamos en la tierra para vivir una vida que sea un testimonio para el mundo. Podemos intentarlo con nuestras propias fuerzas, a nuestra manera. Muchos así lo hacen, usan el mismo método que emplean para promocionar las cosas del mundo, quizás métodos tomados de sus profesiones o de su educación, etc. Tal vez son vendedores e intentan promocionar a Dios como lo hacen con el producto que venden. Ahora te pregunto: ¿crees que debemos promocionar a Dios de la misma manera que promocionamos las cosas que él ha hecho? ¿No te parece que deberíamos dar mayor promoción a Dios que a las cosas que él ha hecho? Dios es Espíritu y quizás deberíamos promocionarlo en espíritu. Debemos dar testimonio de lo que ha hecho en nuestras vidas, ¿acaso esto no ha sido hecho en el Espíritu? Debemos adorar a Dios en espíritu y en verdad,[1] ¿no deberíamos dar testimonio de él y ser sus testigos de la misma manera?

Tal vez te preguntes cómo es dar testimonio en el Espíritu. Cuando le cuentas a alguien tu testimonio, ¿confías en tus propias palabras y tratas de convencerlo de que lo que dices es verdad y que Dios lo ama, u oras de antemano o para tus adentros mientras le estás hablando para que Dios haga su obra en el corazón de esa persona que te está escuchando y para que el Espíritu traiga convicción de pecado y produzca un efecto sobrenatural en su interior que la haga escuchar como nunca?

A veces, dependemos demasiado de nosotros mismos. Cuando Isaías conoció la grandeza de Dios,[2] dijo que era hombre muerto. ¿Has conocido al Señor de tal manera que te das cuenta que por ti mismo, en tu propia fuerza y sabiduría, eres hombre muerto, como lo hizo este profeta? Cuando él se dio cuenta de que sus labios, que debían proclamar la palabra de Dios, eran inmundos, Dios los limpió y los preparó para que declararan sus palabras. ¿Le has pedido al Señor que limpie tus labios y los prepare para declarar sus palabras (de forma sobrenatural)? Una vez que los labios de Isaías estuvieron limpios y listos, él escuchó que el Señor decía: «*¿A quién enviaré y quién irá por nosotros?*". *Entonces respondí yo: "Heme aquí, envíame a mí"*» (Is 6:8). A medida que avanzamos en nuestra lectura del libro de Isaías podemos ver que el profeta repite lo que Dios le dice. Él no cree que puede convencer a los demás por sus propios medios, sus propias palabras y sus propios métodos. Nosotros no podemos convencer a nadie de las cosas de Dios con nuestra propia capacidad. Eso ocurre únicamente cuando lo sobrenatural tiene lugar mientras hablamos.[3]

Jesús llama a los que lo seguirán. Así llamó a los primeros cuatro discípulos y les dijo que se convertirían en pescadores de hombres.[4] Más tarde nos enteramos de que, después de que Jesús resucitó de entre los muertos, envió a estos mismos hombres a predicar el evangelio y a enseñar los caminos de Dios. ¿Has sido llamado a hablar del Señor? ¿Acaso no hemos sido todos llamados a dar testimonio de su gran amor a la humanidad? ¿Has seguido los pasos de Isaías: descubrir verdaderamente quién eres en tu propia capacidad y luego pedir a Dios esa preparación sobrenatural que solo él puede dar? En nuestra lectura del día de hoy en Colosenses 4, podemos ver que incluso Pablo, el gran apóstol de los gentiles, pidió en oración una capacidad sobrenatural para cumplir lo que Dios le había encargado: «*Orad también al mismo tiempo por nosotros, para que el Señor nos abra puerta para la palabra, a fin de dar a conocer el misterio de Cristo, (...) para que lo dé a conocer anunciándolo como es debido*» (v. 3-4).

Él no intentó dar testimonio con sus propias fuerzas, pues sabía de dónde provenía su fuerza. Nosotros también debemos conocer y confiar en esa fuerza sobrenatural que Dios nos da y tener fe en que las palabras de nuestros labios salen con poder espiritual para impactar en aquellos a quienes les hablamos. Ora para que puedas tener ese poder del Espíritu de Dios en todo lo que hagas.

---

1   Jn 4:23-24.
2   Is 6:1-5.
3   Hb 4:12.
4   Mt 4:19-21.

Mi vida está en ti, Señor. Todo lo que soy está en ti, Señor, amén. ¿Es esta tu oración, es esto lo que crees? ¿Sabes lo bendecido que eres? ¿Sabes que Dios desea lo mejor para ti? Él no busca someternos, sino que nos ha dado libre albedrío. Depende de nosotros recibir intencionalmente todo lo bueno que Dios nos tiene preparado, todas las grandes bendiciones. No tenemos que esperar a dejar esta tierra e ir al cielo para beneficiarnos de ellas, pero sí tenemos que permitirle a Dios que decida cuáles son las cosas buenas para nosotros en vez de decidir por nosotros mismos. Cuando nuestros hijos son pequeños (y no tan pequeños) quieren cosas que sabemos que no son buenas para ellos, así que nosotros decidimos por ellos. Si nosotros, siendo seres carnales, sabemos lo que es bueno y lo que no es bueno para nuestros hijos, ¿cuánto más sabe nuestro Padre celestial lo que es y no es bueno para nosotros? Si concluimos que Dios nos bendice o no en función de lo que creemos que deberíamos recibir, pero no recibimos, entonces él siempre será una decepción para nosotros.

Debemos anhelar y buscar recibir, permitiendo que Dios Padre nos dé lo que él dice que es bueno para nosotros. Muchas veces queremos cosas carnales y terrenales[1] sin darnos cuenta de que es más importante que recibamos aquellas cosas espirituales que obran en nosotros y nos traen madurez espiritual. Las cosas no espirituales desaparecerán junto con esta tierra vieja,[2] pero lo espiritual pasará a la eternidad.[3] Cuando leemos la Palabra de Dios, debemos buscar lo que él desea decirnos en lo que estamos leyendo. Es bueno leer su Palabra, pero si no permitimos que algo de nuestra lectura capte nuestra atención, no dedicamos tiempo a meditar en ello, no le pedimos al Espíritu Santo que nos traiga claridad[4] y no permitimos que esa parte de la Palabra de Dios penetre en lo profundo de nuestra alma, la lectura nos servirá de poco, solo para citarla.

Dios es bueno todo el tiempo, por eso debemos abrirnos a él para poder recibir todo lo bueno que él tiene para cada uno de nosotros. En la lectura del día de hoy, veremos el salmo 117, el cual, a pesar de su brevedad, contiene muchas más verdades espirituales eternas que el resto de los salmos: «*Alabad a Jehová, naciones todas; pueblos todos, alabadlo, porque sobre nosotros ha engrandecido su misericordia, y la fidelidad de Jehová es para siempre. ¡Aleluya!*». Cuando permitimos que esto penetre en nuestros corazones, nuestras vidas se vuelven más fáciles porque nos damos cuenta de que todo lo que se requiere de nosotros en obras de justicia fue hecho por Jesús en la cruz. Todo lo que nos queda por hacer ahora es creer y recibir intencionalmente todo el bien que Dios nos tiene preparado. A partir de lo que leemos hoy en la epístola de Pablo, parece ser que los tesalonicenses lo tenían claro, puesto que el apóstol reconoce la obra de su fe (1 Ts 1:3). Él no dice la obra de la justicia que ganaron, sino la obra de la fe en lo que Cristo hizo por todos nosotros.

Luego Pablo menciona el trabajo de su amor (1:3), no la recompensa que recibirían, sino el amor que Dios había puesto en sus corazones, y finaliza con su «constancia en la esperanza en nuestro Señor Jesucristo» (1:3). Su esperanza estaba en la obra de Jesucristo en la cruz. El Señor mismo dijo: «Consumado es». Cuando algo está terminado, no hay nada más que se pueda hacer para terminarlo, está hecho. Los tesalonicenses tenían tal reputación de la obra de Dios entre ellos que, a cada lugar a donde Pablo iba, oía hablar de ello: «Porque partiendo de vosotros ha sido divulgada la palabra del Señor; y no solo en Macedonia y Acaya, sino que también en todo lugar vuestra fe en Dios se ha extendido, de modo que nosotros no tenemos necesidad de hablar nada» (1 Ts 1:8). Oro por mí y por ti para que nuestro caminar con Dios sea tal que nuestra reputación ante los demás refleje cuán bueno es él.

---

1   St 4:3.

2   Mt 24:35; Ap 21:1.

3   Hb 12:27-28; 2 P 3:12-13.

4   Jn 14:26.

¿Estás ahí? Esta suele ser nuestra oración a Dios en tiempos de incertidumbre. Lo único estable que tenemos en esta vida es nuestra fe y, por medio de ella, descubrimos más de Dios. En una ocasión, mi esposa estaba sentada en un lugar público leyendo su Biblia en silencio cuando un hombre le preguntó: «¿Crees en esa basura?». Últimamente me he dado cuenta de que no solo la creo, sino que también la vivo.

Dios se nos revela a través de nuestra fe. A medida que empezamos a crecer en nuestro interior a partir del nuevo nacimiento, nuestra perspectiva, nuestro pensamiento, nuestras motivaciones toman un giro que no podemos atribuir a otra cosa que a la obra de Dios en nosotros. Sentimos su cuidado y su seguridad mientras vela por nosotros en nuestro paso por la vida. Él nos habla en nuestro interior, nos guía de maneras que no podemos comprender, nos ayuda a atravesar los momentos difíciles de la vida. Seguramente todos en algún momento de nuestras vidas (tal vez más de una vez) hicimos la pregunta: ¿Estás ahí?. Si miramos atrás a lo que Dios hizo el día que recibimos nuestra salvación, sabremos que él estaba ahí. Si consideramos nuestras vidas a partir de ese día, recordaremos muchas instancias en las que sentimos que Dios obraba en nuestra vida y a través de ella.

Cuando llegan los momentos difíciles, es fácil olvidar los encuentros que tuvimos con Dios. Cuando somos conscientes de lo que él ha hecho en el pasado, eso nos da fe para atravesar las circunstancias difíciles. Creo que Dios nos hace pasar por dificultades para que aprendamos. ¿Creo que todas las dificultades provienen de Dios? Algunas están ahí para darnos forma, como el alfarero presiona la arcilla para darle una mejor forma, pero muchos de los momentos difíciles no son de Dios, sin embargo, él puede utilizarlos. Hay circunstancias difíciles que nosotros mismos provocamos; cosecharemos lo que sembramos. «*Todo lo que el hombre siembre, eso también segará, porque el que siembra para su carne, de la carne segará corrupción; pero el que siembra para el Espíritu, del Espíritu segará vida eterna*» (Ga 6:7-8). El texto no afirma que después de ser salvos, no cosecharemos lo malo si seguimos sembrando lo que no es bueno.

El diablo también puede ponernos en situaciones adversas, dificultando las cosas. En el libro de Job, vemos lo que el diablo le hizo a este hombre. En nuestra lectura del día de hoy en 1 Tesalonicenses, Pablo dice: «*Por eso quisimos ir a vosotros, yo, Pablo, ciertamente una y otra vez, pero Satanás nos estorbó*» (2:18). La pregunta ¿Estás ahí? será menos frecuente si hacemos lo que Jesús nos dice hoy en Mateo 6:6: «*Pero tú, cuando ores, entra en tu cuarto, cierra la puerta y ora a tu Padre que está en secreto; y tu Padre, que ve en lo secreto, te recompensará en público*». Para mí, esta es la mejor manera para reconocer la presencia de Dios y tener fe para seguir su camino.

¿Cómo comenzamos el día? ¿Te preguntas esto por la mañana? Es una buena pregunta que necesita una respuesta. Está nuestro propio camino, que no tiene en cuenta a nada ni a nadie. Está el camino del mundo, lleno de engaños y de maldad. Luego está el camino de Dios, que siempre es el correcto, pero que no siempre es fácil de conocer. Sus pensamientos son más elevados que los nuestros: «*"Porque mis pensamientos no son vuestros pensamientos ni vuestros caminos mis caminos", dice Jehová. "Como son más altos los cielos que la tierra, así son mis caminos más altos que vuestros caminos y mis pensamientos, más que vuestros pensamientos"*» (Is 55:8-9). No podemos pensar como piensa Dios. A nosotros nos resulta muy difícil poder discernir cómo seguir el camino de Dios con nuestro propio pensamiento. En los inicios de la nación de Israel, Dios sabía que ellos no podían pensar como él, por eso, a través de Moisés, les dio su conocimiento de las cosas plasmado en una ley que debían seguir. En Levítico 17:7 leemos que ellos antes adoraban y ofrecían sacrificios a ídolos (demonios), aparentemente los de Egipto[1].

Sucede lo mismo con quienes somos salvos por Jesucristo y nacimos de nuevo. Lo que hicimos antes de nuestra salvación no es lo que debemos hacer ahora. Jesucristo enseña y nos muestra sus caminos, y nos guía a través de ellos. La única manera en que podemos conocerlos es mediante su Palabra. Él nos dice que sigamos sus mandamientos. Algunos confunden esto pensando que habla de la ley que Moisés les dio a los israelitas; sin embargo, Jesucristo trajo un nuevo pacto con sus propios mandamientos, los cuales se mencionan en los Evangelios de Mateo, Marcos, Lucas y Juan. En el libro de Isaías se nos dice que el Mesías traerá su propia ley: «*Este es mi siervo, yo lo sostendré; mi escogido, en quien mi alma tiene contentamiento. He puesto sobre él mi espíritu; él traerá justicia a las naciones. No gritará, no alzará su voz ni la hará oír en las calles. No quebrará la caña cascada ni apagará el pábilo que se extingue: por medio de la verdad traerá la justicia. No se cansará ni desmayará, hasta que establezca en la tierra la justicia. Las costas esperarán su ley*» (Is 42:1-4).

Cuando comenzamos nuestro día, podría irnos mucho mejor si lo intentamos hacer a la manera de Dios. Hay muchas cosas que suceden en un día. Podemos conocer algunas de ellas, pero Dios las conoce todas. Sería grandioso saber todo lo que va a suceder en nuestro día y lo que vamos a enfrentar. Nos iría mucho mejor si lo comenzáramos con algunas palabras de lo que Dios nos ha dado en la Biblia y con una oración pidiéndole que nos guíe. ¿Cuántas veces, cuando te encuentras en un aprieto, te dices a ti mismo: **Si lo hubiera pensado, no lo habría hecho así?** Dado que los pensamientos de Dios son mucho mejores que los nuestros, ¿no sería bueno conocer los pensamientos de Dios antes de empezar nuestro día?

En nuestra lectura del día de hoy, Jesús está concluyendo el sermón del monte, en el cual nos dice cómo debemos vivir. ¡Vaya! Si tan solo pudiéramos entender lo primero que enseña en Mateo 7:1-2, nos iría mucho mejor en el día: «*No juzguéis, para que no seáis juzgados, porque con el juicio con que juzgáis seréis juzgados, y con la medida con que medís se os medirá*». ¿Queremos ser juzgados de la misma forma en que actuamos y pensamos? Con solo esto, nuestro día podría terminar mucho mejor, hasta podríamos alcanzar la paz en nuestro interior al final del día.

Pues bien, muchas veces nuestro propio camino no resulta bien. Para cambiar ese resultado debemos empezar a seguir el camino de Dios, el camino que Jesucristo nos enseña. Dedicar unos momentos extra al comienzo del día para leer la Palabra de Dios y orar pidiendo su bendición y guía para el día podría incluso ahorrarnos muchos momentos difíciles más tarde.

---

1   Jos 24:14.

Estemos atentos, no nos dejemos engañar. El engaño comenzó en el jardín del Edén y ha continuado hasta hoy. Puede que el diablo nos engañe, que el mundo nos engañe, que nuestra propia carne nos engañe, incluso puede que otros cristianos que están equivocados en su entendimiento nos engañen. Dios le revela la verdad al mundo; los objetos inanimados que no piensan no tienen problemas con la verdad de Dios. Jesús dijo que hasta las piedras clamarían si el hombre no lo hiciera. Somos nosotros, los que tenemos capacidad de pensar y libre albedrío, los que nos negamos a creer la verdad de Dios. El engaño solo puede suceder cuando estamos dispuestos a escucharlo. Si no conocemos la verdad de la Palabra de Dios, entonces podemos confundir la verdad con el engaño.

En encuestas realizadas por el Grupo Barna sobre qué pasaje conocen más los cristianos, se descubrió que la mayoría citaría: **Dios ayuda a los que se ayudan a sí mismos**. La mayoría de los cristianos encuestados han sido engañados, esto no está en la Biblia, no es la Palabra de Dios. Cuando no conocemos la Palabra de Dios, se nos engaña fácilmente. Esto es así por causa de nuestro desconocimiento. También está el engaño de nuestra propia carne cuando rehusamos creer la Palabra de Dios. Así sucedió en el Edén cuando el diablo básicamente le dijo a Eva: ¿**De veras Dios os ha dicho?**, y la mujer tomó del fruto, descreyendo que moriría. Luego Adán también tomó del fruto cuando se lo ofreció su esposa, descreyendo que realmente moriría como Dios había dicho.[1] No creyeron y sufrieron las consecuencias. ¿Cuántas veces sufrimos las consecuencias por no creer, ya sea el bien no recibido o el mal que tenemos que padecer?

Debemos ser conscientes de que otros cristianos están equivocados, de que el mundo no vive como Dios desea y de que el diablo y sus demonios tratan de engañarnos cada vez que pueden. Tal vez lo más importante es que seamos conscientes de que nuestra carne continúa resistiendo al Espíritu[2] en nosotros convenciéndonos de no creer porque no puede aseverar que es verdad por medio de la razón. La fe es creer cuando no parece posible.[3] Muchos en la Iglesia tienen otro significado de lo que es la fe, sin embargo, es esto, creerle a Dios cuando nos resulta imposible. En nuestra lectura del día de hoy en Mateo 8, un centurión se acercó a Jesús con este tipo de fe y le pidió que sanara a su siervo a pesar de la gran distancia que los separaba. Él creía que no era necesario que Jesús tocara al siervo ni que estuviera en la casa. Creía que no era necesario que Jesús hiciera una gran ceremonia.

El centurión creía que si Jesús simplemente decía la palabra, su criado sanaría (v. 5-8). Al oír esto, Jesús le dijo a la multitud que ni siquiera en Israel había hallado una fe como la del centurión. Luego le dijo a este que siguiera su camino, que conforme a su fe le sería hecho (v. 13). El siervo del centurión no se recuperó en un día o dos, sino que fue sano desde el momento en que Jesús dijo la palabra. ¿Dónde nos encontramos hoy? ¿Cómo es nuestra fe, creemos? Estemos atentos, no nos dejemos engañar.

---

1   Gn 3:1-6.
2   Ga 5:17.
3   Rm 4:18-20.

Supongamos que Jesús regresara mañana. Supongamos que oímos el sonido de la trompeta, que escuchamos el grito del arcángel y el poderoso llamado del gran guerrero sobre su caballo blanco que remite a la resurrección, ¿estamos listos? ¿Acaso sabemos exactamente cuándo ha de venir? No, se nos dice que podremos reconocer el tiempo, pero que no sabremos cuándo vendrá.[1] El Padre ha designado el día y la hora, y nadie más lo sabe.[2] Jesús les dijo a sus seguidores que regresaría cuando no lo esperaran. Muchos piensan que se refería al mundo, lo cual es cierto, pero se lo dijo a sus discípulos.

Seamos sinceros, todos sabemos cómo somos y cómo nos comportamos. Si supiéramos que faltan cinco años para que Jesús regrese, no nos comportaríamos de la mejor manera hasta casi unos días antes de su regreso. En la parábola del siervo malo, Jesús relata el mal comportamiento de este criado, que pensaba que su amo tardaría algún tiempo en regresar.[3] El Señor nos dice que no seamos así, que nos ocupemos de sus asuntos, de los asuntos del reino de Dios. Debemos mirar hacia arriba y ver que el tiempo de su regreso está cerca, debemos entender los tiempos, como las personas que miran el cielo para saber si viene la lluvia.[4] ¿Sabemos si él viene mañana? No, pero debemos ocuparnos de sus asuntos como si así fuera.

En uno de estos días, aunque no sabemos cuál, él vendrá. Cada vez que alguien en el cuerpo de Cristo comienza a sonar la alarma de su inminente regreso, se produce un revuelo en el campamento de su pueblo, un ajetreo, ¿qué estaban haciendo todas esas personas antes? Debemos ocuparnos realmente de los asuntos del evangelio y del fortalecimiento de su cuerpo, la Iglesia. ¿Seguimos sus caminos? ¿Has buscado en su Palabra para entender a qué hemos sido llamados?

¿Permites que sus caminos penetren en tu corazón para que anheles ocuparte de las cosas que él quiere que hagas? ¿O determinas en tu mente obligarte a hacer lo que él dice, pero refunfuñas en voz baja porque tienes que hacerlo? No seas como los escribas y fariseos que renegaban cuando Jesús no hacía las cosas como ellos pensaban que debía hacerlas (Mt 9:3, 11, 34). No seamos como la multitud que menospreciaba las cosas que Jesús dijo que haría en medio de ellos (Mt 9:24). Nuestros corazones y espíritus deben alinearse con lo que Jesús quiere hacer en medio de nosotros, y debemos rogarle que cambie nuestros corazones para que anhelemos hacer lo que está en su corazón. No sabemos cuándo regresará, pero incluso Pablo decía en sus epístolas que lo esperaba en cualquier momento. Nosotros debemos seguir velando y esperando el regreso de Jesús en cualquier momento, al igual que Pablo.

En la lectura del día de hoy en 1 Tesalonicenses 5, el apóstol nos habla del regreso del Señor. En el versículo 4, nos dice que esto no debe tomarnos por sorpresa y en el versículo 11 nos dice qué debemos hacer. En el versículo 23, ruega que Dios haga y continúe haciendo su obra en nosotros y afirma que aquel que nos ha llamado es fiel para completarla. Por lo tanto, ora para que Dios haga su obra en ti y así puedas unirte a él de todo corazón en la obra que él está haciendo en el mundo.

---

1   Mt 24:32-33, 36, 42, 44.
2   Hch 1:7.
3   Mt 24:48-51.
4   Mt 16:2-3.

¿Cómo es tu vida? ¿Cómo la percibes? ¿Es buena, mala, difícil, fácil? La vida es aquello que ocurre entre nuestro nacimiento y nuestra muerte ¿o no? Es demasiado fácil pensar en que la vida es solo lo que vivimos aquí en la tierra. Si naces de nuevo de forma espiritual, naces en la eternidad. ¿Cómo influye ese pensamiento en lo que piensas ahora de la vida? Si realmente nacemos en la vida espiritual, esa vida continúa en la eternidad. Todavía no hemos llegado al cielo, pero la vida espiritual que vivimos allí es la misma vida espiritual que vivimos aquí, ya que hemos nacido de nuevo,[1] y las cosas viejas pasaron.[2] Pablo nos dice que hemos muerto al mundo como Cristo murió y ahora estamos vivos en él.[3] Él también nos dice que estamos sentados en los lugares celestiales, incluso ahora, porque estamos espiritualmente sentados allí en Cristo.[4]

Nuestra eternidad comenzó el día que aceptamos a Cristo en nuestras vidas y nacimos de nuevo. ¿Sabías que estás viviendo en ese reino espiritual incluso ahora?[5] Vivimos en este mundo, pero se nos dice que no somos parte de él, entonces ¿a qué mundo pertenecemos? Somos ciudadanos del cielo,[6] de allí son nuestras credenciales, estamos aquí como embajadores.[7] Como somos ciudadanos de esa lejana tierra del cielo, ya poseemos todos los derechos que conlleva esa ciudadanía. A veces es difícil tener fe para ciertas cosas. Una vez que entendemos que ya somos ciudadanos del cielo con todos los derechos que eso implica, es decir, que tenemos derecho a las cosas que todos los ciudadanos de allí tienen, tener fe resulta más fácil.

En Mateo 10, Jesús envía a los doce y les dice lo primero que deben hacer: «*Y yendo, predicad, diciendo: "El reino de los cielos se ha acercado"*» (v. 7). Debían predicar lo mismo que Jesús predicó en el capítulo 9: «*Recorría Jesús (...) enseñando en las sinagogas de ellos, predicando el evangelio del reino*» (v. 35). En Lucas Jesuscristo dice: «*El reino de Dios no vendrá con advertencia, (...) porque el reino de Dios está entre vosotros.*» (17:20-21) El reino de Dios ya está en ti, y tú en él, ha sido así desde que recibiste la salvación. Eres parte del reino, y este es parte de ti. Tu vida de eternidad ya ha comenzado. Reclama los derechos que tienes, ten fe en lo que Dios dice de ti en su Palabra, camina en fe y cree.

---

1   1 P 1:3, 23.
2   2 Co 5:17.
3   Ga 2:20; Rm 6:8-11.
4   Ef 2:6.
5   Ga 5:25.
6   Flp 3:20.
7   2 Co 5:20.

«¿Qué dije?». Muchas veces esto es lo que Dios nos pregunta. Solemos preguntar lo que Dios ya nos ha dicho. ¿Es porque somos tontos o porque no nos gustó lo que dijo antes? Yo creo que es un poco de las dos cosas. A veces, actuamos con Dios como niños pequeños: cuando no les gusta la respuesta que se les ha dado, vuelven más tarde a hacer la misma pregunta esperando que se les responda de manera diferente. Y a veces, simplemente no lo entendemos a la primera. No estamos solos en esto, porque incluso los discípulos de Jesús no entendieron algunas de las cosas que él dijo hasta después de su resurrección.[1] Dios es tan diferente a nosotros que tardamos un tiempo, incluso casi toda una vida, en comprender algunas de las cosas que dice. Todo requiere fe, desde el nuevo nacimiento en la salvación hasta la resurrección al final de la vida, y desde que comenzamos a caminar con el Señor hasta que dejamos esta tierra, nuestra fe continúa creciendo.

El ritmo de crecimiento de nuestra fe depende del nivel de entrega que ofrecemos y de la cantidad de alimentos que le damos al meditar en la Palabra de Dios (que da vida[2]). Cada vez que meditamos en la Palabra de Dios, alimentamos nuestra fe. Podemos creer que hemos leído su Palabra lo suficiente como para conocerla, sin embargo, cada vez que la leemos de nuevo, descubrimos que él nos muestra algo que no vimos antes, algo nuevo, un poco más de él. Dios es maravilloso, pero ¿realmente escuchamos cuando habla? Si así lo hiciéramos, él nunca tendría que preguntarnos: «¿Qué dije?». Es interesante que en las últimas semanas hayamos estado leyendo en Éxodo y Levítico sobre la claridad con la que Dios les hablaba a los Israelitas y aun así ellos no escuchaban.

En Éxodo 19, Dios comienza a hablarles y les da sus caminos y sus leyes, y en el capítulo 24, Moisés, Aarón, Nadab, Abiú y setenta ancianos del pueblo ven la presencia de Dios en la montaña y el embaldosado de zafiro a sus pies.[3] Entonces Dios llama a Moisés a subir a la montaña para encontrarse con él y recibir las tablas de piedra. Luego, después de todo esto, después de todos los milagros, después de ver su presencia en la montaña, ellos eligen un camino distinto y renuncian a Dios. Como no están dispuestos a esperar, le piden a Aarón que les fabrique un dios para que vaya delante de ellos.[4] Aarón, que fue llamado por Dios y vio su presencia, responde: **Denme su oro**, y con él moldea un becerro de oro.[5] Dios había hablado, pero Aarón no había escuchado. ¿Y qué hay de los setenta ancianos? ¿Acaso somos diferentes a ellos?

No me atrevería a decir nada malo de Juan el Bautista. Sin embargo, en nuestra lectura del día de hoy en Mateo 11, vemos que incluso Juan se preguntó después de un tiempo si Jesús era el que estaban esperando: «*¿Eres tú aquel que había de venir o esperaremos a otro?*». *Respondiendo Jesús, les dijo: "Id y haced saber a Juan las cosas que oís y veis*» (v. 3-4). Aquí vemos que hasta Juan el Bautista, con todas las grandes cosas que Jesús dice de él, era un hombre como nosotros que necesitaba oírlo de nuevo. Algunos de nosotros por terquedad no estamos dispuestos a escuchar lo que Dios dice. Jesús dijo que esa generación era como niños pequeños que fingen cuando juegan.[6] Él se estaba refiriendo aquí a los líderes religiosos incrédulos de la época, pero creo que así somos nosotros a veces, puesto que solo somos salvos por la misericordia de Dios. ¿Creemos, escuchamos?

Lo que Pablo escribe en 2 Tesalonicenses 2 trata, en su mayoría, de cómo será el regreso de Cristo, pero comienza este capítulo así: «*Con respecto a la venida de nuestro Señor Jesucristo y nuestra reunión con él, os rogamos, hermanos, que no os dejéis mover fácilmente de vuestro modo de pensar, ni os conturbéis, ni por espíritu ni por palabra ni por carta como si fuera nuestra, en el sentido de que el día del Señor está cerca*» (v. 1-2). Esto que Pablo les está escribiendo tiene que ver con oír a Dios, escuchar a Dios y creer (de forma constante). ¿Cuántas veces tendremos que oír lo que Dios ha dicho? Ruego por todos nosotros para que podamos rendirnos cada vez más y así poder escuchar más y más de lo que Dios está diciendo.

---

1   Mt 20:19; Mc 8:31; Lc 18:33-34, 24:6-8; Jn 20:6-9.
2   Hch 20:32.
3   Ex 19:9-11.
4   Ex 32:1.
5   Ex 32:2-4.
6   Mc 11:16-17; Lc 7:32.

Quédate quieto y en silencio, y escucha al Señor. ¿Acaso esto significa que estamos demasiado ocupados hablando para oír al Señor? La quietud a veces puede significar la ausencia de ocupaciones. ¿Estamos tan ocupados en hacer la obra que no escuchamos que Dios nos habla? Pablo nos dice en nuestra lectura de hoy que si no proveemos para nosotros mismos (como dio ejemplo) entonces no debemos esperar comer de la mesa de otro (2 Ts 3:6-8). También nos dice que lo que sabía sobre el evangelio le fue dado por revelación directa del Señor.[1] Por lo tanto, debe haber un tiempo para trabajar, pero también un momento para dejar de hacerlo y pasar tiempo en oración, en relación con Dios y escuchando su voz.[2] A veces escucho la voz de Dios, pero no estoy seguro de poder decirte cómo hacerlo.

Al parecer, quien quiere oír la voz de Dios tiene que buscarlo. Solo cuando nos vaciamos de nosotros mismos es que empezamos a encontrar más de él. Dios quiere que lo hallemos, pero también quiere que lo busquemos de corazón. ¿Lo estamos buscando de verdad? ¿Es él más importante para nosotros que cualquier otra cosa en la vida? ¿Es él el deseo de nuestro corazón? Estas son preguntas que todos debemos responder. Debemos mirarnos en lo profundo de ese espejo espiritual para ver quiénes y qué somos realmente.

Caminar con Dios, buscarlo y escucharlo no puede ser algo que hagamos a la ligera. Quizás para escuchar por primera vez la voz de Dios tengas que pasar horas en quietud delante de él antes de que hable. Algo interesante que nunca he visto en todos los años que he leído la Biblia es lo siguiente: cuando Moisés subió a la montaña para recibir las tablas de piedra, esperó allí seis días antes de que Dios le hablara (Ex 24:15-16). Si Moisés tuvo que esperar a Dios, entonces tal vez nosotros tengamos que esperar también. Vivimos en un mundo donde todo tiene que ser rápido. Cuando llamamos a alguien, esperamos que nos conteste porque ahora tiene el teléfono en el bolsillo. Si queremos saber algo, simplemente lo buscamos en internet y listo, ahí está la respuesta. Compramos comida instantánea o vamos a restaurantes de comida rápida, comemos y salimos corriendo.

Cocinamos poco durante todo el día y las casas ya no se llenan del gran aroma de la comida cocinándose. Dedicamos poco tiempo a ir a visitar a alguien, solo le hacemos una llamada rápida por teléfono (a menos que necesitemos algo, entonces vamos a su casa). El mundo se mueve rápidamente, lo quiere todo ya, sin hacer ninguna inversión. Con Dios no funciona de esa manera. Es él (Jesús) quien murió por nosotros, ¿no podemos esperar en él un poco? En nuestra lectura de hoy en Mateo 12, vemos que los escribas y los fariseos le pidieron a Jesús una señal para satisfacer sus propias demandas sobre él (v. 38). El Señor les contestó, básicamente, que tendrían que esperar su tiempo para verlo en el corazón de la tierra tres días y tres noches, y que luego resucitaría de entre los muertos. Siempre es el tiempo oportuno de Dios, no el nuestro.

---

1   Ga 1:11-12.
2   1 R 19:12.

«Mi nombre es **YO SOY**». Esto es lo que Dios le respondió a Moisés cuando este le preguntó en la zarza ardiente quién debía decir que lo enviaba.[1] Jehová Dios es Dios, no hay otro dios ante él. No hay nadie más grande, ni más fuerte, ni más sabio, ni más poderoso, y la lista continúa. Que Dios diga «**YO SOY**» lo resume todo, él es todo lo que existe. ¿Podremos alguna vez saber realmente quién es él? Quizás lo sabremos al instante el día que lleguemos al cielo con nuestro nuevo ser celestial, pero comprenderlo con el ser terrenal es imposible. ¿Podemos saber de él? Sí, pues él nos revela parcialmente quién es cuanto más lo buscamos. Pero si el «**YO SOY**» nos revelara todo sobre él, sería demasiado para nosotros y seríamos destruidos.

¿Qué le dijo a Moisés cuando este le pidió ver su gloria? Que no iba a poder vivir después de verlo, pero que lo pondría en una hendidura y lo cubriría con su mano hasta que hubiera pasado y que luego apartaría su mano para que pudiera ver su espalda.[2] Básicamente le dijo: **Mi gloria es demasiado grande para que alguien pueda verla y vivir.** «**YO SOY**», qué gran forma de describirse a sí mismo. Cuando Judas fue con una multitud a arrestar a Jesús y este respondió «**YO SOY**», esta declaración fue tan poderosa que ellos retrocedieron y cayeron a tierra.[3] Cualquier persona sensata habría dado un salto y habría huido en ese momento, pero esa no era la voluntad del Padre.[4] El gran «**YO SOY**» está más allá del tiempo, desde antes del principio del tiempo hasta después del fin del tiempo. Él es eterno, siempre es presente. Dios es lo constante que siempre es. ¿Cómo podríamos comprender toda su gloria cuando ni siquiera podemos entender que él es eterno, que siempre es?

Es bastante difícil para nosotros pensar en el hecho de que, desde el momento de nuestra salvación en adelante, estaremos con Dios por la eternidad sin considerar que él era eterno desde antes de la creación. En nuestra lectura del día de hoy en Salmos 139, David habla de la grandeza de Dios. Sería bueno que meditáramos sobre lo que el salmista dice. También leemos lo que pensaban los de Nazaret cuando escucharon las enseñanzas de Jesús y vieron sus milagros poderosos: *«¿De dónde saca este esta sabiduría y estos milagros?»* (Mt 13:54). Habían estado en presencia del «**YO SOY**», pero lo que hicieron después no concuerda con el reconocimiento momentáneo de su grandeza. Muchas veces nosotros, al igual que ellos, estamos en la presencia del gran «**YO SOY**», escuchando sus enseñanzas y viendo sus milagros poderosos, pero pronto nos olvidamos de ello y actuamos pecaminosamente. Si nosotros, como David, dedicamos un tiempo a estar silencio delante de Dios, podremos comenzar a ver más y más del gran «**YO SOY**».

---

1   Ex 3:14
2   Ex 33:18-23.
3   Jn 18:4-6.
4   Jn 18:3-6; Hch 4:27-28.

«YO SOY(...)VIDA», esto es lo que Jesús nos dice. Sin él lo que tenemos no es vida. Sin Jesús vivimos en la muerte. El castigo por vivir sin Jesús es la muerte eterna.[1] Una de las cosas que debemos entender es que el primer nacimiento que experimentamos, el nacimiento carnal, no trae vida verdadera, solo nacemos verdaderamente con el renacimiento que ocurre cuando aceptamos a Jesús como Señor.[2] Muchos en el mundo se esfuerzan en diversas cosas y de diversas maneras para prolongar su vida, pero ni siquiera se dan cuenta de que no están verdaderamente vivos. Todos los que viven en la oscuridad están muertos,[3] decir que viven ni siquiera es exacto según la verdad. Nosotros, los que tenemos la salvación, debemos saber que, como ahora hemos renacido y vivimos en Cristo, lo único bueno que hay en nosotros es él. Si hubiera habido algo bueno en nosotros antes de nuestro renacimiento, entonces habría habido algo de vida en nosotros, pero no había nada.[4] Antes de que renaciéramos todo lo que teníamos era nuestra carne, ahora que hemos renacido también tenemos el Espíritu.

Pablo nos habla de que la carne y el Espíritu están en guerra dentro de nosotros.[5] Finalmente concluye que ya no somos nosotros los que pecamos, sino nuestra carne.[6] Esto no nos libra de la necesidad de llevar la culpa de nuestro pecado al Señor para recibir su perdón, pero sí nos muestra que antes de que Cristo entrara en nuestras vidas, todo lo que teníamos era muerte. Cualquier cosa buena que haya en nosotros, cualquier cosa buena que hagamos, es Cristo en nosotros dándonos el poder para hacerla; sin él no podríamos hacer nada bueno.[7]

Podemos considerar que todo lo bueno es milagroso, ya que para nosotros hacer algo bueno, siendo malos como somos (nuestra carne), es un milagro de Cristo; nuestra vida renacida ahora es un milagro. Solemos decir que el hombre que caminó sobre las aguas fue Jesús, aunque hubo otro hombre que también caminó sobre las aguas. En nuestra lectura del día de hoy en Mateo 14, vemos que Pedro caminó sobre las aguas hasta que tuvo miedo (no tuvo fe) y empezó a hundirse (v. 29). Las palabras de Pedro, **si tú manda que yo vaya** muestran que él sabía que sin Jesús no podía hacerlo, pero que con Jesús, sí podía. Jesús en nuestra vida y obrando a través de ella es la manera en que hacemos algo bueno. Ocupamos demasiado tiempo pensando en lo que podemos hacer por el reino de Dios, pero eso está limitado por lo que tenemos para ofrecer. Estamos limitados por lo que vemos. Juntamos todo el dinero que podemos, de todas las fuentes que podemos encontrar, de la generosidad de todos los que dan para alimentar a los hambrientos, y nos limitamos por esa cantidad que vemos que hemos juntado. ¿Debemos alimentar a los hambrientos? Sí. Pero ¿lo hacemos teniendo fe en que Dios multiplicará la cantidad que hemos podido juntar para alimentar a las masas?

Jesús les pidió a los discípulos que llevaran todo lo que tenían y luego lo multiplicó para alimentar a la multitud, cinco mil hombres sin contar las mujeres y los niños. ¿Hacemos todo lo que podemos y luego esperamos que Jesús lo multiplique o nuestra fe se ve limitada por lo que vemos? Este es un ejemplo de nuestra fe, pero se aplica a todos los ámbitos de la vida. Es Cristo quien nos capacita para hacer algo bueno, ¿por qué no esperar que también lo multiplique? Nuestra fe está limitada por lo que creemos, ¿esperamos que él haga lo imposible[8] o solo creemos lo que nos parece posible?

Cuando hago algo para Dios, cantar como solista en la iglesia o dar una enseñanza, hago mi parte aportando todo lo que puedo mediante la práctica o el estudio, pero espero que Dios complemente mi esfuerzo para entregar a la gente lo que necesita. Muchas veces me sorprendo con el resultado. No soy yo quien obra lo bueno en mí; cuando espero que Dios lo haga, él multiplica lo que yo traigo. Cuando entendemos que no podemos hacer nada bueno, el esfuerzo por hacer algo bueno por nuestra propia cuenta muere. Cuando entendemos que todo lo bueno hecho en nosotros, y por nosotros, es gracias a Cristo, esto nos permite creer que él hará incluso obras mayores a través de nosotros.

---

1   Rm 7:5.
2   Jn 3:1-8.
3   Lc 1:79; Jn 8:12; Hch 26:18; Col 1:12-14; Ef 2:1-5.
4   Sal 14:1, 53:1, 3.
5   Ga 5:17.
6   Rm 7:18, 20, 23, 25.
7   Rm 3:9-12.
8   Gn 18:14; Mc 10:27.

«YO ESTOY en ustedes». ¿No es grandioso saber que Dios está en nosotros? Jesús dijo que nunca nos dejaría ni nos abandonaría, y que él y el Padre están con nosotros. También dijo que el Espíritu Santo vendría y moraría en nosotros. ¿No es grandioso? Ahora la pregunta es: ¿Lo crees?. En tu caminar con Jesús, debes saber que él está contigo.[1] Él dijo que vino para que no se perdiera ninguno.[2] Si has recibido a Jesús como Señor y eres salvo, has hallado la verdad.

Una y otra vez en las Escrituras se nos dice que estamos en Cristo y que él está en nosotros.[3] Ya que se repite tanto debe ser algo que a todos nos cuesta entender y creer. Cuando aceptaste a Jesús, algo sucedió en ti. En las semanas siguientes, te diste cuenta de que tu ser, tus pensamientos, tus acciones, tus respuestas eran diferentes porque algo en ti había cambiado. ¿Ese cambio se produjo por tus esfuerzos por querer ser diferente? Puede que antes hayas intentado vivir de una manera correcta y que no haya funcionado del todo. Esta vez, al aceptar a Cristo, la vida para ti cambió, ¿por qué? Había una parte de la imagen de Dios en Adán que murió cuando pecó y permanece muerta en nosotros hasta que nacemos de nuevo.

Cuando nacemos de nuevo, esa parte del hombre que estaba desde el principio allí, muerta a causa del pecado, renace de nuevo en nosotros cuando Jesús paga el precio por nuestra deuda. Ahora esa parte de la imagen de Dios vuelve a estar viva y a crecer en nosotros. Que bueno es saber que hay algo de Dios que vive y crece en nosotros. ¿Puedes entender ahora que ese algo de Dios que crece en nosotros es lo que nos hace diferentes, que ahora el comportarnos de manera correcta no depende de nosotros, sino que es Dios obrando en nosotros? Que el Dios vivo esté obrando en nosotros y a través de nosotros, ¿no nos hace un pueblo diferente? A medida que entendemos esto, que empezamos a incorporarlo y comenzamos a saber quién está obrando dentro de nosotros, ¿no resulta más sencillo llevar la buena nueva a un mundo moribundo?

Por lo que Dios está obrando en nosotros, podemos unirnos a David en su alabanza a Dios en Salmos 145:1-4: «*Te exaltaré, mi Dios, mi Rey, y bendeciré tu nombre eternamente y para siempre. Cada día te bendeciré y alabaré tu nombre eternamente y para siempre. Grande es Jehová y digno de suprema alabanza; su grandeza es insondable. Generación a generación celebrará tus obras y anunciará tus poderosos hechos*». ¿Podemos dar gracias a Dios por lo que ha hecho en nosotros por su amor, como dice David en el versículo 8: «*Clemente y misericordioso es Jehová, lento para la ira y grande en misericordia*», y en el versículo 17: «*Justo es Jehová en todos sus caminos y misericordioso en todas sus obras*»? David alaba a Dios quien, según el versículo 18, está cerca de todos los que lo invocan. Nosotros, gracias a lo que Jesús hizo en la cruz, no solo tenemos a un Dios que está cerca, sino que está en nosotros. Por todo esto, cuánto más deberíamos unirnos a la alabanza de David, e incluso superarla, puesto que el Espíritu Santo está en nosotros incluso ayudándonos con nuestra alabanza.[4] Dado que sabemos que él está en nosotros, ¿cuán grande debería ser ahora nuestra acción de gracias?

---

1   Hb 13:5.
2   Jn 5:24; Hch 2:21; 1 Tm 2:3-4; 2 P 3:9.
3   Jn 14:20; 1 Jn 3:24, 4:13.
4   Flp 3:3.

Gloria sea a tu nombre. ¿Vivimos de una manera que glorifica a Dios? ¿Llenamos nuestras mentes con cosas que glorifican a Dios? ¿Llenamos nuestros corazones con cosas que glorifican a Dios? Debemos recordar que nada tenemos sin Dios y que todo lo tenemos con él. Por eso, debo esforzarme por quitar de mi mente, de mi corazón y de mi vida lo que queda de mí, de mi carne, y llenar esos vacíos con Dios. Vaciarnos de las cosas impías no es suficiente, ya que solo volveremos a llenar esos espacios con las cosas incorrectas. Debemos llenarnos de Dios, de sus caminos, de sus verdades. Pablo nos dice que pensemos en todo esto y luego enumera algunas cosas que son piadosas.[1]

Pablo sabe que debemos llenarnos con lo bueno de Dios, o lo malo se volverá a meter en nosotros. No podemos llenarnos de lo bueno de Dios si no meditamos en su palabra y no leemos lo que él tiene que decir. No podemos llenarnos de lo bueno de Dios si no pasamos tiempo en oración.[2]

A partir de los salmos que escribió David, entendemos que pasaba mucho tiempo en oración. También Pablo nos dice que oremos siempre.[3] Caminar con Dios no es algo que hacemos a la ligera, es algo que hacemos de forma consciente. Dios dice que nunca nos dejará ni nos abandonará.[4] Jesús dijo que el Espíritu Santo estaría en nosotros.[5] Si creemos lo que él dijo, debemos ser conscientes de esa presencia de Dios. A medida que dejamos de prestar atención a aquellas cosas en nuestras vidas que son impías y, en su lugar, nos concentramos en las cosas de Dios, nos sorprenderá lo que se siembra en nosotros.

Tener vidas piadosas no significa que debemos esforzarnos por disciplinarnos a nosotros mismos, sino que debemos permitir que lo que Dios siembra en nosotros crezca. Cuando una semilla crece y se convierte en una planta, no la escuchamos luchar ni disciplinarse para crecer, simplemente crece. Cuando nace un bebé, no lo escuchamos luchar ni disciplinarse para crecer, simplemente crece. Cuando se provee todo lo que se necesita para que algo crezca, es el diseño de Dios para la creación que crezca. ¿Por qué deberíamos creer que el crecimiento espiritual es diferente? Cuando nacemos de nuevo, Dios planta semillas en nosotros. Todo lo que tenemos que hacer es proveer aquellas cosas necesarias para que ese crecimiento natural tenga lugar.

En el cuerpo de Cristo hay quienes piensan que todo crecimiento cristiano tiene que ser forzándonos a asumir la forma que Dios ordena. Dios quiere ser parte de ese crecimiento y quiere que cosas buenas se desarrollen en nuestras vidas. Quiere moldearnos, darnos forma y convertirnos en algo hermoso. Nunca podríamos hacer algo tan hermoso de nosotros mismos con nuestros propios esfuerzos. Meditar en su Palabra es como nutrir la tierra para que una planta crezca; orar ante Dios y a él es como los rayos del sol que las plantas necesitan para crecer sanas y fuertes.

Nuestro crecimiento debe partir de una relación íntima con Dios y enfocada en él a través de la meditación en su Palabra y la oración, pero también puede estar alentada y reforzada por maestros y predicadores. En nuestra lectura del día de hoy, Jesús advirtió a los discípulos que tuvieran cuidado con la levadura de los fariseos (Mt 16:6). Si no meditamos en la Palabra de Dios y no oramos, ¿cómo sabremos si lo que oímos de los maestros y predicadores es verdad o levadura? En nuestra lectura de hoy, Pablo nos advierte de lo que sucederá cuando la gente escuche la levadura de los hombres (1 Tm 4:1-8). «Gloria sea a tu Nombre». A medida que proveemos las cosas necesarias para ese crecimiento espiritual, en el cual Dios participa para que suceda en nosotros, veremos que la alabanza a él se produce de forma más natural en nuestros labios y corazones. ¡Alabado sea Dios!

---

1   Flp 4:8.
2   Mt 6:6; Lc 18:1; 1 Tm 2:8.
3   1 Ts 5:17.
4   Hb 13:5; Jn 14:18.
5   Jn 14:17.

Paz, todos queremos paz. En una ocasión, en la calcomanía de un coche que iba delante de mí, leí estas palabras: **Imagina la paz mundial.** Todos queremos la paz. Jesús dijo: «*La paz os dejo, mi paz os doy; yo no os la doy como el mundo la da*» (Jn 14:27). La paz del mundo es una paz falsa, pervertida, es como el tipo de paz que Eva creyó obtener cuando la serpiente la convenció de que comiera del fruto del árbol del conocimiento del bien y del mal. Jesús dijo: «*Yo soy el camino, la verdad y la vida*» (Jn 14:6). En él encontramos la paz verdadera. El mundo no la conoce porque no conoce a Jesús. Las palabras de Dios que surgieron de la nube nos dicen cómo encontrar la paz: «*Este es mi Hijo amado, en quien tengo complacencia; a él oíd*» (Mt 17:5). Jesús vino a darnos paz.

Los ángeles, al anunciar su llegada, dijeron: «*¡Buena voluntad para con los hombres!*» (Lc 2:14). La verdadera paz que encontramos es la paz con Dios, una paz que, a causa de nuestro pecado, no podíamos tener con Dios hasta que Jesús asumió ese castigo en la cruz. En nuestra lectura del día de hoy, él dice algo muy drástico a sus discípulos, y, sin embargo, es lo que verdaderamente nos trae la paz: «*El Hijo del hombre será entregado en manos de hombres y lo matarán, pero al tercer día resucitará*» (Mt 17:22-23). Esto que escucharon fue tan fuerte que casi no le prestaron atención; sin embargo, cuando Jesús resucitó de entre los muertos, lo recordaron. Solo a través de él encontramos la paz, no la paz que el mundo busca, que es una paz falsa, sino la paz verdadera que el mundo nunca encontrará hasta que no lo encuentre a él.

Había un hombre entre los fariseos, un líder entre los judíos, que quería conocer al dador de la paz. Muchas veces, cuando los cristianos están al borde la muerte, buscan la paz y la seguridad de que realmente tienen la salvación y la vida eterna. Nicodemo se acercó a Jesús de noche, cuando nadie lo notaría, y le dice algo, ni siquiera en forma de pregunta, pero Jesús, conociendo la inquietud en su corazón, su búsqueda de la seguridad de la paz con Dios, le responde: «*De cierto, de cierto te digo que el que no nace de nuevo no puede ver el reino de Dios*» (Jn 3:3). Esta es la paz que Jesús trajo al morir en la cruz y resucitar de entre los muertos. Esta es la paz que cada persona está buscando, aunque muchos buscan en el lugar equivocado. En el mundo nunca habrá paz; Jesús dijo que habría guerras y rumores de guerras.[1]

La verdadera paz no se refiere a la de una nación, sino a la que viene al corazón de cada individuo cuando este acepta a Jesús en su vida. Es una paz que lo llevará a la eternidad gracias a lo que Jesús hizo por él en la cruz. Jesús es nuestra paz y santuario eterno.

---

1   Mt 24:6.

¿Por qué debemos seguir a Dios? Una vez que tenemos la salvación, ¿acaso eso no es suficiente para la eternidad? Sí, nos dará la vida eterna, pero quizás nuestra ropa se queme al ingresar.[1] Aceptar a Jesucristo confesando que somos pecadores, pidiéndole que sea nuestro Señor y que limpie nuestra vida con su sangre es la salvación de Dios para toda la humanidad. Tener la salvación nos da el gozo eterno en el cielo, pero ¿qué pasa con el resto de nuestra vida aquí en esta tierra?

La salvación no es algo que recibimos y luego seguimos viviendo nuestras vidas como pensamos y queremos hasta ese día en que partimos de esta tierra y nos vamos al cielo. En la oración que Jesús enseñó a sus discípulos (y a nosotros a través de ellos), él dijo que oremos de esta manera: «*Padre nuestro que estás en los cielos, santificado sea tu nombre. Venga tu reino. Hágase tu voluntad, como en el cielo, así también en la tierra*» (Mt 6:9-10). El reino de Dios se establece en la tierra incluso ahora. Jesús le dijo a la gente que el reino de Dios no vendría con advertencia (no sería visible), sino que estaría dentro de cada persona.[2] Si eres salvo por la sangre de Cristo, el reino de Dios está en ti y eres parte de ese reino de Dios en la tierra. ¿Cómo puedes ser parte de un reino y no vivir según sus términos?

Tienes un gran privilegio, el de ser contado como ciudadano del reino de Dios sin tener que pagar un gran precio.[3] Jesús pagó ese gran precio en la cruz y lo marcó como **Pagado en su totalidad**. Si vives en un reino y no eliges ni deseas vivir según sus términos, entonces se te considera un rebelde. ¿Te rebelas contra el gran regalo de la vida eterna que Jesús te ha dado? Ninguno de nosotros que somos salvos queremos pensar que somos rebeldes, sin embargo, si no seguimos a Dios y no elegimos vivir según sus términos, ¿no estamos actuando en rebeldía? Muchos dicen que no quieren que los obliguen a vivir de cierta manera. Dios no obliga, de lo contrario, Jesús no habría venido y no habría muerto por los perdidos.

Dios quiere que elijamos y deseemos vivir en su reino según sus términos. Lo grandioso de esto es que cuando elegimos vivir nuestra vida como Dios manda, viene del cielo una paz que no se puede describir.[4] Ese gozo y esa paz vienen de una manera muy particular al rendirle al Señor todo lo que tenemos y todo lo que somos, entregándonos a él, eligiendo vivir según sus términos, deseando seguirlo a donde él nos lleve.[5] En nuestra lectura del día de hoy, escuchamos estas palabras: «*Confía en Jehová con todo tu corazón y no te apoyes en tu propia prudencia. Reconócelo en todos tus caminos y él hará derechas tus veredas. (...) ¡Bienaventurado el hombre que halla la sabiduría y obtiene la inteligencia (...)! Más preciosa es que las piedras preciosas: ¡nada que puedas desear se puede comparar con ella!*» (Pr 3:5-6, 13, 15).

En 1 Timoteo 6, vemos que Pablo le pide a Timoteo (y a todos nosotros) que vivamos como Dios desea. Esto es lo que dice en los versículos 6-7 y 17: «*Pero gran ganancia es la piedad acompañada de contentamiento, porque nada hemos traído a este mundo y, sin duda, nada podremos sacar. (...) A los ricos de este mundo manda que no sean altivos ni pongan la esperanza en las riquezas, las cuales son inciertas, sino en el Dios vivo, que nos da todas las cosas en abundancia para que las disfrutemos*». Entonces vemos que las Escrituras nos dicen que rendirnos a los caminos de Dios nos trae gran ganancia, gran contentamiento y gran gozo. Debemos seguirlo a él si queremos estas grandes cosas en nuestra vida.

---

1   1 Co 3:11-15.
2   Lc 17:20-21.
3   Flp 3:20; Rm 5:18.
4   Jn 14:27.
5   Lc 9:23.

¿Cómo debo vivir? ¿Nos hacemos esta pregunta cada mañana al levantarnos? Mientras dormimos, casi que no nos metemos en problemas, pero ¿qué pasa con las horas que estamos despiertos? ¿Nos despertamos sabiendo que Dios está en nuestras vidas? ¿Consideramos sus caminos a lo largo del día? ¿Lo que debemos hacer y lo que no debemos hacer se está convirtiendo cada vez más en nuestra respuesta natural a medida que vamos permitiendo que Dios nos cambie en la renovación de nuestro ser a través del crecimiento que tiene lugar a partir de que nacemos de nuevo? Creo que, a lo largo del día, debemos reconocer cada vez más la bondad de Dios, sus bendiciones, su amor, su misericordia y su gracia. Ahí veremos cómo brota la alabanza de un corazón agradecido.

A medida que nos damos cuenta del amor de Dios y de las cosas buenas que ha hecho en nuestras vidas, lo que debemos y no debemos hacer se convierte en un deseo constante en lugar de una obediencia disciplinada. Debemos recordar que la obediencia disciplinada era lo que se requería de los israelitas y que, de acuerdo con Pablo, Pedro y Santiago, ellos fallaron. Es solo por la gracia de lo que Jesús hizo por nosotros en la cruz que recibimos las bendiciones que tenemos. Cuando realmente lo entendemos, entonces las cosas a las que estamos llamados a ser obedientes se convierten en deseos de nuestro corazón al saber lo que se ha hecho por nosotros. En mis primeros años de cristiano, después de aceptar a Jesús y ser salvado por él, tuve la idea inmadura y el deseo de pagarle por lo que había hecho por mí.

Quería servirle de alguna manera y devolverle el favor que me había hecho, pero me he dado cuenta de que no hay forma de devolverle ni siquiera un poco. Sería como una piedrecita en la orilla del mar, comparado con su favor hacia mí. Me siento agradecido por lo que se me ha dado de forma gratuita y sin condiciones. Esto me da libertad para servir, sabiendo que no hay un puntaje alto que tenga que lograr, solo hacer lo mejor que puedo y saber que su sangre me cubre.

Esta parece ser la conclusión a la que Pablo llegó, quien pasó de tratar de vivir como un judío bajo la rígida ley a saber que todo era por la gracia de Dios. Él afirmó que lo que quería hacer no lo hacía y lo que no quería hacer eso mismo hacía.[1] Nos unimos a él en su lucha porque nos pasa lo mismo. Él descubrió que todo era por gracia y nada más que por gracia. En nuestra lectura del día de hoy en Mateo 19, vemos que un hombre le preguntó a Jesús qué obra buena, excelente y perfecta tenía que hacer para poseer la vida eterna. Jesús le contestó con algunas de las leyes que debía cumplir, a lo que él respondió que las había cumplido todas.

Entonces Jesús le mostró que no podía estar a la altura de la ley, y el hombre se marchó triste (v. 16-22). Esto es lo que sucede en cada una de nuestras vidas: no importa cuánto hagamos, nunca será suficiente para estar a la altura, siempre habrá algo que nos falte. Debemos vivir nuestro día con un corazón lleno de gratitud sabiendo lo grandioso que Jesús ha hecho por nosotros.

---

1 Rm 7:15.

¿Por qué tienes miedo? Supongo que todos tenemos miedo de vez en cuando por alguna razón. Tenemos miedo porque en la vida no nos va muy bien en ese momento, porque hay quienes quieren hacernos daño de alguna manera, porque nosotros mismos nos lo provocamos, porque no actuamos como creemos que debemos actuar como cristianos. Supongo que en nuestra imperfección habrá momentos en los que tengamos miedo. Si fuéramos capaces de creer sabiendo lo que Dios ha dicho, lo que ha proclamado, no tendríamos miedo. Cuanto más caminamos con Dios, cuanto más crecemos en él, menos tememos.

El diablo quiere que tengamos miedo, la gente del mundo (que el diablo controla) quiere que tengamos miedo, incluso a veces aquellos cristianos a nuestro alrededor que no están siendo muy piadosos quieren que tengamos miedo. ¿Qué combate el miedo? La fe. Cuanto más llegamos a creer y a conocer lo que Dios quiere que conozcamos, menos miedo tenemos. La fe tiene que ver con creer como un niño. Un niño no hace un gran esfuerzo ni aplica toda su fuerza interior diciendo que va a creer. Él cree simplemente porque cree. Acepta como verdad lo que se le dice, sin pasarlo por el filtro de su cerebro o inteligencia. Muchas veces nuestro cerebro e inteligencia son los que nos impiden creer. ¿Te das cuenta de que si no crees por tu forma de pensar, estás desafiando a Dios diciendo que no puede ser así según tu inteligencia?

Puedes tener grandes logros entre los hombres en tu búsqueda inicial, pero comparado con Dios, no has logrado casi nada. Dios nos dice: «*"Porque mis pensamientos no son vuestros pensamientos ni vuestros caminos mis caminos", dice Jehová. "Como son más altos los cielos que la tierra, así son mis caminos más altos que vuestros caminos y mis pensamientos, más que vuestros pensamientos"*» (Is 55:8-9). Yo te pregunto: ¿qué tan alto sobre la tierra están los cielos? Dios no dice esto solo a los necios, a los insensatos o a los incultos, se lo dice a toda la humanidad. Si él tuvo la sabiduría y el conocimiento para formarnos del polvo[1] y, al final de los tiempos, despertarnos del polvo[2], ¿quiénes somos nosotros para suponer que podemos compararnos con algo de su conocimiento?

Algunos del mundo, incluso algunos en la Iglesia, dirían que si creemos esas cosas, somos tan inocentes como un niño. ¡Que así sea, que sea como un niño! Solo en mi orgullo y arrogancia me negaría a creer a causa de mi intelecto. Oh, qué placer es acercarse a Dios y oír sus asombrosas palabras.[3] Debemos creer toda la Palabra de Dios, no solo la parte que nos salva. Todos somos iguales ante él, ninguno de nosotros puede llegar a merecer más que otro. En nuestra lectura del día de hoy en Mateo 20, Jesús cuenta la parábola del dueño de la viña y los obreros.

Todos recibieron lo mismo del dueño de la viña, no por los logros de los trabajadores, sino por la generosidad del amo. La fe viene por creer lo que Dios ha dicho. No creemos que recibimos por lo que somos capaces de lograr para Dios, sino por su generosidad de dar gratuitamente a todos los que recibirán.

---

1   Gn 2:7.
2   Dn 12:2.
3   Lc 10:39-42.

Un mundo en caos. ¿Qué vendrá después? Esto es lo que muchos se decían mientras Jesús entraba en Jerusalén con gran algarabía. No era a lo que estaban acostumbrados, salvo por las figuras romanas que llegaban a la ciudad, pero este no era un romano, entonces ¿quién era? La pregunta estaba en boca de todos. El cuchicheo y las habladurías recorrían cada esquina. ¿Qué significaban todos estos gritos y celebración? Cientos de personas se hicieron presente agitando ramas de palma y gritando con gran alegría, ¿qué estaba sucediendo? ¿A qué se debía todo este alboroto? Esta era la pregunta que muchos se hacían en Jerusalén. Esto ocurrió durante una época de gran actividad en la ciudad, una semana antes de la Pascua, en la que los judíos venían de todas partes de la región, incluso de algunas tierras extranjeras, para celebrar y cumplir con la ley. Cuando llegaba esta época, la población se multiplicaba. En esta ocasión, una semana antes de la fiesta, ya la ciudad empezaba a abarrotarse. Y ahora este alboroto, qué inoportuno, seguramente no estaba bien, no con todos los que iban llegando a la ciudad. ¡Cuánto desconocían!

No sabían que el momento era perfecto, no sabían que este acontecimiento estaba totalmente relacionado con la Pascua, una Pascua como nunca había habido, ni volvería a haber. El alboroto se daba porque el Cordero Perfecto llegaba a la ciudad y entraba triunfalmente en victoria. Qué poco sabía la mayoría lo que iba a suceder. Muchos pensaban que Jesús el Mesías entraría en la ciudad y ocuparía el trono de su antepasado el rey David. Había unos pocos que habían oído lo que iba a suceder, los discípulos, que lo habían oído de Jesús; sin embargo, cuando Jesús lo dijo, no lo comprendieron.[1] ¿Cuántas veces tenemos en mente lo que esperamos que ocurra, y luego, cuando se nos dice la verdad, simplemente la pasamos por alto?

Esto es lo que les sucedió a los discípulos. Parece que algunos de ellos comenzaron a comprenderlo a medida que transcurría la semana siguiente, pero la mayoría no lo entendería hasta unos diez días más tarde.[2] Lo más grande que jamás haya sucedido estaba ocurriendo ante sus ojos y nada resultó como ellos esperaban. A Jesús lo recibían como a un vencedor y lo honraban en su entrada en la ciudad. ¡Cómo cambiaría todo esto dentro de siete días! Algunos de los que lo aclamaban serían los que pedirían su crucifixión al final de la semana.

Ellos pensaban que él tomaría el trono, gobernaría al mundo desde Jerusalén, su ciudad, y echaría a los romanos. No hizo nada de esto, y ellos se molestaron con él. Les había fallado, no les dio la victoria que deseaban. ¿Cuántas veces sucede que Dios no nos da la victoria que queremos? ¿Tenemos en mente las cosas de Dios o solo las nuestras? ¿Cuántas veces nuestra intención es correcta, pero Dios lo hace totalmente diferente, tanto que al principio pensamos que todo está mal, que incluso tal vez el enemigo está ganando? Cuando Dios habla, debemos escuchar y no tener algo predeterminado en nuestra mente para que, cuando él diga que lo va a hacer de una manera diferente, no lo pasemos por alto.

Los caminos de Dios no son los nuestros. Sus caminos están mucho más allá de los nuestros.[3] Los judíos de Jerusalén buscaban en ese momento algún alivio de sus ocupantes romanos. Lo que Dios tenía en mente era un alivio del pecado que duraría hasta la eternidad. Ellos pensaban que Dios estaba perdiendo, pero, en realidad, estaba ganando. ¿Está Dios ganando en tu vida en formas que nunca viste venir? ¿Son formas que nunca pensaste ni consideraste? ¿Son victorias eternas y no solo algo para tu momento actual? Vamos a Dios con algo en mente que necesitamos de él, le llevamos planificado lo que necesitamos que suceda, pero ¿alguna vez le preguntamos si tiene una mejor idea? Tal vez sea mejor presentarle el problema y averiguar cómo quiere abordarlo. En medio de nuestra circunstancia, olvidamos que Dios dijo: "Sea la luz". Y fue la luz.

---

1   Lc 18:33-34.
2   Lc 24:1-8.
3   Is 55:8-9.

En nuestro viaje por esta vida (pues no es nuestro destino final), ¿cuál es nuestra experiencia a lo largo del camino? Gran parte de ella es la de la cultura en la que vivimos. Algunos de nosotros, que tenemos la posibilidad de recorrer esta tierra, nos vemos expuestos a múltiples culturas. Luego hay algo aún más cercano a lo que estamos expuestos: la familia en la que crecemos. Esas experiencias con la familia nos son muy cercanas y tienen un gran efecto en nosotros.

Lo más cercano que tiene un efecto sobre nosotros somos nosotros mismos, es decir, nuestras ideas, emociones, opiniones, etcétera. Todo esto conforma lo que somos y en lo que nos convertiremos a medida que avanzamos por los caminos de esta vida. Aquello que puede tener el mayor efecto en nuestras vidas es lo más lejano y, sin embargo, puede estar incluso más cerca que nosotros mismos. Para todos los creyentes, sepan que estamos hablando de Dios, quien, antes de que creyéramos en él y lo aceptáramos en nuestras vidas, estaba lejos de nosotros a causa de nuestra incredulidad. Él siempre está cerca de todos, pero si no creemos, bien podría estar al otro lado de la galaxia. Una vez que aceptamos a Jesucristo como Salvador, no solo está cerca, sino que nos transforma en algo mejor de lo que podríamos haber sido sin él. A lo largo de nuestro transitar por la vida, hay cosas que influyen en lo que somos, incluso después de convertirnos al cristianismo.

Los israelitas eran el pueblo elegido por Dios a causa de su padre Abraham; sin embargo, como vemos en nuestra lectura del Antiguo Testamento, muchas veces se vieron influenciados por las naciones que los rodeaban hasta el punto de que hacían lo mismo que Dios les había dicho que no hicieran. Podemos ser influenciados por aquellos que nos rodean, aquellos con quienes nos juntamos.[1] Dios nos ha perdonado por lo que Jesús hizo en la cruz, está hecho, así lo dijo Jesús.[2] Ahora, mientras vivimos esta vida en el reino de Dios, completamente perdonados y aceptados por el Padre, somos llamados a vivir una vida cómo él desea. No siempre tenemos éxito. Pablo dijo que las cosas que quería hacer no las hacía, y las cosas que no quería hacer las hacía.[3] A él le costaba llevar el estilo de vida de Dios y a nosotros también, pero a medida que maduramos en nuestra vida cristiana, esta debe parecerse cada vez más a lo que Dios sea. A lo largo de nuestro camino en esta vida, muchas cosas influyen en lo que somos.

Si vamos a llevar el estilo de vida de Dios, debemos rodearnos de quienes están tratando de vivir así. A menos que seamos bendecidos sobrenaturalmente con la protección para ministrar a un grupo en particular que lleva una forma de vida incorrecta, entonces no debemos aventurarnos allí. Debemos estar en el mundo como testigos de la bondad de Dios, pero debemos mantenernos alejados de ciertos grupos, a menos que tengamos el don para ministrarlos. Nosotros no tenemos el poder para evitar la influencia de aquellos que son especialmente malos porque, de alguna manera, nosotros mismos éramos así antes de que Jesucristo nos redimiera.

Ten cuidado cuando recorres el mundo hoy. Por lo general, es fácil reconocer a aquellos que son especialmente malvados, pero quienes parecen ser seguidores de Dios no son tan fáciles de reconocer. Hay quienes solo están interpretando un papel. En nuestra lectura del día de hoy, vemos que Jesús tuvo que enfrentarse a ellos muchas veces: «*Entonces se fueron los fariseos y consultaron cómo sorprenderlo en alguna palabra. Y le enviaron sus discípulos junto con los herodianos (...). Pero Jesús, conociendo la malicia de ellos, les dijo: "¿Por qué me tentáis, hipócritas?"*» (Mt 22:15-16, 18; ver también Lc 7:32).

Durante muchos años no supe de lo que Jesús estaba hablando aquí, pero ahora lo comprendo: hay personas a nuestro alrededor que son hipócritas y quieren que actuemos como ellos. Pablo habla de aquellos que tal vez no sean hipócritas, pero que tienen comezón de oír solo lo que les gusta, no quieren oír la verdad y se alejan de ella (2 Tm 4:3-4). Al final de esta palabra para ti hoy quiero que escuches lo que Pablo dice de sí mismo, y de nosotros: «*Por lo demás, me **está reservada la corona de justicia, la cual me dará el Señor, juez justo**, en aquel día; y no sólo a mí, sino también a **todos los que aman su venida**»* (2 Tm 4:8). Sé prudente en tus caminos a lo largo de esta vida.

---

1   1 Co 15:33-34.

2   Jn 19:30.

3   Rm 7:15.

«**Yo soy Dios**». Él nos dice esto a menudo, la pregunta es: ¿estamos escuchando? Cuando lo escuchamos, ¿comprendemos plenamente su significado? Hay algo profundo en el hecho de que sea Dios. No hay nada ni nadie más grande. Él es quien provee para todas nuestras necesidades, la respuesta a todos nuestros problemas, el creador de nuestro ser. Él es el director del universo, quien mantiene el orden del sistema solar en el que vivimos, quien mantiene nuestro planeta Tierra en el lugar correcto girando a la velocidad correcta con fuerzas gravitacionales equilibradas con fuerzas centrífugas para que la gravedad no aplaste nuestros cuerpos contra la tierra por su fuerza o para que las fuerzas centrífugas no nos lancen al espacio exterior.

Si él, siendo Dios, hace todo eso, entonces es capaz de controlar las pequeñas cosas que orbitan en nuestra vida cotidiana. La grandeza de este Dios que tenemos es que así como gobierna el universo, manteniendo todo en orden, también está dispuesto a ayudarnos a mantener nuestras vidas en orden, y desea hacerlo. Jesús dijo que confiáramos en Dios y que él nos alimentaría como alimenta a las aves.[1]

También dijo que confiáramos en Dios y que él nos vestiría como viste a las flores.[2] Debes confiar en él con toda tu vida, pues está dispuesto a cuidar de todas tus necesidades y desea hacerlo. ¿Confías en él? Esto es lo que necesita: que creamos en él, que confiemos plenamente y que dependamos de él anhelando que obre en nuestras vidas, incluso sobrenaturalmente. Todo esto no puede ocurrir en nuestro cerebro, pues este no sabe confiar así; nuestro corazón y nuestro espíritu son los que confían de este modo. Debemos caminar en el Espíritu, adorar en el Espíritu, permanecer en el Espíritu. Como humanidad nos gusta sentir que hemos logrado algo.

Este logro normalmente tiene que ver con el cerebro. Incluso en un atleta que trabaja bien con su cuerpo, es el cerebro el que está haciendo todos los cálculos de fracciones de segundo y ordenando a los músculos del cuerpo que respondan. Como las cosas de Dios son cosas que nuestro cerebro no puede calcular, debe ser nuestro espíritu el que responda a Dios. En la vida espiritual, la parte de la vida del cristiano que vuelve a nacer, es el Espíritu Santo el que nos guía por el camino que debemos andar, el que escucha lo que Dios nos habla, el que nos enseña todas las cosas, y nuestro Espíritu reacciona a él.[3]

Muchas veces nos cuesta seguir a Dios, aprender de él, incluso hacer algo por él, porque estamos utilizando la parte equivocada de nosotros. «No es con fuerza (la fuerza de nuestro cuerpo) ni con poder (el funcionamiento del cerebro), sino con mi Espíritu, dice el Señor».[4] ¿Acaso escuchamos lo que Dios nos dice? ¿Comprendemos la plenitud de su declaración cuando nos dice: «**Yo soy Dios**»? Su corazón y todo lo que él quiere ser para nosotros se pone de manifiesto en las palabras de Jesús que leemos hoy: «*¡Jerusalén, Jerusalén, que matas a los profetas y apedreas a los que te son enviados! ¡Cuántas veces quise juntar a tus hijos como la gallina junta sus polluelos debajo de las alas, pero no quisiste!*» (Mt 23:37).

Este era Dios Hijo que quería que supieran cómo Dios quería bendecirlos. Hay quienes no quieren que Dios les diga que él es Dios. En nuestra lectura del día de hoy en Tito 1, Pablo nos habla de ellos: «*Todas las cosas son puras para los puros, pero para los corrompidos e incrédulos nada es puro, pues hasta su mente y su conciencia están corrompidas. Profesan conocer a Dios, pero con los hechos lo niegan, siendo abominables y rebeldes, reprobados en cuanto a toda buena obra*» (v. 15-16). Estos son los que se niegan a escuchar que Dios desea cubrirlos, protegerlos, proveer para ellos y estar a su lado. ¿Estás escuchando a Dios cuando dice: «**Yo soy Dios**»?

---

1   Mt 6:26; Lc 12:24.
2   Mt 6:28; Lc 12:27.
3   Rm 8:16; Jn 14:26.
4   Za 4:6.

¿Quién soy? ¿Te lo has preguntado alguna vez? Es importante tener una respuesta para esta pregunta. Cuando sabes quién eres eternamente, hay una estabilidad que puede atravesar muchas tormentas sin ser tocada. Hoy en día, muchos de nosotros no sabemos quiénes somos. Está claro que quienes están en el mundo no saben quiénes son aunque piensen que sí lo saben. Jesús dijo que si no tienen, incluso lo que creen que tienen les será quitado.[1]

Hay muchos en la Iglesia, el cuerpo de Cristo, que no saben quiénes son. Muchos no meditan en la Palabra de Dios y no leen, solo escuchan a otros que hablan, enseñan o predican. Si la persona a la que escuchan no sabe quién es, ella tampoco puede inculcarlo en otros. Aun cuando meditamos en la Palabra de Dios, escuchando lo que tiene para nosotros, puede ser que no entendamos con claridad lo que está diciendo porque la enseñanza equivocada que hemos recibido nos impide ver la verdad.

La Palabra de Dios puede ser interpretada de manera errónea si la enseñanza sobre ella ha sido incorrecta. Muchas veces vemos las cosas como hemos sido condicionados a verlas. Esto también se aplica a la Palabra de Dios. Cuando la leemos, debemos hacerlo con una mente y un corazón abiertos, incluso debemos pedirle a Dios en oración que quite cualquier engaño de su Palabra que se nos haya enseñado. El Espíritu Santo ha sido enviado a cada creyente, no solo a los sacerdotes, pastores, predicadores o maestros.[2] Pídele al Espíritu Santo que te ayude a saber lo que la Palabra de Dios dice. Cada vez que escribo **Un comentar para el día**, le pido que me guíe, que me hable mientras escribo. Él sabe mejor que yo lo que necesitas oír hoy.

En nuestra lectura del día de hoy en Mateo 24, Jesús respondió: «*Mirad que nadie os engañe*» (v. 4). Él estaba hablando sobre el final de los tiempos, pero parecería que se refiere a toda la Palabra de Dios. Ten cuidado, sé un buen bereano, escudriña la verdad en las Escrituras como ellos escudriñaban todas las cosas que Pablo les decía.[3] Empecé la reflexión para este día con la pregunta: ¿Quién soy?. Si eres un creyente en Cristo, Mateo 24:22 y 31 hablan de ti, eres uno de los elegidos de Dios, ¿ves lo que dice de ti? Me parece interesante cuando la lectura de la epístola asignada para el día en el Nuevo Testamento habla de algo que aparece en los Evangelios del mismo día.

Hoy es un día de esos. Jesús habló de cómo sería cuando él volviera, y Pablo dice: «*Mientras aguardamos la esperanza bienaventurada y la manifestación gloriosa de nuestro gran Dios y Salvador Jesucristo*» (Tt 2:13). ¿Quién soy? Soy una de las personas por quienes Jesús va a regresar, y tú también. Algo más que quiero hablar sobre este escrito de hoy es lo que Pablo nos dice que Jesús hizo por nosotros: «*Él se dio a sí mismo por nosotros para redimirnos de toda maldad y purificar para sí un pueblo propio, celoso de buenas obras*» (Tt 2:14). Eso somos nosotros.

---

1   Mt 13:12, 25:29; Lc 8:18.
2   Jn 14:26, 16:13-14.
3   Hch 17:10-11.

¿Cómo estás progresando en la vida hoy? ¿Estás creciendo? ¿Estás estancado? ¿Te zarandea el viento? ¿Estás bien anclado? ¿Estás resbalando? ¿Cuál es tu estado hoy? Un atleta que se prepara para una competencia revisa su estado y trabaja en aquellas áreas que están un poco flojas con el fin de fortalecerlas para el evento.

Como cristianos, nuestro evento es la vida vivida para Cristo en un mundo perdido. Entonces, ¿en qué estado estás? ¿Lo has revisado últimamente? ¿Estás trabajando para fortalecer las áreas flojas de tu vida? Dios nos llama a mantenernos en forma y a buscar de manera constante que obre en nosotros y a través de nosotros. No podemos hacer nada por nosotros mismos. Si eso fuera posible, entonces ciertamente alguien habría podido ser perfecto según la ley y Jesús no habría tenido que morir por nosotros para pagar el precio que debíamos.

Solo podemos hacer algo bueno si Dios obra a través de nosotros. Jesús reveló esto: «Entonces se acercó uno y le dijo: «*Maestro bueno, ¿qué bien haré para tener la vida eterna?". Él le dijo: "¿Por qué me llamas bueno? Nadie es bueno sino uno: Dios. Pero si quieres entrar en la vida, guarda los mandamientos"*» (Mt 19:16-17). En la conversación posterior, Jesús le muestra a esta persona que no había nada bueno que pudiera hacer; por eso este hombre se fue triste, porque no podía hacer lo que era bueno. Solo Dios es bueno, y la única manera en que podemos hacer algo bueno es mediante el Señor obrando en nosotros y a través de nosotros. Nosotros no somos buenos, PERO, en él, podemos hacer todo lo que es bueno. Cuando descubrimos que no hay nada bueno en nosotros, Dios puede hacer lo bueno a través de nuestras vidas y podemos llegar a ser un gran activo para su reino. Es asombroso lo que Dios puede hacer cuando nos rendimos a él.

Hay muchos ejemplos en la Palabra de Dios. Cuando renunciamos a nosotros mismos y aceptamos a Dios en nosotros es cuando avanzamos en gran victoria. Podemos observar las batallas en el Antiguo Testamento donde Dios iba primero y el pueblo lo seguía y veía las grandes victorias que él les daba. También hubo batallas en las que el pueblo pensó que podía vencer y fue derrotado en gran manera. Es Dios quien da la victoria, quien nos dio nuestra salvación, quien gana la batalla al final poniendo al diablo en su lugar[1] y quien nos lleva como su premio a la eternidad. En nuestra lectura del día de hoy, vemos la necesidad de estar rendidos con nuestras lámparas encendidas y nuestros recipientes llenos de aceite (Espíritu) cuando Jesús venga por su novia.

Será por su victoria que iremos al cielo (Mt 25:1-10). Además, en la parábola de los talentos, el Maestro invirtió en los sirvientes según lo que ellos habían logrado (Mt 25:14-23). Esfuérzate para que tu progreso en la vida sea bueno; eso solo puede suceder cuando aquel y solo aquel que es bueno está obrando en ti y a través de ti. Búscalo y permanece en él todo lo posible.

---

1   Ap 20:10.

¿Para qué vivimos? Muchos viven para las riquezas, incluso están dispuestos a venderse a sí mismos para conseguirlas. A partir de lo que veo en las Escrituras, el Señor nos está diciendo que la búsqueda de riquezas solo trae miseria y decepción. Si hemos sido creados con una necesidad de Dios, entonces encontrarlo es lo único que traerá satisfacción a nuestras almas. La búsqueda de riquezas nos rodea y, si nos dejamos atrapar por ella, solo encontraremos miseria. «**Yo soy el camino, la verdad y la vida**», dijo Jesús. Él es lo único que puede traer plenitud de vida, el único que nos trae la verdad y el único camino a Dios y al cielo.

Cuando miro a mi alrededor (leo las cosas que pasan en la Iglesia en todo el mundo), me parece que los pobres y miserables, según los estándares del mundo, son muchos de los que han encontrado a través de Jesús la mayor felicidad y riqueza que se puede hallar en la tierra. Cuando una persona tiene muy poco, es fácil vivir y desarrollar una relación con Dios. Cuanto más tenemos, más difícil es entregarnos plenamente a él y buscar tener una relación íntima con él. Pareciera que nuestros deseos nos alejan de Dios. Sin embargo, nuestro deseo tiene que ser para él, no importa lo que cueste.

A un rico le cuesta vivir para Dios o con Dios. Jesús dijo que era más fácil que un camello pase por el ojo de una aguja que un rico entrara en el reino de los cielos.[1] Sin embargo, incluso para los ricos es posible, porque el Señor continúa diciendo que todo es posible para Dios. Él es el camino, la verdad y la vida, aquí es donde debemos poner nuestra mirada. Nuestro éxito está en él y nuestro fracaso está en lo que el mundo busca. Jesús dijo que el camino a la vida es estrecho y que el camino a la destrucción es ancho.[2]

Siempre habrá más personas en el mundo que no han encontrado la salvación a través de Jesucristo y menos de nosotros que lo hemos hecho. Si no mantenemos nuestros ojos fijos en Jesús y creemos lo que él dice, entonces a veces, podemos pensar que la forma de vida del mundo puede ser mejor. Lo que el mundo tiene es solo temporal, su alegría no durará mucho tiempo, el llanto y el crujir de dientes será su destino.[3] No sigas su camino, busca a Dios con todas tus fuerzas, con todo tu corazón, con toda tu alma y con toda tu mente. Así es cómo encontramos el verdadero gozo, no solo un gozo declarado que debemos creer que tenemos, sino uno que podemos experimentar cada vez más a medida que nos acercamos a Dios.

Las Escrituras nos dicen que Dios nos está llamando, pero que nosotros debemos acercarnos a él primero, y que, a medida que lo hacemos, él se acercará a nosotros.[4] ¡Qué gran lugar para estar en los brazos de Dios! Hoy leemos de una mujer que derramó un perfume muy costoso sobre la cabeza de Jesús (Mt 26:7). Hay otros pasajes en los que se menciona que una mujer ungió a Jesús con un perfume costoso en los pies y en la cabeza, por ejemplo, Juan 12:3-5, donde el perfume está valorado en 300 denarios. Una Biblia de referencia que tengo dice que eso era aproximadamente el salario anual de un hombre. Desconozco si todas estas mujeres son la misma María (la hermana de Marta y Lázaro) o diferentes mujeres, pero en cada relato debemos ver el precio que la mujer está dispuesta a dar por haber encontrado a Jesús, cuyo valor es muy superior. Él es lo más valioso, lo más preciado que tanto ella como otras personas han encontrado a lo largo de su vida. ¿Es él lo más preciado que tienes en tu vida?

---

1   Mt 19:24.
2   Mt 7:13-14.
3   Mt 25:29-30.
4   St 4:8; Hb 11:6.

Bástate mi gracia. Pablo oró al Señor acerca de los problemas que tenía (un aguijón en la carne), y el Señor le respondió: «*Bástate mi gracia, porque mi poder se perfecciona en la debilidad*» (2 Co 12:9). Esto es lo que Dios le dijo a Pablo, y para nosotros sería lo mismo. SU poder se perfecciona en nuestra debilidad. Me hace acordar a la historia de Gedeón en el Antiguo Testamento, cuando Dios respondió a las oraciones del pueblo de Israel liberándolo de su opresor.

Dios llamó a Gedeón, un hombre que no era valiente y que se escondía de los opresores mientras trillaba el trigo. No solo no era un hombre valiente, sino que cuando reunió a las tropas de Israel, Dios las redujo a trescientos hombres para que el pueblo no pudiera atribuirse la victoria en sus corazones, solo podría atribuírsele exclusivamente al accionar de Dios.[1] Él es victorioso y obra a través de nosotros incluso en medio de nuestros problemas y debilidades. Lo que nos da la salvación eterna es lo que Dios hizo por nosotros cuando estábamos en nuestro momento más débil, confesando que somos pecadores y que necesitamos perdón. Nos dio la salvación mediante su sacrificio en un momento en que no merecíamos nada bueno. Si Dios puede obrar tan grandemente que cambia nuestro curso en la eternidad de pérdida total a ganancia total, entonces en nuestra debilidad mientras continuamos viviendo ante él, él puede sin duda mostrar su poder obrando a través de nosotros de tal forma que, en nuestros corazones, no podríamos atribuirnos la victoria. ¿Cuántos en la Iglesia hoy caminan con orgullo en sus corazones tratando de atribuirse el crédito por algo que solo Dios ha hecho?

Dios no se complace con quienes se esfuerzan por robar la gloria que es solo de él. Ni siquiera podemos estar seguros de que nos levantaremos por la mañana (ni hacer que suceda), mucho menos realizar ninguna gran obra que solo Dios puede hacer. Nuestro Dios es suficiente. Y si estamos dispuestos a humillarnos, él puede hacer grandes cosas y logrará grandes victorias a través de nosotros. La debilidad es buena, porque entonces Dios puede obrar poderosamente a través de nosotros. Hoy, en Mateo 27, leemos sobre la última parte del juicio del sumo sacerdote y el concilio, la entrega de Jesús a Pilato, el gobernador romano, y la crucifixión y sepultura de Jesús.

En todo esto Jesús se mantuvo en humildad, desde el huerto de Getsemaní hasta su muerte. Incluso con todas las cosas que el gobernador romano le dijo, él respondió muy poco. La victoria más grande de todos los tiempos, desde el principio de la creación hasta el momento en que el tiempo termine, se obtuvo mediante la humildad de Jesús el día que permitió que lo crucificaran. Podría haber librado una gran batalla contra los romanos, como muchos de sus seguidores pensaban que iba a hacer. Podría haber ganado la victoria contra Roma, la nación más grande del mundo en ese tiempo, pero ¿qué victoria podría ser esa para nosotros hoy? La victoria que Jesús obtuvo ese día con su humildad, permitiendo que le hicieran estas cosas, nos ha dado la victoria a todos los que lo aceptamos como Señor. Jesús murió y ofrece esto a cualquier persona que lo acepte, él murió por TODOS (Tt 2:11-12).

---

1   Jc 6:11-7:22.

Tengan fe en mí, y yo les daré descanso. Bueno, no conozco ningún pasaje que lo diga así, pero Jesús sí dijo: «*Venid a mí (...), y yo os haré descansar*» (Mt 11:28). ¿Qué es venir a Jesús? ¿Acaso no es aceptar, creer, seguir? ¿No es esto tener fe en él? ¿Por qué nos cuesta tanto si él dijo que nos daría descanso? ¿Seguimos intentando hacer el trabajo con nuestros propios esfuerzos? ¿No ha hecho ya Jesús todo el trabajo, no ha dicho que está terminado? Debemos caminar unidos a su yugo; él es el buey principal que tira de la carga.[1]

Nosotros debemos tomar nuestra cruz, como Jesús tomó la suya, y seguirlo trabajando en lo que él ya ha realizado. Debemos predicar el evangelio, compartir con el mundo nuestro testimonio de lo que ha hecho en nuestra vida. Cuando predicamos el evangelio como Jesús lo hizo, invitamos a personas que no son salvas a la obra que él ya ha hecho. ¿Por qué nos cuesta tanto vivir la vida cristiana? ¿Acaso seguimos tratando de lograr un poco de lo que no pudimos lograr antes de aceptar a Jesús en nuestra vida?

Todo lo que Dios nos facilita a través del camino de la fe, nosotros lo dificultamos con la incredulidad. Él nos ha bendecido, nos ha redimido, nos ha santificado, nos ha dado poder, ha renovado nuestro ser dándonos un nuevo nacimiento. Con todo lo que nos ha dado, ¿por qué nos esforzamos tanto? No hay nada que podamos añadir. Todo lo que podemos hacer es aceptar y continuar el trabajo que él ya ha hecho. Tratando de aplicar todo lo que Jesús nos dice, podemos pensar que nos diría: **Tengan fe en mí, y yo les daré descanso.** ¿Sentimos ese descanso, tenemos fe? Creer no es fácil, incluso a los discípulos les costó. Jesús les había dicho muchas veces que iba a ser crucificado y enterrado, y que luego resucitaría de entre los muertos. No todos lo creyeron.

En nuestra lectura del día de hoy del último capítulo de Mateo, vemos que las mujeres fueron a la tumba y no encontraron a Jesús (muerto). Un ángel les informó que no estaba allí, que había resucitado, y les pidió que se lo dijeran a sus discípulos (v. 5-7). Más tarde, en Galilea, cuando Jesús se les apareció, algunos todavía dudaban (v. 16-17) Sí, tendremos dudas, parece ser parte de lo que heredamos de la caída de Adán y Eva en el jardín del Edén. Pero cuanto más alejemos las dudas y creamos lo que Jesús ha dicho, más fácil será nuestra vida cristiana y más descanso hallaremos.

---

1   Mt 11:29.

Este es el día, este es el día, que el Señor ha hecho, que el Señor ha hecho. Recuerdo esta primera línea de una canción que cantábamos cuando fui salvo, quizás también la conozcas. ¿Lo crees? ¿Crees que este es el día que ha hecho el Señor? ¿Cómo pueden mejorar nuestras vidas? A medida que entregamos nuestras vidas a Jesús y morimos a nosotros mismos, comenzaremos a disfrutar más y más el día, y cada día, que él ha hecho. Nuestro caminar como cristianos no es fácil. Jesús dijo que si lo seguimos, ellos (el mundo) nos perseguirán como lo persiguieron a él.[1]

Aunque lo persiguieron, Jesús caminó cada día con la confianza puesta en el Padre. Si bien muchos días fueron difíciles (en el sentido de tratar con la gente), él caminaba con un gozo que venía de su relación con el Padre y la confianza que le tenía. Si el Señor hizo el día, nosotros deberíamos poder disfrutarlo gracias a nuestra relación con él y la confianza que le tenemos. Seguramente Pablo halló este gozo porque dijo que había aprendido a contentarse en toda circunstancia.[2] Él es uno de los que nos dicen que nos regocijemos siempre.[3]

Con todos los problemas (me atrevería a decir que ninguno de nosotros tiene la suma de problemas que tuvo Pablo, incluso fue apedreado una vez), Pablo dijo que había aprendido a regocijarse y a entender que el Señor había hecho el día, su día, y que cada uno de ellos estaba en sus manos. Nuestro Dios es un Dios ocupado, aunque para él puede ser fácil, tiene el control y ha dispuesto cada día para cada persona que le pertenece. ¡Increíble! Yo ni siquiera puedo ocuparme de uno y él lo hace de forma constante por cada cristiano en esta tierra hoy. ¡Qué Dios tan poderoso tenemos! ¿Crees que tienes un Dios poderoso, un Dios que hace a tu medida el día que tienes por delante, determinando tu camino, protegiéndote de las dificultades para que no superen lo que él considera apropiado?

No todos los días de Jesús fueron fáciles desde nuestra perspectiva, pero el Padre había determinado cuán difíciles podían llegar a ser. El diablo no pudo acercarse a Jesús lo suficiente como para destruir las obras que estaba haciendo.[4] La gente no podía llegar a Jesús. Piensa en cuántas veces los líderes religiosos quisieron arrestarlo antes de tiempo y cuántas veces quisieron apedrearlo. La Biblia dice que Jesús salió de en medio de ellos y no pudieron tocarlo. Con todas las pruebas, los naufragios, los golpes y demás, Pablo fue imparable hasta que Dios dijo que su trabajo había terminado. ¿Confiamos en que Dios determina nuestro día sin importar lo que este nos depare? Ayer hablé sobre la fe. Esta es una de esas áreas en las que necesitamos tener fe, confianza en que Dios tiene el control de nuestro día, que él ha fijado los límites y que lo hizo a nuestra medida.

Dios sabe lo que necesitamos en nuestro día, no nos permite más dificultades de las que podemos manejar y nos pone lo que tenemos que aprender cada día. Él es un Dios bueno, un Dios poderoso. Debemos tener fe en que está obrando en nuestro día. Los israelitas que salieron de Egipto no tuvieron esta fe en que Dios tenía el control de su día o, de lo contrario, habrían marchado a la tierra prometida creyendo que les daría la victoria sin importar los obstáculos.

En nuestra lectura del día de hoy en Hebreos 3, el autor habla de esto mismo y podemos encontrar aliento en sus palabras: «*Toda casa es hecha por alguien; pero el que hizo todas las cosas es Dios. (...) Cristo [fue fiel] como hijo, sobre su casa. Y esa casa somos nosotros, con tal que retengamos firme hasta el fin la confianza y el gloriarnos en la esperanza. (...) porque somos hechos participantes de Cristo, con tal que retengamos firme hasta el fin nuestra confianza del principio*» (v. 4, 6, 14). El último versículo del capítulo 3 nos cuenta por qué los israelitas que salieron de Egipto no pudieron encontrar el descanso que Dios les había preparado: «*Y vemos que no pudieron entrar a causa de su incredulidad*» (v. 19). Por eso hoy te animo: ten fe, comienza el día que Dios ha hecho a tu medida y recuerda alegrarte en él.

---

1   Jn 15:20.
2   Flp 4:11-13.
3   Flp 4:4; 1 Ts 5:15b-18.
4   Mc 1:13; Mt 4:1-11; Lc 4:1-13.

«Yo soy el camino, la verdad y la vida». Esto es lo que Jesús nos dice, ¿por qué habríamos de buscar en otra parte? Hay quienes dicen: **¿Para qué buscar más, somos lo que tenemos?**. ¿Quiénes somos nosotros para juzgar, ni siquiera podemos saber lo que sucederá mañana? Eres tú quien debe creer. Si no crees, entonces lo que tienes es todo lo que tienes. Te haré una pregunta: ¿cómo has llegado hasta aquí? ¿Sabes realmente la respuesta? ¿Estabas allí cuando comenzó la raza humana? ¿Cómo puedes saber algo si no le preguntas a Dios? Si no estás dispuesto a creer, entonces nunca tendrás nada más. Jesús es el camino, la verdad y la vida. Sin él, ¿qué tienes? Todo esto es un argumento para que entiendas que necesitas a Cristo.

Sin él no tienes nada y con él lo tienes todo, no todo lo que el mundo tiene para ofrecer, sino todo lo que Dios tiene para ofrecer. Ahora que tengo tu atención, piensa en cómo sería tu vida sin Cristo en ella. Él es la verdad, el camino y la vida, sin él no tenemos nada. El Dios eterno nos ha alcanzado a cada uno de nosotros con la salvación eterna, la cual hemos recibido al aceptar a Jesús como Señor de nuestras vidas. Él ha hecho ese camino que nosotros no podíamos, nos ha mostrado la verdad sobre nosotros mismos y sobre él, y nos ha dado la verdadera vida. Sin embargo, en nuestra naturaleza, continuamos yendo en otra dirección, como Adán y Eva. Cuando leemos su historia, los condenamos porque lo tenían todo en el jardín, incluso Dios les hacía compañía en la frescura del día. ¿Por qué lo arruinarían deseando la fruta del árbol del que no debían comer?

¿Acaso no hacemos nosotros lo mismo, no son ellos nuestros padres? Es difícil admitir que somos un desastre. Sabemos lo que somos; aunque no queramos admitirlo, no cambia lo que somos. Todos somos pecadores, ninguno está a la altura. Me gustaría hacerte otra pregunta, ¿de dónde viene tu ayuda? ¿Acaso no proviene de Dios? Luchamos, luchamos y luchamos. ¿Por qué simplemente no nos rendimos y permitimos que Jesús nos muestre el camino, la verdad y la vida? Estas son preguntas que tenemos que responder. Las respuestas nos mostrarán qué es lo que nos está alejando de la gran plenitud que Dios quiere darnos.

En nuestra lectura del día de hoy en Marcos 2, vemos que a Jesús lo cuestionaron una y otra vez (v. 7, 16, 18, 24), pero que los que hacían las preguntas no estaban dispuestos a creer. ¿Cuestionamos a Jesús con nuestras ideas de cómo algo que dijo es imposible, y nos negamos a creer? Hay muchas cosas interesantes en nuestra lectura del día de hoy en Hebreos 4: «*Pero los que hemos creído entramos en el reposo (...). La palabra de Dios es viva, eficaz y más cortante que toda espada de dos filos: penetra hasta partir el alma y el espíritu, las coyunturas y los tuétanos, y discierne los pensamientos y las intenciones del corazón. Y no hay cosa creada que no sea manifiesta en su presencia; antes bien todas las cosas están desnudas y abiertas a los ojos de aquel a quien tenemos que dar cuenta. (...) Acerquémonos, pues, confiadamente al trono de la gracia, para alcanzar misericordia y hallar gracia para el oportuno socorro*» (v. 3, 12-13, 16).

Quienes hemos aceptado a Jesús como Señor hemos creído y entrado en ese descanso. ¿Qué nos impide entrar por completo? ¿Por qué nos cuesta si Dios sabe todo acerca de nosotros? Rendirnos es todo lo que se necesita para tener todo lo que él ofrece y, sin embargo, cuánto nos cuesta. Dios quiere darnos gracia en el trono de la gracia y quiere que recibamos toda la misericordia que él tiene para nosotros. ¿Por qué nos cuesta? Lo que debemos entender es que Jesús es el camino, la verdad y la vida. Si de verdad hemos entrado en el descanso de Dios, todo esto es nuestro, no nos tiene que costar, solo debemos creer.

Yo soy Dios y tú eres hombre. ¿Oímos a Dios decirnos esto? ¿Es realmente Dios o solo un producto de nuestra imaginación? Él nos dice que lo probemos y veamos si es real. ¿Lo has probado, has hecho de su camino el tuyo para ver si es real o no? Tal vez para muchos de nosotros, él no es más que el producto de nuestra imaginación en el sentido de que lo aceptamos como Señor para recibir la salvación y después lo convertimos en lo que queremos que sea en lugar de descubrir quién es realmente y lo que quiere hacer en nuestras vidas. Jesús dijo que tomáramos nuestra cruz y lo siguiéramos. Él lo hizo así siguiendo al Padre en lo que el Padre quería que hiciera. ¿No debemos nosotros hacer lo mismo?

Hay quienes han dicho que la Biblia es la carta de Dios para nosotros. ¿Estás leyendo su carta para saber más de él, o sigues en la **tierra de la fantasía** tratando de hacer que Dios sea en tu vida lo que tú quieres que sea? Muchas veces, cuando leemos los Evangelios (Mateo, Marcos, Lucas, Juan), vemos que Jesús se retira a un lugar solitario para pasar tiempo con el Padre en oración. ¿Estás orando, estás teniendo esa conversación diaria con Dios para estar más inmerso en su vida y él en la tuya? ¿Dónde estás, cuál es tu estado espiritual? ¿Por qué pones excusas? Él ve tu día, ve todo en él, ve tu lucha. ¿Por qué te esfuerzas tanto cuando Dios quiere bendecirte? ¿Alguna vez has tenido un abuelo, que cuando ibas a verlo de niño, te levantaba en sus brazos y simplemente te amaba? Dios quiere hacer mucho más que esto, pero tú te mantienes alejado de él. Él quiere ser tu proveedor, quiere protegerte, quiere calmar esa inquietud dentro de ti. Tómate un tiempo, dedícalo a leer la carta que te ha escrito y luego acércate a él para hablarle de lo que te ha dicho y de lo que desea decirte.

En nuestra lectura del día de hoy en Marcos 3, vemos en la primera mitad cómo la gente acudía a él, pero solo porque querían ser sanos de sus enfermedades, y no para escuchar las palabras eternas que él hablaba. En un pasaje de los Evangelios, Jesús le dijo a la multitud: **Solo me siguen por el pan.** Había quienes lo seguían porque él tenía las respuestas a la vida eterna, pero la mayoría de los que lo seguían solo buscaban la ayuda inmediata a su situación. Una vez, Jesús dio una enseñanza muy difícil de aceptar, y muchos de los que lo habían seguido hasta ese momento lo abandonaron.

¿Cuánto estás dispuesto a seguir? ¿Eres uno de aquellos a los que se dirige el escritor de Hebreos cuando dice: «*Acerca de esto tenemos mucho que decir, pero es difícil de explicar, por cuanto os habéis hecho tardos para oír. Debiendo ser ya maestros después de tanto tiempo, tenéis necesidad de que se os vuelva a enseñar cuáles son los primeros rudimentos de las palabras de Dios; y habéis llegado a ser tales, que tenéis necesidad de leche y no de alimento sólido*» (5:11-12)? ¿Cuánto estás dispuesto a seguir? ¿Eres, o puedes ser, uno de aquellos de quien se dice esto: «*El alimento sólido es para los que han alcanzado madurez, para los que por el uso tienen los sentidos ejercitados en el discernimiento del bien y del mal*» (5:14)?

¿Qué tal tu día? Si lees esto por la mañana temprano, la respuesta más bien estará dirigida a cómo esperas que sea. El punto principal es cuánto esperas y cuánto le permites a Dios participar de tu día. **¿Sabes a dónde vas?** Si no lo sabes y es por fe, como cuando Abraham siguió a Dios, ¡muy bien! Pero si es sin Dios, aunque creas que sabes adónde vas, ¿realmente lo sabes? Tienes que decidir si quieres que Dios te acompañe o no, él no se entrometerá. ¿Cómo puedes ir sin un guía, sin alguien que haya estado allí antes? No hay ningún lugar donde Dios no haya estado, él conoce el camino. ¿Estás dispuesto a dejar que él te guíe? Si no es así, y dices que sabes adónde vas, ¿no sigues deambulando sin rumbo? Si no puedes saber lo que te deparará el mañana, ¿cómo puedes saber lo que te encontrarás a la vuelta de la esquina? Cuando uno viaja, es mejor tener un guía, ¿quién mejor que Dios para guiarte?

Sé que para algunos es difícil sentir la voz del Señor. Cuando planeamos unas vacaciones, no todos podemos contratar a un guía personal, entonces buscamos un libro escrito por un guía de renombre. Mientras nos preparamos para irnos de vacaciones, leemos esa guía de turismo sobre el lugar al que vamos y, mientras estamos de vacaciones, recurrimos a ese libro varias veces para leer sobre el lugar que estamos visitando. Para nuestro viaje por la vida hay una guía de turismo, la Biblia, escrita por el mejor guía posible, Dios. Es nuestro deber leer lo que Dios ha escrito sobre adónde vamos y sobre dónde estamos ahora. Él quiere ayudarnos a transitar esta vida en la tierra y llegar a nuestro destino final en el cielo.

Mientras estamos de viaje durante unas vacaciones, ¡qué bueno sería poder llamar a la persona que escribió la guía de turismo y hacerle preguntas y que nos aclare algunas cuestiones! A Dios podemos llamarlo en oración, ¡cuánto mejor puede ser! Si hemos aceptado a Jesús como Señor en nuestra vida y hemos nacido de nuevo, entonces ahora somos parte del reino de Dios. Un efecto de ser parte de su reino es que nos hace crecer como la semilla de mostaza de la que Jesús habla en nuestra lectura del día de hoy en Marcos 4.

La acción de buscar una guía en nuestro transitar por la vida puede empezar de forma muy pequeña, pero con el tiempo crecerá. Sin embargo, la semilla no crecerá hasta que la plantes, hasta que empieces a confiar y buscar la guía de Dios. Todos tenemos nuestros momentos de debilidad al igual que los discípulos en el mar: «*Pero se levantó una gran tempestad de viento que echaba las olas en la barca, de tal manera que ya se anegaba. (...) Lo despertaron y le dijeron: "¡Maestro!, ¿no tienes cuidado que perecemos?"*» (Mc 4:37-38). Los discípulos sabían que Jesús estaba con ellos, pero no creían realmente que estuviera en control de la situación. Cuando las tormentas irrumpen en nuestras vidas, podemos llegar a preguntarnos si Jesús está con nosotros. Si somos suyos, él nos acompaña. «*Así que podemos decir confiadamente: "El Señor es mi ayudador; no temeré lo que me pueda hacer el hombre"*» (Hb 13:6).

Jesús está presente en nuestras vidas, ¿lo reconocemos y creemos que tiene el control de nuestra situación, o nos dice como a los discípulos: «*¿Por qué estáis así amedrentados? ¿Cómo no tenéis fe?*» (Mc 4:40). No creo que ninguno de nosotros quiera escuchar a Jesús decir esto, así que cree que él está contigo, búscalo para que te guíe y confía en que él tiene el control de la situación.

¿Vas por mi camino? Esta es una frase de una de las películas de Bing Crosby. Esto es lo que Jesús nos preguntaría a cada uno de nosotros: ¿Vas por mi camino?. Jesús nos invita a todos a ir por su camino, incluso ya ha pagado el boleto.[1] Ni siquiera tenemos que empacar porque él dice que nos proveerá si vamos con él y seguimos su camino.[2] Cada uno de nosotros puede tomar esa decisión y aceptar a Jesús como Señor para recibir lo que él ya ha hecho por nuestras vidas. La mayoría de los que están leyendo esto ya lo han hecho y, por eso, pueden reflexionar hoy sobre esto.

Ahora que tienes tu boleto para ir al cielo, ¿vas por el camino de Jesús o sigues un poco por tu propio camino? Dios nos da toda la información que necesitamos para ir por el camino de Jesús en la Biblia. Muchos se preguntan: «¿Estoy leyendo la Biblia a la manera del hombre o a la manera de Dios?». Tal vez te preguntes cuál es la diferencia. Si la lees como si fuera un libro de texto escolar, solo para obtener información de ella, su ayuda te resultará muy limitada. Dios dice que su palabra está viva.[3] Tiene la capacidad de llevarnos al arrepentimiento, de traernos gran gozo, de darnos fuerza, de acercarnos a Dios. La diferencia es que leyendo la Biblia a la manera de Dios la leeríamos en oración esperando que él obre en nosotros por medio de ella. No hay otro libro que nos dé lo que este libro nos da.

Ningún otro libro contiene palabras tan vivas como las de este libro. Son las palabras que Dios ha hablado, las cuales han sido registradas durante siglos, y como Dios está vivo para siempre, sus palabras están vivas para siempre. Nunca perdieron el poder con el que fueron dichas. Desde Génesis hasta Apocalipsis están vivas y tienen un efecto eterno en quienes las leen esperando que Dios obre en sus vidas. Algunos de ustedes toman una vitamina todos los días para mantener su cuerpo sano. ¿Qué creen que necesitan cada día para mantener su espíritu y su alma espiritualmente sanos? Si comenzamos nuestro día con esa dosis espiritual de la Palabra de Dios, aunque sea solo un versículo, marcará una diferencia en nuestro día, en la salud de nuestro espíritu y nuestra alma. Hay quienes comen bien, hacen ejercicio, viven bien, duermen bien para tener una vida saludable. ¿Y si también leemos bien y recibimos de Dios cada día? ¿Vamos por su camino?

En nuestra lectura del día de hoy en Marcos 5 notamos algo interesante sobre los discípulos. Llevaban ya algún tiempo con Jesús, lo habían visto sanar a muchos y expulsar demonios. Sin embargo, cuando Jesús preguntó quién lo había tocado, ellos básicamente le contestaron que no sabía lo que estaba preguntando, que toda la multitud lo estaba tocando, que qué clase de pregunta era esa (v. 30-31). Cuestionaron lo que Jesús decía pensando que él no sabía de lo que estaba hablando. Cuando leemos la Palabra de Dios, debemos creer que él sabe de lo que habla. También en Marcos leemos acerca de Jairo, el jefe de la sinagoga. Algunas personas de la casa de Jairo le informaron que su hija estaba muerta, que no molestara más al Maestro. Prestemos atención a lo que Jesús le dijo a Jairo: «*No temas, cree solamente*» (v. 36). Parece que Jairo siguió creyendo, no tenemos ningún indicio de que no lo hiciera. En estos pasajes, se nos dice que creamos lo que leemos en la Palabra de Dios y que sigamos creyendo. ¿Vas por mi camino?, te pregunta Dios.

---

1   1 Co 6:20.
2   Lc 12:37.
3   Hb 4:12.

¿Por qué la vida es tan difícil? Nosotros la hacemos más difícil de lo necesario: realmente no escuchamos todo lo que Dios dice y, por eso, todo se complica. Seguimos haciendo hoy lo que se hacía al principio: no escuchamos y no obedecemos lo que Dios dice. En el principio, Dios les ordenó que no comieran del árbol que estaba en el centro del jardín, podían comer de los otros árboles, pero no del árbol del conocimiento del bien y del mal.[1] La humanidad (Adán y Eva), convencidos por la serpiente mentirosa, no escucharon a Dios, comieron del árbol que no debían comer, y la vida se complicó.[2]

En varios pasajes del Antiguo Testamento, Dios dice que los israelitas eran un pueblo terco. No estoy tan seguro de que hoy seamos diferentes, judíos o gentiles. La humanidad es obstinada, no desea seguir todo lo que Dios nos dice. Somos como el bebé en la cuna que intenta decirle a su padre adulto cómo se debe vivir. Es ridículo que un bebé suponga que sabe más que el padre adulto, sin embargo, esto es lo que hacemos con Dios todo el tiempo. Un bebé que ni siquiera puede limpiarse la nariz o cambiarse el pañal definitivamente no puede saber más que el padre adulto. Nosotros somos como ese bebé, y Dios es el padre de todos nosotros. Una de las cosas más importantes que cualquiera de nosotros debe aprender es que Dios sabe de lo que habla y que, por improbable que parezca, si lo seguimos, la vida será mejor. Luchamos y nos cansamos, en gran medida, porque no escuchamos.

En nuestra lectura del día de hoy en Marcos 6, es interesante la progresión que se produce en la gente de Nazaret, la ciudad natal de Jesús: «*Cuando llegó el sábado, comenzó a enseñar en la sinagoga; y muchos, oyéndolo, se admiraban y preguntaban: "(...) ¿Y qué sabiduría es esta que le es dada, y estos milagros que por sus manos son hechos?"*» (v. 2). Cuando Jesús comenzó a enseñar, la gente se asombraba de lo que decía y de lo impresionantes que eran sus palabras. Nos sucede lo mismo cuando recibimos nuestra salvación, nos sentimos asombrados por las palabras y las enseñanzas de Dios. Lo siguiente que ocurre con la gente del pueblo de Jesús es que comenzaron a preguntarse: «*¿No es este el carpintero, hijo de María, hermano de Jacobo, de José, de Judas y de Simón? ¿No están también aquí con nosotros sus hermanas? Y se escandalizaban de él*» (v. 3). Empezaron a considerarse a ellos mismos y a él como a uno de ellos, por eso, se ofendieron por sus palabras y hechos, rechazando su autoridad y dando más valor a la suya propia. En el mismo relato de esto en Lucas, o posiblemente en un tiempo posterior del que menciona Lucas, cuando Jesús fue a Nazaret, esto es lo que la gente hizo: «*Al oír estas cosas, todos en la sinagoga se llenaron de ira. Levantándose, lo echaron fuera de la ciudad y lo llevaron hasta la cumbre del monte sobre el cual estaba edificada la ciudad de ellos, para despeñarlo*» (Lc 4:28-29).

Entonces, ¿qué pasó con aquello de que «*todos daban buen testimonio de él y estaban maravillados de las palabras de gracia que salían de su boca*» (Lc 4:22)? A veces, como se suele decir, estamos demasiado orgullosos de nosotros mismos. Empezamos a creer que somos más que los demás y, en nuestro corazón, rechazamos algo que Dios ha dicho. Morir a uno mismo es creer que Dios lo sabe todo y que nosotros no sabemos nada. Cuando renunciamos a todo lo que creemos saber y aceptamos lo que Dios dice como todo lo que sabemos, la vida no será tan difícil.

---

1   Gn 2:16-17.
2   Gn 3:1-5, 3:6-7, 3:17b-19, 24.

A veces, la vida parece injusta. Lo interesante es saber a quién le parece injusta, ¿acaso no es a nosotros? ¿Estamos diciendo, al hacer esa afirmación, que somos nosotros los que tenemos derecho a juzgar? Dios juzga todas las cosas, decide todas las cosas. Él decidió en el jardín del Edén que nosotros, la humanidad, tuviéramos libre albedrío, y lo tuvimos, pero, luego, elegimos mal. Dios siempre nos da una opción, tenemos libre albedrío, pero también nos dice lo que esa elección nos acarreará en el fin de los tiempos.

La humanidad tiene la posibilidad de elegir; la pregunta es si creemos que Dios dice la verdad o no. Ya sea que estemos dispuestos a aceptar lo que Dios dice que es verdad o no, él tendrá la decisión final. Él es eterno y sus caminos también lo son. Los seres humanos siempre actuaremos de acuerdo con nuestra propia voluntad porque se nos ha dado libre albedrío, cualquier cosa menos que eso no es libertad. Quienes hemos recibido la salvación, por medio de nuestro libre albedrío, y hemos elegido creerle a Dios, creer en su gracia y misericordia, confesarle que somos pecadores y aceptar a Jesucristo como nuestro Señor y Salvador, tendremos vida eterna. Esto no es como otras religiones, que obligan a llevar una forma de vida antes de poder recibir, aunque no hay nada por recibir. Esta salvación se recibe sin estar obligados a una forma de vida y, cuando recibimos a Jesús como Señor, él nos ayuda a cambiar.

El resultado de la libre elección dada a la humanidad no tiene nada que ver con el desempeño del hombre, tiene que ver con la obra de Dios y si estamos dispuestos a creer que fue hecha por nosotros. El amor de Dios se extiende desde el principio de los tiempos, a través de los años, y llega hoy a nosotros con el regalo más grande que podría dar jamás: la salvación, una eternidad con Dios, sin necesidad de obras de nuestra parte. ¿Se lo has agradecido hoy? Las personas en Marcos 7 tuvieron libre elección. Los fariseos y los escribas eligieron no creerle a Dios, tanto que inventaron sus propias reglas en vez de seguir las reglas de Dios (v. 5-7, 13).

A los seres humanos les gusta inventar sus propias reglas y normas para vivir. Están dispuestos a renunciar a todas las bendiciones de Dios por su propio orgullo. Les gusta cumplir sus propias reglas para poder enorgullecerse de ello; sin embargo, Dios llama a la rendición, y allí, no hay orgullo. Jesús dijo que lo que sale de nuestro corazón, lo que hablamos, es lo que muestra si estamos contaminados ante Dios. El orgullo es lo que causa que todo lo enumerado a continuación salga de nuestro corazón: *«Porque de dentro, del corazón de los hombres, salen los malos pensamientos, los adulterios, las fornicaciones, los homicidios, los hurtos, las avaricias, las maldades, el engaño, la lujuria, la envidia, la calumnia, el orgullo y la insensatez. Todas estas maldades salen de dentro y contaminan al hombre»* (Mc 7:21-23).

¿En qué creemos? ¿Creemos a Dios o creemos lo que dicen los hombres? La mayoría de los que leen esto han elegido creerle a Dios. Hemos estado leyendo en Hebreos sobre el gran Sumo Sacerdote eterno que tenemos en Jesús. Hoy leemos: *«Pero estando ya presente Cristo, Sumo sacerdote de los bienes venideros, por el más amplio y más perfecto tabernáculo, no hecho de manos, es decir, no de esta creación, y no por sangre de machos cabríos ni de becerros, sino por su propia sangre, entró una vez para siempre en el Lugar santísimo, habiendo obtenido eterna redención. (...) Por eso, Cristo es mediador de un nuevo pacto, para que, interviniendo muerte para la remisión de los pecados cometidos bajo el primer pacto, los llamados reciban la promesa de la herencia eterna, (...) porque no entró Cristo en el santuario hecho por los hombres, figura del verdadero, sino en el cielo mismo, para presentarse ahora por nosotros ante Dios. (...) así también Cristo fue ofrecido una sola vez para llevar los pecados de muchos; y aparecerá por segunda vez, sin relación con el pecado, para salvar a los que lo esperan»* (Hb 9:11-12, 15, 24, 28). ¡Qué gran regalo nos ha dado este Dios tan bondadoso! ¡Qué gran elección la nuestra!

Hoy debes decidirte, estar dispuesto a seguirlo. Jesús nos llama a tomar nuestra cruz y seguirlo. El mundo no conoce los caminos de Jesús. Solo aquellos que hemos nacido de nuevo conocemos los caminos de Dios. Las personas del mundo pueden leer su Palabra, la Biblia, pero no entender nada porque no han nacido de nuevo y no han sido incorporados en la familia de Dios. Tenemos una gran herencia, la eternidad con el Rey de reyes y Señor de señores que nos llama amigos.[1] «**Toma tu cruz y sígueme**» es lo que Jesús nos dice a todos. Debemos ser su pueblo para el mundo.[2]

¿Cómo era Jesús para el mundo? Él quería que comprendieran lo que el Padre había hecho por ellos, que ya no tenían que trabajar. Sanó a la mayoría de los enfermos, restauró a los cojos, liberó a los cautivos de los demonios. Intentó ayudar a la gente a entender los caminos de Dios. Con los únicos que tenía problemas, y los confrontó en sus acciones, fueron aquellos que pensaban que ya eran religiosos. A él no le molestaba andar con los recaudadores de impuestos (cuya propia nación, los judíos, los veía como traidores), con las prostitutas y con demás manifiestos pecadores.[3] Estos estaban dispuestos a escuchar sus buenas nuevas de que podían ser perdonados. Ninguno de ellos negaba ser un pecador, sino que eran conscientes de su condición. Sin embargo, los que pensaban que no eran pecadores eran los que más necesitaban el perdón de Jesús, pero solo unos pocos finalmente se acercaron a él. ¿En dónde te encuentras hoy? ¿Estás del lado de los recaudadores de impuestos, las prostitutas, etc., o sientes que estás más del lado de los que no creían que eran pecadores?

Cualquiera de nosotros que, con sus propias acciones, no logre alcanzar la justicia está destituido de la gloria de Dios, lo que lo convierte en un pecador. El Nuevo Testamento nos dice que nosotros somos justos, pero no nos confundamos, es la justicia de Jesús la que tenemos, de él obtenemos nuestra justicia.[4] Es de él y la comparte con nosotros. Alabado sea Dios que nos ha provisto de un camino para llegar al cielo.[5] Si tuviéramos que ganar la entrada por nuestros propios logros, ninguno de nosotros lo conseguiría. No podemos decir sí al Señor hoy para recibir la salvación y luego seguir felices por nuestro camino. Cuando nos decidimos por algo, tiene que ser para toda la vida. En nuestra sociedad actual, cuando estamos endeudados y no podemos pagar, nos declaramos en bancarrota.

Hasta cierto punto, eso es lo que Dios ha hecho por cada uno de los que somos salvos. En la época del Antiguo Testamento, no era que te perdonaban tu deuda, otra persona pagaba tu deuda y tú te convertías en su propiedad, en su esclavo. Cuando aceptamos a Jesús, él paga la deuda que teníamos por nuestros pecados y que no podíamos pagar, por lo que ahora somos de su propiedad.[6] Pero él es bueno con nosotros, nos llama amigos y provee para nuestras necesidades. En nuestra lectura del día de hoy en Marcos 8, Jesús pregunta: «¿Quién dicen los hombres que soy yo?» (v. 27). ¿Te has decidido? ¿Quién dices que es Jesús? ¿Respondes como Pedro, diciendo que él es el Cristo, el Mesías, el Ungido de Dios? Para los que responden esto, en el versículo 31 Jesús habla de lo que él iba a hacer (ya lo ha consumado) para pagar el precio que debemos y liberarnos de la deuda: «*le era necesario al Hijo del hombre padecer mucho, ser desechado por los ancianos, por los principales sacerdotes y por los escribas, ser muerto y resucitar después de tres días*». ¿Acaso podemos pedir algo más cuando merecemos tan poco?

---

1   Lc 12:4; Jn 15:13-15, 17:20-21.
2   Jn 17:18, 23.
3   Mt 21:31; Mc 2:16.
4   1 Co 1:30.
5   Jn 3:15.
6   1 Co 6:20, 7:23; 2 P 2:1.

¿**Qué haremos hoy?** Nosotros planeamos y organizamos, pero solo Dios hace realidad lo que ocurre en el día. ¿Estamos preparados para lo que él decida? ¿Estamos dispuestos a seguirlo si él dice «Ven»? ¿Y qué hay de nuestra vida? ¿Estamos dispuestos a dejar de lado lo que hemos planeado para seguir a Dios cuando él nos pida que nos desviemos? Si no lo estamos, ¿acaso estamos diciendo que sabemos mejor que Dios lo que debemos hacer en nuestra vida? Si elegimos hacer lo que creemos que es mejor en nuestra vida y no lo que Dios nos está diciendo en este momento, ¿acaso eso no es rebeldía? Creo que a la mayoría de nosotros nos ha sucedido esto alguna vez en la vida.

La idea es reconocerlo y pedir perdón por ello. Cuanto más lo reconozcamos, menos lo haremos. No reconocerlo o ser testarudos al respecto es lo que nos aleja de Dios. Si continuamos de esta manera, pronto estaremos tan lejos de Dios que ya no escucharemos su voz. Si en la distancia, una persona reconoce que se ha alejado de Dios, se humilla y pide perdón, Dios la traerá de vuelta. Lo hizo una y otra vez con los israelitas.[1] El arrepentimiento tiene que ser una forma de vida para el cristiano. No estoy diciendo que pecar, pecar y pecar tiene que ser la forma de vida del cristiano, sino que todos estamos destituidos de la gloria de Dios y tener un corazón arrepentido es lo que nos permite volver a él.

Ser conscientes del arrepentimiento incluso nos ayudará a no pecar en ciertos momentos porque entendemos nuestras limitaciones ante Dios. La conciencia de nuestra pecaminosidad nos alejará de pecar a veces sabiendo que es lo que nos metió en este lío en primer lugar. Ninguno de nosotros estará totalmente libre de pecado, incluso el apóstol Pablo después de su salvación en Damasco y en su ministerio a los gentiles luchaba con su pecado y decía que las cosas que quería hacer (las cosas de Dios) no las hacía y las cosas que no quería hacer (el pecado) era lo que hacía.[2] Hasta llegó a decir: «*¡Miserable de mí! ¿Quién me librará de este cuerpo de muerte?*» (Rm 7:24). No permitas que estas palabras de Pablo te desanimen y te derroten: Escucha lo que dice unos versículos después: «*Ahora, pues, ninguna condenación hay para los que están en Cristo Jesús, los que no andan conforme a la carne, sino conforme al Espíritu, porque la ley del Espíritu de vida en Cristo Jesús me ha librado de la ley del pecado y de la muerte*» (Rm 8:1-2).

Es nuestra conciencia del pecado lo que nos aleja cada vez más del pecado y nos acerca cada vez más a Dios. Los caminos de Dios son siempre mejores que los nuestros, incluso cuando la situación no tiene sentido para nosotros. Yo no podría hacer lo que hizo Abraham cuando estuvo dispuesto a sacrificar a su hijo Isaac. Aunque Dios lo detuvo a último momento, Abraham, creyendo que Dios sabía más de lo que él podía entender, hizo lo que este le ordenó. Es por fe y solo por fe que caminamos con Dios, a veces vemos y entendemos, y a veces, no. El tema principal de hoy en Hebreos 11 es la fe. En el primer versículo dice: «*Es, pues, la fe la certeza de lo que se espera, la convicción de lo que no se ve*». El escritor continúa hablando de aquellos que caminaron en fe delante de Dios, incluso dice que no alcanza el tiempo para hablar de todos ellos (v. 32). Sería bueno que volvieras a leer el capítulo 11, tal vez en el almuerzo, esta noche, o mientras caminas. La respuesta a la pregunta ¿**Qué haremos hoy?** es tener fe.

---

1   Ver el libro de Jueces.
2   Rm 7:19.

Dios es supremo. ¿Puedes aceptarlo y creerlo? Si esto te atormenta, ¿qué es lo que te molesta? Tal vez no crees que Dios creó todo tal como se afirma en Génesis. Quizás no crees que él obra en las formas en que la Biblia lo dice. O tal vez tienes un conflicto con lo que Dios dice y con lo que el hombre dice, como te han enseñado a creer. Antes del diluvio universal, en el que solo Noé y su familia sobrevivieron, la gente de la tierra se conformaba con creer lo que se decían unos a otros. Algunos dirán que no puede ser como dice la Biblia porque hemos demostrado lo contrario. ¿Cómo puede lo que opera únicamente en el reino físico refutar lo que sucede en el reino sobrenatural? El reino sobrenatural siempre prevalece por sobre lo que sucede en el reino físico. No importa cuáles sean los límites probados en lo físico; eso son solo los límites del reino físico, no los límites del reino sobrenatural. Aquellas cosas que el hombre dice que no pueden ser son las mismas cosas que a veces Dios hace. Él es capaz de ir incluso más allá de lo que soñamos e imaginamos.[1]

Si Dios no pudiera hacer nada más que lo que el hombre imagina, ¿acaso debería y podría seguir siendo Dios? Y si no pudiera, entonces no sería Dios y el mismo hombre pretendería ser dios en algún sentido. ¿Cómo puede un Dios sobrenatural pretender ser Dios si está sujeto a los mismos límites que el hombre? O creemos o no creemos. No hay nada que el hombre pueda lograr que pruebe o refute la existencia divina. Quien crea que hay una manera de probar que existe nunca encontrará a Dios porque él está por encima de todo lo que el hombre dice o piensa. Los seres humanos buscan a Dios en los lugares incorrectos, es decir, en las cosas que han sido creadas. El hombre piensa y elabora teorías sobre las formas en las que cree que llegamos aquí, cómo se inició la vida por sí misma, sin que intervenga ninguna inteligencia en el proceso. Sin embargo, a pesar de todo lo que el hombre quiere que los demás creamos, nos dice que, gracias a su inteligencia, puede explicárnoslo.

Aquí hay algo incoherente. No necesitamos ser inteligentes para entender que no hubo inteligencia en nuestra llegada aquí. Para los que piensan que piensan, esto no tiene sentido. La única forma en que podemos tener verdadera inteligencia es ir a aquel que tiene inteligencia sobrenatural y aprender de él. No podemos pensar, comprender, calcular, controlar, probar, planear, diseñar ni crear como él lo hace. Si no podemos hacer lo que Dios es capaz de hacer, entonces mucho de lo que él hace y dice tenemos que tomarlo por fe y creerlo, aunque no podamos comprenderlo. Cuanto más creemos en el poder de Dios, este más ilumina nuestra mente con cosas que vienen de él y que no podríamos conocer de otro modo.

Dios quiere obrar más y más en toda nuestra vida, pero requiere que creamos en él y en sus palabras. Dios nos pide que tengamos fe en él. Cuanta más fe tengamos en él, más obrará en nuestras vidas y más creeremos que él es el Dios supremo. Así es como funciona, y debemos empezar en algún punto para que este proceso comience. Ese punto es el momento en que finalmente nos damos cuenta de que necesitamos a Dios en nuestras vidas, que somos pecadores y que necesitamos la salvación que nos ofrece. Es el punto de partida, no es el punto final para poder decir que está hecho y no hay nada más que hacer. El momento en que recibimos la salvación es el comienzo porque entramos en el reino de Dios. En nuestra lectura del día de hoy en Marcos 10, Jesús habla sobre las diferencias entre el reino de Dios y el mundo tal como el hombre lo concibe, y surge una discusión sobre un hombre que se quiere divorciar de su mujer.

Los fariseos dicen que Moisés les permitió a los hombres divorciarse de sus esposas, pero Jesús, hablando con verdad, dice que solo se les permitió esto por la dureza de sus corazones. Es Dios quien une al hombre con su mujer, y lo que Dios ha unido no debe separarlo el hombre (Mc 10:2-9). La vida sería mucho más fácil si creyéramos todo lo que Dios dice. Concluyamos nuestra lectura de hoy con las palabras de Hebreos 12:1-2: «*Por tanto, nosotros también, teniendo en derredor nuestro tan grande nube de testigos, despojémonos de todo peso y del pecado que nos asedia, y corramos con paciencia la carrera que tenemos por delante, puestos los ojos en Jesús, el autor y consumador de la fe, el cual por el gozo puesto delante de él sufrió la cruz, menospreciando el oprobio, y se sentó a la diestra del trono de Dios*».

---

1   Ef 3:20.

¿Cómo te encuentras hoy? Esa pregunta puede derivar en diferentes respuestas de muchas personas o en muchas respuestas de una sola persona. Podemos creer que sabemos cómo estamos, pero ¿realmente lo sabemos? ¿Acaso no es limitado nuestro conocimiento, incluso sobre nosotros mismos? Dios dice que sabe cuántos cabellos hay en nuestra cabeza,[1] ¿nosotros lo sabemos? Si no podemos saber cuántos cabellos tenemos en la cabeza, ¿cómo podemos saber otras cosas sobre nosotros mismos? Si Dios conoce los cabellos de nuestra cabeza, también conoce todo lo demás de nuestras vidas. Su Palabra nos habla de nosotros mismos. Su Palabra nos dice lo que él quiere hacer en nosotros. En el jardín del Edén, Eva creyó que sabía más que Dios y comió del fruto que él les ordenó que no comieran. Adán creyó que sabía más que Dios, escuchó a Eva, pues en su propio juicio no veía ninguna consecuencia negativa en ella tras haber comido del fruto, y también comió de él.

A veces creemos que sabemos más que Dios, pensamos que sabemos lo que hacemos; sin embargo, no es así. Dios nos dice quiénes somos, quiénes podemos ser y dónde podemos estar en la eternidad. ¿Quieres escuchar quién eres en ti mismo y según tus propios esfuerzos? ¿Puedes oír lo que Dios te dice que puedes ser si lo haces a su manera? Su camino para nosotros puede ser difícil, requiere esperar, observar y escuchar. A nuestra naturaleza humana no le gusta esto. Al no estar dispuestos a hacerlo, ¿no estamos diciendo de alguna manera que sabemos más que Dios? Él quiere guiarnos, bendecirnos, darnos todo lo bueno.

Algunas cosas debemos hacerlas de inmediato, como arrepentirnos y aceptarlo como Señor y Maestro. Otras tenemos que esperar, observar y escuchar, como seguirlo y esperar que nos diga dónde y cómo quiere que lo sigamos. Si no queremos esperar sus instrucciones específicas que nos dicen a cada uno de nosotros dónde quiere que colaboremos con él, ¿cómo podemos saberlo? Él está obrando en muchos lugares al mismo tiempo, algo que nosotros no podemos hacer, así que debemos escuchar dónde desea él que lo sigamos y colaboremos con él.

Podemos llegar a muchas conclusiones de dónde deberíamos estar colaborando, pero no sabremos si estamos en el lugar exacto en que él nos quiere si no preguntamos y buscamos su dirección. ¿Puedes imaginar cuán grandiosa sería la vida para la humanidad si Adán, Eva y todos los que vinieron después de ellos no hubieran comido jamás del árbol que Dios ordenó que no comiéramos? Nosotros —incluso muchas veces después de ser salvos— pensamos que sabemos, y no es así, porque no preguntamos ni esperamos la respuesta de Dios. Me asombra el tiempo de espera que Dios nos pide a veces. En una ocasión, el pueblo le pidió a Jeremías que orara a Dios por ellos, y Jeremías dijo que lo haría,[2] pero tuvo que esperar: «*Aconteció que al cabo de diez días vino palabra de Jehová a Jeremías*» (Jr 42:7). Esto siempre me asombra. Aquí está Jeremías, uno de los grandes profetas, quien yo pensaría que podría tener una conversación con Dios y recibir una respuesta inmediata, pero tuvo que esperar diez días para que Dios le diera una respuesta. Si esto pasó con Jeremías, ¿cómo será con nosotros? ¿Estamos dispuestos a esperar?

En nuestra lectura del día de hoy en Marcos 11, vemos este relato: «*Los que iban delante y los que venían detrás gritaban, diciendo: "¡Hosana! ¡Bendito el que viene en el nombre del Señor! ¡Bendito el reino de nuestro padre David que viene! ¡Hosana en las alturas!"*» (v. 9-10). Incluso muchos de los que siguieron a Jesús aquel día no sabían lo que Dios estaba haciendo, como puede verse en muchos otros pasajes de las Escrituras. Ellos creían que Jesús iba a devolverles la autoridad y el gobierno del mundo, como lo había hecho el rey David. Puede que hasta algunos de los doce no haya escuchado bien lo que Jesús había estado diciendo.[3]

Si Jacobo y Juan realmente hubieran creído lo que Jesús dijo que iba a suceder (que iba a ser maltratado y que iba a morir), ¿habrían pedido —y estado dispuestos a recibir— lo mismo que Jesús iba a recibir? No iba a ser el honor y la autoridad que tuvo el rey David, sino la muerte. No siempre podemos, en nuestra mente, saber a dónde va Dios y lo que está haciendo. Por eso, tenemos que preguntar, esperar, observar y escuchar.

---

1   Mt 10:30.
2   Jr 42:1-4.
3   Mc 10:34-35.

¿Por qué haces lo que haces? ¿Alguna vez te has planteado esta pregunta? Demasiadas veces pasamos el día igual que ayer y anteayer. Si somos seguidores de Cristo, entonces debemos transformarnos día a día a su semejanza. Para que esto suceda, tenemos que entregar nuestras vidas a él. Jesús cuenta la parábola sobre los cuatro tipos de suelo en los que se planta una semilla.[1]

El primero no tiene ninguna oportunidad, ya que el diablo le arrebata la semilla. (Estoy convencido de que por ellos es por quienes más debemos orar: para que Dios mantenga alejado al diablo, de modo que puedan escuchar y vivir las buenas nuevas). En segundo lugar, están los de ánimo cambiante, que se aferran a la última tendencia, pero cuando las cosas se ponen difíciles, la sueltan y pasan a la siguiente. En tercer lugar, están aquellos que ven el valor y la verdad en las buenas nuevas, las aceptan, pero dejan que sus preocupaciones por las cosas terrenales ocupen toda su vida, por lo que se vuelven improductivos. Estos pueden ser los que el Padre corta de la vid y echa a un lado porque no producen fruto.[2] En cuarto lugar se encuentra la semilla que cae en buena tierra, brota, crece y da fruto.

Si tú eres el cuarto tipo de suelo, entonces la semilla que Dios plantó en ti en el nuevo nacimiento debería estar creciendo, ¿verdad? Si la tierra se endurece demasiado, impide el crecimiento. ¿Mantienes la tierra de tu vida removida para que Dios pueda trabajar en ella, la nutres a diario con la Palabra de Dios, entregas la tierra de tu corazón a Dios todos los días por medio de la oración a solas con él[3] para que pueda traer la lluvia y cultivar tu tierra? Podemos estar tan ocupados en esta vida con todo lo que pasa y todo lo que el mundo nos dice que tenemos que tener que nunca dedicamos un tiempo para preguntarnos por qué estamos haciendo lo que estamos haciendo. Dios es muy paciente, de lo contrario, ya se habría dado por vencido con la mayoría de nosotros hace mucho tiempo. Estoy aquí para decir que Dios es bueno, amoroso y generoso. En la salvación hemos recibido lo que no merecíamos;[4] y lo que sí merecíamos debido a nuestro comportamiento no lo hemos recibido,[5] puesto que Jesús tomó nuestro lugar en la cruz.

No teníamos ningún derecho legal a recibir la herencia en la familia de Dios. Con todo lo que Dios ha hecho por nosotros, ¿no deberíamos al menos detenernos lo suficiente para averiguar qué es lo que deberíamos estar haciendo? Jesús dijo que el sembrador planta la semilla y no sabe cómo crece.[6] Hemos recibido con gusto la semilla del evangelio que ha sido plantada en nosotros, pero, al igual que el sembrador, no sabemos cómo crece.[7] Sin embargo, como el sembrador, debemos asegurarnos de que la tierra no se endurezca, que esté nutrida y hacer todo lo posible para quitar la maleza. No podemos hacer esto si hacemos las cosas igual que ayer y anteayer. Debemos buscar, escudriñar y desear más y más de Dios en nuestras vidas.

En nuestra lectura del día hoy en Marcos 12 veo algunos conceptos que se relacionan con esto. Se nos ha dicho que vivimos en este mundo pero que no somos parte de él.[8] Teniendo esto en cuenta junto con la respuesta que Jesús da a los fariseos y herodianos de dar al César lo que es del César y a Dios lo que es de Dios, creo que nos muestra algo de cómo debemos vivir en este mundo (v. 17). Llevando esto más allá de los impuestos, veo que, para vivir en este mundo con todo lo que eso implica, tenemos algunas responsabilidades: trabajo, hogar, familia, etc. Sin embargo, no debemos dejar que esto nos atrape tanto que no le demos a Dios lo que le corresponde. Recuerda que has sido comprado con un alto precio y le perteneces a él.[9]

Lo segundo que veo en Marcos es la viuda que da todo lo que tiene. Esta mujer confía en que Dios cuidará de ella y le entrega todo (Mc 12:42-44). Estamos en este mundo, por lo tanto, nos vemos involucrados hasta cierto punto en él, pero no debemos involucrarnos tanto como para no darle a Dios lo que le corresponde. ¿Te has preguntado hoy por qué estás haciendo lo que estás haciendo?

---

1   Lc 8:5-15.
2   Jn 15:2.
3   Mt 6:6.
4   Rm 5:8.
5   Is 53:4-5.
6   Mt 13:31-32.
7   Mc 4:26-27.
8   Jn 17; 14; 18.
9   1 Co 6:20.

He venido para que tengas paz. Esta es una manera de resumir lo que dijo Jesús (Lc 1:68, 78, 79; Jn 14:27, 16:33; Rm 5:1; Col 1:20; Jn 10:10). Esta paz que viene con él, él se la ofrece a todas las personas. Jesús no vino a establecer la paz en el mundo.[1] Vino a pagar el precio que cada uno de nosotros debía por nuestros pecados para que pudiéramos tener paz con el Padre celestial. ¡Qué paz tan maravillosa! El único problema es que va en contra de nuestro orgullo, y nuestro orgullo se opone a ella.

No es fácil para los seres humanos decir que no podemos, porque nos enorgullecemos de nuestros logros. Decir que no podemos hacer algo no es fácil. El arrepentimiento, si estamos dispuestos a ver su totalidad, es una manera de decirle a Dios que somos incapaces. Nos lleva de un lugar donde pensábamos que podíamos, a confesarle a Dios que no podemos, que necesitamos su ayuda. Va en contra de nuestro orgullo salir de donde hemos estado esforzándonos con nuestra propia fuerza y seguir el camino de Dios, confesar que necesitamos su ayuda. El orgullo y el ego, que provocaron la caída del diablo, nos derribarán a nosotros también si seguimos decididos a caminar en ellos.

El orgullo y el ego en nosotros se oponen a la paz porque nunca estaremos satisfechos. Una vez que hemos aceptado a Jesucristo como Señor y hemos creído la obra que él ha hecho por nosotros, podemos tener verdadera paz porque ya no depende de lo que hagamos. La paz eterna es lo que todos desean, pero pocos consiguen. Muy dentro de nosotros hay un desasosiego, aunque muchos lo ignoren, que solo encuentra descanso en la obra de Jesús en la cruz. Lo que logramos en la vida cristiana es bueno, pero nada puede acercarse, ni siquiera ayudar, a lo que ganamos por la sangre de Cristo que él dio voluntariamente por nosotros. Al final de su sufrimiento en la cruz, Jesús dijo «**Consumado es**». En otras palabras, **precio se pagó por completo**. No hay nada que podamos añadir, solo debemos recibir con gusto y servir. Si creemos que aún debemos pagar una parte con nuestras obras, nos costará encontrar la paz porque nunca sabremos cuándo es suficiente. Lo que Jesús ha hecho y terminado es suficiente. No se necesita nada más.

Las palabras en Santiago 2:5 pueden fortalecer nuestra paz: *«¿No ha elegido Dios a los pobres de este mundo, para que sean ricos en fe y herederos del reino que ha prometido a los que lo aman?».* Lo que dice después sobre la fe puede confundirnos porque podemos llegar a pensar que tenemos que trabajar para ganar nuestro camino al cielo, pero estoy convencido de que, uniéndolo con el resto de las Escrituras, no es esto lo que Santiago está diciendo. Debemos tener fe como la tuvieron Abraham y Rahab, quienes creyeron en Dios y actuaron en consecuencia.

El acto de fe en un creyente es lo que produce las obras que muestran que la fe está viva y en crecimiento en ese creyente (St 2:22). Nacemos de nuevo por la fe, y lo que nace en nosotros comienza a crecer como una semilla en la tierra que brota y da evidencia de que está viva. Si tenemos fe, esta brotará de nuestros corazones y el fruto serán obras deseadas de nuestros corazones, pero si hacemos obras para ganar aprobación, el fruto no será fe, sino culpa. Terminaré mi reflexión del día de hoy con esta declaración: las obras de obediencia serán una tarea agradable si por nuestra fe tenemos una relación con Dios y dejamos que su voluntad actúe en nosotros.[2]

---

1   Mt 10:34; Lc 12:51.
2   Flp 2:13.

Deja que Dios se levante. Este es el comienzo de uno de los salmos de David. ¿Puedes decir esto en tu vida, lo dices? Deberías hacerlo y deberías saber que Dios es el que puede obrar en tu vida. ¿Le pides que se levante en tu vida? David continúa diciendo qué significa para sus enemigos que Dios se levante, y qué significa para los que creen en él. ¿Qué pasará si le pides a Dios que se levante en ti y dejas que lo haga? Él lidiará con aquellos que son tus (y sus) enemigos, creo que lo hará. A medida que él se levanta en nuestras vidas, también lidia con nosotros para llevarnos al lugar donde desea que estemos.

Es bueno que el deseo de nuestro corazón sea que Dios se levante en nosotros, pero debes saber que eso significa que él va a obrar en nosotros enderezando lo que no está bien en nosotros. Este es un buen deseo, no le tengas miedo. **Deja que Dios se levante**. Mientras se levanta en nosotros y a nuestro alrededor, el salmista prosigue con lo que debemos hacer: «*Mas los justos se alegrarán; se gozarán delante de Dios y saltarán de alegría. Cantad a Dios, cantad salmos a su nombre; exaltad al que cabalga sobre los cielos. Jah es su nombre: ¡alegraos delante de él!*» (Sal 68:3-4). ¿Eres aficionado a algún deporte o a alguna otra actividad? ¿Aplaudes sus logros? ¿Qué hay de los logros de Dios, los aplaudes? Quizás todos pensemos que Dios es el más grande en nuestras vidas hasta que nos damos cuenta de que aplaudimos y nos regocijamos en los logros de otros más que en los suyos. No haré ninguna conclusión aquí, dejaré que hagas la tuya.

Dios es grande, inmenso, no puede ser menos que eso. ¿Sabes cuán grande es él? ¿Cuán grande es en tu vida? ¿Te dio la salvación? ¿Acaso no fue eso algo grande? ¿Se detuvo allí o continuó haciendo grandes cosas en tu vida? ¿No es más grande que cualquier otro que aplaudas, no ha estado más comprometido en tu vida que cualquier otra persona? De vez en cuando necesitamos que la realidad nos sacuda, mirarnos en el espejo para ver algunas de las cosas que no siempre miramos. David nos dice que debemos alegrarnos en el Señor y nos enumera algunas de las razones: «*Padre de huérfanos y defensor de viudas es Dios en su santa morada. Dios hace habitar en familia a los desamparados; saca a los cautivos a prosperidad*» (Sal 68:5-6). ¿Te ves reflejado en alguno de estos dos versículos?

Esto es solo un comienzo de las cosas buenas que Dios hace. Deja que Dios se levante. Levántate a nuestro alrededor, incluso dentro de nosotros. Deja que Dios se levante. Él es el victorioso, el que restaura todas las cosas. Ha vencido a nuestro enemigo destruyendo el dominio del diablo sobre nosotros con su victoria en la cruz, y ya no estamos bajo la esclavitud del diablo, pues hemos sido liberados. En nuestra lectura del día de hoy en Marcos 14, Jesús afirma: «*Esto es mi sangre del nuevo pacto que por muchos es derramada*» (v. 24).

Su sangre es la que venció a nuestro enemigo y nos liberó, y es este pacto el que nos permite presentarnos ante el Padre. Deja que Dios se levante (Mc 14:28). Luego, el sumo sacerdote le preguntó a Jesús: «*¿Eres tú el Cristo, el Hijo del Bendito?*». Jesús respondió: «*Yo soy. Y veréis al Hijo del hombre sentado a la diestra del poder de Dios*» (Mc 14:62). «A la diestra del poder», observa lo que dice Salmos: «*Muestra tus maravillosas misericordias, tú que salvas a los que se refugian a tu diestra*» (Sal 17:7). Muchas veces en el Antiguo Testamento la palabra «diestra» significaba poder. Aquí, por lo que Jesús dijo en Marcos 14:62, él es ese poder que nos salva de nuestro enemigo. **Deja que Dios se levante**.

Venid a mí todos los que estáis trabajados y cargados. ¿Estás cargado con más de lo que puedes llevar? Estas palabras de Jesús hablan de la salvación, de deber un precio que no podemos pagar. Jesús paga ese precio por nosotros, y somos aceptados. Pero te pregunto a ti que has andado el camino de la vida cristiana con Jesús por muchos años, ¿estás cargado? A medida que la vida continúa y seguimos a Jesús, ¿volvemos a agobiarnos con una carga pesada?

Jesús dijo: «**y yo os haré descansar**».[1] ¿Ese descanso que él nos dio se ha agotado hasta el punto en que ya no tiene más que darnos? ¿Qué ha pasado con ese descanso? Jesús nos invita a su yugo. Recuerda cómo se hace un yugo, es para dos, no para tres, ni para cuatro, ni siquiera para uno. Nosotros somos invitados como los bueyes menores mientras que Jesús es el mayor, el peso pesado, el que lleva la carga, el que tira más de los dos que están en el yugo. Incluso si solo estamos unos centímetros por detrás en el yugo, seguimos lo que él ya está haciendo. Nos unimos a Jesús en su obra, el peso ya está sobre él, él lo está llevando. Solo se nos pide que ayudemos a completar la obra que él ya está haciendo. Si no tenemos descanso, ¿podría ser que estemos tratando de tirar nosotros el yugo, poniéndonos por delante de Jesús?

Él nunca quiso que lleváramos toda la carga del yugo, ni siquiera que cargáramos lo mismo que él, no podemos. Tal vez nos esforzamos demasiado en lugar de simplemente confiar en Jesús y unirnos a la obra que ya carga sobre sí. Debemos tomar nuestra cruz,[2] la que él nos asigna, que es individual, pues el cuerpo está compuesto de muchas partes diferentes,[3] y seguirlo a donde él va. A veces en el cuerpo de Cristo, los cristianos pensamos que todos debemos seguir a Jesús en ese único lugar donde él está y en esa única cosa que él está haciendo. Ampliemos nuestro pensamiento. Jesús está en yugo con cada uno de nosotros, es un yugo para cada cristiano vivo. Él está en ese yugo con cada persona, y al mismo tiempo, es omnipresente en muchos yugos. También está presente haciendo la obra en muchos lugares diferentes a la vez. Él nos guía a cada uno de nosotros individualmente en la obra que estamos haciendo mientras edificamos el reino de Dios de forma colectiva.

Todos debemos buscar y averiguar cuál es la cruz que Dios tiene para cada uno de nosotros. Debemos buscar y averiguar dónde desea Jesús que lo sigamos para hacer la obra que edifica el reino de Dios en la tierra. Cuando empezamos a darnos cuenta de que Jesús es quien lleva la carga mayor, podemos volver a ese descanso que nos ofreció al principio de nuestro caminar con él. ¿Cómo es tu caminar ahora? ¿Has retrocedido un poco en el yugo caminando al lado de Jesús y trabajando en lo que él trabaja? ¿Le has permitido llevar la carga mayor y caminas a su lado ayudándolo con la obra que está haciendo? A veces, en nuestro afán de servir, nos adelantamos a Jesús y luego nos preguntamos por qué el trabajo es tan duro. En el yugo con Jesús no podemos sentarnos o arrastrar los pies, tenemos que seguir su paso, pero nunca se pretendió que lleváramos la mayor parte de la carga. Muchas veces, no sabemos lo que Dios está haciendo, lo único que podemos hacer es creer y seguir.

En la lectura del día de hoy en Marcos 15, podemos ver esto si abrimos nuestros ojos espirituales. Ponte en el lugar de uno de los discípulos. Este Jesús es uno de los más grandes maestros que han venido a Israel. Hace milagros, enseña con autoridad, calma la tormenta en el mar y expulsa demonios. Nadie podría ser como él, y, sin embargo, aquí está en manos de los romanos. Muchos de los seguidores de Jesús pensaban que él iba a liberarlos de la esclavitud de Roma.

Pero ahora es arrestado y crucificado. El gobernador romano ofrece liberar a un prisionero, pero los sumos sacerdotes incitan a la multitud a que pidan a Barrabás. Un poco de especulación por mi parte: los sacerdotes podrían haber argumentado que este Jesús no estaba haciendo nada para aliviar su esclavitud, al menos Barrabás luchaba contra los romanos. ¡Qué poco sabemos a veces de las grandes obras que está haciendo Dios! Lo mejor que podemos hacer es permanecer en ese yugo con Jesús, caminando cerca de él y trabajando en su obra. «*Acercaos a Dios, y él se acercará a vosotros*» (St 4:8).

---

1   Mt 11:28-30.
2   Lc 9:23; Jn 12:26.
3   1 Co 12:18-27.

Todos pecaron y están destituidos de la gloria de Dios. ¿Cuántas veces hemos escuchado esto? Dice algo sobre nosotros y dice algo sobre Dios. Separemos las dos cosas para analizarlas. En la primera parte dice que todos hemos pecado. No hay nadie que haya sido perfecto, nadie capaz de declararse justo por sus propios actos ante Dios. Desde que se comió el fruto prohibido en el jardín del Edén no ha habido nadie capaz de estar a la altura de esa perfección. «*Por cuanto todos pecaron y están destituidos de la gloria de Dios*» (Rm 3:23).

Todos, de una manera u otra, hemos pecado al menos una vez. La mayoría de nosotros nos alegraríamos si fuera solo una vez. Muchos de nosotros por nuestro pecado nos hemos probado a nosotros mismos una y otra vez por qué necesitamos un Salvador que nos perdone. Me alegra que el apóstol Pablo haya escrito como lo hizo, con total sinceridad, que él también luchaba con el pecado. Gracias a lo que ha escrito, me doy cuenta de que no estoy solo. El primer paso para una buena relación con Dios no es el buen comportamiento, sino reconocer que somos pecadores y no estamos a la altura. Cuando somos sinceros con Dios, él se nos acerca, nos ofrece la salvación —el perdón a través de Jesucristo que no podríamos obtener de ninguna otra manera— y, luego, nos ayuda a ser buenos en nuestro comportamiento.

Ahora pasemos a la segunda parte. Dios podría ser un pequeño dios y aun así no estaríamos a la altura. Pero esta parte habla de la gloria de Dios. ¿Qué es la gloria de Dios? Es Dios en toda su plenitud. ¿Quién es Dios? Él es el que con su palabra creó las estrellas, la luna, el sol, todo. Nosotros, la humanidad, cobramos vida cuando él nos formó del polvo de la tierra.[1] Un Dios tan superior a nosotros que puede hacer todo esto, ciertamente no es un dios pequeño.[2] La gloria de Dios, la plenitud de todo lo que él es, es importante para que demos testimonio de él conforme consideramos su participación en nuestras vidas. Nosotros no podemos, él sí.

Es así de sencillo, tenemos que creer y poner nuestra fe en él: «*La justicia de Dios por medio de la fe en Jesucristo, para todos los que creen en él, porque no hay diferencia, por cuanto todos pecaron y están destituidos de la gloria de Dios, y son justificados gratuitamente por su gracia, mediante la redención que es en Cristo Jesús*» (Rm 3:22-24). Concluyo esta reflexión de hoy dirigiendo tu atención hacia el hecho de que es por esta gracia dada gratuitamente que somos salvos. En las últimas palabras que Jesús pronuncia en Marcos 16:16, dice esto: «*El que crea y sea bautizado, será salvo; pero el que no crea, será condenado*». La gloria de Dios es grandiosa, y él desea salvar gratuitamente a todos los que estén dispuestos a creer.

---

1   Gn 1:27, 2:7.
2   Sal 104.

¿Por qué tenemos tanto dolor y la carga se vuelve tan pesada? A veces nuestro dolor se debe únicamente a nuestra incredulidad. No es tan simple, todos tenemos un cierto grado de incredulidad, que esperamos que disminuya a medida que caminamos con el Señor. Debemos hacer la oración que hizo el padre que se encontró con Jesús cuando este bajaba del monte de la transfiguración: «Creo; ayúdame en mi incredulidad».[1] A medida que acudimos a Jesús para que nos ayude, nuestra fe será cada vez más fuerte. Esto no es solo una frase bonita, es una verdad, pero requiere que diariamente muramos a nosotros mismos ante el Señor y que estemos dispuestos a creer cada vez menos en nosotros mismos y más en él.

Hay un dios en este mundo más grande que todos los demás que se opone al Señor, ese dios es nuestro orgullo. Incluso el diablo no tiene ningún poder sobre nosotros si morimos a nosotros mismos, creyendo todo lo que Dios tiene que decir y todo lo que él quiere hacer en nosotros. No obstante, el orgullo nos hace cerrar la puerta a mucho de lo que Dios dice y quiere hacer en nuestras vidas, también abre la puerta trasera de nuestras vidas para que el diablo trabaje en nosotros y nos aleje de Dios. El orgullo es el dios que debemos sacrificar ante el Señor. Jesús no entrará en nuestras vidas y nos quitará el orgullo a la fuerza, nosotros tenemos que renunciar a él.

Sacrificar nuestro orgullo es difícil, no se va fácilmente y no lo quitamos fácilmente. A veces ni siquiera sabemos quiénes somos porque muchas veces es nuestro orgullo el que nos dicta quiénes somos, y el orgullo es un mentiroso. En el mundo muchas personas dicen ser geniales. Y el mundo que los rodea así también los declara. Un ganador del Premio Nobel puede ser muy estimado en el mundo, pero yo te digo que si no acepta a Jesús y es salvo por su sangre, irá al infierno con el resto de aquellos que se dirigen allí. A veces nos quedamos atrapados en lo que el mundo desea y pensamos: Si tan solo tuviera un poco más de dinero, unas cuantas cosas que necesito para mi vida, entonces estaría satisfecho. Todos hemos leído la parábola del joven rico que se acercó a Jesús y se marchó triste.[2]

Las posesiones no satisfacen, seguimos teniendo dolor y soportando las pesadas cargas de la vida. Solo hay una manera de aliviarnos del dolor y de soportar las cargas pesadas: debemos llevar todo a Jesús, creyendo que él puede quitárnoslos de encima y darnos alegría en su lugar. Escucha de nuevo las palabras de nuestra lectura del día de hoy: *Gracia y paz os sean multiplicadas* (1 P 1:2). Pedro continúa ese capítulo dando mucho ánimo. Aquí puedes volver a leer más del capítulo 1: *Para que, sometida a prueba vuestra fe, mucho más preciosa que el oro (el cual, aunque perecedero, se prueba con fuego)* (1 P 1:7). Aquí reside el valor de la vida, no donde el mundo dice. No te desanimes por tu incredulidad; por el contrario, anímate a creer más y más.

En nuestra lectura de hoy, Zacarías tuvo algo de incredulidad, pero debe haber tenido suficiente fe en que Dios podía obrar en su vida y en la de su esposa para lograr el propósito divino. Dios hará crecer en tu vida la misma fe que hizo crecer en la vida de Zacarías durante ese período de nueve meses hasta el momento en que nació Juan el Bautista. Como parte de nuestro tiempo con Dios hoy, volvamos a leer la alabanza de Zacarías (Lc 1:67-79) y dejemos que penetre en nosotros la idea de que si aplicamos la fe que tenemos, Dios nos ayudará con la fe que no tenemos (incredulidad) y nos llevará a un lugar donde podamos alabarlo de corazón, tal como lo hizo Zacarías en el nacimiento de Juan el Bautista.

---

1   Mc 9:23-24.
2   Mc 10:21.

La vida es buena, si tienes a Dios en ella. Él nos dice algo maravilloso acerca de sí mismo: *«"Porque mis pensamientos no son vuestros pensamientos ni vuestros caminos mis caminos", dice Jehová. "Como son más altos los cielos que la tierra, así son mis caminos más altos que vuestros caminos y mis pensamientos, más que vuestros pensamientos"»* (Is 55:8-9). Aprendí esto al principio de mi vida cristiana y me ha ayudado desde entonces. Saber que sus caminos son tan diferentes a los nuestros nos ayuda a tener confianza en él, incluso cuando en nuestra propia valoración nuestra vida se está desmoronando. Confiar en Dios no es algo fácil, va en contra de nuestra naturaleza. Parece que en parte por eso tenemos que morir a nosotros mismos. Si los caminos de Dios son tan diferentes de los nuestros, debemos acudir a él de forma constante para aprender sus caminos.

¡Qué tarea difícil, tomar todo lo que pensamos que sabemos (y que aquellos que nos rodean nos animan a saber) y dejarlo todo a un lado para ganar lo que debemos saber para ser hijos de Dios! Otra revelación a nuestras mentes (y corazones) es que Dios nos considera sus hijos, ¡qué gran privilegio! ¿No quiere todo niño pequeño (porque somos como niños pequeños comparados con Dios) ser como su padre? ¿Cómo es posible que sigamos cuestionando a un Padre tan sabio como Dios? Sus caminos deberían ser nuestros caminos, y sus pensamientos deberían ser nuestros pensamientos más preciados.

Lo que él dice en su Palabra debe ser un tesoro en nuestras mentes. Debemos aprender de él, saber de él, nuestra vida incluso debe ser de él. El apóstol Pablo dijo que él vivía solo en Cristo, que su viejo yo había muerto.[1] ¿Ha muerto tu viejo yo o, incluso luego de ser salvo, está todavía dando vueltas por ahí en alguna parte? En nuestra salvación hay una parte importante que muere, la que dice que no podemos y pedimos a Dios que tome el control. ¿Sabías que para que Dios tome el control de las cosas que quiere hacer por nosotros, debemos seguir en ese acto de morir?

Debemos morir a diario. A medida que lo hacemos y buscamos a Dios para conocer sus caminos, renunciando a los nuestros, él nos mostrará muchas maravillas. Hace unos días hablamos de que Jesús nos llamaba a todos los que estábamos cargados y de que quería que esto continuara así a lo largo de nuestras vidas para darnos descanso. Aquí estamos en ese lugar otra vez aprendiendo más acerca de ese descanso. Cuando dejamos nuestros caminos (muriendo a nosotros mismos) y tomamos los caminos de Dios, la vida se vuelve más fácil. No estoy diciendo que la vida en este mundo se vuelve más fácil. Jesús dijo que si lo odiaban a él, nos odiarían a nosotros también.[2] Lo que se hace más fácil es nuestra seguridad eterna, pues sabemos en quién está puesta. A medida que empezamos a hacer las cosas a la manera de Dios, eso nos da una seguridad que no podríamos tener en nuestros propios caminos.

Hay una paz que sobrepasa todo entendimiento, una que no podemos entender, solo saber que conocemos —esa es la obra de Dios en nosotros—. No entenderemos los caminos de Dios, solo podemos conocerlos y vivir de acuerdo con ellos. Es Dios quien nos trae la verdadera vida. Nuestra lectura del día de hoy en Lucas 2 trata del nacimiento de Jesús en este mundo. Entre lo que Lucas registra, es importante que prestemos atención a las palabras del ángel: *«Pero el ángel les dijo: "No temáis, porque yo os doy nuevas de gran gozo, que será para todo el pueblo: que os ha nacido hoy, en la ciudad de David, un Salvador, que es Cristo el Señor (...)". "¡Gloria a Dios en las alturas y en la tierra paz, buena voluntad para con los hombres!"»* (v. 10-11, 14).

Necesitamos saber que, al darnos un Salvador, Dios ha tenido buena voluntad hacia con nosotros, él solo quiere lo mejor para nosotros como cualquier buen padre querría para sus hijos. Concluimos la reflexión de hoy con las palabras de 1 Pedro 2: *«Ya que habéis gustado la bondad del Señor. Acercándoos a él, piedra viva, desechada ciertamente por los hombres, pero para Dios escogida y preciosa, vosotros también, como piedras vivas, sed edificados como casa espiritual y sacerdocio santo, para ofrecer sacrificios espirituales aceptables a Dios por medio de Jesucristo»* (v. 3-5).

---

1   Ga 2:20.
2   Jn 15:18-19.

Esta es mi historia, esta es mi canción. Muchos de nosotros conocemos los versos de este himno popular. ¿Con qué frecuencia piensas en tu historia, con qué frecuencia te hace cantar? Para mantener esa relación vibrante con Dios, debemos mantener fresca nuestra historia. ¿Recuerdas el día de tu salvación? ¿Recuerdas el gran acontecimiento en el que Dios hizo algo maravilloso en tu vida, aunque solo obrara en el interior de tu corazón o alma?

Algunas de las más grandes y maravillosas obras de Dios son las que él hace dentro de nosotros transformándonos de lo que éramos a lo que vamos a llegar a ser. Todos podemos recordar algún momento en que Dios ha hecho algo maravilloso. Esos momentos son como anclas para nuestra fe. Caminamos hacia adelante sabiendo que servimos a un Dios vivo gracias a lo que le hemos visto hacer. Él obra en nuestras vidas de una manera que ningún otro puede.

No hay experiencia en este mundo que iguale lo que Dios hace en nuestras vidas por medio de la salvación. Esto es porque con nuestra salvación en Dios recibimos una conexión con algo fuera de este mundo, estamos conectados con el cielo y con aquel que mora allí. Es fácil estancarse en la desesperación cuando nuestra fe parece debilitarse en nuestras vidas. Tenemos que mantener vivas las cosas que Dios ha hecho por nosotros en el pasado, para que lo que sucede en el presente se sostenga en el conocimiento de lo que Dios ha hecho y volverá a hacer. Lo más asombroso que él ha hecho por cualquiera de nosotros es nuestra nueva vida, nuestra salvación, donde todo cambió para siempre.

Ese acontecimiento que debemos mantener vivo en nuestra memoria y conocimiento es lo que sustenta todas las demás cosas que Dios hará en nuestras vidas. Es lo que nos da la fe para mañana de que Dios seguirá obrando en nosotros, de que no estamos solos, aunque a veces lo parezca. Esperar no es fácil, pero la fe debe continuar. Un día se acabará la espera cuando cada uno de nosotros entre en el cielo con todo restaurado, pero hasta entonces tenemos que caminar en fe sabiendo que nuestro Dios tiene todo en control, aunque no podamos verlo. Él conoce nuestra vida desde el principio de los tiempos y nada se le escapa, él ve todo lo que pasa en nuestras vidas.

¿Cuántas veces Dios te ha hablado y no lo has escuchado? Todos somos culpables, puesto que no hemos obedecido como deberíamos. Si hubiéramos podido, habría habido quienes hubieran sido capaces de cumplir la ley por completo y Jesús no habría tenido que venir. Sin embargo, ninguno fue capaz de cumplir la ley en su totalidad.[1] Nosotros somos aquellos por los que Jesús murió. Nunca seremos perfectos de este lado del cielo, pero debemos seguir tratando de ser como él. Cuanto más dependamos del Espíritu, más fácil nos resultará, porque él obra en nosotros para que nos parezcamos cada vez más a Cristo.[2]

Tenemos un abogado que está con el Padre intercediendo por nosotros.[3] Está orando para que logremos parecernos cada día más a Cristo. Durante su ministerio aquí en la tierra, Jesús hizo todo lo que el Padre le dijo. Esto es parte de ser como Cristo, hacer lo que Dios nos dice. Estamos perdidos si no tenemos su dirección. Nuestra guía principal de parte de Dios es la Biblia, su Palabra que ha sido escrita para que la leamos. La otra forma en la que nos guía es con su voz apacible. Jesús, aun siendo hombre y siendo Dios, se tomaba un tiempo para alejarse y pasar tiempo con el Padre en oración.[4]

Nuestra vida de oración es muy importante para poder hacer lo que Dios nos dice que hagamos. Es durante ese tiempo de oración que solemos oír esa voz apacible de Dios. Es también en esos momentos que le pedimos que nos fortalezca para hacer lo que nos llama a hacer. «*Si alguno ministra, ministre conforme al poder que Dios da*» (1 P 4:11). Nunca seremos capaces de hacer con nuestras propias fuerzas lo que él nos llama a hacer. Dios debe obrar en nosotros y a través de nosotros para que seamos capaces de hacer lo que él dice. No podríamos ser salvos sin él y no podemos hacer el resto sin él.

Dios siempre quiere hablarnos para guiarnos. Si como padre vieras que tu hijo pequeño va en una dirección en la que se puede lastimar, ¿no querrías que te escuchara para no sufrir? Pasamos por muchas dificultades y mucho dolor que podríamos evitar si tan solo escucháramos lo que Papá nos está diciendo. Dios quiere lo mejor para nosotros. También quiere que crezcamos. A medida que lo hacemos, nos parecemos más a Cristo. Cada uno de nosotros tenemos un lado rebelde; para poder escuchar a Dios, debemos morir a nosotros mismos. Cuanto más lo hacemos, más fácil nos resultará escuchar a Dios y hacer lo que él dice. En nuestra lectura del día de hoy en Lucas 4, debemos escuchar lo que Jesús respondió al diablo: «*No solo de pan vivirá el hombre, sino de toda palabra de Dios*» (v. 4). Jesús dijo que nosotros, los hombres, necesitamos la palabra de Dios para vivir. Tenemos su Palabra escrita, también necesitamos su palabra que habla en voz apacible. ¿Qué te está diciendo hoy?

---

1   Jn 7:19; Rm 3:20-23; 1 Jn 1:8.
2   Tt 3:5.
3   Rm 8:26-27.
4   Mt 14:23; Mc 1:35; Lc 4:42, 6:12.

En el nombre de Jesús. ¿Te das cuenta del poder que se te ha dado? Se nos dice que en su nombre hasta los demonios tienen que huir. ¿Crees esto, usas su nombre? Se nos ha dado este poder para rechazar los ataques del enemigo. Debemos conocer el arsenal de armas que tenemos para luchar. También se nos dice que el enemigo nos atacará hasta el día en que sea arrojado al lago de fuego para siempre.[1] *«Pero la tierra ayudó a la mujer, pues la tierra abrió su boca y se tragó el río que el dragón había echado de su boca. Entonces el dragón se llenó de ira contra la mujer y se fue a hacer la guerra contra el resto de la descendencia de ella, contra los que guardan los mandamientos de Dios y tienen el testimonio de Jesucristo»* (Ap 12:16-17).

En nuestra lectura de hoy, Pedro nos anima a resistir al diablo (1 P 5:8-9). Parte de la manera en que resistimos al enemigo es usando el arsenal de armas que se nos ha dado. ¿Te das cuenta del poder que tiene el nombre de Jesús? Es un arsenal de armas todo en uno.

No hay nada que pueda oponerse al nombre de Jesús y a la sangre que ofreció por nosotros.[2] Los demonios no pueden tolerar que se mencione la sangre de Jesús, puesto que los ha vencido y es la misma que derrotó a su amo, el diablo.[3] No trates de luchar en tu propia fuerza para resistir al diablo y a sus demonios, no puedes hacerlo. Recuerda que este es el que trató de enfrentarse a Dios, fue derrotado y expulsado del cielo.[4] ¿Realmente crees que eres rival para él? Necesitas un poder superior al tuyo para echarlo fuera a él y a sus demonios. Se nos ha dado el poder en el nombre de Jesús como nuestro armamento, ¿quién sería tan tonto como para ir a la batalla y no llevar sus armas?

Santiago nos dice lo mismo que Pedro: *«resistid al diablo, y huirá de vosotros»* (St 4:7). Pablo nos informa la realidad de nuestra situación: *«Porque no tenemos lucha contra sangre y carne, sino contra principados, contra potestades, contra los gobernadores de las tinieblas de este mundo, contra huestes espirituales de maldad en las regiones celestes»* (Ef 6:12). ¿Cómo podríamos pensar en luchar contra ellos con nuestras propias fuerzas? Están allí con toda la fuerza que tienen para tratar de destruir el reino de Dios, para matar a los hijos de Dios. Aunque no tendrán éxito, debemos mantenernos firmes. No dejemos que el diablo y sus fuerzas nos quiten las grandes cosas que Dios, nuestro Padre, tiene para nosotros. Mantente firme, usa el nombre de Jesús contra las fuerzas demoníacas, no dejes que te quiten lo que es tuyo. Declara la sangre de Jesús sobre tu familia, especialmente los que son padres. Diles a los demonios que estás cubierto con la sangre de Jesús y que le perteneces solo a él.

Declara quién eres como hijo de Dios y que ellos, los demonios, no tienen derecho sobre tu vida. No permitas que se salgan con la suya, solo tratan de engañarte. La serpiente en el jardín del Edén le dijo a Eva: *«¿Realmente Dios dijo?»* (Gn 3:1), y continúa usando la misma estrategia con nosotros. Trata de engañarnos para que no usemos la fuerza del poder que tenemos contra él. Los demonios no pueden resistir el nombre y la sangre de Jesús. Quieren engañarnos para que no pensemos que tenemos poder para enfrentarlos. Ellos están vencidos, ya han sido sentenciados. Solo tratan de arruinar todo lo que puedan antes de ser arrojados al lago de fuego. No dejes que se salgan con la suya, enfréntalos con el arsenal que Jesús ha provisto para ti. Recuerda lo que dijo Pablo: *«No tenemos lucha contra sangre y carne»* (Ef 6:12), y *«las armas de nuestra milicia no son carnales, sino poderosas en Dios para la destrucción de fortalezas»* (2 Co 10:4).

---

1   Ap 20:10.
2   Hch 16:18; Flp 2:10.
3   Ap 12:10-11.
4   Ap 12:7-9.

¿Hacia dónde vamos? Hay cosas en nuestras vidas que nos jalan en diferentes direcciones, ¿qué camino tomamos? Nuestra carne quiere que vayamos tras ciertas cosas. El mundo nos lleva a querer otras. Incluso las personas cercanas a nosotros piensan que deberíamos ir tras algo en particular o querer algo específico. ¿Qué camino tomamos? Como cristianos, solo hay un camino que debemos seguir, el camino que Dios nos dice en su Palabra.

Todo esto tironea de nosotros, incluso los demonios entran en acción y nos desviarán si se lo permitimos. En este mundo, seguir a Dios no es fácil; sin embargo, si lo hacemos como Dios manda, no es tan difícil como parece. El apóstol Pablo dijo que había aprendido a estar contento en la abundancia y en la escasez.[1] Una vez que descubrimos que nuestra confianza está puesta en Dios, toda preocupación se desvanece en la presencia de su provisión. Nuestra necesidad no se satisface con una deliciosa porción de pastel, sino solo con la presencia de Dios. Solo ha habido unas pocas veces en mi vida que he sentido la presencia de Dios en una gran plenitud y daría muchos pasteles a cambio de su presencia otra vez. Pablo conocía esa presencia.

Cuando Dios está con nosotros, aun cuando no sentimos su presencia especial, pero simplemente sabemos en nuestro espíritu que él está con nosotros, muy poco nos llama la atención. Cuando dejamos de escuchar al Espíritu dentro de nosotros es cuando nos dejamos llevar por el mundo y sus caminos, y nos encontramos en dificultad. Esto es lo que le pasó a Israel una y otra vez, y finalmente terminó en Babilonia durante setenta años. Debemos ser cautelosos y estar cerca de Jesús. ¿Entiendes que Jesús está orando al Padre por ti?[2] Él tiene tantas cosas buenas para nosotros, pero no podemos recibirlas si nos dejamos llevar por el mundo y sus caminos. La devoción puede ser difícil, pero la recompensa es grande. El rey David estaba cerca de Dios, su devoción era profunda; hasta donde sabemos, solo se alejó una vez. Las recompensas de David fueron grandiosas, fue el rey más grande que Israel haya tenido, y su hijo Salomón fue el rey más rico de Israel.

Dios prometió a David que siempre tendría un hijo de su linaje en el trono de Israel si seguían sus caminos. A Abraham le dio un hijo en la vejez y lo bendijo con Isaac. También le dijo que sería el padre de una gran nación. Hasta Pablo, que empezó siendo Saulo, parecía estar cerca de Dios en su conocimiento, pero estaba confundido en lo que el Señor estaba haciendo. ¿Alguna vez has estado confundido en lo que Dios estaba haciendo? Saulo no entendía lo que el Señor hacía y estaba confundido en cómo debía servirlo. Él pensaba que lo sabía, pero en el camino a Damasco Jesús lo confrontó diciéndole: **Detente, Saulo.**[3] Después de que Jesús restauró a Saulo, este se convirtió en Pablo, como se registra en las Escrituras. Pablo estuvo cerca de Jesús, quien le enseñó mediante revelaciones directas mientras estaba en Tarso.[4]

Por lo que leemos, Pablo nunca tuvo una necesidad real que Dios no supliera y muchas veces durante su ministerio fue protegido de la muerte. ¿Qué camino tomamos? Vayamos directamente a Dios y permanezcamos cerca de él en nuestro paso por esta vida. Estar cerca de Dios es permanecer en sus caminos.

En nuestra lectura del día de hoy en Lucas 6, Jesús habla mucho de cómo debemos ser y de los caminos de Dios. Estar cerca de Dios nos da ciertas ventajas, de las cuales Pedro nos habla hoy: «*Todas las cosas que pertenecen a la vida y a la piedad nos han sido dadas por su divino poder, mediante el conocimiento de aquel que nos llamó por su gloria y excelencia; por medio de estas cosas nos ha dado preciosas y grandísimas promesas, para que por ellas lleguéis a ser participantes de la naturaleza divina, habiendo huido de la corrupción que hay en el mundo a causa de las pasiones*» (2 P 1:3-4). ¡Dios tiene grandes maravillas para nosotros! Puede que no lo veamos al principio, pero en el siguiente versículo de 2 Pedro se está hablando de permanecer cerca de Dios: «*Por lo cual, hermanos, tanto más procurad hacer firme vuestra vocación y elección, porque haciendo estas cosas, jamás caeréis*» (v. 10). Con lo que Pedro ha dicho, ¿por qué querríamos ir en otra dirección? ¿Qué camino tomarás?

---

1   Flp 4:11-13.
2   Rm 8:34.
3   Hch 9:4-6.
4   Ga 1:12; Ef 3:1-3.

Ahora es el día, este es el momento, ¿estás listo? De esto trata la parábola de las diez vírgenes, ¿estarás listo cuando llegue la llamada?[1] Mi pregunta inicial no es para hoy, no es para ahora, es para cuando llegue el día. ¿Estarás listo, con tu lámpara llena de aceite y ardiendo con fuerza? Cuando llegue la llamada, será demasiado tarde para poner aceite en tu lámpara. Ahora debemos vivir para Dios con él en nuestras vidas cada día, cada hora, cada momento. Jesús nos dio las señales para cuando llegue el momento, pero nos dijo que no sabríamos el día que vendría.[2] Siempre debemos estar listos para su regreso; cuando llegue la llamada, será demasiado tarde para prepararse. Hay algo que dijo Jesús que siempre me inquieta un poco:«*Pero cuando venga el Hijo del hombre, ¿hallará fe en la tierra?*» (Lc 18:8).

No estoy del todo seguro de por qué Jesús dijo esto, pero me hace ser cauteloso y diligente en mi forma de seguirlo. No tengo miedo de quedar atrás porque mientras esté cerca de él, está en su control que yo llegue al cielo. Hay muchas cosas que se mencionan en las Escrituras que deberían llevarnos a ser precavidos para no tratar la gracia que se no has dado con descuido o negligencia. No digo que tengamos que ganárnosla, pero debemos valorarla mucho más que los diamantes o el oro. En toda la eternidad nunca se ha dado nada de tanto valor. ¿Dónde estás ahora mismo, cómo está el aceite de tu lámpara? No quiero que entres en pánico, pero ¿estás comprometido o no, estás rendido o no? ¿Debes rendirte aún más para que entre más aceite y para que tu lámpara brille más?

Esto es algo que tienes que responder antes de que llegue la llamada, porque cuando llegue, será demasiado tarde. ¿Existen todavía algunos puntos duros en tu corazón? Consigue un poco más de aceite para ablandarlos. Más aceite al meditar en la Palabra de Dios, más aceite al orar más, más aceite al unirte a un estudio bíblico. Encuentra la manera de obtener más aceite, y te sorprenderás de lo que Dios puede hacer. Es fácil ponerse el cristianismo como un vestido nuevo o un traje nuevo, pero cuando llegue la llamada, eso no te servirá de nada. Cuando llegue la llamada, ¿estarás preparado? Siembre habrá gente que finja sin ninguna intención de seguir verdaderamente a Dios; Jesús se los dijo a los fariseos comparándolos con los niños en el mercado que juegan a ser algo que no son (Lc 7:30-32).

Lo hacen por la fama (como sea que lo vean), o son lobos con piel de oveja. Hay muchos más que tienen la intención de seguir a Dios, pero son descuidados o negligentes en cómo lo hacen. La mitad de las diez vírgenes fueron descuidadas y negligentes, y sus luces se apagaron porque no tenían suficiente aceite. La otra mitad de las diez vírgenes fueron sabias y se aseguraron de tener sus vasijas llenas. ¿Cuál de las cinco eres tú? No ganamos nuestro camino al cielo, pero debemos atesorar lo que se nos ha dado, ser cautelosos con ello y no ser descuidados ni negligentes.

Revisa tu aceite de vez en cuando, no seas como el fariseo en la lectura de hoy en Lucas 7, que pensó que estaba en sintonía con Dios y frunció el ceño cuando la mujer pecadora lavó y ungió los pies de Jesús. Ayer vimos el mismo punto al final de nuestra lectura en Lucas 6. Asegúrate de construir tu casa sobre cimientos sólidos. ¿Estás preparado, en cualquier momento?

---

1   Mt 25:1-10.
2   Mt 24:32-34, 36.

¿Cómo es tu vida hoy? ¿En qué confías realmente? Cuando te vas a trabajar, te subes al coche, lo enciendes y te vas. ¿Dónde queda tu fe, esa fe subconsciente, cuando todo esto sucede? Algunos tienen fe en el fabricante del coche y confían en que este arrancará y funcionará. Otros confían en los mecanismos que hacen funcionar el motor. ¿Cuántos de ustedes tienen su fe puesta en Dios y confían en que él bendecirá su día incluyendo que el coche arranque para que puedan ir a trabajar?

Es fácil dar las cosas por sentado. Sin el conocimiento que Dios le da al hombre permitiéndole pensar y desarrollarse, el fabricante no podría haber hecho ese auto. Sin Dios, que creó las leyes de la física, los mecanismos que hacen andar el motor no funcionarían. Todo lo que tocamos, incluso el aire que respiramos, fue hecho por Dios. Si eres uno de esos cristianos que tienen dificultad para dar gracias a Dios, tal vez es porque realmente no te has dado cuenta de lo que te ha dado. La salvación es nuestra seguridad de que tendremos una eternidad con él, pero él nos ha dado mucho más. Se lo ha dado a todos, ya sean salvos o no; él hace que llueva sobre todos, independientemente de si creen o no.[1]

Con tantas dificultades en nuestras vidas, muchas veces el problema no es que no satisfacemos a Dios con lo que hacemos, sino que no estamos viendo realmente quién es él. Algunos de nosotros tenemos vidas tan ocupadas que ni siquiera tenemos tiempo para detenernos lo suficiente para mirar al cielo por la noche y ver todas las maravillosas estrellas que Dios puso en el espacio. En una noche muy clara, cuanto más tiempo miras las estrellas, más ves. Se vuelven hermosas y misteriosas, y te sientes atraído y maravillado por ellas, lo que te genera más y más preguntas. Dios las puso en su lugar[2] y las llama por su nombre.[3] Una vez que te hayas maravillado con el espacio exterior, comienza a mirar el espacio interior, todo lo que nos rodea en esta tierra, con lo que estamos en contacto todos los días.

Hasta hace un par de siglos, los científicos consideraban que lo que iban a descubrir era para saber más de su Dios, de la forma en que los había creado y lo que les permitía hacer con ello. Solo en las últimas décadas, los científicos han intentado refutar la existencia de Dios. Lee sobre lo que los científicos han descubierto sobre el átomo, un sistema planetario en sí mismo.

Estamos demasiado ocupados, tenemos demasiada fe subconsciente en cosas que son secundarias, que sin el toque de Dios no funcionarían. ¿Adónde vas con tanta prisa? Cuando llegues a la tumba solo habrá una cosa importante: ¿dónde estuvo el foco de tu vida? ¿Estuvo en Dios y en todo lo que hace por nosotros, y en lo que nos ha pedido que hagamos por él? ¿O estuvo en tu vida, en todas las cosas que crees que tienes que tener y en todas las cosas que crees que tienes que hacer? Nada de eso irá a la tumba contigo: «*Entonces los cielos pasarán con gran estruendo, los elementos ardiendo serán deshechos y la tierra y las obras que en ella hay serán quemadas*» (2 P 3:10). Cuando llegues al cielo, esas cosas no se tendrán en cuenta, lo que sí se tendrá en cuenta es qué hiciste con lo que Dios te dio. Con fruto o sin fruto, ¿qué piensas de ti mismo? La acción de gracias es un sacrificio de alabanza. Es fácil darla cuando nos damos cuenta de todas las maravillas que Dios ha hecho por nosotros, y que sigue haciendo.

Dios quiere una familia, no hijos heredados en una tierra extranjera que nunca ve. Él quiere a sus hijos cerca, quiere ver lo que están haciendo, desea conversar con ellos. Le gusta ver a sus hijos activos en su reino, le gusta hacer sugerencias sobre cómo hacer parte de la obra. A veces nos dirige a través del proceso, nos hace trabajar y nos guía paso a paso. Nada de esto puede suceder si estamos demasiado ocupados para ver cómo Dios ya está presente en nuestra vida, y cuánto más quiere estarlo. «*Puesto que todas estas cosas han de ser deshechas, ¡cómo no debéis vosotros andar en santa y piadosa manera de vivir?*» (2 P 3:11). ¿Cómo te está yendo en la vida hoy? ¿Está Dios presente en ella, aunque tú no te hayas dado cuenta? Escuche la declaración final de Peter: «*Antes bien, creced en la gracia y el conocimiento de nuestro Señor y Salvador Jesucristo. A él sea gloria ahora y hasta el día de la eternidad. Amén*» (2 P 3:18).

---

1   Mt 5:45.
2   Gn 1:16; Sal 8:3; 2 P 3:5, 7.
3   Sal 147:4.

Ha llegado la hora, ¿estás listo? ¿Adónde vamos, qué sabemos? ¿A quién debemos seguir? Sin duda, no es el mundo, puesto que este nos alejará. Los israelitas se alejaron tanto de Dios que él se cansó de ellos. Presta atención a lo que dice Dios al principio de Isaías 1 en nuestra lectura del día de hoy: «*Crie hijos y los engrandecí, pero ellos se rebelaron contra mí. (...) ¡Ay gente pecadora, pueblo cargado de maldad, generación de malhechores, hijos depravados! ¡Dejaron a Jehová, provocaron a ira al Santo de Israel, se volvieron atrás!*» (Is 1:2, 4).

¿Alguna vez nos alejamos tanto de Dios hasta el punto de que él podía decir esto de nosotros? Espero que no. La misericordia y la gracia de Dios son inmensas, pero si no estamos cerca, no nos servirán de mucho. Dios dice que hay quienes mantendrán su salvación, pero tendrán sus colas chamuscadas cuando entren al cielo.[1] Yo quiero estar tan cerca de Dios como pueda. Esto no significa que tengo que esforzarme para ser aprobado,[2] significa que debo acercarme, pasar tiempo con Dios en ese lugar secreto y meditar en su Palabra para conocerlo y saber de él.

De esa relación saldrán mis obras, pero no serán mis obras, sino sus obras que brotan de mí. Dios no dice: Trabaja duro y me acercaré a ti. ¿Qué dice él? «*Dios resiste a los soberbios y da gracia a los humildes". Someteos, pues, a Dios; (...). Acercaos a Dios, y él se acercará a vosotros*» (St 4:6-8). En primer lugar, tenemos que acercarnos con humildad, no con el orgullo del trabajo que hemos realizado. Tenemos que acercarnos, no buscar beneficios a distancia. ¿Qué padre quiere que su hijo esté siempre a distancia, que nunca se acerque, y recibir solo mensajes de texto? Somos hijos de Dios, él es nuestro Papá y quiere que sus hijos se acerquen, pasen tiempo con él, etc. Si nos acercamos, él se acercará a nosotros.

Lo asombroso es que si nos tomamos un tiempo para acercarnos a Dios, las obras brotarán de nosotros de una manera que nunca pensamos que podría ser posible. Esto es lo que Santiago trata de decirnos sobre la fe que se demuestra por las obras. ¿Cómo podemos tener fe si no estamos cerca de Dios? Si estamos cerca de Dios, descubriremos que su voluntad —que él pone dentro de nosotros—[3] brotará en obras que nunca pensamos que podríamos hacer.

Aquí es donde la fe se demuestra por las obras, si la fe es real, las obras brotarán. Dios nos quiere cerca. Él pagó un precio muy alto para salvarnos y hacernos santos para que pudiéramos acercarnos. Con todo lo que ha hecho para que podamos acercarnos, ¿qué clase de ofensa es si nos resistimos? Esto es lo que Israel hizo y terminó en Babilonia. ¿Quién quiere ir a Babilonia y rogar para regresar? Quédate cerca de Dios, y él se quedará cerca de ti, porque ese es el deseo de su corazón.

---

1   1 Co 3:15.
2   2 Co 10:18.
3   Flp 2:13.

Es mi camino el que tengo para ti. ¿Será esto lo que Jesús nos ha dicho a todos nosotros? Nos ha llamado a seguir su camino, a ir donde él está, a hacer lo que él hace. En nuestra lectura del día de hoy, envió a los setenta a ministrar en las ciudades y lugares a los que él estaba a punto de ir. Los envió a los lugares que él pronto visitaría. Él pronto va a regresar. ¿Seremos nosotros como los setenta y saldremos a su encuentro? ¿Qué les dijo a los setenta que debían hacer? Esto es lo que les dijo: «*"La mies a la verdad es mucha, pero los obreros pocos; por tanto, rogad al Señor de la mies que envíe obreros a su mies. Id; yo os envío como corderos en medio de lobos. (...) y sanad a los enfermos que en ella haya, y decidles: 'Se ha acercado a vosotros el reino de Dios' (...)". Regresaron los setenta con gozo, diciendo: "¡Señor, hasta los demonios se nos sujetan en tu nombre!"*» (Lc 10:2-3, 9, 17).

¿Vamos y oramos por los enfermos? ¿Expulsamos demonios? ¿Estamos haciendo la obra a la que él nos ha llamado a cada uno de nosotros? ¿Sabes lo que él te ha llamado a hacer? Somos su Iglesia, su Cuerpo, sus representantes hasta que regrese. Por lo que el mundo ve en nosotros, ¿saben quién es Cristo? ¿Querrías seguir a alguien que es como tú? Jesús regresará uno de estos días en que no lo esperamos.[1] Temo que el mundo no esté listo para cuando Cristo vuelva, incluso me pregunto si la Iglesia estará lista para su regreso. Debemos hacer nuestra parte.

No me refiero a montar un espectáculo, sino a que deberíamos vivir la vida cristiana de verdad. Si realmente confiamos en nuestro Dios, debería haber gozo en nuestras vidas, un gozo verdadero que el mundo pueda ver. Cuando tratamos de llevar vidas genuinas en Dios, el mundo ve un gozo en nosotros que ni siquiera sabemos que tenemos. Puede ser que no nos vean riendo y felices todo el tiempo, pero tenemos una paz que no ven en otros, una paz que no es falsa. Puede que a veces, al notarnos diferentes a otros, se queden rascándose la cabeza. ¿Recuerdas que hace unos días hablamos de **Esta es mi historia, esta es mi canción**? ¿Has estado cantando? ¿Has estado recordando lo que Dios ha hecho por ti? Solo esto te dará más alegría de la que tiene el mundo que te rodea. Tal vez alguien te pregunte algún día cómo es que tienes esta alegría, quizás hasta te pregunte dónde puede encontrarla. Jesús vendrá pronto, ¿estás haciendo tu parte?

---

1   Mt 24:42.

Quien ha nacido de nuevo ve lo que el mundo no ve. Podemos conocer a Dios y verlo con ojos espirituales.[1] No es que veamos su forma, sino que veremos sus caminos, los que seguiremos. El primer lugar donde vemos sus caminos es en su Palabra escrita. A medida que crecemos en ellos, comenzaremos a escuchar su voz que nos guía día a día: gira en esta dirección, no tomes ese camino, etc. ¡Qué maravilloso es poder conocer al gran Dios de toda la eternidad!

¿Nos damos cuenta de lo grande que es él? Nos pide que le oremos porque quiere oír nuestras necesidades. ¿Alguna vez has pensado en su grandeza considerando cuántas otras personas en el mundo le están orando al mismo tiempo que tú, y él no se confunde, sino que escucha y responde cada oración? Tenemos un Dios, un Salvador, que está mucho más allá de lo que podamos pensar o imaginar. ¿Por qué un Dios tan grandioso se molestaría por alguien como nosotros? ¿Cuántas veces hemos escuchado la respuesta a eso? Porque «*de tal manera amó Dios al mundo*» (Jn 3:16).

Solo un Dios como el nuestro tendría esa clase de amor por cada uno, incluso por aquellos en el mundo que nunca vendrán a él, que nunca aceptarán su salvación que él ofrece a todos. ¿Notas la fuerza de ese amor? Para verla, solo tenemos que mirar todo lo que realizó en su plenitud para salvar a un mundo pecador, a un pueblo pecador, a ti y a mí. ¿Qué clase de amor es este? Uno podría decir que no es de este mundo. Sin duda, eso es verdad. Dios nos llama también a amar como él ama. No podemos amar como él ama, pero si Cristo está en nosotros y nosotros en él (1 Jn 3:24), entonces porque Cristo está en nosotros, podemos amar como él ama, porque no se origina en nosotros, sino que se origina en él y fluye a través de nosotros.

Esta verdad podría escapársenos y podríamos no verla aquí, porque Juan la presenta en forma de pregunta: «*¿Cómo mora el amor de Dios en él?*» (1 Jn 3:17). ¿Ves de quién es el amor que mora en nosotros? ¡Qué gran Dios tenemos! Este es el versículo con el que comienza nuestra lectura de hoy en 1 Juan: «*Mirad cuál amor nos ha dado el Padre, para que seamos llamados hijos de Dios*» (1 Jn 3:1). Juan continúa en la última mitad de este capítulo (1 Jn 3:1-23) hablando sobre el amor y sobre lo que es y lo que no es. Como hijos suyos, debemos amar como él ama, y como niños, esto será algo en lo que creceremos, tal como crecen los niños. Al principio, amamos poco, luego crecemos más y más, y amamos cada vez más. ¿No te alegras de que Dios tenga un amor tan enorme que nos ama a ti y a mí?

---

1   2 Co 3:16.

¿Por qué estamos aquí? ¿Por qué estamos en este mundo? ¿Por qué estamos donde estamos? ¿Por qué estamos en este momento en el que estamos? **Grandes preguntas, una respuesta: por Dios.** ¿Puedes creerlo? ¿Eres capaz de creer que Dios creó el universo, puso la tierra donde está y te puso a ti en ella en este lugar y en este momento? Dios puede hacerlo; la pregunta es: ¿puedes creerlo? Podría volver a Génesis y empezar a rellenar todos los detalles que aparecen en la Biblia, pero eso podría no ser suficiente para ti. Puede ser posible que creas el relato de la creación en el libro de Génesis, pero que tengas dudas sobre dónde te encuentras en este momento. ¿Has entregado tu vida a Dios y has aceptado a Jesús como Señor y Salvador? Si lo has hecho y no le has dicho con determinación a Dios que salga de tu vida, que se aleje de ti, que te deje en paz, entonces eres suyo, te has rendido a él.

En la nación de Israel se utilizaba un principio: si tenías una deuda que no podías pagar, podías venderte a otra persona. Al venderte, lo que sucedía era que esa persona pagaba tu deuda y te convertías en su siervo o esclavo por un período de tiempo. Nosotros teníamos una deuda que no podíamos pagar (la deuda de las penas por nuestros pecados) y al pedirle a Jesús que nos salvara, él pago la deuda y somos suyos. Si de verdad nos entregamos a él, nos rendimos totalmente, entonces nuestra vida ya no es nuestra para vivirla, es de él. El apóstol Pablo lo expresa de esta manera: él dice que murió con Cristo cuando se rindió a Jesús y le pidió que fuera Señor de su vida, renunció a reclamar lo que fuera y ahora vive en Cristo. Él creía que todo lo que estaba vivo en él, todo lo que se movía en él, todo lo que hacía, todo lo que hablaba, era Cristo en él.

Cuando llegamos a ese lugar, cuando sabemos lo que ya no somos y en qué nos hemos convertido, la seguridad de por qué y dónde estamos se afianza. Jesús es el Señor, y él decide dónde debemos estar, qué debemos hacer, cómo debemos hacerlo, él lo decide todo. Sin embargo, no somos robots programados sin ninguna acción de nuestra parte. La acción de nuestra parte es rendirnos, pedirle al Señor que nos guíe en lo que está haciendo hoy y en lo que quiere que participemos. Él tiene un gran plan para todas nuestras vidas, de forma individual y colectiva como el cuerpo de Cristo. Nuestra confianza tiene que estar en Jesús, no en nosotros mismos.

Permíteme hacerte una pregunta: ¿has fracasado alguna vez en algo? Jesús nunca lo ha hecho. Si confiamos en él y lo hacemos a su manera, tendremos muchos más éxitos que fracasos. Puede que estemos haciendo exactamente lo que dice la Biblia que hagamos con todo nuestro esfuerzo, pero si le preguntamos a Jesús en qué parte desea que participemos, lograremos mucho más para el reino de Dios haciéndolo a su manera. Tenemos la obligación con nosotros mismos de ser lo mejor que podamos ser en esta vida. Y lo mejor que podemos ser es siendo como él desea. ¿Estás rendido, entregado totalmente, estás permitiendo que Jesús tome plena posesión de lo que es suyo, de lo que él ha pagado con su propia sangre? Cuánto mejor podría ser el mundo si todos hiciéramos lo que Dios ha decidido que es lo que debemos hacer. ¿Puedes imaginar el efecto en el mundo si estuviéramos haciendo exactamente lo que Jesús decidió que sus siervos debían hacer en lugar de decidirlo ellos mismos? Algo muy básico que Dios intenta que hagamos, como él lo hace, es amar. No el tipo de amor que el mundo ofrece, sino el amor de Dios.[1]

Jesús dijo que la ley se resumía en dos mandamientos: amarás al Señor tu Dios con todo lo que tienes, y amarás a los que te rodean como te gusta que te amen.[2] ¡Cuán lejos podríamos llegar si pudiéramos amar como Dios ama! Incluso dijo que amáramos a nuestros enemigos, ¿puedes creerlo? Es difícil, pero están perdidos y necesitan un Salvador, igual que nosotros. En nuestra lectura del día de hoy, el apóstol Juan habla de amarnos los unos a los otros: «*Amados, amémonos unos a otros, porque el amor es de Dios. Todo aquel que ama es nacido de Dios y conoce a Dios*» (1 Jn 4:7). Juan sigue hablando de esto hasta el final del capítulo. Si nos rendimos y nos entregamos a Dios para que decida cómo debemos ser, qué debemos hacer y dónde debemos hacerlo, la vida será una bendición. Pablo fue confrontado camino a Damasco por el amor de Dios y no pudo continuar por el camino que iba. Al parecer, poco después, él decidió dejar que Dios tomara el control de su vida todos los días. Pablo nos dice que finalmente llegó a un lugar en su vida donde estaba contento en todas las situaciones. Ahora, los **porqués** no son tan importantes, ya que sabemos a **quién** pertenecemos.

---

1   Jn 15:13.
2   Mc 12:30-31.

¿Dónde están los hijos? ¿Dónde están los hijos de Dios? ¿Qué los hace ser hijos de Dios? Podríamos responderlo de forma muy sencilla diciendo que todos los hijos (la joven descendencia de la humanidad) están a nuestro alrededor. ¿Acaso no somos hijos de Dios, aun siendo adultos?[1] Él nos cuida como lo hace un buen padre, vela por nosotros, nos protege, se asegura de que tengamos comida y techo, nos enseña, incluso nos castiga como lo hace un buen padre para educar a un hijo.[2] Definitivamente somos hijos de Dios. Si somos sus hijos, ¿acaso la forma en que actuamos no refleja su carácter? Si a pesar de su bondad, nosotros no actuamos tan bien, ¿podrían las personas que no lo conocen pensar que él no es tan bueno como les dicen que es? ¿Contribuimos a su reputación en el mundo o la perjudicamos con nuestro comportamiento? ¿Crees que el mundo está equivocado sobre quién es Dios y cómo es él por lo que ven en nosotros? Vaya, estoy tocando temas sensibles, incluso me siento reflejado, pero estas son cosas que debemos considerar.

Por tu forma de actuar, ¿querría alguien conocer a la persona que te enseñó a ser así? Cuando leemos las Escrituras y lo que dicen sobre cómo debemos ser, a veces duele un poco porque hemos defraudado a Papá. El mundo piensa mal de él cuando no debería. La Biblia dice que debemos ser lo siguiente: una luz que brilla en un mundo oscuro para que puedan ver quiénes y cómo son,[3] y sal que da sabor a las cosas y desinfecta lo que está infectado.[4] Debemos tener agua viva que fluye de nosotros a un mundo sediento que ni siquiera sabe que tiene sed hasta que prueba el agua que tenemos,[5] y debemos tener una paz que sobrepasa todo su entendimiento.[6] Debemos estar confiados en dónde pasaremos la eternidad y que hay una eternidad.[7] Debemos saber de dónde venimos y hacia dónde vamos. Hemos encontrado el valor de la vida —un valor que ellos no pueden conocer mientras no sean creyentes—: nuestra relación con el Padre en el cielo.

¿Necesito aportar algo más? Debemos volvernos a Dios, nuestro Padre, para recibir más instrucción como hijos suyos. A los padres israelitas se les instruyó que enseñaran a sus hijos lo que debían aprender mientras estaban en la casa y mientras iban a algún lugar. ¿Por qué deberíamos pensar que nuestro Padre celestial no hará lo mismo con nosotros? Nuestro aprendizaje no debe ser solamente en la iglesia o en la escuela bíblica. Podemos aprender en nuestra casa si le pedimos al Padre que se siente con nosotros y nos enseñe. Podemos aprender mientras vamos a algún lugar si estamos dispuestos a creer que el Padre está allí con nosotros y desea enseñarnos si esperamos y estamos atentos a escuchar. Yo hago mis oraciones mientras camino. A lo largo del día hablo mucho con Dios. A veces en voz alta, declarando cuán grande es él o alabándolo y adorándolo, o conversando sobre un problema que tengo, o incluso a veces sobre cómo hacer el trabajo que estoy haciendo cuando me quedo paralizado. La mayoría de las veces son oraciones silenciosas que solo están en mi mente y en mi corazón y que sé que él escucha. Las oraciones mientras camino son geniales. Él me ayuda a encontrar el martillo que no encuentro o a enroscar el tornillo que se resiste. Él me da fuerzas cuando necesito un empujoncito con algo; a veces me pregunto si son los ángeles los que me dan una mano.

Dios siempre está con nosotros, ya sea que nos demos cuenta o no. Si él está allí, ¿por qué no conversar? Él quiere hablar contigo, ¿quieres hablar con él? A veces Dios puede estar callado por algún tiempo, ¡pero cuando habla...! Nuestra relación con el Padre y el Señor Jesús debe ser tal que el mundo quiera lo que tenemos. Según lo que dijo el apóstol Juan en nuestra lectura de hoy, somos hijos de Dios (1 Jn 5:1). Como hijos de Dios deberíamos acercarnos a él para aprender. ¿No deberían todos los hijos crecer para aprender y ser como sus padres? Si nos acercamos a Dios, él nos ayudará a crecer.

En Lucas 13 Jesús compara el reino de Dios con una semilla de mostaza que un hombre plantó en su jardín y creció mucho (v. 18-19). Así como Dios hizo crecer ese grano de mostaza, también nos hará crecer a nosotros si pasamos tiempo con él, caminamos por el sendero con él y deseamos que nos enseñe. Él es quien hace la mayor parte del trabajo, nosotros solo tenemos que acercarnos.

---

1   Jn 1:12; 1 Jn 3:1.
2   Dt 8:5; Heb 12:6.
3   Hch 26:17-18; Ef 5:8, 11.
4   Mc 9:5.
5   Jn 4:10, 7:37-38.
6   Flp 4:7.
7   Jn 3:15; Rm 6:23; 2 Co 5:1.

¿Cómo anda todo? ¿Te sientes bien con tu vida y con lo que sucede a tu alrededor? ¿Tienes plena confianza en Dios? Si tu respuesta es un poco incierta, entonces eres como la mayoría de nosotros que hacemos todo lo posible por seguir a Jesús. Él es el único que siempre está confiado; después de todo, él es Dios. Sí, eso es cierto, pero durante los treinta y tantos años que estuvo con nosotros aquí en la tierra fue plenamente Dios y, al mismo tiempo, plenamente hombre (humano).

Tuvo nuestras mismas tentaciones[1] y vivió todas las facetas de la vida que nosotros vivimos, como comer, dormir, expulsar los restos de los alimentos que comemos. Se sentía incómodo en el calor del verano y tenía frío en el invierno. Fue tan humano como cualquiera puede serlo, excepto que no cedió a la tentación del pecado. El resto de nosotros luchamos con el pecado, y cuando nos resbalamos, la sangre de Jesús está ahí para darnos el perdón cuando se lo pedimos.[2] Sí, nuestra confianza en Dios es un poco incierta, porque si no tuviéramos dificultades con ello, Jesús no habría tenido que venir a morir en la cruz por nosotros. Qué Dios tan bueno, amoroso y grandioso tenemos que proveyó un camino para que pudiéramos acercarnos a él, aunque no estuviéramos calificados. Sí, Dios merece alabanza, adoración y agradecimiento.

Puede que esto nos resulte incómodo, pero necesitamos darnos cuenta realmente de quiénes y qué éramos antes de que Jesús viniera a nuestras vidas y de cuán desesperadamente lo necesitábamos. A nuestro orgullo no le gusta pensar que no podíamos hacerlo nosotros mismos, pero si Jesús no hiciera en nosotros lo que él ha hecho, seríamos inútiles y estaríamos perdidos sin más rumbo que la ruina. El orgullo tiene que salir de nuestras vidas, debemos echarlo fuera si queremos sobrevivir. El orgullo llevará a muchos por el camino ancho que conduce a la eternidad en el infierno.[3] Jesús dijo en nuestra lectura de hoy: «*Cualquiera que se enaltece será humillado*» (Lc 14:11). Yo no quiero terminar ahí, hago lo mejor que puedo para echar mi orgullo fuera de mí, ¿y tú? Esto es lo interesante: cuanto menos tengamos de nosotros mismos, de nuestro orgullo, de nuestro ego, menos inciertos seremos en nuestra confianza en Dios.

Cuanto más digo que **no puedo**, más puede Dios, porque el **yo puedo** en mí se ha quitado del camino. Dios es maravilloso en todos sus caminos, pero no se entrometerá en una vida en la que no ha sido invitado a participar. Todos estaremos un poco confundidos hasta el día en que dejemos esta tierra, aunque esto puede disminuir. Jesús nos dice algo muy importante para nuestras vidas..., puede que no queramos oírlo, pero es lo que dijo: «*Si alguno viene a mí y no aborrece (...) hasta su propia vida, no puede ser mi discípulo*» (Lc 14:26).

Esto es difícil, por eso, debemos juntar toda la fuerza que podamos y echar fuera de nosotros todo el orgullo que podamos. Hay muchos que hablan de hacer grandes cosas para Dios. Quitar nuestro orgullo es una de las cosas más grandes que podemos hacer para Dios, pues le permite obrar en nosotros (y a través de nosotros). Después de haber quitado el orgullo, lee Lucas 14:27 y pregúntale a Dios (no lo averigües por ti solo) cuál es la cruz que él tiene para ti. Mientras le preguntas, también podrías pedirle que te ayude a aprender a llevarla, pues no será fácil.

---

1   Hb 4:15.
2   1 Jn 1:7, 2:1.
3   Mt 7:13, 25:46.

¿Está tu alma en paz? Horatio G. Spafford, autor de una gran canción escribió: Mi alma está en paz. Al leer la letra de la canción, él declara que sea lo que sea, bendiciones o pruebas, golpeado por el diablo o en total victoria, su alma está en paz. Dice que Dios le había enseñado esto, que pasara lo que pasara, su alma estaba en paz. ¿Cómo está tu alma hoy, dónde está tu confianza? Cuando miramos el mundo hoy, o cualquier día, nos deja un poco temblorosos si no tenemos esa confianza de que Dios tiene autoridad sobre lo que vemos a nuestro alrededor. A las personas del mundo les gusta presumir y alardear como si supieran de lo que están hablando, y algunos incluso afirman tener un gran poder. ¿Cómo pasas tu día, con miedo o con confianza? El diablo trae muchos problemas al mundo, y cada persona está bajo su control hasta que acepta a Cristo como Salvador.[1]

Nosotros, asumo que la mayoría de los lectores han aceptado a Cristo como salvador, estamos exentos del poder del diablo porque pertenecemos al que tiene el poder supremo sobre todas las cosas. El diablo puede golpearnos, pero no puede tomarnos; pertenecemos a alguien más.[2] Ahora bien, si no crees en Cristo ni en el mensaje del evangelio, eso que el apóstol Pablo llamó el misterio, entonces no hay autoridad que te sirva. Dios tiene la autoridad suprema, no importa si hay diferencias entre este poder o aquel poder, el poder de Dios es más grande. No hay poder mayor que el poder de Dios.

En los Evangelios (Mateo, Marcos, Lucas y Juan) leemos una y otra vez que ninguno de los demonios expulsados por Jesús tenía poder contra él, ni siquiera el suficiente para resistir un momento más. Incluso la legión de endemoniados que salieron de las tumbas no pudieron resistirse a Jesús y le rogaron que los dejara entrar en los cerdos. Sabían que tenían que hacer lo que Jesús les ordenara. Si un Dios con esa clase de poder es a quien pertenecemos (él nos compró pagando el precio), entonces no tenemos por qué temer, él protegerá lo que es suyo. Una vez Jesús dijo de Jerusalén que él había querido juntar a sus hijos como una gallina reúne a sus polluelos bajo sus alas.[3]

Dijo esto sobre los hijos de Abraham, cuando aún no había pagado el precio con su propia sangre; ¿cuánto más nos reunirá y protegerá a nosotros, a quienes ha comprado con su propia sangre? ¿Está tu alma en paz, tienes la confianza y la fe para aseverarlo? ¿Cuánto más lejos en tu vida cristiana tienes que ir antes de saber que Dios te ama? Después de la inversión que Dios ha hecho en cada uno de los que hemos aceptado a Jesús, ¿crees que él permitiría que nos perdiéramos entre los lobos? Dios se preocupa por cada uno de sus hijos, nos cuida y nos protege. Jesús dijo que fue al cielo a prepararnos un lugar.[4]

¿Te parece que él tiene intenciones de permitir que nos pase algo? Ten ánimo, Dios cuida de ti. Esto es lo que Horatio G. Spafford dice que el Señor le había enseñado, que su alma estaba en paz, sin importar su condición en este mundo. Dios tiene control sobre todo. Mira las parábolas que Jesús enseñó en Lucas 15. ¿Notas el énfasis puesto en la oveja perdida (v. 4), la moneda perdida (v. 8), el hijo descarriado (v. 11-22)? Fíjate en el gran esfuerzo por encontrar la oveja perdida y la moneda perdida. Mira al padre del hijo pródigo, que no renunció nunca a esperar el regreso de su hijo y vio al muchacho antes de que el muchacho lo viera a él. En todos hay alegría por el hallazgo. Somos la oveja perdida que ha sido hallada, la moneda perdida que ha sido encontrada, el hijo descarriado que ha vuelto a casa. Si sabemos que Dios se preocupa tanto por nosotros, ¿cómo podríamos creer que dejaría que algo nos pasara? Yo sé dónde está mi confianza y mi fe; mi alma está en paz.

---

1   Hch 26:18; Hb 2:14-15.
2   1 Co 7:22-23.
3   Lc 13:34
4   Jn 14:2.

¿**Cómo va tu día?** Esta es una pregunta que hay que hacerse muchas veces. Nos ayuda a entender de dónde vienen las cosas de nuestro día. Si vienen del mundo, este tiene mucho que ofrecer, pero lo que ofrece no es mucho cuando se trata de cosas eternas. Algunos de nosotros en esta sociedad actual vamos tan rápido que no nos detenemos lo suficiente para hacer esta pregunta, y mucho menos para responderla. A ese ritmo, te vas a estrellar contra el día del juicio y no vas a estar preparado. Hazte la pregunta y contéstala con sinceridad, nadie está mirando, solo Dios. ¿De dónde vienen las cosas de tu día? ¿Quién te suministra lo que necesitas para seguir adelante? ¿Quién se ocupa de dónde vas a aterrizar en la eternidad? Es algo muy básico, pero muy importante para que lo tengas en cuenta. ¿Cómo sabes que lo que estás haciendo es lo que Dios quiere que hagas? ¿Has meditado en la Palabra de Dios últimamente?

Estas reflexiones diarias tienen un programa de lectura diario incluido, ¿lo estás utilizando, aunque solo sea una parte? Necesitamos saber lo que Dios nos ha dicho acerca de adónde vamos, cómo llegamos allí y quién nos provee el camino. La lectura de la Palabra de Dios nos lo dirá. Espero que la mayoría de ustedes que están leyendo esto estén usando el programa de lectura para leer la Palabra de Dios. No importa cuántas veces lea la Biblia, cada vez que lo hago, el Espíritu Santo me muestra algo nuevo que nunca antes había notado, o algo que realmente nunca antes había entendido. Cuanto más leemos la Biblia, más sabemos de Dios.

Esto es crucial para nuestro día a día. Sin Dios en nuestras vidas, ¿quién sabe lo que vendrá? Pero con él en nuestras vidas, para cada día que enfrentemos, él ya está allí antes de que lleguemos. Si estamos orando por ello y meditamos en la Palabra de Dios con frecuencia, él prepara cada día para nosotros. El día no siempre puede parecer positivo —puede ser una enseñanza que ha preparado para nosotros, un castigo porque Dios dice que castiga a los que ama, o puede ser que estemos cosechando algo que hemos sembrado—.[1] No todos los días parecen negativos, hay más positivos que negativos, pero ¿alguna vez has notado cómo los días buenos pasan sin que nos demos cuenta? Cuando estás bien físicamente, ¿te das cuenta de cuántos días han pasado? Cuando estás físicamente enfermo, ¿sabes cuántos días han pasado? Sí, todos somos culpables de no darnos cuenta de todo lo bueno que Dios pone en nuestras vidas.

Cuando empezamos a darnos cuenta de todo lo bueno, es fácil hacer lo que aconseja el apóstol Pablo: **Regocijaos en el Señor siempre.**[2] Ahora que has empezado a darte cuenta, ¿cómo va tu día? Lee de nuevo la última parte de lo que escribe Judas: «*Conservaos en el amor de Dios, esperando la misericordia de nuestro Señor Jesucristo para vida eterna. (...) A aquel que es poderoso para guardaros sin caída y presentaros sin mancha delante de su gloria con gran alegría, al único y sabio Dios, nuestro Salvador, sea gloria y majestad, imperio y poder, ahora y por todos los siglos. Amén*» (v. 21, 24-25). Pregúntate a menudo **cómo va tu día** y respóndelo.

---

1   Ga 6:7-8.
2   Flp 4:4; 1 Ts 5:16. En sus epístolas, Pablo habla de regocijarse más de dieciséis veces.

Me siento y considero todo lo relacionado con Dios. Es una tarea que nunca estará completa para ninguno de nosotros hasta que lleguemos con él, allí donde él mora. Sin embargo, debemos esforzarnos por saber todo lo que podamos, todo lo que cada uno de nosotros pueda mientras estemos aquí en la tierra. Él habita en el lugar oculto, en el lugar secreto.[1] Dios nos dice mucho acerca de sí mismo. Sin embargo, a pesar de saber tanto sobre él, no lo conoceremos completamente hasta que lleguemos al cielo y conozcamos todo como hemos sido conocidos.[2] Leemos la palabra de Dios buscando una relación espiritual con él. Dios se mueve de maneras misteriosas, algunas las llegamos a conocer por fe; otras no podemos conocer aunque tengamos fe. Tendemos a pensar en la eternidad como algo que dura para siempre sin fin. Pensamos que la vida eterna para nosotros durará para siempre. Esto es cierto para nosotros, pero cuando se trata de la eternidad de Dios, es algo que existe para siempre en ambas direcciones, donde Dios siempre ha existido y siempre existirá sin límite de tiempo.

Esto en sí mismo nos impide conocer todo lo que hay que conocer de Dios. Él trató de expresarse y revelarse al pueblo hebreo, pero ellos no entendían del todo lo que les estaba mostrando. En estos tiempos después de la cruz en los que estamos bajo el Nuevo Pacto y recibimos el Espíritu Santo en la salvación para ayudarnos, todavía no podemos conocer todo lo que hay de Dios. Aunque se nos dice que pertenecemos a un Dios trino, que es uno y tres al mismo tiempo, no podemos comprender cómo es él. Lo único que podemos saber acerca de Dios es que está mucho más allá de nosotros en existencia y que ha enviado a su Hijo Jesucristo para que podamos recibir la salvación gracias al sacrificio del Cordero Celestial.[3] A pesar de que no podemos conocer plenamente a Dios, él sí nos conoce plenamente y conoce nuestras necesidades. Debemos recibir su perdón y perdonar a los que nos rodean también.

Esto solo puede hacerse realmente con la fe de Dios que obra en nosotros, con el Espíritu que renueva nuestras mentes.[4] Vemos que no tenemos derecho a no querer perdonar a alguien, ya que estando ante Dios, ambos somos indignos en nuestras propias acciones.[5] Dios perdona tanto a uno como a otro que se acerca a él, así que ¿cómo podríamos tener derecho a no perdonar? Debemos ser cautelosos y asegurarnos de que el perdón está en nuestros corazones. Llegará el día en que Cristo regrese con total esplendor, como se lo describe en el libro de Apocalipsis, y todos seremos llamados y juzgados. No quiero que me encuentren con falta de perdón en mi corazón, quiero que me encuentren perdonando a todos como él perdona. Nosotros en esta tierra continuamos diciendo que tenemos derechos, pero ante Dios, sin Cristo, no tenemos ningún derecho. Es solo por lo que Cristo hizo en la cruz que tenemos algún derecho, el derecho de ser salvos por su sangre.

---

1   Sal 91:1.
2   1 Co 13:12.
3   Ap 5:12, 7:10, 21:27.
4   Tt 3:5; Rm 12:2-3.
5   Mt 6:15, 18:33-35; Lc 6:36-37.

Doy gracias a Dios de que no me revele toda la verdad, porque su inmensidad me abrumaría y moriría. Él no se revela por completo a nosotros porque conoce nuestro marco de debilidad.[1] Él es un Dios amoroso que murió para llevarnos al lugar al que no podríamos llegar por nosotros mismos. Todos hemos fallado desde que Adán y Eva pecaron en el jardín del Edén. Ninguno ha podido ser santo como Dios es santo desde que Adán y Eva comieron del árbol que les fue prohibido. Hasta ese momento, yo creo que ellos eran santos como Dios es santo, como Dios los había creado en el principio. Pero ahora todos estamos destituidos de la gloria de Dios y necesitamos su perdón.[2] Sin embargo, Dios es un Dios misericordioso que provee un camino, ya que no podemos hacernos santos ni comportarnos de una manera santa. ¿Cómo podríamos no amar y dedicarnos a un Dios que nos abre un camino hacia él gracias a las obras que él mismo hace? La Biblia nos lo dice así: *«En esto consiste el amor: no en que nosotros hayamos amado a Dios, sino en que él nos amó a nosotros y envió a su Hijo en propiciación por nuestros pecados»* (1 Jn 4:10). Y *«Gracia y paz sean a vosotros, de Dios Padre y de nuestro Señor Jesucristo, el cual se dio a sí mismo por nuestros pecados para librarnos del presente siglo malo, conforme a la voluntad de nuestro Dios y Padre»* (Ga 1:3-4).

Somos aquellos que han recibido un gran regalo, el regalo de la salvación dado a quienes están dispuestos a recibirlo. Hemos sido bendecidos más de lo que podemos aquí en la tierra. Cuando lleguemos al cielo, conoceremos la plenitud de lo que hemos recibido de parte de Dios por toda la eternidad. Ese regalo que recibimos de la salvación es precioso y debemos conservarlo. Una vez que hemos recibido este regalo, Dios nos llama a vivir una vida diferente. El Espíritu Santo obra para cambiar lo que somos, nos regenera dándonos un nacimiento espiritual y comienza el proceso de renovar nuestras mentes.[3] Así como a Adán y Eva se les dio libre albedrío para elegir lo que harían, a nosotros también se nos da libre albedrío para hacer lo que elijamos.

A pesar de que el Espíritu Santo obra en nosotros para cambiarnos, podemos negarnos a vivir según esos cambios en nuestro interior y elegir ir por otro camino. Podemos sentir dentro de nosotros el camino por el que el Espíritu nos está guiando y luego volvernos testarudos e ir por otro camino que no deberíamos seguir. Esto se ve claramente en lo que Jesús les habla a las siete iglesias. A tres de ellas les dice: **Pero tengo contra ti**, a otra le dice que está muerta; a dos les dice que continúen siguiéndolo y que tengan fe, y a la última iglesia le dice que no es ni fría ni caliente en relación con él y que la vomitará si no se arrepiente y cambia. La salvación no es un trato cerrado. Necesitamos escuchar al Espíritu Santo mientras obra dentro de nosotros. No importa que tan suave pueda ser esa voz al principio, mientras más escuchemos, más clara se volverá.

Una vez que somos salvos, Jesús nos llama a negarnos a nosotros mismos y a priorizar su camino en nuestras vidas, en vez del nuestro. Luego debemos tomar nuestra cruz, que es el servicio a los demás en primer lugar, en vez de a nosotros mismos. Entonces Jesús nos llama a seguirlo, a hacer lo que él hace y a ser guiados por la voz dentro de nosotros, que es el Espíritu Santo, quien nos revela qué y adónde Jesús nos está llamando a seguirlo. *«Pero cuando venga el Espíritu de verdad, él os guiará a toda la verdad, porque no hablará por su propia cuenta, sino que hablará todo lo que oiga y os hará saber las cosas que habrán de venir. Él me glorificará, porque tomará de lo mío y os lo hará saber. Todo lo que tiene el Padre es mío; por eso dije que tomará de lo mío y os lo hará saber»* (Jn 16:13-15).

---

1   Sal 103:14.
2   Rm 3:23.
3   Tt 3:5.

«Yo soy el camino, la verdad y la vida». Estas son las palabras que Jesús nos dijo para que conozcamos la verdad. Y continuó diciendo: «Nadie viene al Padre (al cielo) sino por mí».[1] En el mundo actual, muchos intentan convencernos, incluso a nosotros los cristianos, de que existen otros caminos para llegar a Dios. Desde el principio, el diablo ha tratado de engañar, promoviendo la idea de que hay muchas maneras de llegar a Dios. Incluso se ha difundido la noción de que todas las religiones del mundo conducen al mismo Dios. Sin embargo, lo que Jesús declaró es la verdad: él es el único camino al Padre; no hay otro medio. La gente lucha con la idea de la verdad. Pilato mismo le preguntó a Jesús: «¿Qué es la verdad?»,[2] como si sugiriera que no existe una verdad absoluta.

Muchos hoy en día defienden que «la verdad» es aquello que les parece correcto según su perspectiva. La verdad procede únicamente de Dios; todo aquello que no esté en armonía con la verdad divina es una mentira. Y encontramos la verdad de Dios en la Santa Biblia. Todo lo que creemos escuchar de Dios debe concordar con lo que está escrito en su Palabra; si no lo hace, entonces no proviene de él. El enemigo intentó usar la Escritura para engañar a Jesús. Pero nuestro Señor, que conocía las artimañas del enemigo, no cayó en su trampa. Hoy vivimos en un mundo lleno de confusión y desorden. Esta falta de paz se debe a que el mundo no vive plenamente bajo la influencia de la verdad de Dios; se encuentra bajo un engaño. Como cristianos, debemos estar alertas, porque el engañador está activo, intentando confundirnos.

La Palabra de Dios nos revela la verdad, y es nuestra responsabilidad leerla y meditar en ella para conocerla. Con frecuencia escuchamos a cristianos hablar cosas que no están basadas en la verdad, sino en suposiciones. Mucho de lo que Dios nos dice puede parecer ilógico; pero es la verdad, porque Dios habla la verdad. El Señor intenta ayudarnos a comprender esto cuando nos recuerda: «*Porque mis pensamientos no son vuestros pensamientos ni vuestros caminos mis caminos"*, dice Jehová. *"Como son más altos los cielos que la tierra, así son mis caminos más altos que vuestros caminos y mis pensamientos, más que vuestros pensamientos"*» (Is 55:8-9). Dado que los pensamientos y caminos de Dios son infinitamente superiores a los nuestros, a veces nos pueden parecer incorrectos.

Aquí es donde entra en juego nuestra fe: creer que lo que Dios dice es verdad, algo que él conoce, y nosotros no. El pueblo de Israel recibió la verdad de Dios por medio de Moisés, pero con frecuencia no la obedeció y, como resultado, enfrentó muchas dificultades. Hoy no somos muy diferentes a ellos. Nosotros hemos recibido el evangelio, el Nuevo Pacto, que ofrece la salvación como un regalo para aquellos que lo acepten. Sin embargo, ¿cuántas veces cuestionamos la Palabra de Dios en nuestro corazón? Vemos que Dios nos habla constantemente a través de las cartas dirigidas a las siete iglesias del Apocalipsis, que reflejan la condición espiritual en la que nos encontramos. Él nos llama a acercarnos a él, a conocer su verdad. Para ello, debemos negarnos a nosotros mismos, dejar atrás nuestras ideas y nuestros caminos y someternos plenamente a él y a su verdad.

---

1   Jn 14:6.
2   Jn 18:38.

Puedo ver las estrellas, puedo oír el potente trueno. Estas palabras nos resultan familiares, ¿pero somos igualmente conscientes de la grandeza de Dios que representan? Dios posee una gloria sin igual, mucha más de la que jamás podríamos imaginar. ¿Le damos el honor que merece? Sinceramente, no creo que tengamos la capacidad de darle toda la honra que él merece. Los cuatro seres vivientes mencionados en nuestra lectura de Apocalipsis del día de hoy parecen ser los únicos que pueden adorar y dar a Dios el honor pleno que él merece (Ap 4:6-8).

Aun los veinticuatro ancianos son impulsados a adorar gracias a estos cuatro seres vivientes (Ap 4:9-10). Pero ¿damos nosotros a Dios la reverencia y el honor que debemos darle? Esto puede variar según la madurez espiritual de cada cristiano, pero ¿tenemos cada uno de nosotros una profunda admiración por Dios y le adoramos tanto como podemos? A veces, nos ocupamos tanto en los asuntos de la vida que olvidamos, no tomamos el tiempo o damos demasiada importancia a las cosas terrenales, por lo que Dios recibe menos de la admiración y la adoración que podríamos darle. De vez en cuando, necesitamos un recordatorio de todo lo que hemos recibido de Dios.

Nuestra salvación, por sí sola, es suficiente para alabar y dar gracias a Dios por toda la eternidad. Sabemos de dónde venimos y que no merecíamos nada de esa salvación, esa vida eterna con Dios. Conocemos la grandeza de esa salvación que nos hace hijos de Dios, y nos da derecho a las cosas de Dios que no podríamos reclamar por nuestras propias acciones o méritos.

Él es quien toma la iniciativa: «*Nosotros lo amamos a él porque él nos amó primero*» (1 Jn 4:19) y «*Pero Dios, que es rico en misericordia, por su gran amor con que nos amó, aun estando nosotros muertos en pecados, nos dio vida juntamente con Cristo (por gracia sois salvos)*» (Ef 2:4-5).

Nuestra reverencia y gratitud crecen al considerar quiénes somos y lo que Dios ha hecho por cada uno de nosotros. En ocasiones, debemos detenernos en el ritmo acelerado de la vida para contemplar las maravillas que Dios hace por nosotros cada día, en cada momento, a medida que nuestras vidas avanzan en la gran salvación que él nos ha otorgado. A veces, necesitamos hacer una pausa, retroceder y ver todo lo que Dios está haciendo para bendecir nuestras vidas. Cuando llegas a salvo al trabajo después de un intenso tráfico, ¿simplemente dices: «Uf, qué bueno que lo logré»? ¿Consideras siquiera cómo fue que llegaste bien?

Aunque no fuera específicamente por intervención divina, ¿no sería bueno agradecer a Dios que hayas llegado a salvo? Somos bendecidos con el inmenso regalo de la salvación gratuita. Todo lo demás son añadiduras porque somos hijos de Dios. Hay un punto de inflexión en el que, al darnos cuenta de todas las grandes cosas que Dios ha hecho, está haciendo y seguirá haciendo, nuestro enfoque cambia de lo que él nos da a cómo podemos servirle.

Hay una dicha en este lugar de entrega total, donde somos consumidos por la grandeza de Dios y todo lo que él es. Nos dedicamos a él y buscamos oportunidades para servirle. No servimos a un amo severo; él es amable y amoroso, provee todo lo que necesitamos y nos guía hacia nuestro propósito individual. Desde fuera, los no creyentes podrían ver el servicio a Dios como una interminable lista de mandamientos, pero para los que hemos llegado al punto de considerarnos siervos, es un placer y un gozo.

Mi tiempo es tu tiempo, oh Señor. ¿Podemos todos decir esto con sinceridad? Así es como debería ser, pero ¿hemos llegado realmente a ese punto? Espero haberlo alcanzado, pero ¿lo he hecho en verdad? Nuestra carne lucha contra nuestro espíritu.[1] Entonces, ¿hemos entregado todo nuestro tiempo al Señor, o los deseos de la carne a veces nos llevan donde no queremos ir, dejando tiempo sin dedicarle al Señor? No hablo necesariamente de que nuestra carne nos haga caer en pecado, aunque en ocasiones pueda suceder. Me refiero a esos momentos en que seguimos los impulsos de la carne en lugar de caminar según el Espíritu. En esas ocasiones, permitimos que la carne lidere, y no nos entregarnos por completo a Dios. Con el tiempo, a medida que maduramos espiritualmente, seremos cada vez más dirigidos por el Espíritu y no por la carne. Creo que las palabras de Juan el Bautista pueden hablar por todos los que hemos recibido la salvación: «*Es necesario que él crezca, y que yo disminuya*» (Jn 3:30). Todo lo que tenemos y lo que somos pertenece al Señor, pues hemos sido comprados por él, quien nos redimió al pagar por nuestros pecados con su sangre.[2]

Jesús podría, con toda justicia, demandar todo nuestro tiempo, pero es un Dios misericordioso y lleno de gracia que conoce nuestras debilidades. Él nos llama y espera pacientemente, exhortándonos a llevar una vida más espiritual junto a él. Sin la regeneración y renovación que el Espíritu Santo realiza en nuestras vidas, tendríamos poca esperanza de cambiar.[3] En Deuteronomio, se dio la ley que indicaba cómo debían vivir los judíos, pero ellos fallaron en repetidas ocasiones. Nosotros también fracasaríamos si el Espíritu Santo no obrara en nosotros bajo el Nuevo Pacto. Debemos estar agradecidos de que Dios ha asumido la ardua tarea de hacernos santos, en vez de que tengamos que hacerlo por nuestra cuenta. Dios es bueno con nosotros, y cuanto más reconocemos esto, más disminuimos nosotros y más aumenta él en nuestras vidas. Sin embargo, podemos resistirnos a este cambio, luchando contra lo que el Espíritu quiere hacer en nosotros.

Debemos estar atentos a la voz del Espíritu Santo en nuestro interior, quien nos guía en nuestro caminar. A veces esta guía no se manifiesta como una voz audible, sino como una conciencia instantánea, cuya procedencia desconocemos, o un deseo que sabemos que no viene de nosotros mismos. Debemos permitir que el Espíritu nos dirija. Se acerca un tiempo final, cuando Cristo regresará y todos compareceremos ante el juicio.

En el Evangelio de Lucas, Jesús enseña a sus discípulos, y a nosotros, cómo serán las cosas al final de los tiempos. A lo largo de la historia, muchos han pensado que vivían en esos días. Por ejemplo, los judíos que habían recibido salvación por parte de su Mesías, Jesús, y fueron perseguidos por Hitler, quizás pensaron que esos eran los tiempos finales.

Quizás hubo otros tiempos que no conocemos, donde los líderes de una sociedad la trataron tan mal que sus habitantes pensaron que estaban en los tiempos de los que habla Jesús en el capítulo 21 de Lucas. Necesitaremos del Espíritu Santo para discernir cuando estos tiempos realmente lleguen, y también lo necesitaremos para atravesarlos. Jesús nos prometió: «*Proponeos en vuestros corazones no pensar antes cómo habréis de responder en vuestra defensa, porque yo os daré palabra y sabiduría, la cual no podrán resistir ni contradecir todos los que se opongan*» (Lc 21:14-15). Un pasaje paralelo dice: «*Pero cuando os lleven para entregaros, no os preocupéis por lo que habéis de decir, ni lo penséis, sino lo que os sea dado en aquella hora, eso hablad, porque no sois vosotros los que habláis, sino el Espíritu Santo*» (Mc 13:11).

Vivimos en tiempos turbulentos en la actualidad. Jesús advirtió que habría guerras y rumores de guerras.[4] Necesitamos estar alerta, escuchar al Espíritu y estar preparados para cuando el Señor venga, si fuera en nuestra generación. También debemos de estar siempre preparados, porque no sabemos el día y la hora en que terminará nuestra vida en esta tierra, sin que podamos cambiar nada. Debemos vivir cada día de la manera en que agrada a Dios, como si fuera nuestro último día.

---

1   Ga 5:17.
2   Mt 26:28; Ef 1:7; Col 1:14; Ap 1:5.
3   Tt 3:5.
4   Mt 24:6.

Me regocijo en este día porque sé que está en las manos de Dios. Él vela por la tierra con ojos atentos, sin que nada escape a su mirada. Podemos tener confianza en esto. Él gobierna, guía y dirige los asuntos de aquellos que lo aman. El pecado ha seguido su curso sobre la tierra; su infección ha alcanzado toda la creación. Incluso las rocas y los árboles han quedado afectados debido al pecado de la humanidad. Es únicamente por la gracia y la misericordia de Dios que podemos escapar de él. Lo que no podíamos hacer para sanarnos de esta infección, Dios mismo lo hizo por nosotros. No somos nosotros quienes luchamos para curarnos de la infección del pecado, que entró en el mundo por las acciones de Adán y Eva en el jardín del Edén.

Dios mismo, en su ser trino, sufrió para traernos la sanidad del pecado —que no podíamos lograr por nosotros mismos—. Jesús, enviado por el Padre, tomó sobre sí mismo la obra y el sufrimiento. Él declaró: «*Y vosotros sois los que habéis permanecido conmigo en mis pruebas (...). Os digo que es necesario que se cumpla todavía en mí aquello que está escrito: "Y fue contado con los inicuos", porque lo que está escrito de mí, tiene cumplimiento*» (Lc 22:28, 37). Muchas cosas fueron profetizadas acerca de Jesucristo, las cuales se cumplieron para nuestra redención: «*Jehová quiso quebrantarlo, sujetándolo a padecimiento. Cuando haya puesto su vida en expiación por el pecado*» (Is 53:10). Nosotros somos los culpables; somos los que nos descarriamos.

Pero el Dios amoroso que tenemos nunca abandonó del todo a la humanidad e hizo un camino por el cual podemos entrar al cielo y estar con él por la eternidad: «*Cristo, cuando aún éramos débiles, a su tiempo murió por los impíos. (...) Pero Dios muestra su amor para con nosotros, en que siendo aún pecadores, Cristo murió por nosotros. Con mucha más razón, habiendo sido ya justificados en su sangre, por él seremos salvos de la ira*» (Rm 5:6, 8-9). Ningún maltrato, ninguna acusación de impiedad o maldad podría compararse con el sufrimiento que Jesús soportó en el huerto de Getsemaní: «*"Padre, si quieres, pasa de mí esta copa; pero no se haga mi voluntad, sino la tuya". Entonces se le apareció un ángel del cielo para fortalecerlo. Lleno de angustia oraba más intensamente, y era su sudor como grandes gotas de sangre que caían hasta la tierra*» (Lc 22:42-44).

Si en algún momento de nuestra vida comprendemos verdaderamente el sufrimiento que Jesús experimentó por nosotros en esa noche, puede que derramemos nuestras propias lágrimas. Dios nos ha amado en gran manera, con un amor que solo él podría generar, un amor tan poderoso que nos salvó de un mundo lleno de impiedad. Debemos dar gracias desde lo más profundo de nuestro ser por lo que Dios ha hecho por nosotros. Pedro, en su oración tras la muerte y resurrección de Jesús, reconocía todo lo que Dios, el Dios trino, había hecho por nosotros, al decir: «*Y verdaderamente se unieron en esta ciudad Herodes y Poncio Pilato, con los gentiles y el pueblo de Israel, contra tu santo Hijo Jesús, a quien ungiste, para hacer cuanto tu mano y tu consejo habían antes determinado que sucediera*» (Hch 4:27-28).

A veces vemos a Jesús como una víctima de los fariseos y de Pilato, pero fue el Padre celestial quien puso a Jesús en la cruz, para que pudiéramos salvarnos: «**Tu mano y tu consejo habían antes determinado que sucediera**». El Padre, el Hijo y el Espíritu Santo han provisto para nosotros lo que no podíamos proveer por nosotros mismos. Debemos alabar, agradecer y adorar al recordar lo que Dios ha hecho por nosotros. Dios no quiere que lo olvidemos, por eso puso en su Palabra: «*"¡Cuánto he deseado comer con vosotros esta Pascua antes que padezca!" (...). Tomando la copa, dio gracias y dijo: "Tomad esto y repartidlo entre vosotros" (...). También tomó el pan y dio gracias, y lo partió y les dio, diciendo: "Esto es mi cuerpo, que por vosotros es dado; haced esto en memoria de mí"*» (Lc 22:15, 17, 19).

La vida se trata de sobrevivir. Algunos hablan de la supervivencia del más apto, otros de la supervivencia de la especie, de la nación o del país, o incluso de la supervivencia de los sabios. Todos estos conceptos se refieren a lo que ocurre en este mundo, en la tierra. ¿No es acaso la verdadera supervivencia la que nos lleva a estar con Dios en el cielo por la eternidad? Si la vida tiene que ver con la supervivencia, y la supervivencia es vivir con Dios en el cielo por la eternidad, entonces la vida debería centrarse en asegurarnos de llegar al cielo. Muchos podrían argumentar que nunca han hecho algo realmente malo, que han sido buenos con todos. Sin embargo, Jesús dijo: «Nadie es bueno, sino solo Dios».[1] Por lo tanto, la idea de que somos «buenos» queda descartada.

La posibilidad de justificarnos diciendo que no hemos hecho «nada malo» también queda descartada, pues las Escrituras nos recuerdan que «todos pecaron y están destituidos de la gloria de Dios».[2] Entonces, estamos en un aprieto, ¿cómo llegaremos al cielo si todos hemos pecado y nadie es bueno? La respuesta está en la obra que Jesús ya hizo por nosotros, los que lo aceptamos como Señor. La verdadera supervivencia implica morir a nosotros mismos y a este mundo. Para vivir, debemos morir.[3] El apóstol Pablo expresó esta verdad al decir: «Con Cristo estoy juntamente crucificado, y ya no vivo yo, mas vive Cristo en mí».[4]

Para sobrevivir en la eternidad, debemos morir en lo temporal. La vida que vivimos aquí acabará; es temporal, no eterna. El morir a los deseos de este mundo, a los caminos del mundo y a la carne es la forma en que sobreviviremos. Dios nos ha provisto una manera de sobrevivir: apoyarnos en Jesús, vivir en él y depender de él. Desde el principio de los tiempos, Dios planificó nuestro camino hacia la salvación.[5] Cualquiera que acepta a Jesús como Señor, se arrepiente de sus pecados y nace de nuevo, se convierte en un verdadero sobreviviente. La salvación que recibe lo hace sobrevivir para la eternidad.

Esa es la verdadera supervivencia. ¿Cómo es posible que nos enfoquemos tanto en cosas que no tienen nada que ver con la eternidad? Es posible que como cristianos hayamos perdido el enfoque y mezclado nuestras prioridades. En este mundo lleno de distracciones, es fácil olvidar lo que realmente importa. Debemos recordarnos constantemente que lo más importante es la eternidad. El mundo no nos ayudará en esto; de hecho, intentará desviarnos. ¿Necesitas realinear tus prioridades? ¿Necesitas cambiar tu enfoque? Dios siempre está dispuesto a ayudarte; solo necesitas pedírselo. Dile que reconoces tu necesidad de cambiar tus prioridades y enfoques, que has venido a buscar su ayuda, y él responderá y te ayudará a moldear tu vida. En el capítulo 23 de Lucas, encontramos a dos criminales crucificados junto a Jesús. Uno de ellos tenía un enfoque y prioridades equivocadas, estaba centrado únicamente en la supervivencia terrenal.

Básica mente, lo que este dijo fue: Si eres el Cristo (Dios), sácanos a todos de aquí y podremos seguir nuestro camino. Al otro criminal, en cambio, le preocupaba la verdadera supervivencia. Leamos lo que respondió: «*"¿Ni siquiera estando en la misma condenación temes tú a Dios? Nosotros, a la verdad, justamente padecemos, porque recibimos lo que merecieron nuestros hechos; pero este ningún mal hizo". Y dijo a Jesús: "Acuérdate de mí cuando vengas en tu reino"*» (Lc 23:40-42). Es mi esperanza y oración que ninguno de nosotros espere hasta el umbral de la muerte para poner en orden sus prioridades y su enfoque. Si necesitas ayuda, pídele a Dios hoy mismo.

---

1   Lc 18:19.
2   Rm 3:23.
3   Lc 17:33.
4   Rm 6:23; Ga 2:20.
5   Jn 17:3-5.

En estos días, necesitamos creer, no en lo que el mundo quiere que creamos, sino en lo que Dios quiere que creamos. Él tiene el poder para sacarnos de nuestras dudas más profundas y guiarnos hacia las verdades más auténticas. Nos llama a acercarnos a él para recibir de su plenitud. Pero ¿estamos dispuestos a creer? El Espíritu Santo constantemente habla sus verdades a nuestros corazones. ¿Estamos escuchando? ¿Estamos dispuestos a creer? No diré que creer sea algo fácil.

Estamos condicionados por las cosas que nos rodean y por aquello a lo que estamos expuestos. Vivimos inmersos en el mundo y, naturalmente, crecemos influenciados por él. Sin embargo, debemos llegar a un lugar de fe en Dios. En el pasado, realicé estudios para comprender, qué es la fe. Con el tiempo, he descubierto que es algo sencillo: estar dispuesto a creer que lo que Dios dice es verdad, sin permitir que nuestros pensamientos humanos lo objeten.

En los primeros años de mi caminar cristiano, Dios grabó una verdad en mi corazón a través de su Palabra, y esa verdad ha permanecido conmigo desde entonces: «*"Porque mis pensamientos no son vuestros pensamientos ni vuestros caminos mis caminos", dice Jehová. "Como son más altos los cielos que la tierra, así son mis caminos más altos que vuestros caminos y mis pensamientos, más que vuestros pensamientos"*» (Is 55:8-9). Al meditar en estas palabras, comprendí que mucho de lo que Dios hace y dice no tiene sentido para nuestra mente humana; sus caminos y sus pensamientos son demasiado altos para que los entendamos. Lo único que podemos hacer es creer: creer que lo que él dice es verdad y rendirnos en fe a su voluntad. Aunque a veces discuta con Dios, nunca podré superarlo. Sus caminos y sus pensamientos siempre prevalecerán, nos guste o no, los aceptemos o no. Dios tiene la última palabra sobre todas las cosas. Un día, esta tierra será removida,[1] y un nuevo cielo y una nueva tierra ocuparán su lugar.[2] En ese tiempo, la Nueva Jerusalén descenderá del cielo, y estaremos allí con él.

Como humanidad, muchas veces no entendemos. Dios nos lo repite una y otra vez, pero no lo captamos. Muchas cosas pueden impedir que entendamos, pero principalmente es nuestra incredulidad. Sin embargo, si seguimos buscándolo, él nos ayudará a llegar al punto en que podamos creer. Los discípulos, aunque oyeron de Jesús repetidas veces que iría a Jerusalén, sería arrestado, crucificado y resucitaría, no lo entendieron. Cuando las mujeres fueron al sepulcro y vieron a dos ángeles que les anunciaron que Jesús había resucitado, corrieron a contarles a los discípulos, pero ellos tampoco lo creyeron. «*Pero a ellos les parecían locura las palabras de ellas, y no las creyeron*» (Lc 24:11).

Con el tiempo, todos creyeron. A veces, conocemos una verdad en nuestro corazón de inmediato; otras veces, toma tiempo para asentarse. Pero mientras sigamos volviendo a Dios en busca de la verdad, él nos ayudará a llegar a ese punto. Hay muchos que se oponen a la verdad de Dios, principalmente el gran engañador. Debemos estar dispuestos a creer que lo que Dios dice es verdad antes ver que es verdad. Tener fe significa saber que lo que Dios dice es verdad. Y esa verdad es la que nos llevará hasta el final, cuando entremos al cielo para estar con él por la eternidad.

---

1   Mt 24:35; Ap 21:1.
2   Ap 21:2.

No es suficiente conocer acerca de Dios sin escucharlo y seguirlo. Algunos dicen creer en Dios, pero si su fe no trasciende más allá de eso, no les servirá de mucho. Jesús dijo que él es la verdad, la vida y el camino, el único camino hacia el Padre.[1] Creer en Dios es algo bueno, pero no basta; necesitamos a Jesús en nuestras vidas, en nuestros corazones, como nuestro Señor y Salvador, si queremos llegar al cielo donde está el Padre. Incluso los demonios creen en Dios, pero eso no los llevará al cielo.[2]

Jesús es nuestro camino, nuestra vida, y por medio de él encontramos la verdad. Somos bendecidos al recibir la misericordia y la gracia de Dios, quien nos ofrece un camino hacia él, que no se basa en nuestras obras según la ley, sino en su obra llena de gracia y de misericordia. Somos beneficiarios de algo que no merecemos. La única condición para recibir la redención es humillarnos, confesar nuestra condición de pecadores y pedir a Jesús que sea el Rey y Señor de nuestras vidas. Lo maravilloso es que se nos exigen solo estas tres cosas, él hace el resto. Jesús nos llama a seguirle.[3] Esto no significa que tomemos la iniciativa de hacer cosas para Dios; significa que Jesús está obrando, y nos invita a participar en esa obra.

Con frecuencia cargamos con más de lo que se nos pide, cuando lo único que debemos hacer es seguirlo. Cada uno de nosotros necesita una relación cercana con Jesús para saber cómo y dónde seguirlo. Su guía puede venir directamente de oír su voz o de la impresión que deja en nosotros al leer su Palabra o, incluso, de situaciones que utiliza para hablarnos. Cada uno necesita la guía de Jesús para realizar la obra que nos asigna de manera individual.

Muchas veces, esta guía nos llega por medio del Espíritu Santo: «*Pero cuando venga el Espíritu de verdad, él os guiará a toda la verdad, porque no hablará por su propia cuenta, sino que hablará todo lo que oiga y os hará saber las cosas que habrán de venir. Él me glorificará, porque tomará de lo mío y os lo hará saber*» (Jn 16:13-15a). Esta es parte de la labor del Espíritu Santo dentro de la Trinidad. Él es también a quien Jesús y el Padre nos enviaron para enseñarnos la verdad y recordarnos las palabras de Jesús.[4] Tenemos gran ayuda de la Trinidad, donde cada persona nos bendice y nos asiste.

En el Antiguo Testamento, leemos sobre la ley que Dios dio a través de Moisés. En Juan capítulo 1, vemos que Jesús, la Palabra, vino a nosotros como la luz que brilla en un lugar oscuro, para que conozcamos a Dios, su misericordia, su gracia y el evangelio que trae vida, vida verdadera y eterna. Ya no es por nuestras obras según la ley, sino por nuestra disposición a recibir lo que Dios nos ofrece. Toda la ley dada por medio de Moisés se cumple en Jesús y por Jesús.[5]

Ahora se nos llama a una nueva ley. No es para ganar la salvación, es la ley que debemos seguir después de recibir la salvación: la ley del amor. Amar a Dios primero y luego a los demás como Jesús nos amó. Él dijo: «*Un mandamiento nuevo os doy: que os améis unos a otros; como yo os he amado, que también os améis unos a otros. En esto conocerán todos que sois mis discípulos, si tenéis amor los unos por los otros*» (Jn 13:34-35). Jesús repite esta enseñanza porque es crucial: «*Este es mi mandamiento: que os améis unos a otros, como yo os he amado*» (Jn 15:12) y «*Esto os mando: que os améis unos a otros*» (Jn 15:17). El amor debe estar en el centro de nuestras vidas y de todo lo que hacemos.

---

1   Jn 14:6.
2   St 2:19.
3   Mt 16:24; Jn 12:26.
4   Jn 14:26.
5   Jn 19:28.

¿**Quién decís que soy yo?**. Jesús planteó esta pregunta a sus apóstoles.[1] Si hoy te la hiciera a ti, ¿cuál sería tu respuesta? Reflexiona: cuentas con una ventaja que los apóstoles no tenían en aquel momento. Cristo ya murió en la cruz y resucitó de entre los muertos. Además, tienes el testimonio de los apóstoles sobre lo que ellos aprendieron después de aquel instante. Con toda la información que ofrece la Biblia y la invitación a cultivar una relación espiritual con Jesús, ¿cómo responderías a su pregunta: «¿Quién decís que soy yo?»? Es una gran pregunta, pero ¿cuántos podemos responderla como debemos? ¿Realmente sabes quién es Jesús? La respuesta que los apóstoles dieron en aquel momento reflejaba el propósito de la misión de Jesús aquí en la tierra según el plan del Padre: Jesús es el Mesías, el Hijo de Dios, que vino a ser el salvador de todos los que lo reciben como Señor. Aunque la confesión de Pedro en ese momento fue limitada, más adelante proclamaron que Jesús es el salvador del mundo. Pero ¿podemos ampliar nuestra respuesta para abarcar todo lo que Jesús es?

Las Escrituras nos revelan que todo fue creado por medio de él y para él. Él es el gran **YO SOY**. Es el Cordero Pascual perfecto, que fue sacrificado por muchos. Es el gran vencedor sobre nuestro enemigo, el diablo. Es nuestro amigo, nuestro hermano mayor. En el libro de Apocalipsis, vemos que es el Cordero digno de abrir los siete sellos, que nadie más podía abrir. Es el Alfa y la Omega, el principio y el fin. Es el Redentor, el Señor de señores y Rey de reyes. Es el León de Judá. Si buscamos profundamente en las Escrituras, la lista continúa sin cesar. Es bueno recordar quién es Jesús.

En momentos de debilidad o temor, nuestra fe se fortalece al reflexionar en su identidad. Él camina sobre las aguas, calma la tempestad, expulsa a los demonios, fortalece a los débiles y consuela a los quebrantados de corazón. ¿Quién es Jesús para ti? ¿Cómo responderás a su pregunta?

El profeta Isaías nos dice hoy: «*Por eso, Jehová, el Señor, dice así: "He aquí que yo he puesto en Sión por fundamento una piedra, piedra probada, angular, preciosa, de cimiento estable. El que crea, no se apresure"*» (Is 28:16). En el Evangelio de Juan, encontramos el testimonio de Juan el Bautista: «*Este es de quien yo decía: "El que viene después de mí es antes de mí, porque era primero que yo"*» (Jn 1:15). El apóstol Juan luego añade: «*De su plenitud recibimos todos, y gracia sobre gracia, porque la Ley fue dada por medio de Moisés, pero la gracia y la verdad vinieron por medio de Jesucristo. A Dios nadie lo ha visto jamás; el unigénito Hijo, que está en el seno del Padre, él lo ha dado a conocer*» (Jn 1:16-18).

Y nuevamente el apóstol Juan nos habla del testimonio de Juan el Bautista: «*Al siguiente día vio Juan a Jesús que venía a él, y dijo: "¡Este es el Cordero de Dios, que quita el pecado del mundo! Este es de quien yo dije: 'Después de mí viene un hombre que es antes de mí, porque era primero que yo'. (...) Yo no lo conocía; pero el que me envió a bautizar con agua me dijo: 'Sobre quien veas descender el Espíritu y permanecer sobre él, ése es el que bautiza con Espíritu Santo'. Y yo lo he visto y testifico que este es el Hijo de Dios"*» (Jn 1:29-30, 33-34). Jesús declaró esto de sí mismo: «*De cierto, de cierto os digo: Desde ahora veréis el cielo abierto y a los ángeles de Dios subiendo y bajando sobre el Hijo del hombre*» (Jn 1:51). En nuestra lectura de hoy del Evangelio de Juan, encontramos esto: «*Encontró en el templo a los que vendían bueyes, ovejas y palomas, y a los cambistas que estaban allí sentados e hizo un azote de cuerdas y echó fuera del templo a todos, con las ovejas y los bueyes; también desparramó las monedas de los cambistas y volcó las mesas; y dijo a los que vendían palomas: "Quitad esto de aquí, y no convirtáis la casa de mi Padre en casa de mercado". Entonces recordaron sus discípulos que está escrito: "El celo de tu casa me consumirá"*» (Jn 2:14-17). Cada día, las Escrituras nos dicen algo acerca de Jesús. ¿Te das cuenta de ello? ¿Puedes responder a la pregunta de Jesús: «**¿Quién decís que soy yo?**»?

---

1   Mt 16:15; Lc 9:20.

¿Quién puede quitar nuestros pecados? ¿Podrá alguno de los grandes profetas o Moisés o Abraham o María (la madre de Jesús) o Pedro o Pablo? ¿Quién puede quitar mi pecado para pagar el precio que debo, la entrega de sangre en la muerte? Solo Jesús, porque nadie más es perfecto, sin mancha ni contaminación, como lo requiere la ley para todo sacrificio. Tampoco puede ser un animal: aunque millones fueron sacrificados en Israel, estos no podían pagar por el pecado.[1] Solo el Hijo de Dios, perfecto, sin mancha ni contaminación, fue capaz de ser el sacrificio que pagaría por nuestros pecados. El pecado ha estado presente desde que Adán y Eva estuvieron en el huerto, cuando Dios les advirtió que no comieran de cierto árbol y les dio la posibilidad de elegir obedecer o desobedecer. Desde entonces, la humanidad ha tenido esa elección, pero ninguno de nosotros ha obedecido.

Muchos han estado cerca, pero «cerca» no es suficiente; la obediencia a Dios debe ser perfecta, sin mancha ni contaminación. Y como todos hemos pecado y desobedecido, Dios, en su amor, proveyó el sacrificio perfecto en Jesús, para que su sangre pagara lo que nosotros no podíamos pagar. Es su sangre la que nos limpia de todo pecado, la que nos deja más blancos que la nieve.[2] Para recibir, hay que creer. Si no creemos que la sangre de Jesús ha pagado completamente por nuestros pecados, viviremos pensando que debemos esforzarnos para saldar esa deuda. Este es un pensamiento que el diablo disfruta, porque intentará convencernos de que el sacrificio de Jesús no fue suficiente, y que necesitamos añadir nuestras propias obras. Pero ¿te das cuenta de lo que esa creencia hace a Jesús? Es como decir que él no es perfecto, porque su obra en la cruz no fue perfecta.

Debemos creer, recibir y vivir sabiendo que todos nuestros pecados ya han sido pagados. Esto nos libera del peso de trabajar para pagar nuestros pecados y nos permite seguir a Jesús con libertad, haciendo lo que él nos pide hacer cuando nos envíe a hacerlo. Esto no nos da licencia para pecar más; al contrario, cuando entendemos todo lo que Jesús soportó por nuestros pecados, el amor y el respeto hacia él deberían impulsarnos a alejarnos del pecado tanto como sea posible. Comprender lo que llevó a Jesús a la cruz, nos ayuda a no repetir aquello que lo puso allí. A veces, debemos practicar una recepción activa del precio completo que Jesús pagó, hasta que esta verdad quede profundamente arraigada en nosotros, de manera que ni las tormentas de la vida puedan sacudirla. Con «activa» quiero decir recordarnos diariamente, incluso cada hora, que Jesús dijo «**Consumado es**», y que él es el único perfecto que podía pagar el precio, y es **precio se pagó por completo**.

Cuando nos liberamos de la sensación de que debemos pagar un precio, podemos compartir con otros el amor de Jesús, cómo él pagó el precio del pecado, y que si ellos lo aceptan como Señor, también serán perdonados. Esta es nuestra gran comisión: predicar el evangelio, decirle al mundo que Dios los ama y ha provisto un camino para el perdón de sus pecados. No se necesita ser un predicador para anunciar el evangelio, solo alguien que sabe que ha sido completamente perdonado por la sangre de Cristo.

Hoy, al leer el capítulo 3 del libro de Juan, vemos lo siguiente: «*así es necesario que el Hijo del hombre sea levantado, para que todo aquel que en él cree no se pierda, sino que tenga vida eterna. De tal manera amó Dios al mundo, que ha dado a su Hijo unigénito, para que todo aquel que en él cree no se pierda, sino que tenga vida eterna. Dios no envió a su Hijo al mundo para condenar al mundo, sino para que el mundo sea salvo por él. El que en él cree no es condenado; pero el que no cree ya ha sido condenado, porque no ha creído en el nombre del unigénito Hijo de Dios*» (Jn 3:14-18). Escucha nuevamente las palabras del último versículo: «*El que en él cree, no es condenado*». Si todavía debemos hacer algo para pagar por nuestros pecados, entonces seríamos juzgados por la eficacia de nuestras obras. Estas palabras nos aseguran que quien cree tiene vida eterna, Solo debemos recibir y creer que, **Consumado es** como dijo Jesús en la cruz:.

---

1   Hb 10:4; 9:12.
2   Ap 1:5; Sal 51:2, 3, 7.

Mi vida es tuya, Señor. ¿Cuántos de ustedes le han dicho esto al Señor con pleno entendimiento de su significado? Sí, hemos sido comprados con la sangre de Cristo, y ya no nos pertenecemos a nosotros mismos.[1] Sin embargo, el Señor no nos obliga a hacer nada. Podría hacerlo, pero ¿qué tendría sino seguidores programados, que solo hacen y responden según su programación? Dios desea una relación. ¿Qué tipo de relación puede tener alguien con un robot? Decir **Mi vida es tuya, Señor** implica rendirse por completo. Esta rendición no es un acto único, como la rendición de un general al final de una guerra. Es un proceso continuo, una rendición diaria, hora tras hora, momento a momento.

La ventaja de rendirse de esta manera a un rey tan lleno de gracia como Jesús es que disfrutaremos del poder, el esplendor y la participación de su reino. Al rendirnos, él nos capacita para hacer su obra, no la nuestra. Al rendirnos, disfrutamos de todo el esplendor de su reino y somos cuidados como uno de sus amados súbditos, en quienes él tiene un interés personal.

Al rendirnos, somos llamados a participar en la obra de su reino en esta tierra junto con los demás habitantes del mundo. Si estamos dispuestos a rendirnos, él nos dará formas celestiales y divinas de llevar a cabo su obra aquí en la tierra, formas que solo podemos recibir de él. Actualmente somos sus súbditos en un reino que está en este mundo, pero que no es de este mundo. Si practicáramos el cristianismo como las demás religiones, no tendríamos más que lo que ellas poseen. Sin lo sobrenatural, todas las religiones, incluido el cristianismo, serían solo formalidades y prácticas humanas que no logran nada. Si existe un reino sobrenatural y las demás religiones siguen a dioses que son demonios,[2] entonces necesitamos el poder y las habilidades sobrenaturales de Dios para llevar a cabo su obra entre las huestes demoníacas que se oponen a la obra de Dios en este mundo. ¿Por qué, cuando intentamos hablarle a alguien de Jesús con nuestras propias fuerzas, parece que no escuchan nada? En la parábola del sembrador, Jesús explicó que el diablo viene y arrebata la semilla del primer tipo de terreno.[3]

Necesitamos el poder sobrenatural de Dios para cumplir la obra que nos ha encomendado: «*Por tanto, id y haced discípulos a todas las naciones, bautizándolos en el nombre del Padre, del Hijo y del Espíritu Santo, y enseñándoles que guarden todas las cosas que os he mandado*» (Mt 28:19-20a) y «*Id por todo el mundo y predicad el evangelio a toda criatura*» (Mc 16:15) y «*Así está escrito, y así fue necesario que el Cristo padeciera y resucitara de los muertos al tercer día; y que se predicara en su nombre el arrepentimiento y el perdón de pecados en todas las naciones, comenzando desde Jerusalén*» (Lc 24:46-47) y «*Y me seréis testigos en Jerusalén, en toda Judea, en Samaria y hasta lo último de la tierra*» (Hch 1:8).

No podemos realizar esta tarea con nuestras propias fuerzas naturales. Necesitamos el poder sobrenatural que solo Dios nos puede ofrecer. Un pequeño ejemplo de esto lo encontramos en nuestra lectura del día de hoy en Juan 4. Los discípulos fueron al pueblo a comprar comida mientras Jesús descansaba junto al pozo de Jacob. Jesús se puso a conversar con una mujer y, cuando los discípulos regresaron con la comida, intentaron que coma. Pero él les dijo: «*Yo tengo una comida que comer, que vosotros no sabéis*» (Jn 4:32). Jesús explicó que su alimento era hacer la voluntad del Padre. El alimento que dio a Jesús las fuerzas para continuar su obra no era natural, sino sobrenatural. Si Jesús necesitó este alimento sobrenatural para hacer la obra del Padre, sin duda nosotros también lo necesitamos para cumplir la obra que él nos ha encomendado.

---

1   Hch 20:28; Ap 5:6, 9.
2   1 Co 10:19-20.
3   Lc 8:12.

¿Por qué perder el tiempo buscando algo que no existe? Constantemente buscamos algo «al otro lado del arcoíris». Dios es algo seguro. Si supieras de algo seguro, ¿no apostarías todo por eso? Dios es una certeza, él es real, y su reino es el único que permanecerá para siempre. Jesús nos dijo que no invirtiéramos en cosas que se corroen, sino que construyamos nuestro tesoro en los cielos.[1] Esto no se refiere solo a nuestro dinero, sino a todo lo que somos. Si somos cristianos, ni siquiera nuestras vidas nos pertenecen, pues han sido compradas a precio de sangre.[2] Entonces, ¿por qué quejarnos si no podemos usar nuestras vidas solo para satisfacer nuestros propios deseos?

Cuando nos rendimos a Dios y recibimos a Jesús en nuestras vidas, obtenemos la mejor parte del trato desde nuestra perspectiva humana. Jesús paga nuestra deuda, provee para nuestras necesidades, nos protege de nuestro enemigo, calma la tormenta que nos rodea, nos guía cuando estamos perdidos, nos da un gozo que no podemos encontrar en ningún otro lugar, intercede por nosotros ante el Padre, prepara un lugar para nosotros en la casa de su Padre y vence a la muerte para que podamos vivir. ¿No darías todo por algo tan seguro? Aquí tienes una certeza: Dios Padre, que está en el cielo, te ama; Dios Hijo, Jesucristo, vino a morir por ti y abrió un camino al cielo; y Dios Espíritu Santo ha sido enviado para ayudarte a convertirte en lo que Dios desea que seas. Si todo esto es verdad, ¿por qué no darle todo? Dios tiene bendiciones para nosotros que ni siquiera podemos imaginar.[3] Pasamos mucho tiempo tratando de progresar en este mundo. ¿Qué tal si dedicáramos ese tiempo a Dios y le permitiéramos sacarnos adelante? Esto no es un mensaje de prosperidad terrenal, sino un llamado a rendirle todo a Dios, confiando en que él cumplirá sus promesas.[4] Aunque tal vez no tengamos abundancia, siempre tendremos lo suficiente. ¿Quién no invertiría en algo con un retorno a largo plazo?

La eternidad en el cielo es una recompensa a largo plazo, uno muy largo. Dios nos ofrece algo que no podemos comprar. ¿Por qué resistirnos? En este mundo, muchas personas aprovecharían la oportunidad de invertir en algo con grandes retornos.[5] Entonces, ¿cuál es el problema? ¿Por qué tantos se niegan a creer? Este es el mejor trato que se ha ofrecido en toda la eternidad, y aun así, muchos lo rechazan. He leído la Biblia cada año por más de veinte años. Algunos podrían preguntarse por qué leerla una y otra vez. La respuesta es que necesito estar expuesto a la Palabra de Dios todos los días.

Otra razón para leerla es que sigo encontrando, o Dios sigue revelándome, cosas nuevas todo el tiempo. Este año, mientras meditaba, encontré algo que no había visto antes: «*Sin embargo, Jehová esperará para tener piedad de vosotros. A pesar de todo, será exaltado y tendrá de vosotros misericordia, porque Jehová es Dios justo. ¡Bienaventurados todos los que confían en él!*» (Is 30:18). ¡Qué gran trato!, incluso si lo entregamos todo a Dios mira lo que obtenemos. En nuestra lectura del día de hoy en Juan 5, Jesús nos asegura: «*De cierto, de cierto os digo: El que oye mi palabra y cree al que me envió tiene vida eterna, y no vendrá a condenación, sino que ha pasado de muerte a vida*» (Jn 5:24).

Él nos promete la vida eterna. Más adelante dice: «*No os asombréis de esto, porque llegará la hora cuando todos los que están en los sepulcros oirán su voz; y los que hicieron lo bueno saldrán a resurrección de vida; pero los que hicieron lo malo, a resurrección de condenación*» (Jn 5:28-29). Debemos buscar lo que es eterno y verdadero. Podemos pasar toda nuestra vida persiguiendo un arcoíris y, al final, encontrar la olla vacía. La única certeza en la vida es la muerte. ¿Y después, qué?

---

1   Mt 6:19-20.
2   1 Co 6:20; 7:23.
3   Sal 139:4; Mt 6:8.
4   Mt 6:25-34.
5   Mt 13:46.

¿Quién crees que eres, y quién dice Jesús que eres? La respuesta dependerá de si eres salvo o no. Podemos confundirnos mucho sobre nuestra identidad. Algunos piensan que son más de lo que realmente son, mientras que otros creen que son menos. Para los que no son salvos, Jesús diría que son pecadores que necesitan el regalo de la salvación. Para aquellos que somos salvos, somos hijos de Dios, adoptados en su familia real, con la promesa de la vida eterna.[1] Somos vencedores, aunque a veces actuamos y pensamos como víctimas. A veces creemos que estamos excluidos, cuando nuestros nombres están escritos en el libro de la vida del Cordero. Con frecuencia, cuando hablamos de quiénes somos, decimos que estamos esforzándonos mucho por ganar nuestra salvación y un lugar en el cielo. Pero Jesús dice: **Ya estás dentro, yo he pagado el precio.** Decir que somos insignificantes o de poco valor para Dios no sería verdad. Podríamos pensarlo, pero no es así.

¿Crees que el Padre habría permitido que su Hijo unigénito fuera golpeado y crucificado por personas sin valor? Es cierto que, por nosotros mismos, estamos lejos de alcanzar la gloria de Dios y nuestro valor es limitado. Pero su gracia nos ha traído a su presencia. En Jesús, en quien el apóstol Pablo dice que ahora estamos, somos de gran valor. Y con su fortaleza, jamás nos quedaremos cortos si confiamos en él. Si pensamos demasiado sobre nosotros mismos, Dios tiene maneras de tratar con esa actitud. Él humilla a los orgullosos y exalta a los humildes. Jesús contó la parábola del fariseo y el publicano en el templo. El publicano no se atrevía ni a levantar la mirada al cielo y confesó ser un pecador, mientras que el fariseo se enorgullecía de no ser como otros hombres, especialmente como el publicano.[2]

Jesús dijo que el publicano fue el que salió justificado ante Dios. Él valora un corazón arrepentido. ¿Tienes un corazón arrepentido? Si es así, ¿qué dice eso de quién eres según Jesús? El mundo y nuestro enemigo espiritual, el diablo, nos bombardean constantemente para que pensemos que valemos menos. Si no escuchamos lo que Dios dice en su Palabra acerca de nuestra identidad, podríamos terminar creyendo las mentiras del mundo. Dios dice mucho en su Palabra acerca de quiénes somos. Si no la leemos, podemos caer en los engaños del mundo y del maligno.

Somos bendecidos, se nos ha dado mucho, y se nos ha transformado en algo que jamás podríamos ser sin Jesús. Necesitamos escuchar lo que Jesús dice que somos: somos especiales para él, somos amados por Cristo.[3] Tenemos que dejar de prestar atención a lo que el mundo y el diablo susurran en nuestro oído. Dios el Padre dice que somos valiosos; envió a su Hijo a morir por nosotros en la cruz. En lo que respecta a la eternidad, una vez que hemos aceptado a Jesús como Señor, lo que importa no es quién decimos que somos, sino quién dice Jesús que somos. Sin embargo, en esta vida, sí importa cómo nos vemos a nosotros mismos. Si sabemos quiénes somos en Cristo, podremos enfrentar las tormentas y vencer la oposición.

Si no sabemos quiénes somos en Cristo, la vida será difícil. Los discípulos llevaban ya un tiempo con Jesús, pero aún no sabían quiénes eran. En nuestra lectura del día de hoy en Juan 6, Jesús había terminado de enseñar a la multitud y envió a sus discípulos al otro lado del lago mientras él se retiraba a orar. Durante la noche, mientras cruzaban, un fuerte viento se levantó contra ellos (Jn 6:18). Jesús vino caminando sobre el agua, y al subir a la barca, el viento cesó.[4] En otro momento, Jesús estaba dormido en la barca, cuando sus discípulos lo despertaron a causa de una tormenta. Él se despertó y ordenó que la tormenta se calmara.[5] Si Jesús está con nosotros, la tormenta no nos vencerá. Necesitamos saber quiénes somos en Cristo para enfrentar las tormentas de esta vida y cumplir su propósito.

---

1   Jn 1:12; Rm 8:16; 1 Jn 3:1.
2   Lc 18:10-14.
3   2 Ts 2:13, 16.
4   Mc 6:51.
5   Mc 4:37-39.

Yo soy Dios. ¿Necesitamos realmente oír esto muchas veces si tenemos fe? Sin embargo, Dios se revela a sí mismo una y otra vez en toda la Biblia. Él se revela a nosotros también en nuestro corazón, si estamos dispuestos a escuchar y a ver. Dios escogió para sí mismo una nación de entre los pueblos debido a la relación que tenía con sus padres. De ellos dijo que eran un pueblo muy terco.[1] ¿Podemos afirmar que nosotros somos mejores? Las Escrituras nos enseñan que merecemos la ira de Dios por nuestras acciones, por nuestros pecados. Pero Dios proveyó un camino por el cual podemos entrar en sus bendiciones. Ese camino es Jesucristo, quien murió en la cruz llevando sobre sí tus pecados, mis pecados y los pecados de todo el mundo.[2] Por esto somos perdonados y purificados. Sin embargo, de vez en cuando, ¿no volvemos a mostrarnos un tanto testarudos con Dios?

Es nuestra carne la que lucha contra nuestro espíritu y trata de arrastrarnos por su propio camino.[3] Pablo, quien era consciente de sus pecados pasados, parecía buscar una manera de presentarse santo delante de Dios. Esto pudo deberse al «fariseo de fariseos» que había en él. Sin embargo, falló; descubrió que no podía hacerlo y buscó una explicación. Dijo que lo que quería hacer no lo hacía, y lo que no quería hacer, eso hacía algunas veces.[4] Esto parece mostrar que la carne se opone al espíritu, el cual nos guía hacia Dios y sus caminos. Aun cuando la sangre de Cristo ha traído perdón a nuestras vidas, en ocasiones nuestra carne nos desvía hacia lugares donde no queremos estar.

Hay gracia sobre gracia para nosotros.[5] No llegamos al cielo por vivir una vida perfecta gracias a nuestros propios esfuerzos. Llegamos al cielo por los esfuerzos de Cristo, quien murió por nuestros pecados, otorgando redención a aquellos que la reciban. Como dice una canción: «Mi vida está en ti, Señor». Si nuestra vida está en Jesús, no deberíamos luchar por ser santos, porque es Dios quien nos hace santos. Se nos dice: «Sed santos, porque yo soy santo».[6] Algo interesante aquí es que, si tomamos la palabra griega para «sed» y la traducimos al griego moderno, se traduce como «naciste».

Si verdaderamente hemos nacido de Dios mediante el nuevo nacimiento y ahora somos hijos del Padre, entonces está en nuestro ADN ser santos, porque hemos nacido de él, y él es santo. Al darnos cuenta de esto, somos liberados de tratar de ser santos por nuestras propias fuerzas, lo que nos permite servirle plenamente, sin que nos distraiga el tratar de alcanzar la santidad por nosotros mismos. En nuestra lectura del día de hoy, Jesús les dice a los judíos que tienen la ley que Moisés les dio, pero que ninguno de ellos la cumple (Jn 7:19). Tratar de ser santos por la ley o por nuestros propios esfuerzos no funciona. Es solo la obra que Jesús ya ha terminado la que nos santificará y nos permitirá ir al cielo. Jesús dijo: *«Si alguien tiene sed, venga a mí y beba. El que cree en mí, como dice la Escritura, de su interior brotarán ríos de agua viva».* (Jn 7:37-38). Esos ríos de agua viva, según el siguiente versículo, son el Espíritu que recibimos, y ese Espíritu trae vida, *«El Espíritu es el que da vida»* (Jn 6:63). Intentar ser santos por nuestros propios esfuerzos es inútil, porque, como leímos hoy en Apocalipsis: *«¿Quién no te temerá, Señor, y glorificará tu nombre?, pues sólo tú eres santo»* (Ap 15:4). La única manera de ser santos es tener el ADN de Dios. Esto lo obtenemos al convertirnos en hijos de Dios, por adopción, por medio de Cristo y de la obra que él hizo en la cruz por nosotros.

---

1 Ex 32:9; Dt 9:13.
2 1 Jn 2:2.
3 Ga 5:17.
4 Rm 7:15.
5 Jn 1:16.
6 1 P 1:16.

El amor es para todos aquellos que vienen a Dios y reciben de él. El amor fue para Adán y Eva hasta que se apartaron de Dios al escuchar a otro: Eva escuchó a la serpiente, y Adán escuchó a Eva.[1] En nuestra carne, tenemos esa tendencia a apartarnos de Dios. Para nosotros, quienes hemos reconocido nuestra condición de pecado y hemos buscado el perdón de Dios, él nos ha redimido por medio de Jesucristo para sí mismo. Poco podemos decir de nosotros mismos, excepto que, en nuestra carne, no deseábamos lo que Dios deseaba. Ahora hemos sido redimidos, purificados y se nos ha acercado a Dios, donde se encuentra el amor. ¿Qué clase de amor se necesita para amar a aquellos que no devuelven ese amor? Esta es la clase de amor con la que Dios nos ama: un amor eterno. Este tipo de amor siempre nos busca y nos llama con la esperanza de que respondamos.[2]

Dios llamó a Abraham, y este respondió. Por causa de Abraham, sus hijos fueron bendecidos. Dios llamó a Moisés, y él respondió. Porque Moisés respondió, los hijos de Abraham, Isaac y Jacob fueron llevados a la tierra prometida. Dios, debido a su amor, siguió llamando, pero pocos respondieron. Finalmente, parece que Dios vio la necesidad de hacer algo para que aquellos que escucharan su llamado tuvieran una manera de acercarse. Ahora, todos los que escuchamos al llamado de Dios podemos acercarnos a él por medio de Jesucristo, que pagó por nuestros pecados para que fuéramos aceptados. Dios nos ama con un amor que no podemos comprender. Tal vez lo entendamos cuando lleguemos al cielo, pero por ahora no podemos conocerlo plenamente.

Muchas cosas de Dios están lejos de nuestro alcance.[3] Quienes somos salvos hemos experimentado ese amor que transforma nuestras vidas. Muchos oyen cómo deberían vivir, incluso desean vivir de esa manera, pero no pueden. Cuando recibimos la salvación, es el amor que Dios nos muestra el que nos cambia de una forma que no podríamos por nosotros mismos, y luego nos llama a vivir conforme a ese amor. Dios llama, ¿lo estamos escuchando? Él quiere guiarnos en cada momento. Ya sea una guía instante a instante, como a veces es necesario, o una guía para el día entero, que cubre cada momento, o una guía para una temporada, que abarca cada instante dentro de ella. En nuestra lectura del día de hoy en Juan 8, nunca se menciona la palabra amor, pero está presente en todo el capítulo. La primera manifestación la vemos en la misericordia que se le ofrece a la mujer sorprendida en adulterio.

Jesús le dice: «Vete y no peques más». Jesús conocía la oscuridad en la que caminaban las personas, por lo que dijo que él era la luz que vino al mundo para que aquellos que lo siguieran tuvieran la luz de la vida. Debido al amor de Dios, el Padre nos llama y busca alcanzarnos. Jesús dice: *el que me envió es verdadero, y yo, lo que he oído de él, esto hablo al mundo* (Jn 8:26). Jesús intenta decirnos, intenta llegar a nosotros, quiere que conozcamos el amor que el Padre nos tiene. Jesús nos dice: *Si vosotros permanecéis en mi palabra, seréis verdaderamente mis discípulos; y conoceréis la verdad y la verdad os hará libres* (Jn 8:31-32).

Libres de la oscuridad del desconocimiento, libres del pecado que nos devoraría, libres de la incapacidad de llegar a Dios por nosotros mismos. Jesús nos habla del amor del Padre y de su propio amor hacia nosotros, un amor que nos ayuda a encontrar el camino hacia Dios. Un Dios amoroso que nos busca y nos llama a sí mismo. La muerte nos abrumará si no encontramos la vida. Jesús dice: *El que guarda mi palabra nunca sufrirá muerte* (Jn 8:52). Dios nos ama y ha provisto un camino para que podamos acercarnos a él: *De tal manera amó Dios al mundo, que ha dado a su Hijo unigénito, para que todo aquel que en él cree no se pierda, sino que tenga vida eterna. Dios no envió a su Hijo al mundo para condenar al mundo, sino para que el mundo sea salvo por él* (Jn 3:16-17).

---

1   Gn 3:13; 16-17.
2   Rm 5:8.
3   Is 55:8-9.

¿Tiene sentido estar quietos delante del Señor? ¿Quién puede tomarse el tiempo? Incluso las personas dedicadas al ministerio a tiempo completo tienen tanto que hacer, ¿quién puede tomarse el tiempo para estar quieto delante del Señor? Pero la pregunta más importante es: ¿quién puede permitirse no estar quieto delante del Señor? Jesús dice: «*Venid a mí todos los que estáis trabajados y cargados, y yo os haré descansar*» (Mt 11:28). ¿El venir a Jesús es algo que ocurre solo una vez en el momento de la salvación, o es un acto continuo que hacemos todos los días desde el día de nuestra salvación? Nadie puede cargar con el peso por sí solo; cada día necesitamos la ayuda de Jesús. Cada día necesitamos buscarle continuamente.

Tenemos un refugio en Dios; ¿no tiene sentido buscar a aquel que nos protege?[1] Él nos invita a acudir a él; desea que conozcamos su Palabra y pasemos tiempo con él en una relación. Si todo lo que tenemos proviene del Señor y toda la obra (el ministerio) la realiza él a través de nosotros, ¿deberíamos preocuparnos tanto por nuestras necesidades y por el trabajo que hacemos de forma que no tengamos tiempo para aquel que provee y nos capacita? Él nos provee todo lo que necesitamos, tanto en lo espiritual como en lo físico. Hemos sido llamados a seguirle. Jesús dijo: «Síganme». Si observamos las acciones de Jesús, vemos que con frecuencia se retiraba a un lugar solitario para orar, a veces temprano en la mañana antes de comenzar su día.[2] Oraba al Padre, pasaba tiempo con él, lo escuchaba y dijo que hacía solamente lo que el Padre hacía.[3]

Si Jesús, durante su vida aquí en la tierra como hombre, necesitaba hacer esto, ¿cuánto más nosotros lo necesitamos? ¿Alguna vez has participado en una conversación donde solo tú hablabas y la otra persona no tenía oportunidad de decir nada? O tal vez eras tú quien no podía hablar. Si en la oración solo hablamos nosotros, ¿tendrá Dios la oportunidad de hablarnos? Algunos dicen: «Dios nunca me habla», pero quizá nunca le dan la oportunidad de hacerlo. Dios no siempre responde de inmediato; puede ser que quiera ver cuánto deseamos escucharlo y cuán dispuestos estamos a esperar. Estar quietos es difícil para nosotros; llevamos una vida ocupada y nuestra mente también lo está. Nos cuesta detener nuestro cuerpo o nuestros pensamientos por mucho tiempo. Sin embargo, parece que el Señor espera que hagamos esto.

Cuando Moisés subió al monte para recibir las tablas de piedra, tuvo que esperar: «*Entonces Moisés subió al monte. Una nube cubrió el monte, y la gloria de Jehová reposó sobre el monte Sinaí. La nube lo cubrió por seis días, y al séptimo día llamó a Moisés de en medio de la nube. (...) Moisés entró en medio de la nube y subió al monte. Y estuvo Moisés en el monte cuarenta días y cuarenta noches*» (Ex 24:15-16, 18). Moisés tuvo que esperar seis días antes de que Dios le hablara. Nosotros tenemos dificultad para estar quietos delante de del Señor por seis minutos.

Quizás esa misma ofrenda de silencio es lo que Dios espera de nosotros. ¿Estamos dispuestos a esperar, confiando en que todas las cosas están bajo su control? Intentamos controlar las cosas que creemos que necesitan hacerse y que nos impiden estar quietos, en lugar de dejar que Dios lo haga. La pregunta es: «¿quién lleva las riendas?» Si Dios está en control, tal vez la primera cosa que quiere que hagamos sea estar quietos delante de él. Si eso es lo que él desea, entonces lo demás que debe hacerse, bajo su control, se hará a tiempo. Estar delante de Dios también nos ayudará en nuestras dificultades. En la lectura de hoy, en Isaías 37, leemos: «*cuando el rey Ezequías oyó esto rasgó sus vestidos y cubierto de ropas ásperas vino a la casa de Jehová*» (Is 37:1).

El rey Ezequías acababa de escuchar que un enemigo venía contra Israel. Su primera acción no fue reunir al ejército, sino estar delante del Señor. Al leer el resto del capítulo, vemos la gran victoria que Dios trajo; Ezequías y su ejército ni siquiera tuvieron que luchar. ¿No te gustaría experimentar ese tipo de victorias en tu vida? ¿Estás dispuesto a acudir al Señor como lo hizo Ezequías como tu primera medida? Dios quiere hacer cosas buenas para nosotros, pero a veces no estamos dispuestos. En lugar de hacerlo a su manera, insistimos en hacerlo a la nuestra. Vuelve a leer Isaías 55:8-9.

---

1   Sal 9:9; 46:1; 48:3; 59:16; 62:7; 94:22; 142:5.
2   Mc 1:5; 6:46; Lc 5:16; 6:12; 9:18; 9:29.
3   Jn 5:19.

Es hora de buscar al Señor y su bondad. ¿Acaso tomamos alguna vez un descanso de esto, de buscar su bondad? Él siempre busca bendecirnos, ¿lo buscamos nosotros a él? Debemos entender que el Señor está siempre con nosotros. Él no está solo con nosotros cuando estamos en la iglesia, no está solo con nosotros cuando estudiamos su palabra ni cuando estamos en oración.

El Señor está siempre con nosotros, en todo momento. Fue él quien nos buscó desde el principio y nos llevó a encontrar la salvación en él. Si el Señor se acercó y no dejó de hacerlo hasta que hallamos la salvación, ¿por qué habría de dejar de estar con nosotros, incluso por un momento, después de eso? Él está siempre con nosotros, y debemos saber siempre que él está con nosotros. Debemos depender de él en todo momento, sabiendo que él está a nuestro lado en cualquier momento que tengamos una necesidad. Él está allí durante el día para ayudarnos a encontrar algo que no podemos encontrar; clama a él, él te ayudará. Está allí cuando no podemos lograr algo; clama a él, él te ayudará. Si es de noche y las cosas de la noche nos causan problemas, clama a él, él te ayudará.[1] Las Escrituras están llenas de versículos que nos dicen que él está con nosotros. Jesús está con nosotros: «*El que guarda sus mandamientos permanece en Dios, y Dios en él. Y en esto sabemos que él permanece en nosotros, por el Espíritu que nos ha dado*» (1 Jn 3:24).

El Padre está con nosotros: «*El que me ama, mi palabra guardará; y mi Padre lo amará, y vendremos a él y haremos morada con él*» (Jn 14:23). El Espíritu Santo está con nosotros y en nosotros: «*y la comunión del Espíritu Santo sean con todos vosotros*» (2 Co 13:14) y «*Pero vosotros no vivís según la carne, sino según el Espíritu, si es que el Espíritu de Dios está en vosotros. Y si alguno no tiene el Espíritu de Cristo, no es de él*» (Rm 8:9). Incluso se nos dice que Dios, Yahvé, está en nosotros, y nosotros en él: «*Todo aquel que confiese que Jesús es el Hijo de Dios, Dios permanece en él y él en Dios*» (1 Jn 4:15) y «*Pero no ruego solamente por estos, sino también por los que han de creer en mí por la palabra de ellos, para que todos sean uno; como tú, Padre, en mí y yo en ti, que también ellos sean uno en nosotros, para que el mundo crea que tú me enviaste*» (Jn 17:20-21). Con tantos pasajes, deberíamos tener la certeza de que Dios está siempre con nosotros.

---

1   Hb 4:16.

Comencé nuestra lectura del día de hoy con el capítulo 5 de Josué, siguiendo el plan de lectura del Antiguo Testamento para los años 1 y 2. Al llegar al versículo 10 y leer las palabras: «*y celebraron la Pascua*», experimenté una emoción en mi espíritu, esa parte que está separada de mi carne y que Dios ha hecho nacer en mí. Me asombra cuántas veces las lecturas asignadas en este plan se entrelazan perfectamente; este es uno de esos días.

A continuación algunos de los pasajes que he podido leer: «*Los hijos de Israel acamparon en Gilgal y celebraron la Pascua a los catorce días del mes, por la tarde, en los llanos de Jericó*» (Jos 5:10). Recordemos el significado de la Pascua. «*"¡Consolad, consolad a mi pueblo!", dice vuestro Dios*» (Is 40:1). ¿Te das cuenta de que este consuelo llega a nosotros al asociarlo con la Pascua? «*He aquí que Jehová el Señor vendrá con poder, y su brazo dominará; he aquí que su recompensa viene con él y su paga delante de su rostro*» (Is 40:10). ¿Entiendes de quién habla esto? «*¿No sabéis? ¿No habéis oído? ¿No os lo han dicho desde el principio? ¿No habéis sido enseñados desde que la tierra se fundó?*» (Is 40:21). ¿Entiendes que todo lo que hemos recibido ha sido planeado desde la fundación del mundo, desde el comienzo del tiempo. «*"¿A qué, pues, me haréis semejante o me compararéis?", dice el Santo. Levantad en alto vuestros ojos y mirad quién creó estas cosas; él saca y cuenta su ejército; a todas llama por sus nombres y ninguna faltará. ¡Tal es la grandeza de su fuerza y el poder de su dominio!*» (Is 40:25-26). ¿Podemos cuestionar al autor del gran plan de la Pascua? «*¿No has sabido, no has oído que el Dios eterno es Jehová, el cual creó los confines de la tierra? No desfallece ni se fatiga con cansancio, y su entendimiento no hay quien lo alcance*» (Is 40:28). Este Dios insondable nos da esperanza: «*Él da esfuerzo al cansado y multiplica las fuerzas al que no tiene ningunas. Los muchachos se fatigan y se cansan, los jóvenes flaquean y caen; mas los que esperan en Jehová tendrán nuevas fuerzas, levantarán alas como las águilas, correrán y no se cansarán, caminarán y no se fatigarán*» (Is 40:29, 31). En el siguiente libro de nuestra lectura, encontramos: «*¿No te he dicho que si crees verás la gloria de Dios? (...) Padre, gracias te doy por haberme oído. Yo sé que siempre me oyes; pero lo dije por causa de la multitud que está alrededor, para que crean que tú me has enviado*» (Jn 11:40-42). Aquí está el Cordero de la Pascua celestial mostrando quién es. «*¡Lázaro, ven fuera!*» (Jn 11:43).

Estas palabras, las mismas palabras de Dios, aquel que creó todo el universo, atraviesan toda la creación, hasta tomar autoridad sobre la muerte y dar vida a quien había muerto. «*Entonces los principales sacerdotes y los fariseos reunieron el Concilio, y dijeron: "¿Qué haremos?, pues este hombre hace muchas señales. Si lo dejamos así, todos creerán en él, y vendrán los romanos y destruirán nuestro lugar santo y nuestra nación". Entonces Caifás, uno de ellos, sumo sacerdote aquel año, les dijo: "Vosotros no sabéis nada, ni os dais cuenta de que nos conviene que un hombre muera por el pueblo, y no que toda la nación perezca". Esto no lo dijo por sí mismo, sino que como era el sumo sacerdote aquel año, profetizó que Jesús había de morir por la nación*» (Jn 11:47-51).

Incluso el sumo sacerdote, sin saberlo, profetiza acerca del Perfecto Cordero de la Pascua, aquel que traería protección contra la muerte eterna a todos los que lo reciban. «*Aleluya! Salvación, honra, gloria y poder son del Señor Dios nuestro*» (Ap 19:1). ¿No podemos también proclamar estas palabras después de todo lo que hemos visto en las Escrituras sobre la gran Pascua que Dios realizó a nuestro favor? «*¡Aleluya!, porque el Señor, nuestro Dios Todopoderoso, reina*» (Ap 19:6). ¿No surge un clamor en nuestro corazón por decir lo mismo? «*Entonces vi el cielo abierto, y había un caballo blanco. El que lo montaba se llamaba Fiel y Verdadero, y con justicia juzga y pelea. Sus ojos eran como llama de fuego, en su cabeza tenía muchas diademas y tenía escrito un nombre que ninguno conocía sino él mismo. Estaba vestido de una ropa teñida en sangre y su nombre es: La Palabra de Dios. (...) De su boca sale una espada aguda para herir con ella a las naciones, y él las regirá con vara de hierro. Él pisa el lagar del vino del furor y de la ira del Dios Todopoderoso. En su vestidura y en su muslo tiene escrito este nombre: Rey de reyes y Señor de señores*» (Ap 19:11-13, 15-16). Este es el Poderoso que nos da la gran Pascua por su propia sangre para que podamos ser salvos.

Porque tú eres mi Dios, el que me mantiene seguro, el que me guía por el camino hacia la eternidad. Tú eres mi Dios, y te seguiré donde tú me lleves.

¿Acaso oras de esta manera? ¿Hablas con Dios dándole el reconocimiento por lo que él es y por lo que está haciendo en tu vida? Muchas veces nos acercamos a Dios suplicándole por nuestras necesidades como una prioridad, sin detenernos a reflexionar sobre la mayor necesidad que él ya ha suplido: nuestra salvación, la vida eterna junto a él.[1] Si comenzáramos nuestras oraciones reconociendo conscientemente la salvación que hemos recibido, nuestras oraciones empezarían con alabanza. Cuando los israelitas fueron salvados del faraón y de su ejército, después de que Dios los ahogara en el mar Rojo, Miriam y las demás mujeres cantaron alabanzas a Dios agradeciéndole por librarlos de su enemigo.[2]

Nuestro pecado era como un enemigo para nosotros, porque nos apartaba del cielo. La muerte de Jesús en la cruz pagó la pena por nuestros pecados y, cuando lo aceptamos como Señor, somos libres para entrar al cielo porque nuestros nombres han sido escritos en el Libro de la vida. Saber que no tuvimos que esforzarnos ni trabajar duro por cumplir un rígido formato religioso para que nuestros nombres fueran escritos en ese libro debería motivarnos a hacer lo que Miriam y las otras mujeres hicieron en el mar Rojo. Eres tú quien decide a quién alabarás: a Dios o a ti mismo. Cuando no queremos alabar a Dios, ¿no es acaso nuestro orgullo lo que lo impide? El orgullo no quiere que Dios sea adorado; quiere que «nosotros mismos» lo seamos.

Tal vez nunca lo habías considerado así, pero ¿qué otra cosa podría ser? Nuestro orgullo constantemente se opone a la voluntad de Dios en nuestras vidas. Se nos dice que debemos venir como niños pequeños,[3] que debemos orar con humildad[4] y que debemos preocuparnos por el bienestar (espiritual y físico) de los demás antes que el nuestro.[5] Ninguna de estas cosas puede coexistir con el orgullo. Dios dice que, si nos exaltamos, él nos humillará, pero si venimos con humildad, él nos levantará.[6] Cuando logramos vencer —aunque sea parcialmente— nuestro orgullo, descubrimos que la gratitud y la alabanza a Dios surgen con mayor facilidad, al reconocer las grandes cosas que él ya ha hecho por nosotros con confianza en el futuro. Habrá una lucha si aún no has lidiado con tu orgullo. Incluso si tienes el valor de desecharlo de tu vida, el diablo tratará de mantenerlo allí. Sin embargo, la persistencia vencerá, porque el diablo no tiene poder sobre tu vida. Aunque intente intimidarte, no puede hacer más que eso.

El diablo ya ha perdido la batalla, y su deseo es que tú también pierdas con él, por lo que intenta derribarte.[7] ¿No te alegra la cruz? ¿No te llena de gozo saber que Jesús pagó el precio que tú debías? ¿No te entusiasma saber que tu destino es el cielo? Reflexionar en estas verdades debería llenar tus labios de alabanza y tu corazón de agradecimiento. Podemos regocijarnos porque nuestros nombres están escritos en el libro de la vida del Cordero, lo que nos libra de ser lanzados al lago de fuego. Y porque nuestros nombres están allí, seremos llevados al cielo. A veces, me gusta mirar el reverso de una afirmación, su contrapartida.

Quizás esto es lo que implicaría el reverso de Apocalipsis 20:15: «El que (...) se halló inscrito en el libro de la vida, [no] fue lanzado al lago de fuego». Nosotros, cuyos nombres están en el libro de la vida del Cordero, debemos regocijarnos con alabanza y acción de gracias. Medita en estas cosas la próxima vez que ores.

---

1   Ap 21:3.
2   Ex 15:20-21.
3   Mt 18:3; Lc 18:17.
4   Rm 12:16; Lc 18:10-14; St 4:10; 1 P 5:6.
5   St 2:15-16; Ga 5:14.
6   Lc 14:11.
7   Ap 12:16-17.

En mi tiempo llamaré a toda la humanidad a mí. Esto es lo que Dios ha hecho. Él ha llamado e incluso ha preparado el camino. La única respuesta que le corresponde a la humanidad —a cada persona en particular— es aceptar la obra que Cristo ha realizado para que podamos entrar en esa Nueva Jerusalén de la que leemos hoy en Apocalipsis. Sin embargo, el mayor obstáculo que se interpone en este camino es el orgullo del hombre. Siempre está presente, interfiriendo con los planes que Dios tiene para nosotros. El jardín del Edén era un lugar perfecto para vivir. Hoy en día, muchos programas de entrevistas buscan debatir cuál sería el lugar ideal para vivir en el mundo; pues ese lugar fue el Edén. El clima era siempre perfecto, el paisaje hermoso para pasear en las tardes, la comida abundante y deliciosa, la compañía era incomparable. ¡Qué lugar tan maravilloso! Y, sin embargo, había un problema: el orgullo. Eso fue precisamente lo que la serpiente utilizó para engañar a la humanidad: el orgullo humano.

Ser como Dios fue el argumento que impulsó al hombre a desobedecer lo que Dios había ordenado. Leemos hoy en Josué sobre un hombre cuyo pecado trajo la ruina a toda la nación de Israel, llevándolos a la derrota en lo que parecía una victoria fácil. Este hombre, movido por el orgullo de obtener lo que tenía frente a él, tomó lo que no le correspondía, y todo el pueblo sufrió las consecuencias. ¿Es esto diferente de lo que sucedió en el Edén? El hombre, impulsado por su orgullo de obtener lo que tenía frente a él, tomó lo prohibido, y toda la humanidad sufrió. En nuestra lectura del día de hoy en el capítulo 41 de Isaías, Dios presenta su caso contra la humanidad.

En el Evangelio de Juan, Jesús confronta sin rodeos este orgullo humano y declara que, para ser alguien en el reino de Dios, uno debe ocupar la posición más baja. Muchas personas han transformado el acto de lavar los pies en un ritual religioso. Incluso en esto el orgullo puede estar al acecho. Pero el mensaje de Cristo no es acerca del acto físico de lavar los pies, sino de estar dispuesto a estar y a servir en la posición más humilde de todas. En la cultura de la época, el siervo apostado en la puerta para lavar los pies de los invitados era el de menor rango, el más humilde de todos. Es esta humildad la que Dios demanda de nosotros, en contraste con el orgullo, que arruina todo.

Hoy leemos sobre la grandeza de la Nueva Jerusalén, donde todo será perfecto otra vez. Estaremos con nuestro Dios y él estará con nosotros. «*No entrará en ella ninguna cosa impura o que haga abominación y mentira*» (Ap 21:27). En esa ciudad no habrá lugar para el orgullo. Será perfecta como el jardín del Edén, y Dios estará con su pueblo, y su pueblo estará con él.

¿Y si todo lo que existe, no existiera? En el principio era Dios. *«La tierra estaba desordenada y vacía, las tinieblas estaban sobre la faz del abismo»* (Gn 1:2). Dios formó y ordenó la tierra, y añadió el sol, la luna y las estrellas. Sin la palabra de Dios creando todas las cosas, ¿qué tendríamos? Muy poco. Ni siquiera nosotros existiríamos. ¿Somos conscientes de esto? Cuando vamos camino al trabajo por la mañana, ¿reconocemos que todo lo que vemos lo hizo Dios? Imagínate todo lo que te rodea y piensa en una vida sin ello. ¿Cómo sería esa vida? ¿No es bueno Dios? ¿Acaso no son maravillosas todas sus obras?[1] ¿Recibirá el crédito que merece en este lado del cielo?

En el cielo su alabanza resuena continuamente,[2] pero ¿qué hay de la tierra? «**¡Gloria a Dios en las alturas y en la tierra paz, buena voluntad para con los hombres!**» ¿No es eso lo que proclamaron los ángeles al nacer Jesús? ¿Recordamos esto? De camino al trabajo, ¿recordamos que tenemos paz con Dios gracias a lo que Jesús hizo por nosotros? Se nos manda trabajar con excelencia, como si lo hiciéramos para el Señor,[3] pero si en el proceso olvidamos lo que el Señor es para nosotros, ¿qué valor tiene esa labor? Debemos tener cuidado con el efecto que los valores del mundo tienen en nosotros, porque podemos acabar perdiendo el enfoque de nuestras prioridades. El diablo quiere disminuir el lugar de Dios en nuestras vidas de cualquier manera posible. Somos llamados a caminar por fe, pero si no reflexionamos sobre la bondad y grandeza de Dios en nuestro día a día, nuestra fe se debilita. Si nos falta algo esencial, enseguida lo echamos de menos, ya sea quejándonos u orando para recuperarlo. Pero ¿y cuando lo tenemos gracias a la bendición de Dios? Estas palabras no son un «sermón» para enseñarte, sino para invitarte a pensar en las cosas espirituales, en lo que realmente importa.

Si comparáramos el tiempo que pasamos en la tierra con el que pasaremos en el cielo (recordando que el cielo es eterno), ¿qué porcentaje le correspondería a la tierra? Probablemente, una fracción insignificante. Entonces, ¿por qué damos tanta importancia a nuestras actividades terrenales, al punto de relegar a Dios y la eternidad a un segundo plano? Me lo pregunto a mí mismo, como te lo pregunto a ti. Nos olvidamos con demasiada facilidad de dónde proviene todo lo que tenemos, todo lo que nos rodea y todo lo que disfrutamos. ¿Y si todo lo que existe, no existiera?

Hoy leemos en Isaías 42: *«Así dice Jehová, Dios, Creador de los cielos y el que los despliega; el que extiende la tierra y sus productos; el que da aliento al pueblo que mora en ella y espíritu a los que por ella caminan: "Yo, Jehová, te he llamado [Jesús] en justicia y te sostendré por la mano [Jesús]; te guardaré [Jesús] y te pondré [Jesús] por pacto al pueblo, por luz de las naciones, para que abras los ojos de los ciegos, para que saques de la cárcel a los presos y de casas de prisión a los que moran en tinieblas"»* (Is 42:5-7). También leemos: *«Después me mostró un río limpio, de agua de vida, resplandeciente como cristal, que fluía del trono de Dios y del Cordero. En medio de la calle de la ciudad y a uno y otro lado del río estaba el árbol de la vida, que produce doce frutos, dando cada mes su fruto; y las hojas del árbol eran para la sanidad de las naciones»* (Ap 22:1-2). Y en la lectura de ayer vimos: *«Enjugará Dios toda lágrima de los ojos de ellos; y ya no habrá más muerte, ni habrá más llanto ni clamor ni dolor, porque las primeras cosas ya pasaron»* (Ap 21:4). Esto debería estar siempre presente en nuestros corazones; nos hará creer y actuar de manera diferente.

---

1   Rm 1:19-20.
2   Ap 4:9-11; 5:9-14; 11:15-17; 14:3; 15:3-4; 16:5-7; 19:1-7.
3   Ef 6:5-7 se aplica a cualquier siervo o trabajador.

A ustedes les ha sido dado el privilegio de conocer al Señor. ¿Cómo va esa relación? Parte de este proceso ocurre de forma automática: cuando nacemos de nuevo, se lleva a cabo en nosotros un nuevo nacimiento espiritual.[1] Al igual que un recién nacido, comenzamos a crecer, y el Espíritu de Dios crece dentro de nosotros.[2] En esos primeros días después de recibir la salvación, notamos algo diferente en nuestro ser interior. Esto crecerá hasta cierto punto por sí solo; es la bendición de Dios obrando en nosotros.

Somos hijos legítimos de Dios, y lo que crece en nosotros es de la misma naturaleza que el Padre celestial. No somos iguales a él, pues eso nos convertiría en otro dios, pero llevamos en nosotros algo de su naturaleza divina, como un hijo lleva en sus venas la misma sangre de su padre terrenal. Al igual que un recién nacido crece según lo que sus padres le proveen, nosotros crecemos conforme nuestro Padre celestial nos da lo que necesitamos. A medida que el niño crece, los padres comienzan a exigirle más de su propio esfuerzo: debe aprender a alimentarse, a caminar y a vestirse por sí mismo. Lo mismo ocurre con nuestro crecimiento espiritual.

Con el tiempo, nuestro Padre celestial nos pide asumir responsabilidad por nuestro bienestar espiritual. Debemos aprender a alimentarnos leyendo la Palabra de Dios y orando. Debemos aprender a aplicar lo que leemos y escuchamos de Dios en nuestro andar en este mundo. También necesitamos vestirnos espiritualmente, dejando de lado la manera de vestirnos según los valores del mundo. Reflexionemos con sinceridad: ¿en qué etapa espiritual te encuentras? ¿Recién nacido, niño pequeño, adolescente, joven o adulto maduro? Al examinarte honestamente, ¿dónde te encontraste?

Este análisis puede ayudarte en tu caminar espiritual y a discernir cuál es el siguiente paso. Aunque nunca alcanzaremos la plena madurez como cristianos mientras estemos en esta tierra, podemos acercarnos a ella. El crecimiento será un proceso constante hasta que entremos en el cielo. Nuestro Padre nos ayudará a crecer, pero debemos pedir su ayuda. Muchas veces cuando recordamos las palabras de Santiago —«**No tenéis lo que deseáis, porque no pedís**» (St 4:2)—, creemos que esto se aplica a varias cosas, pero nunca pensamos que puede aplicarse también al crecimiento espiritual. Jesús lo dejó claro cuando dijo que el Espíritu Santo nos enseñaría todas las cosas y nos haría recordar lo que él nos ha dicho.[3] Esto sin duda cuenta como una ayuda. ¿Le pides al Espíritu Santo que te enseñe y te ayude a crecer espiritualmente? Algunos pueden dudar de la idea de orar al Espíritu Santo, pero ¿no servimos y pertenecemos a un Dios trino: el Padre, el Hijo y el Espíritu Santo? ¿Es correcto? ¿No debemos orar a Dios? ¿Y el Espíritu Santo? ¿No es parte de la Trinidad?

Según lo que dijo Jesús, debemos pedir al Espíritu Santo que nos ayude en nuestro crecimiento espiritual. Así como un niño —independientemente de su edad— que no se alimenta de manera adecuada no crece bien, un cristiano que no alimenta su espíritu tampoco crecerá bien. Si el niño alimenta bien su cuerpo, crecerá como debe hacerlo. Lo mismo ocurre con nosotros: si alimentamos nuestro ser espiritual como debemos, Dios producirá en nosotros un crecimiento que va más allá de nuestra comprensión; así es como debería de ser. En nuestra lectura del día de hoy en Juan 15:5, leemos: «*Yo soy la vid, vosotros los pámpanos*». Es esa vida que fluye continuamente desde la vid hacia los pámpanos lo que produce el crecimiento.

Mientras hagamos nuestra parte, Dios nos hará crecer de maneras que no entendemos. En Juan 15:22-25, Jesús habla de aquellos que no creen en él. Para recibir lo que Dios tiene para nosotros, debemos someternos a lo que él dice, creer en quién es él y aceptarlo como Señor. Esta sumisión no termina con la salvación; continúa a lo largo de nuestra vida cristiana. Cuanto más nos sometamos a él, más obra él en nosotros, haciendo cosas en nosotros y a través de nosotros.

---

1 Jn 3:6.
2 Tt 3:5.
3 Jn 14:26.

Yo soy el Dios que sabe quién eres. ¿Hay algo que pueda estar oculto de Dios? Él lo ve todo, lo sabe todo, lo gobierna todo. Él estableció el universo en su lugar, cimentó la tierra y todo lo que hay en ella. Somos obra de sus manos, formados del polvo. ¿Podemos creerle a Dios cuando dice que nos conoce? Muchos intentan esconderse de él, pero no pueden. Incluso los que somos salvos a veces pensamos que podemos ocultarle algo. Toda nuestra vida está desplegada ante él como un pergamino. Dios conoce nuestra vida de principio a fin. Nos dice que incluso nos conocía antes de que fuéramos formados en el vientre.[1]

No hay nada en nuestras vidas que él no conozca.[2] La humanidad tomó una dirección que acarreó el pecado al mundo. Ese pecado es como una infección que afecta toda la vida.[3] Muchas de las cosas que suceden son consecuencia de esa infección. Dios no siempre interfiere en ese curso. En cuanto a los que somos salvos, el sí interfiere, a veces un poco y otras veces mucho. No podemos ni debemos pensar mal de lo que él decide hacer o no hacer. Antes de alcanzar la salvación, estábamos bajo la ira de Dios, así que, ¿qué derecho tenemos de cuestionar lo que él hace?

Fuimos salvos por su gran misericordia, que quitó de nosotros la condena de su ira. Dios decide, pero también nos da la oportunidad de influir en lo que hace, al darnos acceso a él a través de la oración. «*Acerquémonos, pues, confiadamente al trono de la gracia, para alcanzar misericordia y hallar gracia para el oportuno socorro*» (Hb 4:16). La base misma de esta misericordia y gracia es el regalo de la salvación provista por la sangre de Cristo.[4] Desde esa base de salvación, se nos invita como hijos de Dios a acercarnos a él con nuestras necesidades. Hoy Jesús nos dice: «*De cierto, de cierto os digo que todo cuanto pidáis al Padre en mi nombre, os lo dará*» (Jn 16:23). La Escritura también nos asegura que él sabe lo que necesitamos antes de que lo pidamos: «*Vuestro Padre sabe de qué cosas tenéis necesidad antes que vosotros le pidáis*» (Mt 6:8).

Dios conoce cada detalle de nuestras vidas y nuestras necesidades. Nos llama a acudir a él en oración y a pedirle. Si Dios ya sabe lo que necesitamos, ¿por qué dudamos en pedir? Él nos dice claramente: «*No tenéis lo que deseáis, porque no pedís*» (St 4:2). Debemos acercarnos a Dios en oración con la seguridad de que nos recibirá, porque Jesús derramó su sangre por nosotros. Jesús nos deja una promesa alentadora acerca de la oración en nuestra lectura del día de hoy: «*En aquel día pediréis en mi nombre, y no os digo que yo rogaré al Padre por vosotros, pues el Padre mismo os ama, porque vosotros me habéis amado y habéis creído que yo salí de Dios*» (Jn 16:26-27). Porque creemos en Jesús y lo amamos, y porque creemos que él vino del Padre, el Padre nos ama y espera que acudamos a él con nuestras oraciones.

---

1   Sal 139:16.
2   2 Cr 16:9; Is 46:9-10.
3   Rm 8:21.
4   Mt 26:28.

Haz tiempo para buscar a Dios: él siempre te está observando. En general, Dios mira hacia toda la humanidad para ofrecer la salvación por medio de su Hijo.[1] Para aquellos que ahora creemos y hemos recibido su salvación, Dios nos mira para hacernos bien. Ahora somos parte de su familia, porque Dios anhela tener familia. Su deseo por ti es mayor que tu deseo por él, por grande que sea tu anhelo de buscarlo. Cuando somos salvos y pedimos a Jesucristo ser el Señor de nuestras vidas, Dios lleva a cabo un cambio profundo en ellas. Nuestra gratitud hacia Dios por lo que ha hecho es inmensa, pero con el tiempo, esa gratitud puede convertirse en algo que damos por sentado. Ya no buscamos a Dios con la misma intensidad que antes. Dios no ha cambiado; él sigue buscando nuestro bien. Sin embargo, nosotros a menudo dejamos de buscarlo como lo hacíamos al principio. En Apocalipsis, encontramos una seria advertencia sobre aquellos que se vuelven tibios.[2]

No digo que te encuentres en esta situación, pero es necesario que todos seamos precavidos. A veces nos alejamos de nuestra cercanía con Dios por perseguir un conocimiento intelectual, pensando que eso nos hará mejores cristianos. Sin embargo, Dios es Espíritu, y desea una relación espiritual con nosotros.[3] Es bueno estudiar la Palabra de Dios, pero ¿de qué sirve si no tenemos la relación espiritual que la misma Palabra nos enseña?

Hoy leemos sobre el gran regalo de la tierra prometida que Dios le dio a Israel cuando entraron en ella. Con el tiempo, la ley que les fue dada se convirtió en algo meramente intelectual, y su relación con Dios disminuyó. Como leemos varias veces en Isaías, llegaron al punto en que Dios los envió al exilio en Babilonia. En los días de Cristo, la ley había endurecido nuevamente los corazones de los líderes religiosos. Dios desea una relación espiritual con su pueblo. Para encontrar esa relación, debemos pasar tiempo con él, a veces en silencio en nuestro lugar de oración, ante su presencia.

Es en ese espacio donde encontramos una cercanía especial con Dios. Debemos hacer tiempo para esto en nuestra ocupada rutina. Nunca habrá un momento en el que todo lo demás esté terminado. Es necesario establecer prioridades para poner a Dios en primer lugar, y dejar otras cosas en un segundo plano. Dios ha hecho mucho para que podamos acercarnos a él; ¿no deberíamos esforzarnos un poco por buscarlo? Él siempre extiende su mano hacia nosotros. ¿Extendemos nosotros la nuestra hacia él?

Hoy leemos cómo Jesús oró por nosotros: «Yo ruego por ellos; no ruego por el mundo, sino por los que me diste, porque tuyos son (...). Padre santo, a los que me has dado, guárdalos en tu nombre, para que sean uno, así como nosotros. (...) Pero ahora vuelvo a ti, y hablo esto en el mundo para que tengan mi gozo completo en sí mismos. (...) Santifícalos en tu verdad: tu palabra es verdad. (...) Por ellos yo me santifico a mí mismo, para que también ellos sean santificados en la verdad. (...) Les he dado a conocer tu nombre y lo daré a conocer aún, para que el amor con que me has amado esté en ellos y yo en ellos» (Jn 17:9, 11, 13, 17, 19, 26). Quizás pienses que esta oración fue solo para los apóstoles, pero Jesús también dijo: «Pero no ruego solamente por estos, sino también por los que han de creer en mí por la palabra de ellos» (Jn 17:20).

Todos los que hemos creído por lo que enseñaron los apóstoles somos aquellos por quienes Jesús oró. Sería bueno dedicar un par de minutos más a leer Juan 17, tal vez con nuevos ojos para ver, oídos para oír y un corazón dispuesto a recibir.

---

1   1 Tm 2:3-6.
2   Ap 3:15-17.
3   Jn 4:23-24.

¿Por qué necesitamos cada vez más de Dios en nuestras vidas? Cuando aceptamos a Jesucristo como nuestro Salvador, le damos el trono de nuestras vidas. Pero, ¿le hemos permitido reinar completamente? Jesús tiene la capacidad de gobernar por completo, pero si lo hiciera, seríamos como robots espirituales. Dios desea que lo busquemos. Él espera con anhelo que nos acerquemos cada vez más a él. Su anhelo es que, por nuestra propia voluntad, deseemos tener más de él. Parte de este proceso implica entregarle más y más de nosotros mismos. Esto no es fácil. Ser salvos es sencillo, pero rendirnos plenamente a su voluntad requiere esfuerzo. Debemos luchar contra nuestro propio orgullo, que es un enemigo poderoso. Debemos luchar contra nuestra carne, porque la carne se opone al Espíritu, y el Espíritu a la carne.[1]

Aunque queremos que el Espíritu prevalezca, la lucha es ardua. Necesitamos fortalecer continuamente el Espíritu para que gane la batalla. Este es uno de los motivos por los cuales necesitamos más y más de Dios. Somos conscientes de las ocasiones en que la carne gana, y eso no nos agrada. La única forma de que esto ocurra con menor frecuencia es fortalecer cada vez más al Espíritu. Me he apropiado de las palabras de Juan el Bautista: *«Es necesario que él crezca, y que yo disminuya»* (Jn 3:30). Necesitamos más de Jesús en nuestras vidas, pero eso implica que debe haber menos de nosotros mismos. ¿Estás trabajando para que haya menos de ti y más de Jesús? Esto no se logra estudiando más, sino muriendo más a nosotros mismos. Jesús murió para darnos salvación; ahora, nosotros debemos morir cada vez más a nuestra carne para recibir todas las bendiciones que él tiene para nosotros, además de la salvación.

Jesús enfrentó una gran lucha para traernos la salvación. No solemos pensar en que Jesús luchaba con la carne, pero ¿qué fue lo que sucedió en el huerto de Getsemaní?[2] Él libró una batalla contra la carne hasta que, al final, se rindió a la voluntad del Padre. Después de eso, Jesús sufrió intensamente. Experimentó el rechazo de su propio pueblo, los tormentos físicos que culminaron en la crucifixión, el peso de todos los pecados del mundo y el dolor indescriptible de ser abandonado por el Padre por un momento. ¿No deberíamos nosotros, en respuesta a todo lo que Jesús hizo por nosotros, entregarle a Dios más y más de nosotros mismos y permitirle involucrarse más profundamente en nuestras vidas?

En nuestra lectura del día de hoy en el Evangelio de Juan, vemos cómo los líderes religiosos, con aparente piedad, pidieron la muerte de Cristo: *«ellos no entraron en el pretorio para no contaminarse y así poder comer la Pascua. (...) Entonces les dijo Pilato: "Tomadlo vosotros y juzgadlo según vuestra ley". Los judíos le dijeron: "A nosotros no nos está permitido dar muerte a nadie"»* (Jn 18:28, 31). Adelantándonos un poco, mañana escucharemos: *«¡Fuera! ¡Fuera! ¡Crucifícalo!»* (Jn 19:15). ¿Cuántas veces, en nuestro fervor religioso, tratamos a Cristo de manera indigna? ¿Cuántas veces nuestro celo religioso tiene más que ver con nosotros mismos que con Cristo? Jesús debe crecer, y nosotros menguar en nuestras vidas.

---

1   Ga 5:17.
2   Mt 26:36-39; Lc 22:39-44.

Estoy satisfecho en Cristo. ¿Podemos todos decir eso? ¿Hemos alcanzado ese lugar en el que encontramos plena satisfacción en Cristo en nuestra vida? El apóstol Pablo llegó a un punto en el que pudo decir: «*He aprendido a contentarme, cualquiera que sea mi situación. (...) Todo lo puedo en Cristo que me fortalece*» (Flp 4:11, 13). Cristo desea que encontremos esa satisfacción. Esto solo es posible mediante la fe, cuando nos acercamos a Dios creyendo todo lo que él dice. Debemos creer que nuestros pecados han sido completamente perdonados. La penitencia por nuestros pecados solo genera culpa en lugar de alivio.

Dios establece cómo hemos de recibir el perdón de nuestros pecados: únicamente mediante el arrepentimiento, seguido de pedir y de recibir ese perdón. No hay nada más que pueda proporcionar un perdón mayor. Cuando Dios perdona, lo hace plenamente; no hay nada que podamos añadir. A veces queremos hacer más porque creemos que debemos demostrar que merecemos el perdón. Pero con Dios no funciona así. Lo que merecemos es la ira, pero Jesús derramó su sangre para que podamos escapar de esa ira y recibir el perdón total.

La única condición que Dios nos exige es que nos arrepintamos y pidamos perdón. No podemos hacer menos que arrepentirnos ni podemos hacer más que arrepentirnos. Dios nos ofrece el gran regalo de la salvación porque él nos ama profundamente y porque su obra es perfecta. Aunque la cruz de Jesús ocurrió en un momento específico de la historia, siempre fue su plan desde el principio. En Isaías, leemos muchas veces sobre la salvación que vendría por medio de Jesucristo. En Isaías 51:4-8, Dios habla de Cristo al referirse a la luz; Jesús mismo dijo: «Yo soy la luz del mundo».[1]

Dios planificó por mucho tiempo la salvación que traería por medio de Jesús. No fue una idea repentina ni algo que simplemente decidió hacer. Dios nunca es sorprendido, él conoce todas las cosas.[2] Él conoce todo acerca de nosotros. Si el ser humano pudiera comportarse perfectamente para alcanzar la santidad, Jesús no habría tenido que morir en la cruz. Sin embargo, basta con un solo pecado para que una persona se vuelva impura. El rey Salomón, el hombre más sabio de la historia, dijo: «*Ciertamente no hay en la tierra hombre tan justo, que haga el bien y nunca peque*» (Ecl 7:20). Este perdón que Dios nos ofrece es completo; no hay nada que podamos hacer para merecerlo más. Y una vez que pedimos perdón, debemos creer que es completo.

En la creencia del perdón de Dios es donde hallamos la verdadera satisfacción. En el capítulo 19 de Juan leemos sobre el juicio y la crucifixión de Jesús. En el versículo 30, Jesús declara: «¡***Consumado es***!». Si ya está consumado, ¿qué más podríamos hacer? Si comprendemos plenamente esta verdad, encontraremos contentamiento en ella. Quizá algunos digan: «Pero tú no sabes lo que he hecho». ¿Acaso lo que hiciste fue peor que lo que hicieron aquellos que condenaron a Jesús, un hombre inocente, a morir? ¿Fue peor que lo que hicieron los soldados romanos al clavar sus manos y pies en un madero? Escucha lo que Jesús dijo acerca de ellos y decide si tú también puedes ser perdonado: «*Padre, perdónalos, porque no saben lo que hacen*» (Lc 23:34).

---

1   Jn 8:12; 9:5.
2   Is 46:9-10; Jr 23:24; 2 P 2:3.

En mí tienen vida, y vida en abundancia.[1] «*Yo soy el camino, y la verdad, y la vida*» (Jn 14:6). ¿Existe algo mayor que lo que Jesús nos ha provisto? Él es la fuente de todo lo que es realmente necesario. A lo largo de la historia ha habido muchas personas admirables que han hecho grandes contribuciones a la humanidad. Sin embargo, aquellos que no tienen a Jesús no tienen esperanza. Los beneficios que recibimos de estas personas solo impactan nuestra vida terrenal. Por el contrario, Jesús es el único que nos ofrece beneficios que trascienden esta vida y se extienden a la eternidad. Esas grandes personas no pueden ofrecernos nada que trascienda esta vida. Jesús dijo: «*En la casa de mi Padre muchas moradas hay; si así no fuera, yo os lo hubiera dicho; voy, pues, a preparar lugar para vosotros. Y si me voy y os preparo lugar, vendré otra vez y os tomaré a mí mismo, para que donde yo esté, vosotros también estéis*» (Jn 14:2-3). ¿No es esta una promesa maravillosa? ¿Hay algo que Jesús haya dicho que no sea verdad?

Esta es la gran esperanza que tenemos: estaremos con él por toda la eternidad. ¡Qué gran promesa! ¡Qué gran esperanza tenemos en Cristo! Su amor nos alcanza ahora, donde estamos, y continuará con nosotros por toda la eternidad. Él es nuestra esperanza, nuestra alegría, quien nos ha dado vida verdadera, vida espiritual.[2] Aunque la vida en la tierra puede ser difícil, tenemos esta gran promesa de vida eterna. Se nos dice que en el cielo, Dios mismo será todo lo que necesitemos. Allí no habrá necesidad del sol, la luna o las estrellas, porque la gloria de Dios iluminará todo.[3] Desde el trono de Dios emanará una luz que disipará toda oscuridad. ¿Podríamos desear algo más? Él suplirá todas nuestras necesidades. Las dificultades que enfrentamos en esta vida son pasajeras comparadas con la gloria que recibiremos en el cielo. Al acercarnos más a Dios, esas dificultades parecerán menores, ya sea porque disminuirán o porque descubriremos que no son tan difíciles como pensábamos. La mayor bendición que podemos recibir de Dios es nuestra salvación; todo lo demás son añadiduras. Dios planeó bendecirnos desde la eternidad pasada.

En Isaías 53, Dios revela su plan de enviar a un Salvador, un Redentor, que nos acercara a él: «*Mas él fue herido por nuestras rebeliones, molido por nuestros pecados. Por darnos la paz, cayó sobre él el castigo, y por sus llagas fuimos nosotros curados. (...) Verá el fruto de la aflicción de su alma y quedará satisfecho; por su conocimiento justificará mi siervo justo a muchos, y llevará sobre sí las iniquidades de ellos*» (Is 53:5, 11). La Ley no podía acercarnos a Dios, por eso el Padre cargó nuestras iniquidades sobre su Hijo, quien murió en nuestro lugar para pagar por nuestros pecados y abrirnos el camino hacia el Padre. «*Jehová desnudó su santo brazo ante los ojos de todas las naciones, y todos los confines de la tierra verán la salvación del Dios nuestro*» (Is 52:10). Hemos recibido una gran salvación.

Aunque muchos antes de Cristo pudieron morir por otros, solo Cristo declaró que después de morir resucitaría. En Juan 20 volvemos a leer sobre eso. Jesús no dejó en duda a sus seguidores si resucitó o no. «*Cuando llegó la noche de aquel mismo día, el primero de la semana, estando las puertas cerradas en el lugar donde los discípulos estaban reunidos por miedo de los judíos, llegó Jesús y, puesto en medio, les dijo: "¡Paz a vosotros!"*» (Jn 20:19). Jesús se presentó vivo para que supieran que había resucitado de entre los muertos. Luego les impartió la nueva vida que había ganado con su sufrimiento en la cruz: «*Y habiendo dicho esto, sopló en ellos, y les dijo: Recibid el Espíritu Santo.*» (Jn 20:22).

Aquí vemos el momento en que Cristo nos dio vida por primera vez: una vida redimida, una vida eterna. «*sopló en ellos*». Así como en la creación Dios sopló aliento de vida en Adán, Jesús sopla en nuestros cuerpos muertos y nos da una nueva vida espiritual. Lo que Dios nos ha provisto en Cristo sostiene, sustenta y da eternidad nuestras vidas.

---

1   Jn 10:10.
2   Jn 3:6; 3:5; 3:15.
3   Ap 21:23; 22:5.

Hay un descanso en Dios que no podemos encontrar en ningún otro lugar. Hay un descanso que solo Dios puede dar, y que llega hasta lo más profundo de nuestra alma. Él es quien da una paz que sobrepasa todo entendimiento.[1] Dios puede hablar a nuestra vida en lugares que nadie más puede alcanzar. A veces, hay personas que quieren ayudarnos, pero las rechazamos.

De manera similar, hacemos lo mismo con Dios. Él desea ayudarnos, pero a veces lo alejamos por una razón u otra. Debido a su amor, nunca se rinde; siempre intenta alcanzarnos. Podríamos tener mucha paz si lo buscáramos y le permitiéramos obrar en nuestra vida. Dios quiere moldearnos para que seamos como él. No es una forma física la que desea trabajar, sino una forma espiritual. Esta forma espiritual es la que trasciende hacia la eternidad, donde estaremos con Dios para siempre. No hablo de la forma que recibiremos al entrar al cielo, sino de esa forma espiritual que Dios quiere trabajar en nosotros aquí y ahora. Dios quiere dar esa forma espiritual a nuestro ser interior, esa parte de nosotros que no es carne y que vive para siempre.

Es en esa parte de nuestro ser donde nos comunicamos con Dios en los momentos de quietud.[2] Aunque no escuchemos su voz con nuestros oídos, este lugar interior es usualmente donde escuchamos la voz apacible de Dios. Es en esta parte de nosotros donde nacimos de nuevo. Allí fue donde tuvimos conciencia de que algo estaba mal, de que algo no estaba como debía ser. La ausencia de Dios era ese «algo» que estaba mal. Cuando Dios entra en nuestra vida, su paz llega y se establece. Esa paz permanece mientras continuamos en relación con Dios. Es algo que se nos da al momento de la salvación, pero si descuidamos nuestra relación con Dios, esa paz comienza a desvanecerse.

Nuestro descanso y nuestra esperanza están en Dios. Nuestra paz está en Dios. Si nuestro descanso, esperanza y paz están en Dios, no es más que lógico pensar que debemos permanecer cerca de él para mantenerlos en nuestra vida. Ayer, en Juan capítulo 20, escuchamos a Jesús preguntarle a María: «*Mujer, ¿por qué lloras?*» (Jn 20:15). ¿Hay momentos en que lloramos, quizá no por fuera, pero sí por dentro? ¿Qué le dice Jesús a María? «*Subo a mi Padre y a vuestro Padre, a mi Dios y a vuestro Dios*» (Jn 20:17). En esta declaración, Jesús le asegura a María que tiene un Padre y un Dios celestial. Todos los discípulos estaban traumatizados por la muerte de aquel que se había vuelto tan preciado para ellos. Él había muerto; las autoridades lo crucificaron y fue puesto en un sepulcro. Jesús les había dicho muchas veces que resucitaría, pero no fue hasta después de su resurrección que muchos lo recordaron. Aquí, Jesús le asegura a María que todo está bien: «*Subo a mi Padre y a vuestro Padre, a mi Dios y a vuestro Dios*». En nuestra tristeza, debemos saber que Dios es nuestro Dios y que el Padre es nuestro Padre.

Aquí es donde encontramos descanso y paz: al saber que somos suyos. Las primeras palabras que Jesús les dice a sus discípulos la primera vez que se les apareció fueron: «*¡Paz a vosotros!*» (Jn 20:19). Jesús no quiere que haya traumas en tu interior; él desea que tengas paz, una paz que viene del Padre por medio de Jesús. En el Evangelio de Lucas, se nos dice que el Señor encaminará nuestros pies por camino de paz.[3] En Lucas 2, el ángel aparece y dice: «*Y en la tierra paz, buena voluntad para con los hombres*» (Lc 2:14). Aquí se anuncia la paz entre Dios y los hombres. Dios nos la envió por medio de Jesús, que vino y se la dio a sus seguidores, entre los cuales estamos nosotros. Escucha sus palabras: «***Paz a vosotros***», y mantén una relación con él. Hoy, en Juan 21, Jesús le pregunta a Pedro tres veces si lo ama. ¿No es esta también una pregunta para nosotros? Una de las últimas cosas que Jesús le dice a Pedro es: «***Sígueme***» (Jn 21:19). Esto mismo es lo que Jesús nos dice. Allí es donde se encuentran el descanso y la paz: en seguir a Jesús y permanecer cerca de él.

---

1   Flp 4:7.
2   Mt 6:6.
3   Lc 1:76, 79.

Dios es amor. ¿Realmente creemos esto? ¿Esta verdad se traspasa a nuestra vida? ¿Estamos firmes en ella o, en ocasiones, nos sentimos a la deriva? Es esencial que enfrentemos estas preguntas. Si no las enfrentamos, no podremos llegar a la respuesta que nos acercará más a Dios. Él es nuestra esperanza, nuestra vida, nuestra seguridad eterna. Pero hay uno en esta tierra que quiere engañarnos, alejarnos de estas preguntas y mantenernos a la deriva. Debemos anclarnos en Cristo, porque él es la Roca firme que nunca nos fallará. Cuando un barco está anclado, quienes están a cargo revisan regularmente el anclaje para asegurarse de que esté seguro. En nuestra vida espiritual, debemos hacer lo mismo. Dios, en su amor, siempre extiende su mano hacia nosotros. ¿Extendemos nosotros la nuestra hacia él? ¿Revisamos regularmente nuestro anclaje para asegurarnos de que estamos firmes?

Si respondemos a Dios, él siempre nos responderá.[1] La primera manera en que Dios nos extendió su mano fue a través de la cruz y de aquel que fue clavado en ella. Dios se acercó a nosotros al sacrificar a su Hijo en nuestro lugar para pagar por nuestros pecados, algo que nosotros no podíamos hacer. Hay un dicho que ilustra esta verdad: «**Jesús me sacó de un lugar del que no podía salir, y me llevó a un lugar al que no podía entrar**». En su amor, Dios nos ha provisto de lo que no podíamos proveernos a nosotros mismos. ¡Qué Dios tan maravilloso! No encontraremos seguridad ni plenitud de amor en ningún otro lugar. Aunque a veces este mundo parezca seguro, lo único realmente seguro es la eternidad. Todos llegaremos allí, y quienes tienen a Dios en sus vidas podrán pasar la eternidad con él.

Esta vida es solo un breve instante que pasa rápidamente, y luego nos enfrentamos a la eternidad, en un lugar o en otro; no hay nada intermedio. Es vital permanecer anclados en Dios, pues siempre habrá vendavales y tormentas que vendrán contra nosotros.

Necesitamos comprobar nuestro anclaje, y saber que estamos sujetos a Dios. Él siempre estará ahí cuando lo busquemos. Aunque en medio de la tormenta pueda parecer que Dios no está, cuando esta pasa, podemos mirar atrás y ver cómo él nos sostuvo. En Mateo capítulo 1, Dios nos mostró su ayuda de una manera milagrosa: «*El nacimiento de Jesucristo fue así: Estando comprometida María, su madre, con José, antes que vivieran juntos se halló que había concebido del Espíritu Santo*» (Mt 1:18). En Lucas se narra lo que el ángel dijo a María: «*Concebirás en tu vientre y darás a luz un hijo, y llamarás su nombre Jesús. (...) Entonces María preguntó al ángel: "¿Cómo será esto?, pues no conozco varón". Respondiendo el ángel, le dijo: "El Espíritu Santo vendrá sobre ti y el poder del Altísimo te cubrirá con su sombra; por lo cual también el Santo Ser que va a nacer será llamado Hijo de Dios"*» (Lc 1:31, 34-35).

Fue milagroso este primer paso del amor de Dios para alcanzar nuestra salvación. Lo más asombroso es que mucho antes ya había prometido que haría esto: «*La virgen concebirá y dará a luz un hijo, y le pondrá por nombre Emanuel*» (Is 7:14). Dios extendió su mano hacia nosotros desde mucho antes de que Cristo muriera en la cruz. Su amor tiene una profundidad incomparable. Piensa por cuánto tiempo Dios te ha estado buscando. ¿Lo estás buscando tú también?

---

1   St 4:8.

¿Dice Dios: «Mis caminos no son vuestros caminos»? Sabemos que sí, y entonces, ¿qué implica esto para nosotros? Pablo nos enseña que es la carne la que nos lleva por caminos que no son los de Dios.[1] Jesús vino para morir por nosotros; esto era parte del camino de Dios. Sus caminos incluyen dar y amar, aunque a veces causen dolor. No fue fácil para Jesús ir a la cruz.[2] A menudo pensamos que las autoridades judías lo entregaron a los romanos y que Jesús no tuvo opción, pero esto no es cierto. ¿Qué le dijo Jesús a Pilato? «*Ninguna autoridad tendrías contra mí si no te fuera dada de arriba*» (Jn 19:11). Esto era parte del propósito del Padre.

Jesús también le dijo a Pedro y a los demás: «*¿Acaso piensas que no puedo ahora orar a mi Padre, y que él no me daría más de doce legiones de ángeles?*» (Mt 26:53). Jesús pronunció estas palabras justo después de orar en el huerto de Getsemaní, donde se rindió a la voluntad del Padre.[3] Parte de esa voluntad era que Jesús se convirtiera en el sacrificio por toda la humanidad.[4] En el momento de su arresto, ocurrió algo que revela el gran poder de Jesús: «*Cuando les dijo: "Yo soy", retrocedieron y cayeron a tierra*» (Jn 18:6).

¿Te has preguntado por qué estas personas retrocedieron y cayeron al suelo? ¿Lo estaban adorando antes de arrestarlo? No lo creo. En el Antiguo Testamento encontramos un indicio: «*Al salir los sacerdotes del santuario, la nube llenó la casa de Jehová. Y los sacerdotes no pudieron permanecer para ministrar a causa de la nube, porque la gloria de Jehová había llenado la casa de Jehová*» (1 Re 8:10-11). La misma escena se describe en Crónicas: «*Una nube llenó la casa, la casa de Jehová. Y no podían los sacerdotes estar allí para ministrar, por causa de la nube; porque la gloria de Jehová había llenado la casa de Dios*» (2 Cr 5:13-14).

La gloria de Dios (la nube) era tan grande que los sacerdotes no podían permanecer en pie. ¿Puede ser que la presencia de Dios era tan fuerte que no podían levantarse del suelo? ¿Es posible que la presencia de Dios sea tan poderosa que el hombre no tenga fuerzas para resistir y caiga al suelo? Cuando Jesús les preguntó a los que venían a arrestarlo: «*¿A quién buscáis?*». Ellos dijeron Jesús nazareno», él les dijo: «*YO SOY*», y la fuerza de esa declaración los hizo retroceder y los derribó al suelo. Si hacemos un estudio comparativo, veremos que es la misma declaración que Dios usó en la zarza ardiente cuando le dijo a Moisés quién era.

Una gran prueba de que el Padre estaba orquestando la crucifixión y muerte de su Hijo es que los soldados no se levantaron del suelo y salieron huyendo, sino que arrestaron y llevaron a crucificar a Jesús, que los acababa de derribar con su poder. Muchas veces antes de esto, otros quisieron acabar con Cristo, pero Jesús declaró en varias ocasiones: **Aún no ha llegado mi hora.**

En nuestra lectura del día de hoy en el capítulo 2 del libro de Mateo, leemos sobre esto. Herodes intentó matar al niño Jesús, del cual se dijo que sería el rey. Tras recibir las indicaciones de un ángel, José llevó a Jesús a Egipto para salvarlo, pues aún no había llegado su hora. Desde su nacimiento hasta su resurrección, Dios había trazado el destino de Jesús, y nada podría interferir. Estos eran los caminos de Dios. Los nuestros no habría permitido que el héroe muriera en la cruz. Entonces, sabiendo que los caminos de Dios no son nuestros caminos, ¿qué debemos hacer? Rendirnos a su voluntad.

---

1   Rm 7:18; 8:1; 8:8; Ga 5:19.
2   Lc 12:50; 22:28.
3   Lc 22:42.
4   Ef 5:2; Hb 9:26; 10:8-12.

En la lectura del día de hoy leemos sobre el favor de Dios, Su gracia. A pesar de que los israelitas no cumplieron el pacto que él les dio por medio de Moisés, sino que desobedecieron sus mandamientos (Jc 2:2), Dios tuvo misericordia de ellos. «*Cuando Jehová les levantaba jueces, Jehová estaba con el juez, y los libraba de manos de los enemigos mientras vivía aquel juez; porque Jehová era movido a misericordia al oírlos gemir por causa de quienes los oprimían y afligían*» (Jc 2:18).

Muchas veces no somos merecedores de las bendiciones del Señor, y aun así él nos las concede. El capítulo 60 de Isaías está lleno de promesas que demuestran su misericordia, su gracia y sus bendiciones. En Mateo 3, Dios inicia el ministerio de Jesús en la tierra, destinado a traer salvación a los hombres, no por obras humanas, sino por las obras del Padre y del Hijo. Dios declaró entonces (y también ahora): «*Este es mi Hijo amado, en quien tengo complacencia*» (Mt 3:17).

En Hechos 3, un hombre recibe sanidad por la misericordia, la gracia y las bendiciones de Dios, que se manifestaron mediante el poder del nombre de Jesús y la fe de quienes le siguen. La misericordia, la gracia y las bendiciones de Dios nos rodean, si estamos dispuestos a percibirlas. Nuestra salvación es la mayor misericordia y gracia que jamás conoceremos. A los años posteriores a nuestra salvación le siguen bendición tras bendición y gracia sobre gracia: «*De su plenitud recibimos todos, y gracia sobre gracia*» (Jn 1:16). Incluso podemos mirar hacia atrás, antes de nuestra salvación, y darnos cuenta de cómo Dios nos protegió y cuidó.

Su misericordia, su gracia y sus bendiciones fluyen desde su trono para traer bien a nuestras vidas. Sin embargo, a veces pasan desapercibidas porque no estamos espiritualmente atentos. Debemos estar conscientes y percibir por el Espíritu las maravillas que Dios hace a nuestro alrededor cada día. Se cuenta la historia de un ministro que debía asistir a una reunión importante y que en el camino se le pinchó una rueda. Se preguntaba dónde estaba la bendición de Dios, pues ahora iba a llegar tarde a la reunión. Cuando por fin pudo continuar, pasó por un accidente automovilístico fatal. Al pensar en el accidente, se dio cuenta de que, de no haber tenido el inconveniente, él podría haberse visto involucrado ese accidente y tal vez hasta habría perdido la vida.

A menudo no vemos lo que está por venir y nos preguntamos dónde están las bendiciones de Dios. Necesitamos acercarnos a él y buscar una relación con él para recibir sus bendiciones y no perder de vista ninguna de ellas. Dios siempre ha extendido su mano hacia la humanidad con misericordia, gracia y bendiciones. Nos da la salvación, que no merecemos, mediante la obra de Jesucristo en la cruz, el sacrificio hecho por nosotros, para que todos los que reciban a Jesús sean perdonados. Esta es la primera y más valiosa muestra de su misericordia hacia nosotros, pero no es la última. Dios nos bendice de muchas maneras; solo necesitamos ojos espirituales para verlas.

Hoy es el primer día del resto de mi vida. Se trata de una frase que se dice a menudo. De todos los días que le quedan a mi vida, hoy es el primero. Entonces, esto quiere decir que cuando llegue mañana será el primer día de los días que le quedan a mi vida. Parece que el día más importante de nuestras vidas es hoy y lo que hacemos en él. En el libro de Jueces, vemos que el pueblo no hizo buenas elecciones el día que les tocó vivir. Podrían haber elegido seguir cada día los mandamientos que Dios dio a sus padres por medio de Moisés, pero no lo hicieron.

Una y otra vez siguieron otro camino, yendo tras dioses ajenos, los ídolos de otras naciones. Debido a esto, Dios los entregó a estas naciones; y, en algún momento, se dieron cuenta de lo que habían hecho y clamaron a Dios. Dios envió a varios jueces para rescatarlos, pero una y otra vez se descarriaron. No podemos decir que seamos mucho mejores que ellos. La mayor parte del mundo ni siquiera busca a Jehová Dios, otros incluso no buscan a ningún dios. Muchos van tras dioses ajenos, a los que la Biblia llama ídolos; y, según se nos dice, los ídolos no son más que demonios.[1]

El engañador sigue mintiendo a los que lo escuchan. En nuestra lectura del día de hoy, en el capítulo 4 del libro de Mateo, Jesús fue llevado por el Espíritu al desierto durante cuarenta días y, al final de ese periodo, el gran engañador quiso embaucar a Jesús con sus mentiras. Es posible que lo que dijo el engañador fueran pasajes de las Escrituras, pero el significado que les dio era mentira. Jesús confrontó cada mentira con la verdad y también dijo que la verdad nos hará libres.[2] La verdad es lo que liberó a Jesús del engaño del diablo, y la verdad es lo que nos liberará del engaño que existe en el mundo. El engaño actual, presentado como verdad por un ídolo que no es más que un demonio que pretende cambiar el significado de lo que es la verdad, es el mismo que el diablo quiso utilizar con Jesús en el desierto. Necesitamos conocer la verdad para no ser engañados. Muchas veces lo que escuchamos del mundo y de los dioses ajenos suena muy bien, pero necesitamos permanecer en la palabra de Dios para saber lo que es la verdad, y en consecuencia saber lo que no lo es. El engañador siempre está intentando engañar a todos los que puede. Incluso en el caso de Jesús, se nos dice que después del encuentro en el desierto, el engañador buscó otro momento propicio.[3]

El diablo siempre nos persigue e intenta alejarnos de la verdad. Hoy, hemos visto en Hechos cómo aquellos que no tenían la verdad, los que lideraban al pueblo judío en aquel tiempo, fueron confrontados con ella mediante la curación milagrosa de un hombre de más de 40 años. Aun así, incluso cuando aparentaban saber que esto revelaba la verdad de que Jesús es el Hijo de Dios, no quisieron rendirse a Dios y trataron de alejar a otros de él, diciendo a los apóstoles que no hablaran ni enseñaran más en su nombre.

Hoy en día, aún hay muchos que dicen que no se debe hablar ni enseñar más en este nombre. Pero la verdad permanecerá hasta la eternidad con aquellos que la escuchen y la sigan, para luego ser llevados al cielo eterno a estar con Dios para siempre. Necesitamos escuchar la verdad, actuar de acuerdo con ella y permitir que obre en nosotros. Tenemos algo que los judíos en Jueces no tenían; nosotros, los redimidos, tenemos el Espíritu de verdad obrando en nuestro interior, lo que produce la renovación de nuestra mente para conocer las cosas de Dios.[4] Necesitamos permanecer en la verdad de Dios que es su palabra, y la verdad de Dios necesita entrar en nosotros.

La exposición a la Palabra es lo único que hará que esto suceda, y a medida que nos exponemos a ella, el Espíritu siembra la verdad en nosotros. Si no fuera por la obra del Padre y de Jesús en la cruz que nos provee la salvación por medio de la sangre de Cristo dándonos gratuitamente algo que no hemos ganado, estaríamos en la misma condición que los judíos que se mencionan en Jueces. Ya no tenemos que trabajar para tener una relación con Dios como lo hicieron los judíos antes de la cruz. Ahora Dios ha hecho el trabajo; solo tenemos que humillarnos para recibir el regalo gratuito de la salvación que él nos ofrece, aprovechando todo lo que conlleva. En efecto, la verdad nos hará realmente libres. Necesitamos la palabra de Dios, necesitamos su verdad, necesitamos ser liberados del gran engañador, y la verdad es lo único que nos liberará de sus mentiras.

---

1   Dt 32:16-17; 1 Co 10:19-20.
2   Jn 8:32.
3   Lc 4:13.
4   Tt 3:5.

Esperar. ¿Es algo que estamos dispuestos a hacer? ¿Nos resulta fácil hacerlo? Vivimos en una sociedad acelerada, todos tenemos prisa, y nuestros teléfonos inteligentes nos dan acceso instantáneo a lo que buscamos. Sin embargo, cuando buscamos a Dios, a pesar de que siempre está con nosotros, no responde a nuestra petición de la misma manera que lo hace nuestro teléfono inteligente. Muchas veces Dios dice **espera** o **busca** o **desear**. Muchas veces nos encontramos con él en un lugar tranquilo, silencioso, donde podemos escuchar su voz. Dios es quien controla el universo, ¿por qué actuamos como si todo dependiera de nosotros? Dios es el que debe guiarnos, ¿por qué a veces actuamos como si nosotros lo guiáramos a él? Él sabe lo que es mejor para nosotros, nosotros no. Deberíamos buscarlo a él para que determine nuestro día, sabiendo que nuestro futuro está en sus manos. Nada sucederá sin que él lo sepa.

Dios siempre está velando por nosotros; pero quizás lo que para nosotros es importante, para él no lo sea y no haga nada al respecto. Lo que sucede es que nos toma algo de tiempo voltear la cabeza para ver lo que es realmente importante. Dios siempre se está moviendo en lo que sabe que es importante para nuestras vidas, aunque a nosotros nos lleva un poco de tiempo darnos cuenta. Él puede hacer algo de forma rápida e instantánea, porque es lo que realmente necesitamos en ese momento. Otras veces, parece que se mueve muy lentamente para hacer algo que pensamos que es muy importante. A él le parece que fue ayer cuando apenas creó el universo. Lo único a lo que Jesús nos llama es a seguirle. Pero incluso antes de esto tenemos que negarnos a nosotros mismos por completo.[1]

¿Lo has logrado ya en tu vida? ¿Es Jesús realmente el Señor de tu vida, o eres tú quien todavía dirige las cosas? Lo siguiente que se nos dice es que tomemos nuestra cruz. ¿Qué significa esto? ¿Qué estaba haciendo Jesús cuando tomó su cruz? Estaba sirviendo a los demás, ayudándoles cuando necesitaban ayuda. ¿Qué les dijo Jesús a los discípulos cuando estaba con ellos? *El Hijo del hombre (...) no vino para ser servido, sino para servir y para dar su vida en rescate por todos* (Mt 20:28). Antes de que podamos seguirle, tenemos que hacer estas dos cosas: negarnos a nosotros mismos y tomar nuestra cruz. Esto es parte del proceso de acercarse a Dios. Ya hemos sido salvos, pero ¿nos hemos convertido en siervos?

Jesús dice algo interesante acerca del siervo: «*¿Quién de vosotros, teniendo un siervo que ara o apacienta ganado, al volver él del campo, luego le dice: "Pasa, siéntate a la mesa"? ¿No le dice más bien: "Prepárame la cena, cíñete y sírveme hasta que haya comido y bebido. Después de esto, come y bebe tú"? ¿Acaso da gracias al siervo porque hizo lo que se le había mandado? Pienso que no. Así también vosotros, cuando hayáis hecho todo lo que os ha sido ordenado, decid: "Siervos inútiles somos, pues lo que debíamos hacer, hicimos"*» (Lc 17:7-10). ¿Sientes en algún momento que Dios te debe algo? Un verdadero siervo sabe que su deber es hacer lo que su Señor le pide.

Debemos estar dispuestos a servir sin esperar nada, ese es nuestro servicio a nuestro Señor. En nuestra lectura del día de hoy, en el capítulo 5 del libro de Mateo, Jesús enseña el sermón del monte. No creo que su objetivo acá fuera isntruirnos sobre cómo comportarnos. En cambio, creo que Jesús estaba tratando de mostrarles a los judíos que no podían cumplir la ley. Incluso puede que algunos de ellos pensaran que si la cumplían, Dios estaría obligado a recompensarlos. Lo que Jesús intentaba demostrarles era que no podían cumplirla.

Esto era necesario para que se dieran cuenta de que realmente necesitaban la misericordia y la gracia que él les iba a traer por medio de la cruz. La única ventaja que tenían sobre nosotros los gentiles es que entendían lo que el sacrificio hace por nosotros. Ese Cordero celestial se convirtió en el sacrificio[2] de Dios que proveería el perdón para cualquier persona que acudiera a recibirlo. Somos siervos indignos que han sido salvados por la sangre del Cordero de Dios. No tenemos derecho a pensar que Dios debe respondernos enseguida. Ya hemos recibido demasiado.

---

1   Mt 16:24.
2   Ef 5:2; Hb 9:21-26.

Vengo pronto. ¿Qué significa eso para nosotros, qué nos dice? Nosotros somos los que esperamos, los que anhelamos el regreso de Cristo. Él nos dio la luz, nos mostró lo que es real, nos proveyó de una manera para vivir eternamente. A veces no nos gusta esperar. Jesús dijo que volvería: «*Vendré otra vez y os tomaré a mí mismo*» (Jn 14:3). ¿Cuántos han perdido la esperanza? ¿Cuántos no creen porque piensan que no es verdad porque han pasado muchos años? Sin embargo, ¿qué es la verdad sino la palabra de Dios?

Nuestra fe debe permanecer, debemos creer lo que Dios nos ha dicho. Todos los que somos salvos hemos tenido al menos una vez en la que sabemos que Dios tocó nuestra vida de una manera en la que nadie más podría haberlo hecho. Ese momento es una comprobación de que Dios, su Palabra y sus promesas son verdaderos. Parte de nuestra fe se construye evocando esas veces en las que Dios produjo grandes obras en nuestra vida. Recordar la manera en que Dios obró en nuestro pasado nos ayuda a confiar en él para nuestro futuro. Esos momentos del pasado son los anclajes que dan fuerza a nuestra fe en el futuro. La forma en que nuestra vida cambió después de recibir la salvación confirma que Dios es real. Si Jesús dijo que regresaría por nosotros para llevarnos al cielo a estar con él, entonces podemos estar seguros de que es verdad. Dios existe en un lugar donde no se cuentan, por así decirlo, los años que han pasado desde que Jesús se fue, eso solo tiene valor para nosotros, él no lo percibe. Si nos entregamos plenamente a él, no importa cuántos años hayan pasado, lo importante es que su promesa se cumplirá.

Dios habló, y las estrellas empezaron a existir. ¿Cómo podríamos pensar que ha perdido la noción de su regreso? Este será en el momento exacto, en el día exacto y a la hora exacta. No hay misterio para Dios, él sabe cómo serán todas las cosas. No es a Dios a quien tenemos que dirigir nuestra mirada en esto, sino a nosotros mismos. Debemos fortalecer nuestra fe, y la manera de hacerlo es pasando más tiempo con él. Quizá digas que no tienes mucho tiempo para esto, entonces puede que las prioridades en tu agenda tengan que cambiar, poniendo a Dios en primer lugar, para pasar más tiempo con él, aunque tengas que dejar algo en segundo lugar.

Otra cosa que ayudará a que tu fe crezca es leer más su Palabra. No se trata de algo intelectual, sino de algo espiritual. No nos exponemos a palabras áridas que están impresas en una página; las palabras de Dios están vivas, se mueven y son activas. Entran en nuestras vidas, mueven nuestro corazón, alimentan nuestro espíritu. Esto edifica la fe y lo más interesante es que cuanto más se edifica nuestra fe, más queremos hacer estas cosas. ¿Cuánto aumentará nuestra fe con simplemente oír esta corta frase: «*Mayor es el que está en vosotros que el que está en el mundo*» (1 Jn 4:4)? Pero si no te sumerges en la Palabra de Dios, no la escucharás.

Algunas personas me han dicho que han leído la Biblia y que recuerdan lo que hay en ella. Tal vez puedan recordar más que yo, pero Dios sabe más que ellos. Dios nos revela su verdad de una manera que fortalecerá nuestras vidas, nos revela más y más cada vez que la leemos. Algunas cosas estarán ocultas de nosotros hasta que Dios decida revelarlas; él siempre tendrá más para nosotros cada vez que vayamos a su Palabra. Él es fiel y verdadero y hará lo que dice. Jesús vendrá para llevarnos con él. Los libros de los profetas están llenos de sus palabras. A medida que leemos en el Nuevo Testamento empezamos a conocer lo que decían los profetas hace muchos años. Un pasaje de la Palabra de Dios respalda a otro, confirmando la verdad de la Palabra. En nuestra lectura del día de hoy en Mateo, Jesús nos habla de tener fe y nos pide que creamos al decirnos: «*¿No es la vida más que el alimento y el cuerpo más que el vestido?*» (Mt 6:25).

La vida es más que las cosas que vemos, hay una vida espiritual que es eterna. Jesús nos está diciendo aquí que no nos preocupemos tanto por lo temporal. La comida y la ropa son solo para nuestro cuerpo que un día morirá, pero nosotros viviremos con Dios. Jesús está tratando de hacernos ver que lo que tiene más valor para nosotros viene por la fe. Debemos tener fe y esperar. Al respecto, Jesús dice: «*Así que no os angustiéis por el día de mañana, porque el día de mañana traerá su propia preocupación. Basta a cada día su propio mal*» (Mt 6:34).

El que está conmigo, está para mí. ¿Recuerdas que Jesús dijo esto? Algunas cosas las sabemos por cómo Jesús declara lo contrario: «*El que no está conmigo, está contra mí*» (Mt 12:30; Lc 11:23). Si esto es verdad, entonces **el que está conmigo, está para mí** también lo es. La palabra de Dios es mucho más que lo que está impreso en la página. En este caso vemos algo impreso en la página, pero gracias a ello sabemos que hay dos cosas que son ciertas. Si leemos la palabra de Dios y confiamos en que el Espíritu Santo nos ayudará a aprender[1] de estas palabras, él comenzará a mostrarnos cosas que son más profundas de lo que vimos al principio.[2]

Dios es tan sabio en sus obras que algunas de las cosas que ha escrito contienen varias verdades diferentes. Otra cosa acerca de la Palabra de Dios es que es viva y eficaz.[3] Lo que aparece impreso en la página solo nos muestra aquella palabra viva que no puede ser impresa en una página. Si estamos dispuestos y lo deseamos, Dios nos mostrará algo nuevo cada vez que abramos su Palabra, aunque se trate de versículos que ya hemos leído antes y que creíamos conocer. ¿Cómo podemos darle valor a la Palabra de Dios? No me refiero a la palabra impresa, la Biblia. Hablo de la palabra que en el principio salió de la boca de Dios.

¿Qué grandes cosas han sucedido, qué gran verdad hemos oído del cielo, qué gran consuelo y libertad nos han traído esas palabras? Estas palabras son el corazón mismo de Dios alcanzando los corazones de su pueblo. Si te preguntas cómo esas palabras pueden estar vivas, ¿alguna vez has estado leyendo un versículo, y algo grandioso y profundo tocó tu corazón? ¿No fueron las palabras vivas de Dios las que se movieron en ti? Otra cosa acerca de la palabra de Dios es que al ser viva tiene autoridad en toda la creación y en todo el universo: «*En el tiempo antiguo fueron hechos por la palabra de Dios los cielos y también la tierra (...). Pero los cielos y la tierra que existen ahora están reservados por la misma palabra*» (2 P 3:5, 7).

La Palabra de Dios no es lo que unos hombres escribieron en una hoja, sino que son las mismas palabras de Dios puestas en los corazones de hombres que las escribieron lo mejor que pudieron en una hoja.[4] ¿Dios nos habla claramente con palabras? A veces creo que sí, pero también hay ocasiones en que el corazón del hombre recibe un pensamiento. Hay veces en que oigo lo que Dios quiere decirme acerca de algo. Hay otras ocasiones, muy extrañas, en que Dios me da la comprensión plena de algo, pero soy yo quien debe ponerle palabras, porque llegó sin palabras.

Ninguna de las palabras que Dios ha escrito será invalidada por lo que he escuchado en mi interior; si no concuerda de algún modo, entonces no proviene del Espíritu de Dios y no le doy ningún valor. Dios quiere comunicarse con nosotros, quiere que le. A veces, lo hace por medio de su Palabra impresa; otras, habla directamente a nuestro corazón. Dios ha querido tener comunión con la humanidad desde el principio: «*Luego oyeron la voz de Jehová Dios que se paseaba por el huerto, al aire del día (...). Jehová Dios llamó al hombre, y le preguntó: "¿Dónde estás?"*» (Gn 3:8-9). Él quiere que nos acerquemos a él, que le hablemos, que conversemos con él.

En nuestra lectura del día de hoy del capítulo 7 del libro de Mateo, Jesús termina el sermón del monte diciendo: «*Pedid, y se os dará; buscad, y hallaréis; llamad, y se os abrirá, porque todo aquel que pide, recibe; y el que busca, halla; y al que llama, se le abrirá*» (Mt 7:7-8). Cuando tus hijos vienen a pedirte algo, ¿no quieres que pasen más tiempo contigo, aparte del que necesitan para pedir lo que quieren? ¿Será distinto con Dios? Debemos ir a él, debemos pedirle, pero también debemos visitarlo y tener comunión con él. Te invito a pasar un tiempo con Dios, deja que te hable su Palabra para que puedas ver algo que no has visto antes.

---

1   Jn 14:26.
2   Dn 2:20-22.
3   Hb 4:12.
4   2 Tm 3:16.

Estoy aquí, ¿me oyes?. Estoy seguro de que Dios me dice lo mismo muchas veces cuando no lo oigo. Quisiera saber si prestamos la atención que deberíamos a escuchar a Dios. A nuestro alrededor, el mundo bulle y se apodera de nuestra atención. Puede que en los días de Cristo fuera igual. Tal vez no con la prisa que tenemos hoy, pero como en aquellos días uno se tardaba mucho más en hacer algo, siempre había más cosas por hacer.

Estamos demasiado ocupados, por lo que a veces Dios tiene problemas para hablarnos. Tenemos que tomarnos un tiempo para escuchar lo que nos está diciendo, o tal vez llegar a ese punto en el que podamos estar siempre atentos a oír su voz. Escuchar a Dios es importante, más importante que cualquier otra cosa que estemos haciendo. Debido a lo ocupados que estamos, olvidamos cuán importante es esto. Vamos a trabajar para ganarnos la vida —o cualquier otra cosa que tenga que ver con la vida—; si no trabajamos no comemos. Por supuesto, todo esto tiene que darse para que podamos vivir en este mundo. La pregunta que tenemos que hacernos es: **¿Dónde vamos a vivir más tiempo?.** Personalmente, creo que donde más voy a vivir es en el cielo, porque la vida que llevo aquí es corta.

Pero que la vida acá no sea extensa, no significa que deba ignorarla; aunque sea corta en comparación con el cielo, debo dedicarle atención mientras esté aquí. Las cosas de aquí son importantes, pero las palabras de Dios son eternas. Mientras estás en el trabajo, ¿cuántas veces entablas una conversación con tu compañero de trabajo?

Con Dios es incluso más sencillo, porque él puede oír tus pensamientos y responderte hablando en tu interior con su suave voz. Somos criaturas de hábitos, si practicamos hablar con Dios durante nuestro día, se convertirá en un hábito con el tiempo. Qué maravilloso es pedirle ayuda a Dios en algo a lo largo del día, agradecerle por lo que acaba de suceder, hablarle de aquello que está en nuestro corazón. Con los años he ganado tanta confianza de que Dios me escucha, que cuando pierdo mi destornillador o no recuerdo donde dejé mi martillo, se lo pregunto y, a menudo, en el siguiente lugar donde pongo la mirada, lo encuentro.

Si tu padre y tú estuvieran trabajando juntos durante el día, ¿pasarías el día sin hablarle o sin escuchar lo que te dice? Lo mismo sucede con nuestro Padre celestial. Él quiere conversar con nosotros sobre cosas grandiosas, tanto del futuro como del momento en que nos encontramos. En el capítulo 6 de Jueces, leemos acerca de Gedeón, quien escuchó las palabras de Dios y respondió. Hay una cosa interesante en nuestra lectura del día de hoy en el libro de Mateo. Jesús está hablando y enseñando a Israel, cuando llega un extranjero que, al parecer, había oído hablar a Jesús (o sobre él) y estaba dispuesto a creer en él.

Este hombre se acercó creyendo que Jesús podía ayudarlo a resolver sus problemas. Si creemos que Jesús puede ayudarnos con nuestras necesidades, ¿no deberíamos hablarle con más frecuencia y escuchar su respuesta? Dios no hará nada fuera de su voluntad, pero si está dentro de ella, él escucha. Dios quiere una relación con nosotros, eso no sucederá cuando oramos o escuchamos solo de vez en cuando. Una relación tiene lugar cuando pasamos mucho tiempo juntos. De la misma manera que escucharías y hablarías con tu padre terrenal cuando pasas un día con él, también escucha y habla con tu Padre celestial mientras pasas el día de hoy con él.

¿Adónde te diriges? ¿Lo sabes? Dios nos llama a todos a él, pues tiene la ayuda que necesitamos. ¿Acudes a él para obtenerla? Vivimos ocupados haciendo cosas en este mundo, pero ¿tenemos los ojos puestos en aquel mundo que será eterno? Somos transformados cuando llegamos a la realidad del mundo eterno y lo vemos como nuestra meta.[1] El cielo eterno con Dios comienza a hacerse más brillante a nuestros ojos; en tanto, este mundo se hace más tenue.

Dios quiere que nos acerquemos cada vez más a él. Jesús pasó tres años tratando de transmitirnos esto y envió después de sí a quienes escribirían acerca de él y de Dios. Dios es un Dios de amor, él quiere cosas para nosotros que son aún más grandes de lo que podríamos imaginar. Todo lo que venga después de nuestra salvación será inferior a ella, sin importar lo grande que parezca. El darnos la salvación a los que somos indignos es el acto más glorioso de toda la eternidad. Existen cosas grandiosas en la eternidad, pero ninguna se compara con las obras que Dios hizo en sí mismo para proveer redención a personas que no lo merecían. Hemos recibido un gran regalo, algo que ninguno de nosotros puede pagar de ninguna manera. Conforme comprendamos la realidad de la grandeza de nuestra salvación, nos acercaremos más y más a Dios.

Nuestra gratitud y nuestra adoración aumentarán. Desearemos pasar más tiempo con él y en su Palabra. Dios es amor, no existe una mejor definición del amor. Al mundo le gusta creer que saben lo que es el amor, incluso tratando de decir que el amor terrenal que tienen es bueno. Cuán equivocados están. El amor ha existido antes del principio y seguirá existiendo mucho después de que termine todo. La eternidad está llena de amor, llena de Dios, que es amor.[2] Se puede pensar en Dios en toda su grandeza, pero no podemos separar ninguna de sus cualidades de su amor.

Fue en la creación, cuando Dios hizo al hombre, que él dijo no es bueno que el hombre esté solo, por lo que le dio una mujer.[3] El amor es lo que trae el final, y todos los que van a él serán llevados al cielo para estar en su presencia para siempre. Podemos ver en nuestra lectura del capítulo 6 del libro de Mateo la manera en que Jesús muestra su amor una y otra vez. Primero, leemos cómo, por amor, sana a un paralítico que había sido traído por cuatro hombres que creían que Jesús lo curaría. Luego, vemos a Jesús llamar a Mateo, el recaudador de impuestos, a quien ningún judío tenía en alta estima. Sin embargo, Jesús lo llama a seguirlo e incluso está dispuesto a entrar en su casa y comer con él. Jesús dice que ha venido a ayudar a aquellos que están enfermos de pecado.

A continuación, trata de ayudarles a entrar en lo nuevo que él les está trayendo, diciendo que lo nuevo que les ha traído no puede colocarse en lo viejo. Luego, en su amor, bendice a una mujer que vino a él buscando sanidad; ella fue curada con tan solo tocar el borde de su manto. Consciente del poder que había salido de él, Jesús pregunta quién le tocó y envía a la mujer en paz. Justo antes de que la mujer fuera sanada, un jefe de la sinagoga le pidió a Jesús que fuera a ver a su hija, que acababa de morir, para devolverle la vida.

Jesús va a casa de aquel hombre, se acerca a su hija, le pide a la niña que se levante, y el espíritu de la niña vuelve y ella se levanta. El amor de Jesús sigue su curso cuando cura a dos ciegos. A continuación, le traen a un mudo endemoniado, Jesús expulsa al demonio, y el mudo habla. El amor de Jesús continúa revelándose, y se nos dice: «*Recorría Jesús todas las ciudades y aldeas, enseñando en las sinagogas de ellos, predicando el evangelio del Reino y sanando toda enfermedad y toda dolencia en el pueblo. Al ver las multitudes tuvo compasión de ellas, porque estaban desamparadas y dispersas como ovejas que no tienen pastor*» (Mt 9:35-36). Jesús es ese amor de Dios, es quien fue enviado a nosotros a morir por nosotros para que a través del mayor regalo de todos, el regalo de la salvación, podamos estar con Dios por la eternidad.

---

1   Jn 3:15, 12:25.
2   Jn 14:23, 15:9, 15:13; Rm 5:5-8; Ef 2:4, 3:19; 1 Jn 3:1, 3:16, 4:9-10, 4:16; Jds 1:21.
3   Gn 2:18.

Eres amable, amoroso y bueno, ¿cuántas veces le dices esto al Señor? Incluso si es solo un pensamiento que sale de tu corazón, él lo escuchará. ¿Comprendemos realmente lo que nos ha dado? Sé que no comprendo del todo sus bendiciones para mí. Siempre hay mucho más de lo que alcanzo a ver. Su favor nunca se acaba, nunca escasea. ¿Conoceremos alguna vez la grandeza de lo que Dios es para nosotros? Estoy convencido de que cuando llegue al cielo lo sabré, pero mientras esté en esta morada de carne y hueso, no podré comprenderlo. Cuando empezamos a conocer lo grande que es Dios, ciertas cosas en esta vida empiezan a perder importancia.

Él es mi todo, es mi sustancia y lo que necesito, es mi fundamento seguro, es mi creador y Aquel que cuida de mí. Él tiene todo lo que necesito y todo lo que tengo es de él. Algunos han dicho que él es más importante que el aire que respiramos. ¿Es así de importante para ti? Creo que una de las cosas más importantes que necesitamos para nuestro crecimiento espiritual es ese deseo profundo en nuestros corazones de tener más de él. Debemos anhelarlo y, como Juan el Bautista, decir: «*Es necesario que él crezca, y que yo disminuya*» (Jn 3:30). Cuanto mayor sea la presencia de Cristo en nuestras vidas, mayores serán las victorias que obtendremos. ¿Te imaginas el enorme deseo de Cornelio del que leímos hoy en el capítulo 10 de Hechos?

He aquí un forastero. Nada hace pensar que sea un prosélito. Es más, forma parte del ejército romano invasor. Sin embargo, su anhelo y su devoción por Dios eran grandes. Dios envía a un ángel para que le hable, y da instrucciones a Pedro para que acuda a él sin prejuicios. ¿Es posible decir que tenemos siquiera la décima parte de la avidez que tenía Cornelio? Puede que algunos la tengan, pero no creo que yo sea uno de ellos. Anhelar a Dios, querer servirle y adorarle son deseos extraordinarios que debemos despertar en nuestro interior, en nuestro corazón y en nuestra alma.

A medida que crecemos espiritualmente descubrimos en nuestros corazones que las cosas que nos conciernen a nosotros o son para nosotros se vuelven menos importantes en nuestra relación con Dios, y las cosas que le conciernen a él y son para él se vuelven más importantes. Él es nuestro verdadero Padre. El apóstol Juan nos dice que hemos llegado a ser hijos de Dios: «*Mas a todos los que lo recibieron, a quienes creen en su nombre, les dio potestad de ser hechos hijos de Dios. Estos no nacieron de sangre, ni por voluntad de carne, ni por voluntad de varón, sino de Dios*» (Jn 1:12-13).

Me imagino a una niña pequeña que piensa que su papá es el mejor de todos y que puede hacer cualquier cosa. Tenemos que llegar a ser como esa niña, debemos pensar que nuestro Padre celestial es el más grande de todos y que puede hacer cualquier cosa. ¿Te sientes más cerca de Dios? ¿Puedes decir: **Eres amable, y hermoso, y bueno?**

«Yo soy el camino, la verdad y la vida; nadie viene al Padre, sino por mí» (Jn 14:6). El mundo no quiere oír esto, sino que prefiere ir por otro camino. Algunos no creen que exista ningún dios y se endiosan a sí mismos. Creer o no creer no hace ninguna diferencia, Dios no existe solo porque yo crea que existe. Él existe; y a mí me toca creerlo o no. Dios nos ha alcanzado, y nosotros hemos respondido creyéndole y aceptando a Jesucristo en nuestras vidas. Hacemos todo lo posible por cumplir con el llamado de seguir a Jesús. Leemos su Palabra y oramos. Pero hay un lugar más profundo al que debemos llegar: estar en el Espíritu.

El Espíritu de Dios nace en nosotros en el momento de la salvación, en esto consiste el renacimiento o el nuevo nacimiento. Jesús le explicó esto a Nicodemo: *«De cierto, de cierto te digo que el que no nace de agua y del Espíritu no puede entrar en el reino de Dios. Lo que nace de la carne, carne es; y lo que nace del Espíritu, espíritu es»* (Jn 3:5-6). Para vivir necesitamos nacer de la carne, todo el mundo tiene la vida de esta manera. Pero Jesús dijo que si queremos llegar al reino de Dios, debemos nacer también del Espíritu.

En la carne, es decir, por nuestras propias acciones e intelecto, podemos en cierto modo hacer las cosas que Jesús dijo que hiciéramos entre los hombres. Sin embargo, necesitamos que esa parte nueva que Dios nos ha dado, además de la que ya teníamos, esté operando; necesitamos que el Espíritu que ahora también ha nacido en nosotros esté operando. Es fácil decirnos a nosotros mismos que vamos a hacer algo por Dios y luego salir a cumplirlo. Necesitamos confiar en que el Espíritu Santo dentro de nosotros nos acompañará y nos guiará en lo que vamos a hacer. Cuando te dispones a hacer algo, ¿sientes que el Espíritu Santo te guía en esa dirección?

Si lo hace, ¿sigues atento al Espíritu Santo mientras posiblemente buscas escuchar instrucciones más detalladas? Esto es lo que nos diferencia del mundo. Podríamos haber obtenido la salvación de Dios y, al final de una vida normal, Dios nos habría arrebatado al cielo. Pero no es así, tenemos algo nuevo en nuestro interior, algo que nunca antes habíamos tenido.[1] Aquello que pertenece a Dios está ahora en nosotros. Somos diferentes del mundo que nos rodea. Si escuchamos en nuestro interior, encontraremos algo nuevo que nos guía y nos cambia.[2] Dios planifica muy bien todas las cosas, basta con mirar el universo. Él quiere planificar las cosas que suceden en su reino aquí en la tierra,[3] ¿estás escuchando su guía? ¿Sabes en qué parte de ese reino quiere que trabajes y qué desea que hagas?

Debemos buscar estas cosas, pues no surgen de la nada. Si Pedro no hubiera prestado atención a lo que leímos ayer en Hechos 10, ¿crees que hubiera escuchado a Dios? ¿Piensas que Dios simplemente hubiera impuesto esta visión a Pedro? En Hechos, leemos que Pedro subió a orar a la azotea. Pedro dedicaba tiempo a Dios, a hablar con él, a escucharlo, a estar en su presencia. Dios estaba con él, el Espíritu de Dios lo estaba guiando. Él podría haber decidido hacer algo para Dios ese día, y estar ocupado en eso en lugar de pasar tiempo con Dios y buscar su guía y su voz.

Pero si Pedro hubiera hecho esto, se habría perdido el mensaje que Dios tenía para él, no habría visto a los tres hombres a la puerta, y no habría llevado al redil a otras ovejas (Jn 10:16). El día de hoy, en Hechos 11, Pedro es confrontado por otros judíos que quieren saber por qué razón entró en la casa de un gentil. ¿Crees que la respuesta de Pedro hubiera sido contundente si solo hubiera decidido hacer eso por su cuenta ese día? Pedro recibió una respuesta muy buena de parte de Dios al punto que los convenció de tal manera que se regocijaron. Necesitamos darle al Espíritu de Dios la oportunidad de guiarnos y dirigirnos.

---

1   Jn 3:8, 6:63; Rm 8:11; 2 Co 3:6.
2   Tt 3:5.
3   Col 1:13.

He aquí la verdad, Jesús es el mismo ayer, hoy y mañana.[1] Siempre ama, siempre salva a los que van a él, siempre protege a los suyos. Jesús ha invertido mucho en nosotros. Somos su posesión más querida.[2] Él es el camino, la verdad y la vida. La bondad y el amor son sus caminos y quiere conducirnos a cosas buenas. Somos hijos del Padre, y Jesús es nuestro hermano mayor.[3]

En nuestra lectura del día de hoy, en el capítulo 12 del libro de Mateo, Jesús está tratando de ayudar a los judíos a que lo entiendan. Jesús quiere ayudarlos a saber que el sabbat de Dios tiene que ver con el amor, no con la dureza de la ley. Vemos que lo que Jesús siempre hizo a lo largo de su ministerio de tres años fue sanar a quienes acudían a él: *«Entonces dijo a aquel hombre: "Extiende tu mano". Él la extendió y le fue restaurada sana como la otra. (...) Cuando Jesús supo esto, se retiró de allí. Lo siguió mucha gente, y sanaba a todos. (...) Entonces le llevaron un endemoniado, ciego y mudo; y lo sanó, de tal manera que el ciego y mudo veía y hablaba»* (Mt 12:13, 15, 22).

Necesitamos oír las palabras de Isaías en el libro de Mateo: *«Este es mi siervo, a quien he escogido; mi amado, en quien se agrada mi alma. Pondré mi Espíritu sobre él, y a los gentiles anunciará juicio. No contenderá, ni voceará, ni nadie oirá en las calles su voz. La caña cascada no quebrará y el pábilo que humea no apagará, hasta que haga triunfar el juicio. En su nombre esperarán los gentiles»* (Mt 12:18-21; Is 42:1-4).

Esta profecía nos habla de cómo iba a ser Jesús, y en Mateo podemos ver que es un Salvador amoroso, podemos ver que el Padre confirmó estas palabras. En la mitad del versículo 18 leemos: *«mi amado, en quien se agrada mi alma»*. En dos ocasiones durante el ministerio de Jesús, el Padre desde el cielo pronuncia casi las mismas palabras: *«Este es mi Hijo amado, en quien tengo complacencia»* (Mt 3:17; Mc 1:11; Lc 3:22), y *«Este es mi Hijo amado, en quien tengo complacencia; a él oíd»* (Mt 17:5; cf. Mc 9:7; Lc 9:35).

Jesús es Aquel en quien podemos confiar, así cuando estuvo en la tierra y ahora en el cielo. Él siempre estará obrando el bien para nosotros, aunque no lo veamos. En ocasiones no queremos ver lo que está haciendo en nuestra vida. A veces no podemos verlo porque estamos distraídos en otras cosas. Pero él siempre está obrando bien para nosotros: *«En la casa de mi Padre muchas moradas hay; si así no fuera, yo os lo hubiera dicho; voy, pues, a preparar lugar para vosotros»* (Jn 14:2).

Jesús siempre está velando por nosotros, obrando en nuestro favor. Todo comenzó cuando Jesús renunció a su lugar en el cielo para venir a la tierra,[4] continuó en su ministerio en favor nuestro al morir en la cruz por nosotros, y ahora sigue cuidando de nosotros desde el cielo. Necesitamos acercarnos a Jesús, mientras más cerca estemos mejor le oiremos. Nuestro amor por él debe ser como el de María Magdalena: *«María, la cual, sentándose a los pies de Jesús, oía su palabra»* (Lc 10:39). Jesús nos llama, quiere que nos acerquemos él. Espero que hoy puedas dedicar un tiempo a acercarte a Jesús.

---

1   Hb 13:8.
2   1 Co 6:20, 7:23; Hch 20:28; Ef 1:11-14.
3   Rm 8:29.
4   Flp 2:5-8; 2 Co 8:9.

He venido a llevarte a una mejor vida. ¿En qué consiste esa mejor vida? Seguramente pensamos de inmediato en un buen lugar donde vivir, un buen trabajo, una buena familia, un buen grupo de personas dentro nuestra iglesia. Es cierto, estas cosas son buenas, pero veamos lo que Jesús les dijo a sus discípulos: «*De cierto os digo que no hay nadie que haya dejado casa, o hermanos, o hermanas, o padre, o madre, o mujer, o hijos, o tierras, por causa de mí y del evangelio, que no reciba cien veces más ahora en este tiempo: casas, hermanos, hermanas, madres, hijos y tierras, aunque con persecuciones*» (Mc 10:29-30).

Se trata de una buena promesa, todas las cosas buenas que deseamos. Un momento, ¡¿qué hace la palabra «persecución» en esta lista?! Jesús nos ofrece muchas cosas buenas en esta vida, pero ¿qué es lo que nos promete si creemos en él?: «*Todo aquel que vive y cree en mí, no morirá eternamente*» (Jn 11:26), «*Para que todo aquel que en él cree no se pierda, sino que tenga vida eterna*» (Jn 3:15). El mundo en que vivimos tendrá sus problemas, nos tocará enfrentarnos a algunos y librarnos de otros.

Con esto no quiero decir que las bendiciones de Dios no estarán con nosotros mientras vivamos en la tierra, simplemente quiero decir que el mundo en el que vivimos no es perfecto. Muchas veces nuestras emociones y pensamientos nos atraen a esta vida sin ser conscientes de la verdadera vida a la que pertenecemos y que nos llevará a la eternidad. Hemos nacido para una vida que es eterna. En comparación con la eternidad, esta vida pasa volando y desaparece. Si esta vida pasa tan rápido, ¿dónde debería estar nuestra atención? Mientras estamos en este mundo, Jesús nos ofrece una vida mejor, pero ¿dónde se encuentra realmente esa vida mejor?

En nuestra lectura del día de hoy, en el capítulo 13 del libro Hechos, Pablo comienza a hablar en el versículo 16 de las cosas buenas que Dios hizo por el pueblo de Israel. Luego los remite a lo más importante, a que Jesús les ha traído lo más grande, que por medio de él se proclama a todos el perdón de los pecados —eso que la ley no brinda—: «*Y que de todo aquello de que no pudisteis ser justificados por la ley de Moisés, en él es justificado todo aquel que cree*» (Hch 13:39).

Aquí, Pablo está hablando del camino a la salvación, aquello que es realmente mejor, la vida eterna, que es algo muy superior y más maravilloso que lo que experimentamos en este mundo. Como hemos creído gracias al testimonio de los primeros discípulos, las promesas que les fueron dadas a ellos también nos han sido dadas a nosotros.[1]

Jesús dice en Mateo 13:11: «*Porque a vosotros os es dado saber los misterios del reino de los cielos*». A lo largo de todo el capítulo 13, Jesús habla del reino de los cielos, ese lugar de vida eterna. Sin dudarlo, la vida eterna es una mejor vida. Se nos dice esto acerca del cielo: «*Dios mismo estará con ellos como su Dios. Enjugará Dios toda lágrima de los ojos de ellos; y ya no habrá más muerte, ni habrá más llanto ni clamor ni dolor, porque las primeras cosas ya pasaron*» (Ap 21:3-4).

Sin duda se trata de una mejor vida, pero es fácil distraerse con las cosas que suceden en este mundo en el que vivimos. Necesitamos encontrar un lugar firme dentro de nosotros que nos mantenga enfocados en esa mejor vida. Esto es lo que se nos dice: «*Cuando estas cosas comiencen a suceder, erguíos y levantad vuestra cabeza, porque vuestra redención está cerca*» (Lc 21:28). Puede que estas cosas aún no estén sucediendo, pero necesitamos mantener nuestra vista en el cielo, porque allí es donde está nuestra verdadera vida, una vida mejor.

---

1   Jn 17:20.

Jesús es nuestro proveedor, quien conoce nuestras necesidades. El sí que nos da todo lo que necesitamos. En cuanto recibimos la salvación, cuida de nosotros. Tal vez pensemos que a veces no lo hace, pero ¿es posible que en ese momento no sepamos lo que realmente necesitamos? Y es entonces cuando deberíamos considerar cuál es nuestra necesidad que va mucho más allá en el futuro. Puede haber algo que pensemos que Jesús debería proveer o hacer en nuestra vida actual, pero deberíamos ser conscientes de que esta circunstancia quizás guarde relación con proveer aquello que necesitaremos en el cielo. Como ya he mencionado antes, nuestra necesidad más importante está relacionada con la eternidad. Ahora volvamos a cómo Jesús cuida de nosotros aquí en la tierra.

En primer lugar, Jesús es nuestro amo —un buen amo—, y nosotros somos sus siervos. ¿Qué amo que sea bueno de verdad no cuida bien de sus siervos? Vayamos un poco más lejos, si en realidad reconocemos la verdad de lo que los escritos originales nos dicen, nos encontramos con que estábamos en deuda y no podíamos librarnos del castigo por el pecado, Jesús nos sacó de esta situación pagando por nosotros con su sangre. «no sois vuestros (...), pues habéis sido comprados por precio» (1 Co 6:19-20) y «Digno eres de tomar el libro y de abrir sus sellos, porque tú fuiste inmolado, y con tu sangre nos has redimido para Dios, de todo linaje, lengua, pueblo y nación» (Ap 5:9).

Es necesario que entendamos que como no pudimos pagar el precio por nuestros pecados, cuando Jesús lo pagó nos convertimos en su propiedad, en sus esclavos, y él es el dueño de nuestras vidas. Si es verdad que le pertenecemos, ¿qué buen amo no se aseguraría de que sus esclavos estén bien cuidados? Generalmente cuando hablamos de ser esclavos, esto conlleva un pensamiento negativo. Sin embargo, ser esclavos de Jesús debería provocar un pensamiento positivo porque ahora le pertenecemos y él se encarga de que tengamos todo lo necesario. En nuestra lectura del día de hoy leemos acerca de la alimentación de los cinco mil.

Había gente que había caminado (algunos incluso corrieron) para ir a escuchar lo que Jesús tenía que decirles. Por primera vez en mucho tiempo, alguien les hablaba palabras de parte de Dios y tocaba sus corazones.[1] Jesús les enseñó hasta el anochecer. Estas personas, más de cinco mil, habían recorrido un largo camino a pie, se habían quedado todo el día y ahora tenían una necesidad. Es muy difícil que alguien pudiera hacer algo para satisfacer el hambre de estos miles de personas. ¿Cuántas veces pensamos que Jesús no puede ayudarnos por la magnitud de nuestra necesidad?

Los discípulos piensan como nosotros: «El lugar es desierto y la hora ya avanzada. Despide a la multitud para que vayan por las aldeas y compren algo de comer» (Mt 14:15). Pensamos que nuestra necesidad es grande y buscamos formas convencionales de satisfacerla. ¿Qué hizo Jesús? «Entonces mandó a la gente recostarse sobre la hierba; y tomando los cinco panes y los dos peces, y levantando los ojos al cielo, bendijo, y partió y dio los panes a los discípulos, y los discípulos a la multitud. Comieron todos y se saciaron; y recogieron lo que sobró de los pedazos, doce cestas llenas» (Mt 14:19-20). Al ver la necesidad de esta multitud y a Jesús supliéndola, ¿piensas que Jesús no puede suplir la tuya? Si lees el versículo 14, verás que Jesús no solo les dio de comer, sino que también curó a los enfermos. Si tienes una necesidad y te vuelves a aquel que tiene lo que nadie más para ayudarte, ten por seguro que tu necesidad no le resultará más grande que la de los cinco mil.

---

1   Mc 6:32-24.

Voy por ti. ¿En verdad eres capaz de entender esto? Todos sabemos por nuestro conocimiento de las escrituras que Jesús regresará por nosotros. Habrá quienes serán tomados del lugar en que se encuentren cuando Jesús regrese, durante el transcurso de sus vidas.[1] Para la mayoría de nosotros, en cambio, Jesús vendrá en el momento en que exhalemos nuestro último aliento en esta tierra. Sea como sea, ¿sabe tu corazón, tu ser interior, que esto es una realidad? Jesús nos dijo lo siguiente: *«Y si me voy y os preparo lugar, vendré otra vez y os tomaré a mí mismo»* (Jn 14:3). Conforme avanza nuestra vida en este mundo, es fácil perder de vista este aspecto tan importante al que está ligada nuestra vida cristiana. Vivimos tan ocupados en esta vida que la realidad del cielo, ese lugar permanente al que todos iremos, se pierde en la neblina de nuestras mentes. Miramos y contamos cada momento, cada hora, cada día que pasa sin darnos cuenta de que toda nuestra vida habrá terminado antes de que nos demos cuenta. Debemos encontrar nuestra seguridad en el cielo y en el Dios que vive allí.

Si hacemos este ajuste, no estaremos tan preocupados por las cosas que suceden aquí en la tierra, porque sabremos en nuestro corazón dónde esta nuestra morada eterna. No es difícil vivir cada día para el Señor cuando tenemos nuestras vidas ancladas en el cielo. Aunque caminemos sobre el suelo firme de esta tierra, es algo temporal.[2] Debemos estar seguros de lo que rige nuestras vidas. Es sencillo quedar atado a las cosas que nos rodean en esta tierra y que nuestra vida gire en torno a algo terrenal, en lugar de girar en torno al cielo, donde todos los que somos salvos iremos algún día. Jesús quiso señalarnos el cielo y al Padre que mora allí. Sí que debemos prestar atención a las cosas de nuestra vida terrenal, eso es gran parte de lo que Jesús y los apóstoles nos enseñaron, pero estas no son más que cosas que hacemos mientras transcurre nuestro corto tiempo en la tierra.

Y mientras hacemos todas estas cosas, sin perder de vista cómo Jesús nos enseñó a vivir, debemos ser constantemente conscientes, en lo más profundo de nuestro ser, de que somos del cielo. Pablo nos dice: *«Pero nuestra ciudadanía está en los cielos, de donde también esperamos al Salvador, al Señor Jesucristo. Él transformará nuestro cuerpo mortal en un cuerpo glorioso semejante al suyo»* (Flp 3:20-21). Observa hacia dónde se dirige tu vida; vamos hacia un lugar glorioso, mucho más de lo que podemos imaginar. Dios intenta hablarnos del cielo. Con todo lo que trata de revelarnos, yo creo que lo que cada uno de nosotros encontrará al llegar será mucho más grande de lo que podemos entender ahora. En nuestra lectura del día de hoy, el concilio de Jerusalén discutía sobre la situación de los gentiles. Había judíos que tenían problemas en dejar la ley completamente; decían que los gentiles tenían que ser circuncidados.

Fue una discusión muy extensa, pero perdieron de vista que lo más importante es que somos ciudadanos del cielo. ¿Consideramos que llegaremos al cielo como una parte importante de nuestras vidas? Podemos discutir todo el día sobre la manera en que deberíamos vivir como cristianos, pero ¿qué valor real tiene lo que discutimos si no se trata de nuestro vínculo con el cielo? Podemos pasar mucho tiempo asegurándonos de que vivimos cada día como es debido, pero si no es con los ojos puestos en el cielo y en estar con Dios, ¿qué valor tiene? Jacobo cita un versículo que parece decir más: *«Después de esto volveré y reedificaré el tabernáculo de David, que está caído; y repararé sus ruinas, y lo volveré a levantar»* (Hch 15:16). ¿Quién es el que ha reconstruido el tabernáculo de David? Jesús, quien ha construido un nuevo reino en la tierra; y nuestro futuro hogar será el cielo. Todas nuestras discusiones y peleas sobre la manera en que debemos vivir no tienen ningún valor si nuestros corazones no están puestos en el cielo.

---

1   1 Ts 4:16-17.
2   2 P 3:10, 12-13.

¿Cómo ha sido tu día? ¿Podrías decir que Dios lo bendijo? ¿Sabes en tu corazón que él desea bendecirte? ¿No sabes lo que hace falta para recibir las bendiciones de Dios? Trabajar más duro para tratar de agradar a Dios no te hará ganar sus bendiciones. A veces nos confundimos porque vemos que otros que aparentemente trabajan duro para Dios reciben muchas bendiciones. Tal vez necesitas encontrar el lugar donde ellos empezaron. No se trata de esforzarse más, sino de esforzarse menos. De hecho, tiene que llegar el momento donde nos rendimos completamente, ese es el lugar adonde Dios quiere que lleguemos. Es cuando nos rendimos totalmente a Dios que vienen las bendiciones. Dios no puede hacer mucho trabajo en nuestras vidas cuando nos esforzamos demasiado, porque estamos interfiriendo. Debemos llegar al punto de rendirnos totalmente a él para que sea él quien lo haga todo y no nosotros.

Veamos un par de ejemplos: «Jehová dijo a Gedeón: *Hay mucha gente contigo para que yo entregue a los madianitas en tus manos, pues Israel puede jactarse contra mí, diciendo: 'Mi mano me ha salvado'*» (Jc 7:2). En otra ocasión, y estando él con ellos, Dios quiso que el pueblo entrara y tomara la tierra. Ellos rehusaron hacerlo, y más tarde quisieron hacerlo cuando Dios les dijo que no fueran porque no estaría con ellos: «*Se levantaron muy de mañana y subieron a la cumbre del monte, diciendo: "Aquí estamos para subir al lugar del cual ha hablado Jehová, porque hemos pecado". Moisés les respondió: "¿Por qué quebrantáis el mandamiento de Jehová? Esto tampoco os saldrá bien. (...) pues Jehová no estará con vosotros, por cuanto os habéis negado a seguirlo. (...) Entonces descendieron el amalecita y el cananeo que habitaban en aquel monte, los hirieron, los derrotaron y los persiguieron hasta Horma*» (Nm 14:40-41, 43, 45).

Debe ser Dios quien está al mando y quien se mueve en nosotros. Al principio mencioné a aquellos que aparentan estar trabajando duro para Dios y recibiendo muchas bendiciones. Lo que usualmente sucede es que estas personas han encontrado ese lugar de total entrega a Dios permitiéndole estar a cargo, y todo lo que vemos que sucede no es por esas personas, es Dios obrando mediante un instrumento que se ha sometido. Dios los bendice porque ellos le permiten tener todo el control.

En nuestra lectura del día de hoy, en el capítulo 16 del libro de Mateo, Jesús habla sobre esto: «Entonces Jesús dijo a sus discípulos: Si alguien quiere venir en pos de mí, niéguese a sí mismo, tome su cruz y sígame» (Mt 16:24). ¿Qué significa negarse a sí mismo? Jesús nos dice en el siguiente versículo: «*todo el que pierda su vida por causa de mí, la hallará*» (v.25). Esto nos enseña que debemos perdernos a nosotros mismos. ¿Qué quiere decir «perder» algo? Si lo hemos perdido por completo, ¿queda algo? No, no queda nada, todo ha desaparecido. Este es el punto al que tenemos que llegar, donde no quede nada de nosotros mismos. No sé si podremos lograrlo plenamente de este lado del cielo, en esta carne, pero eso no debe impedirnos intentarlo. Deberíamos hacer como dijo Juan el Bautista: «*Es necesario que él crezca, y que yo disminuya*» (Jn 3:30).

Toma mi mano y anda conmigo. ¿Alguna vez has escuchado o sentido a Jesús diciéndote esto? Tenemos un gran concepto de Jesús en el cielo, pero ¿tenemos un concepto de él con nosotros? Una vez que tengamos fe en que Jesús está con nosotros en todo momento, también tendremos la expectativa de que él nos hablará. Puede hablarnos incluso desde el cielo, pero está más cerca de nosotros de lo que parece. Él está a nuestro lado, es más, él está en nuestro interior.[1] Jesús no gobierna nuestras vidas desde el cielo, lo hace desde nuestro interior. Si tenemos que enviar un mensaje a la distancia, existe la esperanza de recibir una respuesta. Pero si tenemos a alguien caminando junto a nosotros y decimos algo, sí podemos esperar una respuesta. ¿Puedes ver cómo la conciencia de dónde se encuentra Jesús influye en nuestras expectativas, en nuestra fe en que Jesús nos hablará? ¿Qué se necesita para tener este tipo de conciencia, este tipo de fe? Se necesita la Palabra de Dios, que nos dice lo que es verdad, aquello en lo que debemos creer. ¿Estás dispuesto a conocer la verdad de que Dios nos habla?

En algún momento todos necesitamos llegar al punto donde decimos: «Señor, seguramente no entiendo esto, pero porque tú lo dices, te creeré». También debemos llegar al punto de decir: «Señor, mi vida está en tus manos». Cuando hayamos anclado todo esto en nuestro corazón, en nuestro ser interior, no veremos la oración como la presentación de una petición, sino como una conversación con el Señor. Uno de los verdaderos problemas es que tendemos a confundir lo temporal con lo permanente y lo permanente con lo lejano. Sin embargo, lo permanente es el cielo y la eternidad. El lugar donde nos encontramos ahora es lo temporal, pasará en un momento. En cambio, lo eterno y el cielo están cerca; hemos nacido del Espíritu en el reino espiritual.

Como hemos nacido del Espíritu y de la carne, entonces estos dos coexisten.[2] Si lo físico y lo espiritual coexisten en nuestro interior, ¿por qué no coexistirían en el mundo que nos rodea? Podemos percibir lo físico a nuestro alrededor, pero creo que el reino espiritual también está aquí, solo que la mayoría de nosotros no tenemos los ojos para verlo. El reino físico y el reino espiritual coexisten, y este último tiene dominio superior sobre el primero. Esto podría ayudar a explicar algunas cosas sobre los milagros. El reino espiritual divino está en todas partes, el reino terrenal —este mundo— está dentro de ese reino espiritual.

Este mundo en el que vivimos no está simplemente a la deriva en el espacio; está bajo la guía y el mandato del reino espiritual de Dios, quien determina su lugar exacto. A veces, como cristianos, damos demasiado crédito a la ciencia y no lo suficiente a Dios. Hasta hace pocos años la ciencia nunca se opuso a Dios, sino que permitió descubrir las obras de Dios y cómo hizo algunas de ellas. Incluso servía para demostrar la verdad de Dios. Acerquémonos a Dios, sintamos su mano, escuchemos su voz, descubramos su obra. Dios desea que estemos cerca suyo. Acerquémonos a él, hallándole donde está, tal como es.

El trío principal: Pedro, Santiago y Juan, pudieron ver un poco de cómo es Jesús cuando estaban en la cima de la montaña con él. Sin duda, se trató del espectáculo más extraordinario que jamás pensaron que llegarían a ver. Puede que no veamos la realidad en su totalidad, pero eso no cambia que exista. Jesús nos llama a caminar cerca de él sabiendo que él está allí: «*El que guarda sus mandamientos permanece en Dios, y Dios en él. Y en esto sabemos que él permanece en nosotros, por el Espíritu que nos ha dado*» (1 Jn 3:24). Jesús siempre nos anima; y en Mateo, nos da una palabra de aliento. Habla de la fe que necesitamos para mover una montaña, algo que también se aplicaría a todas las demás áreas de nuestra fe.

Jesús nos dice que sólo necesitamos un poco, y luego dejar que crezca a partir de ahí. «*si tuviereis fe como un grano de mostaza*» (Mt 17:20). Apenas cuatro capítulos antes, Jesús les explicó la apariencia de un grano de mostaza a sus discípulos: «*El reino de los cielos es semejante al grano de mostaza que un hombre tomó y sembró en su campo. Esta es a la verdad la más pequeña de todas las semillas, pero cuando ha crecido es la mayor de las hortalizas y se hace árbol, de tal manera que vienen las aves del cielo y hacen nidos en sus ramas*» (Mt 13:31-32). En este caso, Jesús compara el grano de mostaza con el reino, pero ¿cambia eso sus cualidades? Podemos crecer, acercarnos a Dios y aprender a oír su voz.

---

1   Jn 14:20.
2   Jn 3:5-6.

¿Dónde está tu corazón? ¿A quién se lo has entregado? En el libro de Apocalipsis, se hace una advertencia acerca de los tibios.[1] ¿Hay algo en tu corazón que ocupe el mismo lugar que Cristo? ¿Acaso no es esto lo que significa ser tibio, tener dos cosas en igualdad de condiciones? Dios quiere que nos dediquemos completamente a él, sin que nada más en nuestros corazones posea el mismo valor.[2] Hay personas a quienes debemos amar, comenzando por nuestro cónyuge y extendiéndonos desde allí, pero Dios debe estar en el primer lugar. En una ocasión, Jesús dijo: «*Si alguno viene a mí y no aborrece [ama menos] a su padre, madre, mujer, hijos, hermanos, hermanas y hasta su propia vida, no puede ser mi discípulo*» (Lc 14:26).

Jesús nos está diciendo que el amor que sentimos por él debe tener una plenitud y entrega tal que, al compararlo con el amor que sentimos por otros, parezca que los odiamos, incluso dentro de nuestra familia. Las Escrituras nos dicen que debemos amar a nuestro cónyuge y a nuestros hijos. También se nos dice que amemos a nuestro prójimo como a nosotros mismos.[3] De modo que lo que se dice aquí es que el amor que tenemos por los demás no debería compararse en nada con el amor que tenemos por Dios. ¿Dónde está tu corazón, a quién se lo has dado? En el Antiguo Testamento, en los libros de Jueces y Jeremías, encontramos a personas que tenían dificultades para entregar todo su corazón a Dios. Hoy, bajo el nuevo pacto del evangelio con Jesús, no debería ser tan complicado como en el Antiguo Testamento. Sin embargo, sé que es un problema del que debemos cuidarnos. Debemos estar cerca de Dios.

Una buena manera de hacerlo es reservando una parte de nuestro día para estar con Dios: orar, leer su Palabra o simplemente sentarnos con él a pasar un rato. ¿Con qué frecuencia piensas en Dios y en sus caminos? ¿Está al final de tu lista? ¿Piensas menos o más en él en comparación con el resto? No creo que exista una respuesta válida para esto, pero Dios ve nuestro corazón y lo sabe.[4] A mí me sirve de advertencia para no perder de vista el lugar que Dios ocupa en mi vida. Se trata de una relación espiritual, y no creo que haya una lista que diga es esto o aquello. Hoy en nuestra lectura del capítulo 18 del libro de Mateo, Jesús habla del niño pequeño. ¿Te acercas a Dios como un niño? No está diciendo que seamos infantiles; sino que, probablemente, está relacionado con nuestro conocimiento y forma de pensar en comparación con los de él.[5]

¿Acudes a Dios con la actitud de que tu Papá es grande y puede hacer cualquier cosa? Los niños pequeños ven de esta manera a sus padres, ¿ves tú de esta forma a tu Padre celestial? Jesús afirma lo siguiente: «*¿Qué os parece? Si un hombre tiene cien ovejas y se descarría una de ellas, ¿no deja las noventa y nueve y va por los montes a buscar la que se ha descarriado?*» (Mt 18:12). Lo que dice aquí es que, aunque nos extraviemos, Dios vendrá a buscarnos. Sabiendo que Dios se preocupa mucho por nosotros, ¿no nos acercaremos más a él? «*De igual modo, no es la voluntad de vuestro Padre que está en los cielos que se pierda uno de estos pequeños*» (Mt 18:14). Dios quiere que seamos como niños y que nos acerquemos a él. Quiere cuidarnos, quiere ocuparse de nosotros y que vivamos cerca de él, conforme a su voluntad. ¿Dónde está tu corazón?

1   Ap 3:15-16.
2   Lc 10:27.
3   Mc 12:31.
4   Sal 44:21; Hch 15:8.
5   Is 55:8-9.

¿Hacia dónde te lleva tu recorrido? ¿Ves tu vida como un recorrido? Todo recorrido tiene un destino. Si nos atascamos en algún punto del camino, ¿llegaremos al final? Nosotros realizamos este recorrido con Dios, que comienza el día de nuestra salvación y continúa hasta que llegamos al cielo. ¿Mantienes tus ojos espirituales en el destino? Es fácil distraerse. Algo en el camino llama nuestra atención, y el destino se pierde un poco de vista.

Debemos tener cuidado porque el exceso de distracciones hará que el destino se pierda completamente de nuestra vista. ¿Consultamos nuestro mapa con frecuencia? A veces creemos saber adónde nos dirigimos y cómo llegar, solo para descubrir que terminamos en un lugar que parece ser la nada misma. Debemos seguir consultando el mapa para saber adónde nos dirigimos y asegurarnos de no equivocar el camino. Ya te habrás dado cuenta de que ese mapa es la Palabra de Dios, la Biblia. Al principio, el apóstol Pablo se sentía un poco confundido porque el mapa que tenía era anticuado y no incluía el nuevo pacto. Más adelante, cuando Dios lo puso en el camino correcto, dejó de estar perdido. Tal vez pensemos que nuestro actual sistema de navegación es estupendo, con una voz que nos indica el camino a seguir.

El Espíritu Santo habló a Pablo y lo guio en su viaje. Pablo tenía en mente hacia dónde se dirigía: *«Prosigo a la meta, al premio del supremo llamamiento de Dios en Cristo Jesús»* (Flp 3:14). Pablo nunca quitó sus ojos del destino del viaje. Pablo tenía muchas distracciones pero nunca permitió que ellas le quitaran los ojos de ese destino. Había muchas cosas en el corazón de Pablo pero dos sobre las que no podía decidirse, una era estar con el Señor, la otra era ser el siervo, *«Porque para mí el vivir es Cristo y el morir, ganancia. Pero si el vivir en la carne resulta para mí en beneficio de la obra, no sé entonces qué escoger»* (Flp 1:21-22). Pablo sabía que su destino era el cielo, era estar con Cristo. Como Pablo, ¿tienes tú los ojos puestos en la destino?

En nuestra lectura del día de hoy en el capítulo 19 de Mateo, el joven rico se encontraba muy distraído por sus riquezas. Necesitaba un mapa actualizado; el viejo mapa mostraba que estaba en el camino correcto, pero cuando Jesús le hizo ver el mapa del nuevo pacto que él traía, se quedó mirando sus riquezas y no pudo ver más allá. Jesús es el destino, y este joven gobernante lo tenía justo en frente, llamándolo a seguirlo. Seamos honestos, ¿cuántos de nosotros no tenemos distracciones? Lo que hay que hacer es mantener los ojos fijos en la meta, porque siempre habrá distracciones. Tenemos que revisar el mapa con frecuencia, llamar al centro de operaciones mediante la oración para saber si vamos por buen camino o si nos hemos desviado y mantener fijos nuestros ojos espirituales en la meta para no perder de vista el destino.

Se avecinan buenos tiempos. No importa cuán mal estén las cosas en la actualidad, todos los que estamos en Cristo podemos anhelar el día en que estaremos con él en el cielo. «*¿Quién nos separará del amor de Cristo? ¿Tribulación, angustia, persecución, hambre, desnudez, peligro o espada? (...) Antes, en todas estas cosas somos más que vencedores por medio de aquel que nos amó. Por lo cual estoy seguro de que ni la muerte ni la vida, ni ángeles ni principados ni potestades, ni lo presente ni lo por venir, ni lo alto ni lo profundo, ni ninguna otra cosa creada nos podrá separar del amor de Dios, que es en Cristo Jesús, Señor nuestro*» (Rm 8:35, 37-39). Dios nos hizo esta gran promesa por medio del apóstol Pablo. Deberíamos pensar en ella y tenerla presente todos los días.

Jesús también nos hizo otra promesa que quizá no nos guste oír con demasiada frecuencia: «*"El siervo no es mayor que su señor". Si a mí me han perseguido, también a vosotros os perseguirán*» (Jn 15:20). No debería sorprenderte ningún problema en tu vida que provenga de otras personas. Cuanto más te acerques a Dios y más le sirvas, mayor será la persecución. Es en este punto donde la fe en lo que Dios ha dicho nos alivia: «*(...) mayor es el que está en vosotros que el que está en el mundo*» (1 Jn 4:4). Nada de lo que te suceda escapa al control de Dios. Es posible que te sucedan cosas que forman parte de la vida. La vida en este mundo no es perfecta, tiene baches, agujeros y obstáculos con los que podemos chocar. Pero Dios siempre está ahí para ayudarnos cuando esto suceda.

Te preguntarás por qué Dios permite que existan si es un Dios de amor. Él es un Dios de amor, que nos saca de nuestros problemas. En el huerto del Edén, Dios le dio a la humanidad la habilidad de escoger, pero los seres humanos (Adán y Eva) tomaron la decisión equivocada, y hemos sido desterrados del estado de perfección desde entonces. Sin embargo, Dios, que es un Dios de amor, nos abrió el camino al cielo por medio de Jesucristo.[1] Eso no cambia este mundo en el que vivimos, infectado por el pecado. La buena noticia para nosotros es que si tenemos a Cristo en nuestras vidas, llegaremos al cielo; y absolutamente nada puede interponerse en ese camino.

Necesitamos escuchar la exhortación que Pablo hizo a los efesios: «*Y ahora, hermanos, os encomiendo a Dios y a la palabra de su gracia, que tiene poder para sobreedificaros y daros herencia con todos los santificados*» (Hch 20:32). «*la palabra de su gracia*», esto es lo que nos sostendrá. En nuestra lectura del día de hoy en el capítulo 20 del libro de Mateo, Jesús nos dice que no importa si lo recibimos al principio de nuestra vida, en la mitad de ella o que incluso pasemos sin saber que lo necesitamos hasta la última hora de nuestra existencia, todos recibiremos la gracia salvadora (Mt 20:1-16).

Lo más grandioso que Dios nos ha dado a lo largo de nuestra vida es la salvación. Además, en la lectura del día de hoy vemos que Jesús siempre tiene tiempo para atender a uno más. En Mateo, dos ciegos le gritaban mientras la multitud les decía que se callaran y se quedaran en silencio. Jesús, que siempre tiene tiempo para uno más, se detuvo, y cada uno recibió la vista. Tendremos problemas en esta vida, pero quizás haya alivio para ti, ¿has clamado a él? Jesús siempre tiene tiempo para escuchar el clamor de uno más.

---

[1] Jn 3:15; 1 Jn 1:7.

¿Cómo está yendo tu vida en la actualidad? ¿Te encuentras sobre las aguas de la incertidumbre? ¿Te encuentras anclado en la Roca? ¿Estás buscando la guía del Espíritu Santo? ¿Ves la obra de Dios en tu vida a medida que confías en él? Todos sabemos de qué manera debe ser la vida, o al menos cómo deseamos que sea. ¿Coincide la forma en que quieres que sea con cómo Dios quiere que sea?

En estos tiempos tecnológicos, vivimos conectados a una cosa y a otra, incluso de forma inalámbrica. Cuando conectamos un dispositivo con otro, tienen que ser compatibles; si alguna de las partes no es compatible, tendrá problemas para conectarse o no funcionará. Con Dios ocurre algo parecido: cuanto más nos alejamos de sus caminos, más difícil será conectarnos. Entonces, ¿las cosas que quieres están alineadas con lo que Dios quiere? No se trata de que hagamos todo lo correcto para acercarnos a Dios. Son las cosas que hacemos fuera de su voluntad y de sus caminos las que causan interferencia o incluso la pérdida de conexión. ¿Cómo está yendo tu vida hoy? Hay tanto ajetreo en esta vida que casi giramos en círculos y perdemos de vista a Dios y sus caminos. ¿Recuerdas lo que dijo Jesús?: «*Venid a mí todos los que estáis trabajados y cargados, y yo os haré descansar*» (Mt 11:28).

Muchas veces vemos esto cuando Jesús nos llama a recibir la salvación. ¿Dice Jesús que no nos dará más reposo después? Debemos saber que Dios quiere ayudarnos en todo, y confiar. En estos momentos de tu vida, ¿confías en que Dios estará ahí para ayudarte? No hay nada demasiado pequeño ni demasiado grande para llevárselo a Dios, él lo hizo todo. Tú eres especial ante sus ojos. Él puede ver todo lo que pasa en tu vida y quiere bendecirte, ¿acudes a él? O acaso dices: «Yo me encargo de esto, Señor». ¿¡En serio!? ¿Cuántas veces necesitamos ayuda, pero por orgullo no la pedimos? «*No tenéis lo que deseáis, porque no pedís*» (St 4:2). Dios quiere que nos volvamos a él y le pidamos. Nada de lo que pidamos o digamos toma por sorpresa a Dios: «*vuestro Padre sabe de qué cosas tenéis necesidad antes que vosotros le pidáis*» (Mt 6:8).

Aunque él lo sabe, quiere que se lo pidamos. Inmediatamente después, Jesús enseña a orar. Mediante la oración podemos anclarnos a la Roca y salir de las aguas de la incertidumbre. En ocasiones podemos estar al filo de esas aguas, pero si estamos anclados a la Roca, nada puede sucedernos que esté fuera de la voluntad de Dios. En nuestra lectura del día de hoy en el capítulo 21 del libro de Hechos, vemos que Pablo está anclado a la Roca y sabe que no le sucederá nada que su Señor Jesús no conozca. Además, como vimos ayer (Hch 20:22), también está siendo guiado por el Espíritu Santo. Muchas veces nos asombra que Pablo pase tanto tiempo en prisión. En esta ocasión, Pablo es encarcelado en Cesarea, donde permanece cerca de dos años, para luego ser enviado a Roma.

Podemos llegar a preguntarnos cómo es posible que un Dios de amor le permitiera estar en la cárcel. Nos acordamos de la vez que el ángel sacó a Pedro de la cárcel en medio de la noche, ¿por qué no lo hizo con Pablo? Pablo estaba dispuesto a soportar cualquier cosa que Jesús le pidiera. ¿Alguna vez te fijaste cuántas de las cartas de Pablo que hoy están en nuestra Biblia fueron escritas desde la cárcel? Pablo redactó muchas de sus cartas más importantes estando en prisión. Quizás hoy no las tendríamos si él no hubiera estado ahí. En el capítulo 21 del libro de Mateo, leemos sobre la entrada triunfal de Jesús en Jerusalén. ¿Has permitido que Jesús haga su entrada triunfal en tu vida, o solo lo has dejado entrar por la puerta lateral? Para llevarnos a una vida de certeza, él debe ser el rey absoluto de nuestras vidas. Nos gustaría que Dios fuera parte de nuestras vidas, pero a esto solo se accede a través de Jesús.[1] Asegúrate de que él esté en el trono de tu vida.

---

1   Jn 14:6.

Yo estoy con vosotros todos los días. ¿Quieres saber si esto que Jesús dijo es cierto? Jesús sigue diciendo: «*Y yo estoy con vosotros todos los días, hasta el fin del mundo*» (Mt 28:20). Jesús dice que estará con nosotros hasta el fin del mundo. Estará con nosotros todo ese tiempo. No dice que estará con nosotros hasta que nos equivoquemos ni que estará con nosotros mientras nos comportemos bien; dice «todos los días». Mientras estemos dispuestos a estar con él, él estará dispuesto a estar con nosotros. No te confundas, no es que estará con nosotros solo si lo complacemos.

No somos nosotros los que estamos esforzándonos para que él nos acepte. Es él quien ya ha realizado la obra. Lo que deberíamos hacer (o ya hemos hecho) es permitir que su muerte en la cruz se aplique a nuestros pecados, permitir que el pago que ahí hizo se aplique a nuestras deudas. Para ser claros, se necesita una actitud humilde para aceptar que el pago de Jesús se aplique a nuestros pecados. El orgullo nos dice que podemos hacerlo por nosotros mismos. Una vez que hemos aceptado a Jesús en nuestros corazones y que le pertenecemos, él siempre estará con nosotros. No hay nada que nos pase que él no sepa; siempre está velando por nosotros.

En ocasiones podemos dudar de su presencia, lo que pasa es que no sabemos cuál es su voluntad para nuestra situación. Podemos remontarnos al rumbo que Dios trazó para José cuando sus hermanos lo odiaban tanto que lo vendieron como esclavo y terminó en Egipto, arrestado y encarcelado.[1] Si estuviéramos en su lugar, diríamos: «Dios, ¿dónde estás? ¿Cómo me metí en este lío?». Todos conocemos el desenlace: su familia se salvó de la hambruna. A medida que seguimos leyendo sobre Pablo en el libro de Hechos, nos encontramos con una situación parecida: Pablo es arrestado y encarcelado. Es posible que el Espíritu Santo le hubiera revelado a Pablo el porqué; solo que no lo sabemos a ciencia cierta porque no quedó registrado. En el caso de Pablo, no fue para salvar a su familia de una hambruna, como en el caso de José. A la luz del Nuevo Testamento, consideremos por qué Pablo estaba en la cárcel.

En primer lugar, Pablo estaba dispuesto a estar allí por Cristo: «*pues yo estoy dispuesto no sólo a ser atado, sino también a morir en Jerusalén por el nombre del Señor Jesús*» (Hch 21:13). Más allá de esto, hay una hambruna en la tierra, una hambruna de la que todos morirán si no encuentran a Cristo y su salvación. Puede que Pablo nunca llegara a ser gobernador, como José, pero sin duda se convirtió en uno de los gobernadores de la palabra de Dios. De tantas epístolas que Pablo escribió desde la prisión con la guía de Dios, ¿cuántos a través de los años han sido guiados a Cristo para recibir la salvación, la verdadera vida de la muerte, de la hambruna? ¿Se diferencia mucho la situación de Pablo de la de José? ¿Acaso no nos damos cuenta de que Dios estuvo con ambos? Por lo tanto, debemos tener confianza —sin importar cuál sea nuestra situación— en que Jesús dice la verdad cuando promete que estará con nosotros: «*Y yo estoy con vosotros todos los días, hasta el fin del mundo*» (Mt 28:20) y «*No te desampararé ni te dejaré*» (Hb 13:5; Dt 31:6).

---

1   Gn 37:28; 39:20.

Yo camino con ustedes. «*mientras hablaban y discutían entre sí, Jesús mismo se acercó y caminaba con ellos. Pero los ojos de ellos estaban velados, para que no lo reconocieran*» (Lc 24:15-16). Más tarde, cuando se dieron cuenta de que era Jesús, dijeron: «*¿No ardía nuestro corazón en nosotros, mientras nos hablaba*» (Lc 24:32). ¿Cuántas veces Jesús ha estado incluso hablándonos, y no nos hemos dado cuenta? Pienso en cuando Pablo nos dijo que oráramos y que nos regocijáramos en todo momento.[1] Si lo hiciéramos, nos daríamos cuenta de las cosas espirituales.

Es tan fácil estar ocupado con las cosas de esta vida, con lo que tenemos que hacer para seguir viviendo, que la conciencia de las cosas espirituales pasa a un segundo plano. ¿Puede ser que Jesús esté caminando junto a nosotros sin que nos demos cuenta? ¿Podría estar hablando, y tampoco nos damos cuenta? Creo que la mayoría de nosotros tenemos este problema. Este mundo está en constante trajín, y nos dejamos arrastrar por él. Es entonces cuando tenemos que hacer un esfuerzo consciente para llevar siempre lo espiritual con nosotros. No me refiero a caminar en un trance espiritual, sino a tener conciencia de las cosas espirituales. Jesús quiere caminar con nosotros, ¿te das cuenta cuando está ahí? Él quiere revelarnos la verdad, ¿escuchamos lo que nos dice? Jesús prometió enviar al Espíritu Santo para enseñarnos,[2] ¿hemos escuchado lo que el Espíritu nos dice? Jesús dijo **«Sígueme»**, ¿cómo podemos hacerlo si no lo escuchamos?

En primer lugar, necesitamos saber lo que nos dicen las Escrituras. Pero **seguirlo** requiere más que esto. Mucho de lo que nos dicen las Escrituras es lo que la Iglesia debe hacer. Se nos enseña que la Iglesia es semejante a un cuerpo y que Cristo es la cabeza. Se nos enseña que el cuerpo tiene muchas partes que trabajan en conjunto para llevar a cabo la obra de Dios. ¿Cómo puedes saber qué parte eres y qué es lo que debes hacer si no estás escuchando? Las cosas no funcionarían muy bien si el pie tratara de ser nariz, y la nariz de ser pie. Todos necesitamos recibir esta orientación. Puede ser difícil oír lo que Jesús nos dice, por eso el primer paso es ser conscientes. Cuando digo que necesitamos oír lo que Jesús —o el Espíritu Santo— nos está diciendo no me refiero a oír una gran voz que viene de las nubes.

Se nos dice que Dios habla con una voz suave y apacible. A veces esa voz ni siquiera pronuncia palabras; es como si sintiéramos algo en nuestro interior que sabemos que no procede de nosotros. A veces es solo un sentimiento o el deseo de hacer algo. Dios nos guiará si estamos dispuestos a estar atentos. Si estamos deseosos de escuchar, Dios nos hará entender (cuando él lo considere oportuno). Pero esto requiere de tiempo y de esfuerzo por estar conscientes y escuchar. Si vamos a un país extranjero sin saber su idioma y nos hablan, puede que no entendamos. A medida que pasamos más tiempo en ese país empezaremos a reconocer cada vez mejor lo que nos dicen. Lo mismo ocurre cuando reconocemos las cosas espirituales.

En nuestra lectura del día de hoy en el capítulo 23 del libro de Mateo, Jesús está diciendo que no nos enredemos en el legalismo. Podrías afirmar que no intentas cumplir las leyes del Antiguo Testamento. Sin embargo, si tomas una lista del Nuevo Testamento y te dices a ti mismo que debes cumplirlas, ¿no es eso también legalismo? Necesitamos la guía de Dios para saber cómo actuar ante lo que leemos.

Así como el cerebro (órgano principal del cuerpo) envía órdenes a las diferentes partes del cuerpo, Cristo también envía órdenes a las partes de su cuerpo (nosotros) sobre lo que cada una debe hacer y cuándo hacerlo. Si el cuerpo de un jugador de fútbol no responde a las órdenes del cerebro, y ni las piernas ni los brazos hacen lo que se supone que deben hacer, ¿podrá la pelota llegar a su destino? Debemos ser conscientes de que Jesús camina con nosotros y escucharlo cuando nos habla. Quizás el origen de todo esto se encuentre en lo que Jesús enseñó en Mateo: «*uno es vuestro Maestro, el Cristo. (...) porque el que se enaltece será humillado, y el que se humilla será enaltecido*» (Mt 23:10-12).

---

1   1Ts 5:16-17.
2   Jn 14:26; 16:12-15.

Yo soy tu Dios. Te amo y no te abandonaré. Eres mío y te protegeré. ¿Conoces esta seguridad? ¿Hay alguna duda en tu corazón? ¿Te cuesta creer que Dios se preocupa tanto por ti? Debes saber que el Padre puso a su Hijo en la cruz para que muriera por ti y te permitiera entrar en su familia.[1] Ninguno de nosotros merece ser aprobado por hacer algo que pudiera considerarse justo o digno.

Dios obró completamente por misericordia y gracia[2] al sacrificarse en tu lugar para que pudieras ser aceptado por él. Cuando conoces la gran obra que Dios hizo para que fueras salvo, ¿es tan difícil creer las primeras afirmaciones?

Dios es maravilloso y te ama más de lo que puedes imaginar. A veces necesitamos retroceder, tomarnos un momento y permitir que Dios hable a nuestros corazones palabras de amor que no pueden ser escuchadas. Si nos acercamos a Dios y le respondemos, él revelará cosas a nuestros corazones que nuestro cerebro nunca podría saber por su cuenta. Hace mucho tiempo, Dios dijo «**Te amo y no te desampararé**», y esto sigue siendo cierto hasta el día de hoy para los suyos.[3] Él desea que estemos cerca, e hizo algo para que podamos lograrlo. No tomó en cuenta nuestra conducta, sino que encontró la manera de aceptarnos sin ofender su justa demanda: «*Dios muestra su amor para con nosotros, en que siendo aún pecadores, Cristo murió por nosotros*» (Rm 5:8).

¿Ves cuánto te ama Dios? Solemos juzgarnos a nosotros mismos con más dureza que Dios. Dios ha encontrado una manera de salvarnos; cuando somos salvos, todo lo malo que hicimos en el pasado (nuestros pecados) es puesto sobre Cristo en la cruz.[4] La cruz lo ha cambiado todo y sigue cambiando la vida de la gente todos los días. La poderosa obra realizada por Cristo en la cruz nos garantiza que el cielo no estará vacío. Todos los que somos salvos tenemos un lugar en el cielo después de nuestro paso por la tierra: «*En la casa de mi Padre muchas moradas hay; si así no fuera, yo os lo hubiera dicho; voy, pues, a preparar lugar para vosotros. Y si me voy y os preparo lugar, vendré otra vez y os tomaré a mí mismo, para que donde yo esté, vosotros también estéis*» (Jn 14:2-3).

¿Por qué nos diría esto Jesús si no nos amara? Necesitamos conocer su amor y su cuidado. En nuestra lectura del día de hoy en el capítulo 24 del libro de Mateo, Jesús nos relata cómo será al final, aquellos días antes de que llegue el juicio final. Mediante el amor de Dios y su cuidado, nos llevará consigo para estar junto a él por la eternidad. Pensemos, ¿cuánto dura la eternidad? ¿Nos querría Dios con él por la eternidad si no nos amara? Dios no quiere que nos perdamos la venida de Cristo: «*Porque igual que el relámpago sale del oriente y se muestra hasta el occidente, así será también la venida del Hijo del hombre*» (Mt 24:27). ¿Te das cuenta de que Dios te ama y que incluso se preocupa por ti?

---

1   Mc 14:7; Is 53:4.
2   Hb 4:16; 2 Jn 1:3.
3   Dt 7:13; 31:6.
4   2 Co 5:21; Is 53:6, 11.

Habla con el Señor, él siempre está escuchando. Nos enredamos en busca de una manera especial de acercarnos a Dios. No existe ninguna forma de acercarse a Dios que no sea con un corazón humilde.[1] Santiago nos dice que no tenemos porque no pedimos.[2] ¿Qué es lo que no estás pidiendo? Nada es demasiado grande ni demasiado pequeño. Él está esperando y escuchándote, ¿se lo estás pidiendo? No existe una manera especial de orar, se trata simplemente de tener una conversación con Dios.

Recuerdo que hace años mi esposa se sentaba en la mesa de la cocina con una taza de café y hablaba con Jesús como si estuviera sentado al otro lado de la mesa. Fue en ese momento donde ella desarrolló una cercanía con el Señor que duró años. Podemos estudiar muchísimo, pero nada nos acerca más a Dios que pasar tiempo con él. Jesús tenía la costumbre de retirarse a un lugar apartado para estar con el Padre.[3] ¿Existe mejor ejemplo que el de Cristo mismo? La Palabra de Dios es importante. Recomiendo a la gente que la lea a menudo. Pero además de leer la Palabra, hay que tener una relación con su autor. Jesús dijo: «Yo soy el camino, la verdad y la vida» (Jn 14:6), y «Venid a mí todos los que estáis trabajados y cargados, y yo os haré descansar» (Mt 11:28).

¿No es esto una invitación? Si dejas que simplemente termine con la salvación, ¿de cuánto de lo que él te ofrece te estás privando? Dios dice que hará mucho más de lo que podemos pensar o imaginar. Nuestro Dios es mucho más grande de lo que podemos imaginar. Un día todos nosotros llegaremos al cielo; y cuando veamos a Jesús, al Padre y al Espíritu Santo, nos llevaremos una gran sorpresa al ver quién es Dios. En este momento nuestro conocimiento es limitado, pero entonces lo veremos todo.[4] Estar cerca de Dios, eso es lo que todos necesitamos. Debemos postrarnos ante él; no solo inclinar nuestro cuerpo, es mucho más importante que dobleguemos nuestro corazón a Dios. Podemos leer y llenar nuestro cerebro con todas las palabras de Dios, pero ¡cuánta diferencia habrá si leemos las palabras de Dios y llenamos nuestro corazón con ellas! Así es como se desarrolla la relación.

La palabra de Dios está viva, no la encierres en tu cabeza, déjala ir a tu corazón donde puede moverse, obrar y dar fruto.[5] La oración, la Palabra de Dios, la entrega, el sometimiento, todo esto nos traerá grandes beneficios. En nuestra lectura del día de hoy, en el capítulo 25 del libro de Mateo, Jesús habla de las diez vírgenes que llegan con sus lámparas a velar. Unas parecen decididas a esperar en el Señor sin importarles el tiempo que les lleve. Las otras, que no estaban tan decididas, no se aseguraron de traer lo que necesitaban; parecían presentarse de una manera un poco frívola, sin haber previsto el tiempo que les llevaría. El primer grupo se aseguró de estar preparado e invirtió en aceite extra. ¿Estás invirtiendo en más? ¿Estás invirtiendo en pasar tiempo con el Señor? ¿Estás invirtiendo en poner más de su palabra en tu corazón? ¿Crees que tienes suficiente y que no necesitas más hasta que él llegue? Esto es lo que hizo el segundo grupo. El primer grupo invirtió, ¿lo estás haciendo tú también?

---

1   Jn 4:10.
2   St 4:2.
3   Mc 1:35; 6:46; Lc 5:16; 6:12; 9:18, 29.
4   1 Co 13:12.
5   Hb 4:12.

Vengo a adorarte, vengo a postrarme. ¿Puedes apropiarte de esta frase de una conocida alabanza? Si llegamos al punto de ser conscientes de la presencia de Dios en nuestras vidas, esto estará en nuestros corazones con frecuencia. Mientras más conscientes seamos de las cosas buenas de Dios en nuestras vidas, mayor será la actitud de adoración en nuestros corazones. La adoración no consiste siempre en cantar; el canto es solo una forma de adoración. La adoración consiste en salir por la puerta a primera hora de la mañana, ver la belleza del día y decir: «Gracias, Señor, por este hermoso día». En un corazón agradecido que toma conciencia de las grandes obras que Dios ha llevado a cabo desde la creación hasta el día de hoy es adoración.

Dios nos ama más de lo que podemos imaginar incluso aquí, de este lado. Cuando lleguemos al cielo lo sabremos, pero ahora somos como el niño que mira a través de la grieta de una cerca de madera y solo logra ver un poco de lo que hay al otro lado. Es poco lo que podemos ver, pero ¿somos conscientes de cuánto podemos ver a través de esa rendija? Las cosas espirituales no son fáciles de ver; si lo fueran, casi todo el mundo sería salvo. A las cosas espirituales hay que acercarse con fe. Abram necesitó fe para ser llevado desde un lugar seguro, donde estaba su hogar, su familia y su comunidad, a un lugar desconocido.

Hoy, o aquel día en que fuimos salvos, nos enteramos de algún modo de que había un Dios que nos amaba y nos invitaba a alcanzar la salvación por medio de su Hijo, Jesucristo. Se trataba de algo desconocido, en lo que debíamos entrar por fe. Aún se necesita fe para ser consciente del reino espiritual que nos rodea. En mi opinión, el reino espiritual y el reino físico coexisten, solo que no podemos ver las cosas espirituales que nos rodean. El cielo es el lugar donde se encuentra el trono de Dios, pero eso no quiere decir que lo espiritual solo este allí, creo que también está aquí donde nos encontramos. Si no, ¿cómo se explican las cosas inexplicables que suceden a nuestro alrededor?

Existe otra prueba; ¿dónde fueron arrojados el diablo y sus seguidores cuando perdieron la batalla en el cielo? ¿No fueron arrojados a la tierra donde vivimos?[1] ¿Y no existen batallas espirituales entre ángeles y demonios? Entonces, ¿dónde tendrían lugar esas batallas, no sería aquí en la tierra? Ahora bien, ¿no se trata de cosas que tienen lugar en el reino espiritual? Una vez que conocemos esto comenzamos a ver lo mucho que Dios está involucrado en cada instante de nuestra vida, y ello provoca que la adoración surja en nuestro corazón.

En nuestra lectura del día de hoy en el libro de Hechos, Pablo presenta su defensa y cuenta las maravillas que Dios ha hecho en su vida. Las obras de Pablo hablan de la conciencia que tiene de la grandeza de Dios en su vida: «*Después de haberlos azotado mucho, los echaron en la cárcel, mandando al carcelero que los guardara con seguridad. El cual, al recibir esta orden, los metió en el calabozo de más adentro y les aseguró los pies en el cepo. Pero a medianoche, orando Pablo y Silas, cantaban himnos a Dios; y los presos los oían*» (Hch 16:23-25). ¿Puedes decir que tu día ha sido peor? Pablo y Silas eran conscientes de las maravillas de Dios, las que Pablo menciona brevemente en el capítulo 26. Esta conciencia hace que nuestro corazón se conmueva y lo lleva a adorar en los momentos más difíciles.

---

1   Ap 12:9.

En el momento justo. ¿Alguna vez te has puesto a pensar en la cantidad de veces que Dios parece obrar en el momento justo? Dios conoce cada una de nuestras circunstancias y nada lo sorprende. Incluso conoce el principio y el fin. Todas las cosas obran de acuerdo con su buen propósito, y nosotros nos beneficiamos de ello: «*Sabemos, además, que a los que aman a Dios, todas las cosas los ayudan a bien, esto es, a los que conforme a su propósito son llamados*» (Rm 8:28). Dios, conforme su propósito, obra todas las cosas para nosotros, que hemos sido llamados. Incluso cuando no hemos llegado aún al momento de la necesidad y no sabemos todavía nada al respecto, Dios ya se ha hecho presente y ha puesto su propósito en marcha.

Si Dios ya se ha hecho presente, entonces ¿podría retrasarse en lo que hace o lo haría en el momento justo? Dios no pasa nada por alto. No se distrae; él puede ver todo al mismo tiempo y nada se le escapa. Creemos que su ayuda llega en el momento justo, Dios lo ve como el momento oportuno. ¿Dónde está nuestra fe en este caso? Tener fe no significa que el río se abrirá cuando aún estamos lejos para que podamos animarnos al ver que ya está abierto antes de llegar.

El río se abre en el momento justo: «*Y cuando los que llevaban el Arca entraron en el Jordán y los pies de los sacerdotes que llevaban el Arca se mojaron a la orilla del agua (porque el Jordán suele desbordarse por todas sus orillas todo el tiempo de la siega), las aguas que venían de arriba se amontonaron bien lejos de la ciudad de Adam, que está al lado de Saretán, y las que descendían al mar del Arabá, al mar Salado, quedaron separadas por completo, mientras el pueblo pasaba en dirección a Jericó*» (Jos 3:15-16). Si Dios proveerá lo que necesitamos en el momento oportuno, ¿lo necesitaremos antes? Esta es la parte difícil con la que todos luchamos: tener fe en que, si bien no podemos verlo por adelantado, Dios lo proveerá en el momento justo. En realidad, no lo necesitamos hasta que llegue ese momento, pero nos sentimos ansiosos pensando que no estará allí. ¿No estaría ansioso Abraham? «*Extendió luego Abraham su mano y tomó el cuchillo para degollar a su hijo. Entonces el ángel de Jehová lo llamó desde el cielo: "¡Abraham, Abraham!". Él respondió: "Aquí estoy". El ángel le dijo: "No extiendas tu mano sobre el muchacho ni le hagas nada, pues ya sé que temes a Dios, por cuanto no me rehusaste a tu hijo, tu único hijo"*» (Gn 22:10-12).

Quizás Abraham era mejor persona que todos nosotros, pero al parecer sufría de ansiedad. Algo que sí se puede ver es que su ansiedad estaba mezclada con fe: «*Dios proveerá el cordero para el holocausto, hijo mío*» (Gn 22:8). Es posible que Abraham tuviera fe en que Dios proveería: «*Entonces alzó Abraham sus ojos y vio a sus espaldas un carnero trabado por los cuernos en un zarzal*» (Gn 22:13). Asimismo, a partir del nombre que Abraham dio a aquel lugar, vemos un indicio de fe al saber que no tendría que sacrificar a su hijo: «*Y llamó Abraham a aquel lugar "Jehová proveerá". Por tanto, se dice hoy: "En el monte de Jehová será provisto"*» (Gn 22:14).

Dios no se retrasó al proveer un sustituto como sacrificio, sino que lo hizo en el momento justo. Se necesita fe, y Dios proveerá en el momento justo. En la lectura de hoy sobre Rut, ¿crees que ella tuvo fe en que el Dios de Israel le proveería cuando decidió viajar a Israel con Noemí? ¿Fue casualidad que Rut estuviera en el campo cuando Booz se le acercó? ¿Crees que fue casualidad que Booz se acercara cuando Rut estaba allí? Es posible que Booz no fuera a su campo el día que Rut estaba allí. También Rut pudo haber estado en otro lugar el día que Booz fue a su campo. ¿Puedes ver el propósito de Dios aquí, en el momento justo? Pero hay aún más en cuanto a actuar en el momento justo: «*Booz engendró, de Rut, a Obed, y Obed a Isaí. Isaí engendró al rey David. (...) Matán a Jacob. Jacob engendró a José, marido de María, de la cual nació Jesús, llamado el Cristo*» (Mt 1:5-6, 15-16). ¿Sabemos cuál será el resultado de que Dios actúe en el momento justo?

Este es el día, este es el día, que hizo Jehová, que hizo Jehová. ¿Cuántas veces has cantado esta canción? ¿Se trataba sólo de una bonita melodía con una hermosa letra, o te alegrabas de verdad en tu corazón? Es posible que te pongas a cantar esa canción (los jóvenes tendrán que buscarla). Podemos cantar grandes melodías, pero ¿serán realmente adoración si no salen de nuestros corazones hacia Dios ni hablan de él? Hay muchos que no cantan porque piensan que no saben cantar bien. Sin embargo, cualquier melodía de alabanza que salga del corazón es hermosa para Dios. Hay quienes cantan muy bien, pero deberían guardar silencio, porque solo están preocupados por dar una gran actuación, y nada de ello está dirigido de verdad a Dios.

La alabanza siempre sale del corazón, incluso podemos alabar en silencio. Podemos alabar a Dios en nuestros pensamientos y él nos escucha. (Una reflexión rápida: si Dios nos habla con una voz apacible en nuestro interior, ¿no crees que también escuchará los pensamientos de nuestra mente?). También creo que hay alabanza cuando estamos quietos en nuestro interior, sin pensamientos. Es la sensación de alabar expresada en aquello para lo que no tenemos palabras suficientes para alabar. Nuestro silencio representa todas las palabras que nos faltan para alabarle como se merece. Nuestro lenguaje no alcanza para expresar toda la alabanza que Dios merece. A veces, nos encajonamos en una forma de pensar y no podemos salir de ella. La alabanza sale del corazón, y puede expresarse de muchas maneras diferentes.

Hay personas que opinan que la Iglesia y el baile no deberían cruzarse. Concuerdo en que no debemos realizar algunos tipos de baile; pero viene al caso el dicho **No tires al niño con el agua sucia.** Si no se debe bailar, ¿por qué dicen los Salmos: *«Alaben su nombre con danza»* (Sal 149:3).

¿Cómo puede estar mal si la persona baila para Dios como una forma de alabarlo? Y si a nuestro trabajo lo hacemos para el Señor[1], para la grandeza de su gloria, ¿no puede ser eso también una forma de alabanza? Nos aferramos demasiado a la tradición, cuando deberíamos ser libres. Cuando Rut regresa a Noemí para contarle lo sucedido ese día, Noemí le dice: *«¡Bendito de Jehová, pues que no ha negado a los vivos la benevolencia que tuvo para con los que han muerto! (...) Espérate, hija mía, hasta que sepas cómo se resuelve esto; porque aquel hombre no descansará hasta que concluya el asunto hoy»* (Rt 2:20, 3:18).

Después de todas las penurias que experimentó Noemí, ¿no crees que alababa con todo el corazón al ver cómo se desarrollaba la maravillosa obra de Dios. En nuestra lectura del día de hoy, en el último capítulo del libro de Mateo, nos encontramos con la resurrección de Cristo: *«fueron María Magdalena y la otra María a ver el sepulcro. (...) Pero el ángel dijo a las mujeres: (...) "No está aquí, pues ha resucitado".(...) Jesús les salió al encuentro, diciendo: "¡Salve!". Y ellas, acercándose, abrazaron sus pies y lo adoraron»* (Mt 28:1, 5-6, 9). Vemos que las mujeres adoraron a Jesús, a quien creían muerto: *«Pero los once discípulos se fueron a Galilea, al monte donde Jesús les había ordenado. Cuando lo vieron, lo adoraron»* (Mt 28:16-17).

Descubrieron que Jesús estaba vivo y lo adoraron. ¿Acaso no sabemos también que está vivo, sentado a la derecha del Padre en el cielo? ¿Acaso no sabemos que él ha hecho posible que seamos perdonados y recibamos la salvación? ¿No sabemos que ha preparado un lugar para nosotros en el cielo y que nos espera para darnos la bienvenida cuando hayamos cumplido nuestro tiempo en esta tierra? ¿No estamos seguros de que también tenemos una razón para adorarlo y alabarlo con alegría de todo corazón?

---

1   Ef 6:7; Col 3:23.

¿**Estás ahí?**. ¿Es esto lo que a veces te preguntas sobre Dios? Él siempre está ahí, incluso más que nosotros mismos, pero a veces no estamos seguros. Se necesita mucha fe y poca fe para saber que Dios está con nosotros. ¿Cuánta fe necesitaste para recibir la salvación? Jesús hizo todo el trabajo, nosotros solo tuvimos que creer que era real y rendirnos a él pidiéndole nuestra salvación. Eso fue un poco de fe. La verdadera fe comienza con poca fe. Jesús se refiere a la fe como un grano de mostaza.[1]

Se necesita un poco de fe para empezar, y luego no deja de crecer. Pedro no tuvo poca fe cuando salió de la barca y caminó sobre el agua.[2] Comenzó con poca fe cuando Jesús le pidió que dejara a su padre y lo siguiera. No sé cuánto había crecido la fe de Pedro cuando caminó sobre las aguas, pero seguramente su fe creció al ver todas las cosas que Jesús había hecho. Es difícil saber que Dios está ahí.

Dios existe en el mundo invisible, mientras que nosotros estamos ligados a este mundo temporal donde vivimos todos los días. Debemos llegar a un punto en nuestro caminar espiritual en el que creamos más en el mundo invisible que en el mundo visible que nos rodea. Un buen comienzo es reflexionar sobre nuestra salvación. ¿Hay algo en este mundo visible que confirme que tenemos vida eterna? Si tu vida ha cambiado desde el día en que entregaste tu vida a Jesús, ¿no es esto una prueba del poder de ese mundo invisible?

A veces es difícil tener fe en algo que no podemos ver. Pero ¿no hay veces en que sientes el amor de Dios en tu corazón, lo cual testifica en esos momentos en que preguntas: **Dios, ¿dónde estás?** Hay quienes hablan de puntos de anclaje en nuestra vida. Se trata de las veces que hemos visto a Dios obrar con poder en ella. A medida que repasamos estos momentos en nuestra mente, nos ayudarán a saber que Dios está allí, incluso en los tiempos difíciles, como en la historia de Noemí, que tuvo problemas mayores que los nuestros, pero que terminó abrazando a un nieto que llevaría al nacimiento del futuro rey de Israel.

Seguramente, Noemí en varias ocasiones se habrá preguntado en su corazón: «Dios, ¿estás ahí?»; para más tarde comprobar que sí estaba. ¿Se habrá preguntado José lo mismo cuando sus hermanos lo vendieron para llevarlo a Egipto?[3] Sin embargo, José comprobó más tarde que Dios estaba ahí en todo momento. Puede que, en Romanos, Pablo no hiciera esa pregunta, sino «**¿Vas a abrirme camino?**»: «*sin cesar hago mención de vosotros siempre en mis oraciones, rogando que de alguna manera, si es la voluntad de Dios, tenga al fin un próspero viaje para ir a vosotros, (...) muchas veces me he propuesto ir a vosotros, (...) pero hasta ahora he sido estorbado*» (Rm 1:9-10, 13).

Dios no siempre hace las cosas como nosotros las haríamos. Dios estaba escuchando la petición de Pablo de ir a Roma y, unos tres años más tarde, el emperador le permitió viajar a Roma como prisionero tomado cautivo. Nosotros en su lugar preguntaríamos: «Dios, ¿estás ahí?». Pero Pablo sabía que Dios estaba con él en todas sus luchas y pruebas. El hecho de que en nuestros momentos de duda nos preguntemos dónde está Dios no significa que él no esté presente; él siempre está ahí para quienes lo han encontrado en Cristo Jesús.

---

1   Lc 17:6, 13:19.
2   Mt 14:21.
3   Gn 37:28.

A vosotros os es dado. ¿Qué te parece? ¿Sientes que Dios te ha dado algo? Existe un nivel superior al sentimiento, que es la fe. ¿Crees por fe que Dios te ha dado algo? Luego, está la realidad de tener algo que Dios te ha dado. Hay tantas cosas que Dios quiere darte. Recuerda que somos sus hijos,[1] ¿qué padre no quiere darles cosas a sus hijos? El asunto es que él quiere que le pidamos algunas de las cosas que tiene para darnos.

Como padres, podemos dar demasiado. ¿De qué le sirve esto a un niño? A algunos incluso se los malcría. Que el niño pida, demuestra que depende de su padre y que conoce su amor. Tiene que haber una relación entre padre e hijo. Si el padre lo da todo de manera automática, la relación nunca se produce ni es necesaria. Debemos saber que necesitamos al Padre que cuidará de nosotros por el amor que nos tiene. Necesitamos establecer una relación con él. Debemos acercarnos al Padre y pedirle: «*No tenéis lo que deseáis, porque no pedís*» (St 4:2).

¿Cuántas veces necesitamos escuchar esto antes de entenderlo? Nuestro orgullo nos impide humillarnos y pedir, o nos hace pensar que podemos con todo. ¿Acaso los padres terrenales no quieren que los tomemos en cuenta incluso en las cosas pequeñas de nuestras vidas? ¿Debería ser diferente con nuestro Padre celestial? ¿Cuántas veces el Padre quiere darnos algo, pero pensamos que es algo demasiado insignificante para molestarlo con nuestra petición? Dios quiere que nos acerquemos a él, aunque no necesitemos nada. Lo que más quiere Dios Padre de nosotros es una relación, y lo que más necesitamos nosotros de él es esa relación. Esa relación comenzó con nuestra salvación, ¿qué ha pasado con ella desde entonces?

Dios quiere que nos acerquemos a él en ese lugar secreto (nuestro espacio de oración) y que pasemos tiempo con él. ¿Es posible desarrollar una relación con una persona sin pasar tiempo con ella? Lo mismo ocurre con Dios. El Padre quiere conocernos, quiere tocarnos, quiere bendecirnos. ¿Tenemos tanto que hacer en nuestras vidas que no tenemos tiempo para Dios, y luego nos preguntamos: «Dios, ¿dónde estás?». Dios es un Dios de amor y de paciencia, pero ¿cuánto tiene que esperar? Quizá si dedicáramos tiempo a Dios no estaríamos tan ocupados, ya que él se ocuparía de algunas de las cosas que nosotros intentamos resolver.

En nuestra lectura del primer capítulo de 1 Samuel encontramos a Ana. Ella quería algo muy especial de parte de Dios: «*¡Jehová de los ejércitos!, si te dignas mirar a la aflicción de tu sierva, te acuerdas de mí y no te olvidas de tu sierva, sino que das a tu sierva un hijo varón, yo lo dedicaré a Jehová todos los días de su vida*» (1 S 1:11). Ana necesitaba que Dios le concediera algo y se acercó a él de la manera más humilde.

Dios la escuchó y respondió a su oración. Ella le ofreció su hijo. Nosotros podemos ofrecer más que un hijo, podemos ofrecernos a nosotros mismos: «*Por lo tanto, hermanos, os ruego por las misericordias de Dios que presentéis vuestros cuerpos como sacrificio vivo, santo, agradable a Dios, que es vuestro verdadero culto*» (Rm 12:1). Esto no se refiere a algún ministerio como el de misionero, pastor, evangelista ni nada parecido. Está hablando de quién eres cada día, de que sin importar lo que hagas, te hayas entregado completamente a Dios en cada momento de tu día. Dios quiere una relación, y si nos acercamos en esa relación pidiendo por nuestras necesidades, él nos escuchará.

---

1   1 Jn 3:1.

¿Tienes la certeza de adónde vas? No me refiero al cielo o al infierno, sino a la seguridad que tienes en tu Dios. ¿Te has preguntado alguna vez si realmente eres salvo? ¿Qué se necesita para estar seguro? Muy pocos oiremos una voz del cielo, o veremos un mensaje escrito en las nubes. Se trata de algo que debe ocurrir en nuestros corazones. Hemos recibido la salvación con un poco de fe, ¿se mantuvo esa fe? La más grande necesidad que tuvimos de fe fue para ser salvos. En ese momento vimos dónde estábamos y dónde necesitábamos estar: con Dios. No puede haber mayor necesidad de fe que en nuestra condición de pecadores, sin importar cuán pequeño sea nuestro pecado, pues este nos destituye de la gloria de Dios.[1]

A la luz de la justicia de Dios, en esa condición no éramos más que paganos. En ese estado, ¿cuánta fe se necesitaba para creer que Dios nos amaba de todos modos, y que por la muerte de Jesús en nuestro lugar podíamos ser perdonados y entrar en la familia de Dios, convirtiéndonos en sus hijos para estar con él por toda la eternidad en el cielo? ¿Puede Dios hacer algo mejor por nosotros en el transcurso de nuestra vida cristiana? ¿Puede haber una mayor necesidad de fe? A veces nos involucramos tanto en nuestra vida o ministerio que olvidamos que lo más grande que nos ha pasado es nuestra salvación.

Necesitamos que esto se nos recuerde todos los días. Cuán fácil se hace nuestro caminar cristiano en el presente cuando recordamos la gran obra que ha ocurrido en nosotros. Si logramos comprender el inmenso amor por el que Dios nos salvó a pesar de que sólo teníamos un poco de fe, ¿podrá algo en el presente hacer que disminuya ese amor que todavía nos tiene? ¿Y acaso el conocimiento de ese inmenso amor nos aumenta la fe? Esa fe en su amor por nosotros nos dará seguridad sobre nuestro futuro y hacia dónde vamos. En ocasiones no podemos ver a Dios obrar cuando estamos inmersos en algo, pero cuando más tarde volvemos a mirar atrás, vemos lo que Dios estaba haciendo. Recordar esos momentos nos dará más fe en que Dios estará con nosotros el día de mañana. Ayer leímos sobre la fe de Ana y cómo Dios le dio a Samuel, a quien ella dedicó al servicio de Dios.

Según parece, ella también tenía fe en que Dios se ocuparía de su futuro: «Visitó Jehová a Ana y ella concibió [de nuevo]; y dio a luz tres hijos y dos hijas» (1 S 2:21). ¿No es esta la clase de futuro que queremos tener? Cuando pedimos a Dios, ¿derramamos nuestro corazón como lo hizo Ana, o nos contenemos un poco para no quedar mal, incluso ante nosotros mismos? Dios quiere que seamos sinceros y honestos con él. ¿Eres honesto y serio con Dios cuando oras? Estos son los elementos que nos llevarán a ese punto en el que podemos decir que estamos seguros de nuestro destino.

---

1   Rm 3:23.

Siempre estaré a tu lado. ¿Recibes este mensaje cuando lees las Escrituras? Hay muchísimas cosas que aprender de Dios. La principal es que nos da la salvación; otra, que él está siempre a nuestro lado. Un día estaremos ante su presencia en el cielo, pero hasta entonces debemos vivir por fe. Si tenemos fe en él y nos acercamos, él se manifestará. Debemos aferrarnos a algunas promesas: «*De cierto, de cierto os digo: El que oye mi palabra y cree al que me envió tiene vida eterna, y no vendrá a condenación, sino que ha pasado de muerte a vida*» (Jn 5:24) y «*Todos los que en él crean recibirán perdón de pecados por su nombre*» (Hch 10:43) y «*Y yo estoy con vosotros todos los días, hasta el fin del mundo*» (Mt 28:20) y «*Y poderoso es Dios para hacer que abunde en vosotros toda gracia, a fin de que, teniendo siempre en todas las cosas todo lo necesario, abundéis para toda buena obra*» (2 Co 9:8).

Nunca sabremos plenamente cuánto cuida Dios de nosotros hasta el día en que estemos en su presencia. Por ahora, debemos saber que Dios se preocupa por nosotros mucho más de lo que podríamos imaginar, pues siempre es mucho más poderoso de lo que podemos imaginar. ¿Sabes cuánta paciencia se necesita para tener una paciencia sufrida? Es lo que él tuvo con nosotros hasta que recibimos la salvación. Creo que su paciencia continúa con nosotros incluso después de que hemos sido salvos. Y también está la paciencia que ha tenido con la humanidad desde que Adán y Eva fueron expulsados del huerto. ¡Cuán grande es nuestro Dios! ¿Podremos conocerlo alguna vez de este lado?

Dios podría habernos dejado de lado hace mucho tiempo, porque no estábamos a la altura de sus normas. Pudo permitir que fuéramos arrojados al lago de fuego junto con el diablo y los suyos.[1] Pero no lo hizo, ideó un modo en que pudiéramos ser redimidos sin bajar sus estándares. Es asombroso el amor que Dios nos tiene, a tal punto que para que pudiéramos ser salvos, él mismo nos dio lo que necesitábamos. ¿Cuánto dura y cuán grandiosa es la eternidad con Jesús? ¿Lo entendemos? ¿Nuestros corazones están aferrados a la eternidad de tal manera que afecta nuestra manera de vivir? No tenemos que estar a la altura, él ya ha dado la talla por nosotros. ¿Sentimos el efecto de la eternidad en nuestras vidas, la grandeza de lo que es? Cuando empezamos a ver en nuestros corazones la realidad de la eternidad del cielo, este mundo en el que vivimos nos atrapa cada vez menos. ¿Captas esa promesa en nuestra lectura del día de hoy: «*Prestad atención a lo que oís, porque con la medida con que medís, os será medido, y aun se os añadirá*» (Mc 4:24).

¿Qué medida utilizas para contener lo que oyes? ¿Qué tamaño de medida eliges, es grande o pequeña? Tal vez te resulte difícil saber que Dios está siempre a tu lado porque utilizas una medida demasiado pequeña para contener lo que oyes. Conforme recoges las palabras de Dios, lo que oyes aumenta el tamaño de la medida y tu confianza en que Dios está a tu lado también crecerá. Al leer algunos de los pasajes bíblicos que mencioné al principio, ¿puedes ver lo que Pablo nos dice hoy? «*Pero al que no trabaja, sino cree en aquel que justifica al impío, su fe le es contada por justicia*» (Rm 4:5).

¿Tiene tu medida el tamaño suficiente para contener esto? ¿Puedes comprender que Dios te considera justo por su obra y no por la tuya? Si siempre estás tratando de estar a la altura, nunca te sentirás digno de que Dios esté siempre a tu lado. Pero si entiendes que él dio la talla por ti y que lo único que tienes que hacer es creer, la certeza de que él está a tu lado aumentará. Cree como Abraham creyó —y fue considerado justo delante de Dios—. Abraham creyó, y Dios siempre estuvo a su lado.

---

1   Ap 20:10.

¿Qué tengo que decir hoy? El que está contigo es más grande que el que está en el mundo. ¿Quién es el que está contigo? ¿Qué sabemos acerca de él? En primer lugar, deberíamos saber quién está en este mundo. Si Jesús, que está con nosotros, es superior, eso implica que el que está en este mundo es una amenaza. Entonces, ¿quién es el que está en este mundo? ¿Es algún líder de una nación que representa una amenaza para todos los demás? No lo averiguaremos en el resumen diario de los acontecimientos mundiales, porque no figurará allí. Debemos buscar en el pasado para descubrir quién es el que hoy es una amenaza para nosotros en este mundo: *«Ha sido expulsado el acusador de nuestros hermanos, el que los acusaba delante de nuestro Dios día y noche»* (Ap 12:10); *«Fue lanzado fuera el gran dragón, la serpiente antigua, que se llama diablo y Satanás, el cual engaña al mundo entero. Fue arrojado a la tierra y sus ángeles fueron arrojados con él»* (Ap 12:9) y *«Sed sobrios y velad, porque vuestro adversario el diablo, como león rugiente, anda alrededor buscando a quien devorar»* (1 P 5:8).

De modo que ahora lo sabemos, y debemos ser sobrios y reconocer la amenaza. La gran noticia es que el que está con nosotros es más grande que el que está en el mundo. El diablo, que es la amenaza en este mundo, fue arrojado a la tierra, pero nuestro Señor Jesús es superior. Ahora bien, ¿qué sabemos de nuestro Señor Jesucristo? Que viene de un lugar superior a este mundo: *«El que viene de arriba está por encima de todos»* (Jn 3:31) —Juan el Bautista hablaba así de él—. *«Nadie subió al cielo sino el que descendió del cielo, el Hijo del hombre, que está en el cielo»* (Jn 3:13). Entonces, sabemos que Jesús vino del cielo a la tierra y que regresó al cielo a la diestra del Padre. Jesús vive dentro de todos los que lo aceptan, él es el que está en nosotros. ¿Cuán superior es Jesús al que está en el mundo? *«Por el dedo de Dios echo yo fuera los demonios»* (Lc 11:20) y *«Yo veía a Satanás caer del cielo como un rayo»* (Lc 10:18).

Así que el que mora en nosotros es del cielo, el lugar de donde expulsaron al diablo, por lo tanto, quienes viven allí tienen mayor poder. Hoy en el capítulo 5 de Marcos, leemos acerca de un endemoniado con el que ya nadie se entrometía: *«nadie podía atarlo, ni aun con cadenas. Muchas veces había sido atado con grillos y cadenas, pero las cadenas habían sido hechas pedazos por él, y desmenuzados los grillos. Nadie lo podía dominar»* (Mc 5:3-4).

Este hombre es tan brutal que nadie puede tocarlo ni controlarlo. Sin embargo, no es el hombre quien es violento, sino los demonios. Y no se trata de un demonio, ni de dos, sino de una legión, es decir, son miles. Los demonios entraron en dos mil cerdos, así que podría haber esa cantidad de demonios en este hombre. Sin duda se trataba de una fuerza temible. No obstante, Jesús no tuvo problemas para ejercer autoridad sobre ellos. No solo tenía autoridad sobre ellos, sino que tenían que pedirle permiso para hacer cualquier cosa. Jesús, que está en nosotros, tiene más poder que el diablo que está en el mundo.

Incluso una legión de las fuerzas demoníacas no era rival para Jesús. Camina en paz sabiendo que Jesús es superior a cualquier fuerza que se te oponga. He aquí lo que aconsejaron los apóstoles: *«Resistid al diablo, y huirá de vosotros»* (St 4:7). El diablo y sus demonios intentarán todo lo que puedan para tratar de engañarte, pero no pueden hacerle frente a Jesús, que está contigo. Recuerda: *«Mayor es el que está en vosotros que el que está en el mundo»* (1 Jn 4:4) y *«La paz os dejo, mi paz os doy; yo no os la doy como el mundo la da. No se turbe vuestro corazón ni tenga miedo»* (Jn 14:27).

¿Estás dispuesto a esperar?

En ocasiones, así es cómo se desarrolla la fe. ¿Estás dispuesto a esperar? Dios quiere que tengamos fe. La fe no viene cuando obtenemos respuestas inmediatas a nuestras oraciones. Es cuando tenemos que esperar la respuesta que se requiere de requiere. De todos los grandes personajes de las Escrituras, ¿cuántos no tuvieron que esperar? Déjame remontarme al pasado para dar algunos ejemplos. El pueblo acudió a Jeremías pidiéndole que se presentara ante Dios con una oración en su nombre. Jeremías lo hizo, y pasaron diez días antes de que Dios le diera una respuesta.[1] ¡Y hablamos de Jeremías! (Para quien creeríamos que la respuesta sería instantánea).

¿Y qué piensas de Elías, tendría que esperar? Jezabel, la esposa del rey Acab, amenazó de muerte a Elías y este huyó para salvar su vida. Pasaron más de cuarenta y un días antes de que Dios comenzara a hablarle.[2] También encontramos a Abraham, quien esperó más de quince años desde que Dios le dijo que tendría un heredero, Isaac, hasta el nacimiento de este.[3] En nuestro mundo rápido, casi instantáneo, esperar no es algo común. Dios nos manda que tengamos fe. Lo único que conozco que obtenemos al instante es nuestra salvación. No tenemos fe después de haber recibido algo de Dios, en ese caso lo que tenemos es gratitud. Tenemos fe cuando esperamos que Dios nos ayude en nuestra necesidad. En ocasiones, Dios parece exigirnos que tengamos fe hasta el mismo momento de nuestra necesidad. A medida que nuestra fe se fortalece, ¿aumenta nuestra disposición a esperar?

A medida que maduramos, nuestra disposición a esperar mejora, ya que ganamos más confianza en Dios. La falta de confianza no es responsabilidad de Dios, sino nuestra. Cuando maduramos, esa desconfianza que hay nosotros disminuye cada vez más. Cuanta más confianza, más fe, y cuanta más fe, más voluntad de esperar. Nuestra espera no es mucho en comparación con la eternidad donde existe Dios.

Hay, sí, una espera que casi todos tenemos y que está ligada a nuestra salvación. En nuestra lectura del día de hoy, en el capítulo 6 del libro de Romanos, se nos dice: *«Si fuimos plantados juntamente con él en la semejanza de su muerte, así también lo seremos en la de su resurrección»* (Rm 6:5). Hemos experimentado la semejanza de su muerte: *«¿O no sabéis que todos los que hemos sido bautizados en Cristo Jesús, hemos sido bautizados en su muerte?»* (Rm 6:3). Debido a lo que se nos ha prometido en nuestra salvación, la vida eterna, tenemos fe en que también seremos resucitados como Cristo. Esta espera supone una fe constante; no muchos desean que llegue rápidamente, pero todos contamos con ella. Llegaremos a ese lugar para entrar y tener vida con Cristo en el cielo por la eternidad.

---

1   Jr 42:2, 4, 7.
2   1 R 19:2-9.
3   Gn 15:4, 16:1-2, 17:16, 25.

¿Cómo son tus días: buenos, bendecidos, salen como los planeaste? ¿Quién los ha organizado, lo hiciste tú o se los ofreciste a Dios para que él los organizara? Sabes que él se preocupa y que quiere hacerlo por ti, ¿se los has dado a Dios? Dios sabe lo que habrá en esos días incluso antes de que lleguen.[1] Por lo general, luego de que él nos salva, retomamos el control de todo. Dios quiere toda nuestra vida, no solo una pequeña parte. Si Dios solamente dispone de ese rinconcito, entonces ese es el único lugar donde podrá traerte sus bendiciones; pueden ser tan pequeñas que pasen inadvertidas para ti. Quieres que Dios bendiga toda tu vida, entonces debes entregársela toda. Nuestro orgullo juega en nuestra contra; trata de mantener a Dios fuera de nuestras vidas tanto como puede. Al orgullo no le gusta morir.[2] Puede que nunca nos deshagamos por completo de él hasta que estemos en el cielo con Cristo, pero podemos empezar a hacerlo morir de hambre cada vez más. Dios quiere ayudarnos, necesitamos abrir la puerta e invitarlo a entrar.

Debemos darle a Dios las llaves de todas las habitaciones de nuestra vida y no guardarnos ninguna. No es fácil entregarle todo a Dios y confiarle el control de toda nuestra vida, puede hasta parecer arriesgado. Dios sabe que nos sentimos así y quiere ayudarnos, pero somos nosotros los que tenemos que darle la oportunidad. Él siempre está buscando una ocasión para bendecirnos, ¡pero tenemos que abrirle la puerta! ¿Qué pasa si recibes un pedido por correo, es una entrega puerta a puerta, pero tú no abres? ¿Lo recibes? Tienes que abrir la puerta; puede que hasta tengas que orar para que Dios te dé el deseo de entregarte a él por completo. No creo que nadie sea capaz de entregarse al ciento por ciento.

Somos semejantes a una vasija cuyo contenido ha sido vaciado, pero que, aunque la sacudan, siempre guarda un resto en su interior. No nos libraremos completamente de estos vestigios de nuestra carne hasta que dejemos este mundo y vayamos al cielo. Puede darnos algunos problemas de vez en cuando, pero nada parecido al «yo» controlador que llenaba la vasija antes. Dios es un ser amoroso y bondadoso, no un intruso. Hay que invitarlo y darle la bienvenida. Tienes que darle una oportunidad, tienes que abrirle la puerta. A lo largo de todo el libro de Jeremías se profetiza la llegada del cautiverio; sin embargo, de vez en cuando Dios llama al pueblo para que se vuelva a él: «*Y envió Jehová a vosotros a todos sus siervos los profetas. Los envió desde el principio y sin cesar; pero no escuchasteis ni inclinasteis vuestro oído para escuchar cuando decían: "Volveos ahora de vuestro mal camino y de la maldad de vuestras obras, y habitaréis en la tierra que os dio Jehová a vosotros y a vuestros padres para siempre. Pero no vayáis en pos de dioses ajenos, sirviéndolos y adorándolos, ni me provoquéis a ira con la obra de vuestras manos, y no os haré mal"*» (Jr 25:4-6).

Dios los está llamando para que le abran la puerta. Incluso cuando todo parecía indicar que Israel estaba a punto de caer en cautiverio, Dios solía llamarlos para que volvieran a él. Dios quería ayudarlos y bendecirlos. No dejaba de manifestarles el gran deseo de bendecirlos, pero ellos no escuchaban. ¿Te está llamando Dios para que le abras la puerta? Dios desea bendecirnos grandemente. Hasta puede ser que Dios sienta ansias de hacerlo. Debemos abrir la puerta e invitarlo a entrar. ¿Cómo recibiste la salvación? ¿Fue cuando Dios atravesó la puerta de tu vida diciendo: «¡AQUÍ ME HAGO CARGO YO!». No, Dios no es así, tuviste que invitarlo a entrar aquella vez, ¿y qué hay de ahora? ¿Lo invitarás a entrar para que tome el control y pueda bendecir toda tu vida?

---

1   Is 46:9-10.
2   Lc 9:23.

Estar en paz con Dios. ¿Qué significa eso para ti? ¿Que él no te castigará ni te condenará o que te dará todo lo que quieras? ¿Que te aceptará en el Cielo? ¿Qué significa eso para ti? El fundamento de esa paz es Cristo Jesús. ¿Qué dijeron los ángeles cuando nació Cristo? «*Pero el ángel les dijo: "No temáis, porque yo os doy nuevas de gran gozo, que será para todo el pueblo: que os ha nacido hoy, en la ciudad de David, un Salvador, que es Cristo el Señor. (...) ¡Gloria a Dios en las alturas y en la tierra paz, buena voluntad para con los hombres!"*» (Lc 2:10-11, 14). «*Y en la tierra paz*», esa paz vino por medio de **Cristo el Señor.**

Fue por Cristo el Señor que recibiríamos la salvación que trajo paz entre Dios y los que han sido salvados por la sangre de Cristo. Debería haber sido nuestra sangre, pues éramos los culpables. Dios sabía que no había forma de arreglar las cosas entre él y nosotros, así que se encargó de hacerlo él mismo: «*Y esta es la voluntad del que me ha enviado: que todo aquel que ve al Hijo y cree en él tenga vida eterna; y yo lo resucitaré en el día final*» (Jn 6:40).

¿Acaso esta escritura no trae paz si has puesto tu mirada en el Hijo y has creído aceptando a Jesús como Señor y Salvador? Y la promesa de resucitarnos en el último día, ¿no trae paz? Muchas veces quedamos tan envueltos en nuestra situación actual que nos olvidamos de esta certeza cuyo valor sobrepasa lo que podamos estar viviendo en estos momentos. Estas palabras hablan del cielo y de la eternidad. ¿Hay algo que necesitemos más que esta paz? Sí, a Dios le preocupa nuestra situación actual, pero no importa lo que suceda en el presente, al final sabes dónde y con quién estarás.

Dios promete que él mismo estará con nosotros por toda la eternidad: «*Y oí una gran voz del cielo, que decía: "El tabernáculo de Dios está ahora con los hombres. Él morará con ellos, ellos serán su pueblo y Dios mismo estará con ellos como su Dios"*» (Ap 21:3). Nuestra paz eterna es mucho mayor que nuestra paz en el presente. La vida en esta tierra tendrá altibajos, pero, si creemos, nuestra eternidad está asegurada. Por lo que leemos en 1 Samuel o en Jeremías acerca de Israel, las cosas no estaban resueltas para ellos. Podemos estar alegres de que ya no tenemos que cumplir con las exigencias de la ley para estar en paz con Dios.

En nuestra lectura del día de hoy en el libro de Romanos aparece otra ley para nosotros: «*Porque la ley del Espíritu de vida en Cristo Jesús me ha librado de la ley del pecado y de la muerte*» (Rm 8:2). Si deseas recibir más ánimo, lee de nuevo todo el capítulo 8. Hay un versículo con el que quiero terminar que habla del tema de hoy: «*El ocuparse de la carne es muerte, pero el ocuparse del Espíritu es vida y paz*» (Rm 8:6).

¿Qué estás pensando? ¿Cómo estás procesando lo que te pasa hoy? Ten cuidado, el mundo te atraerá rápidamente. El mundo y sus atracciones tienen mucho poder, y nuestra carne desea seguirlo. Por si fuera poco, nuestro enemigo ha enviado sus tropas para intentar descarrilarnos.[1] ¿Te encuentras bien arraigado a Cristo? ¿Hay áreas que necesitas reforzar? ¿Estás alimentándote lo suficiente de la Palabra? ¿Te comunicas con el Jefe a primera hora antes de salir a correr? Todo esto es muy importante.

Estamos en este mundo pero no somos del mundo.[2] Jesús, nuestro Rey, dijo que su reino no era de este mundo. Es cierto que su reino no es de este mundo, pero está en este mundo. No se trata de un doble discurso, sino de una realidad que debemos comprender. El reino de Jesús no funciona de acuerdo a las costumbres de este mundo. Sin embargo, está en este mundo porque nosotros somos ese reino: «*Porque el reino de Dios está entre vosotros*» (Lc 17:21).

Por lo tanto, el reino de Jesús[3] está formado por todos los creyentes de este mundo, pero es gobernado desde el cielo. Como no somos de este mundo necesitamos saber lo que escuchamos del cuartel general. Nuestro Padre quiere guiarnos, Jesús nuestro Señor quiere ayudarnos, pero tenemos que reportarnos. Nuestra relación con Dios debe ser buena para así, durante el día, poder oír las instrucciones que nos da. Algunos preguntarán: ¿Cómo puedo escuchar?». Presta atención a esa voz con la que Dios habla dentro de ti. Se necesita tiempo y fe para reconocer que aquello que has oído proviene Dios.

Con el tiempo podrás comprobar cuál voz era la de Dios y cuál no. La diferencia es mínima. Incluso una vez que hayas averiguado qué voz es la de Dios, tienes que mantener tu oído dirigido hacia él. Podemos estar tan absorbidos por lo que hacemos que Dios podría gritar y no lo oiríamos. ¿Qué estás pensando? ¿Estás sintonizado con Dios? No te sientas mal cuando empieces a escuchar y de vez en cuando te equivoques.

En nuestra lectura del día de hoy, en el capítulo 9 del libro de Marcos, Pedro, Santiago y Juan entendieron todo mal. Cuando bajaban del monte de la transfiguración, Jesús les dijo que «*a nadie dijeran lo que habían visto, hasta que el Hijo del hombre hubiera resucitado de los muertos*» (Mc 9:9). Más tarde, a medida que se acercaban a Jerusalén y al acto final de misericordia de Jesús, pensaron que entraba en la ciudad para tomar el trono del rey David y gobernar desde allí. Pero se equivocaron. «*Resucitado de entre los muertos*»; ni siquiera entendieron que Jesús se dirigía a Jerusalén para dejarse prender y ser asesinado por las autoridades.

Nosotros no siempre entendemos; los discípulos tampoco lo hicieron. **Algo en nuestra lectura de hoy que necesitamos escuchar** y almacenar en nuestro corazón: «*Entonces él se sentó, llamó a los doce y les dijo: "Si alguno quiere ser el primero, será el último de todos y el servidor de todos". Y tomó a un niño, lo puso en medio de ellos y, tomándolo en sus brazos, les dijo: "El que reciba en mi nombre a un niño como este, me recibe a mí; y el que a mí me recibe, no me recibe a mí sino al que me envió"*» (Mc 9:35-37).

---

1   Ap 12:17.
2   Jn 15:19, 17:15.
3   Col 1:13.

Yo siempre seré tu amigo. ¿Te imaginas que Jesús te dijera eso? ¿Sabes que te ama tanto que te quiere como amigo? ¿Sabías que también dice que es nuestro hermano? «*Mas a todos los que lo recibieron, a quienes creen en su nombre, les dio potestad de ser hechos hijos de Dios*» (Jn 1:12). De modo que si Jesús es el Hijo de Dios y nosotros somos hijos de Dios, eso hace que Jesús sea nuestro hermano, nuestro Hermano mayor. Jesús dijo que los que creemos somos sus amigos: «*Nadie tiene mayor amor que este, que uno ponga su vida por sus amigos. Vosotros sois mis amigos si hacéis lo que yo os mando*» (Jn 15:13-14).

¿Qué piensas de esto, somos hermanos y amigos de Jesús? Jesús nos pidió que nos humilláramos y nos volviéramos a él,[1] nos quiere cerca. ¿Qué dijo acerca de Jerusalén, que no quiso acercarse a él? «*¡Cuántas veces quise juntar a tus hijos como la gallina junta sus polluelos debajo de las alas, pero no quisiste!*» (Mt 23:37). Si estamos dispuestos a volvernos a Jesús, ¿no es entonces probable que él nos quiera reunir bajo sus alas? Valemos mucho para él. No solo sufrió y murió en una cruz por nosotros, sino que renunció al lugar que le correspondía en el cielo para venir a la tierra y traernos la salvación. «*Cristo Jesús: él, siendo en forma de Dios, no estimó el ser igual a Dios como cosa a que aferrarse, sino que se despojó a sí mismo, tomó la forma de siervo y se hizo semejante a los hombres. Más aún, hallándose en la condición de hombre, se humilló a sí mismo, haciéndose obediente hasta la muerte, y muerte de cruz*» (Flp 2:5-8) y «*Ya conocéis la gracia de nuestro Señor Jesucristo, que por amor a vosotros se hizo pobre siendo rico, para que vosotros con su pobreza fuerais enriquecidos*» (2 Co 8:9).

Jesús quiere estar cerca, ¿te tomas tiempo para permitirle acercarse? Anteriormente leímos: «*Nadie tiene mayor amor que este, que uno ponga su vida por sus amigos*». Jesús es nuestro amigo por todo lo que hizo en nuestro favor. Para terminar, déjenme recordarles lo que Jesús dijo en nuestra lectura del día de hoy en el libro de Marcos: «*Ahora subimos a Jerusalén, y el Hijo del hombre será entregado a los principales sacerdotes y a los escribas. Lo condenarán a muerte y lo entregarán a los gentiles. Se burlarán de él, lo azotarán, lo escupirán y lo matarán; pero al tercer día resucitará. (...) porque el Hijo del hombre no vino para ser servido, sino para servir y para dar su vida en rescate por todos*» (Mc 10:33-34, 45).

---

1   St 4:10.

¿Cuán lejos estás? ¿Cuán lejos estás de la gloria de Dios? ¿Dónde te encuentras espiritualmente a lo largo de tu día? ¿Cuán cerca o cuán lejos estás de Dios? Dios está siempre contigo, ¿estás tú siempre con él? Estoy seguro de que nadie podría decir que su mente y su corazón están siempre con él. La imperfección de nuestra carne aún nos acompaña y siempre intenta alejarnos de Dios.

El Espíritu y la carne luchan constantemente, el uno trata de acercarnos a Dios, mientras el otro trata de alejarnos.[1] Tenemos la esperanza de que conocemos el final de la historia. Si intentamos acercarnos a Dios, él nos ayudará. Pero debemos tener cuidado de no permitir que otras cosas ocupen nuestra atención y nuestra confianza y que nos alejen de Dios. La misma cantidad de devoción para dos cosas distintas es tibieza (medio frío, medio caliente).

Puede que no te encuentres completamente en ese estado, pero ten cuidado y aléjate de ahí: «*Pero por cuanto eres tibio y no frío ni caliente, te vomitaré de mi boca*» (Ap 3:16). Debes saber que si tratas de alejarte de la tibieza, Dios te ayudará: «*Someteos, pues, a Dios; (...) acercaos a Dios, y él se acercará a vosotros*» (St 4:7-8). Anímate, Dios está más cerca de lo que crees; acércate a él y recibe lo que tiene para ti. Incluso ya tienes su gloria, esa de la que hablamos al principio de este día: «*Pero no ruego solamente por estos, sino también por los que han de creer en mí por la palabra de ellos. (...) Yo les he dado la gloria que me diste, para que sean uno, así como nosotros somos uno*» (Jn 17:20, 22).

Si permanecemos cerca de Jesús, él nos dará todo lo que necesitamos. Dios ha querido mantener una relación con nosotros desde el inicio: «*Luego oyeron la voz de Jehová Dios que se paseaba por el huerto, al aire del día (...). Jehová Dios llamó al hombre, y le preguntó: "¿Dónde estás?"*» (Gn 3:8-9). Dios buscaba tener una relación con Adán y Eva. Dios siempre busca mantener una relación con nosotros, la pregunta es: ¿estamos acercándonos a él o alejándonos de él? Dios quiere proveernos de todo lo que necesitamos. El Dios trino, el Padre, el Hijo y el Espíritu Santo, hizo todo lo posible para ofrecernos la salvación. Jesús renunció a su lugar en el cielo para venir a la tierra y dio su sangre para salvarnos.

El Padre envió al Hijo que estaba junto a él a la tierra y lo colgó en una cruz. Y el Espíritu Santo no ha dejado de llamarnos a Dios desde que Cristo resucitó. Dios sigue buscando mantener una relación: «*y tú, siendo olivo silvestre, has sido injertado en lugar de ellas y has sido hecho participante de la raíz*» (Rm 11:17). Esto se encuentra en nuestra lectura del día de hoy en el libro de Romanos. ¿Acaso el participar de la raíz no habla de un tipo de relación? «*recuerda que no sustentas tú a la raíz, sino la raíz a ti*» (Rm 11:18). Dios quiere ser tu suministro, todo tu suministro. Pero quiere que tú, al igual que la rama, te mantengas firmemente aferrado a él - **relación**.

---

1   Ga 5:17; Rm 8:6.

Yo soy Aquel a quien escuchas. Hay muchas voces ahí fuera. Unas te dicen cómo puedes ser más inteligente; otras te dicen cómo aumentar tus finanzas; otras cómo tener una vida más saludable y así vivir más tiempo; otras cómo ponerte en contacto con tu propio ser y con el cosmos. Son muchos los que te hablan, inclusive del ámbito comercial, que desean sacar más dinero de tu bolsillo para ponerlo en el suyo. Algunas de estas voces son muy sinceras y creen que lo que dicen es verdad, mientras que otras solo intentan aprovecharse de ti. Debes decidir a qué voz escucharás.

Algo sorprendente (ni tanto) es que el diablo está detrás de muchas de estas voces: «*ahora el príncipe de este mundo será echado fuera*» (Jn 12:31b) y «*(...) vuestro adversario el diablo, como león rugiente, anda alrededor buscando a quien devorar*» (1 P 5:8); «*te envío para que abras sus ojos, para que se conviertan de las tinieblas a la luz y de la potestad de Satanás a Dios*» (Hch 26:17-18). ¿Ves algún engaño en el mundo que te rodea? «*que se llama Diablo y Satanás, el cual engaña al mundo entero*» (Ap 12:9).

Muchos se preguntarán cómo saber a qué voz escuchar. El primer paso es estar familiarizado con la Palabra de Dios, leyéndola regularmente. Nada de lo que Dios, Jesucristo o el Espíritu Santo te digan estará en desacuerdo con la palabra escrita de Dios. Huye rápidamente de cualquier cosa que discrepe incluso en lo más mínimo; el diablo trató de engañar aun a Jesús en el desierto. Sabes que hay una voz, una sola, a la que debes escuchar. Cualquier otra cosa que te digan debe ser juzgada por esta única voz.

Sabes que la voz de Dios es la única que realmente se preocupa por ti y por tu bienestar. Hay muchas voces por ahí que te dicen cosas que sin duda harán que tu vida en este mundo sea mejor, pero ¿qué pasa con la eternidad?, ¿harán que esta sea mejor? Algunas voces te ofrecerán una vida maravillosa aquí..., ¡para luego llevarte al infierno! Necesitamos tener cuidado con las voces que escuchamos. El lugar donde debemos empezar es en lo que dijo la voz de Dios escrita para nosotros en nuestras Biblias. Dios quiere hablarnos con esa voz apacible, pero debemos comenzar con su Palabra escrita; a través de ella, él se manifiesta a sí mismo y a sus caminos.

En nuestra lectura del día de hoy, en el capítulo 12 del libro de Marcos, encontramos las siguientes palabras de Jesús: «*Guardaos de los escribas, que gustan de andar con largas ropas, y aman las salutaciones en las plazas, las primeras sillas en las sinagogas y los primeros asientos en las cenas, que devoran las casas de las viudas y, para disimularlo, hacen largas oraciones. Estos recibirán mayor condenación*» (Mc 12:38-40). Debemos fijarnos en lo que Jesús dice sobre los escribas en otros lugares: «*Pero ¡ay de vosotros, escribas y fariseos, hipócritas!, porque cerráis el reino de los cielos delante de los hombres, pues ni entráis vosotros, ni dejáis entrar a los que están entrando, (...) recorréis mar y tierra para hacer un prosélito y, cuando lo conseguís, lo hacéis dos veces más hijo del infierno que vosotros*» (Mt 23:13, 15).

Y Marcos nos cuenta lo siguiente: «*Pero los escribas que habían venido de Jerusalén decían que tenía a Beelzebú, y que por el príncipe de los demonios echaba fuera los demonios*» (Mc 3:22). Parece que había que tener cuidado con los escribas y no escuchar lo que decían. En la actualidad, existen muchas voces que nos hablan y que quieren que escuchemos lo que tienen para decir. Esto es lo que Pablo nos dice en nuestra lectura del día de hoy en Romanos: «*No os conforméis a este mundo, sino transformaos por medio de la renovación de vuestro entendimiento, para que comprobéis cuál es la buena voluntad de Dios, agradable y perfecta*» (Rm 12:2). Nos está diciendo que seamos precavidos y que no permitamos que el mundo nos conforme a su manera. Era un peligro para ellos en aquel entonces, y es un peligro para nosotros hoy en día.

¿Sabes adónde te diriges? ¿Has resuelto esa pregunta o sigues planteándotela? Muchos de los que hemos sido salvados todavía luchamos con ella. ¿Alguna vez has tratado de sintonizar una estación de radio, pero la interferencia era tan fuerte que casi no podías escuchar nada? A veces es difícil escuchar a Dios para saber con certeza hacia dónde nos dirigimos debido la interferencia, que puede tener su origen en un mundo muy confuso o en nosotros mismos.

Primero tenemos que filtrar lo que viene de fuera. Hay muchas cosas de este mundo que dicen ser ciertas, pero que, en realidad, no lo son. Debemos examinar todo a la luz de la verdad para ver si es cierto. La verdad procede de Dios; en cambio, el mundo está confundido. Pilato le preguntó lo siguiente a Jesús: «¿*Qué es la verdad?*» (Jn 18:38). Si lo que se dice no se alinea con la verdad, entonces no debemos escucharlo. Lo que viene del mundo entra poco a poco en nosotros, interfiriendo de tal manera que nos cuesta oír la verdad. La fe se construye sobre la verdad, pero hay que creer antes de que se convierta en fe. ¿Qué creerás, lo que viene de Dios o lo que viene del mundo?

Tenemos que darnos cuenta de que lo que el mundo dice saber sobre algo es solo su suposición sobre eso. En cambio, Dios sabe con certeza; él no supone nada. Existen cosas que nosotros, la raza humana, sabemos en este mundo; sin embargo, todo cambiará cuando esta tierra pase y una nueva tierra sea creada.[1] De modo que la pregunta es, ¿tenemos nosotros, la raza humana, un verdadero conocimiento? Lo mejor es que nos alineemos con la Palabra de Dios y lo que él dice en ella. Puede parecer improbable e ilógico, pero lo que él dice sucederá. ¿Puedes explicar lógicamente el cambio que se produjo en ti cuando recibiste la salvación? Para nosotros es un misterio.

Si bien hay obras de Dios que nadie puede comprender, no por ello dejan de ser verdad. Cuando no comprendemos, no podemos resolverlo lógicamente ni razonarlo, y aun así estamos dispuestos a creer, entonces hemos alcanzado la fe. Cuando finalmente alcanzamos la fe, entonces sabemos a dónde nos dirigimos: «*Yo soy la resurrección y la vida; el que cree en mí, aunque esté muerto, vivirá. Y todo aquel que vive y cree en mí, no morirá eternamente*» (Jn 11:25-26) y «*así es necesario que el Hijo del hombre sea levantado, para que todo aquel que en él cree no se pierda, sino que tenga vida eterna*» (Jn 3:14-15).

De esta manera sabemos a dónde nos dirigimos: la palabra de Dios, que es verdad, nos lo dice. Puede que lo que en el mundo admiramos y creemos que es seguro no lo sea. El día de hoy, en el capítulo 13 del libro de Marcos, los discípulos le hablan a Jesús de lo que ellos consideran grandioso: el templo. Sin embargo, Jesús les dice que sería derribado; y setenta años más tarde, los romanos hicieron precisamente eso. El capítulo 13 de Marcos junto con Mateo 24 y Lucas 21 nos dicen lo que está por venir. Lo que el mundo cree conocer, en realidad no lo sabe: «*Pero en aquellos días, después de la tribulación, el sol se oscurecerá, y la luna no dará su resplandor, y las estrellas caerán del cielo, y las potencias que están en los cielos serán conmovidas*» (Mc 13:24-25). Sabemos a dónde nos dirigimos si estamos dispuestos a creer a Dios.

---

1   Sal 102:25-27; Hb 1:10-12.

Esta es mi historia, esta es mi canción, día y noche alabo a mi Salvador. ¿Empiezas tu día de esta manera, empiezas alabando a tu Salvador? Yo lo intento, pues trato de empezar todos mis días con algún tipo de devocional, pero los 365 días del año..., no creo que lo consiga. Todos encontramos en nosotros defectos que nos desagradan, incluso el apóstol Pablo dice que se encuentra haciendo lo que no quiere hacer.[1] ¿Esto nos causa un serio problema? Si fuera algo imposible de remediar, sin duda tendríamos problemas. ¿Podemos arreglarlo o compensarlo de alguna manera? No. Ya sea que no estemos alabando a nuestro Señor como se merece o que hayamos cometido el pecado más profundo, nosotros no podemos hacer nada para corregir nuestros errores del pasado. Aun con las instrucciones que Moisés les dio a los Israelitas de parte de Dios, ellos fallaron (Jr 32:21-23).

En el templo, se podía pasar por ciertos procedimientos cuando erraban, pero ¿podían ser perdonados los pecados?. En Hebreos, encontramos la respuesta: «*se presentan ofrendas y sacrificios que no pueden hacer perfecto, en cuanto a la conciencia, al que practica ese culto*» (Hb 9:9) y «*Porque la sangre de los toros y de los machos cabríos no puede quitar los pecados*» (Hb 10:4). La única solución es lo que Dios ha hecho mediante el sacrificio de Cristo en la cruz, ahí es donde debe residir nuestra dependencia. No podemos hacer nada para corregir nuestras faltas ante Dios una vez cometidas.

Lo único que podemos hacer al respecto es ser perdonados por la gracia que Dios nos ofrece.[2] En nuestra lectura el día de hoy escuchamos a Jesús decir: «*Esto es mi sangre del nuevo pacto que por muchos es derramada*» (Mc 14:24). Lo que nos corresponde hacer para recibirla es confesarnos y pedir perdón. Debemos tratar con toda honestidad de vivir como Cristo, pero cuando fallamos, tenemos el perdón a nuestra disposición. El orgullo se interpone en el camino de esta maravillosa oferta que Dios nos hace. En nuestra lectura del día de hoy hemos visto cómo el miedo y el orgullo del rey Saúl se interpusieron en su camino (1 Sm 15:1-11, 17-19).

En nuestro orgullo queremos pensar que podemos solucionarlo, ¡pero no podemos! Si alguna vez alguien hubiera podido, nuestro Señor Jesús no habría tenido que sufrir en la cruz, pero nadie pudo. El orgullo se interpondrá en el camino de la mayoría de lo que Pablo menciona en el capítulo 14 de Romanos. Cuando por fin reconocemos que no podemos arreglarlo, eso nos lleva a rendirnos completamente ante Dios. Llegamos a ese lugar, como Jesús en el huerto de Getsemaní, y le decimos a Dios: «**No se haga mi voluntad Señor, sino la tuya**». En ese momento ponemos toda nuestra confianza en él, sabiendo que solo vivimos en Cristo, como nos dice el apóstol Pablo. No tenemos nada que ofrecer aparte de rendirnos completamente y ofrecer nuestro ser, nosotros mismos, a Dios para que lo use a su manera.[3]

El rey Saúl no actuó a la manera de Dios. Jeremías nos cuenta que Israel tampoco lo hizo. Debemos entender que, dejados a nosotros mismos, no seguimos el camino de Dios —necesitamos que Cristo viva en nosotros y a través de nosotros—. En Romanos 14:11, Pablo nos recuerda lo que está escrito: «*Vivo yo, dice el Señor, que ante mí se doblará toda rodilla, y toda lengua confesará a Dios*». Tomemos la delantera, sabiendo que nuestra vida eterna viene de Cristo, y cantémosle alabanzas a él: Esta es mi historia, esta es mi canción, día y noche alabo a mi Salvador.

---

1   Rm 7:15.
2   Jn 1:16.
3   Is 55:8-9.

En esta época del año los árboles se llenan de hojas, las flores se llenan de color y los prados se cubren de verde. ¿No sería estupendo que nuestras vidas fueran igual de radiantes? Pueden serlo, pero conforme las estaciones se suceden, hay épocas en nuestras vidas en las que las cosas no son tan radiantes y hermosas. Hay muchas razones para esto. Una de ellas puede ser que estemos alejados de Dios, ya sea de manera intencional —por nuestra conducta— o porque lentamente nos hemos separado de él, sin darnos cuenta de la distancia que se ha interpuesto entre nosotros y nuestro Señor. O quizás no nos hayamos alejado del Señor, pero las perturbaciones y la tensión que nos rodean hacen que la vida no nos parezca muy radiante. Incluso puede ser porque hayamos decidido entrar en aquella relación íntima que el Señor quiere que tengamos con él, y el enemigo nos ataca con más fuerza.[1]

También tenemos la poda que Dios lleva a cabo para que nuestras vidas sean más productivas[2] y la disciplina que impone a aquellos que ama.[3] Esto no debe deprimirnos, ya que hay muchas épocas de esplendor y belleza en nuestras vidas cristianas. Simplemente tenemos que estar preparados sabiendo que estos tiempos vienen. El caminar cristiano se trata de fe, y solo se logra a través de ella. No debemos dejarnos condicionar por nuestro entorno. Siempre habrá presiones que nos aparten de nuestro Señor y debemos reconocerlas cuando llegan. Lo primero que debemos hacer es orar y preguntarle a Dios si hay algo en nosotros que sea el problema.

Puede que nos hayamos alejado un poco o que hayamos caído en algún pecado sin darnos cuenta o dándonos cuenta, pero sin hacer nada al respecto. Estas pueden ser algunas de las causas que estén relacionadas con nuestro accionar. Pero también existen fuerzas externas que pueden ser la causa, y la oración es nuestra primera línea de defensa. Hay poder en el nombre de Jesús,[4] y si no estamos orando en su nombre no deberíamos sorprendernos de algunas de las cosas que nos suceden. Jesús dijo que si lo seguimos y nos alineamos con él, seríamos perseguidos.[5] Además, Dios continuamente nos hace seguidores cada vez más maduros, y es posible que algunas cosas no parezcan agradables en el momento, pero después nos damos cuenta de lo que él estaba haciendo. El punto principal aquí es que nuestra fe determina la forma en que experimentamos lo que sucede en nuestras vidas. Nuestra fe es la manera en que estamos anclados a nuestro Señor, nuestro fundamento seguro, nuestra Roca.[6] Si permitimos que esta se debilite, nuestra vida se trastorna con facilidad.

La mejor manera de mantener fuerte esa fe es la comunión con el Maestro. Pasar tiempo cada día —y muchas veces al día— en nuestro lugar de oración, ofreciendo una alabanza en el momento en que estamos haciendo nuestras actividades, o una petición de ayuda cuando nos encontramos en una situación difícil, o simplemente tener una relación continua y de diálogo con el Señor a medida que transcurre nuestro día. Él siempre está disponible, nunca pierde la conexión. Podemos hablar con él en todo momento, siempre está ahí y dijo que nunca nos abandonará.[7] Vemos en nuestra lectura de los últimos dos días cómo el rey Saúl va en una dirección distinta a la que Dios quería para él, y su vida deja de ser radiante y hermosa. También vemos en nuestra lectura del día de hoy que Dios es un Dios redentor (Jr 32:36-44).

Si nuestros corazones se inclinan ante él y lo buscamos de verdad, sin importar lo alejados que estemos, él nos llevará de vuelta. Todos sabemos que en el pasado nos hemos extraviado y alejado del lugar al que Dios nos llamó. Todo el capítulo 15 del libro de Marcos nos habla de lo que Jesús tuvo que hacer para que pudiéramos ser llevados de vuelta a Dios. Si lo que Jesús hizo tuvo el suficiente poder para pagar por nuestros pecados y llevarnos ante Dios, también tiene el suficiente poder para llevarnos de vuelta si nos alejamos. En el capítulo 15 de Romanos, Pablo menciona que una ayuda muy importante para nuestra fe es el apoyo de la comunidad. Aquellos que estamos pasando por una temporada de fortaleza debemos ayudar a quienes son débiles, teniendo la piedad y el amor que Cristo tuvo por nosotros, y hacer lo que podamos para dar fortaleza a nuestros hermanos. Debemos aceptarnos unos a otros como Cristo nos aceptó, con una esperanza que viene de Dios (Rm 15:1-7).

El ancla de todo es la fe y la necesidad que en ocasiones tenemos los unos de los otros para reforzar esa fe. Jesús siempre está cerca, acércate a él con frecuencia.

1	Ap 12:17.
2	Jn 15:2b.
3	Hb 12:6.
4	Hch 3:6; 4:10, 30; 16:18; Ef 5:20; Col 3:17; 1 Ts 5:16-18.
5	Mt 5:10-11; Mc 10:30; Jn 15:20.
6	Lc 6:47-48; Sal 18:2, 46, 31:3, 40:2, 61:2, 62:1-2, 95:1-5; Col 1:13-16.
7	Hb 13:5.

En este lugar tenemos miedo y somos reacios a avanzar. Afirmamos conocer, pero tenemos miedo a lo desconocido. ¿Cómo avanzar, cómo seguir adelante? Nuestra confianza debe estar en el lugar adecuado. Tenemos que considerar las otras fuerzas que operan aquí, además de nosotros mismos. No es raro descubrir que no estamos solos, pues son muchos los que temen. Tenemos miedo de decir que tenemos miedo, tenemos miedo incluso de admitirnos a nosotros mismos que tenemos miedo porque estaríamos reconociendo que ya no tenemos el control de nosotros mismos ni de nuestro destino. El miedo hace algo terrible: nos aleja de los demás porque nunca permitimos que nadie nos conozca realmente; lo único que conocen es la apariencia que creamos.

Dios puede ver a través de las apariencias en lo más profundo de nuestras vidas, aquello que continuamente tratamos de ocultarle a él y a los demás. Con esta actitud, nos estamos perjudicando a nosotros mismos, porque la misma interacción que tratamos de evitar con los demás, sobre todo con Dios, es la misma interacción que traerá a nuestra vida la plenitud que tanto deseamos. No sabemos lo que tenemos, en quién estamos y quién es nuestro Dios. A nosotros los cristianos se nos ha dado algo muy especial: por medio de la sangre de Cristo se nos ha permitido tener una relación con un Dios cuya magnificencia es tal que todos los planetas y estrellas del universo escuchan sus órdenes.

Este mismo Dios quiere tener una relación de familia con nosotros. Somos especiales para él, e hizo un gran sacrificio en la obra de la cruz para que pudiéramos acercarnos a él. Se preocupa de todo lo que hacemos, de todo lo que queremos y de todas nuestras necesidades. La mayor necesidad que cada uno de nosotros tiene después de recibir la salvación es ser aceptados por Dios y ser aceptados por los que nos rodean. No obstante, tenemos miedo. No queremos bajar la guardia, no queremos que nadie nos vea.

Nos preguntamos cómo es que no podemos encontrar ayuda para nuestro problema, para nuestra necesidad, y sin embargo permitimos que los demás solo se limiten a tratar con nuestra apariencia y se hagan amigos de ella. Incluso Dios, aunque todo lo ve, no es invasivo; él solo entra allí donde es invitado. Debemos empezar por este punto, por invitar a Dios a lo más profundo de nuestro ser. Al admitirle cómo y quiénes somos, también lo admitimos ante nosotros mismos. Aquí es donde debe comenzar todo.

Dios empezará a ayudarnos y llegaremos a un punto en el que también podremos invitar a los demás a saber quiénes somos en realidad. Podemos fingir muy bien lo que somos, pero hasta que no mostremos a los demás quiénes somos en realidad, no recibiremos ayuda y seguiremos luchando por nuestra cuenta. Debemos empezar siempre abriéndonos a Dios. Él es la persona más compasiva a la que podemos acudir. Aunque nuestra relación con él no haya sido como debería ser, él es quien la restaurará.

A pesar de los errores que Judá cometió cuando Dios los envió a Babilonia, Dios dice lo siguiente a través del profeta Jeremías en nuestra lectura del día de hoy: «*Los limpiaré de toda su maldad con que pecaron contra mí, y perdonaré todas sus iniquidades con que contra mí pecaron y contra mí se rebelaron. Esta ciudad me será por nombre de gozo, de alabanza y de gloria entre todas las naciones de la tierra, cuando oigan todo el bien que yo les hago*» (Jr 33:8-9). La naturaleza de Dios en su amor es restaurar; si nos rendimos a él y lo buscamos de verdad, él se dejará encontrar. Dios hará el bien incluso a los rebeldes si estos se vuelven a él y realmente lo buscan con un corazón abierto.

Esta es la **Palabra**. No se puede definir. Es demasiado compleja para comprenderla en su totalidad, demasiado vasta para contenerla. La **Palabra** de Dios supera nuestras capacidades. El uso que hacemos de la **Palabra** es muy limitado, pero el que hace Dios va mucho más allá. En el idioma griego, se le llama **logos**. Nosotros usamos las palabras para comunicar; en cambio, Dios usa la **Palabra** para crear. Fue por la **Palabra** que las cosas fueron creadas. La **Palabra** es la que nos salva, se nos da vida por la **Palabra**. Nos cuesta entender esto, así como muchas otras cosas de Dios.[1]

Supongo que esta es la razón por la que debemos tener fe. Ciertamente no somos capaces de comprenderlo todo, así que simplemente debemos creer con esa fe infantil que cree solo porque papá dice que es verdad. En lugar de ser el niño, muchas veces queremos ser el papá y decir lo que se debe hacer. Debemos practicar ser como niños y simplemente creer. Ser adultos en nuestro ajetreado mundo hace que sea difícil creer como niños. En este mundo, tenemos responsabilidades, decisiones importantes que tomar, trabajos por hacer, así es como funciona, todo gira en torno a la vida y el trabajo en esta tierra.

Pero cuando se trata de Dios, él es el que manda, no nosotros, que debemos ser como niños. No es difícil que un aspecto de nuestras vidas se mezcle con otro. Nos encontramos muy lejos de lo que deberíamos ser, aún nos queda un largo camino por recorrer. Queremos trasladar a nuestra relación con Dios lo mismo que hacemos en el mundo y lo que el mundo hace con nosotros. Pero Dios no lo acepta, y entonces nos preguntamos por qué tenemos problemas para conectar con Dios. En el mundo quizás tengamos un cargo de responsabilidad, pero nuestra única responsabilidad con Dios es dejar que él se haga cargo de todo. Puede que en el mundo se nos asigne alguna labor que cumplir, pero con Dios debemos alinearnos con la labor que él ha hecho.[2] Puede que cuidemos de otros, pero con Dios es él quien cuida de nosotros.[3] Debemos rendirnos a sus caminos si queremos avanzar en nuestra relación con él. No debemos ser como el pueblo de Jerusalén, que un día sigue los designios de Dios y al siguiente se aparta y vuelve a seguir sus propios designios (Jr 34:8-11). Dios no nos bendecirá si no nos rendimos a sus caminos. En nuestra lectura del día de hoy, en el capítulo uno del libro de Lucas, vemos que Zacarías quedó mudo hasta el nacimiento de su hijo por haber tenido una fe vacilante al cuestionar cómo era posible que, a su edad y la de su esposa, pudieran tener un hijo.

María se quedó perpleja, pero dijo: «*Hágase conmigo conforme a tu palabra*» (Lc 1:38), dejando que Dios estuviera al mando. Volvamos a la **Palabra** de Dios: «*Destruiré la sabiduría de los sabios y frustraré la inteligencia de los inteligentes*» (1 Co 1:19). Dios nos muestra quiénes somos en el resto de este capítulo y, en el versículo 29, dice: «*A fin de que nadie se jacte en su presencia*». Necesitamos saber que Dios tiene razón. Necesitamos volvernos a él, nuestro Papá, con la confianza de un niño pequeño: **Papá sabe lo que es mejor**. En el versículo 9, Pablo nos dice lo que todos debemos conocer: «*Fiel es Dios, por el cual fuisteis llamados a la comunión con su Hijo Jesucristo, nuestro Señor*». ¿Creemos que es fiel, lo demuestran las acciones de nuestras vidas? O todavía tenemos el control la mayor parte del tiempo porque no creemos que él es fiel. **Necesitamos ser los hijos y dejar que Papá sea Papá.**

---

1   Is 55:8-9; 1 Co 1:25.
2   Jn 3:16; 19:30; Lc 2:30-32.
3   Lc 12:24.

«Yo soy el camino, la verdad y la vida». ¿Vives como si esto fuera verdad? Sé que lo crees, pero ¿se refleja en tu forma de vivir? Sé que algunos podemos decir que sí, y otros tenemos que pensar en la pregunta. Pero es algo que todos deberíamos preguntarnos de vez en cuando. Puede que esta semana diga que «sí», y que la próxima ya no sea un «sí» tan rotundo y tenga que reflexionar sobre la pregunta. Hay algo que todos necesitamos tener en mente: todavía somos imperfectos y volveremos a necesitar la gracia. Me alegra que las Escrituras me lo recuerden: *«De su plenitud recibimos todos, y gracia sobre gracia»* (Jn 1:16).

Me complace que Dios haya reunido una gran cantidad de gracia, una sobre otra, porque a veces necesito mucha. Sin esta gracia, ninguno podría recibir la salvación. Sin esta gracia ninguno podría seguir caminando con Dios ni acercarse más a él. Nunca llegaremos al punto en que ya no necesitemos más gracia en este lado del cielo. A medida que maduramos espiritualmente podemos necesitar menos que al principio, pero siempre necesitaremos la gracia para caminar con Dios. Nuestra bondad no es suficiente para caminar con Dios; siempre necesitaremos la gracia que Cristo nos proveyó a fin de que podamos estar en la presencia de Dios.[1]

Por su gracia, Jesús es el camino para llegar a Dios. Todos somos vulnerables a nuestra propia carne, que quiere llevarnos a lugares a los que no debemos ir.[2] Es gracias a Cristo que tenemos al Espíritu Santo dentro de nosotros, quien lucha contra los deseos de nuestra carne.[3] El diablo y sus demonios están al acecho, pero no tienen el poder de hacernos pecar. Nuestra carne quiere llevarnos por ese camino de destrucción.[4] Lo único que el diablo y sus demonios pueden hacer es tentarnos y ser como un entrenador que alienta nuestra carne cuando contempla algo pecaminoso. Podemos estar agradecidos por la vida que tenemos, esa vida espiritual que se extiende hacia la eternidad, la vida que hemos recibido por medio de Jesucristo en nuestro nuevo nacimiento. Siempre necesitamos recordar ese nuevo nacimiento, el mayor de los milagros que jamás experimentaremos.

Dios, con amor, nos busca, nos encuentra y nos atrae hacia Jesús para que recibamos la salvación.[5] Es por medio de Jesús que llegamos al cielo. Cuando el ladrón en la cruz preguntó, Jesús le respondió: *«De cierto te digo que hoy estarás conmigo en el paraíso»* (Lc 23:43). ¿Hay algo que podamos hacer eterno sin Cristo? Lo único que podemos hacer sin Cristo es acabar en el lago de fuego con el diablo y sus secuaces. Cristo es todo lo que necesitamos y lo único que necesitamos. El Padre y el Espíritu Santo están disponibles, pero no llegamos a ninguno de los dos sino a través de Cristo. Es bueno recordar lo que Dios le reveló a Simeón: *«Ahora, Señor, despides a tu siervo en paz, conforme a tu palabra, porque han visto mis ojos tu salvación, la cual has preparado en presencia de todos los pueblos; luz para revelación a los gentiles y gloria de tu pueblo Israel»* (Lc 2:29-32).

Esto se dice del Cristo, el Mesías, a través del cual recibiremos el camino, la verdad y la vida. Pablo era muy educado y podría haber dicho muchas palabras muy elocuentes, pero en vez de eso dijo lo siguiente: *«Me propuse no saber entre vosotros cosa alguna sino a Jesucristo, y a este crucificado»* (1 Co 2:2). Aunque Pablo podría haber dicho muchas cosas, solo habló de aquel que tiene todo lo que se necesita: *«Yo soy el camino, la verdad y la vida»* (Jn 14:6).

---

1.   Ap 21:23.
2.   Rm 7:18.
3.   Ga 5:17.
4.   St 1:14-15.
5.   Jn 6:44.

Conoce quién soy Yo. Dios quiere que sepamos quién es él. Lo primero que necesitamos saber es que escapa a nuestra comprensión. Nuestro Dios es uno (Dt 6:4), y es tres personas (1 Jn 5:7). Aunque está en el cielo, también está en todas partes al mismo tiempo (Jr 23:24). El Padre es Dios (1 Cr 29:10), Jesús es Dios (Is 9:6), el Espíritu Santo es Dios (Hch 5:3-4).

Si no partimos de la fe, nunca podremos ser salvos. Tal parece que para conocer cualquier cosa de Dios debe ser por fe, porque nada acerca de Dios nos parece lógico. El asunto es que él es el aquel que siempre es, mientras que nosotros y nuestro entendimiento en este mundo son temporales. Vivimos, morimos y, después, viene el juicio, en el que Dios decide dónde pasará cada persona la eternidad.[1] Es importante que sepamos quién es Dios antes de que llegue ese juicio. Nadie puede cambiar la manera en que seremos juzgados cuando terminemos nuestro tiempo aquí en la tierra. Por lo tanto, debemos resolver este asunto mientras aún sigamos con vida. Conoce a Dios; él nos ha dado vida en la tierra para que podamos darnos cuenta de que él es, y para que lo encontremos.[2] Para quienes lo hemos encontrado y hemos sido salvados ahora, es por medio de su Palabra que podemos conocerlo. Conocer a Dios es difícil y, a la vez, fácil.

Podemos hacer que sea difícil cuestionando todo sobre él con nuestro entendimiento y conocimiento. Podemos hacer que sea fácil estando dispuestos a creer todo lo que dice ya que seguramente sabe mucho más que nosotros. Conocer a Dios es un asunto de fe, ¿estamos dispuestos a creer? Ni siquiera podemos ser salvos si no estamos dispuestos a creer que Jesús murió por nosotros y puede hacernos nacer otra vez. ¿Cuán difícil es para ti conocer a Dios? Dios llama constantemente a la humanidad para que nos acerquemos a él.

En Jeremías, Dios llamaba una y otra vez al pueblo al arrepentimiento: «*Quizá oiga la casa de Judá todo el mal que yo pienso hacerles para que se arrepienta cada uno de su mal camino. Entonces yo perdonaré su maldad y su pecado*» (Jr 36:3). Dios desea que acudamos a él para perdonarnos. Dios siempre nos ha llamado a acercarnos, a recibir el perdón y a ser salvos, como dice Juan el Bautista en nuestra lectura del día de hoy en el libro de Lucas: «*Voz de uno que clama en el desierto: "Preparad el camino del Señor, enderezad sus sendas. Todo valle se rellenará y se bajará todo monte y collado; los caminos torcidos serán enderezados, y los caminos ásperos allanados, y verá toda carne la salvación de Dios"*» (Lc 3:4-6; Is 40:3-5).

Este concepto de que el pecado podía ser perdonado sin ofrecer un sacrificio era nuevo para los israelitas, por lo que Dios envió a Juan el Bautista para presentar la idea de que el arrepentimiento podía conducir al perdón. Dios removió del hombre la carga de ofrecer un sacrificio y la puso sobre sí mismo. Ahora nos toca a nosotros creer lo que Dios ha dicho, leer su Palabra y conocerlo, acercarnos a él y tener una experiencia con él.

Hemos sido llamados para venir a él en el Espíritu, como dijo Jesús a Nicodemo: «*De cierto, de cierto te digo que el que no nace de agua y del Espíritu no puede entrar en el reino de Dios. Lo que nace de la carne, carne es; y lo que nace del Espíritu, espíritu es*» (Jn 3:5-6). Cuando somos salvos, nacemos del Espíritu, además de haber nacido ya de la carne. En el Espíritu es como llegamos a conocer a Dios. Pasar de buscar cosas con nuestro intelecto a buscar a Dios en el Espíritu puede ser algo nuevo, pero Dios se encontrará contigo allí si lo intentas. Hay quienes dirían que es una cuestión del corazón; ahí es donde comienza. Dios nos llama a conocerlo.

---

1   Jn 5:29.
2   Hch 17:27.

Soy capaz: «*Todo lo puedo en Cristo que me fortalece*» (Flp 4:13). Esto es lo que Pablo pudo decir en cierto momento de su vida después de enumerar las cosas por las que pasó. ¿Te sientes capaz de hacer, o pasar, por todas las cosas por medio de Cristo? No sé cuántos podremos responder afirmativamente a esta pregunta. Probablemente el secreto de que Pablo pueda afirmar esto radique en lo que dice al principio: «*he aprendido a contentarme, cualquiera que sea mi situación*» (Flp 4:11). En este mundo impulsado por los afanes de la humanidad, constantemente se nos dice que necesitamos esto o aquello para ser felices. Lo que creemos que nos hará felices termina generando pagos mensuales con nuestras tarjeta de crédito que, seguramente, no trajeron felicidad a nuestra vida. Debemos alejarnos un poco y preguntarnos qué es lo más importante y valioso en nuestra vida. Dios dice que él siembra su voluntad en nosotros, así que es ahí donde debemos buscar primero.[1]

Es ahí donde encontraremos los valores esenciales. Pero el mundo siempre intentará llevarnos en otra dirección. Debemos tener cuidado a quién escuchamos. Se han hecho estudios que demuestran que cuando oímos lo mismo una y otra vez, tras haberlo escuchado muchas veces, terminamos aceptándolo inconscientemente como verdad. ¿Cuántas veces te han repetido una y otra vez que no puedes (no eres capaz) de hacer algo, por lo que ni siquiera lo intentas? El diablo es un engañador. Otros que quieren aprovecharse de ti, o tener un mejor y más alto concepto de sí mismos, te dirán que no puedes.

Lo cierto es que debemos saber a quién creer. ¿No sería bueno empezar el día con alguna verdad de parte de Dios antes de estar expuestos a todas estas cosas que vienen del mundo? Aunque no siempre entendamos lo que recibimos de Dios, sigue siendo verdad. Supongamos que tu corazón (tu persona interior) está creciendo espiritualmente, ¿no sería bueno darle como alimento algo de la palabra de Dios aunque no sepas cómo funcionan esos alimentos? Necesitamos examinar dónde aferramos nuestras vidas: ¿a buenos anclajes o a malos anclajes?

Tal vez necesitemos comenzar a desatarnos de algunas de las cosas del mundo y atarnos más a la palabra de Dios, a su verdad. Pablo creía que lo tenía todo, hasta que se encontró con el Señor resucitado camino a Damasco.[2] Después de esa experiencia, conoció a Jesucristo como Señor y supo que lo tenía todo. Como leímos el día de hoy en Lucas, el diablo trató de engañar a Jesús, pero este conocía la verdad y no aceptó la propuesta. A pesar de eso, el diablo no se dio por vencido, simplemente se fue hasta que tuvo otra oportunidad (Lc 4:13).

Necesitamos permanecer en la verdad porque el engañador siempre está intentando mentirnos. En nuestra lectura del día de hoy en 1 Corintios, oímos a Pablo enumerar una vez más las cosas por las que él y los apóstoles atravesaron: «*Nosotros somos insensatos por causa de Cristo, y vosotros sois prudentes en Cristo; nosotros débiles, y vosotros fuertes; vosotros sois honorables, y nosotros despreciados. Hasta el día de hoy padecemos hambre y tenemos sed, estamos desnudos, somos abofeteados y no tenemos lugar fijo donde vivir. Nos fatigamos trabajando con nuestras propias manos; nos maldicen, y bendecimos; padecemos persecución, y la soportamos. Nos difaman, y respondemos con bondad; hemos venido a ser hasta ahora como la escoria del mundo, el desecho de todos*» (1 Co 4:10-13). Con todo, Pablo puede decir que todo lo puede en Cristo que lo fortalece. ¿Puedes imaginar a qué anclajes tiene Pablo amarradas las cuerdas de su vida? Parece que cuanto más desatamos las cuerdas de nuestras vidas de los anclajes que no son de fiar y las atamos a lo divino, tanto más podemos decir como Pablo: **Todo lo puedo.**

---

1   Flp 2:13.
2   Hch 9:4-6.

Porque tú eres mi siembra. ¿Sientes que has sido sembrado por Dios? ¿Puedes mirar a tu alrededor y ver que, sin duda, alguien más estuvo involucrado en llevarte a donde estás? ¿Puedes mirar al pasado y ver que hubo cosas que podrían haber resultado muy mal para ti, incluso podrías haber perdido la vida, pero no fue así? Pareciera que Dios estaba velando por aquellos que fuimos salvos, incluso antes de que lo encontráramos. Nos cuesta entender las cosas de Dios, aunque él trata de enseñarnos. Si te pregunto a qué altura están los cielos sobre la tierra, ¿lo sabrías? Parece que para responder a esa pregunta con precisión, lo primero que tendríamos que saber es dónde están exactamente los cielos. ¿Conoces rigurosamente dónde está el lugar para que podamos medirlo? Oh, tú no lo sabes exactamente, yo tampoco.

Dios no nos da una medida exacta a fin de que tengamos una idea de cuán superior es él a nosotros, de cuánto más sabe que nosotros. Parece que conocer el lugar específico donde están los cielos nos sobrepasa; así mismo, conocer lo mucho que Dios sabe más que nosotros también nos supera. Nos desborda tanto que, en comparación con Dios, no sabemos nada: «*Porque mis pensamientos no son vuestros pensamientos ni vuestros caminos mis caminos", dice Jehová. "Como son más altos los cielos que la tierra, así son mis caminos más altos que vuestros caminos y mis pensamientos, más que vuestros pensamientos"*» (Is 55:8-9).

Aunque pensemos que tenemos nuestra vida resuelta, es posible que Dios esté interviniendo y ni siquiera lo sepamos. Puede haber muchas cosas que pensamos que hemos hecho y fue él quien las hizo. ¿Alguna vez te ha pasado que algo parece encajar perfectamente? Tal vez no se alineó por casualidad, tal vez fue plantado. Dios planta en nosotros sus caminos, sus obras, su voluntad. En el momento en que comprendemos que él es superior a nosotros, nuestra vida se vuelve más sencilla. Podemos empezar a confiar más en él y menos en nosotros mismos. ¿Crees que él tiene tu futuro en sus manos?

Una vez que entregamos nuestra vida a Dios, toda ella le pertenece, tanto lo que ocurrió antes de ser salvos como todo lo que suceda después. ¿Eres su posesión, es él tu Amo? Si empezamos a contemplar estas cosas, veremos que nuestra vida ha sido sembrada por él. Dios tuvo conocimiento de nuestra salvación desde el principio de los tiempos: «*Venid, benditos de mi Padre, heredad el reino preparado para vosotros desde la fundación del mundo*» (Mt 25:34). Y también dice en Apocalipsis: «*La adoraron todos los habitantes de la tierra cuyos nombres no estaban escritos desde el principio del mundo en el libro de la vida del Cordero que fue inmolado*» (Ap 13:8).

Todos los que pertenecemos a Cristo somos los que no adoramos a la bestia, somos aquellos cuyos nombres están en el libro de la vida desde la fundación del mundo. Dios te conoce desde mucho antes de lo que te imaginas; el tiempo no lo limita. La vida de Jeremías fue sembrada por Dios, que sabía todo lo que le sucedería: «*Estando preso Jeremías en el patio de la cárcel, le vino palabra de Jehová, diciendo: (...) "Pero en aquel día yo te libraré, dice Jehová, y no serás entregado en manos de aquellos a quienes tú temes"*» (Jr 39:15, 17) y «*Nabucodonosor había dado órdenes a Nabuzaradán, capitán de la guardia, acerca de Jeremías, diciendo: "Tómalo y vela por él; no le hagas mal alguno, sino haz con él como él te diga"*» (Jr 39:11-12).

No nos sucederá nada que Dios no haya previsto. Dios ha visto nuestra vida, la ha sembrado según su propio deseo, y todo sucederá conforme a su voluntad.

Piensa en todo lo que he hecho por ti. ¿Puedes pensar y considerar todo lo que Dios ha hecho por ti? ¿Y cuanto más piensas, más recuerdas? ¡Qué Señor tan maravilloso es el nuestro! Dios desea hacer mucho más por nosotros, los creyentes. Desde luego, lo más importante que nos espera es el día en que nos lleve al cielo. ¿Qué pasará entre este momento y ese día? ¿Crees y tienes fe, esperas que Dios haga algo más en tu vida? ¿Ves las cosas como Dios las ve o solo como las ves tú? En ocasiones, no vemos a Dios obrando en nuestras vidas porque deseamos que él se amolde a nuestro modo de ser y de obrar. Esto es algo a lo que tenemos que estar atentos, ya que se puede infiltrar fácilmente.

Siempre debemos estar comprobando si nuestra vida y nuestros deseos están alineados con la voluntad que Dios tiene para nosotros. Jesús nos pidió que lo siguiéramos. Tenemos que seguirle a él en lugar de caer en la ilusión de creer que él nos seguirá a nosotros cuando lo necesitemos. Todos debemos aceptar que nadie es digno, que lo único que merecemos es la ira de Dios. Hemos sido salvados de la ira divina mediante la salvación obtenida con la sangre de Cristo. Una vez que comprendemos lo que realmente merecíamos sin Cristo, todo lo que viene después es una bendición. Debemos buscar, indagar y encontrar el camino de Dios para alinearnos con él y que él nos bendiga. Debemos recordar que así como él reina sobre nuestras vidas en este mundo, él también reina desde el cielo, un lugar espiritual que sobrepasa al mundo.

Algunas de las cosas que Dios dice pueden parecer extrañas y difíciles de llevar a la práctica, pero son cosas espirituales de un reino que sobrepasa el mundo físico en el que vivimos. Hay quienes afirman que ciertas personas son demasiado celestiales para ser útiles en la tierra. Discrepo con esa afirmación, pues considero que quien no tiene una mente celestial no puede obrar bien en la tierra. Debemos alinearnos con Dios para que podamos seguirlo y saber qué es lo que quiere que hagamos. Es cuando comenzamos a ocuparnos de su reino aquí en la tierra que él comienza a ocuparse de nuestras necesidades.

En los Evangelios, ocurre un hecho interesante: Jesús envía a sus discípulos de dos en dos a ejercer su ministerio. Veamos lo que hace Jesús: «*A estos doce envió Jesús, y les dio instrucciones diciendo: "Por camino de gentiles no vayáis, y en ciudad de samaritanos no entréis, sino id antes a las ovejas perdidas de la casa de Israel. Y yendo, predicad, diciendo: "El reino de los cielos se ha acercado". (...) Cuando Jesús terminó de dar instrucciones a sus doce discípulos, se fue de allí a enseñar y a predicar en las ciudades de ellos*» (Mt 10:5-7, 11:1).

Jesús envía a los doce a ocuparse de su reino, y mientras ellos están fuera ministrando como él los envió, Jesús mismo se dirige a las ciudades de los apóstoles donde están sus seres queridos. ¿Crees que los apóstoles fueron bendecidos cuando escucharon que Jesús había ido a sus propias ciudades para ministrar? Encontramos una promesa de Jesús en nuestra lectura del día de hoy en Lucas: «*Dad y se os dará; medida buena, apretada, remecida y rebosando darán en vuestro regazo, porque con la misma medida con que medís, os volverán a medir*» (Lc 6:38). Puede que muchos afirmen que esto se refiere al diezmo o a dar dinero. ¿Acaso ves que hable de dinero o de diezmar? Si das de ti mismo al ministerio de Dios, él te lo devolverá. Conforme empezamos a entregarnos más a él en el lugar que nos llama a seguirlo, más veremos lo que él está haciendo en nuestras vidas y en las de aquellos que nos importan.

El que está conmigo no me abandonará. ¿Estás con Jesús, está él contigo? Es difícil caminar solos por esta vida. En nuestra lectura del día de hoy, Pablo dice que si alguien necesita casarse, que lo haga; pero que mejor sería, por la situación de entonces, no hacerlo. Pablo, al igual que los otros apóstoles, creía que Jesús regresaría pronto.[1] Con eso en mente, consideraban mejor permanecer solteros y sin ataduras, para estar libres de servir al Señor.

También eran tiempos difíciles en algunas regiones, ya que parte de la Iglesia estaba siendo perseguida, lo cual era más complicado para quienes tenían una familia. Era mucho más sencillo no abandonar a Jesús si no se tenía la responsabilidad de una familia. Todos queremos ser considerados como personas que siguen a Jesús. En cierto momento, Jesús dice que si no odiamos a nuestro cónyuge, a nuestros hijos, incluso a nuestros padres, entonces no podemos seguirlo.[2] Por supuesto, esto no significa aborrecer en el sentido en que usamos la palabra, ya que se nos dice que debemos amar... Esto muestra la profundidad de nuestro amor por Cristo, quien debe ocupar el primer lugar en nuestras relaciones por encima de cualquier otra cosa.

David, sin duda, estaba más entregado a Dios que cualquier otra persona; sin embargo, en nuestra lectura del día de hoy en 1 Samuel, David toma una esposa. Dios siempre fue lo primero y más importante en su vida. Su devoción a Dios era tan grande que la relación que tuviera con cualquier otra persona sería como odio en comparación. Observa lo que de joven le dijo a Goliat: «*Yo voy contra ti en el nombre de Jehová de los ejércitos, el Dios de los escuadrones de Israel, a quien tú has provocado*» (1 Sm 17:45b). Sin duda, David estaba con Dios y no lo abandonaría. Hoy, en el capítulo 7 de Lucas, aparecen dos personajes que Jesús compara: «*Un acreedor tenía dos deudores: uno le debía quinientos denarios y el otro, cincuenta. No teniendo ellos con qué pagar, perdonó a ambos. Di, pues, ¿cuál de ellos lo amará más? Respondiendo Simón, dijo: "Pienso que aquel a quien perdonó más"*» (Lc 7:41-43).

¿Puedes ver cuál de los dos —si la mujer pecadora o los fariseos—, estaba con él y no lo abandonaría? La esperanza para cualquiera cuyo pasado preferiría olvidar es que Jesús le diga, como a aquella mujer: «*Tu fe te ha salvado; ve en paz*» (Lc 7:50). ¿Eres tú alguien que puede decir que está con Jesús y que no lo abandonará? De esta mujer que vino a adorar a Jesús y que no tuvo vergüenza de que la vieran haciéndolo, aprendemos que cualquiera de nosotros puede ser bien recibido por Jesús, para que él diga de nosotros que estamos con él y que no lo abandonaremos.

---

1   1 Ts 4:15; 1 P 4:7; 1 Jn 2:18.
2   Lc 14:26.

Siempre estoy en tu presencia. Qué grandioso es pensar que nunca estamos solos. Jesús dijo que siempre estaría con nosotros y en nosotros.[1] También se nos dio el Espíritu Santo para que estuviera con nosotros, y aun en nosotros, ayudándonos. Hasta se nos dice que Dios está en nosotros.[2] ¡Qué preciosa promesa se nos ha dado! Necesitamos grabar en lo profundo de nuestros corazones que Dios siempre está con nosotros sin importar lo que suceda. Jesús nos dijo que el mundo no nos iba a aceptar fácilmente, y que por causa suya algunos de nosotros seríamos perseguidos.[3] Si la verdad está arraigada en lo profundo de nuestro corazón, sabremos que Dios está con nosotros en esos momentos.

Saber que Dios está con nosotros nos da la fuerza para avanzar en su ministerio. Él nunca nos envía delante de él, Jesús no dijo «Ve y sé un pionero en mi nombre, estableciendo una gran obra». Jesús dijo: «*Si alguno me sirve, sígame*» (Jn 12:26). Puesto que Jesús dijo «Sígueme», él ya está trabajando en cualquier obra a la que nos llame. Nunca estamos solos. El mundo nos mentirá y tratará de convencernos de que Jesús no es real y que, por lo tanto, no está con nosotros.

Los demonios nos engañarán y tratarán de convencernos de que Jesús no está con nosotros. ¿A quién vamos a escuchar? Dios nos ama y se preocupa por nosotros. Él siempre estará cerca. Lo sabremos por fe, y mientras más fe tengamos, más sabremos que él está ahí a nuestro lado. A lo largo de mi vida, muchas veces he perdido el martillo o el destornillador. Se lo preguntaba a Dios, no como si estuviera muy lejos en el cielo, sino como si estuviera aquí mismo, y siempre me mostraba dónde estaba lo que buscaba. Si sabemos que él está a nuestro lado, es mucho más fácil avanzar en lo que nos llama a hacer.

La convicción de su presencia entre nosotros en este mundo nos dará la certeza de que estará con nosotros en la eternidad. En nuestra lectura de 1 Corintios, Pablo nos dice una cosa muy importante: «*Para nosotros, sin embargo, solo hay un Dios, el Padre, del cual proceden todas las cosas y para quien nosotros existimos; y un Señor, Jesucristo, por medio del cual han sido creadas todas las cosas y por quien nosotros también existimos*» (1 Co 8:6). Si existimos por medio de Jesucristo, ¿cómo no vamos a estar en él y él en nosotros? Esto escapa a nuestra comprensión en este mundo y debe ser aceptado por la fe como algo que pertenece al mundo espiritual a nuestro alrededor. ¿Qué tan unida está la familia? En nuestra lectura del día de hoy, en el capítulo 8 del libro de Lucas, Jesús nos asegura que somos su familia: «*Entonces su madre y sus hermanos vinieron a él; pero no podían llegar hasta él por causa de la multitud. Y se le avisó, diciendo: "Tu madre y tus hermanos están fuera y quieren verte". Él entonces respondiendo, les dijo: "Mi madre y mis hermanos son los que oyen la palabra de Dios y la obedecen"*» (Lc 8:19-21).

Algo más que vemos hoy en Lucas es que Jesús está con nosotros en la tormenta: «*Pero, mientras navegaban, él se durmió. Y se desencadenó una tempestad de viento en el lago, y se anegaban y peligraban. Vinieron a él y lo despertaron, diciendo: "¡Maestro, Maestro, que perecemos!". Despertando él, reprendió al viento y a las olas; y cesaron y sobrevino la calma*» (Lc 8:23-24). Si Jesús está siempre a nuestro lado, no habrá tormenta en nuestras vidas en la que él no esté presente. Y tiene pleno control sobre la tormenta, no permitirá que nos abrume o que nos hunda. Pedro salió de la barca y caminó sobre el agua, y Jesús no permitió que se hundiera cuando le falló la fe.[4]

---

1   1 Jn 3:23-24.
2   Jn 14:15-17, 26.
3   Jn 15:20.
4   Mt 14:28-31.

Amor, amor, amor. Hablamos de él, pero ¿qué sabemos al respecto? El mundo habla del amor, de que todos debemos amarnos para que haya paz en el mundo. Todos hemos visto el cartel que dice: **Imagina la paz.** Pero solo se quedará ahí, en la imaginación. Jesús dijo que habrá un tiempo en que incluso los miembros de una familia se odiarán.[1] La única vez que hubo paz y amor perfectos fue en el jardín del Edén. Aquello no duró mucho, y cuando la humanidad fue expulsada del huerto, observen lo pronto que surgió el odio entre dos hermanos, y la paz y el amor perfectos se esfumaron.[2] El mundo a nuestro alrededor habla del amor, pero su idea del amor no es más que un pobre sustituto. El amor tiene una profundidad que muchos no ven. El primer acto de amor lo realizó Dios en la creación. ¿Cómo fue ese amor? Dios creó a la humanidad poniéndola en el huerto y dándole todo lo que necesitaba.

Dios creó al hombre y la mujer de manera que pudiera visitarlos a la luz del día y tener comunión con ellos.[3] El huerto que Dios creó para los seres humanos era maravilloso, lleno de todo tipo de plantas que estaban sobre la tierra y que les servían de alimento. Hubo otra cosa, que quizás no hayamos considerado, que Dios en su amor les concedió a los seres humanos en la creación: les dio libre albedrío para elegir. Desde nuestro punto de vista, fue una acción peligrosa, pues significaba que la humanidad tenía la opción de alejarse de Dios.

Algunos podrían preguntar: ¿por qué nos permite Dios equivocarnos tanto? Si no tuviéramos libre albedrío, ¿qué seríamos y qué tendría Dios? Si no tuviéramos libre albedrío no tendríamos la libertad de amar a Dios o de no hacerlo, no tendríamos la libertad de seguir a Dios o de no seguirlo. Si solo tuviéramos la opción de amar a Dios porque fuimos hechos de esa manera, ¿qué clase de amor sería ese? ¿Podría Dios ser feliz de que sus hijos lo amaran si supiera que la única opción que tenían era amarlo? Él sabe que quienes ahora lo aman, realmente lo aman por decisión propia.

Al principio, Dios eligió amarnos, y cuando vio que nos habíamos equivocado, continuó amándonos. Jesús fue enviado para mostrarnos el amor de Dios, para crear un medio por el cual pudiéramos estar con él y a la vez cumplir con los requisitos de su justicia. Ello requirió un nivel de amor que ninguno de nosotros podría alcanzar. Dios mismo se sacrificó para cumplir los requisitos que nosotros no podíamos alcanzar. ¡Qué acto de amor! Una de las últimas cosas que Jesús nos dijo que hiciéramos fue amar.[4] Después de recibir la salvación, descubrimos que hay un amor en nuestros corazones que antes no existía, pero que aún no está a la altura del amor con el que Dios nos amó.[5]

Esto no significa que debamos dejar de intentarlo. Debemos seguir aprendiendo y conociendo más sobre la clase de amor que Dios nos tiene y hacer lo mejor que podamos. Tenemos algo nuevo dentro de nosotros, no solo la carne, sino también el Espíritu. Es de este Espíritu de donde viene el amor verdadero, el tipo de amor que proviene de Dios. Crecerá a medida que se lo permitamos y lo alimentemos. Te preguntarás cómo lo alimentamos. Será la Palabra de Dios la que lo haga crecer, la que le dé verdadera sustancia y fuerza. En nuestra lectura del día de hoy, en el capítulo 9 del libro de Lucas, Jesús nos habla del amor de Dios. Jesús les preguntó a sus discípulos quién decían que era él.

El Padre se lo revela a Pedro, quien dice: «*El Cristo de Dios*» (Lc 9:20). El Padre, al mostrar su amor a Pedro y a todos nosotros, reveló quién era y quién es Jesús.[6] En el Nuevo Testamento la palabra **Cristo** es la traducción griega de **Mesías**.[7] Uno de los significados de «Mesías» es «redentor» o «uno ungido con el aceite santo». Los judíos afirman que tuvieron muchos mesías. Pero solo este tenía la unción espiritual.[8] Jesús también es el único que nos trae, por el amor de Dios, una redención espiritual. Jesús nos habla de todo lo que debe pasar para darnos el amor de Dios: «*Es necesario que el Hijo del hombre padezca muchas cosas y sea desechado por los ancianos, por los principales sacerdotes y por los escribas, y que sea muerto y resucite al tercer día. (...) Haced que os penetren bien en los oídos estas palabras, porque acontecerá que el Hijo del hombre será entregado en manos de hombres*» (Lc 9:22, 44).

Acá escuchamos las palabras de Jesús, que luego veremos desarrollarse en los capítulos siguientes. Así es como Dios ama a la humanidad. Estamos llamados a adoptar esa clase de amor. Nunca podremos tener la plenitud del amor con el que Dios ama, pero podemos tener su tipo de amor, un amor que no se merece y que no espera nada a cambio.

---

1   Lc 12:52-53.
2   Gn 4:8.
3   Gn 3:8.
4   Jn 13:34, 15:12, 17.
5   Jn 3:16.
6   Mt 16:17.
7   Jn 1:41, 4:25.
8   Jn 1:32-34.

Somos uno en el Espíritu, somos uno en el Señor. ¡Qué gran himno de nuestro pasado! Sin embargo, también debe ser parte de nuestro presente. ¿Somos uno en nuestro Señor en su amor entre nosotros? ¿Entendemos que también somos uno en el Espíritu? «En el espíritu» aquí no se refiere al temperamento, ni a la forma en que trabajamos juntos o a nuestros objetivos como cristianos. Se trata de una verdad fundamental: *«El Espíritu es el que da vida»* (Jn 6:63). Esta es la verdad, cada uno de nosotros que ha nacido de nuevo a una nueva vida, ha recibido esa vida a través del Espíritu y es él quien nos une. Quizá digas que recibimos esa nueva vida por medio de Jesucristo, y es cierto, la recibimos a través de Jesús, pero nacemos del Espíritu, quien nos da esa vida.

«Lo que nace de la carne, carne es; y lo que nace del Espíritu, espíritu es. (...) El viento sopla de donde quiere, y oyes su sonido, pero no sabes de dónde viene ni a dónde va. Así es todo aquel que nace del Espíritu» (Jn 3:6-8). Si todos hemos nacido del mismo Espíritu, entonces todos somos uno por ese Espíritu. A veces no damos suficiente valor a la tercera persona de la Trinidad. Las tres personas obran en nosotros para darnos vida. No estoy diciendo que no seamos todos uno en Cristo, pero también debemos reconocer la labor del Espíritu. *«Pero cuando se manifestó la bondad de Dios, nuestro Salvador, y su amor para con la humanidad, nos salvó, no por obras de justicia que nosotros hubiéramos hecho, sino por su misericordia, por el lavamiento de la regeneración y por la renovación en el Espíritu Santo, el cual derramó en nosotros abundantemente por Jesucristo, nuestro Salvador»* (Tt 3:4-6).

Algunos piensan que el Espíritu es una fuerza divina que actúa en segundo plano. Sin embargo, es una persona de la Trinidad, igual que el Padre y Jesús lo son. Si no fuera así serviríamos a un Dios dual y no a un Dios trino. Al parecer Jesús es la persona principal en la provisión y presentación del evangelio a nosotros, pero fue el Padre quien lo envió (Lc 10:16). Aparentemente es el Espíritu Santo quien da el poder a las acciones de Cristo: *«Jesús volvió en el poder del Espíritu a Galilea»* (Lc 4:14) y *«Yo por el Espíritu de Dios echo fuera los demonios»* (Mt 12:28).

Jesús siempre aparece solo en las Escrituras, pero dice que el Padre siempre está con él, y ahora podemos ver que fue el Espíritu el que le dio el poder. Jesús es esa persona a la que podemos ver, y nosotros somos uno en el Señor. Pasan muchas cosas detrás de lo que vemos hacer a Jesús. Jesús ha sido enviado para unirnos. Pablo lo explica así en nuestra lectura del día de hoy: *«La copa de bendición que bendecimos, ¿no es la comunión de la sangre de Cristo? El pan que partimos, ¿no es la comunión del cuerpo de Cristo? Siendo uno solo el pan, nosotros, con ser muchos, somos un cuerpo, pues todos participamos de aquel mismo pan»* (1 Co 10:16-17). Para nosotros, Cristo es el pan que fue entregado. Todos participamos por medio de él, y así todos llegamos a ser uno. Otro aspecto es que, puesto que el Padre está con él y el Espíritu Santo también, todos somos uno en el Dios Trino. **Somos uno en el Espíritu, somos uno en el Señor, somos uno en el Padre, todos en el Dios Trino.**

¿Qué piensas mientras recorres el camino de la vida? Recuerdo a dos personas que viajaban juntas por el camino. Se sentían un poco preocupadas por los tiempos que vivían y por lo que había sucedido. Estaban un poco tristes mientras viajaban de un lugar a otro. A veces nosotros también viajamos un tanto tristes, moviéndonos de un sitio a otro solo porque es algo que debemos hacer. Qué solitario puede ser a veces, incluso cuando hay compañía.

En este recorrido por la vida, existe cierta incertidumbre. Podremos estar alegres o felices y, de repente, ocurrirá algo que nos lo arrebate todo. Eso fue lo que les pasó a las dos personas que viajaban juntas de un lugar a otro. Todo parecía ir muy bien, pero en un día todo se vino abajo. Ocurrieron sucesos que les quitaron toda esperanza, toda alegría, incluso afectaron profundamente su vida. Todos tenemos días así, sin estar seguros de hacia dónde nos dirigimos. Durante el camino, a estos dos se les acercó un hombre que entabló conversación con ellos, y cuanto más hablaba, más fácil se tornaba su día.

La alegría se apoderó de sus corazones e invitaron a aquel hombre a quedarse con ellos. Fue entonces cuando se les reveló la identidad de ese hombre y reconocieron que era el Señor Jesús resucitado: «*Dos de ellos iban el mismo día a una aldea llamada Emaús, que estaba a sesenta estadios de Jerusalén. Hablaban entre sí de todas aquellas cosas que habían acontecido. Y sucedió que, mientras hablaban y discutían entre sí, Jesús mismo se acercó y caminaba con ellos. (...) Él les dijo: "¿Qué pláticas son estas que tenéis entre vosotros mientras camináis, y por qué estáis tristes?". (...) Entonces él les preguntó: "¿Qué cosas?". Y ellos le dijeron: "De Jesús nazareno, que fue varón profeta, poderoso en obra y en palabra delante de Dios y de todo el pueblo; y cómo lo entregaron los principales sacerdotes y nuestros gobernantes a sentencia de muerte, y lo crucificaron". (...) Pero ellos lo obligaron a quedarse, diciendo: "Quédate con nosotros, porque se hace tarde y el día ya ha declinado". Entró, pues, a quedarse con ellos. Y aconteció que, estando sentado con ellos a la mesa, tomó el pan, lo bendijo, lo partió y les dio. Entonces les fueron abiertos los ojos y lo reconocieron; pero él desapareció de su vista. Y se decían el uno al otro: "¿No ardía nuestro corazón en nosotros, mientras nos hablaba en el camino y cuando nos abría las Escrituras?"*» (Lc 24:13-15, 17, 19, 20, 29-32).

¿Necesitas que surja hoy la alegría en tu corazón? ¿Necesitas un poco de alegría y felicidad en tu recorrido por esta vida? Jesús siempre viaja junto a nosotros, solo que a veces no reconocemos que es él quien está con nosotros. Aunque no lo escuches hablándote en ese momento, podrás recordar algo que ha dicho en las Escrituras. Aunque sea solo una palabra, si llega a lo profundo de tu corazón, hará tu día más brillante. Cuanto más te acostumbres a saber que Jesús camina contigo, menos solitario será el trayecto, y en ocasiones, incluso se tornará un poco alegre.

En nuestra lectura del día de hoy en Lucas 11:1-13, Jesús nos enseña acerca de la oración. Nuestras oraciones no son solo para el lugar de oración, sino también para nuestro andar diario: «*Estad siempre gozosos. Orad sin cesar. Dad gracias en todo*» (1 Ts 5:16-18) y «*Quiero, pues, que los hombres oren en todo lugar*» (1 Tm 2:8). Cuanto más empecemos a añadir la oración a nuestro recorrido, más nos daremos cuenta de que Jesús nos acompaña y mejora nuestro día. No hagas todo tu recorrido como la primera parte del trayecto de aquellos dos viajeros; comienza a hacerlo como la última parte de su camino.

¿Dónde tienes tus ahorros? ¿Por qué confías en un banco? ¿Tienes un depósito seguro? Todo esto tiene que ver con los asuntos de este mundo, pero ¿qué hay del cielo? ¿Puedes guardar allí tus tesoros? Y tus posesiones más valiosas, tu vida y tu futuro, ¿los has depositado en el cielo? Pablo nos dice a los que hemos confiado en Cristo: «*Pero Dios, que es rico en misericordia, por su gran amor con que nos amó, (...) nos dio vida juntamente con Cristo (...). Juntamente con él nos resucitó, y asimismo nos hizo sentar en los lugares celestiales con Cristo Jesús*» (Ef 2:4-6). Ya que hemos aceptado a Cristo como nuestro Salvador y ahora vivimos en él, nuestra vida está depositada en el cielo.

Cristo dijo lo siguiente al referirse a sí mismo como el pan de vida que ha descendido del cielo: «*Este es el pan que descendió del cielo; (...) el que come este pan vivirá eternamente*» (Jn 6:58). De modo que, al parecer, tus verdaderos tesoros están depositados en el cielo. Todo lo que tenemos aquí en la tierra pasará junto con ella.[1] Y todo lo que acumulemos mientras estemos aquí quedará atrás cuando dejemos este mundo. Así que quizás a veces nos ponemos tensos por cosas que en realidad no tienen mucho valor. En nuestra lectura del día de hoy, Jesús nos dice: «*La vida del hombre no consiste en la abundancia de los bienes que posee*» (Lc 12:15).

A menudo nos cegamos fácilmente dando a las cosas terrenales más valor del que deberían tener. Nuestros ojos se fijan en ellas y nos alejamos un poco de Cristo. La eternidad le pertenece a Dios; nuestra vida es solo un punto en la línea del tiempo. En el capítulo 12 de Lucas, Jesús nos enseña esta parábola: «*La heredad de un hombre rico había producido mucho. Y él pensaba dentro de sí, diciendo: "¿Qué haré, porque no tengo donde guardar mis frutos?". Y dijo: "Esto haré: derribaré mis graneros y los edificaré más grandes, y allí guardaré todos mis frutos y mis bienes; y diré a mi alma: 'Alma, muchos bienes tienes guardados para muchos años; descansa, come, bebe y regocíjate'". Pero Dios le dijo: "Necio, esta noche vienen a pedirte tu alma, y lo que has guardado, ¿de quién será?". Así es el que hace para sí tesoro y no es rico para con Dios*» (Lc 12:16-21).

Aunque no pensemos en el cielo todos los días, este pasaje puede ayudarte a reajustar el valor de las cosas que te rodean. No queremos perdernos el cielo, ya que las cosas de este mundo solo tienen valor por un corto tiempo.

---

1   2 P 3:10, 12-13.

La vida es buena. Si eres salvo por Jesucristo, entonces la vida es buena. Puede que no siempre nos sintamos así, ya que la vida tiene problemas. La mayoría de los problemas que nos molestan tienen que ver con la vida en este mundo. ¿Y qué de los problemas espirituales, aquellos del ámbito espiritual? La vida es buena, y puede decirse que tenemos vida. Las Escrituras nos dicen que sin Cristo en nuestras vidas, aunque tengamos vida, estamos muertos. Esto hace referencia a la vida espiritual. Gran parte de la población de este planeta está muerta.

Desde la creación, Dios ha estado tratando de alcanzar a la humanidad con la verdad, pero los seres humanos no lo escuchamos. En el jardín del Edén, Dios lo hizo todo perfecto y bueno para la primera pareja en la tierra; les dio todo lo que necesitaban. Dios les habló de cómo debían vivir, pero ellos no escucharon, lo perdieron todo. La humanidad ha estado luchando desde entonces. Algunos encontramos la solución que Dios nos ofrece, y volvemos a encontrar la vida. Considerando lo que nuestro comportamiento merece —la ira de Dios—, la vida que hemos encontrado por medio de Jesucristo es buena. ¿Cuánto tardaste en encontrar la solución? ¿Recuerdas cómo eras antes de la salvación? Comparado con lo que tienes ahora, ¿podrías decir que lo que tenías antes era realmente vida?

Dios quiere lo mejor para nosotros, ha sido así desde el principio. ¿Sabes que Dios te conocía desde el principio? Él sabe todo de ti, conoce toda tu vida, incluso aquella que aún no has vivido. Dios lo ha visto todo, lo sabe todo y, al conocerlo todo, aquellos de nosotros que somos salvos tenemos nuestros nombres escritos en el libro de la vida del Cordero desde la fundación del mundo.[1] ¿Puedes imaginarte un Dios tan grande como el nuestro? Por eso tenemos fe, porque no podemos imaginar ni comprender lo que Dios nos ofrece.[2] ¡Qué certeza, qué vida, saber cuánto nos conoce nuestro Dios! Nuestros nombres están escritos en el libro de la vida desde la fundación del mundo. ¡Qué pensamiento tan profundo! Ahora te pregunto: **¿es buena la vida?**

No importa por lo que estemos pasando, no importa lo dura que pueda ser la vida en este momento, no importa si el final parece estar cerca, si resistimos aferrándonos a Dios y a sus promesas, veremos la mejor vida que existe, y esa vida es con él por toda la eternidad en el cielo. Aquello superará nuestras expectativas, será mucho más de lo que podemos imaginar, más allá de lo que podemos saber hasta que lleguemos allí. Algunos de ustedes dirán que lo saben porque han estudiado las Escrituras. Han estudiado las cosas que Dios nos ha hablado. Pero Dios, el reino espiritual y el cielo son tan grandes que Dios no tiene palabras para describirlos completamente de modo que podamos entenderlo. Pablo nos dice lo siguiente: «*Y conozco al tal hombre (si en el cuerpo, o fuera del cuerpo, no lo sé; Dios lo sabe), que fue arrebatado al paraíso, donde oyó palabras inefables que no le es dado al hombre expresar*» (2 Co 12:3-4).

Sabemos lo que Dios nos ha dicho sobre el cielo, pero ¿cuánto hay que es inefable? El apóstol Juan también fue llevado en espíritu en el día del Señor y vio cosas que intentó describir, pero aún no comprendemos completamente lo que quiso decir. La vida que tenemos en Cristo es buena. Jesús lo dice en nuestra lectura del día de hoy en el libro de Lucas: «*Alguien preguntó: "Señor, ¿son pocos los que se salvan?". Él les dijo: "Esforzaos a entrar por la puerta angosta, porque os digo que muchos intentarán entrar y no podrán"*» (Lc 13:23-24). Nosotros somos aquellos que lo hemos buscado, que hemos entrado por la puerta angosta y lo hemos encontrado. «*Y como Moisés levantó la serpiente en el desierto, así es necesario que el Hijo del hombre sea levantado, para que todo aquel que en él cree no se pierda, sino que tenga vida eterna. De tal manera amó Dios al mundo, que ha dado a su Hijo unigénito, para que todo aquel que en él cree no se pierda, sino que tenga vida eterna*» (Jn 3:14-16). Aunque en ocasiones nuestra vida en esta tierra puede ser difícil, ¿podemos dudar, al oír estas palabras, de que la vida es buena?

---

1   Ap 17:8, 21:22-27.
2   Is 55:8-9; 1 Co 1:25.

Cuenta tus días y cada bendición. Si consideramos nuestra naturaleza y lo que somos sin la redención de Cristo, sería un milagro que aún nos quedaran días por vivir. Si ese fuera el caso, más de la mitad de la población mundial ya no estaría viva. Dios permite que los seres humanos vivan durante un largo periodo de tiempo para que puedan encontrarlo y ser salvos. «*De una sangre ha hecho todo el linaje de los hombres para que habiten sobre toda la faz de la tierra; y les ha prefijado el orden de los tiempos y los límites de su habitación, para que busquen a Dios, si en alguna manera, palpando, puedan hallarlo*» (Hch 17:26-27). Quienes hemos sido salvos debemos atesorar cada día que él nos concede y ver sus bendiciones en cada uno de ellos. Creo que Dios espera con ansias el día en que todos, de todas las generaciones, estemos con él para siempre. Hasta que dejemos esta tierra para ir a ese lugar mejor, cada día es una bendición.

Cuando comprendemos lo que realmente merecemos, el simple hecho de tener la gracia de Dios en nuestro día es una bendición que él nos da, aunque no hayamos hecho nada para merecerla.[1] Nos volvemos indiferentes e incluso damos por sentadas las bendiciones de Dios. Nos enredamos tanto en las cosas de este mundo y en la vida que nos rodea, que a veces perdemos de vista a Dios en nuestro día a día. Pero él siempre está ahí, siempre se preocupa por nosotros y desea involucrarse más si lo invitamos a entrar. Quizás digas que sabes que siempre está ahí, pero ¿lo invitas a entrar? ¿Cuántos pueden contar la lluvia de bendiciones que desciende cada día del cielo? ¿Cae sobre ti porque estás invitando a Dios o pasan de largo y caen sobre otros?

El mundo que nos rodea, tan bello como Dios lo ha creado, a veces resulta ser una fachada. Nos enfocamos en otras cosas y no vemos lo que es real y eterno. Quizás un par de cosas de nuestra lectura del día de hoy nos ayuden a reenfocarnos. En el capítulo 14 de Lucas, Jesús dice: «*Cualquiera que se enaltece será humillado, y el que se humilla será enaltecido*» (Lc 14:11). Ciertamente, si nos exaltamos a nosotros mismos no veremos las bendiciones que Dios nos da y nos perderemos de otras tantas porque ni siquiera subconscientemente reconocemos nuestra necesidad. Si te encuentras en este punto, ten cuidado, Jesús acá te advierte lo que sucederá para llevarte a un lugar de humildad.

A medida que nos volvemos humildes tomamos mayor conciencia de nuestra necesidad e invitamos a Dios a entrar. En los versículos 12-14, Jesús habla de alguien que ofrece un banquete. No creo que esto sea para enseñarnos cómo dar un festín, pero sí creo que se refiere a la actitud de nuestros corazones y a la manera en que debemos ser. Esta parábola también habla sobre la humildad: si en nuestra vida nos estamos exaltando a nosotros mismos o si actuamos de manera humilde. Cuando actuamos con humildad, empezamos a ver más bendiciones en nuestras vidas. Si somos humildes, veremos cada día como una bendición, incluso si ha sido difícil, porque sabemos que Dios está a nuestro lado. Una parte del mensaje de Jesús en el capítulo 14 es que necesitamos poner las cosas en perspectiva.

En los versículos 26-27, Jesús nos dice que debemos «aborrecer» a nuestros familiares cercanos. No creo que esto sea lo que realmente quiere que entendamos. ¿Acaso no dice también que debemos honrar a nuestro padre y a nuestra madre?[2] Además, los hombres debemos amar a nuestras esposas como Cristo ama a la Iglesia.[3] Estos pasajes no pueden contradecirse; si lo hicieran, entonces no deberíamos escuchar a ninguno de ellos. El significado de «aborrecer» aquí no es el que solemos darle; se trata de poner las cosas en perspectiva: amarlos muchísimo menos que a él. Cuando algunos se acercaron a Jesús diciéndole que lo seguirían, él les exigió que lo amaran más que a su padre, madre o esposa.[4] En este capítulo del libro de Lucas, Jesús hace otra declaración: «*Así, pues, cualquiera de vosotros que no renuncie a todo lo que posee, no puede ser mi discípulo*» (Lc 14:33). En comparación con él, todo debería tener poco valor para nosotros.

---

1   2 Cr 6:36; Ecl 7:20; Rm 3:23; 1 Jn 1:8.
2   Mt 15:2-6.
3   Ef 5:25; Col 3:19.
4   Lc 9:59-61.

Aquí estoy, ¿puedes encontrarme?. En el principio, fue Dios quien entró en el huerto para buscar a Adán y a Eva. Desde entonces, nosotros hemos tenido que buscar a Dios y esforzarnos por encontrarlo. Él puede ser hallado, y la mayoría de los que leen esto lo han encontrado. Él está en tu vida, y tú en la suya.[1] ¡Qué relación tan maravillosa podemos tener con Dios! ¿En qué otras religiones su dios concede este privilegio a sus súbditos? Nosotros tenemos el privilegio de relacionarnos con nuestro Dios de esta manera. Dios nos conoce y quiere que lo conozcamos. Jesucristo es nuestro Señor, nuestro Maestro. Le pertenecemos, y él cuida de nosotros y nos pide que le sigamos y nos unamos a su obra. ¿Te has puesto a pensar en que ya no nos exige que le llevemos multitud de ofrendas y sacrificios? No nos pide cientos de ovejas, cabras ni ganado.

La humanidad siempre ha tratado de apaciguar a sus dioses con ofrendas de algún tipo. Pero no estamos obligados a hacerlo, y aunque lo hiciéramos, no nos serviría de nada. El sacrificio perfecto ya se ha hecho, no hay otro que pueda ser mejor o siquiera igual. No fueron Abraham ni Moisés ni Elías quienes hicieron esta ofrenda. Fue Dios el Padre quien hizo ese sacrificio perfecto él mismo. Y el Cordero ofrecido no era un cordero cualquiera, era el mismísimo Hijo de Dios. Esto me recuerda a lo que Dios le pidió a Abraham que hiciera con Isaac, pero, a diferencia de Abraham, Dios el Padre no halló un sustituto en el último momento: él sacrificó a su propio Hijo.[2] El sacrificio ha sido hecho, y todos los que permitamos que este sacrificio sustituya lo que debemos, recibiremos un beneficio que no merecemos.

Por muy triste que sea pensar en lo que el Padre hizo con el Hijo, ¡qué Dios tan grande que hizo algo semejante por nosotros, sus siervos, a fin de que pudiéramos acercarnos a él! Muchos padres se sacrificarían por sus hijos, pero ¿cuántos sacrificarían al hijo mayor en beneficio de los demás hijos? Esta tiene que ser la razón por la que Dios nos dice que sus caminos y pensamientos están por encima de los nuestros,[3] nosotros seguramente no podríamos imaginar hacer algo parecido. Dios quiere tenerte cerca, ¿le permites estar cerca de ti? Él no se entrometerá, espera tu invitación. Hay una promesa que se nos ha dado: «*Acercaos a Dios, y él se acercará a vosotros*» (St 4:8a).

¡Qué promesa tan increíble! No necesitamos hacer grandes hazañas para estar cerca de Dios; solo necesitamos dar un paso hacia él, y él se acercará a nosotros. En nuestra lectura del día de hoy leemos acerca del hijo pródigo: «*Entonces se levantó y fue a su padre. Cuando aún estaba lejos, lo vio su padre y fue movido a misericordia, y corrió y se echó sobre su cuello y lo besó*» (Lc 15:20). ¿Entiendes lo que está pasando aquí?

El hijo decide regresar, ¿qué estaba haciendo el padre durante todo este tiempo? ¿Qué dice el pasaje? «*Lo vio su padre*». Entonces, ¿acaso el padre mantenía la esperanza de que su hijo regresara y estaba esperándolo? Nuestro Padre celestial siempre está esperando que nos volvamos hacia él. Fijémonos en otra cosa de este versículo: «*Cuando aún estaba lejos*». ¿Qué tan lejos estaba el hijo cuando el padre lo vio? ¿Y qué hizo el padre cuando lo vio? ¿Hasta dónde fue el padre? De la misma manera, el Padre celestial vendrá hacia nosotros si nos volvemos a él.

---

1   1 Jn 3:24, 4:16.
2   Hch 4:28.
3   Is 55:8-9.

A buen fin no hay mal principio. No importa lo que estemos pasando hoy, si tenemos a Cristo en nuestro corazón, sabemos que todo terminará bien para nosotros. Podemos tener la certeza de que nuestro final será bueno porque Jesús está a cargo de él. «*En la casa de mi Padre muchas moradas hay; si así no fuera, yo os lo hubiera dicho; voy, pues, a preparar lugar para vosotros. Y si me voy y os preparo lugar, vendré otra vez y os tomaré a mí mismo, para que donde yo esté, vosotros también estéis*» (Jn 14:2-3). No importa lo que suceda a nuestro alrededor, nada nos puede alejar del cielo mientras nos aferremos a Cristo. Él es quien ha preparado un lugar para nosotros y quien nos llevará hasta allí. «*Por lo cual estoy seguro de que ni la muerte ni la vida, ni ángeles ni principados ni potestades, ni lo presente ni lo por venir, ni lo alto ni lo profundo, ni ninguna otra cosa creada nos podrá separar del amor de Dios, que es en Cristo Jesús, Señor nuestro*» (Rm 8:38-39).

Su amor consiste en llevarnos con él, y no permitirá que nada nos lo impida. ¿Podemos saber realmente lo que es el amor de Dios, conocer su plenitud antes de llegar al cielo? Creo que no. Algo que deberíamos meditar a menudo en nuestro corazón es lo que costó la salvación que ahora tenemos. Comenzó en el cielo donde Jesús estuvo dispuesto a renunciar a su trono para venir a la tierra en forma de hombre. Fue un tremendo sacrificio. A los doce años, estaba en el templo conversando con los sabios, donde quizás ya sentía el deseo de enseñar, pero solo pudo hacer preguntas. No estoy seguro si las preguntas eran para su propio aprendizaje o para el de aquellos a quienes se las hacía. Luego vienen sus tres años de enseñanza en los que en muchas ocasiones se decepciona de sus discípulos y de otros, hasta el punto de decir: «*¿Hasta cuándo he de estar con vosotros y os he de soportar?*» (Lc 9:41).

Sus últimas veinticuatro horas fueron difíciles, pues la carne comienza a obrar en él, y le pide al Padre un camino diferente; pero, al final, el Espíritu vence, y él se somete por completo al Padre y a todo lo que estaba por venir. Fue un acto de entrega inmenso, ya que podría haber renunciado en cualquier momento, pero decidió mantenerse firme hasta el final. ¿Cuánto amor es esto? ¿Puede alguien calcularlo? Y no fue solo el amor de Cristo, ¿qué hay del Padre quien por primera vez experimentó la ausencia de su Hijo en el cielo? El Padre vio todo lo que Jesús sufrió; ¿crees que esto no tocó su corazón?

Aquí volvemos a ver la profundidad del amor. Y todo para reparar lo que nosotros arruinamos, para que hubiera una manera de llegar al cielo sin infringir su justicia. A buen fin no hay mal principio, pero ¿qué hizo falta para que llegáramos a ese punto? Hay quienes no terminarán bien. Hoy, en el capítulo 16 de Lucas, Jesús nos dice: «*Vosotros sois los que os justificáis a vosotros mismos delante de los hombres, pero Dios conoce vuestros corazones*» (Lc 16:15). Dios conoce el corazón de todos; para aquellos que le entregamos nuestro corazón, todo terminará bien; pero para los demás, no será así. Poco después, Jesús dijo algo que durante mucho tiempo no comprendí: «*Pero más fácil es que pasen el cielo y la tierra, que se frustre una tilde de la Ley*» (Lc 16:17). Esto me confundió, ya que las escrituras afirman lo siguiente: «*Al decir "Nuevo pacto", ha dado por viejo al primero; y lo que se da por viejo y se envejece está próximo a desaparecer*» (Hb 8:13).

En Lucas dice que la Ley no se frustrará, y en Hebreos, que está desapareciendo. Pues descubrí que debemos poner todo esto en contexto con toda la verdad. Sí, la Ley está desapareciendo al igual que el cielo y la tierra desaparecerán: «*los cielos se desvanecerán como el humo y la tierra se envejecerá como un vestido*» (Is 51:6) y «*Entonces vi un cielo nuevo y una tierra nueva, porque el primer cielo y la primera tierra habían pasado*» (Ap 21:1). La Ley desaparecerá cuando lleguen el cielo nuevo, la tierra nueva y la nueva Jerusalén, porque después del juicio final no habrá necesidad de la Ley. Hasta entonces, la Ley permanece, aunque hemos sido liberados de ella por Cristo. Esa libertad que Cristo nos dio no podría haber sido posible sin la Ley, que le dio valor a su sacrificio. **A buen fin no hay mal principio, para aquellos que están en Cristo Jesús.**

Ha llegado el momento de regocijarse. No hay día en el que no podamos regocijarnos si tenemos a Cristo como Señor en nuestro corazón. Hay días malos, días difíciles, incluso días que desearíamos que no hubieran llegado.[1] Sin embargo, en todos estos casos podemos regocijarnos en nuestra salvación, sabiendo que, aunque nuestros días sean tan malos que lleguemos a perder nuestra vida en este mundo, sabemos hacia dónde nos dirigimos. Es difícil comprender lo que es el cielo, quién es Dios en toda la plenitud de su ser y captar el concepto de la eternidad sin fin. Para que estas realidades cobren un poco de sentido en nuestras vidas, es necesario detener el frenesí de lo terrenal y contemplar la verdad. Debemos dejar de dar vueltas y dedicar tiempo a escuchar a Dios, para darnos cuenta de que hemos vuelto a nacer en la eternidad y saber que ya somos parte de ella.

Si hemos conectado nuestro ser a Cristo, y ya que Cristo es eterno, entonces nosotros también lo somos. Mi esperanza está en Cristo porque sé que no puedo lograrlo por mí mismo. Si le preguntas a alguien sincero si alguna vez intentó hacer algo y no pudo lograrlo, todos dirán que sí. Si hay cosas que no podemos lograr en este mundo, ¿cómo podríamos lograr cosas espirituales del cielo? No confiaré ni pondré mi esperanza en mí mismo, sino en Cristo, lo cual me lleva a regocijarme por lo que he recibido.

Cuando empezamos a centrar nuestra atención en Cristo y en Dios, empezamos a captar un poco el concepto celestial. Requiere concentración apartar las cosas de este mundo para poder ver las cosas espirituales del cielo, de Dios y de la eternidad. Es un camino de fe determinante para creer las cosas que Dios nos dice, en lugar de todo lo que vemos en este mundo. Si nos volvemos a él, Dios nos provee su ayuda. Dios ha enviado al Espíritu Santo para ayudarnos a comprender estas cosas: «Pero el Consolador, el Espíritu Santo, a quien el Padre enviará en mi nombre, él os enseñará todas las cosas y os recordará todo lo que yo os he dicho» (Jn 14:26). El Espíritu Santo nos regenerará: «(...) por su misericordia, por el lavamiento de la regeneración y por la renovación en el Espíritu Santo, el cual derramó en nosotros abundantemente por Jesucristo, nuestro Salvador» (Tt 3:5-6).

Es el Espíritu Santo quien nos ayuda a ser transformados: «*transformaos por medio de la renovación de vuestro entendimiento*» (Rm 12:2). Tenemos esperanza de comprender las cosas celestiales, porque se nos dice que el Espíritu Santo que Dios nos envió está renovando nuestra mente. Dios conoce nuestra condición, nuestra forma, nuestras incapacidades, y él ayuda a sus hijos a aumentar su conocimiento de él y del lugar celestial donde habita. Si siempre estamos moviéndonos, él no podrá ayudarnos demasiado, y nuestro crecimiento espiritual será muy lento.

En nuestra lectura del día de hoy en el capítulo 17 del libro de Lucas, ocurre algo muy singular. Diez leprosos se acercan a Jesús pidiéndole que los limpie. La lepra se compara con el pecado, ya que ambos destruyen el cuerpo. Jesús los envía a presentarse ante los sacerdotes, y quedan limpios en el camino. Quienes somos salvos hemos sido limpiados de nuestro pecado y ahora estamos limpios ante Dios. Veamos lo que sucede a continuación: «*Entonces uno de ellos, viendo que había sido sanado, volvió glorificando a Dios a gran voz*» (Lc 17:15). ¿Crees que este hombre se regocijó al saber que Dios lo había limpiado? Pero él fue solo uno de los diez, ¿cuál eres tú? Al comienzo de 2 Corintios, Pablo afirma lo siguiente de quienes regresan a buscar más de Dios y del ámbito espiritual en sus vidas: «*Bendito sea el Dios y Padre de nuestro Señor Jesucristo, Padre de misericordias y Dios de toda consolación, el cual nos consuela en todas nuestras tribulaciones, para que podamos también nosotros consolar a los que están en cualquier tribulación, por medio de la consolación con que nosotros somos consolados por Dios*» (2 Co 1:3-4).

---

1   Flp 4:4; 1 Ts 5:16-18.

¿Qué podemos conocer ahora de Dios? Podemos conocer su palabra, que trata completamente de él y de lo que ha hecho. Su palabra me parece fascinante porque es algo imposible de contener. Desde que la pronunció, ha estado en movimiento, viva y actuando de muchas maneras.[1] Nos referimos a nuestras biblias como la Palabra de Dios, pero en realidad no lo son; no están vivas, no se mueven, solo son copias impresas y grabadas que nos permiten adquirir conocimiento.

¿Cómo podemos encerrar en las páginas de un libro la palabra viva que ha actuado con poder desde que Dios la pronunció? Es la palabra de Dios la que nos acerca a él para recibir la salvación. De vez en cuando, conocemos personas que han recibido la salvación por esas mismas palabras, que no les fueron entregadas por ninguna persona, sino por el Espíritu Santo hablando en su corazón o en un sueño. La palabra de Dios no puede limitarse a una página impresa, ella está obrando a nuestro alrededor.

Aunque se ha descubierto que el universo es enorme, cada planeta, cada estrella, cada sol (que es una estrella), se mantiene en su lugar por el poder que ejerce la palabra de Dios. «*Por la palabra de Jehová fueron hechos los cielos; y todo el ejército de ellos, por el aliento de su boca*» (Sal 33:6) y «*Él cuenta el número de las estrellas; a todas ellas llama por sus nombres*» (Sal 147:4) y «*Yo hice la tierra y creé sobre ella al ser humano. Yo, mis manos, desplegaron los cielos y pongo en orden todo su ejército*» (Is 45:12) y «*Él, que es el resplandor de su gloria, la imagen misma de su sustancia y quien sustenta todas las cosas con la palabra de su poder*» (Hb 1:3) y «*en el tiempo antiguo fueron hechos por la palabra de Dios los cielos y también la tierra (...). Pero los cielos y la tierra que existen ahora están reservados por la misma palabra*» (2 P 3:5, 7).

Sin duda, hay más acerca de Dios de lo que podemos conocer en esta vida terrenal. Sin embargo, él revela mucho de sí mismo en su Palabra, incluso cuando luchamos por entenderla. Pero las cosas importantes nos las hace entender. Por ejemplo, nos deja claro que fallamos en el huerto que tan generosamente dio al hombre al principio; que fallamos en los primeros siglos al punto que solo Noé y siete de su familia fueron preservados. Después de eso, como humanidad, volvimos a fallar al permitir que el pecado nos dominara. Incluso hoy estamos ante él, destituidos de su gloria, y hemos fallado.[2] Sin embargo, nos deja claro aquello que es importante y provee su plan de redención para aquellos que se vuelven a él para recibir la salvación. En nuestra lectura del día de hoy, en el capítulo 18 del libro de Lucas, Jesús establece claramente cómo debemos acercarnos a él en la parábola del fariseo y el recaudador de impuestos.

No debemos acercarnos pensando que somos buenas personas, que nunca hacemos daño a nadie, que siempre vivimos de manera correcta. Esa no es la persona que Dios acepta; él acepta al que viene con humildad. Jesús dijo: «*Pero el publicano, estando lejos, no quería ni aun alzar los ojos al cielo, sino que se golpeaba el pecho, diciendo: "Dios, sé propicio a mí, pecador".* Os digo que este descendió a su casa justificado antes que el otro*» (Lc 18:13-14). Dios nos explica cómo debemos ir a él: con humildad, sin exaltarnos a nosotros mismos creyendo que hemos alcanzado la madurez en la fe cristiana. Jesús nos dice cómo debe ser nuestra disposición —o no recibiremos nada—: «*De cierto os digo que el que no recibe el reino de Dios como un niño, no entrará en él*» (Lc 18:17). Es mejor ser humilde, y ser exaltado por Dios, que acercarnos creyendo que estamos por encima, y ser humillados.

---

1   Hb 4:12.
2   Rm 3:23.

¿Hacia dónde te conduce la vida actualmente? ¿Qué dirección seguirás? ¿En qué dirección confiarás? ¿Cuántas personas siguen su vida sin hacerse nunca estas preguntas? Dios está llamando a nuestros corazones, pero la mayoría no responde o busca en otros lugares sin saber, o sin querer saber, que proviene de Dios. En el Edén Dios hizo un llamado: «*Jehová Dios llamó al hombre, y le preguntó: "¿Dónde estás?"*» (Gn 3:9). Dios sigue llamando a toda la humanidad: «**¿Dónde estás?**». Pero pocos son los que responden. Jesús dice: «*Pero angosta es la puerta y angosto el camino que lleva a la vida, y pocos son los que la hallan*» (Mt 7:14).

Al parecer, la mayoría quiere ser su propio dios y establecer su propio destino. El problema es que no están alineando sus pensamientos con la verdad que solo proviene de Dios. Incluso cuando se les dice la verdad, se niegan a creerla. Pilato preguntó: «*¿Qué es la verdad?*» (Jn 18:38). Pilato no estaba dispuesto a aceptar lo que Jesús acababa de decirle. En la actualidad, muchos no están dispuestos a aceptar lo que es verdad. Esto fue lo que Jesús le dijo a Pilato: «*Tú dices que soy rey. Para esto he nacido y para esto he venido al mundo: para dar testimonio de la verdad. Todo el que es de la verdad oye mi voz*» (Jn 18:37).

Hoy muchos no quieren oír la verdad, prefieren su propia versión de la verdad. El diablo los ha engañado, pues no quiere que vean la verdad, de la misma manera que engañó a Eva en el huerto, convenciéndola de creer una falsa verdad, una verdad que ella estaba dispuesta a aceptar. En la actualidad hay muchos que piensan que han encontrado la verdad, pero es esa falsa verdad con la que el diablo engaña a tantos. Angosta es la puerta, y angosto el camino. Los cristianos decimos que recibir la salvación es sencillo, pero ¿realmente lo es?

Aceptar a Jesucristo en nuestras vidas es sencillo, ya que no requiere ningún esfuerzo especial de nuestra parte. La parte difícil es llegar a ese lugar donde estemos dispuestos a aceptar a Jesús. Nuestra carne lucha en cada paso del camino. Quiere seguir su propia verdad, la verdad que está dispuesta a aceptar. Jesús vino con la única verdad, mientras que el diablo quería que la humanidad creyera que había otra. Es una ardua batalla llegar al punto en que estemos dispuestos a aceptar a Jesús y su verdad.

Va en contra de nuestro orgullo y autoestima. Debemos aceptar el hecho de que somos pecadores, y eso no concuerda con nuestra autoestima. Nuestra autoestima es falsa y no nos lleva a ninguna parte. El éxito en esta vida no nos lleva al éxito en la eternidad. Algunos han sido tan engañados, que aun teniendo el llamado de Dios en sus corazones, lo ignoran, y solo están dispuestos a creer que no hay eternidad. Creen que solo existe el aquí y el ahora, y que luego morimos y nos descomponemos. ¿Hacia dónde te conduce la vida actualmente? ¿Qué dirección seguirás? ¿En qué dirección confiarás?

En nuestra lectura del día de hoy en el libro de Lucas, había quienes solo estaban dispuestos a creer su versión de la verdad: «*Zaqueo, date prisa, desciende, porque hoy es necesario que me hospede en tu casa. Al ver esto, todos murmuraban, diciendo que había entrado a hospedarse en casa de un hombre pecador*» (Lc 19:5-7). No estaban dispuestos a creer que Jesús estaba trayendo la verdad porque, según la verdad que estaban dispuestos a creer —una falsa verdad—, un hombre que era santo no podía comer con pecadores. Más adelante, los fariseos vuelven a mostrar que no estaban dispuestos a creer la verdad que Jesús traía. «*Entonces algunos de los fariseos de entre la multitud le dijeron: "Maestro, reprende a tus discípulos". Él, respondiendo, les dijo: "Os digo que si estos callaran las piedras clamarían"*» (Lc 19:39-40). Debemos decidir a quién seguiremos, en qué verdad creeremos.

¿Cuán bien te va en este mundo lleno de dificultades? Todos estamos sujetos a las cosas de este mundo mientras vivamos en esta tienda.[1] Nuestra carne desea llevarnos por un camino y nuestro Espíritu desea llevarnos por el otro. «*Porque los deseos de la carne son contra el Espíritu, y los deseos del Espíritu son contra la carne*» (Ga 5:17). Hay algo más al respecto: en tanto vivamos en este mundo, seguiremos teniendo ambos, sin poder separar uno del otro. Tenemos que decidir a cuál escucharemos. Vivimos únicamente en la carne hasta que volvimos a nacer. Entonces nació en nosotros el Espíritu y comenzó la lucha entre los dos. Hay días en los que gana el Espíritu y otros en los que gana la carne. Con el tiempo, a medida que empezamos a fortalecer el Espíritu en nuestro interior y a madurar cada vez más en Cristo, la carne gana con menos frecuencia. Con tanta tentación a nuestro alrededor, en un mundo donde muchas veces el dinero y la riqueza son los que gobiernan[2] y el pecado no es tomado en cuenta, no es difícil ser atraído hacia él.

Tenemos que decidir qué camino vamos a tomar. En varias ocasiones estas cosas nos atraparan, pero debemos resistir. A veces (no la mayoría de las veces) el mundo demoníaco del diablo está involucrado, por lo que debemos recordar lo que se nos ha dicho: «*Resistid al diablo, y huirá de vosotros*» (St 4:7). Si la tentación proviene del reino del diablo, afirma lo que sabes: proclama que perteneces a Dios y que fuiste salvado por la sangre de Jesucristo. En ocasiones he hecho esto y la tentación ha desaparecido. Como ya he dicho en varias oportunidades, la Palabra de Dios fortalece el Espíritu.

Cuanto más te alimentas de la Palabra de Dios, más fuerte se hace el Espíritu que está en tu interior. Ni los bebes ni los niños pequeños corren, saltan y atrapan una pelota. Lo mismo pasa cuando naces de nuevo; no esperes lograr grandes cosas de inmediato. Pero cuanto mejor alimentes a ese recién nacido, más rápido se fortalecerá. La fe es una parte fundamental de este proceso. Decide temprano en tu vida cristiana creer lo que Dios dice, independientemente de que parezca imposible. En dos ocasiones, las Escrituras nos dicen que esto es lo que Dios hace: «*Pues nada hay imposible para Dios*» (Lc 1:37) y «*Todas las cosas son posibles para Dios*» (Mc 10:27). Los problemas a nuestro alrededor nos afectarán cada vez menos a medida que nos volvamos más y más hacia Dios.

En nuestra lectura del día de hoy, en el capítulo 4 de 2 Corintios, Pablo comienza hablando de la decisión que ha tomado: «*No desmayamos. Antes bien renunciamos a lo oculto y vergonzoso, no andando con astucia, ni adulterando la palabra de Dios*» (2 Co 4:1-2). Afirma que él y aquellos a quienes menciona han decidido no desanimarse y apartarse de los caminos deshonestos del mundo para creer en la Palabra de Dios y presentarla tal como es. Es en este punto donde debemos decidir si seguiremos al Espíritu o a la carne.

La carne quiere alterar la Palabra de Dios para adaptarla un poco a lo que queremos creer o a lo que nos resulta cómodo. La Palabra de Dios no siempre es cómoda, pero siempre es verdad. Conforme aceptamos cada vez más la verdad de la Palabra de Dios, nuestro Espíritu crece. Cuando recibimos la salvación nuestros corazones fueron iluminados y empezaron a ver la verdad de Dios. Surgió una conciencia de la gloria de Dios, que vemos en el rostro de Cristo y que resplandece más que el sol: «*Porque Dios, que mandó que de las tinieblas resplandeciera la luz, es el que resplandeció en nuestros corazones, para iluminación del conocimiento de la gloria de Dios en la faz de Jesucristo*» (2 Co 4:6).

Pablo, Pedro, Santiago y Juan habían visto la luz de Cristo (v. Mt 17:2; Hch 26:13-15; Ap 1:16). Este capítulo sirve de mucho estímulo para nuestra fe: «*Y sabemos que el que resucitó al Señor Jesús, a nosotros también nos resucitará con Jesús*» (2 Co 4:14). Esto es lo que todos esperamos: que Dios nos lleve al cielo para estar con él. Terminaré con el resto del capítulo: «*Por tanto, no desmayamos; antes, aunque este nuestro hombre exterior se va desgastando, el interior no obstante se renueva de día en día, pues esta leve tribulación momentánea produce en nosotros un cada vez más excelente y eterno peso de gloria; no mirando nosotros las cosas que se ven, sino las que no se ven, pues las cosas que se ven son temporales, pero las que no se ven son eternas*» (2 Co 4:16-18).

---

1   2 P 1:13.
2   Lc 16:13.

Ten fe en Dios y él te proveerá de todo lo que necesites. Debemos depender de Dios. Su camino es el único camino al cielo; la alternativa no es un lugar al que ninguno de nosotros quiera ir. En toda la Biblia se habla mucho del cielo. Es ese lugar donde estaremos con Dios por siempre y por los siglos de los siglos. Ninguna de nuestras obras basta para llevarnos allí, ni tampoco nuestra justicia ni nuestras buenas obras. Es solo por Cristo, sometiéndonos a él, y aceptándolo en nuestras vidas, que podemos llegar allí. Es por medio de Cristo y por su obra en la cruz que llegaremos al Padre en el cielo.[1] Cuando reconocemos esto y sabemos que somos salvos por Cristo, podemos estar muy agradecidos porque tenemos la vida eterna con Dios.

Las descripciones que se hacen del cielo en varios lugares de la Biblia nos dan grandes expectativas de ese lugar. Muchas veces nos preocupamos por las necesidades que tenemos en esta tierra y olvidamos que Cristo ya nos ha satisfecho la mayor necesidad.[2] Él es un Dios amoroso que nos ha cubierto nuestra mayor necesidad y nos proveerá de todo lo demás. Conforme nos damos cuenta de esto, debemos contarles a los demás del maravilloso Dios que tenemos. Dios nos ama tanto que nos revela algunas cosas por venir, como que estaremos con él en el cielo.

Hay mucho que reflexionar en nuestra lectura del día de hoy en Lucas y 2 Corintios. Lo primero que debemos tener en cuenta es no poner nuestras esperanzas en los lugares equivocados: «*A unos que hablaban de que el templo estaba adornado de hermosas piedras y ofrendas votivas, dijo: "En cuanto a estas cosas que veis, días vendrán en que no quedará piedra sobre piedra que no sea destruida"*» (Lc 21:5-6). Debemos discernir si el Espíritu de Dios está presente en un lugar al que vamos, no solo fijarnos en la belleza física del lugar. Luego, Jesús comienza a hablar de los últimos días y cómo serán. Lo primero que nos dice es: «*Mirad que no seáis engañados*» (Lc 21:8).

Jesús se refiere aquí a los impostores que afirmarán ser Cristo, pero también creo que se aplica a lo que dice a continuación. Lo que sigue podría causar pánico si no se nos hubiera advertido: «*Entonces añadió: "Se levantará nación contra nación y reino contra reino; habrá grandes terremotos y, en diferentes lugares, hambres y pestilencias; y habrá terror y grandes señales del cielo"*» (Lc 21:10-11). Llegará el día en que esto sucederá tal como se nos ha anunciado. Cuando eso suceda, los cristianos serán maltratados, algunos incluso condenados a muerte.

Hay una promesa interesante que tiene que ver con la vida espiritual: «*Seréis entregados aun por vuestros padres, hermanos, parientes y amigos; y matarán a algunos de vosotros. Seréis odiados por todos por causa de mi nombre, pero ni un cabello de vuestra cabeza perecerá. Con vuestra paciencia ganaréis vuestras almas*» (Lc 21:16-19). Marcos registra esta última parte de esta manera: «*Pero el que persevere hasta el fin, este será salvo*» (Mc 13:13). Así que aquellos que perseveren, sin renunciar a su fe, serán salvos para la eternidad con Dios. Jesús nos dice en Lucas que cuando regrese, todos lo sabrán: «*Entonces verán al Hijo del hombre que vendrá en una nube con poder y gran gloria*» (Lc 21:27).

Lo que registra Mateo nos da aún más certeza: «*Porque igual que el relámpago sale del oriente y se muestra hasta el occidente, así será también la venida del Hijo del hombre*» (Mt 24:27). Nuestra mayor necesidad es ser salvos. Pablo habla de nuestra aceptación: «*Y él por todos murió, para que los que viven ya no vivan para sí, sino para aquel que murió y resucitó por ellos. (...) De modo que si alguno está en Cristo, nueva criatura es: las cosas viejas pasaron; todas son hechas nuevas. Y todo esto proviene de Dios, quien nos reconcilió consigo mismo por Cristo, y nos dio el ministerio de la reconciliación: Dios estaba en Cristo reconciliando consigo al mundo, no tomándoles en cuenta a los hombres sus pecados*» (2 Co 5:15, 17-19).

Dios ofrece perdón, ofrece salvación y nos promete que estaremos con él por toda la eternidad. Esta es nuestra mayor necesidad. Terminaré con un versículo de Apocalipsis: «*El tabernáculo de Dios está ahora con los hombres. Él morará con ellos, ellos serán su pueblo y Dios mismo estará con ellos como su Dios*» (Ap 21:3).

---

1   Col 1:20.
2   Jn 14:2-3.

¿Para qué estamos aquí? ¿Quién es el que se beneficia de nuestra existencia? Si preguntas a los científicos, te dirán que es para la preservación de la especie humana. Pero si solo se trata de pasar de una generación a otra, ¿dónde está el beneficio? Podríamos simplemente morir todos y detener el proceso, pues no lleva a ninguna parte. ¿Por qué existimos?

Debe haber algo más que simplemente preservar la especie. Amamos, recibimos o damos, pero ¿qué valor tiene si no hay nada después de la muerte, si no vamos a ninguna parte, si simplemente nos descomponemos? A muy pocos los recuerdan los que vienen después de una o dos generaciones. El ser humano hace todo lo posible por prolongar su vida, ¿por qué? Algunos dirán que quieren pasar el mayor tiempo posible con sus nietos, pero si no hay conciencia después de la muerte, ¿cómo sabrán si lo hicieron o no? ¿Por qué se preocupan si no tienen conciencia de lo que han dejado atrás al morir? Hay algo en nuestro interior que lo sabe y que nos provoca miedo a la muerte. Incluso si las personas no saben qué es, temen como si algo viniera después de la muerte, algo para lo que no están preparados. Los que somos salvos sabemos qué es: el juicio.[1]

De alguna forma, Dios ha escrito en cada uno de nosotros la conciencia de que somos responsables por nuestros pecados. En otras religiones fuera del cristianismo, las personas siempre tratan de cumplir con las exigencias de la deidad que sirven, haciendo el bien, para ser aceptados, porque algo dentro de ellos les dice que tienen que pagar el precio, que deben corregir lo que está mal. Luego están los que lo ignoran todo y dicen que no hay nada después de la muerte, que todo se acaba en ese momento, así que para qué intentarlo: pásalo bien, diviértete, haz lo que te parezca correcto a tus ojos o a los de los demás. Dios supo desde el principio de los tiempos que no podíamos pagar por nuestros pecados e ideó el plan de redención.[2] Jesús vino y pagó el precio que debíamos. Nuestros pecados fueron perdonados, y esa sensación dentro de nosotros, de que debemos pagar por nuestras culpas, desapareció. Ahora tenemos una nueva vida; hemos nacido de nuevo.[3] El enemigo, el diablo, quiere hacernos pensar que nuestros pecados no han sido totalmente pagados y que debemos seguir esforzándonos por pagar. Nos condena y nos tienta, siempre intenta hacernos pensar que la obra de Jesús en la cruz no fue suficiente. Pero ¿cómo podría haber una obra que Dios hiciera y que no fuera suficiente?

Si Dios no fuera capaz de completar su obra, ¿podría ser Dios? ¿Acaso podemos decir que el número de estrellas no es suficiente? ¿Podemos afirmar que los árboles fueron creados del color equivocado? ¿O que las montañas son demasiado bajas o los océanos no son lo suficientemente profundos? Si Dios pudo completar toda la creación, entonces puede proveer para perdonar completamente nuestros pecados. Dios retiene un pecado que dice que no perdonará,[4] pero todos los demás están cubiertos por la sangre de Cristo que fue derramada en la cruz por nosotros.[5] Entonces, ¿por qué estamos aquí? Estamos aquí porque Dios nos puso en este lugar, y si lo buscamos de corazón, lo encontraremos.[6]

Estamos aquí para amar y adorar a Dios, para formar parte de su familia, para ser amados y cuidados por él. Estamos aquí, para que aquellos que elijan a Dios y lo acepten, estén en comunión con él por toda la eternidad. En el capítulo 22 de Lucas, Jesús celebra su última cena de Pascua con sus discípulos. Les dice (y nos dice a nosotros) que el pan es su cuerpo, quebrantado por nosotros, y que el vino es su sangre, derramada por nosotros. Jesús nos dice que lo recordemos cuando tomemos esta cena, que recordemos por qué vino, lo que enseñó, adónde fue, y que recordemos que vendrá nuevamente para llevarnos con él.[7] Jesús dijo en el versículo 70: «YO SOY». Hay plenitud en **YO SOY**. No falta nada, él está completo, y lo que hace también lo está. Esa plenitud de Dios es la razón por la que estamos aquí. Estamos aquí por su propósito y su razón. Conocerlo es la razón por la que estamos aquí.

---

1   Jn 5:29.
2   Rm 16:25.
3   1 P 1:3.
4   Lc 12:10; 1 Jn 5:16.
5   1 Jn 1:7.
6   Hch 17:27.
7   Jn 14:2.

Estaré contigo por toda la eternidad. ¿Sabes que Jesucristo te dice esto? Es algo que no podemos ver, pero ¿lo crees? Acabamos de leer lo que Pablo nos dice: «*No mirando nosotros las cosas que se ven, sino las que no se ven, pues las cosas que se ven son temporales, pero las que no se ven son eternas*» (2 Co 4:18).

Si somos salvos, nuestras vidas están atadas al cielo, no a este mundo. Nuestra condición aquí es temporal, como en la sala de espera de una gran mansión, esperando a que nos llamen para entrar. Hay algo interesante sobre Dios: su morada es el cielo, pero su presencia se extiende a todos los lugares, incluso hasta donde tú estás, en medio de lo que estás viviendo en este momento. Una vez que somos salvos, no hay un solo instante en que Dios no esté con nosotros.[1]

¿Estamos siempre conscientes de que él está ahí? ¿Lo sentimos o percibimos su presencia? Es como cuando vigilamos a nuestro hijo pequeño, que no sabe que estamos justo detrás de él, observando cada uno de sus movimientos. Dios siempre nos está observando. Muchas veces no notamos que Dios está presente en lo que estamos atravesando, pero al mirar hacia atrás, vemos todo lo que estuvo haciendo. Cuando nos damos cuenta de que él siempre está presente, aumenta nuestra confianza para hablarle de lo que necesitamos en ese momento, incluso si solo se trata de encontrar nuestro martillo.

Dios quiere escuchar a sus hijos; él quiere que sepan que está cerca. Somos siervos de nuestro Señor Jesús, pero nunca estamos solos en ese servicio. Recuerda, nosotros somos los que lo seguimos, Jesús siempre está presente cuando nos llama a la obra que está realizando para que nos involucremos con él. Jesús dijo: «**Sígueme**». Él nos llama a su obra y nos provee todo lo que necesitamos, tanto para esa obra como para vivir en este mundo. Se nos presenta la analogía de que él es el Buen Pastor y nosotros somos las ovejas. ¿Qué buen pastor no se asegura de que sus ovejas tengan el alimento que necesitan? ¿Qué buen pastor no se asegura de que sus ovejas tengan un lugar adecuado para pasar la noche? ¿Qué buen pastor no protege a sus ovejas, velando por ellas aunque él no duerma?[2]

Tenemos un Buen Pastor que vela por nosotros. Nosotros, las ovejas, no siempre nos damos cuenta de lo que realmente sucede a nuestro alrededor. ¡Ojalá todos tuviéramos esa sensibilidad espiritual! Sin embargo, no la tenemos. Cuanto más caminamos con Dios, más crece nuestra percepción de su presencia. He caminado con Dios por más de cuarenta y nueve años y aun así deseo ser más consciente de su presencia en mi vida. Esto es para animarte: todos continuaremos creciendo en esto hasta el día en que seamos llamados a ese lugar celestial que Jesús ha preparado para nosotros.[3]

En nuestra lectura del día de hoy en el libro de Lucas, vemos todo lo que Jesús pasó para proporcionarnos la salvación a aquellos que acudimos a él. Ciertamente éramos ovejas perdidas, vagando por un desierto de pecado, hasta que escuchamos una voz que nos llamó, una voz distinta a cualquier otra que hubiéramos escuchado antes: era la voz del Buen Pastor. Llamó nuestra atención, aguzamos el oído y fuimos en la dirección de donde venía. Encontramos a Jesús, el Buen Pastor, y aceptamos todo lo bueno que nos tenía preparado. Ahora estamos bien cuidados, pues él nos vigila y vigila todo a nuestro alrededor. Nos cuida bien, aguardando el día en que nos dirá, como al ladrón en la cruz a su lado: «*Hoy estarás conmigo en el paraíso*» (Lc 23:43).

---

1   Hb 13:5.
2   Sal 121:1-8; Rm 9:6, 5.
3   Jn 14:2-3.

Vine a adorarte, vine a postrarme, vine a decir que eres mi Dios. Cuando cantamos esto, ¿lo decimos en serio? Esto es algo que cada uno debe responderse a sí mismo. Cuando Jesús estuvo en la tierra, hubo quienes le siguieron hasta que las cosas se pusieron demasiado difíciles para ellos y decidieron abandonarlo: «*Desde entonces muchos de sus discípulos volvieron atrás y ya no andaban con él*» (Jn 6:66).

¿Te alejas por un tiempo cuando hay cosas que Dios dice que son difíciles de aceptar? Qué fácil es cantar las letras de nuestras canciones, pero qué difícil es a veces estar a la altura de lo que decimos. Si nos inclinamos, ¿no estamos diciendo: «Señor, tú eres el dueño de mi vida, a ti te lo entrego todo»? ¿Cuánto es «todo»? Cada uno de nosotros debe responder a esa pregunta en su interior. Todos atravesamos momentos en nuestras vidas en los que lo único que tenemos para sostenernos es nuestra fe.

Ten fe en Dios y él te sacará de esos momentos difíciles. Un día, los discípulos la pasaron mal por no tener fe: «*Pero se levantó una gran tempestad de viento que echaba las olas en la barca, de tal manera que ya se anegaba. Él estaba en la popa, durmiendo sobre un cabezal. Lo despertaron y le dijeron: "¡Maestro!, ¿no tienes cuidado que perezcamos?". Él, levantándose, reprendió al viento y dijo al mar: "¡Calla, enmudece!". Entonces cesó el viento y sobrevino una gran calma. Y les dijo: "¿Por qué estáis así amedrentados? ¿Cómo no tenéis fe?"*» (Mc 4:37-40).

Si sabemos quién es Jesús y tenemos fe en él, nos hará atravesar la tempestad. En medio de la tempestad, Jesús no estaba preocupado. Parte de tener fe es tomar una decisión. Tenemos que decidir creerle a Dios. La fe no surge de un proceso de aprendizaje, sino que mientras más vemos cómo Dios actúa a nuestro favor, más crece nuestra fe. No se trata de aprender más y más para obtener fe, se trata de decidir creer. En una ocasión estudié el tema de la fe; quería saberlo todo sobre ella para que mi fe fuera más fuerte. Ese estudio no me ayudó en nada. Hasta que un día comprendí que era algo muy sencillo, pero difícil de poner en práctica.

Tuve que decidir creerle a Dios, no a mí mismo ni al mundo ni a la situación en la que me encontraba, tuve que decidir creerle a Dios. «*Así que la fe es por el oír, y el oír, por la palabra de Dios*» (Rm 10:17). ¿Qué nos dice esto? La fe viene por oír la palabra de Dios. Pero, si no creemos en esa palabra, ¿cómo tendremos fe? Tenemos que decidir creer lo que leemos, lo que escuchamos de la palabra. La fe se hace mucho más fácil cuando dejamos de luchar con ella y simplemente la aceptamos. No se trata de esforzarnos por creer, sino de decidir que creeremos todo lo que Dios dice, porque él sabe mucho más que todos nosotros juntos. ¿Qué tan grande, qué tan inteligente y sabio es tu Dios? Estas son cosas que tendrás que responder tú mismo.

Debemos saber lo que Dios dice, no lo que dice el predicador, ni lo que dice el maestro, ni lo que dice el vecino; debe ser lo que Dios dice. Pablo predicaba y enseñaba, pero los de Berea lo verificaban todo para ver si lo que decía era cierto.[1] Debemos ser como los de Berea, debemos examinar lo que dice la Palabra de Dios por nosotros mismos. Es entonces cuando crece la fe, cuando decidimos creerle a Dios.

Hoy, al leer Lucas, ¿a cuántos de nosotros se dirige Jesús como lo hizo con los dos hombres en el camino a Emaús: «*¡Insensatos y tardos de corazón para creer todo lo que los profetas han dicho!*» (Lc 24:25). Debemos decidir creer y no hacer como los once: «*Y volviendo del sepulcro dieron nuevas de todas estas cosas a los once y a todos los demás. Eran María Magdalena, Juana y María, madre de Jacobo, y las demás con ellas, quienes dijeron estas cosas a los apóstoles. Pero a ellos les parecían locura las palabras de ellas, y no las creyeron*» (Lc 24:9-11). Jesús nos llama a tener fe. Esto es lo que sucedió cuando los once no creyeron: «*Finalmente se apareció a los once mismos, estando ellos sentados a la mesa, y les reprochó su incredulidad y dureza de corazón*» (Mc 16:14). ¿Qué quieres que Jesús diga de ti? Tienes que decidirlo tú mismo.

---

1   Hch 17:10-11.

Toma lo que es bueno, porque hay mucho en este mundo que no lo es. Debemos estar atentos y conscientes de todo lo que nos rodea. No podemos permitir que el mal nos oprima. El mal del mundo invisible intenta constantemente derribarnos y destruir nuestra relación con Dios. El propósito del diablo es alejarnos de Dios y de lo que él tiene para nosotros. ¿Qué hizo el diablo al inicio, cuando persuadió a Adán y a Eva de comer el fruto prohibido? Lo más importante no fue el pecado en sí, aunque este tuvo un efecto duradero sobre la vida, incluso provocó el diluvio sobre la tierra. Pero ¿cuál fue el mayor efecto de comer el fruto? Esto fue lo que ocurrió:

«*Luego oyeron la voz de Jehová Dios que se paseaba por el huerto, al aire del día*» (Gn 3:8a).
«*Pero Jehová Dios llamó al hombre, y le preguntó: "¿Dónde estás?"*» (Gn 3:9).
«*Y el hombre y su mujer se escondieron de la presencia de Jehová Dios entre los árboles del huerto*» (Gn 3:8b).
«*Él respondió: "Oí tu voz en el huerto y tuve miedo, porque estaba desnudo; por eso me escondí"*» (Gn 3:10).

Este fue el mayor efecto que el diablo causó en el principio: separarnos de nuestro Dios. El diablo y sus demonios constantemente trabajan a nuestro alrededor para tratar de separarnos de nuestro Dios.[1] Hasta la cruz, fue difícil tener una relación cercana con Dios. Pocos la encontraban, y el resto luchaba con las leyes y los mandamientos intentando alcanzarla, pero sin conseguirlo en la mayoría de los casos. La conclusión es que todos hemos fracasado: «*Por cuanto todos pecaron y están destituidos de la gloria de Dios*» (Rm 3:23).

El diablo odia a Jesús porque cuando él estuvo dispuesto a morir en la cruz, hizo que la separación quedara eliminada por medio del perdón que ofreció a través de su sangre. Si aceptamos lo que Jesús ha hecho por nosotros, somos restaurados a esa relación con Dios que existía desde el principio. Si vamos a Dios de una manera humilde, pidiéndole a Jesucristo que sea el Señor de nuestras vidas y que perdone nuestros pecados, recibimos la salvación y la relación es restaurada. Nosotros somos «*justificados gratuitamente por su gracia, mediante la redención que es en Cristo Jesús, a quien Dios puso como propiciación por medio de la fe en su sangre, para manifestar su justicia, a causa de haber pasado por alto, en su paciencia, los pecados pasados, con miras a manifestar en este tiempo su justicia, a fin de que él sea el justo y el que justifica al que es de la fe de Jesús*» (Rm 3:24-26).

Esto es lo que el diablo odia, él pensaba que había destruido para siempre la relación entre Dios y el hombre, pero la venida de Jesús arruinó sus planes. Además de la salvación, uno de los mayores mensajes de toda la Biblia es: «*Y en la tierra paz, buena voluntad para con los hombres*» (Lc 2:14). Esta fue la buena voluntad de Dios: proveer una manera en que la humanidad pudiera estar en paz con él y que la separación fuera removida. La mayoría de los que están leyendo esto tienen la salvación, así que tengan cuidado con las cosas a su alrededor que el enemigo trata de usar para derribarlos. El diablo quiere recuperar su poder para separarte de Dios. Él tiene influencia en gran parte del mundo, y muchos no encuentran lo que Dios les ofrece.[2]

El diablo seguirá atacando sin rendirse al resto de los que hemos aceptado a Dios. Ante esto, debes caminar con fe, pues eres propiedad de Jesucristo y estás cubierto con su sangre, el sacrificio perfecto. El diablo no puede tocarte, solo hacerte creer que puede. Puedes tropezar y caer, pero el diablo no puede separarte del amor de Dios.[3] En nuestra lectura del día de hoy, Juan habla en profundidad de las cosas espirituales: «*En el principio era el Verbo, el Verbo estaba con Dios y el Verbo era Dios. Este estaba en el principio con Dios*» (Jn 1:1-2).

¿Acaso no solemos referirnos al reino del diablo como «las tinieblas»? Esto es lo que Jesús le dijo a Pablo como parte de su mandato: «*Para que abras sus ojos, para que se conviertan de las tinieblas a la luz y de la potestad de Satanás a Dios; para que reciban, por la fe que es en mí, perdón de pecados y herencia entre los santificados*» (Hch 26:18). Luego Juan nos dice lo siguiente: «*En él estaba la vida, y la vida era la luz de los hombres. La luz resplandece en las tinieblas, y las tinieblas no la dominaron*» (Jn 1:4-5). La vida que Jesús nos trae es como una luz que brilla en las tinieblas.

---

1   Ap 12:16-17.
2   Mt 7:13.
3   Rm 8:38-39.

Mantén todas las cosas en orden. ¿Cómo está tu casa espiritual? ¿Está en orden? Nuestra vida es como una casa que mantenemos en cierto orden. Cuando invitamos a Jesús a nuestra vida, a la casa de nuestro corazón, ¿le permitimos que reorganice los muebles? Si no lo has hecho, entonces Jesús no tiene un control completo sobre tu vida. Todavía estás aferrado a algunas cosas. Cuando no le permitimos a Jesús que cambie de lugar cierto mueble, entonces no tiene el control total de tu vida.

Jesucristo quiere tener plena autoridad, entrar en tu vida y reorganizar todos los muebles e incluso poder decir: «No me gusta esa alfombra, se tiene que ir». ¿Le has dado a Jesús pleno control en tu casa? Así como Jesús no entra a la fuerza en tu vida, tampoco entra a la fuerza en ninguna habitación de tu vida, tienes que dejarlo entrar. Jesús será el mejor decorador de interiores que hayas conocido si le das pleno control de tu casa. Hay muchas cosas de nuestro corazón que tienen que cambiar una vez que invitamos a Jesús como nuestro salvador.

Cuando somos salvos, recibimos la vida espiritual junto con la vida de la carne (v. Jn 3:6). La forma en que vivíamos en la carne antes de ser salvos ya no puede seguir, debemos rendirla a nuestro lado espiritual, gobernado por Jesús. A medida que profundizamos en la lectura de la Palabra de Dios, empezamos a ver cómo quiere Jesús que se dispongan los muebles y que le demos permiso para hacerlo. Dios quiere tener una «participación activa» en tu vida, no seas como el niño que piensa que lo puede hacer él mismo y luego termina desordenando todo.

Tú puedes colaborar con Dios para cambiar lo que necesita ser cambiado en tu vida. Pero hay algunas cosas en las que no podemos ayudar en absoluto y tenemos que permitir que Dios haga el trabajo en nosotros y por nosotros. Nuestra vida es mucho más hermosa cuando le damos el control al Señor. Él nos cambiará de maneras que nunca creímos posibles, hará algo en nosotros que nunca creímos probable. La obra de Dios siempre ha sido un misterio para muchos. El mayor de esos misterios es «*el misterio del evangelio*» (Ef 6:19).

Hay cosas que Dios sigue haciendo que son un misterio para nosotros, y quedan aún misterios por venir —uno de ellos es como él obra en nosotros, cambiándonos de maneras que no comprendemos—. Vuelve a la fe, abre la puerta, déjale entrar y te sorprenderás de lo que puede hacer. Parte de nuestra lectura del día de hoy es sobre los escritos de Pablo; en el capítulo 10 de 2 Corintios vemos la defensa que hace de su ministerio ante los corintios. Si conoces su vida como Saulo antes de ser salvo, verás un cambio tan grande en él que solo pudo haber sido una obra misteriosa de Dios.[1]

En el capítulo 10, se presenta con tanta humildad como le es posible, algo muy diferente a cómo era cuando perseguía a la Iglesia. En el capítulo 2 del Evangelio de Juan muchos de los judíos, que aparentaban autoridad, no conocían el misterio del evangelio, a pesar de que estaba en sus escrituras. Le preguntaron a Jesús sobre lo que estaba haciendo: «*¿Ya que haces esto, ¿qué señal nos muestras?*» (Jn 2:18). No se dieron cuenta de lo que había venido a ellos de parte de Dios. El día en que recibiste la salvación, ¿no te sorprendió darte cuenta de ese gran misterio al invitar a Jesucristo a entrar en tu vida? Confía en Dios y él traerá más cambios asombrosos a tu vida que te dejarán maravillado.

---

1   Hch 22:3-5.

¿Qué es la vida si no es Cristo? «*Con Cristo estoy juntamente crucificado, y ya no vivo yo, más vive Cristo en mí; y lo que ahora vivo en la carne, lo vivo en la fe del Hijo de Dios, el cual me amó y se entregó a sí mismo por mí*» (Ga 2:20). Es difícil captar en su totalidad lo que Pablo está diciendo aquí. Sabemos que habla de sí mismo, pero ¿puede alguno de nosotros presentarse ante Dios de otra manera? Debemos reconocer que antes —espiritualmente hablando— estábamos muertos, pero que ahora estamos vivos gracias a Cristo.

Nuestros pecados causaron nuestra muerte, pero hemos recibido vida en Cristo. De acuerdo con Dios, antes de la salvación estábamos muertos. La muerte reinaba sobre nosotros debido al pecado. Jesús permitió que la muerte cayera sobre él en la cruz, permitió que todos los pecados de la humanidad cayeran sobre él en el momento en que murió en la cruz: «*Pero ahora, en la consumación de los tiempos, se presentó una vez para siempre por el sacrificio de sí mismo para quitar de en medio el pecado*» (Hb 9:26) y «*Al que no conoció pecado, por nosotros lo hizo pecado, para que nosotros seamos justicia de Dios en él*» (2 Co 5:21) y «*Él es la propiciación por nuestros pecados, y no solamente por los nuestros, sino también por los de todo el mundo*» (1 Jn 2:2).

Dios nos ha dado gracia por medio de Jesucristo, una gracia que no podríamos haber recibido de ninguna otra manera. Él es el redentor, él es el salvador, él es la vida para cada uno de nosotros. Sin Cristo lo único que nos queda es la muerte. En Juan 1:4-5, leemos que Jesús vino al mundo trayendo vida, que es como una luz que brilla en las tinieblas; la vida que Jesús trajo ilumina la muerte y trae vida. Estábamos muertos, pero ahora tenemos vida, una vida que Jesucristo nos proporciona. Sin Cristo, no tenemos vida. Algunas de estas verdades pueden parecer profundas, pero debemos cambiar, debemos pedir al Espíritu Santo que nos ayude a transformarnos.

Tenemos que cambiar nuestra forma de pensar y lo que creemos. Quizás pensemos que estamos viviendo bastante bien, con un buen trabajo, con una buena casa, podemos salir todos los fines de semana, ¿qué más podríamos desear? Todo esto puede ser bueno y ser parte de lo que Dios nos ha provisto, pero debemos profundizar más y entender que sin Cristo no tendríamos vida en absoluto. La gratitud surge al darnos cuenta de lo que se nos ha dado: «*La dádiva de Dios es vida eterna en Cristo Jesús, Señor nuestro*» (Rm 6:23). Así que, aunque nos veamos en el espejo pensando que estamos vivos, no hay vida verdadera sin Cristo. La buena noticia es que esta vida no es solo aquí y ahora, es para la eternidad, en el cielo, con Dios y para siempre.

Esta vida es solo algo temporal; la vida real viene después de esta. Nuestros objetivos no deberían centrarse en lo que obtenemos en este mundo, sino en dónde estamos anclados y dónde pasaremos la eternidad. Eso no significa que no debamos disfrutar de las cosas de este mundo que Dios ha creado, pero debemos mantener nuestra mirada en el destino final. En nuestra lectura del día de hoy, Jesús habla con Nicodemo sobre la necesidad de nacer de nuevo. Jesús lo deja absolutamente claro, nadie entrará al cielo sin este nuevo nacimiento: «*Respondió Jesús: "De cierto, de cierto te digo que el que no nace de agua y del Espíritu no puede entrar en el reino de Dios"*» (Jn 3:5).

Debemos recordar que, sin importar cuán buenos hayamos sido, sin este nacimiento no entraremos al cielo. Y también debemos recordar que, sin importar cuán malos hayamos sido en el pasado, mediante este nuevo nacimiento entraremos al cielo. Es maravilloso volver a leer y escuchar estas palabras: «*De tal manera amó Dios al mundo, que ha dado a su Hijo unigénito, para que todo aquel que en él cree no se pierda, sino que tenga vida eterna*» (Jn 3:16).

Hay un río de vida que fluye en mí, hace al ciego ver, al cojo andar. ¿Cuántos hemos cantado esta canción? Casi todos la conocemos. Sin duda, se trata de una obra espiritual, no es que literalmente haya aguas brotando de nosotros. Sin embargo, este río tiene un poder mayor, más grande que el río más caudaloso de cualquier continente. El río que fluye de nuestro interior es muy poderoso, pero a la vez gentil. Da vida a todos los que beben de él, una vida que se extiende hasta la eternidad. Juan nos dice que este río del que habló Jesús era un río del Espíritu que fluye de nuestro interior.[1]

Recientemente leímos lo que Jesús le dijo a Nicodemo sobre la necesidad (suya y nuestra) de nacer de nuevo por el Espíritu. Jesús afirmó que nadie podrá llegar al Padre ni al cielo sin haber nacido de la carne y del Espíritu. Ese Espíritu habita en nosotros, es parte de la luz que Jesús nos ha dado para iluminar un mundo oscuro. Se nos dice que esa luz que Jesús nos da debe brillar en el mundo. Del mismo modo, el Espíritu que habita en nosotros debe fluir hacia un mundo desesperado. El mundo no se da cuenta de su desesperación hasta que esa luz brilla desde nosotros, revelando su necesidad. Entonces, el río fluye desde nosotros hacia aquellos que están listos para recibir a Jesucristo. ¿Alguna vez te has puesto a pensar que hay una luz brillando en ti?

Puede que no seas consciente de ello porque siempre está brillando donde estás, está contigo. Pero los que están en la oscuridad pueden ver algo. Como están en tinieblas, no saben exactamente qué es, pero definitivamente lo notan. Algunos se sienten atraídos por ella, mientras que otros la rechazan o incluso huyen. A medida que aquellos que son atraídos por la luz se acercan, comienzan a percibir el Espíritu que fluye desde ti. En ese punto, cuando deciden que necesitan a Jesús y lo reciben en sus vidas, también tienen una luz que brilla y un río que fluye. Siempre hay quienes nos dicen que debemos hacer que nuestra luz brille. Pues bien, si nosotros fuéramos la fuente de esa luz, tendríamos que esforzarnos por hacerla brillar. Pero si esa fuente es Jesús a través de nosotros[2], no podemos detenerla, simplemente debemos asegurarnos de no esconderla. No debemos cubrirla actuando de manera falsa o intentando parecernos al mundo que nos rodea. Tampoco debemos tratar de imponérsela a los demás.

Un amigo me contó una experiencia que tuvo —algo que también me ha pasado a mí—. En su lugar de trabajo nunca habla sobre el cristianismo, la Biblia o que somos pecadores; simplemente se comportaba como él mismo, sin tratar de forzar la luz en ellos. Un día, un compañero de trabajo le planteó una duda diciendo: «Como eres cristiano...». Entonces, mi amigo se preguntó: «¿Cómo sabe que soy cristiano si nunca lo he dicho?». Mientras no tratemos de ocultar la luz, esta brillará, y aquellos en la oscuridad la verán.

Cuando aquellos que se sienten atraídos comienzan a prestarte una atención inusual, no es por las magníficas palabras que estás diciendo, sino porque ese río que fluye desde ti los está inundando. El Espíritu los está tocando en un lugar donde nunca habían sido tocados antes. No significa necesariamente que ya sean salvos, pero están comenzando a ser conscientes de su necesidad. En nuestra lectura del día de hoy, en el capítulo 4 del libro de Juan, Jesús se detiene a descansar junto a un pozo. Una mujer viene a sacar agua, y Jesús inicia una conversación con ella. Recordemos que Jesús es la Luz, y la luz que recibimos de él brilla en nosotros de la misma manera que brilla en él. Esta mujer comienza a notar que hay algo diferente en él.

Según lo que ella misma confiesa, parece que había estado viviendo una vida de tinieblas y que la luz la estaba iluminando. Después de un tiempo, empieza a «inundarse» por ese río que fluía desde Jesús. Se inunda tanto que corre a la ciudad a contarle a todos lo sucedido. El resultado fue que *«muchos de los samaritanos de aquella ciudad creyeron en él por la palabra de la mujer (...) y muchos más creyeron por la palabra de él»* (Jn 4:39, 41). Jesús les dijo a sus discípulos: *«Yo os digo: Alzad vuestros ojos y mirad los campos, porque ya están blancos para la siega»* (Jn 4:35). Gran parte del grano ya está maduro, no necesitas hacerlo madurar. Jesús dice que el Padre atrae a los hombres hacia él[3]; el Padre es quien los hace madurar. Lo único que debemos hacer es permitir que esa luz que tenemos brille y dejar que el río fluya.

---

1   Jn 7:37-39.
2   Jn 8:12; Mt 5:14.
3   Jn 6:44.

Yo estoy aquí para todo aquel que quiera encontrarme y depender de mí para suplir todo lo que necesite. Todos debemos trabajar en reconocer que nuestras necesidades sobrepasan las cosas que requerimos en esta vida terrenal. Es cierto, Dios nos promete proveer alimento, vestimenta, un hogar, empleo, un lugar de adoración y todo lo que necesitamos para esta vida.

Debemos ver más allá de nuestras necesidades terrenales, aquellas necesidades espirituales que van desde la salvación hasta la eternidad. Tenemos que ocuparnos de nuestra relación con Dios. Todo lo que tenemos debe estar anclado en él. De él proviene la verdad, de él proviene la vida y de él viene nuestra eternidad.[1] Debemos orar a diario para que él abra nuestros ojos y podamos ver lo que antes no veíamos. Dios responde nuestra oración si la hacemos con sinceridad. Quizás no nos revele todo de inmediato, pero poco a poco nos mostrará lo que antes no habíamos percibido.[2]

A veces, puede ser algo en nuestra vida que no habíamos notado. Otras veces, puede ser la comprensión de un versículo bíblico que hemos leído muchas veces, pero que ahora él nos revela en su verdad. También puede ser una nueva conciencia del ámbito espiritual que nos rodea, algo que nunca habíamos conocido. Dios quiere proveernos «**todo**» lo que necesitamos, y una parte esencial de esto es conocer el amor que tiene por nosotros, un amor más grande que cualquier otro.

Todos hemos sido destituidos de la gloria de Dios, de su santidad. ¿Sabías que cada vez que oramos el padrenuestro estamos pidiendo que Dios continúe santificando su nombre? Eso es lo que significa <u>santificado sea tu nombre</u>. Estamos pidiendo a Dios que mantenga su nombre santo, el estándar por el cual todos somos medidos. Incluso bajo ese estándar de santidad, en esa justa exigencia, Dios, en su gran amor, ideó y ejecutó un plan para que podamos acercarnos a él y aun así cumplir con su justicia.[3] Jesús murió en nuestro lugar, pagando lo que debíamos por nuestros pecados.

El castigo fue puesto sobre él. No solo eso, sino que, según la ley, Jesús se convirtió en el sacrificio perfecto que proveyó la sangre pura que nos limpia de toda injusticia. Dios hizo una obra que comenzó en el cielo, continuó en la tierra cuando Jesús tomó la forma de hombre, luego pasó al sepulcro por tres días, y finalmente resucitó para estar entre sus seguidores durante cuarenta días, antes de ascender al cielo junto al Padre. Todo esto, y cada detalle, lo realizó un Dios que nos ama. Hay cosas mucho más grandes que conocer, más allá de lo que sucede en esta vida.

Existe un reino espiritual que comenzó para nosotros el día en que volvimos a nacer por el Espíritu. Ahora vivimos en ese reino espiritual, que está a nuestro alrededor, aunque nuestros ojos físicos no puedan verlo. Vivir en el Espíritu significa tener una conciencia espiritual, con ojos y movimientos espirituales. Para vivir en esta vida hasta que lleguemos al cielo, debemos habitar tanto en lo físico como en lo espiritual. Lo físico durará hasta que nuestros cuerpos se desvanezcan[4] y vayamos a Dios, pero lo espiritual durará por toda la eternidad.

Dios ha estado trabajando, y sigue trabajando, debido a su amor, proveyendo el camino por el cual podemos acercarnos a él. Gran parte del capítulo 5 del Evangelio de Juan nos habla hoy sobre esto. En una respuesta que Jesús dio a los judíos, podemos ver algo significativo: *«Mi Padre hasta ahora trabaja, y yo trabajo»* (Jn 5:17).

¿Te has dado cuenta de que esta declaración está en presente? Esto nos dice que Dios está trabajando constantemente en esto: *«No puede el Hijo hacer nada por sí mismo, sino lo que ve hacer al Padre. Todo lo que el Padre hace, también lo hace el Hijo igualmente, porque el Padre ama al Hijo y le muestra todas las cosas que él hace»* (Jn 5:19-20a). Esto nos muestra que es una obra del Dios Trino que nos ama.[5] He aquí el gran amor de Dios hacia nosotros: *«De cierto, de cierto os digo: El que oye mi palabra y cree al que me envió tiene vida eterna, y no vendrá a condenación, sino que ha pasado de muerte a vida»* (Jn 5:24). Jesús vino a cumplir todo lo que el Padre le encomendó hacer (Jn 5:36). Esta es la manifestación del amor de Dios hacia nosotros, proveyendo lo que necesitamos.

---

1   1 Co 12:6; 15:28; Ef 1:23.
2   2 Co 4:18.
3   Ef 1:3, 7-9; 3:8-9; Ap 10:7; 1 Tm 3:16.
4   2 P 1:13-15; 2 Co 5:4-8.
5   Jn 16:14-15.

¿Dónde está tu lealtad? Haz esta pregunta a muchas personas y probablemente obtendrás tantas respuestas como individuos. Quienes son del mundo son leales a distintas cosas: desde sus hijos hasta su equipo favorito. En algunos casos, esa lealtad se convierte en un ídolo. ¿Por qué vivimos? ¿A qué dedicamos nuestra atención? El mundo en el que vivimos está lleno de distracciones.

Nosotros, como cristianos, ya hemos decidido a quién le daremos nuestra lealtad. ¿Nos desviamos de vez en cuando? ¿Acaso algo comienza a ocupar nuestra atención y lentamente cambia nuestra lealtad? Es algo a lo que debemos estar atentos y ser precavidos, porque ese desvío ocurre de manera imperceptible. ¿Tu Biblia permanece muchos días en el mismo lugar sin que la toques? Lo que está escrito en ella es lo que Dios nos dice, ya sea que leas un solo versículo o muchos capítulos. Hay muchas cosas que quieren nuestra lealtad, que compiten por ella. Algunas de las vírgenes con sus lámparas no se esforzaron en mantener su lealtad firme; sus lámparas empezaron a apagarse y buscaron apoyarse en la lealtad de otros.[1] ¿Tu lámpara está llena? ¿Añades aceite cada día?

La lealtad es algo que debemos trabajar, porque nuestra carne desea ir en otra dirección. Además, el enemigo está siempre al acecho, intentando «seducirnos» para que tomemos el camino equivocado. Debemos mantener nuestro enfoque en quién es nuestro Dios. Necesitamos saber que él está con nosotros todo el tiempo. Saber que está contigo en todo momento te evitará ir por el mal camino muchas veces, porque sabes que él conoce tus pensamientos y ve lo que haces. Cuando nos acercamos a Dios, hay una bendición; de vez en cuando, experimentamos la conciencia de su presencia, o él nos dice algo en nuestros corazones. Al contemplar la eternidad, nos damos cuenta de la lealtad que realmente importa. ¿Qué hay de nuestro mañana? ¿Importa nuestra lealtad? Hoy puede ser nuestro último día aquí.[2]

Deberíamos comenzar cada día recordando a quién le damos nuestra lealtad. Asimismo, necesitamos examinar por qué le damos nuestra lealtad a Dios. En Ezequiel, vemos cómo Israel no fue fiel a Dios y fue enviado al exilio en Babilonia. Una y otra vez, Dios los llamó, pero ellos se negaron a escuchar. En Gálatas, Pablo les escribe porque su lealtad a Cristo estaba comenzando a desviarse. Otros habían llegado con algo ligeramente distinto de lo que Pablo les había presentado, que había recibido directamente de Cristo (Ga 1:6, 11-12).

Algunos de los que seguían a Jesús no lo hacían porque él fuera el Señor o por lo que enseñaba. Esto es lo que dice Jesús, en nuestra lectura del día de hoy en el libro Juan: *«De cierto, de cierto os digo que me buscáis, no porque habéis visto las señales, sino porque comisteis el pan y os saciasteis»* (Jn 6:26).

Debemos preguntarnos por qué seguimos a Jesús. ¿A quién le somos leales? A veces, hacemos grandes esfuerzos para realizar muchas buenas obras con la esperanza de que Dios nos bendiga. Debemos tener cuidado con eso, ¿estamos trabajando con la intención de poner a Dios en deuda con nosotros, para que él se vea obligado a bendecirnos?[3]

Jesús nos dice en nuestra lectura del día de hoy cuál es la obra importante que debemos hacer: *«Entonces le preguntaron: "¿Qué debemos hacer para poner en práctica las obras de Dios?". Respondió Jesús y les dijo: "Esta es la obra de Dios, que creáis en aquel que él ha enviado"»* (Jn 6:28-29). Aquí es donde debe estar nuestra lealtad. Esta es la gran promesa que leemos hoy: *«Y esta es la voluntad del que me ha enviado: que todo aquel que ve [reconoce] al Hijo y cree en él tenga vida eterna; y yo lo resucitaré en el día final»* (Jn 6:40). Queda muy claro en este versículo dónde debe estar nuestra lealtad si queremos la vida eterna y ser admitidos en el cielo. Revisa tu lealtad, sujétala fuerte y asegúrate de que no se mueva cuando vengan las tormentas.

---

1   Mt 25:1-8.
2   Lc 12:16-20.
3   Lc 17:7-10.

Permanecemos en la presencia de nuestro Dios, ya que él siempre está vigilando todo lo que hacemos. No hay nada que escape a su mirada.[1] No podemos concluir que él no sabe lo que nos pasa solo porque no lo vemos actuar directamente. Medimos la presencia de Dios en nuestras vidas según nuestra propia regla, una que puede ser diseñada por nosotros mismos. Este fue el problema que enfrentaron el pueblo y los fariseos: ellos usaban su propia regla y, según ella, Jesús no podía ser de Dios.

Esta es la regla que utilizó el pueblo: «*Pero algunos decían: "¿De Galilea ha de venir el Cristo? ¿No dice la Escritura que el Cristo vendrá de la descendencia de David y de la aldea de Belén, de donde era David?"*» (Jn 7:41-42). Y esta es la regla que usaron los fariseos: «*¿Eres tú también galileo? Escudriña y ve que de Galilea nunca se ha levantado profeta*» (Jn 7:52).

La razón por la que llegaron a esa conclusión fue porque no utilizaron la regla de Dios, que mide con toda la verdad. La regla que usaban los fariseos y algunos del pueblo no tenía toda la verdad de la regla que Dios estaba usando. Además, había un prejuicio en la medida que empleaban. Incluso alguien de Galilea tenía una concepto muy bajo de Nazaret: «*Natanael le dijo: "¿De Nazaret puede salir algo de bueno?"*» (Jn 1:46).

No estaban viendo toda la verdad que Dios veía. Ahora, con la información que tenemos, sabemos que Jesús nació en Belén. En ese tiempo, era poco conocido todo lo sucedido durante esos 30 años: que Jesús había nacido de padres migrantes que solo llegaron a la ciudad debido al censo del emperador romano, y que pocos meses después tuvieron que huir a Egipto a causa de la ira de Herodes.[2] Cuando José, María y el niño Jesús regresaron, lo hicieron de tal manera que no atrajeron la atención, asentándose nuevamente en la ciudad de la que habían salido años antes. ¿Es posible que, cuando medimos si Dios está con nosotros, usemos una regla moldeada por lo que queremos o pensamos que debería ser? ¿Tenemos toda la información verdadera que Dios posee?

Su regla siempre es la correcta, porque él mide con toda la información que tiene. Puede que nuestra regla esté moldeada por deseos que, en su conocimiento, no serían buenos para nosotros. Aquí hay otro aspecto que Dios conoce y nosotros no: él sabe todo sobre nuestro futuro. Quizás deseamos y oramos para que Dios nos ayude a viajar al este, cuando él sabe que, en el futuro cercano, tendremos que ir al oeste. ¿Sería correcto que Dios nos bendijera para ir al este, sabiendo que poco después tendremos que cambiar de rumbo? Lo mejor que podemos hacer es presentar nuestras preocupaciones, deseos y necesidades ante Dios en oración y tener fe en que él hará lo correcto. Todos conocemos la historia de José, que fue vendido como esclavo en Egipto por sus hermanos.

No hay indicios de que José haya perdido su fe en Dios, pero si hubiera usado sus propias medidas, tal vez no habría entendido lo que ocurría. Sin embargo, al mirar hacia atrás, pudo ver claramente lo que Dios había estado haciendo todo ese tiempo, «*Dios me envió delante de vosotros, para preservaros posteridad sobre la tierra, y para daros vida por medio de gran liberación.*» (Gn 45:7). Debemos anclarnos en Dios por medio de Cristo y tener fe en que él conoce todas nuestras necesidades. La mayor necesidad que tenemos y la que nos dará fe en Dios es la que Pablo nos recuerda al final del capítulo 2 de Gálatas: «*Con Cristo estoy juntamente crucificado, y ya no vivo yo, mas vive Cristo en mí; y lo que ahora vivo en la carne, lo vivo en la fe del Hijo de Dios, el cual me amó y se entregó a sí mismo por mí*» (Ga 2:20).

---

1   1 Jn 3:20.
2   Mt 2:16.

Ven y deja tu carga sobre mí (Mt 11:28, parafraseado). Jesús desea darnos alivio de las cargas que llevamos en la vida. Muchos se preguntarán en qué consiste esa carga. Es lo que reside dentro de aquellos que aún no han aceptado a Dios en sus vidas y que les testifica que hay algo que deben encontrar, que algo amenaza sus vidas. Es esa medida moral que inquieta su interior. Algunas personas lo ignoran, pero el peso sigue ahí.

Hay quienes son conscientes de ello, pero se niegan a hacer algo al respecto —excepto involucrarse en cosas que los distraigan por un tiempo—. Aquellos de nosotros que lo hemos percibido, que hemos sido conscientes de ello y nos hemos acercado a Dios, hemos sido liberados de esa carga cuando se la entregamos a Jesús ante su invitación: «*Venid a mí, todos los que estáis trabajados y cargados, y yo os haré descansar*» (Mt 11:28). Hay una paz que llega después de aceptar a Jesús en nuestro corazón.[1] Él se convierte en nuestro todo.[2]

Nuestros valores comienzan a cambiar sin ningún esfuerzo de nuestra parte, es ese nuevo nacimiento que comienza a crecer en nosotros.[3] Podemos tener confianza en Cristo, pues todo fue creado por medio de él, y a él se le ha dado toda autoridad: «*Toda potestad me es dada en el cielo y en la tierra*» (Mt 28:18). Si a Jesús se le ha dado toda la autoridad, entonces, ciertamente, él puede liberarnos de la carga que llevamos. Si aún sientes esa carga sobre ti, tal vez no has permitido que Jesús te la quite, pensando que, de alguna manera, puedes probarte a ti mismo a través de ella. Es posible que tengas la salvación, pero aún no hayas soltado la carga. No hay nada que podamos hacer para añadir a nuestra salvación; Jesús dijo en la cruz: «**Consumado es**» (Jn 19:30). Si él dice que está consumado, ¿qué más crees que puedes hacer?

Muchos siguen bajo una carga pesada porque creen que hay algo que necesitan hacer. Debemos recordar la respuesta de Jesús cuando alguien le preguntó qué debía hacer para realizar las obras de Dios: «*Esta es la obra de Dios, que creáis en aquel que él ha enviado*» (Jn 6:29).

Esta es la obra que debemos hacer: creer en Jesús y permitir que él nos quite la pesada carga que tratamos de llevar. Los judíos lo intentaron durante años, incluso siglos, y no lo lograron. Cuanto más confiamos en Jesús, más fácil se vuelve nuestra vida. Puede que enfrentemos tiempos difíciles, pero si confiamos en él, saldremos adelante. Jesús quiere ayudarnos a superar esos momentos. Lo más grandioso que él quiere hacer es ayudarnos a alcanzar la vida eterna. No importa lo que nos suceda aquí en la tierra, lo más importante es hacia dónde nos dirigimos después. Esa es la confianza que debemos tener. Aquellos que continúan tratando de llevar la carga haciendo obras para pensar que así son más aprobados, no se dan cuenta de que han creado nuevas leyes para sí mismos.

Esto es lo que Pablo les dijo a los gálatas: «*¡Gálatas insensatos!, ¿quién os fascinó para no obedecer a la verdad, a vosotros ante cuyos ojos Jesucristo fue ya presentado claramente crucificado? Esto solo quiero saber de vosotros: ¿recibisteis el Espíritu por las obras de la ley o por el escuchar con fe? ¿Tan insensatos sois? Habiendo comenzado por el Espíritu, ¿ahora vais a acabar por la carne?*» (Ga 3:1-3). Pablo se refiere a la manera en que recibiremos de Dios: es por fe y solo por fe. «*Sabed, por tanto, que los que tienen fe, estos son hijos de Abraham. Y la Escritura, previendo que Dios había de justificar por la fe a los gentiles, dio de antemano la buena nueva a Abraham, diciendo: "En ti serán benditas todas las naciones"*» (Ga 3:7-8). Si aún estás tratando de llevar tu carga, entrégasela a Jesús y permite que él la lleve.

---

1   Jn 14:27.
2   1 Co 12:6.
3   Jn 3:3.

«No hay Dios como el nuestro en toda la tierra, que se preocupa por todo lo que influye en nuestras vidas». Él es el que todo lo ve, todo lo sabe, incluso conoce el futuro de cada uno de nosotros.[1] Si reunimos toda la Escritura y la escuchamos, veremos que Dios ha conocido a cada uno de nosotros desde el principio de los tiempos.[2]

Él sabe todo lo que sucederá, desde la creación hasta el juicio final, y después, hasta el nuevo cielo. Esto no significa que él ordene cada cosa que ocurre en nuestras vidas. Si lo hiciera, Adán y Eva nunca habrían comido del árbol del que no debían. Entramos en situaciones en nuestra vida donde debemos tomar decisiones, y Dios ya está al otro lado, sabiendo qué decisión tomaremos. Nos enseña y espera que elijamos bien, pero no nos hace tomar las decisiones que tomamos. Desde el huerto del Edén, Dios ha estado llamando a la humanidad a seguir el buen camino, pero muchos se niegan a escuchar.

Al mirar a la nación de Israel, de la que hemos estado leyendo en las últimas semanas, vemos cuántas veces Dios llamó a su pueblo, pero ellos eligieron el camino equivocado. Se nos ha dado el libre albedrío para elegir, y parece que algunos no tienen la consciencia o la voluntad de tomar la decisión correcta. Es asombroso que Dios siga extendiendo su mano hacia nosotros, incluso hizo un camino para que podamos llegar a él, y así pueda limpiarnos de nuestra maldad y lavarnos de nuestros pecados. Esto es algo que nos debería hacer reflexionar sobre la eternidad; uno pensaría que todos querrían hacerlo bien. Había algunos judíos que caminaban rectamente ante Dios, pero la mayoría no lo hacía. Ahora, tenemos más facilidad para recibir la salvación, que nos llega por las obras de Dios, no por nuestras propias obras. Temo que si fuera aceptado solo por mis obras, quedaría descalificado.

Siempre debemos recordar la misericordia y la gracia de Dios, que nos permiten recibir una salvación que no podríamos ganar. Deberíamos regocijarnos cada día al pensar en la salvación que hemos recibido. Puede que nuestro día sea difícil, pero en lo profundo, donde reside esa salvación, podemos estar agradecidos por este increíble regalo que se nos ha dado.[3] En nuestra lectura del día de hoy en el libro de Juan, vemos a un ciego que fue sanado. Nadie llevó al ciego hasta Jesús ni tampoco él le clamó al Señor; fueron los discípulos quienes lo señalaron, y Jesús se compadeció de él y lo sanó. Jesús cura a este ciego de nacimiento, pero me pregunto si los ciegos a los que realmente quería sanar eran los fariseos y los judíos que estaban con ellos.

Un verdadero milagro había ocurrido, y aun así, los fariseos se negaron a ver que Jesús era el Mesías enviado por Dios. Aquí es donde Dios realmente muestra su preocupación, intentando de muchas maneras que veamos la verdad. Jesús había estado predicando mucho para que todos pudieran ver, incluso los fariseos, pero ellos se negaban, aun cuando el hombre ciego les recordaba el milagro. «*Pues esto es lo maravilloso, que vosotros no sepáis de dónde ha salido, y a mí me abrió los ojos. Y sabemos que Dios no oye a los pecadores; pero si alguno es temeroso de Dios y hace su voluntad, a ese oye. Nunca se ha oído decir que alguien abriera los ojos a uno que nació ciego*»* (Jn 9:30-32).

Dios se preocupaba por los fariseos y seguía intentando abrirles los ojos. En Gálatas, Pablo vuelve a hablar de ese misterio de los siglos: «*Pero cuando vino el cumplimiento del tiempo, Dios envió a su Hijo, nacido de mujer y nacido bajo la Ley, para redimir a los que estaban bajo la Ley, a fin de que recibiéramos la adopción de hijos*» (Ga 4:4-5). Así es como Dios comienza a mostrar su cuidado por nosotros, llamando nuestra atención para que escuchemos y seamos salvos. Desde ese día en adelante, él observa todo lo que sucede en nuestras vidas y provee lo que necesitamos: «*Porque los ojos de Jehová contemplan toda la tierra, para mostrar su poder a favor de los que tienen un corazón perfecto para con él*» (2 Cr 16:9) y «*Acercaos a Dios, y él se acercará a vosotros*» (St 4:8).

---

1   Is 46:9-10.
2   Rm 8:29.
3   1 Co 2:7-12.

¿Cómo te está yendo hoy? En el mundo actual existen muchas causas, ¿has elegido alguna? Caminamos con un Dios que tiene muchas causas. Nos gusta pensar que sus causas para nosotros son importantes, porque son el reflejo de lo más profundo de su ser, manifestado a través de su amor. Si alguna vez sentimos que él no puede atender nuestras necesidades, solo salgamos de noche y miremos las estrellas; ellas son una de sus causas. Él mantiene a cada una en su lugar por su Palabra y conoce a cada una por su nombre.[1]

Se trata de un Dios que realmente sabe lo que necesitamos. En ocasiones nos dejamos atrapar por este mundo, pensando que la mayoría de las cosas que necesitamos están aquí si tan solo este nos las proporcionara. Es un lugar hermoso el que Dios ha creado, pero es solo el punto de partida. Estamos aquí para prepararnos para ser llevados al cielo por la eternidad. Es cierto que para la mayoría de nosotros son muchos años, incluso, digamos, cien. Pero en la línea del tiempo de la eternidad, es solo un instante. Por eso, todo en nuestra vida en este mundo se vuelve secundario. Esto no significa que no sea importante, pues Dios ha puesto a la humanidad en la tierra para la primera parte de su vida.

Dios nos ha dicho a aquellos que somos suyos que se encargará de nosotros. Lo primordial es el cielo y las cosas espirituales. Vivimos en lo secundario, recibiendo nuestras necesidades en este lugar, pero debemos mantener nuestros ojos en lo primordial. Es fácil confundir estas dos prioridades, ya que vivimos en lo secundario todos los días. Pero también vivimos diariamente en lo espiritual, pues comenzamos a vivir en ello cuando nacimos de nuevo, cuando el Espíritu nació en nosotros. Tal vez has oído hablar de personas que tienen doble ciudadanía en dos países diferentes. Aunque nuestra verdadera ciudadanía está en el cielo, tenemos una ciudadanía en la tierra hasta que partimos de este lugar (Flp 3:20-21).

Si tenemos una ciudadanía en el cielo y el cielo es un reino espiritual, entonces debemos estar viviendo en lo espiritual, incluso ahora. El cielo y el reino espiritual son lo primordial, y debemos mantenerlo en el lugar principal de nuestras vidas. Muchas cosas espirituales pasan desapercibidas porque no estamos atentos. Tal vez una de nuestras oraciones matutinas debería ser: **Señor, no permitas que me pierda nada del Espíritu hoy.** Muchas de las cosas espirituales nos las revela el Espíritu Santo. Él puede impulsarnos a hablar con alguien sobre Cristo, alguien a quien Dios puede haber preparado para escuchar.

El Espíritu Santo puede movernos a llamar a una persona que necesite ánimo. Él sabe lo que sucede en el mundo espiritual, es como nuestro guía allí. Aquí en la tierra, donde vivimos, también estamos viviendo en el reino espiritual; este no se limita solo al cielo, se extiende a toda la creación. Me pregunto cómo serían nuestros días si siempre buscáramos primero las cosas del reino espiritual. ¡Solo imagina!

¡Oh, si tan solo fuéramos un poco más espirituales! La única forma de comenzar a ser más espirituales es tratar de ser un poco más conscientes de ello cada día. Cuando aprendiste a caminar de niño, no comenzaste corriendo, pero con el tiempo lo hiciste. Si empezamos a cambiar esto, la respuesta a la pregunta inicial también comenzará a cambiar. En el capítulo 5 de Gálatas, Pablo habla de aquellos que quieren añadir las obras de la ley a sus vidas.

De alguna manera, esto habla de las cosas hechas en este mundo. Pablo nos intenta dirigir hacia lo espiritual: «*Nosotros, por el Espíritu, aguardamos por fe la esperanza de la justicia (...). Pero si sois guiados por el Espíritu, no estáis bajo la ley (...). Si vivimos por el Espíritu, andemos también por el Espíritu*» (Ga 5:5, 18, 25). Esto no es algo que ocurra de manera totalmente automática cuando tenemos al Espíritu Santo en nuestro interior; necesitamos darnos cuenta, necesitamos escuchar, necesitamos sentir al Espíritu dentro de nosotros.

Al principio puede ser difícil escuchar, pero eso se desarrollará a medida que comiences a reconocer la voz, que a veces no llega con palabras. Es como saber algo al instante, pero debes ponerle palabras. El reino espiritual está a nuestro alrededor, tratemos de conectarnos con él.

1   Sal 33:6; 147:4.

¿Cómo puedes saber el camino? Muchos asisten a la universidad durante varios años para aprender algo que les servirá para toda la vida. Pero, ¿hasta qué punto les sirve eso para la vida? Jesús dice: «*Yo soy el camino, la verdad y la vida*» (Jn 14:6); y también: «*el Hijo del hombre (...) para que todo aquel que en él cree no se pierda, sino que tenga vida eterna*» (Jn 3:14-15).

Este camino nos conducirá a lo largo de la vida, hasta la eternidad. Dependemos de Dios para que nos guíe por la vida. ¿Qué sería de ella si no tuviéramos el camino de salvación de Dios? ¿Alguna vez te has detenido a pensar cómo sería tu vida sin no hubieras encontrado la salvación en Cristo? La mayoría no quiere imaginarlo. Sin embargo, si no lo consideramos, no podemos darnos cuenta de cuán maravillosa es nuestra vida ahora ni de cómo Dios nos ha bendecido.

Solo se pueden medir las cosas cuando tenemos con qué compararlas. De lo contrario, no sabemos cuán grandes o pequeñas son. Lo que hemos recibido en la salvación es inmensurable. El pecado es tan horrible, ya sea un solo pecado (¿quién solo tiene uno?) o diez mil pecados, es asombroso que Cristo, con su sangre, nos lave por completo. Este es el camino; no hay otro. La única alternativa es la muerte, la muerte eterna.

La religión trata de hacer que el cristianismo sea más difícil de lo que es. La religión siempre tiene rituales para hacer lo correcto, de manera que el seguidor sea aceptado. En el cristianismo, Cristo nos dice: «Ven a mí, ya he hecho el ritual por ti». ¿Alguna vez te has puesto a pensar que, si tuviéramos que cumplir con todas las normas celestiales, ninguno de nosotros lo lograría? Recuerda: «*"Porque mis pensamientos no son vuestros pensamientos ni vuestros caminos mis caminos", dice Jehová. "Como son más altos los cielos que la tierra, así son mis caminos más altos que vuestros caminos y mis pensamientos, más que vuestros pensamientos"*» (Is 55:8-9).

Nunca lo lograríamos si tuviéramos que cumplir con todas las normas de Dios antes de ser aceptados. Pero Dios, por medio de Jesucristo, ya lo hizo por nosotros. ¡Qué agradecidos debemos estar solo por nuestra salvación! Dios nos ha dado su Palabra, y en ella encontramos la manera en que él quiere que vivamos. El mundo siempre intenta llevarnos por su propio camino. El diablo también trata de desviarnos. Somos nosotros quienes debemos decidir qué camino seguiremos. En cuanto a la salvación, fue una decisión que tomamos una vez y que nos dio vida eterna. Pero ¿qué sucede con las decisiones que enfrentamos cada día sobre qué camino tomar?

En nuestra lectura del día de hoy, en el capítulo 11 de libro de Juan, leemos sobre la muerte de Lázaro. Jesús llega a la tumba y da esta orden: «*Quitad la piedra*» (Jn 11:39). ¿Cuántas veces, cuando Jesús nos pide hacer algo a su manera, pensamos que causará un gran problema? Qué poco sabemos de lo que Dios pretende hacer. Él es quien tiene el control del mañana, él sabe lo que vendrá. Se nos dice: «*No os angustiéis por el día de mañana, (...). Basta a cada día su propio mal*» (Mt. 6:34). ¿Y qué sucedió después de que quitaron la piedra? Primero, debemos darnos cuenta de que lo que estaba por suceder sería para la gloria de Dios, y por ello muchos creyeron: «*Y habiendo dicho esto, clamó a gran voz: "¡Lázaro, ven fuera!". Y el que había muerto salió, atadas las manos y los pies con vendas, y el rostro envuelto en un sudario. Jesús les dijo: "Desatadlo y dejadlo ir"*» (Jn 11:43-44).

Si seguimos el camino que Dios nos traza, tal vez él saque vida de una situación que consideramos muerta. En la conclusión de la carta de Pablo a los Gálatas, él habla de algunos de los caminos de Dios: «*Así que, según tengamos oportunidad, hagamos bien a todos, y especialmente a los de la familia de la fe*» (Ga 6:10). La Biblia está llena de los caminos de Dios para nosotros. A medida que la leemos, conocemos cuáles son esos caminos.

No vemos las cosas como Dios las ve. Somos de carne aún, aunque también hemos nacido del Espíritu, como Jesús le dijo a Nicodemo.[1] Como aún vivimos en la carne, es difícil ver las cosas que están en el mundo espiritual. Me viene a la mente el caso del siervo de Eliseo, quien entró en pánico por el enemigo que veía. Eliseo oró para que Dios abriera los ojos de su siervo y pudiera ver lo que había en el mundo espiritual a su alrededor: «*Jehová abrió entonces los ojos del criado, y este vio que el monte estaba lleno de gente de a caballo y de carros de fuego alrededor de Eliseo*» (2 Re 6:17).

Hay un mundo espiritual activo a nuestro alrededor, pero no somos capaces de verlo. No habrá muchos entre nosotros que sean como Eliseo; la mayoría seremos como su siervo. Aquí es donde entra la fe: creer lo que se nos dice en la Palabra de Dios, aunque no lo veamos. Dios no ve las cosas como nosotros; él no está limitado como nosotros por nuestra carne. Un día, cuando dejemos esta carne, veremos las cosas espirituales que ahora no podemos ver. No sé cómo será esa escena, pero seguramente será mucho mejor de lo que cualquiera de nosotros espera. Dios tiene su ejército de ángeles trabajando a nuestro alrededor (Sal 78:43-49; 91:1-11; Dn 6:22; 10:13, 20; Ap 12:7-10).

Muchas veces, cuando clamamos a Dios, no somos conscientes de la batalla que tiene lugar a nuestro alrededor. No me gustan los tiempos difíciles, no me gusta la persecución, pero Jesús nos dijo que si le seguimos, experimentaremos todo eso. Debemos tener confianza en la fe para saber que Dios nos sacará adelante. Caminar en fe no es fácil; requiere morir muchas veces, morir al «yo» que quiere tomar el control, morir para aceptar que Dios sabe mejor lo que necesitamos en cada momento.

Esto es particularmente difícil para los hombres en nuestra cultura, porque la sociedad nos enseña que debemos ser los que toman el control. Si Jesucristo es el Señor de nuestra vida, debemos entregarle el control a él. Muchos dan testimonio de que no sabían si Dios iba a encargarse de sus problemas, pero que, en el último momento, Dios intervino con todo lo que necesitaban. En un sentido práctico, no necesitamos que Dios haga nada hasta que llegue la hora de nuestra necesidad. Nos gusta ver las cosas planeadas con antelación, preparadas, listas para cuando llegue el momento. Dios no obra de esa manera.

Dios sabe lo que va a hacer, él ve lo que está sucediendo en el mundo espiritual, tiene todo preparado para cuidar de nosotros. Pero nosotros, como el siervo de Eliseo, no vemos las cosas que han sido preparadas. Dios quiere bendecirnos y cuidar de nuestras necesidades, pero debemos confiar en él. Se nos dice que hagamos conocer nuestras peticiones y que creamos. Cuanto más oramos, más profunda se vuelve nuestra relación con Dios, y mayor es nuestra confianza en él.

Una de las últimas enseñanzas que Jesús dio a sus discípulos antes de su crucifixión se trató sobre la fe: «*Por la mañana, al pasar junto a la higuera, vieron que se había secado desde las raíces. Entonces Pedro, acordándose, le dijo: "Maestro, mira, la higuera que maldijiste se ha secado". Respondiendo Jesús, les dijo: "Tened fe en Dios. De cierto os digo que cualquiera que diga a este monte: 'Quítate y arrójate en el mar', y no duda en su corazón, sino que cree que será hecho lo que dice, lo que diga le será hecho"*» (Mc 11:20-23).

Debemos estar dispuestos a creer que Dios está obrando para suplir nuestra necesidad. Hoy leemos sobre la entrada triunfal de Jesús en Jerusalén: «*Tomaron ramas de palmera y salieron a recibirlo, y clamaban: "¡Hosana! ¡Bendito el que viene en el nombre del Señor, el Rey de Israel!"*» (Jn 12:13). Estas personas estaban emocionadas; muchos pensaban que Jesús venía a ocupar el trono del rey David para controlar su situación. Creían que Jesús iba a conquistar, a expulsar a los romanos y a gobernar el mundo desde Jerusalén.

¿Te imaginas su sorpresa y desconcierto cuando Jesús fue arrestado y luego sentenciado a morir en la cruz? Sin embargo, era esto precisamente lo que Dios sabía que conquistaría al enemigo y les traería verdadera libertad. ¿Qué es lo que no vemos cuando pensamos que las cosas van en la dirección equivocada? Se nos llama a orar y a creer que Dios está obrando, porque él ve lo que nosotros no vemos. En el capítulo 1 del libro de Efesios, Pablo habla de lo que Jesús logró al morir por nosotros en la cruz. Quizás quieras leer los primeros 10 versículos nuevamente.

---

[1]   Jn 3:6.

Esto es lo que debo decir. Siempre busco al Espíritu Santo y me entrego a escucharlo y a escribir lo que me dice. De modo que es él quien dijo la frase del inicio. ¡Cuánto quiere darnos y cuánto quiere ayudarnos! Muchas veces, al leer las Escrituras, encontramos cosas con las que es difícil identificarse o entender, y a menudo les damos un significado erróneo. Las cosas espirituales solo pueden comprenderse de manera espiritual: «*De estas cosas hablamos, no con palabras enseñadas por la sabiduría humana, sino con las que enseña el Espíritu, acomodando lo espiritual a lo espiritual*» (1 Co 2:13).

Jesús nos dijo que sería el Espíritu Santo quien nos enseñaría todas las cosas: «*Pero el Consolador, el Espíritu Santo, a quien el Padre enviará en mi nombre, él os enseñará todas las cosas*» (Jn 14:26). A veces dependemos demasiado de nuestro intelecto, en lugar de depender del Espíritu Santo que mora en nosotros. A veces, necesitamos hacer una búsqueda profunda en nuestro interior, rechazando todo lo que proviene de otras fuentes, incluso de nuestro propio intelecto, que no es espiritual, sino parte de la carne.

En un mundo que se basa en los avances intelectuales, es difícil hacer este cambio. No estoy diciendo que el intelecto sea malo, sino que depende de la manera en que lo utilicemos. Sin el intelecto, no podríamos leer las palabras de Dios impresas en las páginas de nuestras Biblias. Pero el intelecto no es lo que debe guiarnos para entender lo que Dios nos dice en esas palabras.

Necesitamos mirar hacia adentro para que el Espíritu Santo nos ayude a desentrañar la palabra que acabamos de leer. Conozco personas que afirman que cuando comenzaron a pedirle esto al Espíritu Santo, empezaron a ver cosas en las Escrituras que nunca antes habían visto. ¡Cuánto tiene Dios para nosotros en su Palabra que quiere que sepamos! Pero las cosas espirituales deben ser reveladas de manera espiritual. Al leer sobre Salomón, vemos que fue el más sabio de todos los de su tiempo.

Se nos dice de dónde provenía esa sabiduría: «*Toda la tierra procuraba ver el rostro de Salomón, para oír la sabiduría que Dios había puesto en su corazón*» (1 Re 10:24). ¿Dónde Dios puso esa sabiduría? Seguramente fue en el Espíritu, no en el intelecto. Dios nos dio el intelecto, y tiene un gran valor en el orden correcto. Pero necesitamos verlo en el lugar correcto y en el orden correcto. «*Porque el deseo de la carne es contra el Espíritu y el del Espíritu es contra la carne; y estos se oponen entre sí*» (Ga 5:17).

Si limitamos este pasaje solo al deseo sexual o a la codicia de los ojos, podemos estar perdiendo un valor mayor. ¿Qué se nos dice en este versículo? Se nos dice que la carne y el Espíritu «*están en contra uno del otro*». Ambos quieren estar a cargo de nuestra vida y de lo que hacemos. Por lo tanto, nuestro intelecto, como parte de nuestra carne, debe someterse a nuestro Espíritu, que está obrando para renovarnos (Tt 3:5).

Al mirar al Espíritu Santo dentro de nosotros, él guiará nuestro intelecto hacia el conocimiento correcto que Dios nos tiene preparado. Si permitimos que el intelecto nos guíe, puede llevarnos por un camino equivocado. Se nos dice que estamos en el mundo, pero que no somos de este mundo.[1]

Por lo tanto, necesitamos renunciar a la manera en que el mundo persigue la verdad, ya que ellos dependen de su intelecto para guiarlos. Nosotros pertenecemos al mundo espiritual, y debemos permitir que el Espíritu Santo nos muestre el camino. En nuestra lectura del día de hoy, Pablo nos dice lo siguiente: «*[Dios] Juntamente con él nos resucitó, y asimismo nos hizo sentar en los lugares celestiales con Cristo Jesús*» (Ef 2:6).

En los primeros dos capítulos de Efesios, Pablo habla sobre los judíos y los gentiles, y en su declaración final del capítulo 2 dice: «*En quien vosotros también sois juntamente edificados para morada de Dios en el Espíritu*» (Ef 2:22). Debemos mirar al Espíritu Santo en nuestro interior, permitiendo que guíe nuestra carne, incluso nuestro intelecto.

---

1   Jn 17:14, 18; Flp 3:20-21.

Tú estás en mi vida. ¿Puedes decir con certeza que esta verdad está en tu corazón? ¿Eres consciente, durante tu día y de todo lo que sucede a tu alrededor, de que Dios, Jehová, está en tu vida? ¿Necesitas buscar en tu interior para descubrir esta verdad o vives con la plena conciencia de que él está contigo en todo momento? Al principio, puede que requiera un poco de esfuerzo alcanzar esta conciencia.

Esta realidad es cierta desde el momento en que aceptas a Jesucristo en tu vida. Las Escrituras están llenas de versículos que confirman la presencia de las tres personas de la Trinidad en nosotros. Caminamos con Dios, y él camina con nosotros. Aunque a veces no le agrade lo que hacemos, nunca nos abandona. En nuestra lectura del día de hoy, en el capítulo 14 del libro de Juan, Jesús enseña y tranquiliza a sus discípulos.

Nos dice que él y el Padre están con nosotros y en nosotros: «*En aquel día vosotros conoceréis que yo estoy en mi Padre, y vosotros en mí y yo en vosotros*» (Jn 14:20) y «*El que me ama, mi palabra guardará; y mi Padre lo amará, y vendremos a él y haremos morada con él*» (Jn 14:23). Jesús también nos asegura que el Espíritu Santo estará en nosotros (Jn 14:17).

Ahora, las tres personas de la Trinidad habitan en nosotros. ¡**Nunca estamos solos**! Aunque a veces no seamos plenamente conscientes de ello, la Trinidad de Dios siempre está con nosotros. «*El que guarda sus mandamientos permanece en Dios, y Dios en él*» (1 Jn 3:24); y «*Todo aquel que confiese que Jesús es el Hijo de Dios, Dios permanece en él y él en Dios. Y nosotros hemos conocido y creído el amor que Dios tiene para con nosotros. Dios es amor, y el que permanece en amor permanece en Dios y Dios en él*» (1 Jn 4:15-16).

Desde el momento en que recibimos la salvación, no hay un solo instante en que Dios no esté con nosotros. El Espíritu Santo nos enseña; Jesús nos guía mientras nos llama a seguirle, y el Padre vela por nosotros, haciéndose cargo de nuestras necesidades. Si vivimos con la expectativa de que Dios está con nosotros, él nos hablará en ciertos momentos. A veces, cuando oramos, él responde. Otras veces, en medio de nuestro día, nos susurra algo. Debemos estar atentos, debemos esforzarnos en ser conscientes de que él está con nosotros.

Algunos pueden llegar al punto de estar siempre conscientes de su presencia, y él les habla frecuentemente. Quiero concluir con algunos de los versículos que leímos hoy en Efesios: «*Para que os dé, conforme a las riquezas de su gloria, el ser fortalecidos con poder en el hombre interior por su Espíritu; que habite Cristo por la fe en vuestros corazones, a fin de que, arraigados y cimentados en amor, seáis plenamente capaces de comprender con todos los santos cuál sea la anchura, la longitud, la profundidad y la altura, y de conocer el amor de Cristo, que excede a todo conocimiento, para que seáis llenos de toda la plenitud de Dios*» (Ef 3:16-19).

Es el Espíritu en nuestro interior, y Cristo que habita en nuestros corazones, lo que nos llena con la plenitud de Dios. ¿Podríamos tener algo mejor, una mayor certeza? Dios siempre está con nosotros, siempre obrando, siempre trayendo vida a la nueva creación en nosotros, mientras confiamos en que él lo hará. Dale espacio y sé consciente de la presencia de Dios en tu vida para que haga muchas cosas buenas en ti.

Estoy aquí para que todos sepan quién soy. Dios desea que lo encontremos, que lo recibamos y lo conozcamos. Él se acerca a un mundo pecador por medio de la sangre de su Hijo, ofreciendo limpieza y salvación a todos los que lo acepten. Nosotros fallamos, toda la humanidad ha fallado, pero Dios, mediante una gran obra, ha preparado un camino para que nos acerquemos a él, si tan solo aceptamos su camino. Muchos intentan alcanzar la vida eterna de otras maneras, pero no hay otro camino. *«Jesús dijo: Yo soy el camino, la verdad y la vida; nadie viene al Padre sino por mí»* (Jn 14:6).

Tú, que estás leyendo esto, has encontrado ese camino que lleva a la salvación y a la vida eterna. Nos dimos cuenta de cuánto necesitábamos esa limpieza y salvación. Fue un acto de amor inmenso de Dios, quien extendió su mano hacia nosotros. Ahora que somos parte de su familia, él quiere que lo conozcamos mejor. Dios es magnífico, glorioso, está más allá de cualquier cosa que podamos imaginar. Nuestra mente no puede comprender en su totalidad la grandeza de Dios.

Cuando lleguemos al cielo, estaremos tan asombrados que olvidaremos todo lo que íbamos a decir. Para contemplar lo increíble que es Dios, piensa en esto: mientras estás orando, reflexiona sobre cuántas personas en tu ciudad están orando al mismo tiempo. Luego, piensa en cuántos en tu país están orando en ese preciso momento, y finalmente, en cuántos alrededor del mundo lo están haciendo. Además de esto, Dios dirige el cielo y a los ángeles. Sin embargo, él presta atención a cada uno. ¿Cómo es posible? Eso demuestra cuán superior es a nosotros.

Muchos desean conocer todo acerca del cielo. Aunque no podemos descubrir todas sus verdades, Dios nos ha dado una abundante porción de lo que necesitamos saber. Él quiere que conozcamos todo lo que podamos acerca de él. Cuanto más descubrimos, más nos revela. Esto requiere un corazón hambriento por Dios, deseoso de conocer más y más de él.

En algún punto, entendemos que es por medio del Espíritu que llegaremos a conocer lo máximo que podemos. Llega un momento en que simplemente leer las palabras de Dios no es suficiente; es por el Espíritu que podemos ver profundamente el significado de esos versículos que leemos. ¿Qué leímos ayer? *«Pero el Consolador, el Espíritu Santo, a quien el Padre enviará en mi nombre, él os enseñará todas las cosas y os recordará todo lo que yo os he dicho»* (Jn 14:26). Dios desea que lo conozcamos. El Padre envió al Hijo para abrirnos el camino hacia él. El Espíritu Santo ha revelado la verdad de Dios para que podamos conocerlo. Pero fuera de todo esto, cuando Dios nos busca, debemos responderle para poder acercarnos a él.

Cuanto más nos acercamos a Dios, más lo conoceremos: *«Acercaos a Dios, y él se acercará a vosotros»* (St 4:8). Dios creó a Adán y Eva y deseaba que supieran quién era él: *«Luego oyeron la voz de Jehová Dios que se paseaba por el huerto, al aire del día (...). Pero Jehová Dios llamó al hombre, y le preguntó: "¿Dónde estás?"»* (Gn 3:8-9). Dios también quería que Noé lo conociera: *«Noé, hombre justo, era perfecto entre los hombres de su tiempo; caminó Noé con Dios»* (Gn 6:9). Dios llamó a Abram para que lo conociera: *«Después de estas cosas vino la palabra de Jehová a Abram en visión, diciendo: "No temas, Abram, yo soy tu escudo, y tu recompensa será muy grande"»* (Gn 15:1). Dios quería que Moisés lo conociera: *«Y Moisés dijo: Iré yo ahora, y veré esta grande visión, por qué causa la zarza no se quema. Y cuando Jehová vio que iba a ver, lo llamó Dios de en medio de la zarza, y dijo: ¡Moisés, Moisés! Y él respondió: Heme aquí. (...) Y dijo: Yo soy el Dios de tu padre, Dios de Abraham, Dios de Isaac, Dios de Jacob. Entonces Moisés cubrió su rostro, porque tuvo miedo de mirar a Dios.»* (Ex 3:3-4, 6).

En nuestra lectura del día de hoy en el libro de Juan, Jesús dice que quiere que lo conozcamos y que permanezcamos en él: *«Permaneced en mí, y yo en vosotros»* (Jn 15:4). Jesús también dice que somos sus amigos: *«Os he llamado amigos, porque todas las cosas que oí de mi Padre os las he dado a conocer»* (Jn 15:15b). Dios se mueve para alcanzarnos, necesitamos movernos para alcanzarlo.

¿A dónde vamos para encontrar el gran amor de Dios. en el cristianismo, muchos van a los edificios que llamamos iglesias para orar y buscar a Dios y su amor. El corazón del amor de Dios está en la Iglesia, que es la asamblea de los creyentes en el mundo. Unamos algunas ideas. En el padrenuestro oramos: «Venga tu reino. (...) como en el cielo (...)». Sin duda, hay un reino en los cielos, por lo que debe haber uno aquí en la tierra, el cual pedimos en oración que se asemeje al del cielo. En Colosenses se nos dice que el reino de este mundo es el reino de Jesús: «*Él nos ha librado del poder de las tinieblas y nos ha trasladado al reino de su amado Hijo*» (Col 1:13).

También se nos ha dicho que este reino no tiene fronteras físicas; se nos dice que está dentro de cada persona que ha aceptado a Jesús como rey en su vida. «*Preguntado por los fariseos cuándo había de venir el reino de Dios, les respondió y dijo: "El reino de Dios no vendrá con advertencia, ni dirán: 'Helo aquí', o 'Helo allí', porque el reino de Dios está entre vosotros"*» (Lc 17:20-21). Nosotros, los creyentes, somos la Iglesia: «*Y sometió todas las cosas debajo de sus pies, y lo dio por cabeza sobre todas las cosas a la iglesia, la cual es su cuerpo*» (Ef 1:22-23) y «*Él es también la cabeza del cuerpo que es la iglesia, y es el principio, el primogénito de entre los muertos, para que en todo tenga la preeminencia*» (Col 1:18).

Como creyentes, somos el cuerpo de Cristo con él como la cabeza; el cuerpo de Cristo es la Iglesia. Así como el reino en esta tierra es el reino de Cristo con él como la cabeza de ese reino, entonces la Iglesia es ese reino con Cristo como cabeza. Sin duda, el amor de Dios llena los cielos, pero ¿qué pasa con la tierra? ¿Dónde encontramos el amor de Dios en nuestro planeta?

Se nos dice: «*El amor de Dios, que es en Cristo Jesús, Señor nuestro*» (Rm 8:39). Así pues, en Cristo Jesús encontramos el amor de Dios. «*Porque donde están dos o tres congregados en mi nombre, allí estoy yo en medio de ellos*» (Mt 18:20). Jesús es quien dice esto, por lo que, cuando al menos dos o tres se reúnen en su nombre, él está allí. Donde está Jesús, allí encontramos el amor de Dios. Es cierto que el amor de Dios emana desde los cielos hacia todo el universo, pero el lugar donde lo encontramos enfocado aquí en la tierra es entre los seguidores de Cristo cuando se reúnen. En nuestra lectura del día de hoy, en el capítulo 16 del libro de Juan, Jesús nos habla del amor: «*Pues el Padre mismo os ama, porque vosotros me habéis amado y habéis creído que yo salí de Dios*» (Jn 16:27).

En este pasaje oímos hablar del amor de Dios que viene a nosotros del Padre y que está en Cristo, como leímos antes. En los capítulos anteriores de Juan, escuchamos lo que Cristo no deja de repetir: «*Un mandamiento nuevo os doy: Que os améis unos a otros; como yo os he amado, que también os améis unos a otros. En esto conocerán todos que sois mis discípulos, si tenéis amor los unos por los otros*» (Jn 13:34-35). Jesús repite este mandamiento en Juan 15:12 y lo repite nuevamente en 15:17.

Si somos sus discípulos, debemos amarnos unos a otros. Si nos amamos unos a otros, cuando nos reunimos, el amor de Dios está entre nosotros. ¿Cuántos de ustedes no sabían lo que era ese amor hasta que Cristo llegó a sus vidas como Señor cuando lo aceptaron? Esto, entonces, es la evidencia de que el amor de Dios está en nuestro interior. Las epístolas reflexionan sobre esto: Pablo habla de amarnos unos a otros en Romanos, Pedro lo menciona tres veces en sus cartas y Juan lo menciona seis veces. Permítanme concluir con un versículo de 1 Juan 4:7: «*Amados, amémonos unos a otros, porque el amor es de Dios. Todo aquel que ama es nacido de Dios y conoce a Dios*».

Él conoce mi nombre. ¿Qué piensas sobre eso? ¿Sabías que hay algo aún más profundo, algo que puede ser más de lo que ves o piensas? ¿Sabías que Dios conoce tu nombre ahora mismo, pero que en el futuro no solo conocerá tu nombre, sino que también conocerá un nombre nuevo que él mismo te ha dado? «*El que tiene la espada aguda de dos filos dice esto: (...) le daré una piedrecita blanca y en la piedrecita un nombre nuevo escrito, el cual nadie conoce sino el que lo recibe*» (Ap 2:12, 17).

Así de especial eres para Dios, él conoce tu nombre, ambos nombres. ¿Qué pensarías si el líder de un país —no importa cuál sea— en la tierra supiera tu nombre? Dios no solo conoce tu nombre, él quiere conocer tu nombre, quiere conocerte a ti. Quiere conocer las cosas más íntimas sobre ti, quiere conocer tu corazón, quiere ser tu amigo. Jesús nos dice que somos sus amigos: «*Ya no os llamaré siervos, porque el siervo no sabe lo que hace su señor; pero os he llamado amigos, porque todas las cosas que oí de mi Padre os las he dado a conocer*» (Jn 15:15). Y en nuestra lectura del día de hoy: «*Les he dado a conocer tu nombre y lo daré a conocer aún, para que el amor con que me has amado esté en ellos y yo en ellos*» (Jn 17:26).

Este es Jesús, quien es Dios, la segunda persona de la Trinidad, quien estuvo presente cuando todas las estrellas fueron creadas y nombradas, quien ha recibido autoridad sobre todo el mundo y quiere que seas su amigo. ¿Cuántas veces has escuchado el himno **Oh, qué amigo nos es Cristo**? No creo que ninguno de nosotros entenderá por completo qué amigo nos es Cristo hasta que estemos en su misma presencia en el cielo. ¡Qué día será ese! De todas las maravillas que vemos aquí en la tierra, si las juntáramos todas, ¡no serían ni una sombra frente a la grandeza de Jesús!

¿Puedes imaginarlo? ¡Y él conoce tu nombre, quiere conocer tu nombre y conocerte a ti! El cuidado y el amor de Jesús por su Iglesia (nosotros, los creyentes) se reflejan en esta oración suya en Juan capítulo 17: «*Yo ruego por ellos (...). Ya no estoy en el mundo, pero ellos están en el mundo, y yo voy a ti. Padre santo, a los que me has dado, guárdalos en tu nombre, para que sean uno, así como nosotros (...). Pero ahora vuelvo a ti, y hablo esto en el mundo para que tengan mi gozo completo en sí mismos (...). No ruego que los quites del mundo, sino que los guardes del mal. No son del mundo, como tampoco yo soy del mundo. Santifícalos en tu verdad: tu palabra es verdad (...). Pero no ruego solamente por estos, sino también por los que han de creer en mí por la palabra de ellos, para que todos sean uno; como tú, Padre, en mí y yo en ti, que también ellos sean uno en nosotros, para que el mundo crea que tú me enviaste. Yo les he dado la gloria que me diste, para que sean uno, así como nosotros somos uno. Yo en ellos y tú en mí, para que sean perfectos en unidad (...). Padre, aquellos que me has dado, quiero que donde yo esté, también ellos estén conmigo, para que vean mi gloria que me has dado*» (Jn 17:9, 11, 13, 15-17, 20-24).

Este es Jesucristo nuestro Señor, quien conoce cada uno de nuestros nombres y nos prepara un lugar en el cielo. Esta oración es, sin duda, la de Aquel que es nuestro amigo, y el tema central de esta oración es el amor de un amigo. Antes de continuar tu día, tal vez sería una bendición volver a leer esta parte de la oración de Jesús.

Estaré con vosotros todos los días. Jesús nos dice, a quienes somos suyos, que estará con nosotros todos los días, hasta el fin del mundo (Mt 28:20). Sé que hay días en los que necesito aferrarme a esta promesa, porque sin él no podría superar la jornada. Al haber vivido como hombre durante unos treinta años, Jesús conoce nuestra fragilidad. Cuando lees los Evangelios (Mateo, Marcos, Lucas y Juan), ¿te has dado cuenta de dónde obtiene Jesús su fortaleza? He escuchado a algunos decir, al hablar de la fortaleza de Jesús, que era porque era Dios. Sin embargo, si eso fuera cierto, el autor de Hebreos no podría haber dicho: «*No tenemos un sumo sacerdote que no pueda compadecerse de nuestras debilidades, sino uno que fue tentado en todo según nuestra semejanza, pero sin pecado*» (Hb 4:15).

Si Jesús hubiera tenido algo más de lo que nosotros podemos tener, entonces no habría sido tentado como nosotros y habría tenido ventaja. Él fue hombre como nosotros, con los mismos problemas que enfrentamos nosotros. ¿Qué fue lo que le dio fuerzas? Lo podemos ver en los Evangelios: era la oración con el Padre. Además, tenía la plenitud del poder del Espíritu Santo[1], el cual nosotros también podemos recibir, pero esto solo puede ser mediante la oración.[2] ¿Cuántas veces leemos que Jesús se apartaba a un lugar solitario para orar al Padre? Parecía ser su rutina diaria, comenzar su día orando al Padre. En un momento dice que solo hace lo que ve hacer al Padre, y esto requiere de oración. Ya que estamos analizando la humanidad de Jesús, mencionaré algunos aspectos más.

Jesús fue enseñado, tal como nosotros somos enseñados; se cansó de caminar, tal como nosotros nos cansamos; sufrió y lloró, tal como nosotros sufrimos y lloramos, y tuvo hambre, tal como nosotros la tenemos.

> «*Sino que, según me enseñó el Padre, así hablo*» (Jn 8:28).
> «*Entonces Jesús, cansado del viaje, se sentó junto al pozo*» (Jn 4:6).
> «*María, cuando llegó a donde estaba Jesús, al verlo, se postró a sus pies, diciéndole: "Señor, si hubieras estado aquí, no habría muerto mi hermano". (...) Y preguntó:"¿Dónde lo pusisteis?".*
> *Le dijeron: "Señor, ven y ve". Jesús lloró. Dijeron entonces los judíos: "¡Mirad cuánto lo amaba!"*» (Jn 11:32, 34-36).
> «*Padre mío, si es posible, pase de mí esta copa*» (Mt 26:39).
> «*Después de haber ayunado cuarenta días y cuarenta noches, sintió hambre*» (Mt 4:2).

Jesús experimentó muchas de las cosas que nosotros vivimos, él conoce la dificultad de cada una de estas situaciones y sabe cuánto necesitamos su ayuda. Jesús nos ayudará a llegar hasta el final conduciéndonos por medio de él al Padre[3] que está en los cielos, donde estaremos por la eternidad. Hay días difíciles en los que necesitamos recordar que Jesús está con nosotros: «*El que me ama, mi palabra guardará; y mi Padre lo amará, y vendremos a él y haremos morada con él*» (Jn 14:23).

Algunos podrían decir que cuando él habla de venir a hacer morada con nosotros, se refiere al cielo. No lo creo así, porque cuando Jesús habla de preparar un lugar para nosotros, se refiere a ir al cielo. En este versículo, habla de venir, por lo tanto, creo que se refiere a su presencia y la del Padre con nosotros. Jesús abre el camino. El día de hoy, en el capítulo 18 del libro de Juan, leemos sobre el arresto y el juicio de Jesús. Vemos aquí la preocupación de Jesús por nosotros, ya que pudo haberse librado en cualquier momento; no tenían poder sobre él. «*Entonces Jesús le dijo: "Vuelve tu espada a su lugar (...). Acaso piensas que no puedo ahora orar a mi Padre, y que él no me daría más de doce legiones de ángeles?"*» (Mt 26:52-53).

Podrían haberlo rescatado. Incluso tenía poder en sus palabras para derribar a quienes lo apresaron: «*Cuando les dijo: "Yo soy", retrocedieron y cayeron a tierra*» (Jn 18:6). Jesús pasó voluntariamente por el juicio y la crucifixión por nuestro bien. «*Mi reino no es de este mundo; si mi reino fuera de este mundo, mis servidores pelearían para que yo no fuera entregado a los judíos; pero mi reino no es de aquí. (...) Tú dices que yo soy rey. Yo para esto he nacido y para esto he venido al mundo: para dar testimonio de la verdad. Todo aquel que es de la verdad, oye mi voz*» (Jn 18:36-37).

Jesús se ha convertido en nuestro rey. Estamos en el mundo, pero no somos del mundo. El mundo al que pertenecemos es aquel en el que Jesús es rey, un rey bueno y excelente, que conoce todo lo que estamos atravesando, cada dificultad que enfrentamos, y nunca nos deja solos ante ninguna de ellas.

---

1   Lc 4:1, 14.
2   Ver 1 Co 12 y 14.
3   Jn 14:6.

Estoy en tu vida de maneras que quizás ni siquiera imaginas. Mientras intentamos vivir para el Señor, hay momentos en los que quizá no nos damos cuenta de que él está obrando en nosotros. Hay dos aspectos importantes al respecto: el primero es que aún no sabemos cómo percibir su presencia en nuestras vidas; el segundo —casi lo contrario— es que después de caminar con Dios por muchos años, nos acostumbramos tanto a su Espíritu que, cuando él obra, parece algo normal y no lo detectamos. Sin embargo, Dios desea estar involucrado en nuestras vidas, y también quiere que nosotros nos involucremos con él.

En la cultura actual, involucrarse con Dios requiere un esfuerzo. El mundo, que va en una dirección totalmente opuesta a la de Dios, nos engaña y nos atrae. A veces esa atracción es tan fuerte que requiere de un esfuerzo de nuestra parte para resistirla. El gran engañador sigue trabajando, así como le dijo a Eva: *¿De veras Dios os ha dicho?*, de la misma manera hoy intenta desviarnos, solo un poco, lo suficiente para arruinar nuestro caminar con Dios. Como prueba de que esto es cierto, solo tenemos que ver lo que el diablo le dijo a Jesús en el desierto.

Las tentaciones que ofreció a Jesús distaban lo suficiente de la verdad como para intentar separarlo del Padre. Aun después de ese momento, el diablo volvió a intentarlo en otras oportunidades: «*Cuando acabó toda tentación el diablo, se apartó de él por un tiempo*» (Lc 4:13). La influencia del mundo a veces es muy fuerte y nos arrastra hacia él. Otras veces es tan sutil que, si no estamos atentos, puede pasar desapercibida. Pero Dios quiere que vivamos de acuerdo a su voluntad. Nos ha dado grandes dones: «*De tal manera amó Dios al mundo, que ha dado a su Hijo unigénito, para que todo aquel que en él cree no se pierda, sino que tenga vida eterna*» (Jn 3:16).

Jesús es el inicio de ese camino. Por medio de él somos aceptados en la familia de Dios, en el reino espiritual donde él habita. Este reino espiritual está a nuestro alrededor, aunque no lo podamos ver. Hay muchas cosas que suceden ahí: la lucha entre el bien y el mal, la batalla de los santos. Pablo habla de potestades y principados que no son de origen humano.[1]

Cuando Pablo menciona los lugares celestiales, se refiere al mundo espiritual. Si miras hacia atrás en tu vida, quizás recuerdes momentos en los que estuviste en peligro y te preguntes cómo escapaste; Dios estaba presente. Creo que Dios sabe desde el principio quién aceptará a su Hijo Jesús y cuida de ellos incluso antes de que sean salvos. Conozco personas a las que les pasó algo antes de ser salvadas y que no saben cómo sobrevivieron a situaciones de las que no deberían haber salido ilesas.

Dios está con nosotros más de lo que creemos. Nacemos de nuevo en el momento de la salvación, cuando Dios entra en nuestra vida para comenzar una obra. No nos deja, sino que nos lleva hacia la eternidad. Algunos piensan que, una vez que somos salvos, depende de nosotros vivir correctamente. Pero escuchamos en la lectura del día de hoy que cuando Jesús murió en la cruz, dijo: «**Consumado es**» (Jn 19:30). No depende de nosotros completar nuestra salvación; ya está hecha, está terminada. Sin embargo, somos llamados a colaborar con Dios porque él quiere obrar en nosotros. Podemos resistir su obra al negarnos a lo que él quiere hacer. Dentro de nosotros, hay un impulso que nos guía hacia un camino diferente al que llevábamos antes, y esa es la obra de Dios. Podemos seguir ese impulso o resistirlo, negándonos a ceder a esa atracción divina y tomando otro camino.

En nuestra lectura del día de hoy en el libro de Filipenses, Pablo dice: «*Porque Dios es el que en vosotros produce así el querer como el hacer, por su buena voluntad*» (Flp 2:13). Dios planta su voluntad en nosotros en la salvación y la nutre para que crezca. Podemos permitir que crezca o luchar contra ella. Aquí hay otro pasaje que nos habla de que es la voluntad de Dios en nosotros: «*Que el Dios de paz (...) los haga aptos en toda obra buena para que hagáis su voluntad, haciendo él en vosotros lo que es agradable delante de él por Jesucristo*» (Hb 13:20-21). Así que Dios está obrando en tu vida de maneras que quizá no percibas, pero él está ahí, haciendo su voluntad una realidad dentro de ti.

---

1   Ef 3:9-10; 6:12.

¿Cómo sería tu vida si Dios no fuera parte de ella? ¿Alguna vez te has puesto a pensar cómo sería tu vida si nunca hubieras aceptado a Jesús en tu corazón? ¿Te llena de gratitud y alabanza ver cómo él ha obrado en tu vida? A veces estamos tan concentrados en nuestras necesidades inmediatas que perdemos de vista todas las cosas maravillosas que Dios ya ha hecho por nosotros. En ocasiones, cuando estamos en medio de la tormenta, no vemos que Dios está con nosotros hasta que esta ha pasado, y es entonces cuando notamos cómo él estuvo involucrado. Cuando atravesamos la tormenta, es bueno recordar otras ocasiones en las que Dios nos llevó a buen puerto. Dios es fiel y nos llevará hasta el cielo si seguimos confiando en él.

A veces, mantener esa confianza es difícil, pero si comparamos nuestra capacidad con la de Dios para sacarnos adelante, es obvio quién es mejor. Dios nos cuida, nos protege y nos guía por su gran amor. Si hizo algo tan grandioso como poner a Cristo en la cruz por nuestros pecados para que pudiéramos estar con él en el cielo, ¿no es todo lo demás mucho más fácil y sencillo? La Palabra de Dios es muy clara en muchos casos. ¿Acaso el siguiente pasaje puede significar otra cosa sino lo que él hará?: *«Acercaos a Dios, y él se acercará a vosotros»* (St 4:8).

Si te has acercado a Dios, entonces él está contigo, conoce cada una de tus necesidades y está en cada tormenta a tu lado. Si Dios no hubiera decidido proveer un camino de redención, estaríamos perdidos como aquellos que murieron en el diluvio en los tiempos de Noé. De toda la humanidad, Dios solo halló a un hombre justo.[1] ¡Cuán grande es Dios que, a pesar de nuestra condición, proveyó una forma para que pudiéramos ser salvos![2] Cuando estamos sumergidos en la dificultad, es difícil ver algo más. Es entonces cuando debemos fijar nuestra mirada en Jesús, en la grandeza de Dios, y confiar en que él nos ayudará. Cada vez que atravesamos una de estas situaciones, nuestra fe crece porque vemos los logros de Dios en nuestra vida. La pérdida más grande será cuando en el juicio se nos niegue la entrada al cielo; todo lo demás es menor, a pesar de lo importante que pensemos que es. ¿En cuántas ocasiones tus hijos han tenido miedo, aunque tú sabes que no hay razón para temer? Aun así, ellos sienten temor hasta que ven que todo está bien.

Con nosotros y Dios es igual. Él ve lo que nosotros no podemos ver, él sabe lo que no podemos saber. A veces intentamos resolver el futuro, pero Dios nos dice que él se encargará del futuro de aquellos que confían en él. *«Porque los gentiles se angustian por todas estas cosas, pero vuestro Padre celestial sabe que tenéis necesidad de todas ellas. Buscad primeramente el reino de Dios y su justicia, y todas estas cosas os serán añadidas. Así que no os angustiéis por el día de mañana, porque el día de mañana traerá su propia preocupación. Basta a cada día su propio mal»* (Mt 6:32-34).

En nuestra lectura del día de hoy en el capítulo 20 del libro de Juan, vemos cómo los discípulos habían llegado a un estado de desesperación; su Señor Jesús había sido crucificado y no sabían qué hacer.[3] Recordemos que Jesús les había dicho en el versículo 9 que resucitaría al tercer día, pero no lo comprendieron. *«Cuando llegó la noche de aquel mismo día, el primero de la semana, estando las puertas cerradas en el lugar donde los discípulos estaban reunidos por miedo de los judíos, llegó Jesús y, puesto en medio, les dijo: "¡Paz a vosotros!". Dicho esto, les mostró las manos y el costado. Y los discípulos se regocijaron viendo al Señor. Entonces Jesús les dijo otra vez: "¡Paz a vosotros! Como me envió el Padre, así también yo os envío". Y al decir esto, sopló y les dijo: "Recibid el Espíritu Santo"»* (Jn 20:19-22).

Los discípulos no sabían qué pensar ni qué hacer. En medio de su incertidumbre, Jesús entró en la habitación y les dio seguridad anunciándoles paz. Confía en que Jesús también puede entrar en tu vida hoy y marcar la diferencia.

---

1   Gn 6:5, 8; 7:1.
2   Rm 5:8.
3   Mc 16:10-11.

En el principio. ¿Qué piensas cuando escuchas estas palabras? ¿Hubo realmente un principio? ¿De qué fue el principio? Podrías decir que fue el comienzo de la creación, pero te preguntaría: ¿la creación de qué? A veces, cuando pensamos en la creación, nuestra perspectiva es limitada. Nos fijamos en lo que nos rodea, incluso nos miramos en el espejo y decimos: «Esto es lo que fue creado». Sí, pero ¿cuánto más hizo Dios en ese principio de lo que solemos pensar?

Nuestra primera idea de la creación son las cosas que tenemos a nuestro alrededor, y luego pasamos a considerar todo lo que hay en la tierra. Lo primero que Dios creó fue la luz. ¿Te has puesto a pensar alguna vez que había luz antes de que existieran el sol, la luna y las estrellas? Ellos no fueron creados hasta el cuarto día, pero la luz fue creada el primer día. Miramos al cielo por la noche y vemos una multitud de estrellas; cuanto más tiempo miramos, más estrellas vemos a medida que nuestros ojos se adaptan. Sabemos, gracias a los científicos y sus telescopios, que el universo es vasto.

Dios creó todo esto: «*Por la palabra de Jehová fueron hechos los cielos; y todo el ejército de ellos, por el aliento de su boca*» (Sal 33:6) y «*Él cuenta el número de las estrellas; a todas ellas llama por sus nombres*» (Sal 147:4) y «*Yo hice la tierra y creé sobre ella al ser humano. Yo, mis manos, desplegaron los cielos y pongo en orden todo su ejército*» (Is 45:12) y «*en el tiempo antiguo fueron hechos por la palabra de Dios los cielos y también la tierra, (...) los cielos y la tierra que existen ahora están reservados por la misma palabra*» (2 P 3:5, 7) y «*Él, que es el resplandor de su gloria, la imagen misma de su sustancia y quien sustenta todas las cosas con la palabra de su poder*» (Hb 1:3).

Las estrellas tienen su naturaleza, y los planetas, la suya. Los científicos pueden explicarte sobre ellas y cómo se mantienen en su lugar, pero esta es la obra de Dios. Él las creó en su posición y les dio su curso. En este sentido, Dios creó la gravedad y la fuerza centrífuga, que hace que las estrellas y los planetas giren en su lugar. Dios creó las fuerzas geométricas que mantienen un objeto en su lugar por su movimiento giratorio. Y la lista no termina nunca. En el principio, ¡qué pensamiento tan profundo! A continuación, podríamos seguir con el átomo que constituye todas las cosas. Aun siendo conscientes de esta parte diminuta de la creación, ¿cuán grande es este Dios que nos ama?

A pesar de todo lo que sucede en el vasto universo, Dios quiere conocer hasta el más mínimo detalle de tu vida, de tu vida en particular. Cuando vemos su grandeza, es fácil entender cómo él puede cuidar de todas nuestras necesidades. Para él, esto es una tarea insignificante. ¡Qué Dios tan asombroso es el que nos ama, cuida de nosotros, camina con nosotros, nos lleva en brazos cuando no podemos caminar, provee todas nuestras necesidades y, además, hace un camino mediante su obra para perdonarnos, para que seamos aceptados en el cielo y podamos estar con él por la eternidad! Nuestros mayores problemas son tan insignificantes para él, y ¡cuánto desea ocuparse de cada uno de ellos!

Pablo nos dice en Filipenses: «*Mi Dios, pues, suplirá todo lo que os falta conforme a sus riquezas en gloria en Cristo Jesús*» (Flp 4:19). Tu fe depende de lo que piensas de Dios. Cuanto más tiempo pasamos con él, más crece nuestra relación con él, y mayor se vuelve nuestra fe a medida que descubrimos quién es él.

En el principio él te vio y escribió tu nombre en el libro de la vida del Cordero. El texto: «*Los habitantes de la tierra, aquellos cuyos nombres no están escritos en el libro de la vida desde la fundación del mundo*» (Ap 17:8), hace referencia a aquellos que siguen a la bestia; pero nosotros somos aquellos cuyos nombres sí fueron escritos en el libro de la vida desde la fundación del mundo. En el principio, todo lo que Jesús haría en la tierra ya estaba previsto, incluso los detalles de lo que leemos en el último capítulo del Evangelio de Juan. Jesús amó a sus discípulos hasta el último momento que pudo estar en la tierra y continúa amándonos hoy. He hablado de la grandeza de la creación del universo. Aquí, Juan nos dice que si se escribiera todo lo que Jesús hizo, en el mundo no cabrían todos los libros con sus obras. ¡Cuán grande es nuestro Jesús y cuán poco lo conocemos!

En el principio, Dios conocía todas las cosas. Él conocía el carácter del hombre. Sabía que debía otorgarle libre albedrío para que pudiera elegir por sí mismo. Sabía que los seres humanos tomaríamos decisiones equivocadas y que tendría que desarrollar un plan para llevarnos de regreso a sí mismo una vez que hubiéramos pecado. Dios sabía que los humanos no podrían obtener por sí mismos el perdón por sus pecados y que intentarían ganarse ese perdón, pero que sería Dios mismo quien tendría que proveerlo para su redención. Dios ha visto nuestras dificultades desde lejos, y nos ha conocido desde lejos. **Te estoy buscando y deseo hacerte bien**, dice el Espíritu Santo de Dios. Dios nos ama a pesar de nuestra conducta, nos ama y quiere que estemos cerca de él. Dios nos ama y se preocupa por redimirnos para sí.[1]

Es difícil comprender que este Dios nos ame tanto. Algunos podríamos decir que hay cosas sobre nosotros mismos que nos hacen dudar de que Dios pueda amarnos. Debemos recordar que para Dios solo existe blanco o negro, y si no eres blanco como lo es él, entonces eres negro, pero él provee la misma limpieza a todos los que se le acercan para hacerlos blancos. Es la sangre de Cristo la que nos purifica, no importa si estábamos solo un poquito oscuros o en la profundidad de las tinieblas, todo es pecado. El pecado es lo que nos separa de Dios. Dios es santo, él es puro, y nada menos que puro puede entrar en la eternidad donde él está.

Por medio de Cristo somos santificados, somos hechos santos, somos purificados, quedamos tan blancos como la nieve.[2] Cuando dudamos en buscar el perdón de Dios porque no queremos que sepa lo que hicimos, debemos recordar que él ya lo sabe y tiene su perdón esperándonos si nos acercamos a él y se lo pedimos. En todas las Escrituras, hay un solo pecado que no puede ser perdonado.[3] Fuera de este, todo pecado, por grande que parezca, será perdonado si lo pides. Dios es un Dios amoroso; nos ha amado desde el principio. El ser humano ha intentado encontrar otros caminos, por medio de muchas religiones y métodos para agradar a Dios, pero solo hay un camino, y es a través del perdón que se ofrece en Jesucristo.[4]

Esto es algo que se ha ofrecido desde el principio de los tiempos, encerrado en el misterio. Se nos habla al respecto en nuestra lectura del día de hoy en el primer capítulo del libro de Colosenses: «*En su cuerpo de carne, por medio de la muerte, para presentaros santos y sin mancha e irreprochables delante de él, (...) sin moveros de la esperanza del evangelio que habéis oído. (...) De ella fui hecho ministro, según la administración de Dios que me fue dada para con vosotros, para que anuncie cumplidamente la palabra de Dios, el misterio que había estado oculto desde los siglos y edades, pero que ahora ha sido manifestado a sus santos*» (Col 1:22-23, 25-26).

Dios nos ha amado desde el principio, y desde entonces ha tenido un plan. Él está dispuesto y es capaz de perdonar a todos los que se acercan a su santidad para recibir perdón. Hoy comenzamos a leer el Evangelio de Mateo, donde veremos cómo se revela este misterio. Todo comienza cuando Jesús deja el cielo para nacer como hombre de una mujer, en un embarazo sobrenatural, con el Espíritu Santo como padre. Se nos habla de esta obra de Cristo en Filipenses 2:5-7: «*Haya, pues, en vosotros este sentir que hubo también en Cristo Jesús: Él, siendo en forma de Dios, no estimó el ser igual a Dios como cosa a que aferrarse, sino que se despojó a sí mismo, tomó la forma de siervo y se hizo semejante a los hombres*».

Él vino a ser el sacrificio ofrecido por la ley, para que pudiéramos ser aceptados por Dios. Cuando José planeaba divorciarse de María, un ángel le habló en un sueño y parte de las instrucciones que le dio fue ponerle al niño el nombre **Jesús** (v. Mt 1:21). Dios nos conoce desde el principio, elaboró un plan de redención y nos envió la ayuda que necesitábamos, que solo podía venir de él. Tanto a María como a José, por separado, se les instruyó que llamaran Jesús al niño. El significado del nombre Jesús es ***ayuda de Jehová***. Desde el principio este era el plan de Dios; desde el principio, él enviaría a Jesús.

---

1   1 Tm 2:3-6.
2   Sal 51:7; Is 1:18.
3   Mc 3:28-29.
4   Hb 9:26, 10:12.

«Dios siempre estará a tu lado». Con sus muchas promesas, Dios nos asegura que estará con nosotros y en nosotros. Esta es la certeza que necesitamos ahora que vivimos en este mundo y esperamos nuestro momento de partir al próximo. Esta tierra y todo lo que en ella hay fue creado por Dios. ¡Cuán hermoso sería si el pecado nunca hubiera entrado! Cuando el pecado entró al mundo por la desobediencia del ser humano, trajo consigo una enfermedad que afectó a todo lo que existe.[1] También nosotros fuimos contagiados con ella y somos incapaces de ser perfectos.

Mediante la salvación, hemos recibido a aquel que es perfecto y que nos dio la vida eterna. Cristo está en nosotros y nosotros en él; él nos aporta a nosotros, que somos imperfectos, su propia perfección, haciéndonos perfectos ante Dios. El hecho de que Dios esté con nosotros nos permite vivir en un mundo imperfecto. Se nos dice que somos diferentes del mundo: «*Yo les he dado tu palabra, y el mundo los odió porque no son del mundo, como tampoco yo soy del mundo. (...) No son del mundo, como tampoco yo soy del mundo*» (Jn 17:14, 16). Ahora somos hijos de Dios: «*Mas a todos los que lo recibieron, a quienes creen en su nombre, les dio potestad de ser hechos hijos de Dios*» (Jn 1:12).

Estamos en este mundo, pero pertenecemos al cielo: «*Pero nuestra ciudadanía está en los cielos, de donde también esperamos al Salvador, al Señor Jesucristo. Él transformará nuestro cuerpo mortal en un cuerpo glorioso semejante al suyo, por el poder con el cual puede también sujetar a sí mismo todas las cosas*» (Flp 3:20-21). Aquellos que están con Dios tienen una cobertura que los separa del mundo. Esta cobertura es la sangre de Cristo y su justicia: «*Elegidos según el previo conocimiento de Dios Padre en santificación del Espíritu, para obedecer y ser rociados con la sangre de Jesucristo*» (1 P 1:2) y «*Al que nos ama, nos ha lavado de nuestros pecados con su sangre*» (Ap 1:5b) y «*La justicia de Dios por medio de la fe en Jesucristo, para todos los que creen*» (Rm 3:22).

Dios siempre está más cerca de lo que pensamos: «*Todo aquel que confiese que Jesús es el Hijo de Dios, Dios permanece en él y él en Dios*» (1 Jn 4:15). Sin duda, Dios está con nosotros y a nuestro lado en todo lo que hacemos. En ocasiones, parecemos extraños al mundo porque seguimos una naturaleza de vida diferente: la naturaleza del Espíritu, quien nos guía y dirige, y es diferente a la del mundo. Ellos no entienden, porque no tienen el Espíritu de Dios, y lo que hacemos les parece extraño e inusual.

Con Dios siempre tenemos una ayuda a nuestro lado. En nuestra lectura del día de hoy en el libro de Colosenses, Pablo explica cuán fuerte es nuestra conexión con Dios: «*Y vosotros estáis completos en él, que es la cabeza de todo principado y potestad. (...) Con él fuisteis sepultados en el bautismo, y en él fuisteis también resucitados por la fe en el poder de Dios que lo levantó de los muertos. Y a vosotros, estando muertos en pecados y en la incircuncisión de vuestra carne, os dio vida juntamente con él, **perdonándoos todos los pecados**. Él anuló el acta de los decretos que había contra nosotros, que nos era contraria, y la quitó de en medio clavándola en la cruz*» (Col 2:10, 12-14).

No hay nada que impida que Dios esté a nuestro lado. Es gracias a Cristo y su sangre que hemos sido llevados a Dios. No es por nuestra conducta, sino por la obra de Cristo en la cruz que Dios está con nosotros. Él estará ahí porque él mismo ha hecho la obra, y nosotros la hemos aceptado y recibido.

---

1   Rm 8:21.

Oremos. ¿Qué clase de oración utilizas? No me refiero tanto al tipo, sino a cuándo y dónde oras. Es importante pasar tiempo en la palabra de Dios, pero es igualmente importante orar. Leemos la palabra de Dios para conocerlo a él, saber lo que nos dice acerca de nosotros mismos y lo que ha hecho por nosotros. La oración no se trata tanto de pedir esto, aquello o lo otro.

La oración es estar en conversación con Dios, hablando de todo tipo de cosas: lo que hicimos hoy (o lo que vamos a hacer), el hermoso paseo que dimos por su creación, la bendición que son tus hijos para ti o simplemente cómo te sientes hoy. La oración no es solo una línea de peticiones, es un vínculo de amistad, y los amigos hablan de todo tipo de cosas. A veces estas oraciones se hacen en diferentes momentos del día, mientras estamos inmersos en esas situaciones. Otras veces, la oración surge en momentos de necesidad. Le he pedido a Dios muchas veces: «Señor, ayúdame a encontrar mi destornillador», y él siempre me ha ayudado en ese instante. La oración es como hablar con un amigo, crea comunión y relación. Así es como Dios quiere que nos acerquemos a él. No quiere que pensemos que es como un gigante airado al que debemos acercarnos con una fórmula correcta. Él nos llama a su lado, nos quiere cerca.

Debemos acercarnos con humildad y temor reverente, pero no con un miedo aterrador que nos impida estar cerca de él. La oración es ese impulso espiritual para tocar a Dios. Él nunca está demasiado ocupado, nunca está demasiado lejos, siempre está listo para escucharnos. En esta vida, no podemos conocer la plenitud de quién es Dios, pero él conoce la plenitud de quiénes somos nosotros. Nunca se sorprende por lo que le decimos, pero sí podría sorprenderse de que dudemos en acercarnos a él con nuestras oraciones.

Si Dios amó tanto al mundo que nos dio a su Hijo unigénito, ciertamente se tomará el tiempo de escucharnos cuando oramos. ¿Acaso no es una relación lo que deseas con tus hijos, o lo que los hijos desean con sus padres? ¿Por qué debería ser diferente con Dios? ¿No te das cuenta de que nuestro deseo de relación en la familia nos ha sido dado como un reflejo del diseño de la relación dentro de la Trinidad, la familia de Dios? Sí, Dios quiere una relación y nos la ha dado para que podamos tener una relación con él.

Después de ser confrontado por el Señor en medio de una luz deslumbrante camino a Damasco, Saulo pasó por una transformación espiritual, hasta llegar a un punto donde Jesucristo le enseñó por revelación directa.[1] Saulo conocía a su Señor, pasaba tiempo con él y desarrolló esa relación cercana con Jesús. Pablo (anteriormente llamado Saulo) nos enseña mucho acerca de la oración: «*Orad sin cesar. Dad gracias en todo, porque esta es la voluntad de Dios para con vosotros en Cristo Jesús*» (1 Ts 5:17-18). «*Orad sin cesar*» no puede significar que debamos estar siempre en nuestro lugar de oración de rodillas. Hoy leemos en el libro de Colosenses que debemos hacer nuestras obras como para el Señor: «*Y todo lo que hagáis, hacedlo de corazón, como para el Señor y no para los hombres*» (Col 3:23). Por lo tanto, «*orar sin cesar*» debe significar una actitud o conciencia de que Dios está con nosotros. Cuando pierdo mi martillo, sé que Dios está ahí conmigo, así que le pido ayuda. Al comenzar el capítulo 3 de Colosenses, Pablo nos dice: «*Si, pues, habéis resucitado con Cristo, buscad las cosas de arriba, donde está Cristo sentado a la diestra de Dios. Poned la mira en las cosas de arriba, no en las de la tierra*» (Col 3:1-2).

En este pasaje, Pablo habla sobre una actitud y conciencia de las cosas de arriba, y la oración es parte de esa actitud. Hoy leemos en Mateo sobre Juan el Bautista. Me pregunto cómo sería su vida de oración. ¡Cómo habría sido escucharlo cuando estaba a solas con Dios en oración! Si pudiera tener aunque fuera una décima parte de lo que él debió tener, ¡qué bendición sería!

Sabemos que Dios habló a Juan porque dijo en el Evangelio de Juan: «*Vi al Espíritu que descendía del cielo como paloma, y que permaneció sobre él. Yo no lo conocía; pero el que me envió a bautizar con agua me dijo: "Sobre quien veas descender el Espíritu y permanecer sobre él, ese es el que bautiza con Espíritu Santo"*» (Jn 1:32-33). Debemos seguir acercándonos más a Dios en oración y creer lo que Dios nos ha dicho: «*Acercaos a Dios, y él se acercará a vosotros*» (St 4:8).

---

1   Ga 1:1, 12; Ef 3:2-3, 16-17.

«Venid a mí todos los que estáis trabajados y cargados» (Mt 11:28). A menudo, esta invitación se interpreta de manera limitada, refiriéndose solo a la salvación. Sin embargo, la salvación es solo el primer paso; se extiende a lo largo de nuestras vidas con Cristo. La salvación es instantánea, ocurre en el momento en que aceptamos a Cristo en nuestras vidas. No es un proceso, de lo contrario, podríamos atribuirnos algún mérito por nuestra salvación. Cristo lo hizo todo en la cruz; **consumado es**, No queda nada que podamos hacer para ganar la salvación. *«Llevad mi yugo sobre vosotros y aprended de mí»* (Mt 11:29).

Recibimos nuestra salvación de Jesús y, luego, debemos aprender de él. El aprendizaje toma tiempo, y seguiremos aprendiendo cada vez más durante toda nuestra vida en la tierra. Por lo que Jesús dice en el versículo 29, el versículo 28 también es verdad para el resto de nuestras vidas. Entonces, ¿qué debemos hacer en esos días difíciles? Cristo siempre está allí, diciéndonos: **Ven a mí, yo te ayudaré.** Siempre habrá días difíciles en nuestra vida. La perfección llegará en el cielo, pero hasta que lleguemos allí, vivimos en un mundo imperfecto. El apóstol Pablo vivió en este mundo imperfecto, enfrentando muchas luchas, pero mantenía su mente enfocada en la esperanza que tenía en Cristo: *«Juntamente con él nos resucitó, y asimismo nos hizo sentar en los lugares celestiales con Cristo Jesús»* (Ef 2:6).

Tenemos problemas en este mundo, pero en Cristo, la vida eterna será de perfección, felicidad y gozo. Hoy, debemos depender de Cristo para que lleve la parte más pesada del yugo, mientras caminamos junto a él, aprendiendo en el camino. A partir de la caída en el huerto, cuando la humanidad pecó, el orgullo ha sido un defecto en los seres humanos. Aunque Cristo nos llama a acudir a él en busca de ayuda, en nuestro orgullo dudamos, nos resistimos o creemos que podemos manejarlo solos.

Como se dice: **A veces, somos nuestro peor enemigo.** No deberíamos esperar hasta estar completamente derrotados, arrastrándonos por el suelo, antes de pedir su ayuda; deberíamos hacerlo tan pronto como nos sintamos un poco débiles. Jesús quiere que nuestra vida sea mejor; por eso murió en la cruz. Su muerte no fue solo para el día de nuestra salvación, sino para toda nuestra vida: para el día de nuestra salvación y para todos los días que le siguen. Jesús murió para eliminar la separación que había entre nosotros y Dios; el pecado era una barrera que no podíamos atravesar. Pero ahora, gracias a la cruz de Cristo, toda nuestra vida está conectada con Dios. Si Cristo ya se ocupó de lo más difícil, proporcionándonos la salvación, ¿qué más no haría por nosotros? Debemos confiar en él, llamarlo y pedirle que nos acompañe en nuestro día. Él siempre está allí, pero desea que lo invitemos a participar.

Todos necesitamos ayuda, no debemos dudar en pedírsela al Señor. A veces, el Señor nos ayuda directamente; otras veces, envía a los hermanos para ayudarnos. Podríamos pensar que el Hijo del Hombre nunca necesitó ayuda. Pero siendo hombre, pasó por lo mismo que nosotros. En varias ocasiones, necesitó ayuda. En primer lugar, estaba en constante oración con el Padre. Tuvo un par de días difíciles en los que necesitó ayuda, y el Padre envió a alguien para asistirle. Una de esas ocasiones se narra en el Evangelio de Mateo: *«Y vinieron ángeles y lo servían»* (Mt 4:11).

Otro de esos días difíciles fue cuando Jesús luchaba intensamente para someterse a la voluntad del Padre y morir en la cruz por nosotros: *«Padre, si quieres, pasa de mí esta copa; pero no se haga mi voluntad, sino la tuya. Entonces se le apareció un ángel del cielo para fortalecerlo»* (Lc 22:42-43). Jesús ya no lucha con los padecimientos de los hombres; está a la derecha del Padre en el cielo. Pero nosotros aún tenemos las luchas de esta vida y, en ocasiones, necesitamos ayuda. De modo que, cuando Jesús estuvo aquí, en la debilidad de la carne (Hb 4:15), tuvo días malos y necesitó ayuda. Sin duda, nosotros también, en nuestros días malos, necesitamos auxilio. Jesús está esperando y listo para ayudarnos. *«Venid a mí todos los que estáis trabajados y cargados»* (Mt 11:28).

Estoy a tu derecha y estoy a tu izquierda. ¿Has llegado al punto en tu caminar espiritual en el que crees que Dios está a tu derecha y a tu izquierda? Lo está si tienes la salvación. Incluso está dentro de ti, llevando a cabo sus obras, si lo has invitado a hacerlo.[1] Es imposible no estar en su presencia. No hay pensamiento tuyo que él no conozca ni emoción en tu corazón que no perciba. Ahora bien, a medida que avanzas en tu día con Dios dentro de ti, a tu derecha y a tu izquierda, ¿crees que algo pueda sucederte sin que él lo sepa? Esta es una reflexión que fortalece la fe.

Si la presencia de Dios llena todo el universo, ¿puedes imaginar que no esté contigo? Se dice que Dios es omnipresente.[2] Yo lo veo de esta manera: el lugar de morada de Dios está en los cielos, pero su grandeza es tal que emana hacia toda la creación. E incluso irradia hasta ti y adentro de ti. Se dice que Dios es omnisciente; no hay nada de ti que no conozca.[3] En lo personal, creo que Dios sabe mucho más sobre mí que lo que yo mismo sé. Nos preocupa mucho si estamos viviendo de la manera correcta para Dios. Nos preguntamos si estamos caminando con él o no. ¿Lo has invitado a caminar contigo? Si lo has hecho, él es un Dios fiel y ha venido para caminar contigo. Entonces, ¿cómo no estarías caminando con él? Él obra dentro de ti, te impulsa a hacer sus buenas obras, esas que ha escogido para ti.

¿Cuántas veces tienes el impulso o la sensación de hacer algo que no es común en ti? Ese es Dios moviéndote. Avanza en esa dirección, él te está llevando allí y te dará el triunfo. Dios nos saca de nuestra zona de confort para que sepamos que fue él quien lo hizo. Esto es lo que Dios hizo con Gedeón cuando le dijo: «*Hay mucha gente contigo para que yo entregue a los madianitas en tus manos, pues Israel puede jactarse contra mí, diciendo: "Mi mano me ha salvado"*» (Jc 7:2).

Cuando haces lo que normalmente no podrías hacer, Dios recibe la gloria. Dios está con nosotros todo el tiempo, nos enseña todo el tiempo, nos guía todo el tiempo. «**Estoy a tu derecha y estoy a tu izquierda**». Esto es algo que debemos saber en nuestra alma. No se trata de algo que se coloque en la mente como un recordatorio, debe entrar en el hombre interior, cambiándote desde adentro hacia afuera. Cualquier cosa que guardemos en la mente para recordarla es similar a una ley, es una manera de actuar. Pero lo que entra en nuestro hombre interior (alma, espíritu, corazón) cambia quiénes somos y se convierte en parte de nuestra naturaleza.

Dios quiere hacer muchas cosas grandiosas por nosotros, quiere hacerlo por cada persona. Si has estado escuchando algunos de los comentarios de los días anteriores, es posible que ya estés empezando a acercarte más a Dios. ¿Has comenzado a sentir que él se acerca más a ti? Es esa relación que estás empezando a desarrollar con él y que te traerá grandes bendiciones. Hay muchas cosas grandiosas en este mundo, pero nada es mayor que la conciencia espiritual de que Dios está contigo, el conocimiento espiritual de las cosas celestiales y el poder espiritual que opera en nuestro mundo. No diré que llegar a ese punto sea fácil, requiere buscar; ¿no debemos buscar a Dios y todo lo que tiene para nosotros? Dios responderá a quienes le respondan.

Dios es invisible, pero no inactivo. Él quiere hablarnos, quiere obrar en nosotros y a través de nosotros. Al leer lo que Pablo escribió, parece que estas personas buscaban mucho a Dios y eso era evidente para los demás. «*Sabemos, hermanos amados de Dios, que él os ha elegido, pues nuestro evangelio no llegó a vosotros en palabras solamente, sino también en poder, en el Espíritu Santo y en plena certidumbre. (...) Vosotros vinisteis a ser imitadores nuestros y del Señor, recibiendo la palabra en medio de gran tribulación, con el gozo que da el Espíritu Santo. De esta manera habéis sido ejemplo a todos los creyentes de Macedonia y de Acaya, (...) en todo lugar vuestra fe en Dios se ha extendido*» (1 Ts 1:4-6, 8). Parece que ellos tenían hambre y buscaban a Dios. Esto es lo que quiero para mí, ¿es lo que quieres tú para ti?

---

1   Flp 2:13.
2   Jr 23:24.
3   Sal 139:1-10.

Viene una tormenta. Tal vez mires a tu alrededor y pienses que hay mucha maldad en el mundo. Pues sí, el diablo anda buscando a quien devorar.[1] Él gobierna sobre todos los no creyentes.[2] Hay maldad en el mundo que nos rodea, la vemos por todas partes. Pero se acerca una tormenta, es el fin de los tiempos, llamado la gran tribulación. La maldad vendrá sobre el mundo con una fuerza nunca antes vista. Será tan intensa que incluso alcanzará a algunos de los santos.[3] Sin embargo, aun aquellos que sean vencidos por la bestia encontrarán su hogar en el cielo con Dios al final, porque esa es su promesa si creemos en el Hijo, Jesucristo.

No digo esto para causar temor, sino para que seamos conscientes del tiempo en que vivimos. Probablemente los apóstoles no tenían el libro de Apocalipsis, ya que Juan era el más joven y lo escribió mientras era prisionero en una isla. Sin embargo, todos los apóstoles tenían los libros de los profetas. Vivían esperando el juicio final y el arrebatamiento de los santos al cielo. *«Por lo cual, hermanos, tanto más procurad hacer firme vuestra vocación y elección, porque haciendo estas cosas, jamás caeréis. De esta manera os será otorgada amplia y generosa entrada en el reino eterno de nuestro Señor y Salvador Jesucristo»* (2 P 1:10-11).

Al recibir las bendiciones de Dios en nuestras vidas, podemos volvernos indiferentes frente al mal espiritual que nos rodea y no notar las interferencias que causa. Hemos sido librados de ellas porque estamos cubiertos por la sangre de Cristo. Sin embargo, las fuerzas demoníacas intentarán intimidarnos, haciéndonos pensar que la sangre no nos protege, tratando de inducirnos al pánico. Pero somos libres, hemos sido liberados del destino de este mundo que rechaza a Cristo y su ofrenda de salvación. Jesús dijo que prepararía un lugar para nosotros,[4] ¿por qué lo haría si no fuéramos a llegar allí? Debemos, en un sentido espiritual, ver más allá de lo físico y saber, por lo que nos dice la Escritura, lo que ocurre a nuestro alrededor.

Debemos detenernos en ocasiones, apartar los ojos de lo que vemos en el mundo a nuestro alrededor y pedirle a Dios que nos ayude a ser conscientes de lo que es invisible. Después de todo, ¿no es eso lo que significa la fe, creer en lo que no vemos? Y debemos caminar en fe, ¿no significa eso caminar conscientes de lo que no se ve, de lo que tampoco se ve a nuestro alrededor? Hemos recibido el gran privilegio de la vida, una vida espiritual, una vida que continuará por la eternidad. Esa vida existe en el ámbito espiritual, es cierto que estamos en esta tierra con un cuerpo físico y rodeados de sustancia física. Pero la parte que vive para siempre es nuestro espíritu, el hombre interior, lo que está dentro del cuerpo, dentro de nuestra tienda terrenal.

En nuestra lectura del día de hoy, en el capítulo 6 del libro de Mateo, vemos el padrenuestro: *«Padre nuestro que estás en los cielos, santificado sea tu nombre. Venga tu reino. Hágase tu voluntad, como en el cielo, así también en la tierra»* (Mt 6:9-10). El advenimiento del reino de Dios podría referirse al reino mencionado en Apocalipsis 21:1-2, pero no lo creo. Creo que habla de lo que leemos en Colosenses: *«Él nos ha librado del poder de las tinieblas y nos ha trasladado al reino de su amado Hijo»* (Col 1:13). Aquí se nos habla del reino de Jesús, e incluso Jesús habla de este reino: *«Porque el reino de Dios está entre vosotros»* (Lc 17:21).

Los que hemos sido salvados somos el reino de Jesús y estamos en esta tierra. Por lo tanto, el reino está aquí a nuestro alrededor, es aquello por lo que Jesús murió en la cruz. Si es el reino de Jesús, entonces es un reino espiritual en un mundo físico. Vemos los árboles, las hermosas flores y las grandes montañas de la creación de Dios a nuestro alrededor. Pero también hay un reino espiritual en derredor. No debemos esperar hasta llegar al cielo para ser parte de este mundo espiritual; fuimos introducidos en un mundo espiritual en el momento del nuevo nacimiento: *«Lo que nace de la carne, carne es; y lo que nace del Espíritu, espíritu es»* (Jn 3:6).

Al leer 1 Tesalonicenses hoy, se nos ha hablado tanto de vivir en el mundo espiritual como en el físico: *«Os encargábamos que anduvierais como es digno de Dios, que os llamó a su reino y gloria»* (1 Ts 2:12). No hemos sido llamados a un reino físico, sino a un reino espiritual.

---

1   1 P 5:8.
2   Hch 26:18.
3   Ap 13:7.
4   Jn 14:2-3.

El clamor resuena entre las personas. Hay un llamado que Dios extiende a toda la humanidad. Dios nos está llamando a todos a volver a él, pero ¿cuántos responden? Hay un pasaje bíblico que podría hablar acerca de esto; se relaciona con la puerta ancha y la puerta angosta. No afirmo que este versículo hable de cuántos se salvarán ni de cuántos se perderán, pero es interesante: «*Hiere al pastor y serán dispersadas las ovejas; yo tornaré mi mano contra los pequeñitos. Y acontecerá en toda la tierra, dice Jehová, que dos tercios serán exterminados y se perderán, mas el otro tercio quedará en ella*» (Za 13:7-8).

No hay duda de que esto habla de Jesús como el pastor. Dios llama, pero muchos ignoran o se niegan a escuchar. Toda la humanidad desprecia a Dios, pero algunos de nosotros hemos enfrentado nuestra maldad, nos hemos arrepentido de nuestros pecados y hemos aceptado a Jesús como señor y amo de nuestras vidas. Ahora que hemos venido a él, Dios ya no nos llama en ese sentido. Ahora nos llama a seguirlo: «*Si alguien quiere venir en pos de mí, niéguese a sí mismo, tome su cruz y sígame*» (Mt 16:24).

Jesús nos dio el ejemplo de la manera en que debemos vivir: «*Yo estoy entre vosotros como el que sirve*» (Lc 22:27) y «*Porque ejemplo os he dado para que, como yo os he hecho, vosotros también hagáis*» (Jn 13:15). Jesús nos llama a servir, pero ¿cuántos lo escuchan? Queremos que alguien nos bendiga, pero ¿qué tal si nosotros somos de bendición para otros mediante el servicio? El orgullo es una gran roca en el camino que nos impide llegar a quienes necesitan nuestro servicio. Necesitamos hacer añicos esa roca y quitarla de nuestras vidas. Mientras el orgullo permanezca en nuestro interior, agobiándonos, nunca seremos capaces de servir verdaderamente a los demás como Cristo nos sirvió. Cristo lo dio todo.

En tanto el orgullo siga luchando en nosotros, no seremos capaces de entregarnos por completo. Somos llamados a seguir, a seguir en las obras que Jesús está haciendo; él nos llama a participar en su obra. Debemos escuchar ese llamado, porque es lo que necesitamos oír. A algunos, los llama a ser pescadores de hombres; a otros, los llama a servir la mesa o a orar por los enfermos. Estos no son todos los llamados que hace a sus seguidores, pero muestran que no estamos llamados a hacerlo todo, sino a cumplir cada uno con su parte. Por eso es tan importante oír lo que Jesús nos está llamando a hacer. La mano no puede ser un pie, ni el oído debe ocupar el lugar de la nariz. [1]

Es crucial que escuchemos lo que Jesús nos está llamando a hacer. Una iglesia llena solo de evangelistas sería una iglesia grande, pero no muy saludable físicamente. Una iglesia llena solo de quienes oran por los enfermos sería muy saludable, pero nunca crecería en tamaño. Todos los miembros del cuerpo son necesarios, y cada uno de nosotros debe orar para descubrir cuál es su rol. Es importante seguir a Cristo, pero aún más importante es escuchar, porque si no escuchamos, ¿cómo sabremos a dónde seguir? Crecer espiritualmente nos permite escuchar. Para la mayoría de nosotros, toma tiempo aprender a discernir cuál es la voz de Dios y cuál no lo es.

Llevo más de 40 años escuchando, y de vez en cuando no sé con certeza quién está hablando y tengo que orar más. Si no dedicamos tiempo a escuchar, nunca oiremos esa voz suave y apacible con la que Dios habla. «*Allí se metió en una cueva, donde pasó la noche. Llegó a él palabra de Jehová, el cual le dijo: "¿Qué haces aquí, Elías?". (...) Jehová le dijo: "Sal fuera y ponte en el monte delante de Jehová". En ese momento pasaba Jehová, y un viento grande y poderoso rompía los montes y quebraba las peñas delante de Jehová; pero Jehová no estaba en el viento. Tras el viento hubo un terremoto; pero Jehová no estaba en el terremoto. Tras el terremoto hubo un fuego; pero Jehová no estaba en el fuego. Y tras el fuego se escuchó un silbo apacible y delicado*» (1 R 19:9, 11-12).

Pasar tiempo con Dios, estar cerca de él, orar, estar en silencio ante su presencia, son las cosas que nos ayudarán a comenzar a oír esa voz suave y apacible. Después de un tiempo, aprenderás a reconocer esa voz, aun en los lugares más ruidosos.

---

1   1 Co 12:14-21.

Confía en Dios. ¿Quién es Dios para ti? ¿Un ser superior en el cielo? ¿Un Jesús amoroso que derrama pequeñas bendiciones sobre ti? ¿Una autoridad trina que mira a toda la creación desde lo alto? Ninguna de estas ideas refleja lo que Dios nos dice de sí mismo en su palabra. Él es un Dios magnífico, más allá de lo que podemos comprender aquí en la tierra. Existen ciertos aspectos de Dios que podemos conocer en cierta medida. Todo lo que somos refleja algo de lo que él es, pues fuimos hechos a su imagen. Él tiene emociones, ya que fuimos creados con emociones. La más grande de sus emociones es el amor. Todo lo bueno que ha hecho por nosotros proviene de su amor. «De tal manera amó Dios al mundo» (Jn 3:16).

Conocemos el resto del versículo, pero el amor de Dios hacia nosotros no terminó con dar a su Hijo; solo fue el comienzo. La entrega de su Hijo fue lo más importante, y podría haber acabado ahí, pues eso es lo que necesitábamos para entrar en el cielo. Sin embargo, no acabó ahí, solo comenzó. Lo que debemos recordar acerca de Dios es que sus pensamientos y sus caminos son diferentes a los nuestros. Nosotros tenemos nuestros pensamientos y nuestros caminos, pero Dios busca acercarnos a los suyos. Aquellos que recibimos la salvación como adultos ya teníamos nuestros pensamientos y caminos bien establecidos, y fue difícil abandonarlos o transformarlos para que comenzaran a alinearse con los de Dios.

Hay aspectos de Dios que están tan lejos de nuestro entendimiento que no podremos conectar con ellos ahora; eso deberá esperar hasta que estemos con él en el cielo. Su poder y autoridad son extremos; él ordena a las estrellas en su lugar.[1] Tiene autoridad sobre todos los tiempos,[2] hechos[3] e incluso sobre nuestro poderoso enemigo, al que Dios juzgará y lo pondrá en su destino eterno.[4]

Dios tiene todo el derecho de ser severo con nosotros, pero no lo es. Incluso hace lo que nosotros no podemos para que podamos pasar la eternidad con él. «De tal manera amó Dios al mundo, que ha dado a su Hijo unigénito, para que todo aquel que en él cree no se pierda, sino que tenga vida eterna. Dios no envió a su Hijo al mundo para condenar al mundo, sino para que el mundo sea salvo por él. El que en él cree no es condenado; (...) pero el que practica la verdad viene a la luz, para que se ponga de manifiesto que sus obras son hechas en Dios» (Jn 3:16-18, 21).

Una vez que nos entregamos a Dios, él mismo obra en nosotros para cambiar aquello que no podemos. «Porque Dios es el que en vosotros produce así el querer como el hacer, por su buena voluntad» (Flp 2:13). Qué poco conocemos de Dios, y cuán grande es él. Cuando nos hemos entregado a Dios, podemos confiar en él plenamente.

Una vez que conocemos de su grandeza, podemos confiar en él. ¿Cómo podríamos conocer todo lo que conocemos acerca de Dios y no confiar en él? Si no es en él, ¿en quién confiaríamos? ¿En nosotros mismos? No pudimos ni siquiera salvarnos sin él. No podemos hacer mucho sin Dios. «Por cuanto todos pecaron y están destituidos de la gloria de Dios» (Rm 3:23). Es Dios quien se acerca a nosotros, nos da tiempo en esta vida para encontrarlo. «De una sangre ha hecho todo el linaje de los hombres para que habiten sobre toda la faz de la tierra; y les ha prefijado el orden de los tiempos y los límites de su habitación, para que busquen a Dios, si en alguna manera, palpando, puedan hallarlo, aunque ciertamente no está lejos de cada uno de nosotros» (Hch 17:26-27).

En nuestra lectura del día de hoy, en el capítulo 8 del libro de Mateo, se nos dice que el centurión confió, por lo tanto, debemos confiar. La suegra de Pedro recibió sanidad, así que debemos confiar. Los discípulos pensaron que perecerían en el mar, pero Jesús calmó la tormenta, por lo tanto, debemos confiar. Pablo nos habla de lo que recibiremos si confiamos en Dios: «El Señor mismo, con voz de mando, con voz de arcángel y con trompeta de Dios, descenderá del cielo. Entonces, los muertos en Cristo resucitarán primero. Luego nosotros, los que vivimos, los que hayamos quedado, seremos arrebatados juntamente con ellos en las nubes para recibir al Señor en el aire, y así estaremos siempre con el Señor» (1 Ts 4:16-17).

---

1   Sal 8:3, 147:4; Is 45:12; Hb 1:3.
2   Hch 1:7.
3   Mc 13:32.
4   Ap 20:10.

Sean amables unos con otros, pues ninguno de ustedes sabe lo que traerá el mañana. Cuando llega el mañana, el hoy se ha ido y nunca regresará. Hay eventos transformadores que vienen con el mañana, y luego caminamos con remordimientos por lo que no hicimos ayer. Parece ser parte de la naturaleza humana dar por sentado ciertas cosas, y luego, cuando ya no están, nos invade el arrepentimiento. Jesús enfatizó este punto cuando dijo: **Amaos los unos a los otros.** Jesús y sus discípulos nos repitieron esto más de 20 veces. Sin duda, este mandamiento es para el beneficio del otro, pero también es una ayuda para evitar el arrepentimiento que podríamos cargar en nuestras vidas. Nuestra carne desea enfocarse en uno mismo, pero Dios quiere que nos enfoquemos en los demás.

No podemos hacer esto por nosotros mismos; necesitamos el nuevo nacimiento del Espíritu en nosotros para ayudarnos a lograrlo. Antes de ser salvo, no me preocupaba mucho por los demás. Pero después que la obra regeneradora del Espíritu Santo comenzara, sentí algo extraño: una preocupación por otras personas. Podemos ignorar este llamado y no actuar, aun cuando algo se mueva en nuestro corazón. Por eso se nos manda a amar. Es fácil reprimirlo por diversas razones, aunque sea algo nuevo dentro de nosotros. Hay muchos dones que Dios nos da, pero si los ocultamos, nunca saldrán a la superficie para beneficiar a otros. Son esas cosas que, una vez que comenzamos a hacerlas, son más fáciles de lo que pensamos, como el amor, que es parte de la naturaleza de Dios, la cual recibimos a su imagen cuando nacemos de nuevo.

En ocasiones, aquellos que más odiaban antes de ser salvos, después se convierten en los más grandes en el amor. Dios toma lo que está roto y lo repara otra vez. Lo hemos escuchado una y otra y otra vez. **De tal manera amó Dios al mundo.** Él ha sembrado ese tipo de amor en nosotros, pero debemos dejar que florezca. Algo que debe suceder es que debemos ver el espectro completo del amor, pues algunos de nosotros tenemos una visión muy estrecha. **Amarás a tu prójimo como a ti mismo.** ¿Qué tipo de amor es ese? Puede que para algunos de nosotros sea algo nuevo, pero el amor es un tema principal en toda la Escritura. Dios trató de alcanzar a un mundo quebrantado para ayudarlo, y continúa haciéndolo. ¿Puedes imaginar si Dios no nos hubiera ayudado? No podríamos llegar al cielo.

Dios quiere que ayudemos a los demás como él nos ha ayudado a nosotros. A esto lo llama amor, la profundidad del amor. Sean amables unos con otros, ámense hoy, no esperen al mañana, porque puede que el mañana no llegue. Al principio del capítulo 9 de Mateo, vemos el amor en acción. Cuatro hombres llevaron a Jesús a un hombre que necesitaba sanidad; el amor tuvo que ser la motivación para que lo llevaran. Jesús comió en casa de un recaudador de impuestos, donde se sentó con otros recaudadores y pecadores. Los judíos se opusieron a que estuviera allí, pero él respondió: «*Los sanos no tienen necesidad de médico, sino los enfermos. Id, pues, y aprended lo que significa: "Misericordia quiero y no sacrificios", porque no he venido a llamar a justos, sino a pecadores al arrepentimiento*» (Mt 9:12-13).

Podemos ver el amor de Jesús en toda esta declaración. Más adelante en el capítulo, vemos el amor de Jesús cuando conforta a una mujer asustada que tocó su manto: «*Ten ánimo, hija; tu fe te ha salvado*» (Mt 9:22). Lo último que Jesús nos dice en este capítulo es que nuestra motivación debe ser el amor: «*A la verdad la mies es mucha, pero los obreros pocos. Rogad, pues, al Señor de la mies, que envíe obreros a su mies*» (Mt 9:37-38). El amor es lo que nos motiva a orar por la cosecha. También leemos algo interesante hoy en el capítulo 5 de 1 Tesalonicenses: «*Habiéndonos vestido con la coraza de la fe y del amor*» (1 Ts 5:8).

Pablo une la fe y el amor, esto es lo que los cuatro hombres que llevaron al paralítico a Jesús tenían: fe y amor. Más adelante en el capítulo, Pablo nos dice lo que implica el amor: «*También os rogamos, hermanos, que amonestéis a los ociosos, que alentéis a los de poco ánimo, que sostengáis a los débiles, que seáis pacientes para con todos. Mirad que ninguno pague a otro mal por mal, antes seguid siempre lo bueno unos para con otros y para con todos*» (1 Ts 5:14-15). Pablo también habla de lo mucho que Dios ha amado al mundo: «*Dios no nos ha puesto para ira, sino para alcanzar salvación por medio de nuestro Señor Jesucristo*» (1 Ts 5:9). Así es como Dios nos ama, y así es como debemos esforzarnos por amar a los demás.

Santo es el Señor. ¿Puede Dios ser otra cosa que santo? Él es el estándar de lo que significa ser santo. Dios era santo antes de que la creación existiera, lo es ahora y lo será por toda la eternidad después del fin de lo que conocemos como creación. Dios siempre es santo. Es imposible que podamos alcanzar la santidad de Dios. La Escritura nos dice que todos estamos destituidos de su gloria.[1] Cuando somos salvados, nos convertimos en sus herederos; espiritualmente llegamos a ser su descendencia. Somos santos porque él es santo, y lo heredamos de él. Jesús nos limpia, y así llegamos a ser santos. Se nos llama a mantener y continuar en esa santidad. No es nuestro deber hacernos santos, pero sí somos responsables de perseverar en lo que se nos ha dado. «Sed [sigan siendo] santos, porque yo soy santo» (1 P 1:16).

También debemos mantener lo que Dios nos dice que es santo. Debemos ser cuidadosos de hacer lo que Dios declara como santo, no lo que otros hombres puedan decir. Algunos acortan el estándar, mientras que otros lo llevan demasiado lejos. Somos hechos santos por lo que Cristo hizo en la cruz: «Ya habéis sido santificados, ya habéis sido justificados en el nombre del Señor Jesús y por el Espíritu de nuestro Dios» (1 Co 6:11).

Así es como llegamos a ser santos: por la obra de Dios. Me parece un misterio cómo alguien podría rechazar un regalo tan grande. Dios es santo, y todos los que llegamos a ser santos lo somos por su santidad. Temo estar muy lejos de alcanzar esa medida, así que dependo completamente de lo que Dios ha hecho por mí, confesando mis pecados y confiando en que él me limpiará. Mi eternidad está por completo en sus manos; sin él, no lo lograré. Todos podemos estar agradecidos de que Dios no nos exige alcanzar la santidad por nuestros propios medios.

Hace mucho tiempo, Dios creó al hombre y a la mujer; los creó santos, como él es santo. Tenían un único requisito para permanecer en esa condición: se les dijo que no comieran de «un» solo árbol en el jardín; todo lo demás era para que lo disfrutaran, incluso el árbol de la vida. Se les advirtió que si comían del árbol del conocimiento del bien y del mal, morirían espiritualmente, y así fue. No solo ocurrió eso, sino que además perdieron todo lo que Dios les había dado al ser expulsados del jardín.

La humanidad ha estado en esa condición desde entonces. Luchamos, y luchamos, y luchamos para recuperar lo que Adán y Eva tenían al principio, sin éxito. Debemos acudir a Dios con humildad para recibir el regalo de la salvación y ser considerados santos una vez más. **Santificado sea tu nombre;** esta expresión en el griego es más amplia: **Padre, continúa haciendo santo tu nombre ante nosotros, mostrando ante nosotros la gran santidad de tu nombre, para que lo veamos santo, lo honremos como santo y te adoremos.** Santo es el Señor, y santos hemos llegado a ser por su obra santa, que nos otorga esa santidad.

Un día no será necesario mantener nuestra santidad, porque nuestra carne, que se opone a la santidad,[2] morirá y luego será resucitada en perfección, para llegar al cielo donde todo es siempre santo. Hasta entonces, seguimos dependiendo de Dios, seguimos a Jesús y perseveramos en lo que se nos ha dado. Dios nos da una imagen de cómo nosotros, que estábamos muertos en nuestros pecados, volvimos a la vida.

En el capítulo 37 del libro de Ezequiel, los huesos secos cobraron vida y volvieron a vivir. Nosotros éramos esos huesos secos, completamente muertos, hasta que Cristo vino a nuestras vidas, nos dio la salvación y nos hizo santos. El texto nos dice que esos huesos secos se convirtieron en un gran ejército. Nosotros, los redimidos, ahora somos un ejército del Señor enviado al mundo a declarar el reino de Dios. Hoy leemos en el capítulo 10 de Mateo sobre los primeros discípulos que Jesús envió: «A estos doce envió Jesús. (...) Y yendo, predicad, diciendo: "El reino de los cielos se ha acercado"» (Mt 10:5, 7). Tenemos un Dios santo, y todavía hoy vamos como su pueblo santo a anunciar al mundo: «El reino de los cielos se ha acercado».

---

1   Rm 3:23.
2   Rm 7:17-18.

Ten claro tu objetivo y tu destino. El éxito en este mundo no guarda relación con el éxito en el próximo. Sé que la mayoría de los que leen esto son seguidores de Cristo que han sido salvados. Sin embargo, es muy fácil desviarse del camino por las cosas del mundo. Nos bombardean desde todas las direcciones. Incluso nuestra propia carne intenta llevarnos por senderos que no deberíamos seguir. Necesitamos fortalecer nuestro espíritu lo más posible para que la carne no gane, «*Porque el deseo de la carne es contra el Espíritu y el del Espíritu es contra la carne*» (Ga 5:17).

La batalla continúa, y necesitamos seguir fortaleciendo el lado bueno. Ser conscientes de esto nos impulsa a sumergirnos en la Palabra de Dios y a mantenernos cerca de él. Si tan solo pudiéramos ver lo que sucede en el mundo espiritual a nuestro alrededor, primero estaríamos un poco asustados, pero luego comprenderíamos por qué es tan importante mantenernos espiritualmente fuertes. Tenemos una gran esperanza y una gran ayuda, la de Dios en Jesucristo. No todo depende de nosotros, sino de él. Nuestra seguridad está en Cristo; nuestro caminar es lo que aprendemos de él. Cometeremos errores, pues no somos más que humanos perfeccionados por la sangre de Cristo.[1]

No debemos temer no tener la suficiente fuerza espiritual. He aprendido a hacer mi mayor esfuerzo, hacer lo que pueda, y dejar que Dios supla donde me falte. Cuanto más aprendo y me desarrollo, menos tiene que suplir Dios, aunque siempre necesitaré de su ayuda hasta el día que esté con él. Pablo nos asegura que Dios nos ama: «*Somos más que vencedores por medio de aquel que nos amó. Por lo cual estoy seguro de que ni la muerte ni la vida, ni ángeles ni principados ni potestades, ni lo presente ni lo por venir, ni lo alto ni lo profundo, ni ninguna otra cosa creada nos podrá separar del amor de Dios, que es en Cristo Jesús, Señor nuestro*» (Rm 8:37-39).

Con esta seguridad, sabemos que el amor de Dios siempre estará con nosotros, por lo que nunca podremos ser vencidos. Sin embargo, ese mismo amor nos impulsa cada vez más hacia la vida espiritual. Es muy fácil distraerse de las cosas espirituales, de lo correcto hacia lo incorrecto. Nuestro enemigo, el diablo, ha estado tratando de distraernos desde el jardín del Edén. Vivir la vida espiritual requiere esfuerzo de nuestra parte.

El hecho de nacer de nuevo y recibir la salvación no hace que este caminar espiritual sea automático. Si fuera automático, ¿por qué necesitaríamos tanto de la Palabra de Dios? Dios quiere que conozcamos su naturaleza, que sepamos la vida que tiene para nosotros y cómo vivirla. No escribo con la intención de enseñarte todo lo que hay que hacer, sino con la intención de ayudarte a acercarte más a Dios. A Jesús se lo llama «Maestro», y el Espíritu Santo fue enviado para enseñarnos todas las cosas;[2] ellos son los que te ayudarán a ser más espiritual. Lo que intento es orientarte hacia Dios y su Palabra. Cuanto más espiritual seas, menos necesitarás a personas como yo para guiarte.

Recuerda, a medida que el Espíritu se fortalece en nosotros, la carne se debilita. Cuanto más fuerte sea el Espíritu, menos nos distraeremos. El mundo no cambiará ni mejorará; solo empeorará a medida que se acerque el fin. Las cosas a nuestro alrededor no mejorarán, somos nosotros quienes debemos cambiar. Un día estaremos con Dios para siempre; ahora es el momento de comenzar a acercarnos a él. Debemos observar un par de cosas en nuestra lectura del día de hoy. Necesitamos tener claro nuestro objetivo y nuestro destino, porque se avecina el engaño. Pablo nos dice: «*¡Nadie os engañe de ninguna manera!*» (2 Ts 2:3). Si esto ocurre en nuestros días o no, no lo sé. Lo importante es que, entonces y ahora, nuestra inteligencia no siempre reconocerá el engaño, pero nuestra madurez espiritual sí lo hará.

Necesitamos crecer en Dios, recibiendo cada vez más del Espíritu. Parte de ese crecimiento es llegar a conocer más a Dios, más al Padre. Jesús dice lo siguiente en Mateo: «*Nadie conoce al Padre, sino el Hijo y aquel a quien el Hijo se lo quiera revelar*» (Mt 11:27). Acércate a Jesús, y te ayudará a conocer al Padre, y ellos te ayudarán a crecer espiritualmente. Ten claro cuál es tu objetivo y el destino al que deseas llegar.

---

1   Ap 1:5.
2   Jn 14:26, 16:13-14.

Siempre estoy a tu lado. ¿Crees que esto es lo que el Espíritu Santo te dice? Sabes que él siempre está contigo. El Padre lo envió para que estuviera a tu lado: «*Y yo rogaré al Padre y os dará otro Consolador, para que esté con vosotros para siempre. (...) Pero el Consolador, el Espíritu Santo, a quien el Padre enviará en mi nombre, él os enseñará todas las cosas y os recordará todo lo que yo os he dicho*» (Jn 14:16, 26).

La palabra «Consolador» no expresa la plenitud de lo que recibimos cuando se nos envía el Espíritu Santo. Cuando Cristo ascendió al cielo, él y el Padre enviaron a alguien de la misma esencia que Cristo, para ser lo que Cristo fue mientras estaba entre los seres humanos. El Espíritu Santo nos ha sido enviado y está en nuestro interior, guiándonos y dirigiéndonos, si tan solo escuchamos. Ayer leímos cuando Jesús dijo: «*El que tiene oídos para oír, oiga*» (Mt 11:15). Esto significa que debemos prestar atención y escuchar cuidadosamente. Puede que el Espíritu Santo esté hablando, pero no lo estamos escuchando. Podemos orar para que Dios nos ayude a desarrollar un oído sensible para escuchar al Espíritu Santo. El Espíritu Santo está en nuestro interior: «*¿O ignoráis que vuestro cuerpo es templo del Espíritu Santo, el cual está en vosotros, el cual habéis recibido de Dios?*» (1 Co 6:19).

Si el Espíritu Santo está en ti, ¿no es eso lo más cerca que alguien podría estar a tu lado? Él es incluso nuestro abogado delante de Dios: «*El Espíritu mismo intercede por nosotros con gemidos indecibles*» (Rm 8:26). Sabemos que nuestra oración necesita ayuda, y aquí está nuestra ayuda. Sabemos que debemos actuar de manera diferente, y aquí está nuestro guía para ir por el camino correcto. Es ese oído el que necesitamos desarrollar para escuchar lo que el Espíritu nos dice. Él nos ayuda a discernir entre lo correcto y lo incorrecto. Muchas veces las fuerzas demoníacas, e incluso nuestra propia carne, intentarán convencernos de que algo es correcto cuando no lo es.

Aquí es donde el Espíritu Santo que mora en nosotros es de gran ayuda. Si recorremos las Escrituras para ver todo lo que el Espíritu Santo hace en nosotros, veremos que tiene una obra inmensa. Es de gran ayuda para nosotros. Cuanto más confiamos en él y más lo escuchamos, mejor será nuestra vida. ¿Alguna vez te has preguntado qué quieren decirte el Padre o el Señor Jesús? Las Escrituras nos lo dicen: «*Él me glorificará, porque tomará de lo mío y os lo hará saber. Todo lo que tiene el Padre es mío; por eso dije que tomará de lo mío y os lo hará saber*» (Jn 16:14-15). En el versículo 13 vemos que ese *Él* del que Jesús habla es el Espíritu. El Espíritu Santo es nuestro consolador, nuestro ayudador, nuestro consejero, nuestro abogado. ¡Qué gran ayuda tenemos a nuestro lado! En nuestra lectura del día de hoy, en el capítulo 12 de Mateo, se cita al profeta Isaías (Is 42:1-4): «*Este es mi siervo, a quien he escogido; mi amado, en quien se agrada mi alma. Pondré mi Espíritu sobre él, y a los gentiles anunciará juicio*» (Mt 12:18). También se nos dice: «*Juan testificó, diciendo: "Vi al Espíritu que descendía del cielo como paloma, y que permaneció sobre él"*» (Jn 1:32). Y leemos: «*Jesús volvió en el poder del Espíritu*» (Lc 4:14).

El Espíritu, el Espíritu Santo que recibimos en la salvación, el Espíritu que fue enviado por Jesús y el Padre para estar con nosotros y en nosotros, ¿acaso es de alguna manera inferior al Espíritu que vino sobre Jesús? Si es el Espíritu Santo que viene del cielo, ¿no tiene que ser el mismo Espíritu que estuvo en Jesús? Creo que la única diferencia es que Jesús no tenía dificultades para oír y ser guiado por el Espíritu, mientras que nosotros sí las tenemos.

Nunca escucharemos ni percibiremos al Espíritu Santo como lo hizo Jesús, pero es el mismo Espíritu Santo que fue enviado para ser nuestro consolador, nuestro ayudador, nuestro consejero y nuestro abogado. Ahora necesitamos pedirle a Dios que nos ayude a desarrollar un oído para poder escuchar. **«El que tiene oído, oiga lo que el Espíritu dice»** (Ap 2:7, 11, 17, 29, 3:6, 13, 22). Estas palabras se refieren a los últimos tiempos, pero ¿no necesitamos escuchar al Espíritu en los tiempos en los que vivimos ahora?

«Bien está lo que bien acaba». ¿Cuántas veces has escuchado esta frase? ¿Qué significa, que las cosas simplemente se suceden al azar, algunas para bien y otras para mal? Es como si todo quedara librado al azar, y lo que termina bien es lo que nos gusta. Sin embargo, esta vida no se trata del azar, sino de elecciones.

Los seres humanos tenemos un Dios que nos ama y nos ofrece un camino que terminará bien.[1] Supongo que todos los que leen esto ya han tomado esa decisión: encontrar un Dios que te ama, te salva y te bendice, sin importar tu pasado. Esto debe despertar gratitud en tu corazón por lo que ha hecho. El apóstol Pablo expresa esto en nuestra lectura del día de hoy: «*Habiendo yo sido antes blasfemo, perseguidor e injuriador; pero fui recibido a misericordia; (...) Cristo Jesús vino al mundo para salvar a los pecadores, de los cuales yo soy el primero. Pero por esto fui recibido a misericordia, (...) al Rey de los siglos, inmortal, invisible, al único y sabio Dios, sea honor y gloria por los siglos de los siglos. Amén*» (1 Tm 1:13, 15-17).

El apóstol Pablo conocía su pasado y la misericordia que le fue dada, lo que lo llevó a alabar y adorar a Dios. Nuestras vidas parecen tan complicadas a veces, pero eso solo es producto de las dificultades de este mundo en el que vivimos. No debería haber obstáculos en nuestra vida con Dios, pues él se ha hecho cargo de todas las complicaciones; todo lo que debemos hacer es entregarnos en humildad a él. Si encontramos dificultades en nuestra relación con Dios, es porque no conocemos plenamente su misericordia y su gracia. Pablo recordaba su pasado, cuando se llamaba Saulo y perseguía a la iglesia, aprobaba la muerte de los seguidores de Cristo, allanaba casas y llevaba a los cristianos a Jerusalén para ser juzgados. Él sabía lo que había hecho, pero también conocía la misericordia de Dios y puso todo ese pasado a los pies de Jesús. ¿Tu vida con Dios es complicada porque aún no has puesto todo tu pasado a los pies de Jesús y aceptado su perdón?

Es fácil sentirse culpable por esas cosas, pero una vez que hemos pedido perdón, debemos conocer el poder de la gracia de Dios que cubre todo aquello que pensamos que no puede ser perdonado. Pablo descubrió el poder del perdón y dijo: «*La gracia de nuestro Señor fue más abundante*» (1 Tm 1:14) y «*Poderoso es Dios para hacer que abunde en vosotros toda gracia*» (2 Co 9:8). Y el apóstol Juan añade: «*Y vimos su gloria, gloria como del unigénito del Padre. (...) De su plenitud recibimos todos, y gracia sobre gracia*» (Jn 1:14, 16). ¿Sabes cuánto es gracia sobre gracia? Siempre es suficiente, nunca escasea. ¿Y cuál es la mayor expresión de misericordia? No es otra que esta: «*De tal manera amó Dios al mundo, que ha dado a su Hijo unigénito, para que todo aquel que en él cree no se pierda, sino que tenga vida eterna*» (Jn 3:16).

Esta es la mayor manifestación de la misericordia y gracia de Dios hacia nosotros, que proviene de su amor. Y acerca de ese amor, Pablo nos dice: «*Por lo cual estoy seguro de que ni la muerte ni la vida, ni ángeles ni principados ni potestades, ni lo presente ni lo por venir, ni lo alto ni lo profundo, ni ninguna otra cosa creada nos podrá separar del amor de Dios, que es en Cristo Jesús, Señor nuestro*» (Rm 8:38-39).

Si nada puede separarnos del amor de Dios, donde se encuentran su misericordia, gracia y perdón, ¿puede algo impedirte ser perdonado? Terminará bien lo que eliges que termine bien. Terminará bien para todos los que elijan a Cristo, con el perdón que el Padre ofrece. Elige bien, y elige **todo** el perdón que se te ofrece por medio de Cristo Jesús.

---

[1]   1 Tm 2:4; Rm 6:23.

Rey de reyes y Señor de señores, eso es lo que Jesús es. Para un país que no tiene rey, es difícil comprender completamente esta relación. Un rey tiene poder y autoridad absolutos. En un país sin rey, puede haber un presidente que no posee poder ni autoridad absolutos. Para nosotros, que no tenemos un rey como líder de nuestro país, resulta difícil entender la lealtad que se le da a una sola persona. Jesucristo tiene poder y autoridad absolutos sobre toda la creación; incluso los demonios se postran ante él.[1]

Muchos de nosotros entendemos la parte del amor de Jesús, pero ¿entendemos también la parte de su autoridad como rey? Tal vez pensemos: «Oh, eso es para otra persona, para los pecadores, para la gente mala, etc.». No, eso es para nosotros también. Al aceptarlo como Señor de nuestras vidas, él se convierte también en rey con un reino, y nosotros somos ese reino.[2] Lo que diferencia a Jesús de otros reyes es que todo lo que hace proviene del amor.

Eso no significa que no tengamos que escuchar lo que dice porque nos perdonará. Significa que él es el rey absoluto de nuestras vidas y que nos ama y se preocupa por nosotros y nos dice lo que es mejor para nuestras vidas. El perdón es para aquellas ocasiones en que, después de la salvación, tropezamos o no actuamos como debiéramos. A cualquier rey se le debe reverencia, y esa reverencia hacia Jesús debe ser aún mayor, ya que él es Señor, es Dios y es nuestro Salvador. La reverencia genuina se manifiesta cuando hacemos lo que él quiere que hagamos, no porque nos lo ordena, sino porque deseamos agradarle. Juan nos dice: «*Nosotros lo amamos a él, porque él nos amó primero*» (1 Jn 4:19).

Juan entendía esto; en su primera epístola utiliza la palabra «amor» cuarenta y dos veces en solo cinco capítulos. Una vez que experimentamos su amor hacia nosotros, queremos devolverle algo. Algunos de nosotros confundimos esto al principio, pensando que debemos hacer algo grandioso para él. Pero no son obras lo que él quiere de nosotros, sino un amor que involucre reverencia, relación, comunión, lealtad y un deseo de vivir como él dice que es correcto. Creo que hacerlo rey absoluto de nuestras vidas es un proceso que toma toda una vida.

Esto no nos exime de intentarlo. Si encontramos este verdadero amor en Cristo, nos impulsará a hacer todo lo que podamos para alcanzarlo. Si realmente lo tratamos como rey de nuestras vidas, descubriremos que eso nos llevará al lugar donde él nos llama amigos. Un verdadero amigo no nos permite hacer cosas que no debemos; más bien, nos ayuda a encontrar una manera de dejarlas. Pablo nos recuerda en nuestra lectura del día de hoy en 1 Timoteo acerca de los actos de amor de Dios: «*Pues hay un solo Dios, y un solo mediador entre Dios y los hombres: Jesucristo hombre, el cual se dio a sí mismo en rescate por todos*» (1 Tm 2:5-6).

Jesús fue el rescate; lo que debió caer sobre nosotros, cayó sobre él.[3] Esta es la profundidad del amor con el que Jesús y el Padre nos aman. Las multitudes se agolpaban para escuchar las enseñanzas de Jesús. Él se preocupaba por ellos; pudo haberlos enviado a buscar alimento, pero como leemos en Mateo, les dijo a sus discípulos: «*Dadles vosotros de comer*» (Mt 14:16).

Cuando Jesús alimenta a los cuatro mil, expresa que siente compasión por ellos: «*Tengo compasión de la gente, porque ya hace tres días que están conmigo y no tienen qué comer; y no quiero despedirlos en ayunas, no sea que se desmayen en el camino*» (Mt 15:32). Este es el rey que tenemos, uno que siente compasión por nosotros y nos ayuda. Él es un buen soberano, por eso debemos tratarlo con gran reverencia en amor.

---

1   Mt 28:18, 8:31.
2   Col 1:13.
3   1 Co 15:3.

Yo soy tu amor. Esto es lo que Jesucristo nos dice constantemente. Él y el Padre nos amaron incluso antes de que fuéramos salvos. «*De tal manera amó Dios al mundo, que ha dado a su Hijo unigénito*» (Jn 3:16) y «*Dios muestra su amor para con nosotros, en que siendo aún pecadores, Cristo murió por nosotros*» (Rm 5:8).

Si Dios el Padre y Dios el Hijo nos amaron antes de que los encontráramos y aceptáramos a Jesús en nuestras vidas como Señor, ¿cuánto más nos aman ahora? Jesús es nuestro maestro, es nuestro Señor y está siempre con nosotros. Está más cerca que nadie, amándonos constantemente. ¿Cómo podría ser que el amor que Jesús tenía por nosotros antes de nuestra salvación, tras haber sufrido tanto para salvarnos, disminuyera después de eso? El amor de Dios por ti es grande, más grande que cualquier otra cosa que jamás conocerás.

El amor de Dios por ti continuará por la eternidad. **De tal manera amó Dios al mundo**, ¿puedes dejar que esa verdad penetre en lo más profundo de tu ser? Cuando conocemos el amor de Dios, eso nos trae seguridad y paz. Jesús dijo: «*La paz os dejo, mi paz os doy; yo no os la doy como el mundo la da. No se turbe vuestro corazón ni tenga miedo*» (Jn 14:27). ¿Acaso no son estos actos de amor hacia nosotros? Y nos ama de tantas otras maneras también. **Yo soy tu amor** expresa un amor mutuo, «*nosotros lo amamos a él porque él nos amó primero*» (1 Jn 4:19). El hecho de que él nos amó hace que nosotros lo amemos también. Nuestros corazones cambian en la salvación, el Espíritu nace en nuestras vidas y somos una nueva creación. «*De modo que si alguno está en Cristo, nueva criatura es: las cosas viejas pasaron; todas son hechas nuevas*» (2 Co 5:17).

Aquí vemos otro gran acto de amor. Cuando aceptamos a Cristo y somos salvos, no solo nuestros pecados son perdonados, sino que él nos hace una nueva persona, una nueva creación que ya no quedará atrapada en lo que éramos antes. El amor de Jesús continúa con nosotros en todo momento; siempre está con nosotros. Como dice el escritor de Hebreos a la Iglesia, de la cual tú formas parte: «*Dios nos ha dicho: "No te desampararé ni te dejaré". Así que podemos decir confiadamente: "El Señor es mi ayudador; no temeré lo que me pueda hacer el hombre"*» (Hb 13:5-6).

Esta es la grandeza de su amor. Él siempre estará con nosotros. El nivel de amor que Dios tiene por nosotros es más elevado que cualquier amor que hayamos conocido, y es un amor que jamás podremos entender completamente mientras estemos en esta tierra. Solo lo conoceremos la plenitud de ese amor cuando lleguemos al cielo, donde todo es perfecto. ¡Cuán grande es ese amor que Dios tiene por nosotros! No hay nada en este mundo con lo que se pueda comparar; siempre es mayor de lo que podemos conocer. Solo Dios puede abarcar la plenitud de este amor, y él lo ofrece a todos los que se acercan a él. De tal manera amó Dios al mundo, incluso antes de que lo amáramos. ¿Puedes imaginar qué clase de amor es ese?

En nuestra lectura del día de hoy, en el capítulo 15 del libro de Mateo, encontramos a una mujer sirofenicia que se acerca a Jesús pidiéndole ayuda para su hija. Básicamente, Jesús le dice que él ha venido para las ovejas de Israel, no para los extranjeros. Ella responde que incluso las sobras, las migajas, son suficientes para ella. Entonces Jesús le dice: «*¡Mujer, grande es tu fe! Hágase contigo como quieres*» (Mt 15:28). ¿Puedes ver el gran amor de Jesús por esta mujer en esta declaración? Ella estaba dispuesta a creer lo que muchos de sus propios compatriotas no estaban dispuestos a creer. Nosotros, que somos gentiles, hemos sido aceptados en el redil de Dios: «*Así como el Padre me conoce y yo conozco al Padre; y pongo mi vida por las ovejas. Tengo, además, otras ovejas que no son de este redil; a esas también debo atraer y oirán mi voz, y habrá un rebaño y un pastor*» (Jn 10:15-16).

Dios nos ha aceptado a todos los que estamos dispuestos a creer y nos ha amado, dándonos el regalo de la salvación y su amor por toda la eternidad. El amor de Jesús nunca termina, siempre fluye hacia ti.

Siempre hay un lugar para ti en mi corazón. Así es Dios, quien desea que todas las personas acepten la salvación: «*Dios, nuestro Salvador, el cual quiere que todos los hombres sean salvos y vengan al conocimiento de la verdad, pues hay un solo Dios, y un solo mediador entre Dios y los hombres: Jesucristo hombre, el cual se dio a sí mismo en rescate por todos*» (1 Tm 2:3-6).

Esto es cierto acerca de Dios, que extiende su mano a todos aquellos que se acercan a él. Esta verdad es aún más profunda para nosotros, que ya tenemos una relación con él y somos sus hijos: «*Venid a mí (...) y yo os haré descansar. (...) Soy manso y humilde de corazón, y hallaréis descanso para vuestras almas*» (Mt 11:28-29). ¡Qué gran promesa nos hace el Señor! Parece algo natural en el ser humano preocuparse, pero debemos confrontar nuestras preocupaciones con la verdad que Dios nos habla y aplicarla con fe. Nuestra fe se encuentra en nuestro ser interior, el cual ha recibido vida por el Espíritu de Dios. Debemos inclinarnos hacia ese Espíritu, que también es llamado el Espíritu de verdad: «*El Espíritu de verdad, al cual el mundo no puede recibir, porque no lo ve ni lo conoce; pero vosotros lo conocéis, porque vive con vosotros y estará en vosotros*» (Jn 14:17).

Si escuchamos al Espíritu de verdad en lugar de todas las otras voces que nos rodean, esto nos ayudará a tener fe y a no sucumbir tanto a la preocupación. Siempre hay una voz que nos quiere llevar a la ansiedad. Oímos nuestra propia voz en ese lugar de incertidumbre, oímos las voces del mundo que nos rodea, voces que buscan infundir miedo —muchas veces porque esto les da alguna ventaja—. Y, a veces, se trata del enemigo de Dios que quiere destruir a los hijos de Dios.[1] La Escritura nos dice acerca del diablo: «*Resistid al diablo, y huirá de vosotros*» (St 4:7).

Es posible que también podamos resistir en las demás áreas de nuestra vida, diciéndonos a nosotros mismos la verdad como confrontación a las mentiras. Si permitimos que estas preocupaciones nos invadan, es difícil creer que tenemos un Señor que está cuidando de nosotros constantemente. Cuanto más conocemos lo que es la verdad, más conocemos el corazón de Dios, que siempre está a nuestro favor. La fe es estar dispuestos a creer lo que no podemos creer por nuestra propia capacidad, creerlo porque es lo que ha dicho Dios. Cuanto más rechazamos el supuesto «conocimiento» humano y aceptamos el conocimiento de Dios, más paz tendremos. Aunque nuestra vida en esta tierra es muy corta en comparación con la eternidad, nos parece larga.

Cada día es un nuevo día, y en cada uno de ellos Dios está a nuestro lado. En su enseñanza, Jesús trata de ayudarnos con nuestras preocupaciones diciendo: «*Así que no os angustiéis por el día de mañana, porque el día de mañana traerá su propia preocupación. Basta a cada día su propio mal*» (Mt 6:34). Incluso en estas palabras, vemos que el corazón de Jesús siempre está a favor nuestro. Hoy volvemos a leer más acerca del corazón de Jesús mientras se disponía a entregarse como rescate por muchos: «*Desde entonces comenzó Jesús a declarar a sus discípulos que le era necesario ir a Jerusalén y padecer mucho a manos de los ancianos, de los principales sacerdotes y de los escribas, y ser muerto, y resucitar al tercer día*» (Mt 16:21).

Jesús permitió que esto le sucediera por nuestro bien. En la grandeza de su corazón, nos dice: «*Nadie tiene mayor amor que este, que uno ponga su vida por sus amigos*» (Jn 15:13). Cuanto más conocemos su corazón hacia nosotros, más de su paz entra en nuestras vidas.

---

1   Ap 12:17.

¿Falta algo en tu vida? ¿Estás plenamente satisfecho con quién eres? Si no nos hacemos estas preguntas, no buscaremos más de Dios en nuestras vidas. El Señor quiere tener mayor presencia en nuestras vidas. Dios es el estándar; nosotros somos los que debemos esforzarnos. Nuestras vidas serán un constante esfuerzo por llegar a ser más como Cristo. Lo interesante es que esto no significa más trabajo, significa menos, significa morir más a nosotros mismos y a nuestros propios deseos. Cristo es nuestro ejemplo. ¿Qué hizo para venir a la tierra y convertirse en hombre? «*Haya, pues, en vosotros este sentir que hubo también en Cristo Jesús: Él, siendo en forma de Dios, no estimó el ser igual a Dios como cosa a que aferrarse, sino que se despojó a sí mismo, tomó la forma de siervo y se hizo semejante a los hombres*» (Flp 2:5-7).

Si hemos de ser cada vez más como Cristo, tenemos que vaciarnos cada vez más.[1] Nunca podremos vaciarnos tanto como él lo hizo. Tenía todo el derecho de estar en el cielo como parte de la Trinidad y lo dejó para venir a la tierra a servir como sacrificio para redimir a la humanidad, para redimirte a ti y a mí. Aunque no podemos morir tan grandemente a nosotros mismos como él lo hizo al venir a la tierra, debemos continuar vaciándonos tanto como podamos. Parece que no podemos realmente comenzar a dar a los demás hasta que muramos a nuestros propios deseos, queriendo cada vez menos para nosotros mismos. Se trata de una de esas situaciones en las que, si queremos más, debemos ser menos. ¿A quién reveló Dios el misterio del evangelio? No fue a los que pensaban que lo sabían todo: «*Yo te alabo, Padre, Señor del cielo y de la tierra, porque escondiste estas cosas de los sabios y entendidos y las has revelado a los niños*» (Lc 10:21).

No fue a aquellos que tenían más, sino a aquellos que tenían menos. Cuando queremos más de Dios, debemos acercarnos con humildad, entregando más de nosotros mismos por su bondad y su propósito. Si venimos a él de esta manera, nos bendecirá: «*Porque el que se enaltece será humillado, y el que se humilla será enaltecido*» (Mt 23:12). Que el Señor nos exalte es superior a cualquier otra cosa que pudiéramos hacer para exaltarnos por él. Aunque parezca extraño, morir más a nosotros mismos, esforzándonos menos por nuestra propia cuenta, es lo que nos hace ganar más con Dios. Jesús vino como nuestro ejemplo, mostrando cómo entregarnos desinteresadamente.[2]

En nuestra lectura del día de hoy, en el capítulo 17 del libro de Mateo, vemos algo del esplendor de quién era Jesús cuando estuvo entre los seres humanos: «*Allí se transfiguró delante de ellos, y resplandeció su rostro como el sol, y sus vestidos se hicieron blancos como la luz. Y se les aparecieron Moisés y Elías, que hablaban con él. (...) Una nube de luz los cubrió y se oyó una voz desde la nube, que decía: «Este es mi Hijo amado, en quien tengo complacencia; a él oíd*» (Mt 17: 2-3, 5).

Aquí se revela un poco de quién es Jesús: espectacular, abrumador, glorioso en apariencia. Sin embargo, al dejar ese lugar, nos habla de su vaciamiento para convertirse en siervo de la humanidad y menciona lo que estaba por venir: «*No digáis a nadie la visión, hasta que el Hijo del hombre resucite de los muertos*» (Mt 17:9). Jesús habla del final de la obra a la que se había entregado en servicio a los demás, a todos nosotros que hemos sido salvos por la sangre que él derramó aquel día en la cruz. Jesús se humilló entregándose para servir y redimir a la humanidad, con su resurrección de entre los muertos como el acto final, para que también nosotros podamos resucitar como él lo hizo.

Por muy grande que fuera Jesús, se humilló para ser menos y así redimirnos. Esto es lo que debemos hacer: debemos hacernos menos. Así es como ganamos con Dios y encontramos eso que falta en nuestras vidas.

---

1   Jn 3:30.
2   Mc 10:45.

¿Dónde está el amor de Cristo? Esta pregunta puede plantearse de diversas maneras. Al observar el mundo con todos sus complejidades, podríamos preguntarnos dónde está la evidencia del amor de Cristo. O podríamos enfrentar una situación difícil en nuestra vida personal y preguntarnos dónde está el amor de Cristo en medio de nuestra dificultad. También podría ser que la Iglesia no funciones como debería, y aquellos que están fuera se pregunten dónde está el amor de Cristo entre el pueblo que debe representarlo. Hay muchas preguntas, pero en el fondo de todas ellas debemos mirar a Cristo. No hay nada que Cristo haya hecho o dicho que no provenga de su amor.[1] Debemos recordar que el amor de Dios no siempre coincide con nuestra idea de lo que es el amor.

Dios está dispuesto a quebrantarnos para ayudarnos y conducirnos a un lugar mejor en nuestro caminar espiritual. ¿Cuántos de ustedes han sido quebrantados por Dios para llegar a un mejor lugar? Yo lo he sido, por varios años, y dolió. Pero ¿acaso llegué a un mejor lugar espiritual que antes? ¡Sí! Y no volvería a donde estaba antes por nada en el mundo. Nosotros queremos ayudar a las personas, pero nunca pensaríamos en herirlas para ayudarlas a llegar a ese lugar, y ciertamente no sabríamos cómo hacerlo, pero Dios en su amor sí lo sabe. Todo lo que Jesús hizo y dijo surgió de un amor desesperado por llevarnos a un lugar mejor. Todo el sermón del monte no es una nueva ley sobre cómo vivir, sino que nos muestra cuánto necesitamos su misericordia, gracia y perdón.

El evangelio no trata de seguir todas las cosas que él dijo en ese monte, aunque ellas nos indican la manera correcta en que debemos vivir. El evangelio trata del regalo gratuito de la salvación que podemos recibir gracias a lo que Cristo hizo por amor a nosotros en la cruz. No escucho muchas enseñanzas sobre esto, sin embargo, está claramente en las Escrituras para que lo veamos. El primer acto de amor de Cristo al ofrecernos redención fue renunciar voluntariamente a su lugar legítimo en el cielo para venir a la tierra: «*Haya, pues, en vosotros este sentir que hubo también en Cristo Jesús: Él, siendo en forma de Dios, no estimó el ser igual a Dios como cosa a que aferrarse, sino que se despojó a sí mismo, tomó la forma de siervo y se hizo semejante a los hombres*» (Flp 2:5-7).

Cristo tenía un lugar legítimo en el cielo como parte de la divinidad, pero lo dejó, despojándose a sí mismo, para tomar la forma de hombre, viniendo al mundo como todos nosotros, nacido de una mujer. ¿Cuánto amor por nosotros ves en el primer acto que realizó para traernos salvación? Todo comenzó ahí, aunque ya estaba en su corazón desde antes, y continúa hasta el día de hoy. A veces podrías preguntarte dónde está su amor, pero aunque no lo conozcas ni lo veas, está ahí. No siempre vemos el amor como él lo ve. Constantemente confrontaba con los fariseos, al parecer con la esperanza de que pudieran ver la verdad, y algunos lo hicieron. En el capítulo 18 del libro de Mateo, leemos la parábola del siervo que no quiso perdonar.

Cada parábola que Jesús enseñó fue con la esperanza de que algunos vieran la verdad. En los versículos 23-35, Jesús presenta la situación de un hombre que le debía una enorme cantidad de dinero al rey y fue llevado ante su presencia. Este hombre alegó que podría pagar su deuda, pero el rey sabía que no era así. Viendo la situación de este hombre, incluso mejor de lo que él mismo podía verla, el rey decidió perdonarle toda la deuda. El hombre salió de la presencia del rey sin deberle nada. Luego, al encontrar a otro hombre que le debía una pequeña cantidad, comenzó a oprimirlo, exigiéndole que le pagara lo que le debía.

El rey se enteró de esto y retiró el perdón que le había dado a aquel hombre, mandándolo encarcelar. Esta parábola trata sobre un hombre que recibió un gran perdón, pero que no estuvo dispuesto a perdonar a su prójimo. Jesús contó esta parábola por amor a la humanidad, aunque es una enseñanza difícil de aceptar. Esto es lo que dice el versículo 35: «*Así también mi Padre celestial hará con vosotros, si no perdonáis de todo corazón cada uno a su hermano sus ofensas*» (Mt 18:35). No muchos quieren escuchar esto, pero nos dice que si no perdonamos a una persona, Dios nos quitará su perdón y seremos echados con los incrédulos. Jesús, en su amor, trata desesperadamente de hacernos ver que necesitamos perdonar a todos y amar como él ama.

---

1   Jn 17:23-26.

La bondad y el amor son los caminos de Dios. Dios ha mostrado —y sigue mostrando— una gran bondad hacia la humanidad, hacia nosotros. «**En el principio**» (Gn 1:1). ¿Alguna vez has pensado en eso, en que al principio solo existía Dios, el Dios eterno? Debido a la forma en que el tiempo funciona en el mundo en el que vivimos, solo miramos hacia adelante, pensando en la eternidad como algo que no tiene fin. ¿Te has dado cuenta de que la eternidad también va en la otra dirección sin fin?

Es en esa eternidad donde habita Dios. En algún momento de esa eternidad, Dios creó el universo. Luego creó la Tierra, el sol, la luna, las estrellas, toda la vegetación de la tierra, todos los animales y, por último, a nosotros, la humanidad. Todo era perfecto, y para que la humanidad también fuera perfecta, se le dio la libertad de elegir. Entonces, vino el problema, porque la humanidad eligió mal, y todo lo que era perfecto dejó de serlo, y este mundo quedó infectado por el pecado.[1] En ese momento, los seres humanos perdimos todo derecho a lo que era perfecto.

Dios es perfecto y no puede haber nada imperfecto en su presencia. Como humanidad, fuimos excluidos, sin la posibilidad de acercarnos nuevamente, ya no éramos aceptables. Pero Dios, lleno de bondad y amor, vio nuestros problemas, tuvo compasión de nosotros y tomó la decisión de hacer un camino para que pudiéramos acercarnos a él, estar con él y vivir en la eternidad junto a él. En esto consiste el evangelio: la bondad de Dios, el regalo gratuito de la salvación para nosotros, una obra difícil y ardua que hizo Dios para hacernos aceptables.

Todos conocemos la historia: los azotes, los clavos, la corona, las gotas de sangre que corrieron por la cruz hasta el suelo donde toda sangre del sacrificio había de ser derramada.[2] Jesús lo entregó todo, para que se nos pudiera entregar todo. Este es un Dios bondadoso y amoroso, que se preocupa por nosotros.

Muchas veces he dicho que si Dios solo me hubiera dado la salvación, sin ninguna otra bendición, aun así tendría suficiente motivo para darle gracias por toda la eternidad. Su amor y su bondad son infinitos, como lo es su eternidad. No creo que nadie que tenga la salvación pueda justificarse diciendo que Dios no lo ama. No merecemos nada, y se nos ha dado todo. ¿Quién puede decir que Dios no es bondadoso? Su amor alcanza a toda la tierra; nadie puede decir que no lo sabe, solo que no quieren saberlo.[3] El amor de Dios se ofrece a todos.[4]

Solo cuando entendemos plenamente lo que merecemos debido a nuestro pecado, podemos comprender la magnitud del amor que nos fue dado para liberarnos de él. Mi Dios es grande y no hay nadie como él. ¿Te diste cuenta de la introducción de Pablo en nuestra lectura del día de hoy en 2 Timoteo? «*Pablo, apóstol de Jesucristo por la voluntad de Dios, **según la promesa de la vida que es en Cristo Jesús***» (2 Tm 1:1). ¡Qué declaración! ¡Qué promesa! Más adelante leemos: «*Participa de las aflicciones por **el evangelio según el poder de Dios. Él nos salvó** y llamó con llamamiento santo, no conforme a nuestras obras, **sino según el propósito suyo y la gracia que nos fue dada en Cristo Jesús antes de los tiempos de los siglos***» (2 Tm 1:8-9).

Qué gran amor y qué gran bondad nos ha dado. A este gran Dios es al que servimos; si nos acercamos a él, él promete acercarse a nosotros: «*Acercaos a Dios, y él se acercará a vosotros*» (St 4:8). A veces, en este mundo tan loco en el que vivimos, no nos damos cuenta del amor y la bondad que Dios nos ofrece. Tenemos que detenernos, tomarnos un momento, encontrar un lugar de oración —un lugar tranquilo para estar a solas con él— y permitirle que nos ame un poco.

---

1   Rm 8:21.
2   Lv 9:9.
3   Jn 1:9.
4   1 Tm 2:4.

Yo soy el camino, sígueme. ¿Escuchas a Jesús? ¿Lo oyes decirte esto? A veces decimos que no sabemos por dónde ir, pero Jesús siempre trata de hacérnoslo saber. Me pregunto cuántas veces los discípulos le preguntaron a Jesús: **¿Por dónde, Señor?**, cuando se disponían a dejar un lugar. No está mal no saber qué camino tomar, pero está mal no preguntar, asumiendo que podemos saberlo o resolverlo por nosotros mismos. Servimos a Jesús, y él es el director; él dijo: «**Sígueme**».

Cuando los discípulos estaban con Jesús y querían saber el camino, él estaba allí para decírselo. ¿Y qué pasa con nosotros en la actualidad, puesto que Jesús ha ascendido al cielo? ¿Cómo podemos saber el camino? Ahora hay uno que está con nosotros, del cual Jesús nos dijo que sería como él. Jesús nos dice: «*Pero yo os digo la verdad: Os conviene que yo me vaya, porque si no me voy, el Consolador no vendrá a vosotros; pero si me voy, os lo enviaré. (...) Pero cuando venga el Espíritu de verdad, él os guiará a toda la verdad, porque no hablará por su propia cuenta, sino que hablará todo lo que oiga y os hará saber las cosas que habrán de venir. Él me glorificará, porque tomará de lo mío y os lo hará saber*» (Jn 16:7, 13-14).

La palabra griega que se utiliza para **Consolador** aquí —en otras traducciones **Consejero** o **Ayudador**—, es parákletos. El Espíritu Santo estará con nosotros como Jesús estuvo con los discípulos. En Juan 14:16, Jesús usa estas palabras: «*Y yo rogaré al Padre, y os dará otro Consolador*». Aquí la palabra otro es la palabra griega allos, uno de cuyos significados dados es: otro de igual calidad. Así que tenemos a alguien a quien preguntar, tal como los discípulos tenían a Jesús.

Podríamos dudar de esto, pero es Jesús quien lo dice, por lo que sabemos que es verdad. Tenemos que buscar al Espíritu Santo que está en nuestras vidas y aprender a escucharlo.[1] En los pasajes antes mencionados, Jesús también nos dice que el Espíritu Santo recibirá de él y luego nos lo hará saber.[2] Esa voz suave y apacible de Dios, que también es la voz del Espíritu Santo, es tan tenue que necesitamos buscarla en nuestro interior para encontrarla. A veces requiere quietud, a veces requiere silencio, y a veces requiere que rindamos todo lo que somos a Dios para escuchar su dirección. Dios quiere hacer cosas grandiosas aquí en la tierra, pero ¿estamos escuchando cuando él quiere que seamos un instrumento para su obra?

En ocasiones, Dios ha escogido obrar por medio de nosotros, pero si no estamos escuchando, si no oímos, ¿cómo sabremos lo que está diciendo? ¿Y cómo se hará su obra? Él quiere que sepamos su voluntad, su voluntad específica para cada uno de nosotros, conforme nos guía hacia la obra que tiene para nosotros. Hay mucho que aprender de Dios en nuestras vidas cristianas, algunas cosas las aprendemos de los maestros que nos enseñan, y otras, en el silencio con Dios. En nuestra lectura del día de hoy, en los primeros siete versículos del capítulo 2 de 2 Timoteo, Pablo le dice a Timoteo (y a nosotros) que aprendamos de ambas maneras. Sobre aprender de los maestros, Pablo dice: «*Lo que has oído de mí ante muchos testigos, esto encarga a hombres fieles que sean idóneos para enseñar también a otros*» (2 Tm 2:2).

Sabemos que Pablo aprendió de Cristo, y le dice a Timoteo que aprenda de él y que enseñe a otros para que ellos también puedan enseñar. Luego, Pablo le dice a Timoteo que dependa del Señor para entender: «*El Señor te dé entendimiento en todo*» (2 Tm 2:7).

Hay una manera espiritual en la que Dios quiere enseñarnos, además de lo que aprendemos de los maestros que él nos envía. El Espíritu Santo quiere ayudarnos a entender lo que Jesús nos dice, cuando repite lo que ha escuchado. Ten la seguridad de que el Espíritu Santo nunca te dirá algo que sea contrario a la Palabra de Dios. El Espíritu Santo toma lo que es de Jesús y nos lo comunica, siempre en conformidad con lo que Jesús y el Padre ya han hablado en las Escrituras. Haz una pausa de este mundo, presta atención a Dios y escucha lo que te dice hoy.

---

1   Tt 3:5.
2   Jn 16:13-14.

Sé abajo. Normalmente pensamos que debemos estar «en la cima». Sin embargo, estar de buen ánimo y estar «en la cima» pueden ser cosas distintas. Estar de buen ánimo delante de Dios, reconociendo su gran bendición y las obras que ha hecho en nuestra vida, sin duda es algo bueno. Pero ¿qué significa cuando decimos que estamos «en la cima»? Tal vez tiene más que ver con una condición que nos imponemos a nosotros mismos o que nos convencemos a adoptar.

Muchas veces, «estar en la cima» es simplemente motivarnos a tener confianza para enfrentar el día. Existen muchos libros en el mercado etiquetados como de «autoayuda». ¿De qué tratan? De elevarnos a nosotros mismos por nuestra propia fuerza y pensamiento. Sin embargo, todo esto de ayudarnos a «estar en la cima» puede estar en oposición a lo que Dios quiere. ¿Qué nos dice Dios? «*Humillaos delante del Señor, y él os exaltará*» (St 4:10) y «*Humillaos, pues, bajo la poderosa mano de Dios, para que él os exalte a su debido tiempo. Echad toda vuestra ansiedad sobre él, porque él tiene cuidado de vosotros*» (1 P 5:6-7).

Hemos estado leyendo las epístolas de Pablo, y él continuamente se opone a aquellos que se exaltan a sí mismos, presumiendo que son algo. Pablo no hizo esto, a pesar de su gran formación en las leyes judías. Como él mismo dijo: «*Cuando fui a vosotros para anunciaros el testimonio de Dios, no fui con excelencia de palabras o de sabiduría, (...) y ni mi palabra ni mi predicación fueron con palabras persuasivas de humana sabiduría, sino con demostración del Espíritu y de poder*» (1 Co 2:1, 4).

¿Entonces, fue Pablo a ellos «inflado» de orgullo, o se presentó con humildad? Pablo pudo haber llegado proclamando su alto nivel de instrucción, diciendo: «*Yo de cierto soy judío, nacido en Tarso de Cilicia, pero criado en esta ciudad, instruido a los pies de Gamaliel, estrictamente conforme a la Ley de nuestros padres*» (Hch 22:3) y «*En el judaísmo aventajaba a muchos de mis contemporáneos en mi nación, siendo mucho más celoso de las tradiciones de mis padres*» (Ga 1:14). Seguramente Pablo pudo haberse presentado con una gran autoridad, al ser educado por uno de los más respetados en Jerusalén, «*Gamaliel, doctor de la Ley, venerado de todo el pueblo*» (Hch 5:34).

Pero en vez de eso, hemos sido llamados a vivir en humildad, presentándonos con una actitud de mansedumbre delante de Dios, permitiéndole a él colocarnos en el lugar elevado que tiene preparado para nosotros. Así es como realmente nos encontramos de buen ánimo, porque es Dios quien nos exalta: «*Cualquiera que se enaltece será humillado, y el que se humilla será enaltecido*» (Lc 14:11). Muchas de las cosas de Dios parecen contrarias a la lógica humana. Si quieres estar «en la cima», primero debes bajar: «*Unánimes entre vosotros; no seáis altivos, sino asociaos con los humildes. No seáis sabios en vuestra propia opinión*» (Rm 12:16). Jesús es el rey victorioso, pero ¿cómo dice la Escritura que entró en Jerusalén? Lo leímos hoy en Mateo 21: «*Tu Rey viene a ti, manso y sentado sobre un asno, sobre un pollino, hijo de animal de carga*» (Mt 21:5).

En los últimos tiempos, Jesús vendrá y nadie podrá enfrentarlo, pero cuando estuvo entre nosotros, se humilló ante la voluntad del Padre: «*Padre mío, si es posible, pase de mí esta copa; pero no sea como yo quiero, sino como tú*» (Mt 26:39). El orgullo es lo que mueve al mundo, pero no es el camino que Dios nos llama a seguir. En este mismo capítulo leemos sobre los fariseos, quienes se colocan «en la cima» por su propia fuerza y pensamientos. Jesús les dice que deben ser humildes como aquellos que reconocen ser pecadores: «*De cierto os digo que los publicanos y las rameras van delante de vosotros al reino de Dios*» (Mt 21:31). Y el Señor nos enseña: «*Si alguien quiere venir en pos de mí, niéguese a sí mismo, tome su cruz y sígame*» (Mt 16:24).

Negarse a uno mismo significa ponernos en una posición inferior, considerando a los demás como más importantes. Para concluir, recordemos lo que Jesús dijo acerca de uno que se creía superior y de otro que se humilló: «*El fariseo, puesto en pie, oraba consigo mismo de esta manera: "Dios, te doy gracias porque no soy como los otros hombres: ladrones, injustos, adúlteros, ni aun como este publicano; ayuno dos veces a la semana, diezmo de todo lo que gano". Pero el publicano, estando lejos, no quería ni aun alzar los ojos al cielo, sino que se golpeaba el pecho, diciendo: "Dios, sé propicio a mí, pecador". Os digo que este descendió a su casa justificado antes que el otro, porque cualquiera que se enaltece será humillado y el que se humilla será enaltecido*» (Lc 18:11-14).

«Rey de reyes y Señor de señores», eso es lo que es nuestro Jesús. Él está lleno de autoridad, gobierna sobre todas las cosas y nada sucede fuera de su control. El dominio y la justicia le pertenecen, limpia a todos los que se acercan a él y es majestuoso en todo lo que hace. Él cumple todo delante de Dios y, cuando haya cumplido todo, lo volverá a entregar a Dios Padre: «*Luego el fin, cuando entregue el reino al Dios y Padre, cuando haya suprimido todo dominio, toda autoridad y todo poder*» (1 Co 15:24).

¿A qué clase de Dios servimos? ¿Qué tipo de salvador es este que nos ha dado la luz de la esperanza en la salvación que él otorga? ¿Alguna vez te has preguntado cuánto desconoces de este ser divino que vino del cielo y ha hecho tanto por cada uno de nosotros? Él se llama JESÚS, y con razón: «*Concebirás en tu vientre y darás a luz un hijo, y llamarás su nombre Jesús*» (Lc 1:31) y «*Dará a luz un hijo, y le pondrás por nombre Jesús, porque él salvará a su pueblo de sus pecados*» (Mt 1:21).

Su nombre significa **Ayuda de Jehová**. Necesitamos comprender lo más que podamos acerca del nombre **Jehová**, aunque en esta vida jamás podremos entenderlo en su plenitud. En nuestra lectura del día de hoy, en Mateo capítulo 22, versículo 37, Jesús cita el Antiguo Testamento: «*Amarás a Jehová, tu Dios, de todo tu corazón, de toda tu alma y con todas tus fuerzas*» (Dt 6:5). Este es el nombre del Dios del que habla el apóstol Juan: «*Tres son los que dan testimonio en el cielo: el Padre, el Verbo y el Espíritu Santo; y estos tres son uno*» (1 Jn 5:7). Dios puede referirse al Padre,[1] puede referirse al Hijo[2] y puede referirse al Espíritu Santo.[3]

Pero cuando se habla de **Jehová**, se trata de los tres juntos como el Dios trino. **Jesús** nos fue enviado como la **ayuda de Jehová**, desde el Dios trino, la presencia del Altísimo en todo el universo. Este es quien fue enviado para ayudarnos. Más adelante, en el capítulo 22 de Mateo, Jesús cita al rey David en el versículo 44: «*Dijo el Señor a mi Señor*». Esto viene de Salmos, «*Jehová dijo a mi Señor*» (110:1). Aquí nuevamente vemos la posición elevada que tiene el nombre **Jehová**. Él es quien nos envió a Jesús. Cuando lo pensamos, puede ser abrumador. Jesús, uno de los tres, fue enviado a morir en una cruz, a tomar sobre sí nuestros pecados, a pagarlos con su muerte y, luego, a resucitar de entre los muertos. ¿Quién es este al que llamamos Jesús? Sin duda, él es Rey de reyes y Señor de señores.

Le agradecemos, lo adoramos, lo alabamos, pero ahora, con este conocimiento, él es aún más excelso. Un Dios tan sublime —el mismo que le dijo a Moisés: «**Yo soy el que soy**»— envió a Jesús, que es parte de ese mismo Dios, para ayudarnos, para preocuparse por nosotros, por cada uno de nosotros. **Nos ama un Dios cuya descripción va mucho más allá de nuestro entendimiento.** ¿Cómo te hace sentir saber que este Dios, Jehová Dios, envió a Jesús para ayudarte? ¡Qué valor nos da a cada uno de nosotros! Este Dios hizo todo esto para ayudarnos. El apóstol Pablo tenía una comprensión de esto superior a la nuestra. Recibió revelación directa de parte de Jesucristo su Señor.[4] Él relata —hablando de sí mismo como si fuera otro hombre—, que había sido llevado al tercer cielo y escuchado cosas que no podía repetir.[5]

Hoy leemos que Pablo estaba consciente de que su fin estaba cerca. En el final de su segunda carta a Timoteo, con el conocimiento que Dios le había dado, dice: «*Por lo demás, me está reservada la corona de justicia, la cual me dará el Señor, juez justo, en aquel día; y no sólo a mí, sino **también a todos los que aman su venida***» (2 Tm 4:8). ¿Puedes imaginarte algo así de parte de un Dios tan grande? Ahora puedes continuar con tu día meditando en todo esto.

---

1   1 P 1:2.
2   Is 9:6.
3   Hch 5:3-4.
4   Ga 1:12; Ef 3:3; 1 Co 11:23.
5   2 Co 12:2-4.

«Hay muchos peces en el mar». ¿Cuántas veces has escuchado esto? No estoy tan seguro de que se refiera a la pesca. ¿Te imaginas cómo era la vida de las personas en los días de Jesús, hace más de dos mil años? Había pescadores, aquellos que vivían cerca de los mares. También había agricultores, labradores y pastores y aquellos que cuidaban de los animales. Supongo que para ellos parecía una vida normal, aunque nosotros la veríamos como una vida difícil. Jesús vino a este mundo para traer buenas nuevas a la humanidad, primero a los judíos y luego a todos los demás.[1]

Jesús, que había sido entrenado por José, era carpintero, un artesano hábil en su tiempo. ¿Te imaginas lo que diría hoy una madre si su hijo, que tenía un negocio próspero heredado de su padre, le dijera: «Lo dejo todo para convertirme en maestro de religión»? Pero todos sabemos que María sabía que algo así sucedería algún día, pues guardaba muchas cosas en su corazón acerca de él.[2] Sin embargo, Jesús no salió para encajar con los demás. Enseñó una religión radical, que parecía rebelde a los ojos de muchos.

Los que estaban a cargo del templo no estaban de acuerdo con él, al igual que muchos de los judíos. Sin embargo, había quienes lo escuchaban. Y cuando comenzó a sanar a las personas, se caldearon los ánimos hasta el punto de que los líderes religiosos dijeron: «*Si lo dejamos así, todos creerán en él, y vendrán los romanos y destruirán nuestro lugar santo y nuestra nación*» (Jn 11:48). Hay muchos peces en el mar, ese mar era Israel, y el pueblo eran los peces. ¿Recuerdas lo que Jesús les dijo a Pedro, Andrés, Santiago y Juan? «*Venid en pos de mí, y os haré pescadores de hombres*» (Mt 4:19).

Jesús, quien es la imagen misma del Padre, hablaba la verdad, pero pocos la reconocían. Enseñaba en parábolas, que algunos entendían, pero otros no entendían en absoluto. Incluso los discípulos a menudo preguntaban sobre su significado. Así que, si hoy no entendemos todo, no estamos tan solos. Para la mayoría, el evangelio era radical, porque todo lo que conocían era la Ley, con toda su dureza. Y los fariseos la habían torcido para su conveniencia, añadiéndole reglas para su propio beneficio. El mensaje que Jesús traía —que era la verdad de Dios— trastocaba todo lo que ellos estaban haciendo. Hay algo interesante que Jesús hace al comienzo y al final de su ministerio. Poco después de su primer milagro en Caná, subió a Jerusalén y fue al templo, al que encontró convertido en mercado, y dijo a los que vendían: «*Quitad esto de aquí, y no convirtáis la casa de mi Padre en casa de mercado*» (Jn 2:16).

Luego, unos tres años después, Jesús regresó a Jerusalén por última vez antes de su muerte. Hizo su entrada triunfal montado en un burro y nuevamente fue al templo y lo encontró como un mercado. Esta vez dijo: «*Escrito está: "Mi casa, casa de oración será llamada", pero vosotros la habéis hecho cueva de ladrones*» (Mt 21:13). Estos actos parecen enmarcar su ministerio.

Los líderes judíos no querían a este Jesús. Más tarde le preguntaron con qué derecho o autoridad hacía lo que hacía. En nuestra lectura del día de hoy en el capítulo 23 del libro de Mateo, Jesús, hablando al pueblo, lanza una dura represión a los escribas y fariseos. Les dice: «*En la cátedra de Moisés se sientan los escribas y los fariseos. Así que, todo lo que os digan que guardéis, guardadlo y hacedlo; pero no hagáis conforme a sus obras, porque dicen, pero no hacen. Atan cargas pesadas y difíciles de llevar, y las ponen sobre los hombros de los hombres; pero ellos ni con un dedo quieren moverlas*» (Mt 23:2-4).

Jesús no se guardó nada en su última semana de enseñanza. Él dijo sobre los caminos del Señor: «*El que es el mayor de vosotros sea vuestro siervo, porque el que se enaltece será humillado, y el que se humilla será enaltecido*» (Mt 23:11-12). Este no era el camino de los escribas y fariseos, y si somos francos, tampoco es nuestro camino natural. Esto forma parte de negarnos a nosotros mismos y crecer en Cristo. Jesús continúa en el resto del capítulo diciéndoles lo equivocados que están. Les dice que son como sepulcros blanqueados, hermosos por fuera, pero llenos de huesos de muertos por dentro. Cuidemos dónde está nuestra belleza. Dale acceso a Dios a tu corazón para que lo revista según su propia idea de belleza.

---

1   Rm 1:16.
2   Lc 2:19, 35, 51.

Búscame y verás. De cierta manera, Dios nos dice esto a cada uno de nosotros. Toda nuestra existencia en la tierra es la oportunidad para descubrir que hay un Dios y ser salvos. Las Escrituras nos lo confirman: «*Para que busquen a Dios, si en alguna manera, palpando, puedan hallarlo, aunque ciertamente no está lejos de cada uno de nosotros*» (Hch 17:27).

Dios nos invita a buscarlo. Hoy en día, escuchamos de aquellos que reciben la salvación sin que ningún ser humano les haya hablado de Dios. Toda la creación declara su grandeza. Jesús nos dice que el Espíritu Santo da testimonio de él. Es posible que hayamos entendido este concepto al revés. Muchos animan a los miembros de la Iglesia a testificar, diciéndoles que es su responsabilidad y que deben orar para que Dios (el Espíritu Santo) los ayude. Pero Jesús lo expresa de esta manera: «*Pero cuando venga el Consolador, a quien yo os enviaré del Padre, el Espíritu de verdad, el cual procede del Padre, él dará testimonio acerca de mí. Y vosotros daréis testimonio también, porque habéis estado conmigo desde el principio*» (Jn 15:26-27).

De modo que según la palabra **también**, ¿quién está ayudando a quién? Es el Espíritu Santo quien es el testigo principal, y nosotros somos llamados a ayudar. No nos debería sorprender que haya quienes han recibido la salvación sin que ningún cristiano les haya testificado. Esto no significa que estemos exentos de nuestra responsabilidad; la palabra **también** quiere decir que nosotros también debemos ser testigos. Pero es cierto que el Señor ha puesto en cada persona una conciencia de la existencia de Dios: «*Porque lo que de Dios se conoce les es manifiesto, pues Dios se lo manifestó*» (Rm 1:19). Cada era de la Iglesia ha tenido sus dificultades, y cada nación sus problemas. Aun así, debemos continuar testificando, pues Jesús nos mandó: «*id, y enseñad a todas las naciones, bautizándoles en el nombre del Padre, y del Hijo, y del Espíritu Santo*» (Mt 28:19).

Por lo tanto, debemos buscar al Espíritu Santo como guía, porque es el único que puede decirnos a quién está llamando el Padre para salvación. Solo aquellos que el Padre atrae serán salvos: «*Nadie puede venir a mí, si el Padre, que me envió, no lo atrae; y yo lo resucitaré en el día final*» (Jn 6:44). No te desanimes cuando muchos a los que testificas no acepten a Jesús; pero te encontrarás con aquellos a quienes el Padre está atrayendo. Pídele al Espíritu Santo que te revele cuando estés cerca de alguien a quien el Padre esté llamando, para que puedas testificarle.

Durante muchos años estuve confundido, porque el día que fui salvo, el pastor dijo al final de su sermón que en unos momentos daría la oportunidad a quienes quisieran recibir la salvación de levantar la mano. Yo sentía que mi mano quería levantarse antes de tiempo; tuve que hacer un esfuerzo para mantenerla abajo. Ahora sé que era el Padre atrayéndome fuertemente hacia Jesús.

Tenemos libre albedrío, yo pude haberme negado, pero doy gracias a Dios por no haberlo hecho. Una de las grandes lecciones que debemos aprender en este ámbito es: «*No con ejército, ni con fuerza, sino con mi espíritu, ha dicho Jehová de los ejércitos*» (Za 4:6) y «*Y nosotros no hemos recibido el espíritu del mundo, sino el Espíritu que proviene de Dios, para que sepamos lo que Dios nos ha concedido*» (1 Co 2:12).

Debemos testificar, debemos escuchar y debemos ser guiados por el Espíritu Santo. **Búscame y verás**. Hace unos días, Pablo nos dijo que él buscó, vio y creyó: «*Por lo cual asimismo padezco esto. Pero no me avergüenzo, porque yo sé a quién he creído y estoy seguro de que es poderoso para guardar mi depósito para aquel día. Retén la forma de las sanas palabras que de mí oíste, en la fe y amor que es en Cristo Jesús*» (2 Tm 1:12-13).

Los que hemos encontrado a Dios, también vemos, y es el Espíritu Santo en nosotros quien nos guía. Pablo nos habla en nuestra lectura del día de hoy en la carta a Tito sobre encontrar y ver: «*La gracia de Dios se ha manifestado para salvación a toda la humanidad, (...) mientras aguardamos la esperanza bienaventurada y la manifestación gloriosa de nuestro gran Dios y Salvador Jesucristo*» (Tt 2:11, 13).

Te envío amor. ¿Sabías que Dios nos ha estado diciendo esto desde el principio de los tiempos? Incluso al permitir que Adán y Eva tuvieran la oportunidad de pecar, Dios mostró su amor. Él nos dio la libertad de elegir, en lugar de crearnos en una prisión de sometimiento forzada que nos obligara a seguir únicamente sus dictados. ¡El amor de Dios nos permite incluso cometer errores!

Sin embargo, esto genera un gran problema: solo lo santo puede estar cerca de Dios. Esto significa que no podríamos estar con él de ninguna manera, porque el pecado nos aparta de la santidad. Para acercarnos a Dios y entrar en su presencia, debemos ser santos, lo cual plantea un desafío enorme. Este problema ha existido a lo largo de los siglos, desde la creación misma. Pero Dios ya lo sabía, aun cuando formó a Adán del polvo y a Eva de la costilla de Adán. Las Escrituras contienen declaraciones interesantes que a veces pasamos por alto, y que nos revelan algo acerca de la obra de Dios. En Tito leemos un versículo que arroja un poco de luz sobre esto: «*En la esperanza de la vida eterna. Dios, que no miente, prometió esta vida desde antes del principio de los siglos*» (Tt 1:2).

Este pasaje forma parte de la apertura de la carta de Pablo a Tito, y a veces no lo notamos. Si lo unimos con los versículos que lo rodean, es evidente que desde el principio Dios tenía un plan de redención, sabiendo de antemano lo que haríamos. Desde el inicio de los tiempos, Dios ya había preparado la esperanza de la vida eterna que necesitábamos. Imagínalo: incluso antes de que nos metiéramos en problemas, Dios ya tenía una solución lista, esperando ser revelada en el momento adecuado.

Este es el amor que Dios tiene por nosotros. Nos dio la capacidad de elegir y también la solución para cuando eligiéramos mal. ¿Cuántas veces hacemos lo mismo con nuestros hijos? Dios nos da la solución y luego nos pide que vivamos según su voluntad, siempre dispuesto a ayudarnos a seguir ese camino. La redención, la salvación, la santificación, la justificación e incluso la justicia que poseemos son regalos de Dios si acudimos a él para recibirlos. Esto es, sin duda, amor. ¡Cuán rápido podríamos ser desaprobados y arrojados a las tinieblas! ¿Cuántas veces en días difíciles nos preguntamos si Dios realmente nos ama?

Dios nos ha amado desde el principio. Si acudimos a él, si recibimos la salvación que ofrece y seguimos deseando estar cerca de él, su amor nos acompañará hasta lo más profundo de la eternidad. Cuando aceptamos a Cristo, el Espíritu Santo entra en nuestras vidas y comienza a moldearnos conforme a los caminos de Dios. El libro de Tito está lleno de certeza. Comienza hablando sobre la preparación de la vida eterna desde antes del inicio del tiempo. Luego, se nos dice: «*A su debido tiempo manifestó su palabra por medio de la predicación*» (Tt 1:3).

Este es el mensaje del evangelio, la redención ofrecida por medio de Jesucristo, que ha sido preparada desde el principio de los tiempos. Pablo habla en muchos lugares del misterio de Dios revelado. El libro de Tito es uno de ellos: «*La gracia de Dios se ha manifestado para salvación a toda la humanidad, y nos enseña que, renunciando a la impiedad y a los deseos mundanos, vivamos en este siglo sobria, justa y piadosamente, mientras aguardamos la esperanza bienaventurada y la manifestación gloriosa de nuestro gran Dios y Salvador Jesucristo. Él se dio a sí mismo por nosotros para redimirnos de toda maldad y purificar para sí un pueblo propio, celoso de buenas obras*» (Tt 2:11-14).

En el capítulo 3 de Tito, Pablo nos ofrece una clara imagen del amor de Dios hacia nosotros: «*Pero cuando se manifestó la bondad de Dios, nuestro Salvador, y su amor para con la humanidad, nos salvó, no por obras de justicia que nosotros hubiéramos hecho, sino por su misericordia, por el lavamiento de la regeneración y por la renovación en el Espíritu Santo, el cual derramó en nosotros abundantemente por Jesucristo, nuestro Salvador, para que, justificados por su gracia, llegáramos a ser herederos conforme a la esperanza de la vida eterna*» (Tt 3:4-7). Este es el amor de Dios hacia nosotros, que ha estado presente desde el principio de todos los tiempos.

Siempre alégrate en el Señor porque él te ama. Esta es una verdad fundamental que debes conocer. El diablo intentará derribarte diciéndote: **No eres digno**. Es cierto que no somos dignos por lo que hacemos, pero somos dignos debido a lo que Dios ha hecho por nosotros en su amor. Todos hemos escuchado este versículos: «*De tal manera amó Dios al mundo, que ha dado a su Hijo unigénito*» (Jn 3:16).

El hecho de que Dios haya dado a su único Hijo, Jesucristo, muestra que en sus ojos somos dignos. El diablo siempre intentará convencernos de que no lo somos. Cuando lo haga, también debemos recordar lo que dice Juan 3:17: «*Dios no envió a su Hijo al mundo para condenar al mundo, sino para que el mundo sea salvo por él*». Si realmente fuéramos indignos, como el diablo intenta hacernos creer, Dios nos condenaría, pero este versículo nos dice lo contrario. Todos lo que no son de Dios intentarán menospreciarnos: «*Si fuerais del mundo, el mundo amaría lo suyo; pero porque no sois del mundo, antes yo os elegí del mundo, por eso el mundo os odia*» (Jn 15:19).

En ocasiones, como cristianos, pensamos que el mundo nos amará porque somos buenas personas, ya que Dios nos ha salvado. Pero la verdad, según el versículo que acabamos de leer, es todo lo contrario. Aquí está el problema: «*Para que abras sus ojos, para que se conviertan de las tinieblas a la luz y de la potestad de Satanás a Dios*» (Hch 26:18). El diablo odia a Dios, y el mundo está bajo su autoridad; por lo tanto, nos odian porque pertenecemos a Cristo. No permitas que lo que dicen te desanime. No escuches las mentiras que el diablo, sus demonios y el mundo a tu alrededor dicen sobre ti. Jesús nos dice que el diablo es un mentiroso: «*Él ha sido homicida desde el principio y no ha permanecido en la verdad, porque no hay verdad en él. Cuando habla mentira, de suyo habla, pues es mentiroso y padre de mentira*» (Jn 8:44).

Debemos conocer lo que Dios dice acerca de nosotros. Toda verdad proviene de Dios, que nos ama, y porque nos ama, sabemos que somos dignos ante sus ojos, sin importar quién diga lo contrario, incluso nosotros mismos. Dios nos dice que nos ama: «*Sed, pues, imitadores de Dios como hijos amados. Y andad en amor, como también Cristo nos amó y se entregó a sí mismo por nosotros*» (Ef 5:1-2) y «*Nosotros lo amamos a él porque él nos amó primero*» (1 Jn 4:19). Antes de que conociéramos a Dios, él ya nos consideraba dignos de su amor y se acercó a nosotros para darnos la salvación. A medida que conocemos más y más el amor de Dios, eso nos da razón para alegrarnos y regocijarnos.

En nuestra lectura del capítulo 26 del libro de Mateo, escuchamos las palabras de Jesús que muestran el amor que él y el Padre tienen hacia nosotros: «*"Mi alma está muy triste, hasta la muerte; quedaos aquí y velad conmigo". Yendo un poco adelante, se postró sobre su rostro, orando y diciendo: "Padre mío, si es posible, pase de mí esta copa; pero no sea como yo quiero, sino como tú"*» (Mt 26:38-39). En ese momento, el Padre estaba preparando a Jesús para el sacrificio en la cruz. Él lo sacrificó por amor a nosotros, para proveer un camino por el cual pudiéramos acercarnos a él. Jesús demuestra su amor por nosotros en esto: «*También tomó el pan y dio gracias, y lo partió y les dio, diciendo: "Esto es mi cuerpo"*» (Lc 22:19).

Sabemos por Lucas 22:19 que Jesús entregó su cuerpo por nosotros. Él permitió que su cuerpo fuera quebrantado para que pudiéramos recibir la salvación que Dios nos da por su amor. Jesús continúa diciendo: «*Y tomando la copa, y habiendo dado gracias, les dio, diciendo: "Bebed de ella todos, porque esto es mi sangre del nuevo pacto que por muchos es derramada para perdón de los pecados"*» (Mt 26:27-28). Su sangre fue derramada en un nuevo altar de sacrificio, al pie de la cruz. Cada vez que miramos la cruz, debe recordarnos el amor de Dios y todo lo que hizo para darnos redención.

Quiero estar en tu corazón, ¿me tienes ahí?. ¿Te haría Jesús esta pregunta? ¿Lo tienes en tu corazón como Señor y Maestro? ¿O lo mantienes como Salvador en la periferia de tu corazón, quedando aún tú en control de tu vida? Jesús vino para ayudarte, pero necesita ser el Señor de tu vida y sentarse en el trono de tu corazón. Nosotros no tomamos buenas decisiones, y eso fue lo que nos metió en los problemas de los cuales Jesús tuvo que rescatarnos. Necesitamos a Jesús en todo lo que hacemos y en cada decisión que tomamos. Debemos rendirnos a él, entregándole por completo cada área de nuestra vida.

Por derecho, él podría ordenarnos a hacerlo,[1] pero no lo hace. Jesús desea que le abramos las puertas de nuestro corazón por completo. Ya lo invitamos a nuestras vidas para recibir la salvación, ¿por qué no invitarlo hasta lo más profundo de nuestros corazones? Jesús quiere ayudarnos en nuestras vidas, pero si seguimos cometiendo errores en nuestras decisiones, no podrá intervenir a menos que le entreguemos el control total. Rendirnos a medias solo nos da bendiciones a medias, ¿no quisieras recibir la bendición completa? Aunque suene extraño, una vida rendida es una vida plena. Así es como funciona con Dios: *«Porque todo el que quiera salvar su vida, la perderá; y todo el que pierda su vida por causa de mí, la hallará»* (Mt 16:25).

¿Has encontrado ya la plenitud de tu vida? Jesús quiere revelártela por completo. Él no es un tirano ni un dictador; está aquí para ayudarte, no para enfrentarse a ti. ¿Cuántos años pasamos luchando hasta llegar a ese punto donde finalmente le entregamos a Dios cada rincón de nuestra vida? Dios solo puede bendecir aquello que le entregamos. Su deseo es bendecirnos en abundancia, pero para ello necesita tener el control total de nuestras vidas. Tal vez no sea lo que quieres oír hoy, pero seguramente deseas más de las bendiciones de Dios. El camino de Dios no siempre es fácil, y ciertamente no siempre lo entendemos. Él nos lo recuerda en su Palabra: *«"Porque mis pensamientos no son vuestros pensamientos ni vuestros caminos mis caminos", dice Jehová. "Como son más altos los cielos que la tierra, así son mis caminos más altos que vuestros caminos y mis pensamientos, más que vuestros pensamientos"»* (Is 55:8-9).

Aquí es donde debemos tener fe. Debemos creer que él sabe lo que dice, y simplemente seguir su voluntad. Dios nos habla mucho en su Palabra, pero ¿le estamos escuchando? Hoy leemos sobre el juicio de Jesús ante el gobernador Poncio Pilato. En el capítulo 27 de Mateo, Dios habló, pero Pilato no quiso escuchar. *«Y estando él sentado en el tribunal, su mujer le mandó a decir: "No tengas nada que ver con ese justo, porque hoy he sufrido mucho en sueños por causa de él"»* (Mt 27:19).

Dios le envió un mensaje a Pilato por medio de su esposa, pero él no detuvo el juicio. No sabemos, según las Escrituras, qué le sucedió a Pilato, pero parece que al menos su esposa sufrió a causa de ese sueño. Me pregunto, ¿cuántas veces sufrimos nosotros por no escuchar a Dios? Pilato intentó evadir lo que su esposa le había dicho, ofreciendo liberar a Jesús según la costumbre, pero su plan fracasó cuando los sacerdotes y el pueblo pidieron la liberación de Barrabás. ¿Acaso no intentamos a veces evitar lo que Dios nos ha dicho?

Pilato empezó a escuchar, porque tras intentar liberar a Jesús, se lavó las manos de todo el asunto. Incluso en su muerte, Jesús conoció nuestros caminos y clamó: *«Padre, perdónalos, porque no saben lo que hacen»* (Lc 23:34). Y un poco después, exclamó: *«Dios mío, Dios mío, ¿por qué me has desamparado?»* (Mt 27:46). Jesús lo entregó todo por nosotros, ¿no deberíamos nosotros entregarle todo a él? Si aún no lo has hecho, simplemente acude a Jesús en oración. No se requiere una gran obra, solo humildad. Dile a Jesús que le entregas toda tu vida, hasta el último rincón de tu ser.

---

1   Hch 20:28; 1 Co 6:20, 7:23.

Si te estás inclinando un poco hacia el mundo, busca un apoyo espiritual que te impulse de vuelta en la dirección correcta. Todos tenemos problemas, todos hemos sido tentados y todos hemos pecado. ¿Quién es nuestro gran soporte, no es acaso Jesús? *«He aquí pongo en Sion piedra de tropiezo y roca de caída; y el que crea en él, no será defraudado»* (Rm 9:33) y *«Todo aquel que viene a mí y oye mis palabras y las obedece, os indicaré a quién es semejante. Semejante es al hombre que, al edificar una casa, cavó y ahondó y puso el fundamento sobre la roca»* (Lc 6:47-48).

Jesús es la roca de nuestra salvación, de él obtenemos nuestra fortaleza. Cualquier cosa relacionada con Jesús o con Dios puede convertirse en ese apoyo que nos impulse de vuelta hacia él. Puede ser una canción, una oración, un poema, tal vez solo un versículo de las Escrituras o recordar algo que alguien dijo acerca de Dios. Puede ser cualquiera de las muchas cosas espirituales. Es aquello de lo que debemos aferrarnos cuando comenzamos a inclinarnos hacia los caminos del mundo. Nuestra carne siempre tratará de llevarnos en esa dirección, pero necesitamos fortalecer nuestro espíritu para resistir los impulsos de la carne. Hay una batalla constante entre estos dos: *«Porque el deseo de la carne es contra el Espíritu y el del Espíritu es contra la carne; y estos se oponen entre sí»* (Ga 5:17).

¿A cuál de ellos le permitirás cobrar más fuerza? Siempre debemos introducir en nuestras vidas cosas que fortalezcan nuestro espíritu. La vida espiritual no es fácil; el mundo siempre nos está empujando en su dirección, incluso nuestra propia carne también lo hace. Aquí es donde debemos edificar nuestra fe. Esto no se logra levantando pesas espirituales hasta volvernos fuertes; se trata de decidir creer en Dios, creer en lo que dice y decidir vivir según su voluntad. La fe no es tanto acerca de acumular fuerza, sino de tomar una decisión. Es asombroso cómo, al comenzar a alinearnos con Dios, él también comienza a alinearse con nosotros. Es entonces cuando comenzamos a construir esa sólida relación con él, una muralla que nos mantendrá firmes y nos alejará del mundo, de tal forma que rara vez necesitaremos esos apoyos para volver a la dirección correcta.

Te recuerdo que Dios siempre está extendiendo su mano hacia ti con amor. El acto mismo de enviar a Jesús a morir por nosotros en esa cruenta cruz es el mayor acto de amor de Dios hacia nosotros. Mientras sigamos intentando acercarnos a él, él nos encontrará donde estemos. El rechazo absoluto de Dios nos trae su ira, pero si nos volvemos a él, aunque sea un poco, y aceptamos lo que Cristo ya ha hecho por nosotros, entonces estaremos dentro, y todo lo que Dios tiene es para nosotros. Comenzamos a crecer espiritualmente, y cuanto más crecemos, más vemos el amor de Dios hacia nosotros.

¡Oh, Dios ha extendido su inmenso amor hacia nosotros desde tiempos tan antiguos que realmente no lo veremos completamente hasta que lleguemos al cielo! Dios tiene tanto amor por nosotros que no tenemos la capacidad de percibirlo todo ahora. Cuanto más conocemos del amor de Dios, menos nos inclinamos hacia el mundo.

Todo lo que mencioné como apoyo para impulsarte de vuelta a Dios, no lo dejes de lado cuando ya no lo necesites como tal. Esos son los medios que te mantendrán en dirección a Dios; úsalos con sabiduría. En nuestra lectura del día de hoy, quizá hayas leído sobre el rey Josías, quien, tras crecer bajo la influencia de un padre que reinó durante cincuenta y cinco años haciendo solo lo malo, se convirtió en rey siendo aún un niño. Cuando tenía veintiséis años, encontraron el libro de la ley en el templo. Josías decidió creer en Dios, en lo que estaba escrito, y arrepentirse buscando a Dios. Dios respondió con bondad hacia Josías: *«Tu corazón se enterneció y te has humillado delante de Jehová [...] serás llevado a tu sepulcro en paz»* (2 R 22:19-20).

Hoy quizá hayas leído sobre Daniel, quien mantuvo una gran relación con Dios porque se mantuvo cerca de él y oraba tres veces al día (Dn 6:10). En ese tiempo, el gobierno promulgó una ley que prohibía orar a cualquier dios excepto al rey durante treinta días (Dn 6:7). Daniel no se apartó de Dios dejando de orar; de hecho, al no alejarse de Dios a causa de la amenaza, fue como si se acercara aún «más» a él. Debido a su continua oración, Daniel fue lanzado al foso de los leones. Dios cerró las bocas de los leones, y Daniel salió ileso al día siguiente (Dn 6:16-22). Cuando nos acercamos a Dios, él se acerca a nosotros.

Yo soy el que te conoce. ¿Crees que Dios sabe todo lo que hay que saber sobre ti? Si no lo supiera, ¿tendría derecho a ser declarado como Dios sobre toda la creación, incluida tu vida? Ahora bien, piensa en esto: Dios sabe incluso más sobre ti de lo que tú sabes de ti mismo. Él conoce el corazón, conoce lo más profundo del ser humano: «*Vosotros sois los que os justificáis a vosotros mismos delante de los hombres, pero Dios conoce vuestros corazones*» (Lc 16:15).

Entonces, no hay razón para no abrirle a Dios toda nuestra vida. ¿Quieres ser una mejor persona? ¿Quieres alcanzar ese lugar donde eres mejor que antes? Dios puede hacerlo, y tiene una manera: «*Humillaos delante del Señor, y él os exaltará*» (St 4:10). Lo interesante con Dios es que el camino para subir más alto es descender más bajo. Esto ciertamente va en contra de nuestro orgullo; parece que el orgullo necesita ser sacrificado en el altar de Dios. Y digo que debe ir al altar de Dios porque, en última instancia, solo él puede completar esta obra en nosotros.

Podemos intentar arrancar ese orgullo de nosotros mismos, pero nunca lo eliminaremos por completo. Quitaremos una parte, pero luego necesitamos poner el resto en el altar y darle permiso a Dios para que elimine lo que queda. El orgullo fue la razón por la cual el diablo fue expulsado del cielo; fue la razón por la que Eva comió el fruto prohibido; y fue la razón por la que Caín mató a Abel. El orgullo es una cosa perversa, y cuanto antes nos deshagamos de él, mejor será para nosotros. Dios desea bendecirnos, pero el orgullo se interpone en el camino. ¿Estás buscando las bendiciones de Dios? ¿Acaso el orgullo se interpone en tu camino cuando buscas las bendiciones de Dios?

Cada uno de nosotros tiene mucho que cambiar en su interior. Todos quedamos cortos ante Dios en muchas áreas, y estamos en un proceso constante de transformación para acercarnos más a lo que él nos ha llamado a ser. Dios tiene una santidad preparada para nosotros cuando lleguemos al cielo, pero hasta entonces, continuaremos creciendo espiritualmente. Sin embargo, cuando llegue ese momento, todo dependerá de lo que Cristo ya ha hecho por cada uno de nosotros. Debemos continuar cambiando para conformarnos a la imagen de Cristo, pero al final, todo se trata de lo que él ha hecho por nosotros. Puede que al principio, la humildad no sea un lugar muy cómodo, pero con el tiempo se convierte en un suave y mullido cojín.

Estar en los brazos de Dios en humildad es el mejor lugar que puede existir. Él puede hacer por ti en un instante lo que pensabas que nunca sería posible. Cuando alcances este lugar, adorar será fácil y la acción de gracias será constante. El camino de Dios siempre es mejor, pero para muchos de nosotros parece que toma tiempo llegar allí. ¡Cuán grandioso será cuando lleguemos al cielo, donde no habrá nada que se interponga en nuestro camino para acercarnos a Dios! Él será nuestro todo y cuidará de cada necesidad.

En 2 Reyes 23, Josías hace todo lo que está a su alcance para alinear el reino de Judá, e incluso lo que quedaba de Israel, con la voluntad de Dios. Podríamos decir que Josías tuvo un encuentro con Dios, pues encontraron la palabra de Dios que había sido ignorada por varios reyes antes de él.[1] Cuando escuchó las palabras de Dios, lo desgarraron profundamente al darse cuenta de lo que los otros reyes habían hecho al apartarse de Dios.[2] Decidió cambiar, cambiarlo todo.

Hoy leemos en el primer capítulo del libro de Marcos acerca de Juan el Bautista. ¿Hay algo o alguien en tu vida ahora, como Juan, que esté preparando el camino y dirigiendo tu atención más hacia Dios? ¿Es tiempo de hacer algunos cambios? ¿Es tiempo de moverse en una nueva dirección? Esto es lo que Jesús les dijo a sus primeros discípulos: «*Venid en pos de mí, y haré que seáis pescadores de hombres*» (Mc 1:17). ¿Está Jesús diciéndote esto a ti, llamándote a involucrarte más en su reino? ¿Acaso está llamando a algunos de ustedes a entrar en su ministerio y a servirle?

---

1 2 R 22:6, 13.
2 2 R 22:11.

He vivido para que ustedes puedan vivir. ¿Podrías escuchar a Jesús diciéndote esto directamente? Jesús vino a este mundo revestido de nuestra humanidad por una sola razón: para que pudiéramos encontrar la vida eterna. Sin él, nadie tiene esperanza; todos somos culpables de pecado y estamos sujetos al juicio de Dios.[1]

Aunque algunos casi lo consiguieron, solo uno que hubiera vivido toda su vida sin pecado podría salvarnos, pero ninguno ha sido capaz. Jesús vivió entre los hombres para que encontráramos vida. En la economía de Dios, a pesar de que hemos nacido y existimos, estamos muertos espiritualmente hasta que recibimos a Cristo en nuestras vidas. Es entonces cuando comenzamos a vivir. La vida de Cristo en la tierra es como un punto en la línea del tiempo de la eternidad, pero su aparición afecta todo, desde el principio hasta el fin. Nosotros estamos limitados por el tiempo, viendo los efectos de los eventos desde su inicio, pero en la eternidad todo es un ahora continuo. Desde la perspectiva eterna, cuando Jesús vino a la tierra, su llegada fue en cada momento de esa línea del tiempo. Esta verdad puede ser difícil de comprender para nosotros, pero por eso debemos tener fe, creyendo que lo que Dios dice es verdad. Todos somos culpables de pecado y merecemos la ira de Dios, pero Jesús vivió para que nosotros también pudiéramos vivir si aceptamos su ofrenda como el sacrificio por nuestros pecados.[2]

Nuestro Dios es grande y amoroso, y no nos dejó abandonados en nuestro propio caos. Jesús vino y vivió entre nosotros, lo que es asombroso en sí mismo, aunque no tuviéramos en cuenta sus enseñanzas. Hemos sido salvados y ahora intentamos aprender y vivir conforme a su voluntad. Pero, ¿dónde estaríamos si Jesús no hubiera vivido como uno de nosotros en la tierra? Jesús vivió para que nosotros pudiéramos vivir. La muerte es cuando, en realidad, no tenemos nada; así que, cuando tenemos vida en Cristo, es cuando lo tenemos todo: todo lo que realmente importa. Nuestra vida en la tierra puede parecer larga a veces, pero en realidad, es solo un punto en la línea del tiempo de la eternidad. Jesús nos enseña a no preocuparnos (enfocarnos) por el mañana: «*Así que no os angustiéis por el día de mañana, porque el día de mañana traerá su propia preocupación. Basta a cada día su propio mal*» (Mt 6:34).

Jesús vino a traer vida, vida para aquellos de nosotros que no la teníamos. Cada día es una bendición, y en ellos Dios siempre tiene algo nuevo para nosotros. Puede ser un hermoso amanecer, una inspiración al leer un versículo, una flor creada por Dios que muestra su creatividad o la blanca nieve en la cima de una montaña. Si prestamos atención, veremos que cada día está lleno de bendiciones. La vida es una bendición y sin la venida de Jesús no podríamos vivirla. ¡Cuán agradecidos podemos estar con Dios por la gran obra que hizo al traernos su salvación, una salvación que nos da vida eterna sin ofender sus justas demandas! Dios es un Dios de amor que nos busca para traernos redención, para que así podamos tener vida.

¿Conocemos realmente a Jesús? Cuanto más sabemos sobre él, más nos damos cuenta de cuánto nos falta por conocer. Algún día todos estaremos con él, y entonces conoceremos mucho más de lo que jamás hemos sabido. Dios es nuestro guardián, y si le hemos entregado nuestra vida, cada uno de nuestros días está bajo su cuidado. Él tiene nuestra eternidad en sus manos. En nuestra lectura del día de hoy, en el libro de Hebreos, encontramos palabras de mucho aliento: «*Por tanto, teniendo un gran Sumo sacerdote que traspasó los cielos, Jesús el Hijo de Dios, retengamos nuestra profesión. No tenemos un sumo sacerdote que no pueda compadecerse de nuestras debilidades, sino uno que fue tentado en todo según nuestra semejanza, pero sin pecado. Acerquémonos, pues, confiadamente al trono de la gracia, para alcanzar misericordia y hallar gracia para el oportuno socorro*» (Hb 4:14-16). Podemos tener confianza porque Jesús vino y habitó entre nosotros, para que ahora nosotros también tengamos vida.

---

1   Jn 3:36; Rm 1:18.
2   Rm 5:8-9.

Calma en medio de la tormenta. ¿Quién de nosotros la tiene por completo? ¿Puede alguien decir que nunca tiene miedo? En el mar, los discípulos tuvieron miedo y clamaron a Jesús, pues temían que la tormenta acabar con ellos. Es fácil sentir temor cuando una tormenta nos rodea —porque es algo visible—, mientras que la fe es algo que no se ve. Los discípulos acudieron a Jesús desesperados: **Jesús, ¿no te importa que nos hundiremos?**.

Esto es lo que debemos hacer cuando enfrentamos una tormenta: clamar a Jesús. Aunque no veamos mucha fe en los discípulos en ese momento, si no hubieran creído en lo que Jesús podía hacer, ¿por qué habrían acudido a él? Muchas veces, nosotros también acudimos a Dios pidiendo ayuda, y ese acto mismo es una muestra de fe.

Jesús no rechazó la súplica de los discípulos; él tomó autoridad sobre la situación y ordenó que la tormenta se calmara. Siempre nos escuchará cuando acudamos a él en oración, siempre considerará nuestra situación, siempre obrará con autoridad y hará lo que es correcto para nosotros en esos momentos. Jesús conoce nuestras necesidades: a veces debemos ser rescatados de inmediato; otras, debemos aprender a ser pacientes y a confiar en él por un tiempo.

Muchos hemos luchado con la fe. No importa cuánta tengamos, siempre nos parecerá que necesitamos más, pues siempre veremos nuestra falta, no importa cuán grande sea nuestra fe. La única excepción podría ser quien ha recibido el don espiritual de la fe por el Espíritu Santo, con poder celestial para creer. Sin embargo, nuestra fe crece a medida que buscamos cada vez más de Dios en nuestras vidas. Él desea bendecirnos, y por ello debemos confiar en él y volvernos a él una y otra vez.

Hoy, en el capítulo 9 del libro de Daniel, vemos que Daniel, tras leer que estarían cautivos en Babilonia durante 70 años, comienza a orar por su liberación. Hay algo interesante que Dios me ha revelado en los últimos meses: él es quien nos dice lo que hará (por su decisión soberana) y luego nos llama a orar para que lo concrete. Puede que esto no tenga sentido para nosotros, pues si Dios ya ha decidido algo, ¿por qué necesitaríamos orar para que lo cumpla? Sin embargo, ¿qué es la fe sino creer (y a veces hacer) cosas que no tienen sentido para nosotros?

Aquí vemos la fe de Daniel, quien confiesa los pecados de Israel y pide a Dios que haga lo que ya había dicho que haría. La fe se edifica sobre la fe. En el capítulo 3 de Marcos, vemos cómo multitudes acudían a Jesús para ser sanadas, tantas que casi lo aplastaban. Al comienzo de su ministerio, Jesús sanaba a unos pocos. Cuantos más sanaba, más personas acudían a él. Así ocurre también en nuestras vidas: cuanto más vemos a Jesús obrar en respuesta a nuestras oraciones de fe, más crece nuestra fe. La fe se edifica sobre la fe.

Finalmente, en nuestra lectura del día de hoy en el capítulo 5 del libro de Hebreos, se declara que Jesús es el Sumo Sacerdote perfecto y final, quien está en el templo perfecto del cielo. Nuestro Sumo Sacerdote, Jesús, ha ofrecido el sacrificio perfecto y definitivo por el pecado. Al ser Jesús sin pecado, no necesita salir del lugar santísimo, y allí está continuamente intercediendo al Padre por nosotros.[1]

En esto podemos confiar: podemos acudir a él en las tormentas de nuestras vidas, cuando parece que todo se hunde, y orar pidiéndole que tome el control de nuestra situación y que nos dé la victoria. A veces, no vemos los resultados de inmediato, pero cuando llegan, nuestra fe crece. La fe se edifica sobre la fe.

---

[1] Hb 7:25.

Dios cuida de quien está cerca de él. A veces malinterpretamos la manera en que Dios obra. Pensamos que debemos revestirnos de una vestidura espiritual impecable y adoptar un comportamiento intachable antes de poder acercarnos a Dios. Sin embargo, no podemos vestirnos apropiadamente para presentarnos ante él ni somos capaces de acomodar nuestra conducta de manera que podamos estar en su presencia.

Estas son precisamente las razones por las que necesitamos estar cerca de Dios: para que él, al cuidarnos, nos ayude en estas áreas. Olvidamos la manera en que recibimos la salvación; no fue por nuestros logros, sino por lo que Dios hizo en favor nuestro. Él siempre está ayudándonos a mejorar nuestra condición delante de él. Lo más difícil para la mayoría de cristianos es rendirse, y eso es lo que significa venir a Dios con humildad.

La humildad dice: **No puedo, necesito ayuda, ¿me puedes ayudar?**. Nuestra sociedad nos dice: **Trabaja duro, logra cosas, y serás aceptado.** Dios nos dice exactamente lo opuesto: **Deja de intentarlo, confiesa que eres un pecador, entiende que nunca podrás lograrlo por tus propias obras.** ¿Significa esto que como cristianos nunca debemos hacer buenas obras? No, significa que Dios es quien dirige todo, y al poner su voluntad en nuestros corazones, él nos guiará hacia el trabajo que tiene para cada uno de nosotros.

Será un trabajo para el reino y el rey estará al mando. No sabemos lo que vendrá mañana, entonces, ¿cómo podríamos saber qué trabajo deberíamos estar haciendo? Él lo ve todo, lo sabe todo, y por eso sabe lo que se necesita hacer y quién debe hacerlo. Nos quitamos mucho peso de encima cuando permitimos que él dirija su reino.

Por supuesto, el reino del que hablo es el reino del Hijo[1], que es la Iglesia con Jesús como cabeza[2] ¡Oh, por qué nos enredamos tanto! Tratamos de liderar en lugar de seguir a aquel que ya lo tiene todo resuelto. Jesús dijo que él es el camino, no solo el camino al cielo y al Padre, sino que él es el camino en todo. Solo necesitamos recordar que somos los seguidores. Me alegra que él sea el líder, pues es mucho más sabio que yo. Nos esforzamos demasiado, luchamos con muchas ganas, y Dios nos dice: **Dame, déjame llevar eso por ti, hagámoslo de esta manera, será mejor.**

¡Oh, cuánto nos esforzamos sin necesidad! Cuando fui salvado hace muchos, muchos años, me asombré tanto por lo que Dios hizo por mí que le dije que le serviría de alguna manera para recompensarlo. Con los años me di cuenta de que eso es imposible. ¿Cómo le pagas a alguien por sacarte de un pozo del que no podías salir por ti mismo? No hay nada que podamos hacer que se le compare. Él puso cada estrella en su lugar, ¿podemos nosotros darle otra más? Él es el que da, nosotros somos los que recibimos, y debemos dejarlo así.

Lo mejor que podemos hacer es venir a él sin nada y preguntar: **¿Qué quieres que haga por ti?.** Dios siempre nos ama y nos extienden la mano; necesitamos abrirnos para recibir y disponernos a seguir lo que él está haciendo. Nunca podremos estar al mando ni cumplirlo todo, o ya lo habríamos hecho y no necesitaríamos que Jesús lo hiciera por nosotros. ¿Qué es lo primero que Jesús nos llama a hacer? «*¡Arrepentíos y creed en el evangelio!*» (Mc 1:15).

Arrepentirnos significa volvernos de nuestros propios caminos a los caminos de Dios. Creer significa aceptar, abrazar, dar crédito a aquel en quien crees, haciendo lo que él te indica. Esto significa entonces alejarnos de lo que pensamos que deberíamos hacer, darle crédito a él por saber lo que se debe hacer, y luego escuchar para saber lo que quiere que hagamos. En el comienzo del capítulo 6 del libro de Hebreos, vemos lo siguiente: «*Por tanto, dejando ya los rudimentos de la doctrina de Cristo, vamos adelante a la perfección, no echando otra vez el fundamento del arrepentimiento de obras muertas, de la fe en Dios*» (Hb 6:1). Para nosotros que hemos estado caminando con Dios, es tiempo de avanzar en nuestra relación con él. Él nos dice que ha sembrado su voluntad en nuestros corazones: «*Porque Dios es el que en vosotros produce así el querer como el hacer, por su buena voluntad*» (Flp 2:13).

Se trata de una siembra espiritual en nuestro interior, por lo que es en nuestro corazón donde Dios pone su voluntad. De modo que no es en nuestra mente que sabremos lo que Dios quiere que hagamos; es en nuestro corazón donde lo sabremos, y al agregar fe a lo que nuestro corazón nos está guiando a hacer, podríamos sorprendernos del resultado. Se nos dice que Dios se dará cuenta cuando hayamos respondido a su voluntad: «*Porque Dios no es injusto para olvidar vuestra obra y el trabajo de amor que habéis mostrado hacia su nombre*» (Hb 6:10).

---

1   Col 1:13.
2   Col 1:18.

«Este es mi mandamiento: que os améis unos a otros» (Jn 15:12). Estas fueron las palabras que Jesús dejó a sus discípulos en su última semana de vida, de camino a la cruz. Quería que fuéramos como él, pues nos amó, incluso en medio de su sufrimiento en el huerto de Getsemaní. Nos amó, y la victoria de ese sufrimiento nos trajo la salvación. El amor parece ser el fundamento sobre el cual se construye todo lo demás. Algunos podrían decir que el fundamento de nuestra vida cristiana es la obediencia. Sin embargo, debemos mirar más allá de nosotros mismos ante Dios; debemos retroceder hasta el principio de todo.

La esencia misma de Dios es el amor. Al crear a los seres humanos, Dios pudo habernos hecho para hacer siempre su voluntad, pero si no nos daba libertad, no hubiera sido un amor verdadero. El mayor honor que Dios nos dio fue la libertad de elegir, aunque sabía que escogeríamos mal. En lo más profundo, esto es el amor, considerar al otro —en este caso, a nosotros—. Podemos ver más del amor de Dios, el cual existía incluso antes de que el tiempo comenzara.[1] Fue entonces cuando se elaboró el plan de salvación, ese que repararía el daño que nos hicimos a nosotros mismos cuando elegimos mal, aunque no se llevaría a cabo sino hasta siglos después.

En realidad, no sabemos mucho sobre el amor, al menos no del tipo de amor con el que Dios nos ama y con el que nos llama a amar a los demás. Jesús, desde el inicio de su ministerio —en el sermón del monte— habló sobre el amor.[2] Más tarde, resumió toda la ley en dos mandamientos que se refieren al amor: nuestro amor a Dios y nuestro amor al prójimo. Y, una vez más, aunque ya había hablado del amor muchas veces durante sus tres años de ministerio con sus discípulos, Jesús les recuerda que se amen unos a otros. Pablo, quien fue instruido directamente por Dios y no por otros hombres, sabía que el amor era tan importante que, en medio de su enseñanza sobre los dones espirituales (el poder de lo alto que Dios nos da para llevar a cabo su ministerio en la tierra), se detiene y afirma que el amor es lo más importante, más que todo lo demás.[3]

Aquellos que tal vez hayan dicho que el fundamento de la vida cristiana es la obediencia, han perdido de vista que se puede obedecer sin ser motivados por el amor. Pablo quiso dejar muy claro que toda obediencia y todo don espiritual para realizar la obra del reino de Dios es inútil si no es por amor. Es un tema profundo: ¿quién puede conocer el amor de Dios? Y más aún si tiene que ser la motivación detrás de todo lo que hacemos. Este amor solo puede ser nuestro si pedimos constantemente a Dios que nos llene con su amor cada día.

Hoy, en el capítulo 5 del libro de Marcos, leemos acerca del amor de Jesús. Fue por amor que liberó al endemoniado de la legión de demonios, y el hombre quedó vestido y en su sano juicio. Fue por amor que Jesús estuvo dispuesto a ir a la casa de Jairo y sanar a su hija, que había muerto. Fue por amor que Jesús buscó a la mujer que tocó su manto y fue sanada. Al sentir que salía poder de él y que la mujer era sanada, Jesús podría haber pensado: **Otra más, que mi Padre la bendiga**, pero no lo hizo.

La mujer podría haberse escabullido entre la multitud, pensando incluso que le había robado una sanidad a Jesús. Pero no, en su amor, Jesús no permitió que ella se fuera así. La llamó, le habló de su fe y luego le dijo que se fuera en paz. ¡Qué gran amor mostró Jesús hacia esta mujer! Ella se fue con algo mucho más valioso que la sanidad física; se fue con el honor que Jesús le otorgó al confirmar su fe y al despedirla con palabras de paz de su propia boca, las cuales seguramente le habrán acompañado el resto de su vida para reafirmarle en su corazón que no había «robado» una sanidad a Jesús.

Este es el tipo de amor que Jesús quiere que todos los que lo seguimos adoptemos y sea la motivación detrás de todo lo que hacemos. Es imposible que podamos adoptar este tipo de amor por nosotros mismos; necesitamos que Dios lo siembre en nosotros. Las Escrituras nos dicen que si alguno carece de sabiduría, la pida a Dios y él se la dará. Este es el principio de la sabiduría: saber que solo podemos tener el de amor de Dios que obra en nuestro interior si le pedimos que lo plante y lo haga crecer todos los días. Hoy necesito acudir a Dios y pedirle que ponga su amor en mí, ¿y tú?

---

1   Rm 16:25; Ef 3:8-9.
2   Mt 5–7.
3   1 Co 13 – prestar atención a los 3 primeros versos.

Dios está aquí para quedarse, él es eterno. ¿Cuánto gozo te trae saber que Dios es eterno? En primer lugar, él es eterno en ambas direcciones. Es un pensamiento difícil de comprender, pero él siempre ha sido y siempre será. ¿Conoces a alguien más sabio que él? ¿Podríamos recibir un mejor consejo que el suyo? Tener fe debería ser fácil si estamos dispuestos a creer esto. Si la fe no es fácil, es porque no estamos creyendo verdaderamente. Debemos llegar al punto en el que en nuestra mente y en nuestro corazón comprendamos que lo que vivimos y conocemos ahora es temporal. Todo será destruido. Esta tierra tal como la conocemos desaparecerá al igual que los cielos, y habrá unos nuevos.[1]

Incluso nosotros no seremos los mismos. En Apocalipsis leemos: «*Yo hago nuevas todas las cosas*» (Ap 21:5). ¿Te das cuenta de que somos parte de esas «*todas las cosas*» que serán renovadas? Seremos mejores que nunca y nuestra carne ya no estará manchada con el pecado, porque tendremos un cuerpo resucitado, santo, como Dios es santo. Sabremos más de lo que jamás hemos sabido: «*Ahora vemos por espejo, oscuramente; pero entonces veremos cara a cara. Ahora conozco en parte, pero entonces conoceré como fui conocido*» (1 Co 13:12).

¡Cuán glorioso será estar en un estado mayor de lo que jamás hemos estado! La maravillosa vida que tendremos con Dios será tan extraordinaria que lo temporal que tenemos ahora no será nada en comparación. Doy gracias a Dios porque estoy en sus manos, no podría llegar allí de otra manera. La fe es creer que todo lo que Dios dice es verdad, y lo que nos rodea, a lo que nos aferramos más de lo que deberíamos, es temporal. No debemos apegarnos a una vivienda temporal, porque no es más que eso. Pero si es temporal porque después recibiremos una casa mucho mejor, entonces es emocionante estar aquí sabiendo lo que está por venir.

Estamos en una vivienda temporal en la tierra. Saber que lo mejor viene después debería llenarnos de entusiasmo. Todos los años de nuestra vida pueden parecer largos, pero son solo un instante en la línea de tiempo de la eternidad, donde estaremos en el futuro. ¡Cuán grande es Dios al preparar el camino por el que podemos acercarnos a él y saber que estaremos en esa eternidad con él! A veces tenemos días en esta tierra que parecen grandiosos, pero serán aburridos comparados con lo que tendremos con Dios para siempre.

Dios es bueno todo el tiempo, ¡y cuán bueno es al preparar un lugar y un camino para que lleguemos allí! ¿Cuántas veces has planificado unas vacaciones lejanas y has leído todo lo que pudiste sobre el lugar antes de ir? ¿Estás leyendo sobre Dios, sobre el cielo y sobre tu futuro? Aún no hemos partido, por lo tanto, estamos en modo de preparación. ¿Cómo te estás preparando?

Podemos conocer a Dios, no tenemos que esperar hasta llegar al cielo. Podemos saber acerca de la eternidad, no tenemos que esperar hasta llegar allá. No lo sabremos todo hasta que lleguemos, pero podemos comenzar desde ahora. Dios nos permite conocerlo, incluso antes de estar en su presencia. En cuanto a la eternidad, si has nacido de nuevo, ya estás en ella, aquí y ahora. Dios tiene grandes cosas preparadas para nosotros, y deberíamos creer por fe y comenzar a disfrutar un poco de eso, aquí y hoy.

Deberíamos emocionarnos al comenzar nuestra lectura del día de hoy en el libro de Hebreos: «*Tenemos tal sumo sacerdote, el cual se sentó a la diestra del trono de la Majestad en los cielos. Él es ministro del santuario y de aquel verdadero tabernáculo que levantó el Señor y no el hombre*» (Hb 8:1-2). Jesús nos está esperando, y nos dijo, como les dijo a sus discípulos: «*En la casa de mi Padre muchas moradas hay; si así no fuera, yo os lo hubiera dicho; voy, pues, a preparar lugar para vosotros*» (Jn 14:2).

Jesús nos está esperando, él nos espera con ansias y nos recibirá cuando lleguemos. En el capítulo 6 de Marcos leemos que los de su ciudad natal no reconocieron quién estaba frente a ellos. Al final del capítulo, Jesús camina sobre el agua; este es el Jesús que conocemos. Él estará esperándonos cuando lleguemos al cielo. A medida que comienzas tu día y ves todo lo que te rodea, recuerda que hay algo mucho más grande por venir.

---

1   Ap 21:1.

La vida es buena todo el tiempo. Esto es cierto si has invitado a Cristo a ser parte de tu vida. La mayoría de los que leen esto ya lo han hecho. Debes saber que tu vida es buena en todo momento, porque la has puesto en las manos de Dios, y todo lo que él hace es bueno. Así que, en esos días en que enfrentas dificultades o cuando las cosas se ponen en tu contra, recuerda que tu día sigue siendo bueno, sin importar cuán malo parezca. Todos luchamos en ocasiones: luchamos contra los ataques del enemigo, con la oposición de aquellos que no tienen lugar para Dios ni creen en él, luchamos con las dificultades de la vida e incluso con pensamientos impuros dentro de nosotros. Las luchas son parte de la vida, la vida imperfecta que todos llevamos.

Desde que el pecado entró al mundo por medio de la desobediencia de Adán y Eva, todo lo perfecto que Dios había creado quedó infectado por el pecado y sus consecuencias.[1] Nosotros somos parte de esa imperfección. Aunque hemos sido salvados y limpiados por la sangre de Cristo y Dios nos ve como perfectos, seguimos viviendo en nuestra imperfección. Pablo habla de su lucha por santificar su carácter y reconoce que no puede lograrlo por sí mismo. Se da cuenta de que la imperfección del pecado habita en la carne y de que en el Espíritu luchamos contra esa carne,[2] hasta que nuestro cuerpo muera y, por el Espíritu, seamos liberados para estar con Dios. Pablo nos dice que aquello que desea hacer, no lo logra, y lo que no quiere hacer, eso es lo que hace.[3]

Es la naturaleza pecaminosa que mora en la carne la que nos lleva a pecar, pero debemos fortalecer nuestro espíritu para que pueda controlar la carne. Cuanto más caminamos con Dios, más fuerte se vuelve nuestro espíritu y menos permitimos que la carne nos domine. Esta es parte de la bondad de Dios: cuanto más nos entregamos a él y a su camino, menos poder tiene el pecado sobre nosotros. También es cierto que, cuanto más caminamos con Dios, más espirituales nos volvemos y menos nos influyen las cosas externas.

Llegamos a un punto en el que conocemos más a nuestro enemigo, y él ya no puede hacer con nosotros lo que solía. También llega un momento en el que ya no nos afecta como antes lo que dicen los opositores de Dios y de nosotros, sus seguidores. Dios es bueno al final, sin importar lo que haya ocurrido en nuestra vida. Se nos permite entrar al cielo y estar con Dios por la eternidad. ¿Puede haber algo mejor que eso? Es algo que no merecemos, pero es lo que recibimos. Esto ciertamente demuestra la bondad de Dios hacia nosotros. «Excelso sobre todas las naciones es Jehová, sobre los cielos su gloria. ¿Quién como Jehová, nuestro Dios, que se sienta en las alturas, que se humilla a mirar en el cielo y en la tierra? Él levanta del polvo al pobre y al menesteroso alza de su miseria» (Sal 113:4-7).

¿Quién es como nuestro Dios, que salva a los perdidos y levanta a los que son suyos? Incluso en los momentos más oscuros de nuestras vidas, él nos ha levantado al prometernos salvación si venimos a él. ¿Cuántos de nosotros, si realmente lo pensamos, podemos ver en qué estado estaríamos si no tuviéramos la salvación de Dios? Ese estado sería mucho peor que el que tenemos ahora, sin importar cuán difícil sea nuestro presente.

A veces nos quedamos atrapados en el momento y olvidamos las cosas maravillosas que Dios ha hecho por nosotros en el pasado y las grandes promesas que aún están por cumplirse. Permíteme recordarte lo que leímos en Hebreos hoy: «Pero estando ya presente Cristo, Sumo sacerdote (...)entró una vez para siempre en el Lugar santísimo, habiendo obtenido eterna redención (...) así también Cristo fue ofrecido una sola vez para llevar los pecados de muchos; y aparecerá por segunda vez, sin relación con el pecado, para salvar a los que lo esperan» (Hb 9:11, 12, 28).

Esto es lo que se ha hecho por nosotros. ¿Podemos pedir algo mejor? No importa quiénes somos o cuán descalificados nos sintamos para recibir el bien de parte de Dios. Piensa en la mujer sirofenicia que encontramos en Marcos. En ese momento, se la considerada fuera del alcance del ministerio de Cristo, pero porque ella creyó que Jesús podía ayudarla, él le concedió lo que pidió. No se trata de quiénes somos o lo que hemos hecho, sino de si creemos que Jesús nos escucha y responde a lo que le pedimos.

---

1   Rm 8:19-21.
2   Ga 5:17.
3   Rm 7:15.

¿Hay amor en el cielo? Casi suena como una canción de los años 70. Sin embargo, nosotros los cristianos sabemos que Dios es amor y su morada está en lo alto, en algún lugar del cielo. Su morada está en un lugar invisible; desde nuestra perspectiva, podríamos decir que hay amor en el cielo. Lo maravilloso es que el amor de Dios no está solo en el cielo, no está solo en las alturas, sino que está por todas partes. Podemos acudir a él en cualquier momento, y Dios está ahí. No hay barrera que separe a Dios de nosotros; él es omnipresente, no importa dónde estemos, él está allí.

David, el salmista, dijo: «*Jehová, tú me has examinado y conocido. Tú has conocido mi sentarme y mi levantarme. Has entendido desde lejos mis pensamientos. Has escudriñado mi andar y mi reposo, y todos mis caminos te son conocidos, pues aún no está la palabra en mi lengua y ya tú, Jehová, la sabes toda. (...) Si tomara las alas del alba y habitara en el extremo del mar, aun allí me guiará tu mano y me asirá tu diestra. Si dijera: "Ciertamente las tinieblas me encubrirán", aun la noche resplandecerá alrededor de mí. Aun las tinieblas no encubren de ti, y la noche resplandece como el día; ¡lo mismo te son las tinieblas que la luz! Tú formaste mis entrañas; me hiciste en el vientre de mi madre. Te alabaré, porque formidables y maravillosas son tus obras; estoy maravillado y mi alma lo sabe muy bien. No fue encubierto de ti mi cuerpo, aunque en oculto fui formado y entretejido en lo más profundo de la tierra. Mi embrión vieron tus ojos, y en tu libro estaban escritas todas aquellas cosas que fueron luego formadas, sin faltar ni una de ellas*» (Sal 139:1-4, 9-16).

Este es un texto más extenso de lo que suelo incluir, pero necesitamos escuchar esto de vez en cuando. Este es el gran Dios al que pertenecemos, este es el gran Dios que nos ha dado vida, este es el gran Dios que espera nuestra llegada al cielo cuando nos vayamos de aquí. Sí, hay amor en el cielo, y muchas veces necesitamos saber que ese amor está ahí, presente para cada uno de nosotros sin importar lo que esté sucediendo en nuestro día. Hay un Dios que se preocupa por nosotros desde el principio de los tiempos. Él vela por cada uno de nosotros de manera individual, nos conoce desde el principio. No hay nada de nosotros que él no sepa.

Si alguna vez pensaste que si Dios supiera cierta cosa acerca de ti ya no se preocuparía por ti, debo decirte: él ya lo sabe, y aun así le importas. ¿Cómo sabemos que le importamos? Porque te ha conocido desde el principio, te conoció en el vientre de tu madre, te conoció antes de que siquiera tuvieras forma, y aun así envió a Jesús para redimirte. «*Pero yo tengo un testimonio mayor que el de Juan: las obras que el Padre me dio para que cumpliera, las mismas obras que yo hago, dan testimonio de mí, de que el Padre me ha enviado*» (Jn 5:36).

El Padre envió a Jesús a realizar las obras que redimirían a aquellos que se volvieran a él para recibirlas. ¿Eres tú uno de los que han aceptado a Jesús? Entonces estas obras han sido hechas a tú favor, Jesús fue enviado por ti, él te vio desde lejos, Dios se preocupó por ti desde el principio, incluso te conoció antes de que fueras formado. David dice: «*Tal conocimiento es demasiado maravilloso para mí; ¡alto es, no lo puedo comprender!*» (Sal 139:6).

Dios nos ama de una manera cuya profundidad no podemos comprender ni conocer. Jesús intentó, una y otra vez, enseñar y revelar la verdad a sus discípulos; aun así, en nuestra lectura del día de hoy, les dice: «*¿Cómo es que aún no entendéis?*» (Mc 8:21). Es difícil para la humanidad comprender la grandeza de Dios y la magnitud de su amor por nosotros. En la lectura del día de hoy en Hebreos, se nos dice lo siguiente: «*La ley, teniendo la sombra de los bienes venideros, no la imagen misma de las cosas, nunca puede, por los mismos sacrificios que se ofrecen continuamente cada año, hacer perfectos a los que se acercan. (...) Pero Cristo, habiendo ofrecido una vez para siempre un solo sacrificio por los pecados, se ha sentado a la diestra de Dios. (...) Y así, con una sola ofrenda hizo perfectos para siempre a los santificados*» (Hb 10:1, 12, 14). Nosotros somos lo santificados. Sí, hay amor en el cielo.

¿Se ha conmovido hoy tu corazón? ¿Has sentido que Dios está contigo? ¿Te toca de una manera en que sabes que él está ahí? Algunos días no sentimos su presencia, pero es en esos días cuando necesitamos recordar esos momentos del pasado en los que sabíamos que estaba ahí. Nos hace bien recordar el día de nuestra salvación y los días que le siguieron. Estos son los momentos que confirman que Dios está en nuestras vidas.

Vendrán otros días, con muchas más experiencias, pero ninguno será como aquellos primeros días cuando nuestra vida entera fue transformada. Todo lo que experimentamos ahora son añadiduras. Un día, la obra en cada uno de nosotros será terminada, estaremos completos y entraremos en la plenitud de la vida espiritual en la presencia misma de Dios en el cielo. ¡Ese será el día! Por ahora, nos corresponde continuar en la relación que tenemos con él mientras seguimos aquí. Dios siempre desea que nos acerquemos más y más a él. Las Escrituras nos dicen lo siguiente: «*Acercaos a Dios, y él se acercará a vosotros*» (St 4:8).

Hay cosas maravillosas para aquellos que se acercan a Dios. Moisés sintió curiosidad y un deseo profundo cuando subió la montaña para ver esa zarza ardiente que, aunque en llamas, no se consumía.[1] Necesitamos esa curiosidad espiritual que nos impulse a acercarnos a Dios y ese deseo profundo de tener más de él en nuestras vidas. Dios nos invita a acercarnos y otorga bendiciones a quienes lo hacen. Hay muchas bendiciones que recibimos en esta tierra, pero las más grandes son esos momentos en los que sabemos que estamos en su presencia y lo sentimos en nuestro ser. Dios promete recompensar a quienes se acercan a él. En nuestra lectura del día de hoy en Hebreos, escuchamos lo siguiente: «*Porque es necesario que el que se acerca a Dios crea que él existe y que recompensa a los que lo buscan*» (Hb 11:6).

Al buscarle, él nos recompensa. ¿Quién hay como nuestro Dios? ¿Quién puede compararse a él? ¡Qué privilegio hemos recibido, al ser llamados hijos de Dios![2] No solo hemos sido perdonados, no solo hemos sido salvos, sino que se nos ha aceptado en la misma familia de Dios. Esta es una familia eterna que continuará por siempre. Será algo que no podemos imaginar, algo que nunca hemos experimentado antes. En el libro de Apocalipsis se nos dice: «*El tabernáculo de Dios está ahora con los hombres. Él morará con ellos, ellos serán su pueblo y Dios mismo estará con ellos como su Dios*» (Ap 21:3).

¡Qué trato! ¡Qué gran bendición! Dios estará con nosotros para siempre, y nosotros estaremos con él. Nadie puede imaginarse cómo será eso, está más allá de nuestra imaginación. A medida que nos acercamos cada vez más a Dios, comenzamos a experimentarlo de formas que no habíamos conocido antes. Siempre podemos experimentar más de Dios a medida que nos acercamos a él.

Parece que en mis últimos años estoy experimentando más de Dios que antes; siempre hay más de él de lo que podemos imaginar. Él es un Dios que nos ama. Es un Dios que nos busca y que se extiende hacia nosotros. Es un Dios que nos ha visto desde lejos, que nos ha conocido desde el principio de los tiempos. Es un Dios que trazó un plan de redención. Es un Dios que envió a Jesús a morir por nosotros para pagar por nuestros pecados. ¡Oh, qué Dios tenemos! ¿Puedes pensar en algo más grandioso que tenerlo en tu vida? No importa cuán pobre seas, este Dios es todo para ti.

No importa cuán rico seas, este Dios es todo para ti. Si tenemos a este Dios, en verdad tenemos todo lo que necesitamos. Esta vida es momentánea, pero la venidera es eterna. Nuestra lectura del día de hoy, en el capítulo 9 del libro de Marcos, empieza con estas palabras de Jesús: «*De cierto os digo que algunos de los que están aquí no gustarán la muerte hasta que hayan visto que el reino de Dios ha venido con poder*» (Mc 9:1).

Este es el reino al que ahora pertenecemos, un reino de poder, poder para salvar, poder para redimir, poder para llevarnos directamente al cielo cuando nuestro tiempo aquí haya terminado. Más adelante en este capítulo, Jesús nos dice cómo sucederá todo esto: «*El Hijo del hombre será entregado en manos de hombres, y lo matarán; pero, después de muerto, resucitará al tercer día*» (Mc 9:31). Esto no lo podemos escuchar demasiadas veces, porque es por lo que hemos sido salvados y se nos ha dado la eternidad en el cielo. Busca a Dios, y él se acercará a ti. Cuando esté cerca, lo experimentarás moviéndose en tu corazón.

---

1   Ex 3:1-2.
2   1 Jn 3:1.

Hay un Dios que está involucrado en todas nuestras vidas. Hay algo interesante sobre Dios, y es que no tenemos que seguir nuestro propio camino en la vida, esforzándonos gradualmente para alcanzar un nivel donde podamos presentarnos ante él, como si tuviéramos que probarnos a nosotros mismos de alguna manera. Dios está presente en cualquier momento, sea cual sea nuestra condición, dispuesto y deseoso de que nos volvamos a él.

Se dice que él se ocupa de nuestras mayores necesidades. ÉL ES nuestra mayor necesidad. Qué poco sabemos acerca de lo que realmente necesitamos hasta que nos vemos a nosotros mismos tal como somos. ¡Qué grande es tener un Dios que siempre está ahí, siempre involucrado en nuestras vidas, incluso antes de que lo conociéramos! Él está allí para ayudarnos en nuestras necesidades cotidianas. Cuanto más confiamos en él, más recibimos de él. Nuestra falta de confianza no limita la capacidad de Dios para dar, sino que restringe nuestra capacidad para recibir.

Aun así, en ocasiones Dios pasa por alto esta falta de confianza y nos da incluso cuando no confiamos plenamente. Hace unos días, leímos sobre el padre que tenía un hijo con un espíritu mudo, que lo arrojaba al fuego y al agua. Este padre estaba tan angustiado como la madre sirofenicia, cuya hija tenía un espíritu inmundo. Como padres nos desesperamos por encontrar algo que ayude a nuestros hijos. Este padre estaba dispuesto a hacer cualquier cosa por su hijo. Jesús dijo: «*Al que cree todo le es posible*» (Mc 9:23). Cuando el padre escuchó esto, estuvo dispuesto a exponerse por completo, a admitir que confiaba, pero no plenamente: «*Creo; ayuda mi incredulidad*» (Mc 9:24).

El padre sabía que su confianza en Dios era insuficiente y estuvo dispuesto a confesarlo delante de todos los demás. Aunque su fe no era lo que debía ser, Jesús pasó por alto su falta de fe y expulsó al demonio, restaurando la salud del niño. Dios está presente en cualquier momento que lo necesitemos, y quiere intervenir en nuestra vida junto a nosotros. La mayor participación de Dios en nuestra vida es llevarnos al cielo: «*Dios, nuestro Salvador, el cual quiere que todos los hombres sean salvos y vengan al conocimiento de la verdad*» (1 Tm 2:3-4).

Este es el deseo supremo de Dios, pero también le interesa nuestra vida aquí en este mundo. En nuestra lectura del día de hoy en el libro de Marcos, después de que el hombre rico se fue, y Jesús dijo lo difícil que es para los ricos entrar en el reino de los cielos, los discípulos le preguntaron: «¿Quién, pues, podrá ser salvo?». Asombrado, Pedro dijo que ellos lo habían dejado todo para seguir a Jesús (la pregunta implícita era: ¿Y qué hay de nosotros?). Jesús les respondió: «*De cierto os digo que no hay nadie que haya dejado casa, o hermanos, o hermanas, o padre, o madre, o mujer, o hijos, o tierras, por causa de mí y del evangelio, que no reciba cien veces más ahora en este tiempo: casas, hermanos, hermanas, madres, hijos y tierras, aunque con persecuciones, y en el siglo venidero la vida eterna*» (Mc 10:29-30).

Dios quiere asegurarse de que tengamos todo lo que necesitamos para esta vida, junto con aquello en nuestro corazón que nos llevará al cielo cuando todo haya terminado aquí. Dios está involucrado en nuestras vidas, aunque muchas veces no lo veamos. ¿Alguna vez te has preguntado por qué tuviste problemas para salir de casa hacia el trabajo, solo para ver en las noticias más tarde que hubo un accidente en la carretera que sueles tomar justo a la hora que pasas por allí? Dios estuvo involucrado en mantenerte a salvo, pero en ese momento solo pensaste: Llegaré tarde al trabajo. ¿Cuántas veces está Dios involucrado y no hay noticias que nos digan lo que realmente sucedió?

¿Cuántas veces Dios ve algo en nuestro camino y nos desvía en otra dirección o nos dirige de alguna manera para que estemos protegidos? Qué poco conocemos de su intervención y cuánto la necesitamos. Es un gozo para Dios, un gozo para Jesús, proveer lo que necesitamos. Como leímos hoy en el libro de Hebreos: «*Puestos los ojos en Jesús, el autor y consumador de la fe, el cual por el gozo puesto delante de él sufrió la cruz, menospreciando el oprobio, y se sentó a la diestra del trono de Dios*» (Hb 12:2). Fue un gozo para Jesús traernos salvación y todo lo que necesitamos para la vida en este mundo. Hay un Dios que está involucrado en todas nuestras vidas.

La gloria del Señor es definitiva. No hay gloria mayor. No existe gloria que sobrepase la gloria del Señor. Su gloria es la gloria suprema, la gloria eterna, aquella que abarca todo el universo. Jesús habló de su propia gloria y de la del Padre cuando dijo: «*Padre, glorifícame tú al lado tuyo, con aquella gloria que tuve contigo antes que el mundo existiera*» (Jn 17:5).

Esta era la gloria que el Padre y Jesús tenían antes de que nosotros existiéramos, antes de que el ser humano fuera creado, antes de que el universo apareciera. Nosotros damos gloria a Dios por lo que ha hecho, pero Dios ya tenía una gloria que era totalmente suya antes de que se la diéramos. De la misma manera en que el amor de Dios es parte de su esencia, así también lo es su gloria. Dios es maravilloso en todo lo que él es. ¿No somos bendecidos por tener un Dios que se preocupa por nosotros?

Caminar con Dios puede ser un paseo placentero por esta vida. Si nos acercamos a él con humildad, él nos toma de la mano y camina junto a nosotros. Y mientras caminamos, su gloria emana y nos envuelve. Somos bendecidos al recibir grandes cosas de Dios. Cuando vemos con claridad la grandeza del Dios dador de bendiciones, estas se vuelven más nítidas ante nuestros ojos. ¿Cómo un Dios tan maravilloso podría preocuparse por nosotros? Sin embargo, lo hace. Existe una diferencia enorme entre Dios y nosotros: «*Porque mis pensamientos no son vuestros pensamientos ni vuestros caminos mis caminos*", dice Jehová. *Como son más altos los cielos que la tierra, así son mis caminos más altos que vuestros caminos y mis pensamientos, más que vuestros pensamientos*» (Is 55:8-9).

¡Qué gran diferencia! Y aun así, él se preocupa por nosotros. El simple hecho de que se preocupe por nosotros lo hace aún más grande a nuestros ojos. Pablo no tenía mucho aprecio por Jesucristo antes de encontrarse con él en el camino a Damasco.[1] Pero después, tras ser confrontado con su gloria —una gloria tan grande que Pablo apenas pudo describir—, Jesús estaba en cada una de sus palabra, y tal vez en cada uno de sus pensamientos.

En sus epístolas, Pablo usa el nombre de Cristo trecientas noventa y dos veces. Después de experimentar la gloria de Cristo, Pablo no podía dejar de hablar de él. ¿Alguna vez has tenido la oportunidad de estar en la presencia de alguien a quien admiras profundamente? ¿Recuerdas el efecto que tuvo en ti? Ahora multiplica eso al menos por cien y añade una gran luz a esa presencia. La gloria de Dios rebasa aun lo que podemos imaginar, excepto para aquellos pocos que la han experimentado a cierto nivel. Charles Finney, un gran evangelista, habla de una ocasión en que la luz de la gloria de Dios brilló a su alrededor y fue sacudido por la conciencia de la grandeza de Dios y del rechazo de la humanidad hacia el Señor.

Finney no pudo hacer otra cosa más que llorar y llorar. La gloria de Dios es tan reveladora que expone todo lo que está oculto. Expone la grandeza de Dios, expone la pecaminosidad de la humanidad y expone la gracia en Cristo. No hay manera de describir la gloria de Dios, porque es tan brillante que, mientras estamos en este mundo, no somos capaces de ver su plenitud. Si hemos recibido a Cristo en nuestra vida, la gloria de Dios brilla sobre nosotros.

Hay un versículo corto en nuestra lectura del día de hoy en Hebreos, que se pierde en medio de todo lo que se dice acerca de Jesús: «*Porque no tenemos aquí ciudad permanente, sino que buscamos la por venir*» (Hb 13:14). El autor de Hebreos dice que buscamos la ciudad que ha de venir. Examínate a ti mismo para ver si este es tu deseo. Echemos un vistazo a esa ciudad: «*Entonces vino a mí uno de los siete ángeles (...) y habló conmigo, diciendo: "Ven acá, te mostraré la desposada, la esposa del Cordero". Me llevó en el Espíritu a un monte grande y alto y me mostró la gran ciudad, la santa Jerusalén, que descendía del cielo de parte de Dios. Tenía la gloria de Dios y su fulgor era semejante al de una piedra preciosísima, como piedra de jaspe, diáfana como el cristal*» (Ap 21:9-11).

Esta es la ciudad que anhelamos, donde la gloria de Dios vendrá. Más adelante en el capítulo nos dice lo siguiente: «*La ciudad no tiene necesidad de sol ni de luna que brillen en ella, porque la gloria de Dios la ilumina y el Cordero es su lumbrera*» (Ap 21:23). Para la mayoría de nosotros, es por fe que conocemos la gloria de Dios, pero un día será lo que ilumine toda nuestra vida.

---

1 Hch 9:3-6.

Todos los que son dignos pueden entrar. Ese es el justo requisito de Dios para todos los que entrarán al cielo y a la vida eterna. ¿Eres digno? Lo primero que puede venir a tu mente es tu pecado y tu indignidad, pero lo que debe llenarla es lo que Cristo ha hecho por nosotros, y que por su obra se nos considera dignos.

Ninguno de nosotros entra al cielo por algo que hayamos hecho o por cualquier justicia que poseamos. **Todo** depende de Cristo; toda justicia proviene de él.[1] Somos justos porque Cristo nos ha hecho justos. Caminamos en la justicia que él nos ha dado: «*Si por la transgresión de uno solo reinó la muerte, mucho más reinarán en vida por uno solo, Jesucristo, los que reciben la abundancia de la gracia y del don de la justicia*» (Rm 5:17).

Es Jesús quien ha abierto el camino para que cualquiera de nosotros pueda entrar al cielo. Antes de que él viniera, el camino estaba bloqueado porque nadie podía alcanzar la justicia necesaria para entrar. No puede haber nada en la presencia de Dios que no sea justo y digno. Tenemos el gran privilegio de ser admitidos en la misma presencia de Dios por toda la eternidad, gracias a la sangre de Cristo, el sacrificio perfecto ofrecido en la cruz, hecho por el mismo Dios. No podemos atribuirnos ninguna justicia o mérito, todo es un regalo. ¡Qué maravilla ha hecho el Señor! Se nos recuerda en nuestra lectura del día de hoy en Santiago: «*Toda buena dádiva y todo don perfecto desciende de lo alto, del Padre de las luces, en el cual no hay mudanza ni sombra de variación*» (St 1:17).

Es un regalo que no cambiará; ¡qué cosa tan asombrosa ha hecho Dios! Todos sabemos que lo hizo por amor a nosotros, pero hagamos una pausa por un momento. Tú te conoces a ti mismo como yo me conozco a mí mismo. Y cuando busco una razón por la cual el Padre y su Hijo, Jesucristo, hicieron lo que hicieron por mí, no encuentro ninguna. Esto sobrepasa cualquier explicación humana; incluso decir que es amor no alcanza, porque es un amor que el hombre no posee, un amor que no está en su ser. Es un amor que va mucho más allá de nosotros, tan alto como los cielos, tan vasto como los confines del universo. Cuando comenzamos a lidiar con el conocimiento del amor de Dios, ¿podemos hacer otra cosa más que adorarle? ¡Qué amor, qué sacrificio, qué entrega!

Nos invade el asombro ante un Dios que haría tanto por nosotros. Creo que nuestra gratitud y adoración seguirán creciendo hasta el día en que partamos de esta tierra. Cuanto más caminamos con Dios, más le conocemos; y cuanto más le conocemos, más le adoramos. A veces parece que debemos detenernos en nuestras vidas y permitir que el peso de lo que Dios ha hecho por nosotros, al darnos la salvación, repose en nuestro interior, para que la máxima gratitud brote desde el fondo de nuestro ser para ser ofrecida a Dios. Nuestra gratitud no es suficiente, pero es todo lo que tenemos. Debemos darle al Señor lo que tenemos y aferrarnos a él con todas nuestras fuerzas, confiando en él con cada fibra de nuestro ser.

Dios ha extendido su mano hacia nosotros para darnos la salvación. No hay nadie más que pueda hacer por nosotros lo que él ha hecho. Él merece todo nuestro ser y todo lo que somos. Debemos entregarle toda nuestra vida: cada intención, cada pensamiento, cada acción. Esto no significa que nuestras intenciones, pensamientos y acciones ya no serán nuestras, sino que permitimos que Dios nos guíe y altere o cambie cualquiera de ellas cuando él lo desee. Sabiendo todo lo que ha hecho por nosotros, ¿podemos ofrecerle menos que todo lo que somos?

En nuestra lectura del día de hoy en el libro de Marcos, se le pregunta a Jesús cuál es el mayor mandamiento, a lo que él responde: «*Oye, Israel: el Señor nuestro Dios, el Señor uno es. Y amarás al Señor tu Dios con todo tu corazón, con toda tu alma, con toda tu mente y con todas tus fuerzas*» (Mc 12:29-30). Este es el mandamiento, pero con lo que ahora sabemos de Dios, ¿realmente necesitamos que sea un mandamiento? Nuestro amor debe fluir como una fuente inagotable, mientras damos gracias a Dios por todo lo que ha hecho por cada uno de nosotros.

---

1   Jr 23:6; Rm 5:19; 1 Co 5:21; 1 Jn 2:29; Rm 3:22, 24; Flp 3:9.

La vida es buena todo el tiempo. Debemos verla dentro del marco de la eternidad. Hemos recibido el don de la existencia, la vida misma. Ahora se nos presenta una elección: la muerte eterna o la vida eterna. En términos espirituales, estamos muertos hasta que aceptamos a Cristo. Tal como dice la Escritura: «*El que oye mi palabra y cree al que me envió tiene vida eterna, y no vendrá a condenación, sino que ha pasado de muerte a vida*» (Jn 5:24).

No importa cómo vayan las cosas aquí en la tierra —bien o mal—, tenemos vida. Es Dios quien nos ha dado esta vida, y sin importar cómo sea nuestro trayecto en este mundo, cuando todo acabe aquí, nos espera la vida eterna con Dios en el cielo. Esa vida eterna hará que nuestra existencia terrenal parezca un punto insignificante en comparación. La vida es buena porque la tenemos, Dios nos la dio, estamos vivos espiritualmente. Por medio de Jesucristo hemos sido vivificados, nacimos de nuevo. Nuestra vida no parecerá verdaderamente buena hasta que comprendamos la diferencia entre la vida que teníamos antes de la salvación (que la Escritura nos describe como muerte) y la vida que tenemos después de la salvación. Debemos ver esta diferencia y entender que antes ni siquiera teníamos vida. Ahora sabemos que tenemos vida y que nos espera el cielo.

Un hermano en la fe me dijo que estaría contento incluso si su tarea en el cielo fuese pulir piedras, ya que al menos estará allí. Este es el propósito que da vida a nuestra vida: saber que se nos aceptará en el cielo para estar con Dios por la eternidad. Habrá tribulaciones en esta vida; Jesús dijo: «*Basta a cada día su propio mal*» (Mt 6:34).

Esto no significa que todos los días tendremos problemas, sino que lo que ocurre hoy es suficiente para preocuparnos, sin tener que angustiarnos por el mañana. Nos recuerda que habrá días difíciles, pero que los problemas son temporales, no durarán para siempre. Cuando lleguemos al cielo, Dios habrá resuelto todo; él estará a cargo y ya no habrá más problemas. La vida es buena, aunque tengamos que esperar un poco para la vida realmente gloriosa que vendrá. Saber lo que nos espera debe darnos la voluntad de enfrentar cualquier desafío aquí. Muchos de nuestros hermanos han sufrido persecuciones, e incluso han sido mártires por el gozo de saber lo que Dios les tenía preparado al finalizar esta vida terrenal. Es un buen llamado a la realidad leer algunos capítulos de El libro de los mártires de Foxe.

La verdad fundamental es que toda la humanidad está descalificada para entrar al cielo; ninguno de nosotros califica. Hemos recibido un regalo inmerecido; la vida es buena. A medida que comencemos a ver que la vida que se nos ha dado es buena, encontraremos algo por lo que estar agradecidos cada día. Incluso en medio de nuestras tribulaciones, sabemos que Dios tiene el control. Los discípulos pensaron que el barco iba a hundirse y que se ahogarían.[1]

Pero después de calmar la tormenta, Jesús les preguntó: «¿Dónde está vuestra fe?». Sin importar cuán fuerte sea la tormenta, Dios tiene el control. A veces Dios está probando nuestra fe, otras veces está formando nuestro carácter. Cuando apartamos los ojos de Jesús, comenzamos a hundirnos. Pedro caminó sobre el agua hasta llegar casi donde estaba Jesús, pero comenzó a hundirse porque prestó demasiada atención a la tormenta.[2]

Las tormentas son difíciles, quizá tendremos que sacar el agua del bote, pero Jesús se asegurará de que lleguemos al otro lado. En nuestra lectura del día de hoy en el libro de Marcos, se habla sobre los acontecimientos finales. Jesús se refiere a todas las tribulaciones que vendrán en ese tiempo, pero en medio de todo ello dice: «*El que persevere hasta el fin, este será salvo*» (Mc 13:13).

Hay esperanza, pasaremos la tormenta. Dios se asegurará que aquellos que lleguen a ese día lo logren: «*Y si el Señor no hubiera acortado aquellos días, nadie sería salvo; pero por causa de los escogidos que él eligió, acortó aquellos días*» (Mc 13:20). Confía en Dios, él te ayudará a atravesar la tormenta, incluso si tiene que acortarla. Con un Dios que cuida de nosotros, tenemos vida, vida eterna, incluso en la peor de las tormentas. La vida es buena todo el tiempo, porque Dios está al mando de todo.

---

1   Lc 8:24.
2   Mt 14:28-30.

Mantente vigilante en todo momento. El enemigo ronda por todo el mundo buscando a quién devorar. Mantente alerta, pero no tengas miedo. Santiago nos enseña: «*Resistid al diablo, y huirá de vosotros*» (St 4:7). Pablo afirma lo siguiente: «*Porque no tenemos lucha contra sangre y carne, sino contra principados, contra potestades, contra los gobernadores de las tinieblas de este mundo, contra huestes espirituales de maldad en las regiones celestes*» (Ef 6:12). Luego, Pablo mismo nos explica en otra de sus epístolas cómo protegernos: «*Desechemos, pues, las obras de las tinieblas y vistámonos las armas de la luz*» (Rm 13:12). Cuando los setenta regresaron de ministrar a la gente, Jesús les dijo: «*Os doy potestad de pisotear serpientes y escorpiones, y sobre toda fuerza del enemigo, y nada os dañará*» (Lc 10:19).

Algunas de estas citas pueden infundir un poco de temor, pero veamos por qué no debemos tener miedo. En la primera parte del versículo 7 del capítulo 4 de Santiago leemos: «*Someteos, pues, a Dios*». Pedro también habla de lo mismo: «*Humillaos, pues, bajo la poderosa mano de Dios, para que él os exalte a su debido tiempo. Echad toda vuestra ansiedad sobre él, porque él tiene cuidado de vosotros. Sed sobrios y velad, porque vuestro adversario el diablo, como león rugiente, anda alrededor buscando a quien devorar*» (1 P 5:6-8). Pablo va más allá y nos ofrece un largo discurso sobre cómo debemos estar con Dios en los primeros nueve versículos del capítulo 6 del libro de Efesios, para luego decir: «*Por lo demás, hermanos míos, fortaleceos en el Señor y en su fuerza poderosa*» (Ef 6:10).

Debemos mantenernos vigilantes, resistir y conocer la protección de Dios con el poder que nos ha dado. No podemos ser indiferentes ante esto; debemos prestar atención. En su Palabra, Dios nos ha mostrado cómo no tener miedo, debemos seguir su camino.

Dios nos cubre cuando estamos en su camino. Él vigila todo en todo momento; ¡nada se le escapa! Puede que tengamos que pelear algunas batallas, pero sabemos quién es el que nos ayuda a ganar; realmente tenemos la «victoria». Cuando leemos el Antiguo Testamento, vemos a la nación de Israel librando muchas batallas. Cuando hacían las cosas a la manera de Dios, él peleaba a su favor y ellos salían victoriosos. Lo mismo ocurre con nosotros. Un libro interesante en la Biblia es el de Job. Encontramos muchas cosas en él, incluido cómo el diablo le causó muchos problemas a este personaje.

Lo que me anima es que el diablo, no importa cuán furioso estuviera, tuvo que pedir permiso. El diablo no puede hacer nada sin el permiso de Dios. Dios siempre está vigilante, siempre está atento. Pero quiere que sus hijos maduren y comprendan el poder que les ha dado. No nos ha dejado indefensos; nos ha dado un gran poder en el nombre y por la sangre de Jesús.

Debemos recordar que le pertenecemos a Jesús y que estamos cubiertos con su sangre. Esa cobertura es poderosa, y Jesús no permite que nadie se meta con lo suyo. ¿Te diste cuenta que Dios dijo: «Mi siervo Job»? Así es como resistimos sin tener miedo, sabiendo que pertenecemos a Dios. ¿Quién tiene la victoria? Si lo sabes, afírmalo. Recuerda: cuanto más te entregas como siervo de Dios, más te odia el diablo. Sin embargo, ese es el lugar donde estás más protegido. El diablo fue arrojado a la tierra cuando intentó rebelarse contra Dios. Ahora el diablo está confinado a la tierra, pero a nosotros se nos ha dicho que no somos de este mundo, por lo que no estamos sujetos al control del diablo. Él intenta atacarnos, pero tenemos el poder para rechazarlo. No necesitamos tener miedo; debemos recordar lo que Dios nos ha dicho.

En nuestra lectura del día de hoy en el libro de Santiago, se nos habla de uno de los mayores problemas que tenemos al hacer las cosas a la manera de Dios. Santiago habla de nuestra lengua indomable y de las cosas que decimos. Esto es lo que dice sobre nuestra lengua: «*Así también la lengua es un miembro pequeño, pero se jacta de grandes cosas. He aquí, ¡cuán grande bosque enciende un pequeño fuego!*» (St 3:5). Es en este punto donde debemos echar fuera el orgullo y revestirnos humildad. Santiago continúa diciéndonos cómo combatir esto, hablándonos de la verdadera sabiduría de Dios. Hoy, en Marcos, leemos sobre el arresto y el juicio de Jesús. Aquí vemos la verdadera humildad en su máxima expresión. Jesús pudo haber desistido del arresto y de la cruz en cualquier momento, pero los soportó para proveer lo que necesitábamos. Él no lo necesitaba, nosotros sí. Somos de él, y debemos parecernos más a él. Debemos estar vigilantes y conocer la victoria que se nos ha dado.

Recibimos un amor que ninguno de nosotros puede conocer plenamente hasta que lleguemos al cielo. El hecho de que no podamos comprenderlo por completo no significa que no tendrá el efecto pleno que Dios ha destinado que tenga en nuestras vidas. Una vez que entregamos nuestras vidas a Dios, él obra cada día para transformarnos en una nueva criatura. Su amor tiene un efecto en nosotros que ni siquiera reconocemos, pero otros lo ven sin saber cómo sucede.

El amor de Dios es lo que mantiene este mundo en pie; bien podría haberlo destruido, junto con nosotros, hace mucho tiempo. Dios le da a la humanidad una oportunidad tras otra. *«¿O menosprecias las riquezas de su benignidad, paciencia y generosidad, ignorando que su benignidad te guía al arrepentimiento?»* (Rm 2:4).

Ahora, hay un amor que viene de Dios y que ninguno de nosotros puede conocer. Su magnitud es demasiado amplia y demasiado elevada para que siquiera podamos alcanzarla. Es parte de quien es, de quien él mismo ha dicho: «Como son más altos los cielos que la tierra, así son mis caminos más altos que vuestros caminos» (Is 55:9). No hay forma de que podamos alcanzarlo; lo único que nos queda es creerlo por fe, sabiendo que es verdad. En muchas ocasiones, Jesús intenta que nos demos cuenta de que Dios quiere que seamos como él en esta área:

«Un mandamiento nuevo os doy: que os améis unos a otros; como yo os he amado,
que también os améis unos a otros» (Jn 13:34).
«Este es mi mandamiento: que os améis unos a otros, como yo os he amado» (Jn 15:12).
«Esto os mando: que os améis unos a otros» (Jn 15:17).
«Amaos los unos a los otros con amor fraternal» (Rm 12:10).
«Servíos por amor los unos a los otros» (Ga 5:13).
«Soportándoos con paciencia los unos a los otros en amor» (Ef 4:2).
«Y el Señor os haga crecer y abundar en amor unos para con otros» (1 Ts 3:12).
«Vosotros mismos habéis aprendido de Dios que os améis unos a otros» (1 Ts 4:9).
«Amaos unos a otros entrañablemente, de corazón puro» (1 P 1:22).
«Y ante todo, tened entre vosotros ferviente amor» (1 P 4:8).
«Este es el mensaje que habéis oído desde el principio: que nos amemos unos a otros» (1 Jn 3:11).
«Y este es su mandamiento: que creamos en el nombre de su Hijo Jesucristo,
y nos amemos unos a otros como nos lo ha mandado» (1 Jn 3:23).
«Amados, amémonos unos a otros, porque el amor es de Dios. Todo aquel que ama, es nacido de Dios
y conoce a Dios» (1 Jn 4:7).
«Amados, si Dios así nos ha amado, también debemos amarnos unos a otros» (1 Jn 4:11).
«Si nos amamos unos a otros, Dios permanece en nosotros y su amor se ha perfeccionado en nosotros» (1 Jn 4:12).
«Y ahora te ruego, señora, no como escribiéndote un nuevo mandamiento, sino el que hemos tenido desde el principio, que nos amemos unos a otros» (2 Jn 1:5).

Así es como Dios desea que seamos como él, que amemos como él ama. Nunca comprenderemos la totalidad de su amor hasta que estemos en su presencia. Aun así, hoy recibimos los beneficios de ese amor, aunque no podemos comprenderlo en su plenitud. Nuestro Dios es bondadoso con nosotros, mucho más de lo que podemos darnos cuenta.

Hoy continuamos leyendo en el libro de Marcos sobre el arresto, el juicio y la ejecución de Jesús en la cruz. Él soportó mucho maltrato y deshonra al ser crucificado en una cruz romana. Se entregó a sí mismo para adquirir la justicia mediante la cual podría ofrecernos la salvación por el precio que pagó. Jesús ha dicho: *«Nadie tiene mayor amor que este, que uno ponga su vida por sus amigos»* (Jn 15:13). Este es el tipo de amor que Dios tiene por nosotros: el Padre sacrificó al Hijo para que pudiéramos ser salvos. Es aquí donde comenzamos a conocer el amor de Dios.

Rey de reyes y Señor de señores. Quizá ya lo he dicho antes, pero ¿no es Jesucristo digno de toda la alabanza que se le da? ¿Podemos proclamarlo lo suficiente? Tal vez, lo proclamamos muy poco. Aun cuando todas las personas del mundo lo alabaran al mismo tiempo, ¿sería suficiente? Tal vez, él está incluso por encima de esto. Los ángeles se postran, los veinticuatro ancianos y los cuatro seres vivientes también,[1] y cuando estemos en el cielo, todos nos postraremos.

Dios es digno de toda esta alabanza, y quizás de mucho más. Aquí en la tierra, solo palpamos una pequeña parte de quién es Dios. No hay manera de comprender plenamente su grandeza. Miramos a nuestro alrededor y vemos tanta belleza. El ser humano y todos los animales son obra de sus manos, y no podemos entender completamente cómo funcionamos.

Nos asombramos al observar todo lo que hay en esta tierra, incluso el núcleo del planeta; ¿realmente lo entendemos? La tierra gira a la velocidad justa para no lanzarnos al espacio ni estrellarnos contra el suelo por la fuerza de la gravedad. Tantas cosas asombrosas, tantas preguntas sin respuesta. Ni siquiera hemos terminado de meditar en todo lo que hay en la tierra, cuando alzamos la vista y vemos las estrellas. ¡Cuántas estrellas! Cada vez hay más y más.

Ahora gracias a los grandes telescopios observamos mucho más del magnífico universo. ¿Cuánto más puede haber? Y la Escritura dice: «*Cuando veo tus cielos, obra de tus dedos, la luna y las estrellas que tú formaste*» (Sal 8:3) y «*Él cuenta el número de las estrellas; a todas ellas llama por sus nombres*» (Sal 147:4).

¡Cuán grande es nuestro Dios! Y aun así, ¡cuán bondadoso es con nosotros! ¿Creemos que podríamos alabarlo lo suficiente alguna vez? Él está muy lejos de nuestra comprensión, muy por encima de lo que podríamos conocer. Rey de reyes y Señor de señores, ¡Así es, y mucho más! ¿Podemos realmente considerar a Dios, la plenitud de quién es él, su gran capacidad de hacer todas las cosas y el gran poder con el que mueve todo? ¿No nos hace retroceder asombrados cuando lo contemplamos verdaderamente? ¡Qué Dios tan grandioso; y, aun así, nos ama a cada uno de nosotros! ¿Quién es este Dios que nos ha dado la vida?

Con todo lo que él es y todo lo que hace, y él todavía quiere una relación personal con cada uno de nosotros. Al saber esto, ¿no nos asombra un poco? Un Dios tan increíble que, sin embargo, se preocupa por cada uno de nosotros. ¡Oh, la Palabra de Dios! Él apila conocimiento sobre conocimiento y nos lo revela poco a poco. Si lo buscamos y realmente queremos conocer más de él, cada vez que estamos en su Palabra, veremos algo nuevo: un nuevo énfasis, un nuevo significado o una nueva comprensión. Hay ocasiones en que leemos el mismo versículo como tantas otras veces, sin un nuevo énfasis o un nuevo significado, pero esta vez, nos toca el corazón como nunca antes.

¿Merece Dios nuestra adoración? ¿Merece nuestra alabanza? Todo en Dios nos mueve a agradecer, a adorar, a alabar. Durante los últimos dos días hemos leído en el libro de Marcos sobre el arresto, el juicio y la crucifixión de Jesús, cómo murió por nosotros por el perdón de nuestros pecados.

Hoy leemos acerca de su resurrección: «*Y cuando entraron en el sepulcro, vieron a un joven sentado al lado derecho, cubierto de una larga ropa blanca, y se asustaron. Pero él les dijo: "No os asustéis; buscáis a Jesús nazareno, el que fue crucificado. Ha resucitado, no está aquí; mirad el lugar en donde lo pusieron"*» (Mc 16:5-6). Esto es lo que nos da esperanza: al final de los tiempos, nuestros cuerpos también resucitarán, y estaremos con Dios para siempre, por la eternidad. Por esto le alabamos, por esto le adoramos, por esto damos gracias al Rey de reyes y Señor de señores. **¡GLORIA!**

---

1   Ap 4:8-11, 5:8-14, 7:9-12, 19:1-7.

Dios te ama más de lo que puedes comprender. Él se relaciona contigo en el Espíritu. Para nosotros, es difícil reconocer esa comunicación que sucede en el Espíritu. Dios nos transforma cuando nacemos de nuevo, aunque no sabemos cómo. Nuestra vida, nuestros gustos, nuestras costumbres cambian de tal manera que, a veces, los demás lo notan antes que nosotros. Nuestro ser interior —que ahora cobra vida porque el Espíritu de Dios ha entrado en nuestras vidas— es algo nuevo para nosotros; quizá no tenemos plena consciencia de lo que ocurre en nuestro interior. Con el tiempo, llegamos a conocer un poco más, pero nunca pletamente, lo que el Espíritu está haciendo en nosotros.[1]

Dios hace una obra muy especial al poner su Espíritu en nosotros cuando recibimos la salvación. Este es, en sí mismo, un gran acto de amor, que tal vez nunca comprendamos plenamente en esta vida. ¿Te das cuenta de que Dios comenzó a amarte desde la fundación del tiempo? Dios ha invertido un gran amor en ti. Lo que conocíamos del amor antes de que Dios nos revelara su amor hacia nosotros no era más que una sombra del gran resplandor de su amor. ¡Qué poco conocemos de las maravillas de Dios! El amor parece ser lo principal de su ser.

Incluso es su amor el que lo mueve a disciplinarnos para formar el carácter que él sabe que será bueno para nosotros. Su amor ha estado con nosotros desde el principio del tiempo; y en la salvación, ese amor entra en nosotros plenamente para producir ese carácter cristiano maduro que Dios está creando en nosotros. Él nunca nos deja desarrollar nuestro carácter cristiano por nuestra cuenta, pues sería sumamente defectuoso e imperfecto. Dios trabaja en nosotros de maneras que no conocemos. Cuando recordamos todas las Escrituras que nos señalan la imagen de quién es Dios, nos preguntamos cuánto se parece a nosotros, ya que fuimos creados a su semejanza. ¿Alguna vez te has dado cuenta de que una de las principales características de Dios es su amor? ¿Qué forma tiene el amor?

No se trata realmente de una forma, sino de un ser. El ser de Dios está compuesto en gran medida por amor, un amor genuino y perfecto. ¿Cuántas veces hemos oído: *De tal manera amó Dios*? ¿Lo ves? Es el amor de Dios lo que lo mueve. Es su amor el que ha estado dirigiéndose hacia nosotros, hacia cada uno de nosotros, desde la fundación del tiempo. Sus ojos estaban sobre nosotros, aun cuando no habíamos sido formados en el vientre: «*Mi embrión vieron tus ojos, y en tu libro estaban escritas todas aquellas cosas que fueron luego formadas, sin faltar ni una de ellas*» (Sal 139:16). ¿Cuánto amor es ese?

¿Cuánto te ama él? Nos ama mucho más de lo que jamás podremos comprender. Dios nos ama con un amor eterno, no del tipo de amor que se encuentra en este mundo. Siempre está mirando, siempre está guiando, siempre está moviéndose, siempre está trazando un camino delante de nosotros. No hay ningún lugar a donde vayamos que él no conozca. Cuando avanzamos, él lo sabe; cuando nos desviamos al desierto, él lo sabe; cuando entramos en la tormenta, él lo sabe. No hay ningún lugar a donde vayamos que él no conozca,[2] y va con nosotros. Dios nos ama con un amor que sobrepasa nuestro entendimiento.

Un día conoceremos ese amor —en el momento en que entremos en el cielo—, lo tendremos en nuestro interior. Hasta entonces, seguiremos recibiéndolo y se irá formando en nosotros, mientras nos volvemos cada vez más como Cristo, nuestro salvador. Ese gran amor que Dios ha tenido por nosotros desde el principio, al hacer un camino por el cual podríamos ser salvos, es del que Pedro habla en nuestra lectura del día hoy: «*Pues ya sabéis que fuisteis rescatados (...) no con cosas corruptibles (...) sino con la sangre preciosa de Cristo, como de un cordero sin mancha y sin contaminación. Él estaba destinado desde antes de la fundación del mundo, pero ha sido manifestado en los últimos tiempos por amor de vosotros. Por medio de él creéis en Dios, quien lo resucitó de los muertos y le ha dado gloria, para que vuestra fe y esperanza sean en Dios*» (1 P 1:18-21).

El amor de un Dios maravilloso nos ha dado todo esto. Se nos dice hoy en Lucas lo que se nos estaba dando incluso antes de que naciera Cristo nuestro salvador. El padre de Juan el Bautista habló estas palabras por el Espíritu Santo: «*Y tú, niño, profeta del Altísimo serás llamado, porque irás delante de la presencia del Señor para preparar sus caminos, para dar conocimiento de salvación a su pueblo, para perdón de sus pecados, por la entrañable misericordia de nuestro Dios*» (Lc 1:76-78). ¿Cuánto te ama Dios?

---

1   Tt 3:5.
2   Sal 139:1-16.

Dios está en todos tus caminos. A veces podrías preguntarte lo siguiente: ¿Está Dios en mí, acaso no prometió estar conmigo? Si él está con nosotros, ¿no estaría entonces en todos nuestros caminos? A veces estamos tan ocupados tratando de ordenar nuestra situación, que no dejamos espacio para que Dios se involucre. Podemos orar pidiendo su ayuda, pero luego tratamos de resolverlo por nuestra cuenta, sin haberle invitado a que intervenga. Podemos pedirle que nos haga fuertes, que nos dé sabiduría, que nos ayude a tener fe, pero todo eso se trata de nosotros. Lo que necesitamos hacer es invitar a Dios a participar, incluso pedirle que vaya delante de nosotros.

No es que pedir esas cosas esté mal, pero debe trascender lo que nosotros queremos. ¿Cuántas veces leemos que el rey David consultaba a Dios antes de salir a la batalla? Lo primero que David preguntaba era: **¿Subiré? ¿Entraré en esta batalla?**. ¿Hacemos nosotros estas preguntas o nos metemos en problemas en los que ni siquiera deberíamos haber entrado? David confiaba en que Dios lo fortalecería a él y a su ejército, pero siempre dependía de Dios para el resultado.

Dios está en todos nuestros caminos, porque él está en nosotros, pero ¿le hemos invitado a participar y guiarnos? En nuestro razonamiento humano, ¿no haríamos lo que hizo Moisés al guiar al pueblo hasta quedar atrapados frente al mar sin escapatoria, mientras el enemigo los perseguía? Pero Dios era quien guiaba a Moisés. Con Dios involucrado, él puede darnos una mejor guía que la que nosotros podríamos encontrar por nuestra cuenta.

No necesitamos preguntarnos si Dios está con nosotros, si lo mantenemos involucrado en lo que ocurre en nuestra vida. Es tan fácil enfocarnos en lo que nos rodea y esforzarnos por avanzar en la vida, que nos olvidamos de lo invisible que puede suceder si buscamos todo lo que Dios tiene para ofrecernos. Incluso Jesús, en su vida terrenal, necesitó la ayuda de ángeles en dos ocasiones conocidas: «*El diablo entonces lo dejó, y vinieron ángeles y lo servían*» (Mt 4:11) y «*"Padre, si quieres, pasa de mí esta copa; pero no se haga mi voluntad, sino la tuya". Entonces se le apareció un ángel del cielo para fortalecerlo*» (Lc 22:42-43).

Si Jesús necesitó la ayuda de ángeles, seguramente nosotros también la necesitamos. Si pedimos al Padre su ayuda y lo invitamos a participar en lo que sucede en nuestras vidas, tal vez él nos enviará ángeles para ayudarnos. Aunque no los veamos, no significa que no estén allí, interviniendo en nuestra situación. Hay un mundo espiritual invisible a nuestro alrededor, ¿por qué no buscar ayuda en ese mundo donde Dios está presente? La bondad de Dios siempre fluye hacia nosotros, ¿no deberíamos pedir al Padre que un poco de esa bondad fluya en medio de nuestra dificultad para ayudarnos? ¡Cuántas batallas espirituales suceden a nuestro alrededor y ni siquiera lo sabemos! Miguel fue a ayudar a Gabriel para que pudiera hablar con Daniel.[1]

Los guerreros del cielo, con sus caballos y carros de fuego, estaban listos alrededor de Eliseo, pero su siervo no podía verlos y entró en pánico.[2] Un ángel vino y escoltó a Pedro fuera de la prisión, y Pedro no se dio cuenta de que era real hasta que se encontró fuera de la cárcel.[3] Los apóstoles fueron encarcelados, pero un ángel los sacó y los envió al templo a predicar.[4] ¿Necesitamos más ejemplos para darnos cuenta de que los ángeles de Dios están obrando? Dios está con nosotros, y las Escrituras nos dicen que incluso está en nosotros.[5] Nuestra fe debe llegar al punto de reconocer el reino espiritual que nos rodea para que no tengamos que enfrentarlo todo solos.

En nuestro corazón debemos hacer un lugar alto para Dios, sabiendo que él está en control de todas las cosas. Si lo invitamos a nuestras vidas, él tomará el control en nuestro favor. A medida que le demos más importancia a Dios en nuestra vida y en nuestro corazón, encontraremos que las cosas no serán tan difíciles. Vemos que el rey David hizo un lugar alto en su corazón para Dios y dijo: «*Jehová, no hay nadie semejante a ti, ni hay Dios fuera de ti, según todas las cosas que hemos oído con nuestros oídos*» (1 Cr 17:20).

Este tipo de confesión debe estar continuamente en nuestros corazones, y palabras similares deben salir de nuestros labios. Recuerda la promesa de Dios: «*Acercaos a Dios, y él se acercará a vosotros*» (St 4:8).

---

1   Dn 10:12-14.
2   2 R 6:17.
3   Hch 12:10.
4   Hch 5:17-20.
5   1 Jn 3:24, 4:15-16.

Estás parado en el umbral del éxito. No estoy hablando de que te hagas rico o de que te conviertas en el líder de un gran movimiento. Ni siquiera estoy hablando de que consigas un gran trabajo. Estoy hablando de tu pronta entrada al cielo, donde estarás con Dios para siempre, donde él será tu Dios y tú serás parte de su pueblo. Muchos de ustedes, especialmente los jóvenes, tal vez digan: **Espera un momento, aún tengo mucho por vivir antes de irme de este mundo.** Sí, en términos del tiempo terrenal, eso es cierto, pero según el tiempo celestial, eso puede ser mañana o incluso antes.

El punto es que cualquiera que haya aceptado a Jesucristo como Señor y salvador tiene un lugar en el cielo y una garantía de éxito, porque ese éxito no depende de nosotros, sino de Jesús. No hay nada que haga Jesucristo que no sea un éxito. Nosotros somos parte de lo que él está haciendo. Él murió en la cruz y pagó por nuestros pecados, **un éxito**. Resucitó de los muertos y nos mostró que también lo haremos, **un éxito**. Fue al cielo y preparó un lugar para nosotros, **un éxito**. ¿Estás en el umbral del **éxito**? ¿Eres salvo y crees que el próximo gran paso en tu vida es entrar en la eternidad en el cielo?

Cada uno de nosotros debería vivir con esta expectativa, sin importar cuántos años nos queden en esta tierra. Una vez que somos salvos, no habrá ningún evento en nuestra vida terrenal que sea más maravilloso que nuestra llegada al cielo. Si vivimos con esta expectativa, nuestros días aquí cambiarán, porque habremos puesto nuestro enfoque en el lugar correcto. Todo lo que hacemos en nuestra vida debe estar gobernado por el conocimiento del cielo y lo importante que es para nosotros. Nunca sabremos cuándo será el día en que dejaremos esta tierra; podría estar a la vuelta de la esquina o tras la siguiente colina.

No tenemos idea de cuántos años nos quedan en esta tierra. No digo que debas preocuparte por llegar al cielo, sino que hablo de la emoción de llegar allí, de estar en la misma presencia del que ha resucitado, del que vive para siempre, del que tiene autoridad sobre todas las cosas, nuestro salvador, el Señor Jesucristo. Ese es nuestro éxito: ser aceptados en su presencia por la eternidad, sin tener que partir nunca más, para siempre con nuestro Señor. Será una existencia más allá de nuestra imaginación, una vida más maravillosa y feliz de lo que jamás hemos tenido o pensado.

No más dolor, no más tristeza, no más lágrimas, no más muerte. ¿Quién no se emociona con esto? No hay nadie que haya sufrido dolor y que no se alegraría de que desaparezca. No hay nadie que haya experimentado tristeza que no se alegraría de que se vaya. No hay nadie que haya derramado lágrimas que no se alegraría de que se sequen. Este será un cambio significativo para nosotros cuando llegue el momento. No digo que deba apresurarse de ninguna manera, pero sí debemos esperar con emoción ese día. Esa emoción cambia la manera en que vivimos cada día en esta tierra, dándonos una alegría que los no salvos no tienen. Hoy leemos en 1 Pedro: *«Al contrario, santificad a Dios el Señor en vuestros corazones, y estad siempre preparados para presentar defensa con mansedumbre y reverencia ante todo el que os demande razón de la esperanza que hay en vosotros»* (1 P 3:15).

Cuando otros vean la alegría que tenemos, Pedro nos dice que debemos estar listos para explicarles por qué estamos felices. Si fuéramos a un evento importante en esta tierra; un partido de fútbol, un espectáculo teatral trascendente, un gran baile, lo que sea, si otros nos preguntaran por qué estamos tan felices al esperarlo, ¿no se lo diríamos? Esta es la clase de emoción que debemos comenzar a cultivar en nuestros corazones acerca del cielo. A veces, nos dejamos hundir por nuestras dificultades y perdemos de vista lo que nos espera.

Parece que aquellos que más sufrían en el pasado eran los que más miraban hacia arriba. ¿Necesitas pasar por grandes dificultades para mirar hacia arriba? ¿Por qué no comenzar a mirar hoy? Recordar que el mayor éxito que jamás experimentarás en la vida se debe a lo que otro ha hecho por ti te mantendrá mirando hacia arriba. Jesús siempre está mirando hacia abajo, velando por ti; no pienses que él no sabe lo que está sucediendo contigo. En nuestra lectura del día de hoy, en el capítulo 3 de Lucas, escuchamos las palabras del profeta Isaías: *«Y verá toda carne la salvación de Dios»* (Lc 3:6). Recibir la salvación, ¿no es esto el éxito para todos los que la reciben?

La bondad de Dios siempre está disponible. Nuestra relación con él no es algo que debamos dar por sentado. ¿Qué persona que tiene una relación contigo no desearía que pasaras tiempo con ella? Y si esa persona te proveyera cosas que necesitas, seguramente querría que acudieras a pedírselas, sabiendo que te las dará. ¿Hacemos esto con Dios? ¿Nos preguntamos a veces dónde está su bondad para nosotros? ¿Tomamos tiempo para acudir a él y pedir?

Si vamos a ser personas espirituales, debemos dar lugar a las cosas espirituales en nuestras vidas. Jesús fue el hombre más espiritual que jamás haya existido y, aun así, se tomaba tiempo para orarle al Padre. ¿No es Jesús nuestro ejemplo de cómo ser alguien espiritual? Cuánto desea el Padre bendecirnos, cuánto anhela tener comunión con nosotros. Cuanto más profunda es nuestra relación con Dios, más profunda es nuestra consciencia de que él cuidará de nosotros. Permíteme arrojar nueva luz sobre un versículo que hemos oído muchas veces: «La fe es por el oír» (Rm 10:17).

Sé que cuando Pablo menciona esto se refiere a la salvación, pero ¿limitaría eso sus efectos? **La fe es por el oír**, ¿no sería esto también cierto si pasáramos tiempo con Dios en oración y a veces oyéramos su voz, esa voz suave y apacible, que nos habla? ¿No haría esto que nuestra fe creciera y que depositáramos cada vez más confianza en él? Dios no siempre nos habla la primera vez que oramos, ni siquiera la segunda: «*Voy a rogar a Jehová, vuestro Dios, como habéis dicho (...). Aconteció que al cabo de diez días vino palabra de Jehová a Jeremías*» (Jr 42:4, 7).

Dios quiere saber si eres constante y cuán serio eres. Algo interesante que he descubierto es que, a veces, paso mucho tiempo en oración y no escucho nada, pero luego, mientras camino o en el trabajo, de repente Dios me habla. Puede haber una pausa entre el momento en que oré y cuando Dios me habló, pero está conectado con mi tiempo de oración. Jesús se levantaba temprano o se quedaba hasta tarde para orar al Padre. Muchos de nuestros días están saturados, por lo que debemos apartar tiempo para dedicar los momentos más importantes de nuestra jornada.

Incluso puede que tengamos que sacrificar algo para tener tiempo para estar con Dios. Nuestro Dios lo vale. Él dio a su Hijo, Jesucristo, que murió en una cruz, para que pudiéramos recibir la salvación y la entrada al cielo cuando nuestra vida aquí termine. Dios quiere tener comunión. En el huerto dijo: **Adán, ¿dónde estás?**. Hoy, Dios nos está llamando: Jose, ¿dónde estás? Luis, ¿dónde estás? Juan, ¿dónde estás? Carmen, ¿dónde estás? Guadalupe, ¿dónde estás? Maria, ¿dónde estás? Él desea tener comunión contigo. ¿Y tú? ¿Quieres tener comunión con él? Al final, eso es lo que importa: ¿queremos comunión con Dios?

No podemos esperar su bendición en nuestras vidas si no nos tomamos tiempo para tener una relación con él. Nuestra entrada al cielo fue asegurada el día que aceptamos a Jesús como Señor, pero las bendiciones de Dios mientras esperamos ese día se encuentran en la relación que mantenemos con él. Sin duda, Jesús conocía al Padre mejor que cualquiera de nosotros, pero aun así pasaba tiempo en oración, tiempo en comunión.

Gracias a los Salmos, sabemos que el rey David pasaba tiempo con Dios, y leemos en las Escrituras acerca de las bendiciones que Dios le dio. En nuestra lectura del día de hoy en Lucas, Jesús sale temprano, antes de que amaneciera, para pasar tiempo en oración con el Padre: «*Cuando ya era de día, salió y se fue a un lugar desierto*» (Lc 4:42). Un texto paralelo a este lo encontramos en Marcos: «*Levantándose muy de mañana, siendo aún muy oscuro, salió y se fue a un lugar desierto, y allí oraba*» (Mc 1:35).

Este es nuestro ejemplo. Jesús apartaba tiempo para orar al Padre —ya fuera temprano en la mañana o tarde en la noche— de una agenda más importante y apretada que la nuestra. Debemos apartar un tiempo para orar de manera intencional; de lo contrario, nunca habrá lugar para ello.

La vida es buena y Dios está bendiciendo cada día. Siempre hay más bendiciones por venir. Podemos pensar que no, podemos temer que no, pero Dios nunca se queda sin bendiciones y nunca deja de dar. Tal vez no te esté dando lo que deseas, pero eso no significa que no lo esté haciendo. Santiago nos brinda una pista sobre el motivo por el cual Dios a veces no da: «*Pedís, pero no recibís, porque pedís mal, para gastar en vuestros deleites*» (St 4:3).

Dios quiere que crezcamos espiritualmente, que su Iglesia crezca, que su reino en la tierra se expanda. Estas son las razones por las cuales da. Esto no significa que él no te ayudará con tus necesidades diarias, como un lugar donde vivir, un buen trabajo o un medio de transporte. Pero puede que tengas que obtener ese bote, esa motocicleta o esa casa llena de muebles nuevos, todo aquello que es para tu deleite, por tu propia cuenta. Dios nos da cosas mucho mayores, muchas de las cuales tienen valor eterno.

Recordemos algo que Jesús dijo en su oración al Padre: «*No son del mundo, como tampoco yo soy del mundo. No ruego que los quites del mundo, sino que los guardes del mal. No son del mundo, como tampoco yo soy del mundo*» (Jn 17:14-16).

Nuestra atención en esta vida no debe estar en este mundo ni en lo que tiene para ofrecer, sino en Dios, en nuestro futuro con él y en lo que tiene para nosotros aquí y ahora. Dios quiere que vivamos para su reino, el reino de su Hijo,[1] que ya está en la tierra.[2] Dios quiere una Iglesia fuerte y que el mundo vea su bondad, parte de la cual es visible cuando nos ven a nosotros. Cuando nos entregamos a estas cosas, él nos dará lo que necesitamos tanto para ellas como para nuestra vida.

El más grande regalo que Dios nos da es espiritual, no algo tangible, pero es mucho más valioso que cualquier cosa que podamos tocar. Dios siempre nos da para que podamos crecer espiritualmente. Cuando leemos su Palabra, el Espíritu Santo nos ayuda a entenderla.[3] ¿Le pides al Espíritu Santo que te ayude a comprender su Palabra cuando la lees? La Palabra de Dios no es algo muerto y sin vida en una hoja de papel, es viva y eficaz.[4] No se trata de tomar palabras muertas y sin vida de un papel y ponerlas en nuestra mente; están vivas y en movimiento, debemos tomarlas y plantarlas en nuestros corazones.

Dios está haciendo muchas cosas espirituales en nuestras vidas, y ni siquiera lo sabemos. Estamos en constante crecimiento; a veces participamos de manera activa, y otras veces simplemente notamos cambios en nuestra vida espiritual. Jesús vino para que pudiéramos tener un nuevo nacimiento, el nacimiento del Espíritu en nosotros, una nueva parte de nosotros que empieza a crecer. Jesús le dijo a Nicodemo: «*Lo que nace de la carne, carne es; y lo que nace del Espíritu, espíritu es*» (Jn 3:6).

Lo que es del Espíritu es lo que nos hace crecer, se encuentra en el hombre interior, lo que no pertenece a la carne. Tómate un momento para pensar en todo lo que ha cambiado en tu vida desde que recibiste la salvación, tanto en lo material como en lo espiritual. ¿Cuántas cosas hay, puedes contarlas? ¿La vida es buena y Dios te bendice cada día? En ocasiones, nos quedamos atrapados en nuestros momentos de necesidad y olvidamos todo lo que Dios ya ha hecho. Recordar las cosas que Dios ha hecho en nuestro pasado fortalece nuestra fe para enfrentar lo que nos toca enfrentar. No siempre podemos ver más allá de la siguiente curva, de la cima de la montaña o del final de la tormenta, pero eso no significa que Dios no esté ahí, que no esté dando de alguna manera.

Hoy leemos en 1 Pedro una de las claves para recibir de parte de Dios: «*Humillaos, pues, bajo la poderosa mano de Dios, para que él os exalte a su debido tiempo. Echad toda vuestra ansiedad sobre él, porque él tiene cuidado de vosotros*» (1 P 5:6-7). Si nos acercamos a Dios con humildad, confiando en él, se encargará de nuestras necesidades. Lo único que necesitas hacer para saber que la nueva vida que Dios te ha dado es buena, es pensar en cómo vivirías ahora si él no estuviera.

Dios nos da, nos bendice, nos ayuda en todo momento. ¿Qué padre no ayuda a su hijo cuando está en necesidad?

---

1   Col 1:13.
2   Lc 17:20-21.
3   Jn 14:26.
4   Hb 4:12.

Hay vida hasta el final. Ese final es el día del juicio y el fin de la vida tal como la conocemos. Muchos hablan de sentarse en la mesa del banquete en el reino de Dios, de estar junto al río o de comer el fruto de los árboles. Todas esas cosas están relacionadas con experiencias terrenales. Pero, solo imaginar vivir la vida como Dios la vive, ser una persona plenamente espiritual, como lo son los ángeles,[1] es un cambio radical respecto a lo que conocemos.

Permíteme hacerte una pregunta, y que tu respuesta te lleve a considerar lo extraordinariamente diferente que será el cielo. En Apocalipsis se nos dice que la nueva Jerusalén mide lo mismo de ancho que de largo y alto, es decir, doce mil estadios.[2] Esta distancia se ha estimado en unos mil novecientos a dos mil cuatrocientos kilómetros. Será un lugar inmenso. Mi pregunta es: ¿por qué tiene que ser tan alto? Así que ya vemos que el cielo no será como la tierra, después de todo..., ¡es el cielo, la nueva Jerusalén! Son ideas interesantes sobre cómo será la vida en el cielo.

Jesús nos dijo que iba a preparar un lugar para nosotros cuando lleguemos.[3] Si se ha tomado tanto trabajo en hacerlo, no hay duda de que estará con nosotros en esta vida hasta que lleguemos allí. Jesús nos ha dado vida, hemos nacido de nuevo. Mientras sigamos reconociéndolo como nuestro Señor, él estará con nosotros en este recorrido, acompañándonos hasta el día en que dejemos la tierra y entremos en el cielo. Recordemos el episodio en que el Señor y sus discípulos estaban en la barca cruzando el lago. Los discípulos pensaron que no llegarían, pero lo hicieron.[4] Él siempre se asegura de que atravesemos la tormenta, cualquier tormenta, todas ellas. Depender de él como nuestro Señor nos llevará hasta el cielo. Nada lo impedirá, nada lo detendrá. Él nos guiará.[5]

Gracias a Jesucristo, tendremos vida hasta el final —y más allá de ese final—, cuando entremos al cielo. Encontraremos una vida mucho más grande de lo que jamás hayamos conocido, y entonces sabremos que no hay comparación. Viviremos y tendremos una vida como la que tienen los ángeles. ¡No puedes imaginarlo! Hemos entregado nuestras vidas a Jesús, somos su posesión, él pagó un alto precio por nosotros.[6] ¿Puedes imaginar a un rey que, habiendo pagado un alto precio por una propiedad, la deje atrás? ¿No haría todo lo necesario para llevarla consigo? Así somos nosotros, la posesión de Jesús, los hijos de Dios,[7] parte de la familia espiritual. ¿Cómo podríamos ser abandonados?

Dios, el Dios Trino —el Padre, el Hijo Jesús, y el Espíritu Santo—, ¿crees que no estará atento para asegurarse de que tengamos vida hasta el final de nuestra vida aquí y luego en la nueva vida en el cielo? Tenemos tan poca consciencia de las cosas asombrosas que hace por nosotros cada día. ¡Qué Dios tan hermoso y amoroso tenemos! En nuestra lectura del día de hoy en 2 Pedro, su declaración inicial es justamente lo que necesitamos escuchar:

- «*Todas las cosas que pertenecen a la vida y a la piedad nos han sido dadas por su divino poder,*
- *mediante el conocimiento de aquel que nos llamó por su gloria y excelencia;*
- *por medio de estas cosas nos ha dado preciosas y grandísimas promesas,*
- *para que por ellas lleguéis a ser participantes de la naturaleza divina,*
- *habiendo huido de la corrupción que hay en el mundo a causa de las pasiones*»

(2 P 1:3-4).

¿Acaso no suenan estas palabras como una promesa de que Dios te dará vida hasta el final de la vida en esta tierra, y luego una vida aún mayor en el cielo con él? Deja que todas estas palabras calen en tu corazón. Llévalas contigo durante el día, recíbelas como el agua que riega un árbol, deja que penetren profundamente en tu ser y que nutran y fortalezcan tu corazón.

---

1   Mc 12:25.
2   Ap 21:16.
3   Jn 14:2.
4   Mc 4:37-39.
5   Rm 8:38-39.
6   1 Co 6:20.
7   1 Jn 3:1.

Hay un Dios en el mundo que conoce todo lo que pasa. Esto se refleja claramente en el libro de Job. Dios sabía todo acerca de Job: conocía su situación en la vida, su posición en la comunidad, su relación con su familia y lo que sentía por Dios. ¿Alguna vez has tenido a alguien que se jacte de ti?

Dios presumió de Job, diciendo: «¿No te has fijado en mi siervo Job, que no hay otro como él en la tierra, varón perfecto y recto, temeroso de Dios y apartado del mal?» (Jb 1:8). Dios sabía todo acerca de Job y también sabe todo acerca de ti y de mí. Si hay algo en nuestra vida que no queremos que Dios sepa, esto no es una buena noticia. Por otro lado, si buscas que Dios te ayude con lo que te pasa, esto sí lo es. Cuando mi esposa era joven, solía ir al campo y gritarle a Dios por sus problemas. Muchos dirían que esto es una falta de respeto hacia Dios, pero ella decía que él ya sabía lo que había en su corazón, entonces, ¿por qué no debería también estar en sus labios?

Por supuesto, ya sabes quién ganaba siempre esas discusiones. No hay nada que Dios no sepa. ¿Puedes imaginar que nos creara, pero que luego no supiera nada de nosotros? Dios nos conoce desde la fundación del tiempo. Nos conoció antes de que fuéramos formados en el vientre, nos conoció incluso antes de que nuestros padres existieran. «*Mi embrión vieron tus ojos, y en tu libro estaban escritas todas aquellas cosas que fueron luego formadas, sin faltar ni una de ellas*» (Sal 139:16).

Él sabe lo que viviste ayer, sabe cómo va tu día hoy y lo que te espera mañana. Este es un Dios que nos dio un medio para ser salvos, que sabía todo acerca de nosotros y que sabe cómo será el resto de nuestra vida.

Él está en el principio, pero también está en el final, y conoce todo lo que ha de suceder. Dios no está limitado por el tiempo como lo estamos nosotros; para él, todo es ahora. ¿Sabe Dios de nuestras preocupaciones? ¿Sabe de nuestras alegrías? ¿Sabe de cada paso que daremos? ¡La respuesta es sí! Cuanto más conocemos a Dios, más grande se vuelve a nuestros ojos. Me pregunto cómo será estar en el cielo y conocer todo lo que él es. ¿Podríamos hacer otra cosa que no sea adorarlo y cantar sus alabanzas? Cuanto más grande se vuelve Dios para nosotros, más seguros estamos de que puede encargarse de nuestras necesidades.

A veces la vida es difícil, en parte por el efecto del pecado en el mundo que llegó por la desobediencia de Adán y Eva en el huerto del Edén. Pero otra razón por la cual la vida es difícil es que ahora pertenecemos a Dios. Podrías preguntarte a qué me refiero, ya que he estado diciendo que Dios cuida de nosotros —lo que sigue siendo verdad—. Jesús dijo: «*Acordaos de la palabra que yo os he dicho: "El siervo no es mayor que su señor". Si a mí me han perseguido, también a vosotros os perseguirán*» (Jn 15:20). Algunas de nuestras dificultades vendrán porque pertenecemos a Jesús. Sin embargo, ninguna de ellas nos abrumará, porque Dios siempre estará con nosotros: «*Todo aquel que confiese que Jesús es el Hijo de Dios, Dios permanece en él y él en Dios. Y nosotros hemos conocido y creído el amor que Dios tiene para con nosotros. Dios es amor, y el que permanece en amor permanece en Dios y Dios en él*» (1 Jn 4:15-16).

Dios siempre estará con nosotros, incluso cuando no seamos lo que deberíamos ser, él sigue allí. Estará con nosotros en todo lo que atravesemos y nos llevará al cielo al final, para estar con él por siempre. Si eres alguien que se pregunta cómo Dios te tratará debido a tu comportamiento pasado, observa lo que Jesús le dijo en nuestra lectura del día de hoy a la mujer pecadora que lavó sus pies con sus lágrimas: «*Por lo cual te digo que sus muchos pecados le son perdonados, porque amó mucho*» (Lc 7:47).

¿Lo amas mucho? Entonces, consuélate en lo que Jesús le dijo de esta mujer y también te dice de ti. Jesús vino a llamarnos a ti y a mí, porque somos pecadores: «*No he venido a llamar a justos, sino a pecadores al arrepentimiento*» (Lc 5:32). Nadie se justifica por su propio mérito. Los que son como los fariseos, que pensaban que su posición era buena, no serán exaltados porque no se arrepintieron. La mujer se arrepintió y amó. ¿Cuál de ellos eres tú?

Los que esperan en Jehová. ¿Esperas tú? ¿Lo buscas? ¿Lo invitas a cada área de tu vida? ¿Esperas para recibir su dirección? ¿Quieres ser fuerte? ¿Quieres elevarte por encima de tus problemas en lugar de quedar atrapado en ellos? ¿Deseas avanzar sin debilidad? ¿Anhelas caminar en fe con Dios? Entonces, escucha el resto del versículo: *«Mas los que esperan en Jehová tendrán nuevas fuerzas, levantarán alas como las águilas, correrán y no se cansarán, caminarán y no se fatigarán»* (Is 40:31).

Este versículo es para nosotros, los que tenemos a Cristo en nuestras vidas. El capítulo comienza hablando de Juan el Bautista en el versículo 3, y luego continúa refiriéndose a Cristo. El primer versículo es este: *«"¡Consolad, consolad a mi pueblo!", dice vuestro Dios»* (Is 40:1). ¿Cuántos nombres se han dado a nuestro Salvador? Algunos de ellos son Emanuel, Jesús, Admirable Consejero, Príncipe de Paz. Los dos últimos se explican por sí mismos: Emanuel significa **Dios con nosotros**, y Jesús, nombre que tanto a María como a José se les instruyó individualmente que debían ponerle al niño, quiere decir **ayuda de Jehová**. ¿No parecen estos nombres ajustarse al primer versículo de Isaías 40 que habla del consuelo? Dios se preocupa por nosotros desde el principio del tiempo. Su preocupación ha estado presente desde la fundación del mundo. En Apocalipsis 13:8 y 17:8 se habla de los no creyentes cuyos nombres no están escritos en el libro de la vida del Cordero. Por lo tanto, nuestros nombres han sido escritos en el libro de la vida del Cordero desde la fundación del mundo.

Este Dios es un Dios misericordioso, es un Dios amoroso, es un Dios paciente. ¿Puedes pensar en alguien mejor en quien esperar, confiar y tener fe? Nuestro Dios cuidará de nosotros. A veces pensamos que no le importamos, que no conoce nuestra situación o condición. Déjame hacerte una pregunta: ¿Sabes tú lo que va a suceder mañana? ¿Sabes con certeza lo que ocurrirá incluso dentro de un minuto?

Dios lo sabe. Él está allá en los cielos, en un lugar mucho más allá de lo que podemos conocer. Está muy por encima de lo que podemos ser. Él dijo: **«Sea la luz»**, y fue la luz. Él creó las estrellas, todas ellas, más de las que podemos contar (pues ni siquiera las hemos visto todas). Les ha dado nombres a todas. Creo que él es plenamente capaz de cuidarnos; necesitamos confiar en él, esperar en él, ser guiados por él y fortalecidos por él en nuestro interior.

No se trata de intentar mostrarnos dignos ante él; desde el principio estábamos en falta y necesitábamos la sangre de Cristo, entonces ¿por qué intentar mostrarnos dignos ahora? Lo que Dios quiere de nosotros es que nos rindamos, que nos humillemos, que reconozcamos que no podemos y que le pidamos que obre en nosotros para que podamos, pero por su poder en nosotros. Cuando dependemos plenamente en Dios y nos entregamos completamente a él, es asombroso lo que puede hacer a través de nosotros. Él desea que esperemos y confiemos en él. Hoy, en nuestra lectura de Lucas 8, leemos acerca de la desconfianza de aquellos a quienes se les había enseñado a confiar. Los discípulos estaban en la barca, en medio de la tempestad, y clamaron a Jesús: *«¡Maestro, Maestro, que perecemos!»* (Lc 8:24). ¿Estaban pereciendo? ¿Perecieron? ¿Qué hizo Jesús? Tomó el control de la tormenta que arreciaba a su alrededor y la calmó.

Luego se preguntaron: *«¿Quién es este, que aun a los vientos y a las aguas manda, y lo obedecen?»* (Lc 8:25). Es el mismo que estuvo presente cuando Dios dijo: **«Sea la luz»**. ¿Confías en él? En ese momento había quienes esperaban y confiaban. Jairo estaba esperando a Jesús y confiaba en que él podría devolver la vida a su hija.[1] Había también una mujer que necesitaba sanidad y que aun en medio de la conmoción cuando Jesús se dirigía a la casa de Jairo, ella confiaba en que si tan solo lograba tocar el borde de su manto, sería suficiente.[2]

Todos conocemos cuáles fueron los resultados para estos dos que esperaban su llegada y confiaban en que él podía ayudarlos. **«Los que esperan en Jehová»**. ¿Eres uno de los que esperan y confían en que Dios puede ocuparse de tu necesidad o sacarte de la tormenta que se desata a tu alrededor? Él se preocupa por ti, lo ha hecho desde la fundación del mundo.

---

1   Lc 8:41-42.
2   Lc 8:43-48.

Yo estoy donde tú estás; no es para que lo entiendas, es para que me sigas. ¿Crees que Dios alguna vez te ha dicho esto? ¿Cuántas veces pensamos que Dios no está a nuestro lado porque lo que sucede no tiene sentido para nosotros, porque no lo comprendemos? ¿Podemos acaso pensar lo que Dios piensa? ¿Podemos obrar como él obra? Dios le dijo a Job: «*¿Dónde estabas tú cuando yo fundaba la tierra? ¡Házmelo saber, si tienes inteligencia!*» (Jb 38:4).

Debemos recordar que hemos sido creados y que este mundo en el que vivimos también. ¡Cuán maravillosos y asombrosos somos! Aún los científicos no han podido descifrar por completo todas las funciones de nuestro cuerpo. Y este mundo, ¡cuán maravilloso y bello es! ¿Nos atrevemos a cuestionar al Dios amoroso que nos hizo y nos puso en un mundo tan asombroso? Debemos revestirnos de fe cuando no podemos ver cómo Dios está a nuestro lado o cómo está obrando en nuestra vida. La fe crece, pero hay un momento de decisión: hay que optar por creer en Dios, aun cuando lo que sucede nos parezca increíble. Tenemos que revestirnos de fe. Dios siempre está a nuestro lado, obrando en nuestras vidas.

Tal vez no veas lo que él está haciendo ni cómo lo está haciendo, pero ¿acaso estuviste presente cuando Dios dijo: «**Sea la luz**»? ¿Lo entiendes ahora siquiera? Debemos permitir que Dios obre como él lo hace, creyendo que lo está haciendo aunque no lo veamos.

¿Recuerdas al siervo de Eliseo que no podía ver lo que estaba sucediendo ni lo que Dios estaba haciendo? «*¿No me descubriréis vosotros quién de los nuestros está de parte del rey de Israel? Uno de los siervos respondió: "No, rey y señor mío; el profeta Eliseo, que está en Israel, es el que hace saber al rey de Israel las palabras que tú hablas en tu habitación más secreta". El rey ordenó: "Id y ved dónde está, para que yo envíe a apresarlo". Alguien le dijo: "Está en Dotán". Y el rey envió allí gente de a caballo, carros y un gran ejército, los cuales llegaron de noche y sitiaron la ciudad. El criado que servía al varón de Dios se levantó de mañana y salió. Al ver que el ejército tenía sitiada la ciudad, con gente de a caballo y carros, dijo a Eliseo: "¡Ah, señor mío! ¿qué haremos?". Eliseo respondió: "No tengas miedo, porque más son los que están con nosotros que los que están con ellos"*» (2 Re 6:11-16).

Esto muchas veces nos describe a nosotros. Nos sentimos rodeados o pensamos que algo está en nuestra contra. Pero, al igual que Eliseo le dijo a su siervo, **no temas, estamos cubiertos**, ¿cuántas veces Dios nos dice lo mismo? Debemos tener fe en que Dios tiene todo bajo control, a su manera. Cuando Eliseo finalmente oró para que Dios abriera los ojos del siervo, ¿qué fue lo que vio? «*Y este vio que el monte estaba lleno de gente de a caballo y de carros de fuego alrededor de Eliseo*» (2 Re 6:17).

Si Dios no hubiera abierto los ojos del siervo, ¿hubiera cambiado algo en lo que Dios estaba haciendo, algo de lo que estaba obrando? ¿Cuántas veces Dios nos cubre la espalda y simplemente no lo vemos? La fe consiste en confiar en Dios aun cuando no podemos ver lo que está sucediendo, sabiendo que él nos tiene cubiertos. A veces, la fe nos lleva a dar pasos en dónde no podemos ver hacia dónde nos dirigimos. Abraham hizo esto; no sabía adónde lo llevaban sus pasos, solo sabía que Dios lo había llamado a ir, y que Dios conocía el camino. Abraham es un ejemplo de gran fe, y antes de él lo fue Noé.

Ambos confiaron en Dios en fe, aun sin ver lo que él estaba haciendo. Nosotros también debemos confiar en Dios; solo en retrospectiva, a veces, podemos ver lo que él ha estado haciendo. Piensa en los israelitas, cómo al mirar atrás pudieron ver que Dios los había hecho cruzar el mar y que usó ese mismo mar para destruir a sus enemigos.[1] Su retrospectiva fue clara en ese momento. Hoy, en nuestra lectura del capítulo 9 del libro de Lucas, vemos cómo Jesús envía a los doce sin bastón, sin alforja, sin comida, sin dinero ni ropa extra. ¡Ciertamente, no es la manera en que nosotros lo haríamos!

En ocasiones, Dios sabe más de lo que nosotros sabemos. Otra vez vemos que Jesús sabía lo que hacía, pero los doce le dijeron: «*Despide a la gente, para que vayan a las aldeas y campos de alrededor y se alojen y encuentren alimentos, porque aquí estamos en lugar desierto*» (Lc 9:12). Escucha lo que Jesús les responde: «*Dadles vosotros de comer*» (Lc 9:13). ¡Qué! Los discípulos acababan de decirle lo que debían hacer para que todos tuvieran algo de comer, ¡y ahora les dice esto! No sabemos lo que Dios va a hacer, solo necesitamos confiar y seguirlo.

---

1   Ex 14:28.

Estemos listos en todo momento, pues no sabemos cuándo Dios nos usará. Es importante recordar que no somos nosotros quienes controlamos el momento, sino el Padre, quien tiene la autoridad sobre los tiempos.[1] Puede que nunca sepamos cuándo desea usarnos hasta el mismo instante en que lo haga. Pablo le dice a Timoteo: «*Que prediques la palabra y que instes a tiempo y fuera de tiempo*» (2 Ti 4:2).

Este mensaje también es para nosotros. Nunca sabemos cuándo el Padre pone a alguien justo frente a nosotros —alguien a quien él está acercando a Jesús— con el propósito de usarnos.[2] También puede surgir la oportunidad de servir a alguien que el Padre desea bendecir. Debemos disponer nuestro corazón para que podamos percibir que Dios nos está moviendo a ministrar. No es fácil rendirnos a la dirección del Espíritu. Vivimos en un mundo que nos impulsa a querer estar en control en todo momento. Aunque debemos llevar nuestra vida de manera ordenada en este mundo —algo que requiere cierto control—, la clave es estar sintonizados con el mover de Dios y ser lo bastante flexibles para permitirle cambiar nuestra dirección en cualquier momento.

Dios tiene una sabiduría mucho mayor que la nuestra, y él conoce el futuro y lo que está por venir. ¡Oh, cuánto podríamos planear si supiéramos exactamente lo que sucederá mañana o pasado mañana! Dios sí lo sabe y desea ayudarnos en el camino. También sabe cuándo quiere usarnos, y esto puede implicar un cambio en nuestra dirección con apenas uno o dos días de antelación. A veces nos preguntamos qué está sucediendo; pensamos que Dios nos estaba guiando en una dirección y no vemos ningún resultado. Lo que no entendemos es que Dios está preparando ciertas cosas para llevar a cabo un acontecimiento que él ha planeado.

Lo verdaderamente asombroso es que este Dios, quien creó todo en seis días con solo decir «**sea**» y así fue, nos incluya en cualquier cosa que esté haciendo. ¿Te das cuenta del privilegio que esto representa? Él podría hacer todo esto por sí mismo, pero nos invita a participar con él. Conociéndome como soy, pienso que me dejaría fuera de sus planes, pero el Padre desea que su hijo participe en lo que él está haciendo. Debemos recordar que el mayor atributo de Dios es el amor.

Probablemente nada de lo que vemos a nuestro alrededor existiría si no fuera por el amor de Dios. Fue su amor lo que lo impulsó a crearnos a nosotros y a todo lo que vemos. Fue su amor el que pacientemente esperó a que nos volviéramos hacia él. Fue por amor que decidió no destruir nuevamente a toda la humanidad con un diluvio. Y fue por amor que trazó un plan de redención para que pudiéramos ser purificados y estar con él eternamente.

Podríamos continuar enumerando todo lo que Dios hace por amor. Debemos estar profundamente agradecidos de que Dios tenga tanto amor, porque, con toda justicia, deberíamos estar condenados por nuestro pecado. Sin embargo, Jesús estuvo dispuesto a morir para pagarlos, de modo que pudiéramos ser aceptados por Dios y entrar en el cielo. Es increíble que este mismo Dios quiera ministrar al mundo por medio de nosotros. Él desea que su cuerpo, la Iglesia, tenga salud. Quiere que nos ministremos unos a otros dentro de la Iglesia para que seamos fuertes y también quiere que ministremos al mundo para que ellos puedan conocer quién es él.

No se trata de que nosotros tengamos el control, ni siquiera cuando creemos que, en ese control, estamos haciendo buenas obras para Dios. Solo Dios sabe qué obras desea que hagamos; debemos escuchar y sentir su mover en nuestro interior para cumplir con las obras que él tiene en mente. En Lucas 10, leemos la siguiente afirmación de Jesús: «*La mies a la verdad es mucha, pero los obreros pocos; por tanto, rogad al Señor de la mies que envíe obreros a su mies*» (Lc 10:2).

¿Estás orando por la mies? ¿Estás listo para ser enviado, o incluso para ser usado en el acto, si Dios te llama? Si controlamos con rigidez nuestras vidas, no estaremos disponibles para ser obreros o para cualquier otro ministerio en el que Dios quiera usarnos. Debemos vivir humildemente, siempre listos para ser usados de cualquier manera y en cualquier momento en que Dios nos llame. Podemos ser de bendición para otros si estamos disponibles para ser usados por Dios.

---

1   Hch 1:7.
2   Jn 6:44.

¿Hacia dónde vamos de aquí? Primero, debemos reconocer dónde estamos. A menudo, nos quedamos atrapados en el «aquí», en esta vida terrenal en la que vivimos por tantos años. Para un niño o un joven, parece una eternidad. Sin embargo, cuando envejecemos, decimos: «¿Adónde se fueron los años?». Aun así, persiste una ilusión.

Inconscientemente, nos aferramos a la grandeza de la vida aquí en la tierra. Anhelamos vivir muchos años, como si ese fuera el objetivo final. Aunque creemos que los que somos salvos iremos al cielo, existe una desconexión en nuestro subconsciente: el fin de esta vida no nos parece algo bueno. De algún modo, vemos el final de la vida terrenal de alguien como una pérdida para quien ha partido. Necesitamos reajustar nuestro subconsciente y alinear lo que creemos en nuestro corazón con nuestra mente.

Sabemos lo que la Palabra de Dios dice sobre la vida eterna, decidimos creerlo en nuestro corazón, pero, a veces, no llega a nuestro subconsciente. Debemos anclarnos en la verdad para ver la vida en esta tierra como lo que es. Dios ha dado un propósito a todo en su creación. El tiempo que Dios nos concede aquí, antes de nuestro fin, es una oportunidad para darnos cuenta de que él es verdadero y para encontrarlo para salvación. Dios no tiene prisa, y en su gracia, nos da muchos años para hallarlo.

Pablo, al hablar acerca de Dios, dice: «*De una sangre ha hecho todo el linaje de los hombres para que habiten sobre toda la faz de la tierra; y les ha prefijado el orden de los tiempos y los límites de su habitación, para que busquen a Dios, si en alguna manera, palpando, puedan hallarlo*» (Hch 17:26-27).

Durante esos años, nos apegamos tanto a esta vida terrenal que dejamos que se nos escape la verdad de que la vida más grandiosa está por venir. El valor de la vida en esta tierra, que tarde o temprano dejaremos atrás, será insignificante, será como una linterna eclipsada por un faro. Todo lo que pensamos que es tan valioso aquí puede que ni siquiera lo recordemos cuando estemos en la presencia de Dios, en su cielo, en ese lugar que Jesús ha preparado para nosotros.

Una vez que estemos en el cielo y miremos a nuestro alrededor, lo que solía ser tan impresionante en la tierra no lo será más, y lo que seremos durará por la eternidad. Tendemos a pensar que cuando alguien se va de esta tierra, extrañará esto o aquello. ¡Pero no extrañarán nada! Las cosas de esta tierra a las que damos valor —como las cascadas, las montañas majestuosas, las flores hermosas, los amaneceres y atardeceres— fueron creadas por el mismo Dios que habita en el cielo.

Si la tierra se ve así, ¿cómo será el lugar del que fue creada? Debemos ajustar nuestra mente y corazón. Deberíamos pensar en Dios cada día, y tal vez también deberíamos pensar dónde él habita y dónde habitaremos nosotros. Estoy seguro de que no lo entenderemos por completo, porque ¿quién puede imaginarlo? Pero deberíamos considerar la grandeza de ese lugar donde mora Dios.

Es posible que, al comenzar a pensar de esta manera, este mundo donde vivimos, aunque grandioso, empiece a perder importancia en comparación con el lugar donde está Dios. Entonces, se desarrollará en nosotros un anhelo por ese día que el Padre ha señalado para que vayamos a su presencia. Pablo lo expresa de esta manera: «*Porque para mí el vivir es Cristo y el morir, ganancia. Pero si el vivir en la carne resulta para mí en beneficio de la obra, no sé entonces qué escoger: De ambas cosas estoy puesto en estrecho, teniendo deseo de partir y estar con Cristo, lo cual es muchísimo mejor; pero quedar en la carne es más necesario por causa de vosotros*» (Flp 1:21-24).

Pablo tenía este deseo; ansiaba ese día, aunque prefería quedarse aquí sirviendo al Señor para ayudarnos. En nuestra lectura del día de hoy en 1 Juan, se nos dice que somos hijos de Dios. Si somos hijos, entonces nuestra verdadera morada es donde Dios está. Ahora que somos salvos, en cierto sentido somos extranjeros en esta tierra. Juan continúa diciendo: «*Amados, ahora somos hijos de Dios y aún no se ha manifestado lo que hemos de ser; pero sabemos que cuando él se manifieste, seremos semejantes a él, porque lo veremos tal como él es*» (1 Jn 3:2). De alguna manera, hay un anhelo en las palabras de Juan de llegar a ese lugar donde será como su Señor. ¿Tú anhelas esto también?

¿Hasta cuándo os he de soportar?. Jesús dijo estas palabras a la multitud y quizá también a sus discípulos.[1] A veces, los discípulos no comprendían lo que Jesús enseñaba. En varias ocasiones, él les preguntaba: ¿Aún no entienden?.[2] Dada su condición antes de recibir la salvación que Cristo les otorgaría a través de su muerte, era difícil que ellos comprendieran plenamente. Sin embargo, nosotros podríamos pensar: ¡Ellos caminaron con Jesús!.

Ellos caminaron con Jesús, vieron sus grandes milagros, escucharon sus magníficas enseñanzas. Después de siglos de tradiciones judías, probablemente les resultaba difícil entender quién era en realidad Jesús y lo que les estaba diciendo. Y aun así, caminaban con él, comían con él, lo tocaban y viajaban a su lado, de modo que deberían haber entendido algo. Poco a poco, lo hicieron, pero parte del problema era que tenían en mente un resultado diferente al que Jesús tenía. Pensar que lo tenemos todo resuelto es lo que a veces también nos impide darnos cuenta.

En cierto momento, los discípulos comprendieron que Jesús era el hijo de David, y estaban convencidos de que, por el poder de Dios, recuperaría el trono, conquistaría a los romanos y gobernaría el mundo desde Jerusalén. Pero eso no era lo que Jesús tenía en mente. ¿Cuántas veces, por tener una idea preconcebida, perdemos lo que el Señor está tratando de decirnos? A veces, es por lo que nos han enseñado equivocadamente o por las conclusiones erróneas a las que arribamos por lo que hemos escuchado y que no reflejan lo que realmente nos enseñan las Escrituras; así, lo perdemos todo.

Después de algunos años siendo cristianos, desarrollamos ideas y pensamientos preconcebidos. Leemos un pasaje de las Escrituras y pensamos: **Ya sé de qué se trata**, y ni siquiera escuchamos las palabras, aunque las estemos leyendo. Es útil cambiar de traducción de vez en cuando para no escuchar siempre las mismas palabras. No debemos desanimarnos si no lo entendemos todo; a veces, ni los discípulos lo entendían.

Debemos acercarnos a la Palabra de Dios pidiéndole que nos muestre qué cosas nuevas tiene para nosotros hoy. No importa cuánto sepamos de la Biblia o de Dios, él siempre tiene más para enseñarnos. Hay otro mundo allá afuera que Dios intenta revelarnos.

Es interesante notar cómo Pablo lo expresa de manera inversa, diciendo que este es un lugar extraño para nosotros, que nuestra ciudadanía está en otro lugar: *«Pero nuestra ciudadanía está en los cielos, de donde también esperamos al Salvador, al Señor Jesucristo. Él transformará nuestro cuerpo mortal en un cuerpo glorioso semejante al suyo, por el poder con el cual puede también sujetar a sí mismo todas las cosas»* (Flp 3:20-21).

Aunque Pablo todavía estaba en la tierra, en cierto sentido, ya se veía como perteneciente al cielo.[3] Hay tanto en la Palabra de Dios que pasaremos el resto de nuestras vidas en esta tierra aprendiendo mucho más. Y cuando lleguemos al cielo, nos daremos cuenta de la inmensa cantidad de cosas que no sabíamos.

Dios está más allá de nuestra comprensión, su conocimiento es infinito, su carácter es incognoscible mientras estemos en este mundo. ¡Qué sorpresa será cuando entremos en el cielo! Es cierto que a veces pensamos que nunca lo comprenderemos, que nunca entenderemos. Jesús sabía que tendríamos dificultades, por eso nos envió un consolador para ayudarnos: *«Pero el Consolador, el Espíritu Santo, a quien el Padre enviará en mi nombre, él os enseñará todas las cosas y os recordará todo lo que yo os he dicho»* (Jn 14:26).

Cuando escribo, busco y escucho al Espíritu Santo. Él me guía y me muestra lo que debo decir. Esta es la ayuda que todos necesitamos al leer las Escrituras. El Espíritu Santo nos ayuda a conocer a Dios y al Hijo. Jesús dice que el Espíritu Santo dará testimonio de él: *«Pero cuando venga el Consolador, a quien yo os enviaré del Padre, el Espíritu de verdad, el cual procede del Padre, él dará testimonio acerca de mí»* (Jn 15:26).

Nos acercamos a la navidad, cuando los ángeles dijeron: «¡Paz en la tierra!». Muchos interpretan estas palabras como que todos podemos vivir en armonía y ser felices. Sin embargo, tenemos una idea preconcebida sobre la paz de la que hablaba el ángel, por lo que cometemos un error.

En nuestra lectura del día de hoy en el libro de Lucas, vemos que esta paz no es la que habría entre las personas. Jesús mismo lo dice: *«¿Pensáis que he venido para traer paz a la tierra? Os digo: no, sino enemistad. De aquí en adelante, cinco en una familia estarán divididos, tres contra dos y dos contra tres»* (Lc 12:51-52). El Espíritu Santo te ayudará con lo que no comprendas ni entiendas. Pídele que te ayude.

---

1   Mt 17:17.
2   Mt 15:17, 16:9.
3   Ef 6:20.

Todo en todo es lo que es nuestro Dios. Muchas países o sociedades tienen distintos dioses: uno controla esto, otro aquello y otro más controla otras cosas. Pero nuestro Dios está en control de todas las cosas. Algunos podrían decir que no, que el mal está bajo el control del diablo. Pero ¿quién está en control del diablo? En estos momentos, el diablo está libre bajo fianza, pero su condena está próxima.

Dios está en control de **todo**. Lo que debemos recordar es lo que el pecado hizo en el mundo cuando Adán y Eva pecaron voluntariamente. Podrías decir que eso fue cosa de ellos, pero dime con sinceridad, ¿acaso no has contribuido tú también a que el pecado siga en este mundo? Incluso la naturaleza se ha visto afectada por la entrada del pecado en el mundo.[1] A pesar de ello, Dios es bueno con nosotros. Nos dio un camino hacia la redención en lugar de la ira que merecíamos.

La sangre de Cristo nos redime. Hablando de «todo en todo», el perdón que hemos recibido no solo lo es todo, es absolutamente todo. Dios se ocupa incluso de nuestra existencia eterna. A menudo, cuando pensamos en que Dios cuida de nosotros, de nuestro todo, solo pensamos en las cosas de este mundo en el que vivimos. Dios cuida de nuestro todo hasta la eternidad. Debemos tener cuidado de cómo juzgamos si Dios está cuidando de nuestro todo. La Escritura nos dice: *Pedís, pero no recibís, porque pedís mal, para gastar en vuestros deleites»* (St 4:3).

Dios está a cargo de todo. En el principio, él dijo «**Sea**», y fue hecho. Y en el fin, en el juicio final, él estará a cargo. Y cuando su martillo caiga, todos sabrán hacia dónde van. En este mundo, todo ha quedado arruinado por el pecado, ese pecado que comenzó en el huerto y continúa en nuestras calles en la actualidad. Dios interviene cuando lo decide, y nuestra salvación es una intervención divina en este mundo lleno de pecado. Nadie recibiría algo injusto por causa de su pecado. Más bien, los injustos son salvos por lo que se le hizo injustamente al inocente, quien tomó lo que merecíamos debido a nuestro carácter.

Nuestra única esperanza se encuentra en lo que se hizo injustamente al inocente, quien permitió que se lo hicieran. Has escuchado que las Escrituras nos dicen que Dios juró por sí mismo, porque no había otro mayor por quien jurar.[2] Pues bien, Dios mismo, dentro de sí mismo, hizo lo que la humanidad no podía hacer: preparó un camino para que nosotros, los pecadores, los injustos, pudiéramos ser perdonados y completamente purificados.[3] ¿Cuánto de «todo» deseas de un Dios que no te debe nada? Al final, olvidándonos de las cosas que nos ocupan a diario, para recibir el regalo de la vida y ser salvos en este mundo y, luego, en la eternidad de la que Dios se encarga, ¿cuánto de «todo» deseas?

Dios es todo en todo, el que provee todo lo que necesitamos ahora y todo lo que necesitaremos en el futuro. Debemos tener cuidado de que el diablo no se cuele en nuestras vidas para interferir en ellas. El diablo pensó que debía tenerlo todo, que debía estar a cargo de todo; si no lo conseguía, entonces sentía que no se estaba cuidando de su todo. Cuando pensamos en nuestro «todo», lo primero que debemos saber es que no merecemos nada, ¡nada! Todos nos quedamos cortos, ninguno merece nada. ¿Has pensado alguna vez en el arcoíris? Fue la promesa que Dios hizo de nunca destruir la tierra otra vez a causa de lo que la humanidad merecía.[4] Tenemos un Dios bueno, que nos da más de lo que jamás podríamos esperar.

En nuestra lectura del día de hoy en 1 Juan, encontramos estos versículos:

«Todo aquel que cree que Jesús es el Cristo es nacido de Dios» (1 Jn 5:1).
«Y este es el testimonio: que Dios nos ha dado vida eterna y esta vida está en su Hijo» (1 Jn 5:11).
«Estas cosas os he escrito a vosotros que creéis en el nombre del Hijo de Dios, para que sepáis que tenéis vida eterna» (1 Jn 5:13).
«Pero sabemos que el Hijo de Dios ha venido y nos ha dado entendimiento para conocer al que es verdadero; y estamos en el verdadero, en su Hijo Jesucristo. Este es el verdadero Dios y la vida eterna» (1 Jn 5:20).

Juan lo deja muy claro: lo más maravilloso de todas las cosas nos ha sido dado en y por medio de Jesucristo, el Hijo de Dios. Este regalo, nuestra salvación, es el mayor de todos los regalos, y todo lo demás son solo beneficios.

---

1   Rm 8:21.
2   Hb 6:13.
3   Hch 15:8-9; Ap 1:5; Ef 5:26 (aquí «ella» se refiere a la Iglesia, tú formas parte de la Iglesia).
4   Gn 9:14-16.

Eres mi orgullo y mi alegría, la joya que es hermosa ante mis ojos. ¿Crees que Dios te hablaría así alguna vez? ¿Y por qué no lo haría? Él entregó toda su vida en la cruz para comprarte, así que debes ser de gran valor para él. Nadie en este mundo pagaría un precio tan alto por una joya, por más preciosa que fuera. A veces nos sentimos desanimados porque nos decepciona nuestro comportamiento y pensamos que Dios siente lo mismo que nosotros. ¿A veces Dios se siente decepcionado de sus hijos? Sí. Pero aun así, somos sus hijos, y nos valora más de lo que jamás podríamos imaginar.

Dios quiere que estemos con él por la eternidad. ¿Por qué otra razón nos crearía con tanto amor y nos daría libre albedrío, si sabía que no haríamos lo correcto, y luego realizaría la obra de la cruz para que pudiéramos volver a él, a pesar de nuestros grandes errores? ¿Cuánto crees que te valora? Ha hecho todo lo necesario para que podamos regresar a él; todo está completo, sin necesidad de obras o méritos de nuestra parte. Lo único que debemos hacer es rendirnos a él y aceptar lo que ha hecho por nosotros.

Mira a Dios, y él siempre te amará. Cuando sientas que él te está corrigiendo, recuerda lo que dice su Palabra: «*Hijo mío, no menosprecies la disciplina del Señor ni desmayes cuando eres reprendido por él, porque el Señor al que ama, disciplina, y azota a todo el que recibe por hijo*» (Hb 12:5-6).

Dios obra en nuestras vidas para hacernos mejores personas, nos guía y nos moldea de diferentes maneras. Él nos está preparando para ese día en que estaremos con él para siempre. ¿Puedes imaginarlo? Para siempre y por toda la eternidad. ¿Cuánto crees que Dios te ama? ¿Empiezas a comprenderlo?

Eres precioso ante sus ojos, él ha hecho un gran esfuerzo para tenerte y te quiere cerca de él. Incluso hay pasajes de la Escritura que nos dicen que Dios está en nosotros y nosotros en él. En el reino espiritual, existe una especie de unión que nos ha hecho parte de él y a él parte de nosotros. «*Todo aquel que confiese que Jesús es el Hijo de Dios, Dios permanece en él y él en Dios. Y nosotros hemos conocido y creído el amor que Dios tiene para con nosotros. Dios es amor, y el que permanece en amor permanece en Dios y Dios en él*» (1 Jn 4:15-16).

¿Piensas que alguien que te ama tanto no te diría: **Eres mi orgullo y mi alegría, la joya que es hermosa ante mis ojos?** En realidad, no conocemos la plenitud del amor que Dios tiene hacia nosotros; lo experimentaremos plenamente cuando lleguemos al cielo. No existe amor en esta tierra que se compare al amor que Dios tiene por cada uno de nosotros. ¿Cuánto amor crees que tenía Dios cuando tomó un poco de polvo y comenzó a darle forma a Adán?

Mientras Dios añadía más y más detalles, dando al primer hombre la forma perfecta que había imaginado, su amor por el ser humano ya estaba creciendo. Y entonces, Dios finalmente estaba listo, listo para soplar vida en lo que había creado. Su amor alcanzó su punto más alto en el momento en que le dio vida al hombre. A ti —hombre, mujer, niño, niña—, Dios te ama de esta misma manera, pues eres parte de lo que él creó aquel día. No depende tanto de lo que hagamos para recibir el amor de Dios, sino de cuánto él hará. Todo lo que tenemos que hacer es acercarnos a él creyendo que desea darnos su amor.

Hay solo una cosa en nosotros que se interpone: nuestro orgullo. Ese orgullo o bien nos aleja de lo que Dios quiere darnos, o le dice a Dios que está equivocado en ofrecérnoslo, porque sabemos quiénes somos y creemos que no deberíamos recibirlo. Dios ha sabido quién eres desde el principio de los tiempos.

En el capítulo 6 de 2 Crónicas, el rey Salomón dedica el templo y le pide a Dios que no los olvide y que los perdone cuando se equivoquen y se arrepientan. Sabemos que Israel falló, y muy gravemente, pues fue enviado a Babilonia, lejos de la tierra que Dios les había dado. Entonces, dado que Israel se equivocó de esa manera, ¿ha desaparecido hoy por completo de la faz de la tierra?

No, Dios los llevó de regreso a su tierra. El amor de Dios sigue vigente y sigue vigente también para ti. Hoy leemos la segunda carta de Juan a la iglesia. Escucha nuevamente cómo comienza la carta: «*A causa de la verdad que permanece en nosotros y estará para siempre con nosotros: Sea con vosotros gracia, misericordia y paz, de Dios Padre y del Señor Jesucristo, Hijo del Padre, en verdad y en amor*» (2 Jn 1:2-3).

Dios siempre está presente, siempre está atento, siempre está cerca. ¿Alguna vez has tratado de imaginar cómo habría sido caminar con Jesús como uno de sus apóstoles? Ellos conocían, aunque no plenamente, a aquel con quien andaban. Si hubieran comprendido que él era Dios, no habrían pensado que era un fantasma que caminaba sobre el agua, sino que habrían sabido que era su Señor. Y, sin embargo, lo tocaron, comieron con él y viajaron de pueblo en pueblo a su lado. Desde una perspectiva humana, ellos lo conocían.

Cuando estuvieron asustados en medio de la tormenta, creyendo que iban a hundirse, él se levantó y ordenó al mar que se calmara, y este obedeció. Se dijeron entre ellos: ¿**Quién es este?**.[1] Nosotros, aunque no podamos tocarlo, sabemos quién es. Él conoce todo lo que sucede, ha existido siempre, está en todos los lugares al mismo tiempo, está sentado en el cielo y es nuestro salvador que nos ha dado vida. No sabemos si alguno de sus apóstoles comprendía plenamente esto, tal vez lo hicieron después de su resurrección.

En Hechos leemos: «*Y habiendo dicho estas cosas, viéndolo ellos, fue alzado, y lo recibió una nube que lo ocultó de sus ojos*» (Hch 1:9). Para ese momento, ya sabían que él era alguien especial. Decir simplemente que sabían que era Dios no abarcaría todo lo que comprendieron sobre él entonces. Jesús era alguien especial, incluso dentro de la Deidad. El Padre le dio toda autoridad, todo fue puesto bajo sus pies.[2]

Para entonces, ellos ya habían caminado, hablado y comido con el Señor resucitado. ¿Sabes quién es él? ¿Ha tocado tu vida y te ha hecho una nueva persona? Pablo nos dice: «*De modo que si alguno está en Cristo, nueva criatura es: las cosas viejas pasaron; todas son hechas nuevas*» (2 Co 5:17).

Dios siempre está cerca, desea obrar en nuestra nueva vida, haciéndonos mejores cada día. ¿Has muerto al yo? Si no, puede que estés obstaculizando lo que él quiere hacer en tu vida. Ayer leímos que: «*El que no lleva su cruz y viene en pos de mí, no puede ser mi discípulo*» (Lc 14:27). ¿Entiendes lo que significa llevar tu cruz? Es rendirnos para servir a otros, aun cuando nos cueste. Morir al yo es no reclamar nada para nosotros mismos y volvernos a Dios con todo lo que somos, entregándonos completamente para que él haga con nosotros lo que quiera.

¿Has pasado ya por tu huerto de Getsemaní? Allí es donde Jesús luchó consigo mismo y se rindió completamente al Padre para hacer su voluntad.[3] ¿Has luchado contigo mismo y te has rendido al Padre?

Cuando lo hagas, te sorprenderás de lo que Dios puede hacer con tu vida y por medio de ti para bendecir a otros. Él siempre está presente, quiere obrar cosas buenas en tu vida, quiere acercarte más a él. Creo que todos los que somos salvos deseamos que Dios esté cerca, pero debemos hacernos a un lado para que él pueda actuar.

No somos nosotros quienes nos acercamos a él; es él quien viene hacia nosotros. El Padre nos atrajo a Cristo para que pudiéramos ser salvos. Jesucristo vino del cielo para darnos vida. No son nuestras obras las que nos acercan a Dios; es la obra que Jesús hizo en la cruz la que nos permite estar cerca de él. Él es quien ha abierto el camino. Iré a Dios con humildad, para que él me levante. Comenzaré a sus pies, y él me llevará después. Nuestro Dios es un Dios amoroso, que se preocupa por cada uno de nosotros. Él está preparando el banquete de bodas, pronto nos vestiremos como la novia.[4] ¡Qué grandes cosas quiere hacer Dios por nosotros!

En nuestra lectura del día de hoy, en el capítulo 15 del libro de Lucas, escuchamos a Jesús decir lo siguiente: «*¿Qué hombre de vosotros, si tiene cien ovejas y se le pierde una de ellas, no deja las noventa y nueve en el desierto y va tras la que se perdió, hasta encontrarla?*» (Lc 15:4). Esto es lo que Dios hace para encontrarnos, y luego escucha lo que hace cuando nos encuentra: «*Y al llegar a casa reúne a sus amigos y vecinos, y les dice: "Gozaos conmigo, porque he encontrado mi oveja que se había perdido"*» (Lc 15:6).

¿Crees que si Dios se alegra tanto cuando te encuentra, no continuará bendiciéndote? ¿Cómo describe Jesús a Dios el Padre en la siguiente parábola? «*Cuando aún estaba lejos, lo vio su padre y fue movido a misericordia, y corrió y se echó sobre su cuello y lo besó. (...) El padre dijo a sus siervos: "Sacad el mejor vestido y vestidle; y poned un anillo en su dedo y calzado en sus pies. Traed el becerro gordo y matadlo, y comamos y hagamos fiesta"*» (Lc 15:20, 22-23). ¿Crees que Dios te ama, crees que a Dios le importas?

---

1   Mc 4:41.
2   Mt 28:18; 1 Co 15:27.
3   Mt 26:42.
4   Jn 3:29; Ap 19:7; 21:9.

Señor, tú eres la luz del mundo entero. ¿Podemos estar de acuerdo en esto, que el Señor es la luz de todo el mundo? Cuando reflexionamos en la forma en que él nos creó, y cómo con estos ojos podemos ver toda la creación que nos rodea, resulta realmente asombroso. Los científicos hablan del espectro de luz y cómo nos permite ver los colores. Es interesante que algo verde absorba todos los colores del espectro excepto aquellos necesarios para reflejar el verde hacia nosotros.

No genera el color verde por sí mismo; simplemente refleja esos colores que provienen de la fuente de luz. Este proceso fue diseñado por Dios cuando creó todas las cosas. Una rosa roja, en realidad, no es roja, sino que absorbe todos los colores excepto el rojo, el cual refleja hacia nosotros. ¡Qué maravilloso es lo que Dios ha hecho! La luz es algo fascinante: cuando es intensa, puede generar fuego con su calor; cuando se concentra, puede cortar metal y cuando se expande, nos permite ver y caminar por esta tierra. ¿Podríamos alguna vez enumerar todo lo que ocurrió cuando Dios dijo: «Sea la luz»? Probablemente podríamos pasar una vida descubriendo cada vez más aspectos relacionadas con esas palabras que pronunció Dios. ¡Y eso fue solo el primer día! Además, utilizamos la expresión «arrojar luz» sobre un tema cuando alcanzamos una comprensión más profunda. Las Escrituras hablan de esto en nuestra vida espiritual y crecimiento: «*La luz verdadera que alumbra a todo hombre venía a este mundo*» (Jn 1:9).

Jesús fue quien nos permitió conocer a Dios y la gran salvación que se nos ofrecía. Es como si él hubiera encendido una luz en nuestra alma para que pudiéramos ver. ¿Llegaremos alguna vez al final de nuestro crecimiento y desarrollo espiritual? Somos iluminados cada vez más.[1] Es grandiosa la luz que ilumina el mundo, como el sol, la luna, las estrellas, así como las luces que el hombre ha descubierto y creado. Sin embargo, la luz que brilla en nuestro interior es mayor y brilla mucho más. Jesús dijo que él es la luz que vino al mundo.[2]

Cuanto más miramos a nuestro alrededor y dentro de nosotros mismos, más vemos. Incluso se describe a Jesús como la luz del cielo, él es la luz eterna. Esto se dice de la nueva Jerusalén: «*Y yo, Juan, vi la santa ciudad, la nueva Jerusalén, descender del cielo, de parte de Dios, ataviada como una esposa hermoseada para su esposo. (...) La ciudad no tiene necesidad de sol ni de luna que brillen en ella, porque la gloria de Dios la ilumina y el Cordero es su lumbrera*» (Ap 21:2, 23). Pablo, al hablar a Timoteo acerca de Jesús, dice: «*Rey de reyes y Señor de señores, el único que tiene inmortalidad, que habita en luz inaccesible*» (1 Tm 6:15-16).

¡Cuánta luz de Dios hay! Nosotros, como humanidad, hemos aplicado una característica de la luz ultravioleta que purifica y hace que todo lo que está en su luz sea puro. Sabemos que Dios es un Dios santo, un Dios puro. ¡Qué interesante! ¡Cuánta de su luz está involucrada en cada aspecto del mundo en el que vivimos! Parece que ni siquiera podemos encontrarlo sin su luz. Señor Jesús, tú eres la luz del mundo entero. ¡Cuán inmensa resulta ser tu luz en este mundo, cuando empezamos a examinar! Jesús es quien ha traído la luz de Dios al mundo. El mayor castigo del infierno es estar separado de esa luz, del Señor Jesús, el Salvador: «*Estos sufrirán pena de eterna perdición, excluidos de la presencia del Señor y de la gloria de su poder*» (2 Ts 1:9).

Sin el Señor, no tienen luz. Esto es lo que leemos en hoy el libro de Judas: «*Estos son manchas en vuestros ágapes, que comiendo sin vergüenza alguna con vosotros, se apacientan a sí mismos; nubes sin agua, llevadas de acá para allá por los vientos; árboles otoñales, sin fruto, dos veces muertos y desarraigados. Son fieras ondas del mar, que espuman su propia vergüenza; estrellas errantes, para las cuales está reservada eternamente la oscuridad de las tinieblas*» (Jds 1:12-13).

Gracias a la luz de Dios que Jesús nos ha traído, no estaremos en esta oscuridad de las tinieblas. Hay muchas referencias en las Escrituras sobre tropezar y que no tropezaremos porque tenemos la luz.[3] Con esto en mente, leamos el final de Judas: «*A aquel que es poderoso para guardaros sin caída y presentaros sin mancha delante de su gloria con gran alegría*» (Jds 1:24). Señor, tú eres la luz del mundo entero.

---

1   Ef 3:9.
2   Jn 12:46.
3   1 Jn 20:10.

Llegará un día en que todos descubriremos que no hay otra verdad que la que proviene de Dios. A medida que el mundo se acerque al tiempo final, se nos advierte que habrá cada vez menos verdad en él. Será un tiempo en el que la mayoría de las personas se apartarán de Dios y sus corazones se enfriarán unos con otros.[1] El propósito de la vida de muchos será únicamente para sí mismos; no les importará nada más que usar a los demás para su propio beneficio. Las Escrituras están llenas de estas declaraciones; incluso Jesús nos habla de algunas de ellas. No sé cuándo llegará este tiempo, si será en nuestra generación, en la próxima o en alguna más distante. Pero una cosa es cierta: ese tiempo llegará, el fin vendrá. Justo antes del fin, las cosas se tornarán extrañas, y entonces aparecerá el anticristo, quien parecerá solucionar todos los problemas.[2]

Para nosotros, como creyentes, lo importante es mantenernos cerca de Dios, como las cinco vírgenes que tenían suficiente aceite en sus lámparas,[3] como el centinela que observa el horizonte,[4] como el siervo ocupado en su labor,[5] como el pastor que cuida de su rebaño.[6] Debemos vivir un día a la vez, manteniendo nuestros ojos abiertos y nuestros oídos espirituales atentos a la voz de Dios. No nos corresponde predecir el día del regreso de Cristo; esa tarea es de Dios, quien, a veces, habla a través de sus profetas sobre lo que ha de venir.

Nuestra responsabilidad es cumplir con el trabajo que Dios nos ha asignado individualmente[7] y con la difusión del evangelio. Si nos enfocamos demasiado en tratar de calcular el retorno de Cristo —cuántos meses, años o si será el próximo mes— podríamos estar perdiendo el tiempo que Dios nos ha dado para hacer la obra que nos ha encomendado personalmente y para propagar el mensaje del evangelio. Debemos ser cuidadosos en cómo y dónde empleamos nuestro tiempo, pues cuando lleguemos al cielo, Dios nos preguntará por qué no hicimos lo que él nos asignó.

El mañana está fuera de nuestras manos; podemos hacer planes provisionales, pero Dios es quien toma la decisión final sobre el futuro de cada uno de nosotros. Recordemos lo que le sucedió al hombre que construyó graneros más grandes para almacenar su cosecha abundante: **día siguiente ya no estaría allí y que otros disfrutarían de sus bienes.**[8] Dios tiene control absoluto sobre todo y conoce lo que será. Por eso, necesitamos estar en sintonía con él. Su palabra, que todos tenemos en nuestras manos, es la verdad, y necesitamos recurrir a ella con frecuencia. En ella, Dios nos dice cómo será el mañana, cómo debemos vivir hoy y lo que él quiere comunicarnos. Lo único en lo que Jesús nos dijo que nos ocupáramos mucho es en amarnos los unos a los otros.

Este amor nos ayudará a difundir el evangelio, no para imponer lo que las personas deben hacer para Dios, sino para compartir cuánto las ama y lo que desea hacer por ellas. Dios no nos pide cumplir con una cuota; él tiene una lista de aquellos a quienes está llamando,[9] y nuestra misión es ayudarlos a encontrarlo. Un día, habrá muy poca verdad en el mundo, y debemos ser agradecidos por haberla encontrado.

No deseamos vivir en un mundo así, pero Dios nos ha advertido que ese tiempo vendrá, aunque no sabemos cuándo. Una vida cultivada en comunión con Dios es lo que nos sostendrá si nos encontramos en esos tiempos. Al comenzar nuestra lectura en Apocalipsis hoy, Dios nos revela su propósito: «*La revelación de Jesucristo, que Dios le dio para manifestar a sus siervos*» (Ap 1:1).

Dios establece quién es él: «*Yo soy el Alfa y la Omega, principio y fin", dice el Señor, "el que es y que era y que ha de venir, el Todopoderoso*» (Ap 1:8). Hay una certeza de autoridad en estas palabras; nuestro Dios está en control. Al final, cuando todo esté consumado, estaremos con él en el cielo nuevo, la nueva Jerusalén, en la tierra nueva. Hay una seguridad en Dios y una certeza para nosotros que estaremos con él.

Hoy, en nuestra lectura del libro de Lucas, Jesús nos dijo que su regreso sería inconfundible, que todos lo notaría: «*Porque como el relámpago que al fulgurar resplandece desde un extremo del cielo hasta el otro, así también será el Hijo del hombre en su día*» (Lc 17:24). Pero en ese día, será como en los días de Noé, cuando solo ocho personas siguieron a Dios. Mantengámonos cerca de él, pues es nuestra única esperanza segura.

1   Mt 24:12.
2   2 Ts 2:3-4, 9-10, 12.
3   Mt 25:4, 10.
4   Ez 33:2-3 en el sentido del Nuevo Testamento.
5   1 Co 15:58; 2 Co 9:8; Col 1:10; Hb 6:10-12.
6   Mt 24:45-46.
7   Mc 13:34: «A cada uno le dio un trabajo»; Ef 4:12, 16.
8   Lc 12:18.
9   Ap 3:5.

¿Por qué?. Aquí tenemos a un Dios que es el amo del universo, el poseedor de todo el tiempo, el creador de todo lo que conocemos, el que declara la santidad, el que muestra la única justicia verdadera. Entonces, ¿por qué? ¿Por qué querría conocerme? ¿Te sientes así a veces? Creo que todos nos hacemos esa pregunta en algún momento de nuestra vida. No tiene sentido en nuestra mente, pero debemos recordar que nosotros somos la creación, él es el Creador.

Hay cosas que él hará, pensamientos que él tendrá y maneras en las que se moverá que no tienen sentido para nosotros. Esto se debe a que esa es la parte de él que sobrepasa lo que puso en nosotros. Ser hechos a su imagen no significa ser una copia exacta, sino que puso algunas cosas de sí mismo en nosotros y otras no. Un relojero puede fabricar todas las piezas intrincadas de un reloj, ensamblarlas correctamente y, en cierto sentido, darle vida cuando pone en marcha el mecanismo y hace que empiece a hacer «tic-tac», casi como el latido de un corazón. ¿Acaso el reloj sabe lo que sabe su creador? ¿Puede moverse como se mueve el creador o pensar como él piensa? Nosotros somos como ese reloj, con muchas piezas móviles, marcando el ritmo que el creador nos dio, pero diferentes a él. Una vez que entendemos esto, debemos apartar la vista de nosotros mismos, como nos hemos juzgado, y poner nuestra mirada en nuestro creador; ahí es donde encontraremos nuestra respuesta al «por qué».

Primero, debemos reconocer que él existía cuando aún nada existía. Somos fruto de su imaginación, somos su sueño, somos lo que él concibió en su mente y deseó crear. Hay una cantidad inmensa de información en movimiento en los primeros dos capítulos del Génesis, pero no sabemos cómo descifrarla completamente; solo vemos la superficie de lo que sucedía. Cuando nosotros mismos comenzamos a idear algo o a pensar en cómo hacer algo, decimos que «el motor de nuestra mente se pone en marcha».

Con Dios, era mucho más que simplemente un motor en marcha; piensa en esto por un momento. ¿Qué fuerzas se desplegaron en ese instante cuando todo comenzó a existir, quizá simplemente porque Dios lo imaginó? Su autoridad es tan suprema que, al declarar «sea», nada podría evitar que sucediera, debía hacerse realidad. Esas son solo un par de cosas que podemos imaginar; ¿qué hay de todas las cosas que ocurrieron y que no tenemos capacidad de comprender? ¡Oh, la cantidad de cosas que sucedieron en esos primeros dos capítulos! ¿Cómo podríamos entenderlas? Un Dios así, y él decide amarnos, conocernos y bendecirnos.

Incluso si él nos lo explicara todo, probablemente no lo entenderíamos. Se nos dicen muchas cosas en la Biblia cuando Dios intenta comunicarse un poco con nosotros, y algunas de ellas a veces son difíciles de comprender. Al menos se nos dice lo siguiente de cuando lleguemos al cielo: «*Ahora vemos por espejo, oscuramente; pero entonces veremos cara a cara. Ahora conozco en parte, pero entonces conoceré como fui conocido*» (1 Co 13:12).

Esto es algo grandioso a lo cual aspirar, pero por ahora estamos aquí. Es en este momento cuando nuestra fe es necesaria; debemos creer que lo que Dios dice es verdad. Si él dice que nos ama, entonces nos ama. Si dice que nos dará, entonces nos dará. Si dice que quiere conocernos, entonces necesitamos saber que realmente quiere conocernos. Él no quiere saber todo acerca de nosotros, porque ya nos conocía antes de que naciéramos.[1] Él quiere conocernos en una relación, y una relación requiere al menos de dos. Cree en lo que él dice cuando te dice que te ama, estate dispuesto a acercarte, permite que toque tu corazón.[2] No seas tan duro contigo mismo al juzgarte y alejarte de Dios porque crees que no deberías estar en su presencia.

Al principio del ministerio de Jesús, en el Evangelio de Lucas escuchamos a alguien más sintiéndose de esa manera: «*Viendo esto Simón Pedro, cayó de rodillas ante Jesús, diciendo: "Apártate de mí, Señor, porque soy hombre pecador"*» (Lc 5:8). Aun así, todos sabemos que Jesús le dijo a Pedro: **Ven**.

Debemos estar dispuestos a creer que Dios quiere conocernos, que quiere acercarse a nosotros, nuestra situación no es tan mala como para que él quiera que nos mantengamos alejados. Lo único que él desea de nosotros es que nos arrepintamos. Esto es lo que dice nuestra lectura del día de hoy en Lucas: «*Pero el publicano, estando lejos, no quería ni aun alzar los ojos al cielo, sino que se golpeaba el pecho, diciendo: "Dios, sé propicio a mí, pecador". Os digo que este descendió a su casa justificado antes que el otro, porque cualquiera que se enaltece será humillado y el que se humilla será enaltecido*» (Lc 18:13-14). **Atrévete, deja que Dios te ame.**

---

1   Sal 139:16.
2   St 4:8.

Venga tu reino, hágase tu voluntad. ¿Cuántas veces pronunciamos estas palabras y cuántas veces realmente las decimos con sinceridad? Si de verdad lo decimos con el corazón, hay muchas áreas de nuestra vida que tendrían que cambiar. No sé tú, pero sé que yo no siempre vivo conforme a la voluntad de Dios.

Estoy profundamente agradecido por la obra que Jesús hizo por mí en la cruz. No hay manera en que pudiera entrar al cielo si no fuera por lo que Jesús, el Padre y el Espíritu Santo hicieron por mí. Solo un pecado basta para descalificarnos de estar en la presencia de Dios por cuenta propia, porque nada que no sea completamente santo puede morar en su santuario. Yo soy santo únicamente por lo que Cristo Jesús ha hecho por mí, al ser limpiado con su sangre.

Él me otorgó el perdón de mis pecados y me lavó con su sangre preciosa, como dice la Escritura: «*Pero ya habéis sido lavados, ya habéis sido santificados, ya habéis sido justificados en el nombre del Señor Jesús y por el Espíritu de nuestro Dios*» (1 Co 6:11) y «*Purifícame con hisopo y seré limpio; lávame y seré más blanco que la nieve*» (Sal 51:7) y «*Aunque vuestros pecados sean como la grana, como la nieve serán emblanquecidos*» (Is 1:18) y «*Al que nos ama, nos ha lavado de nuestros pecados con su sangre*» (Ap 1:5).

En el versículo de 1 Corintios que mencionamos, no dice que **seremos santificados (conforme nos esforzamos)**, sino que **ya hemos sido santificados.** Todo lo que se menciona en ese versículo respecto a nosotros está en tiempo pasado; alguien más lo hizo. Jesús mismo declaró: «*¡Consumado es!". E inclinando la cabeza, entregó el espíritu*» (Jn 19:30). De vez en cuando, necesitamos volver a ese lugar de humildad, reconociendo cuán indignos somos y cómo hemos sido santificados para que Dios nos acepte. Cuando realmente reflexionamos en esto, brotarán de nuestro corazón acciones de gracias, y de ellas, surgirán alabanza y adoración.

Nuestra carne no siempre quiere adorar, pero en lo más profundo de nuestro corazón, sabemos por qué debemos hacerlo. No permitamos que nuestra carne gane esta batalla. Dios es un Dios asombroso y seguiría siéndolo aun si no hubiera provisto una manera para nuestra salvación. Él siempre será un Dios maravilloso. Cuando vemos quién es él realmente y quiénes somos nosotros, entendemos que al acudir a él para recibir salvación y ser comprados con su sangre ya no nos pertenecemos a nosotros mismos. Sé que la palabra **esclavo** nos incomoda, porque la asociamos con brutalidad y crueldad, pero eso tiene que ver con el carácter del dueño, no con el significado del término.

El concepto de **esclavo** implica pertenecer completamente a otro. Somos esclavos de Cristo Jesús, quien pagó un alto precio[1] por nosotros con su propia sangre. ¿Cómo podríamos resistir esta verdad y decir que no somos realmente esclavos? Pertenecemos a alguien más, y él tiene todo el derecho a dictaminar qué sucederá en mi vida. Tenemos un Señor misericordioso que no nos obliga a hacer lo que él quiere. Cuanto más entendemos esta verdad, más crece nuestro amor hacia él.

Estábamos en un grave aprieto y necesitábamos ayuda para salir de él. El corazón de Dios se revela cuando habla de Israel en Miqueas 2:13, después de mencionar sus maldades: «*Subirá el que abre caminos delante de ellos; abrirán camino, pasarán la puerta y saldrán por ella. ¡Su rey pasará delante de ellos, y Jehová a su cabeza!*» (Mi 2:13).

En nuestra lectura del día de hoy en el Evangelio de Lucas, vemos a Zaqueo, un recaudador de impuestos despreciado por los judíos, ser aceptado por Jesús. En un acto de arrepentimiento, Zaqueo dio la mitad de sus bienes a los pobres y prometió devolver el cuádruple a quien hubiera estafado. No creo que ninguno de los fariseos que lo condenaban hubiera hecho algo así. Jesús, al ver el corazón arrepentido de Zaqueo, declaró: «*Hoy ha venido la salvación a esta casa*» (Lc 19:9). Jesús busca un corazón arrepentido, no una lista de obras realizadas.

En el libro de Apocalipsis, leímos acerca de los cristianos de Laodicea, a quienes Jesús describió como tibios. Él no los condenó, sino que les habló tratando de atraer su atención, diciéndoles: «*Yo reprendo y castigo a todos los que amo; sé, pues, celoso y arrepiéntete. Yo estoy a la puerta y llamo; si alguno oye mi voz y abre la puerta, entraré a él y cenaré con él y él conmigo*» (Ap 3:19-20). Jesús siempre está dispuesto a recibirnos, siempre esperando un corazón verdaderamente arrepentido.

---

1   1 Co 6:20; 7:23.

Todo llegará a su fin. Estamos en un mundo y en una vida temporales. Para nosotros, los que somos salvos, hay vida eterna, pero no será en este mundo. Este mundo será desechado como un vestido viejo,[1] y entonces habrá uno nuevo que durará para siempre[2]. Todas las cosas, tal como las conocemos, llegarán a su fin, excepto nuestra relación con el Señor. Incluso nuestra propia naturaleza cambiará; tendremos un cuerpo resucitado, puro y santo, y viviremos una forma de vida totalmente diferente. ¿Cuándo sucederá todo esto? No lo sabemos. Los discípulos le preguntaron a Jesús cuándo ocurriría, y él les dijo que los tiempos están bajo la autoridad del Padre.[3]

Lo único que sabemos es que Jesús nos habló sobre las señales del fin.[4] Hay muchas cosas que aún deben suceder, por lo que debemos estar haciendo la obra del reino. Al final, puede que seamos pocos los que creamos, ya que Jesús dijo que al final sería como en los días de Noé; la gente estará ocupada con sus vidas, sin pensar en Dios. Hay un versículo en la Biblia que siempre me ha inquietado un poco, cuando Jesús pregunta: «*Cuando venga el Hijo del hombre, ¿hallará fe en la tierra?*» (Lc 18:8).

Me entristece pensar que esta será la condición del mundo antes de que el Señor regrese. Todo llegará a su fin, todo lo que conocemos desaparecerá. Lo que nos queda ahora es vivir cada día como el Señor nos enseñó. No debemos estar mirando al cielo todos los días buscando señales, sino haciendo la obra del Señor. Cuando él venga, no nos perderá de vista; él sabe exactamente dónde estamos. Debemos estar proclamando que él viene y edificando su Iglesia. Cada día quiero buscar a Dios con todo mi corazón y acercarme a él mientras él se acerca a mí.

Deseo la mejor relación posible con él ahora. Si tengo eso, él se encargará del resto. Llegaré al cielo tal como él lo ha planeado. En lugar de mantener la mirada en el cielo, ¿por qué no fijar la mirada en Jesús? Un día estaremos en la nueva Jerusalén, en una tierra nueva, en la presencia de nuestro Dios para siempre[5]. Mientras tanto, debemos vivir en este mundo como Jesús nos enseñó: al máximo para él. Tenemos una vida que vivir en este mundo, y necesita ser moldeada y guiada por los caminos que Dios tiene para nosotros. Hay muchos a nuestro alrededor que no están viviendo según los caminos de Dios.

Nuestro deber es hablarles de él, pero no podemos obligarles a vivir como Dios quiere; lo único que podemos hacer es vivir de tal manera que ellos vean la vida de Cristo en nosotros. Hubo personas en el Antiguo Testamento que no eran parte de Israel, pero creyeron en Dios porque vieron que él estaba con ellos. Tal vez aquellos a quienes no puedes convencer con tus palabras se convenzan por la forma en que vives tu vida.

No solo Dios está observando cómo vivimos. Incluso la persona más vil que actúa de la misma manera contigo está observando lo que haces. A veces, nuestro mayor testimonio se da sin palabras. Hay otro detalle aquí: no somos los únicos testigos de Jesús. «*Pero cuando venga el Consolador, a quien yo os enviaré del Padre, el Espíritu de verdad, el cual procede del Padre, él dará testimonio acerca de mí*» (Jn 15:26).

Cuando el Espíritu Santo convence a alguien de que necesita a Jesús en su vida, a veces necesita a alguien en primera línea para ayudar a esa persona a entrar en el reino. ¿Estás disponible? Nada de este mundo durará para siempre, pero hasta que llegue el fin, sabemos lo que debemos hacer. ¿A cuántas personas podremos ayudar antes de que llegue el fin?

A medida que reflexionamos sobre el final, leemos que Jesús dijo en Lucas: «*Los que son tenidos por dignos de alcanzar aquel siglo y la resurrección de entre los muertos*» (Lc 20:35-36). Somos considerados dignos por lo que Cristo hizo por nosotros en la cruz al morir en nuestro lugar. Seremos aceptados gracias a lo que él ha hecho. Y en Apocalipsis leemos una descripción de lo que veremos: «*Al instante, estando yo en el Espíritu, vi un trono establecido en el cielo, y en el trono, uno sentado. La apariencia del que estaba sentado era semejante a una piedra de jaspe y de cornalina, y alrededor del trono había un arco iris semejante en su apariencia a la esmeralda. (...) También delante del trono había como un mar de vidrio semejante al cristal*» (Ap 4:2-3, 6). Todo el capítulo 4 nos revela mucho. Todas las cosas de este mundo llegarán a su fin, y entonces nuestra vida en la eternidad comenzará.

---

1   Is 51:6; Hb 1:10-12.
2   Is 66:22; Ap 21:1.
3   Hch 1:7.
4   Mt 24; Mc 13; Lc 21.
5   2 P 3:10, 12-13; Ap 21:1; Sal 102:25-27.

¿Por qué debemos alabar a Dios?. Si lo alabamos únicamente el día del culto, ¿para qué alabar entonces? ¿Acaso no es digno nuestro Dios de ser alabado todos los días de la semana? Incluso en la ofrenda hecha por el hijo de aquellos que fueron expulsados del jardín del Edén, había alabanza a Dios.[1] A lo largo de los siglos, muchos de quienes leemos en la Biblia han ofrecido alabanza. David y los otros salmistas hablan mucho sobre la alabanza a Dios.

El apóstol Pablo nos exhorta a regocijarnos en el Señor siempre; la alegría produce alabanza por lo que Dios ha hecho. Si Dios solo nos hubiera dado la salvación y nada más durante el resto de nuestra vida en esta tierra, eso ya sería suficiente motivo para alabarle. ¿Te tomas el tiempo para reflexionar sobre los días pasados y ver dónde Dios ha derramado bendiciones en tu vida? Si miramos con atención, veremos y entonces alabaremos, nos regocijaremos, adoraremos. ¿Has mirado ya?

A veces, nuestra mente y nuestros pensamientos son como las noticias de la tarde: solo las malas noticias captan nuestra atención. Somos rápidos para quejarnos de lo malo, ¿pero somos igual de rápidos para alabar lo bueno? Esto, en parte, es una cuestión de hábitos. Quizás necesitemos comenzar con un recordatorio, una nota para nosotros mismos, una alarma en nuestro teléfono o computadora que nos pregunte: ¿He visto algo bueno hoy que Dios haya hecho?. Con el tiempo, ya no necesitaremos ese recordatorio; estaremos emocionados por lo que Dios hace cada día y miraremos con expectativa lo que está haciendo ahora.

Tenemos un Dios maravilloso, que hace cosas maravillosas. Si comenzamos a ver lo que Dios está haciendo, nuestra fe en él se fortalecerá. Los que somos salvos somos hijos de Dios,[2] y él cuida de sus hijos. ¿Has visto alguna vez a un niño que cree que su padre es el mejor, que su padre puede hacer cualquier cosa? ¿Tienes tú esa misma actitud hacia tu Padre celestial?

Todos los que ven a su Padre celestial como ese niño tienen la expectativa de que todo lo que él hace es bueno y viven con la emoción de lo que hará después. Jesús dijo que debemos acercarnos a Dios como niños pequeños; tal vez esta expectativa sea parte de lo que él quiere decir. Cuando vemos todas las cosas maravillosas que Dios está haciendo en la vida de otros y en la nuestra, hace que la alabanza brote en nosotros desde lo más profundo de nuestro ser. A veces, es difícil ver lo que Dios está haciendo en nosotros mismos, por lo que quizás deberíamos buscar lo que está haciendo en otros.

Pide un informe a un misionero en África o en otro país donde Dios esté tocando vidas, y observa lo que él está haciendo allí. Es sorprendente ver cómo Dios obra en los lugares más inesperados del mundo. Jesús dijo: «Yo te alabo, Padre, Señor del cielo y de la tierra, porque escondiste estas cosas de los sabios y entendidos y las has revelado a los niños. Sí, Padre, porque así te agradó» (Lc 10:21).

La alabanza surge de conocer quién es Dios y lo que él está haciendo. Aun cuando las cosas en nuestra vida no parezcan ir bien, miremos lo que Jesús nos promete en nuestra lectura del día de hoy sobre lo que nos espera si le seguimos: «Pero ni un cabello de vuestra cabeza perecerá. Con vuestra paciencia ganaréis vuestras almas» (Lc 21:18-19). Si estamos en Cristo y tenemos la salvación por su sangre, no hay nada que el mundo, ni siquiera Satanás, pueda hacer para impedir que alcancemos el cielo, la verdadera vida por la eternidad.

En nuestra lectura del día de hoy en el libro de Apocalipsis, tenemos un vistazo de lo que será el cielo y lo que sucederá allí. En el capítulo 5, vemos la alabanza que Dios recibe en los versículos 9 al 14. Escucha nuevamente lo que dice el versículo 13: «A todo lo creado que está en el cielo, sobre la tierra, debajo de la tierra y en el mar, y a todas las cosas que hay en ellos, oí decir: "Al que está sentado en el trono y al Cordero, sea la alabanza, la honra, la gloria y el poder, por los siglos de los siglos"» (Ap 5:13). La pregunta inicial era: ¿Por qué debemos alabar a Dios?. ¿Puedes ahora responder esa pregunta a ti mismo y a cualquiera que te la haga?

---

1   Gn 4:3-4.
2   1 Jn 3:1.

¡Gloria a Dios en todas las cosas! Sin duda, toda la gloria pertenece a Dios. Jesús fue enviado por Dios a la tierra para ayudar a quienes éramos pobres, pobres en espíritu. La mayoría de nosotros estábamos perdidos y ni siquiera lo sabíamos. El diablo nos tenía tan cegados que no reconocíamos el pecado ni que existía una vida después de la muerte. Otros pensaban que había vida después de la muerte y creían que ya estaban listos para ella, pero su ceguera no les permitía comprender cuán santos debían ser para entrar al cielo.

Doy gracias a Dios porque encontramos la verdad acerca de nuestros pecados y el poder de la sangre de Cristo, que nos lavó y nos hizo limpios. ¿Puede alguien más recibir la gloria por lo que hemos recibido? Es justo glorificar al Señor nuestro Dios. Hace unos días leímos sobre la entrada triunfal de Jesús.

Hay algo profundo que notar aquí: Jesús era el Hijo de Dios, que vino del cielo para ayudar a la humanidad, y en todo su ministerio nunca pecó. Él era el Santo, merecía toda la gloria y les dijo a los fariseos que, si las personas no lo alababan, las piedras mismas lo alabarían porque él es digno de gloria. No es que Dios exija gloria; es su carácter lo que la creación reconoce y ante lo cual debe rendirle alabanza.

En el libro de Isaías, Dios dice que su palabra, al salir de su boca, cumplirá su propósito y traerá tanta alegría que las montañas cantarán y los árboles aplaudirán. «Así será mi palabra que sale de mi boca: no volverá a mí vacía, sino que hará lo que yo quiero y será prosperada en aquello para lo cual la envié. Porque con alegría saldréis y con paz regresaréis. Los montes y los collados levantarán canción delante de vosotros, y todos los árboles del campo darán palmadas de aplauso» (Is 55:11-12).

Podríamos decir que, en un sentido poético, el escritor desea mostrar la gran alegría que se manifestará. Pero ¿cómo sabemos realmente cómo reaccionan las montañas y los árboles ante Dios? Si Jesús dijo que las piedras clamarían, quizás las montañas canten y los árboles aplaudan. ¿Acaso comprendemos plenamente cuánta gloria merece Dios en todo el universo creado?

Cantamos: **A Dios demos gloria, pues grande es él.** ¿No es verdad que las cosas que ha hecho Dios son grandiosas? Mientras más grande vemos a Dios, mayor es la gloria que reconocemos que él merece. A veces, son esas obras personales que Dios ha hecho en nuestras vidas las que nos permiten ver. Hasta que lleguemos al cielo, no conoceremos la plenitud de la gloria que Dios debe recibir, pero podemos empezar a darle parte de esa gloria aquí y ahora.

¿Puedes empezar a pensar en cada cosa buena que Dios ha hecho en tu vida y hacer una lista? ¿Hay dos, tres, cuatro? ¿Cuántas hay? A medida que te tomas el tiempo para recordar, ¿aumenta la cantidad de gloria que Dios merece con cada elemento de la lista? Nunca terminaremos de darle suficiente gloria a Dios por lo que ha hecho en nuestras vidas, mucho menos en todo el universo.

Mi vida estaría destinada al infierno por la eternidad si no fuera por la obra redentora que Dios hizo para que pudiera ser perdonado y santificado. Tal vez no te sientas santo, yo tampoco me siento así, pero sé lo que se nos ha dicho: que hemos sido lavados en la sangre de Cristo, que su sangre nos ha limpiado,[1] y eso nos hace puros, eso nos santifica. Porque hemos sido santificados, seremos admitidos en el cielo.

Hoy, en nuestra lectura del evangelio de Lucas, comenzamos a ver el último día de Jesús antes de su muerte en la cruz. Durante la cena de la Pascua, les dice a sus discípulos: «También tomó el pan y dio gracias, y lo partió y les dio, diciendo: "Esto es mi cuerpo, que por vosotros es dado; haced esto en memoria de mí"» (Lc 22:19). Sabemos que para darnos esto, Jesús pasó por una gran lucha interior para hacer la voluntad del Padre, al punto de que «era su sudor como grandes gotas de sangre que caían hasta la tierra» (Lc 22:44). A medida que comprendemos lo que él hizo y nos enfocamos en ello, comenzamos, aunque sea un poco, a sentir lo que Jesús experimentó, y nuestro dar gloria a Él aumenta más y más. ¡Así es, gloria a Dios en todas las cosas!.

---

1   Ap 1:5.

No tengo miedo. Todos deberíamos poder afirmar esto. Servimos a un Dios que ha despejado el camino para llegar a él. Un Dios compasivo y bondadoso, que se acerca a nosotros con amor. Conocemos nuestro carácter y nuestro pecado, y a menudo tendemos a alejarnos. Pero él estaba dispuesto a salvarnos incluso mientras estábamos en pecado.[1] Entonces, ¿por qué habríamos de alejarnos ahora? En nuestra tendencia a apartarnos, podríamos pensar que le estamos ocultando algo.

Sin embargo, Dios lo ve todo, lo sabe todo, incluso los pensamientos más íntimos de nuestro corazón.[2] Ha enviado a Cristo para pagar por nuestros pecados; una vez que la sangre de Cristo se aplica a nuestros pecados, quedamos limpio, completamente limpios. Como dice la Escritura: «*Y de Jesucristo, el testigo fiel, el primogénito de los muertos y el soberano de los reyes de la tierra. Al que nos ama, nos ha lavado de nuestros pecados con su sangre*» (Ap 1:5).

¿Acaso hay algo que Jesús haga de manera incompleta? Si él nos ha lavado, ¿no hemos quedado completamente limpios? Y si, después de la salvación, en la cual se nos hizo completamente limpios, pecamos de nuevo y pedimos perdón, ¿acaso no seremos limpios otra vez? «*Pero si andamos en luz, como él está en luz, tenemos comunión unos con otros y la sangre de Jesucristo, su Hijo, nos limpia de todo pecado. (...) Hijitos míos, estas cosas os escribo para que no pequéis. Pero si alguno ha pecado, abogado tenemos para con el Padre, a Jesucristo, el justo. (...) Y sabéis que él apareció para quitar nuestros pecados, y no hay pecado en él*» (1 Jn 1:7, 2:1, 3:5).

Hemos sido perdonados, hemos sido purificados, hemos sido lavados en la sangre de Cristo. Fue la sangre del sacrificio del Cordero celestial la que limpió. En el Antiguo Testamento, era la sangre de otro, el animal que se ofrecía en sacrificio, la que cubría los pecados del pueblo. Esta parece ser la ley de Dios. Incluso puede que se les diera a los israelitas como preparación para que supiéramos lo que la sangre de Cristo hace en nuestro favor. Si viviéramos sin conocimiento del sacrificio, y Dios nos dijera: **Lo maté por tu bien**, ¿no lo consideraríamos una barbaridad?

Los judíos recibieron la ley del sacrificio, y a ellos mismos se les dio la palabra de Dios por medio de Moisés, para que supiéramos lo que el sacrificio lograría. Jesús fue ofrecido como ese sacrificio perfecto; su sangre limpia a los que acuden a él. Ya no estamos bajo la ley del Antiguo Pacto, sino bajo la ley del Nuev Pacto; aunque la antigua ley no se aplique a nosotros, aún permanece y tiene poder. Jesús dijo: «*Porque de cierto os digo que antes que pasen el cielo y la tierra, ni una jota ni una tilde pasará de la ley, hasta que todo se haya cumplido*» (Mt 5:18).

El sacrificio ofrecido por la sangre de Jesús no tendría valor si la ley del sacrificio no tuviera vigor. Por su sangre y por medio de la ley, somos liberados de la ley para recibir la salvación mediante el evangelio, a través del Nuevo Pacto basado en la obra de Cristo. Si nos hemos arrepentido y hemos pedido perdón en el momento de nuestra salvación, y nos arrepentimos cuando caemos; después, quedaremos limpios. Entonces, no tenemos razón para apartarnos de Dios. Quizá hayamos sido culpables, pero hemos sido limpiados; por lo tanto, no deberíamos tener miedo ante Dios.

Todo el capítulo 23 del Evangelio Lucas nos relata todo lo que Jesús soportó por nosotros, para nuestra redención. Hay tres personajes en los que debemos fijarnos: primero, Pilato, que no encontró falta en Jesús; segundo, Herodes, que solo quería ver a Jesús hacer algún milagro; y tercero, el ladrón en la cruz, que se arrepintió de corazón al reconocer su propia culpabilidad y al confesar que Jesús era inocente.

Aunque no escuchamos al ladrón pronunciar las palabras exactas, Jesús leyó su corazón y le dijo que estaría con él en el paraíso. ¿Quién eres tú? ¿Eres como Pilato, que no encontró falta en Jesús pero aparentemente no fue más allá? ¿Eres como Herodes, que solo quería ver los milagros de Jesús? ¿O como el ladrón que se arrepintió de corazón y le pidió a Jesús estar con él? Si eres como el tercero, todo ha sido perdonado y no hay razón para temer.

---

1   Rm 5:8.
2   1Cr 28:9; Job 42:2.

«Y yo estoy con vosotros todos los días, hasta el fin del mundo» (Mt 28:20). Esta es una declaración llena de consuelo, que se conecta con la promesa: *«No te desampararé ni te dejaré»* (Hb 13:5). Jesús siempre está presente para todos los que somos salvos. Tal vez te preguntes: «¿Estaba presente cuando yo...?». Sí, él estaba allí, nada está oculto a los ojos de Dios. Aun con todo lo que sabe sobre nosotros, siempre está a nuestro lado; no hay nada que hagamos que lo tome por sorpresa. Él nos perdona, nos ama y cuida de nosotros. Es difícil que comprendamos esto, ya que ciertamente no es parte de nuestra naturaleza humana.

Es en este punto donde el Espíritu Santo nos renueva cada día más.[1] Poco a poco, dejamos de ser lo que éramos, mientras Dios nos va conformando más a la imagen de Cristo. Él siempre está con nosotros y siempre obra en nosotros. No hay un solo momento en que no esté presente, ni un solo instante en que no actúe en nuestras vidas. El hecho de que no lo sintamos o no lo veamos no significa que no esté allí.

Los seres humanos, hemos desarrollado grandes tecnologías. Por ejemplo, somos capaces de comenzar a excavar un túnel desde dos extremos diferentes y hacer que ambos se encuentren en el centro. Los trabajadores de un extremo del túnel no pueden ver a los que están en el otro, pero cada uno conoce su posición y realiza su tarea de manera que quedan en el punto justo donde deben encontrarse con el otro. Si el ser humano puede hacer esto, ¡cuánto más Dios! Él sigue obrando en nosotros, y cuando lleguemos al cielo, estaremos en el punto justo donde debemos estar espiritualmente. Nosotros participamos en este proceso, pero, sobre todo, se trata de rendirnos a él con humildad.[2]

Lo que nos toca a nosotros ahora es presentarnos ante él para que haga su obra. He visto a algunos cristianos tan ocupados tratando de realizar todas las buenas obras que pueden, que están tan atareados que no dejan espacio para que Dios intervenga y obre en sus vidas. Necesitamos negarnos a nosotros mismos, presentarnos con humildad y ofrecer nuestras vidas para lo que él quiera hacer en nosotros. Tal vez no quieras ser misionero, pero si eso es lo que Dios quiere, ¿estás dispuesto a ofrecerte? ¿Estás dispuesto a servir en cualquier ministerio al que él te llame? Cuando estamos completamente dispuestos, entonces Dios puede obrar plenamente en nosotros. Dios siempre está contigo, siempre está obrando en ti. ¿Cuánto deseas ser todo lo que él quiere que seas? Todo es cuestión de entrega: cuanto más nos entreguemos a él, más obra en nosotros y más sentimos su presencia.

En última instancia, todo se reduce a esto: Dios siempre está presente, ¿cuánto le permitirás estar en tu vida? Desde el momento en que recibimos a Jesús como nuestro Señor y Salvador, Dios se hace presente, y comenzamos a crecer espiritualmente. ¿Qué tan rápido y hasta qué punto quieres crecer? Dios desea estar cada vez más en tu vida y obrar en ti y por medio de ti hacia los demás. ¿Cuánto deseas esto? Hay tanto que podemos hacer para que el reino de Jesús avance en este mundo. ¿Estás dispuesto a moverte en la dirección que él quiere que tomes?

Es fácil conformarse con recibir los beneficios, pero ¿estás dispuesto a ser parte de lo que hace crecer el reino? ¿Estás dispuesto a que Jesús te envíe? Puede ser que te envíe al otro lado del mundo o que te ponga de rodillas para interceder en oración. Jesús siempre está contigo, ¿estás dispuesto a pasar más tiempo con él y a escuchar lo que él tiene para ti? En nuestra lectura del día de hoy en Lucas, el tiempo que Jesús pasó en la tierra con sus discípulos llega a su fin, y les dice: *«Así está escrito, y así fue necesario que el Cristo padeciera y resucitara de los muertos al tercer día; y que se predicara en su nombre el arrepentimiento y el perdón de pecados en todas las naciones, comenzando desde Jerusalén»* (Lc 24:46-47).

Este es el llamado que Jesús nos ha hecho a todos sus seguidores. Algunos irán a tierras lejanas, otros orarán, algunos apoyarán, otros enseñarán y algunos predicarán. Lo importante es que todos somos parte de esta causa para que la humanidad escuche el evangelio y algunos sean salvos. Todos tenemos un papel que desempeñar, pero debemos buscar a Jesús para conocer la misión que él tiene para cada uno de nosotros.

---

1   Tt 3:5.
2   St 4:10.

La vida es buena. Solo unas cuantas palabras, ¿las crees? Una frase corta, pero si tenemos a Jesús en nuestras vidas, gracias a él, la vida es buena. Puede que enfrentemos momentos difíciles en este mundo, pues Jesús dijo que si lo persiguieron a él, también nos perseguirían a nosotros, porque le pertenecemos. Sin embargo, como le pertenecemos a él, podemos decir que la vida es buena.

Además de la salvación, ¿cuántas otras bendiciones ha traído Dios a tu vida? Miremos a algunos de los personajes de la Biblia. Conocemos la historia de Noé, de Abraham y Sara, y también de Moisés. Seguramente todos ellos sintieron que sus vidas eran buenas debido a la presencia de Dios en ellas. ¿Y qué hay de Noemí, que tuvo una vida muy dura? Pensemos en Rut: perdió a su esposo a una edad temprana y tuvo que enfrentar muchas dificultades junto a Noemí, a quien se negó a abandonar. Al ser moabita, ¿quién sabe cómo la trataron en Israel al principio? Aunque Noemí fue recibida nuevamente, no se menciona mucho sobre la bienvenida que recibió su nuera.

La vida había sido dura para estas dos mujeres, pero Dios transformó su situación cuando Rut se convirtió en la esposa de Booz, un hombre adinerado, y así se transformó en la bisabuela del rey David. ¿Crees que en ese momento Rut pensó que la vida era buena? De regreso a Noemí, la Palabra nos dice lo siguiente: «*Y las mujeres decían a Noemí: "Alabado sea Jehová, que hizo que no te faltara hoy pariente, cuyo nombre será celebrado en Israel; el cual será restaurador de tu alma, y te sostendrá en tu vejez; pues tu nuera, que te ama, lo ha dado a luz; y ella es de más valor para ti que siete hijos". Tomando Noemí al niño, lo puso en su regazo y lo crio*» (Rt 4:14-16).

Con ese niño en su regazo, ¿crees que Noemí no habría pensado que la vida era buena? En el Nuevo Testamento, vemos a muchos que fueron tocados por Jesús: los leprosos que fueron sanados, la viuda cuyo hijo revivió de los muertos, la mujer samaritana que habló con Jesús en el pozo y todo su pueblo.

Todos ellos, tras haber tenido un encuentro con Jesús, seguramente podrían haber dicho que la vida era buena. En el libro de Hechos, aquellos cuyas vidas fueron bendecidas por el Señor resucitado también podrían decir que la vida era buena. El Señor resucitado sigue obrando en nuestras vidas, trayendo cosas buenas. El hecho de que los que hemos sido salvos tengamos la promesa de entrar en el cielo debería ser suficiente para que declaremos que la vida es buena. Piensa por un momento: si dibujaras una línea que representara la eternidad (una línea que se extiende sin fin en ambas direcciones), tu vida en este mundo sería solo un pequeño punto en esa línea. Todo lo demás representa la eternidad. ¿Es buena la vida? Nuestros setenta, ochenta o incluso cien años aquí parecen largos porque los vivimos un día a la vez, pero desde la perspectiva del cielo, apenas notaríamos ese corto tiempo.

A medida que comprendemos más lo que Dios ha hecho por nosotros, comenzamos a ver las cosas que realmente importan en nuestra vida y dejamos de lado las distracciones temporales. No diré que no habrá días difíciles; de hecho, hay días que son muy duros. Pero todos podemos mirar hacia atrás en nuestras vidas y reconocer que los superamos.

El apóstol Pablo también enfrentó días difíciles en su ministerio, incluso fue apedreado y dado por muerto en una ocasión. Sin embargo, su actitud fue: «*Ciertamente, aun estimo todas las cosas como pérdida por la excelencia del conocimiento de Cristo Jesús, mi Señor. Por amor a él lo he perdido todo y lo tengo por basura, para ganar a Cristo*» (Flp 3:8). Justo antes de decir esto, Pablo declara: «*Pero cuantas cosas eran para mí ganancia, las he estimado como pérdida por amor de Cristo*» (Flp 3:7).

¿Crees que Pablo diría que la vida es buena? Al inicio del Evangelio de Juan, encontramos la razón por la que la vida es buena: «*En él estaba la vida, y la vida era la luz de los hombres. La luz resplandece en las tinieblas, y las tinieblas no la dominaron. (...) Mas a todos los que lo recibieron, a quienes creen en su nombre, les dio potestad de ser hechos hijos de Dios. (...) De su plenitud recibimos todos, y gracia sobre gracia*» (Jn 1:4-5, 12, 16). **La vida es buena.**

Tómate el tiempo para buscar la verdadera Palabra de Dios. No estará oculta para ti si la buscas con sinceridad. Serás recompensado con gran gozo cuando la encuentres. Te consolará, te sostendrá, te fortalecerá y te ayudará a salir adelante. No hay nada en esta tierra mejor que la Palabra de Dios. Se nos dice acerca de ella: «*La palabra de Dios es viva, eficaz y más cortante que toda espada de dos filos: penetra hasta partir el alma y el espíritu, las coyunturas y los tuétanos, y discierne los pensamientos y las intenciones del corazón*» (Hb 4:12).

A menudo nos referimos a la Palabra de Dios como el texto impreso que tenemos en nuestras manos. Lo que sostenemos es solo tinta en una página que nos muestra lo que es la palabra de Dios a fin de que podamos leer y entender. Pero la palabra de Dios es viva, poderosa, está en movimiento y activa a nuestro alrededor. La palabra de Dios hace que todo se mueva. Es por la acción y la autoridad de la palabra de Dios que el universo se mantiene en su lugar: «*Estos ignoran voluntariamente que en el tiempo antiguo fueron hechos por la palabra de Dios los cielos y también la tierra (...) que existen ahora (...) reservados por la misma palabra*» (2 P 3:5, 7) y «*Él, que es el resplandor de su gloria, la imagen misma de su sustancia y quien sustenta todas las cosas con la palabra de su poder*» (Hb 1:3).

Es la palabra de Dios la que sostiene y mueve todas las cosas, la que Dios pronunció con su boca y la que tiene autoridad sobre todas las cosas. Fue por la palabra que se creó todo. Dios dijo: «**Sea**», y existió. Hoy vivimos porque Dios dijo. «*Y al que puede fortaleceros según mi evangelio y la predicación de Jesucristo, según la revelación del misterio que se ha mantenido oculto desde tiempos eternos, pero se ha manifestado ahora, y que por las Escrituras de los profetas [la Palabra de Dios], según el mandamiento del Dios eterno, se ha dado a conocer a todas las naciones para que obedezcan a la fe*» (Rm 16:25-26).

Hoy leímos sobre esto en Apocalipsis: «*Sino que en los días de la voz del séptimo ángel, cuando él comience a tocar la trompeta, el misterio de Dios se consumará, como él lo anunció a sus siervos los profetas*» (Ap 10:7). Todo lo que Dios ha dicho se cumplirá; se realizará.

Se habrá completado toda la creación del universo, de la tierra y de la humanidad. Entonces, el sol, la luna, las estrellas y la tierra serán removidos, y Dios creará una tierra nueva y la Nueva Jerusalén descenderá del cielo. «*Pero el día del Señor vendrá como ladrón en la noche. Entonces los cielos pasarán con gran estruendo, los elementos ardiendo serán deshechos y la tierra y las obras que en ella hay serán quemadas*» (2 P 3:10) y «*Y vi un cielo nuevo y una tierra nueva; porque el primer cielo y la primera tierra habían pasado, y el mar no existía ya más. Y yo Juan vi la ciudad santa, la nueva Jerusalén, que descendía de Dios, del cielo, dispuesta como una novia ataviada para su marido. Y oí una gran voz del cielo que decía: He aquí el tabernáculo de Dios con los hombres, y Él morará con ellos; y ellos serán su pueblo, y Dios mismo estará con ellos, y será su Dios.*» (Ap 21:1-3).

Las palabras de Dios nunca fallarán; todo se cumplirá tal como él ha dicho. «*Así será mi palabra que sale de mi boca: no volverá a mí vacía, sino que hará lo que yo quiero y será prosperada en aquello para lo cual la envié*» (Is 55:11). Necesitamos pasar tiempo a diario en la Palabra para conocer a Dios, para entender todo lo que ha dicho y lo que está haciendo desde la creación hasta el día del juicio. Él llevará a cabo su propósito, y aquellos que han confiado en él, han aceptado a Jesucristo en sus vidas y han confiado en la obra que él realizó en la cruz, entrarán en esa nueva Jerusalén y vivirán con Dios por toda la eternidad.

Es tiempo de conocer quiénes somos. Somos hijos del Rey, el Señor de todo. Él, Jesucristo, es el sustentador de todos los que acuden a él. Tenemos vida en él y solo en él. No importa cuántas cosas buenas o malas hagamos, nadie puede llegar a Dios sino por Jesucristo. Mucha gente en el mundo sirve a otros dioses falsos, que no son más que demonios que los engañan.[1] Hay un solo Dios verdadero, Yahvé, el Dios trino. Aun sabiendo esto, muchos que creen en Dios no llegarán al Padre en el cielo porque no encuentran el camino que lleva a él por medio de Jesucristo.

Jesús dijo: «*Yo soy el camino, la verdad y la vida; nadie viene al Padre sino por mí*» (Jn 14:6). Muchos intentan encontrar una manera de entrar en la vida eterna, pero no quieren hacerlo a la manera de Dios. Al parecer la mayoría de las personas anhela encontrar algo que va más allá de sí mismas. Hay una consciencia de que no somos del todo plenos, que falta algo, que hay algo más.

En nuestra lectura del día de hoy, aparentemente esto inquietaba a Nicodemo cuando acudió a Jesús a presentarle su necesidad. Jesús pudo ver dentro de Nicodemo, así como puede ver dentro de cada uno de nosotros. Nicodemo quizá ni siquiera sabía cuál era su verdadera necesidad; podría haberlo preocupado otra cosa. No importa cuál pensemos que es nuestra necesidad, Jesús sabe qué es lo que realmente necesitamos. A veces no podemos ver con claridad lo que nos inquieta, pero Jesús siempre conoce el remedio.

¿Estamos dispuestos a abrirnos ante Dios para que vea todo lo que somos? En realidad, no podemos ocultarle nada a Dios, pero tenemos que ser conscientes de que lo necesitamos, de que hay algo en nuestra vida que sabemos que está mal. Dios nos ayudará a encontrar el problema si estamos dispuestos a rendirnos ante él y le permitimos encargarse de ello. Nicodemo tenía una necesidad, Jesús sabía cuál era, pero no fue a buscarlo; Jesús esperó hasta que Nicodemo acudió a él. Debemos ir a Jesús antes de que él venga a ayudarnos, aunque ya sepa cuál es nuestro problema.

Él no nos buscará; esperará hasta que nos acerquemos a él. Incluso después de recibir la salvación, aún enfrentamos muchos problemas en este mundo que nos afectan. No nos libraremos por completo de estas dificultades hasta que lleguemos al paraíso y al cielo, donde todas las lágrimas, la muerte, la pena, el llanto y el dolor se acabarán,[2] pero por ahora están entre nosotros. Mientras estemos en esta carne, tendremos necesidades; ninguno de nosotros madurará al punto de no tenerlas.

Lo interesante es que, a medida que maduramos, nos damos cuenta aún más de nuestras necesidades. Jesús siempre espera que acudamos a él con nuestras necesidades. No le dijo a Nicodemo: **¿Por qué has venido?** **¿Qué quieres**?. Jesús no nos rechazará cuando lo busquemos con nuestras necesidades. Quizá pensemos que sabemos cuál es nuestra necesidad, pero Jesús sabrá realmente cuál es y la satisfará. Depende de nosotros reconocer que algo anda mal y estar dispuestos a ir a Jesús en busca de su ayuda y verdad.

---

1   Dt 32:16-17.
2   Ap 21:4.

«Es un gozo saber que hay un Dios que nos ama». Parece que todos los supuestos dioses del mundo exigen algo de aquellos que los siguen. Solo Yahvé, el Dios verdadero, nos envió en su amor a Jesús para morir por nosotros y para abrir un camino que nosotros no podíamos encontrar, y así darnos la oportunidad de entrar al cielo. Los demás dioses requieren que las personas sirvan y luego reciban algo de ellos, si es que su esfuerzo alcanza la medida establecida.

Nuestro Dios, en cambio, es quien cumple la medida por nosotros, si estamos dispuestos a aceptar lo que él ha hecho por medio de Jesucristo, quien murió en la cruz en nuestro lugar. En su amor, Dios se nos acerca con el regalo de la salvación para que lo recibamos aun antes de comenzar a seguirle. Aun así, no se trata de alcanzar un nivel específico de obediencia para continuar en la salvación. Dios pide de nosotros que rindamos plenamente nuestro corazón a Jesucristo, quien murió por nosotros en la cruz. A menudo, podemos juzgarnos a nosotros mismos con severidad, pensando que debemos alcanzar una meta que hemos establecido, pero esa no es la medida que Dios ha establecido.

Lo máximo que Dios nos pide es que muramos a nosotros mismos, que neguemos nuestro yo para que Jesús, que habita en nuestros corazones, guíe y dirija nuestras vidas. Él será quien establezca nuestras metas. Nosotros debemos seguirlo, no adentrarnos en nuevos territorios sin él; simplemente debemos seguirlo.

En nuestra lectura del día de hoy, hemos leído sobre la ocasión en que Jesús habló con la mujer samaritana. Ella saca a colación la controversia sobre dónde se debe adorar. Jesús le responde que ni en el monte ni en Jerusalén, sino que el Padre busca adoradores que lo adoren en espíritu y en verdad. Ayer leímos sobre la conversación entre Jesús y Nicodemo. Jesús no le impuso grandes exigencias a este hombre, solo le dijo que debía nacer de nuevo, nacer del Espíritu.

Nicodemo, como todos nosotros, había nacido en la carne, pero Jesús dijo que también debemos nacer del Espíritu si queremos entrar en el reino de Dios. Nuevamente, cuando Jesús habla con la mujer samaritana, él se refiere al Espíritu. El Espíritu es el foco de atención: debemos nacer en el Espíritu y adorar en espíritu y en verdad. Muchos de nosotros adoramos en verdad, reconocemos que Dios es quien nos ha salvado. Pero ¿adoramos en Espíritu? Jesús le dice a la mujer en el pozo: «Si conocieras el don de Dios, y quién es el que te dice: "Dame de beber", tú le pedirías, y él te daría agua viva» (Jn 4:10).

Esto se refiere al regalo de Dios, el regalo de la salvación, al que Jesús llama **agua viva**. ¿Dónde más relaciona Jesús este regalo con el agua? «Si alguien tiene sed, venga a mí y beba. El que cree en mí, como dice la Escritura, de su interior brotarán ríos de agua viva» (Jn 7:37-38). Nuevamente, escuchamos a Jesús hablar de esa **agua viva**. ¿Qué es esta agua viva? Más adelante en el Evangelio de Juan se nos aclara: «Esto dijo del Espíritu que habían de recibir los que creyeran en él» (Jn 7:39).

Volvamos al Espíritu. Es el Espíritu el que fluye dentro de nosotros y es el Espíritu el que fluye desde nosotros hacia los demás. ¿Permites que el Espíritu fluya? ¿O permites que tu mente controle tu corazón, limitando lo que permites que fluya o no fluya de ti? Es el corazón el que debe guiar a la mente para que el Espíritu salga de nosotros como agua viva para un mundo sediento. Es el Espíritu quien nos habla en el corazón y el que nos insta a amar a los demás y a compartir lo que hemos recibido para que ellos también puedan recibir este regalo de parte de Dios, el **agua viva**, el regalo de la salvación.

«*Yo soy la luz del mundo*» (Jn 8:12). ¿Realmente comprendemos esto? Jesús vino a un mundo en tinieblas en el que la humanidad no podía ver con claridad. Antes de la llegada de Jesús, lo que el hombre percibía era solamente oscuridad y pensaba que esa era la vida. Pero la oscuridad no es vida; es la ausencia de la capacidad para conocer. Jesús trajo luz al mundo para que pudiéramos comenzar a ver la verdad. Él da luz a quienes están dispuestos a seguirle a fin de que podamos ver la verdad de la vida.

La mayor verdad que podemos reconocer es que somos pecadores y que Dios nos ama y nos dio una forma de ser salvos, aun cuando estábamos en nuestro pecado.[1] Él es bueno y conoce nuestra debilidad, y nos proveyó de lo que nosotros mismos no podíamos proveer. Esta verdad es la más grande de todas las que recibimos en nuestra vida; lo más grandioso para los que estamos en Cristo es que hemos recibido la salvación. No hay duda que es algo maravilloso que Dios esté en nuestras vidas y que Jesús siempre esté con nosotros, sin dejarnos nunca.[2]

Debemos comprender que, aunque es algo grandioso que Dios esté con nosotros en nuestras vidas, él no estaría presente si no fuera por la gran salvación que nos ha provisto. He dicho muchas veces que, si Dios solo me hubiera dado la salvación y ninguna otra bendición más, eso sería suficiente para agradecerle y adorarle por toda la eternidad. No debemos permitir que la conciencia de la salvación que se nos ha dado se desvanezca en las sombras de nuestra mente. Conocemos de su amor, conocemos de su regalo de salvación, porque Jesús trajo luz a la oscuridad para que pudiéramos verlo y recibirlo.

En nuestra lectura del día de hoy en el capítulo 5 del libro de Juan, Jesús dice que Juan el Bautista fue una luz que resplandeció por un tiempo (Jn 5:35). Luego, Jesús declara: «*Pero yo tengo un testimonio mayor que el de Juan: las obras que el Padre me dio para que cumpliera, las mismas obras que yo hago, dan testimonio de mí, de que el Padre me ha enviado*» (Jn 5:36). Jesús vino como una luz superior a la de Juan. En la segunda parte del capítulo 5 de Juan, Jesús nos revela la verdad, ilumina aquello que antes no podíamos ver. Hay un pensamiento interesante aquí: cuando estamos en la oscuridad y una luz brillante se enciende, al principio quedamos casi cegados y apenas podemos ver. Juan fue enviado como una luz más pequeña que Jesús.

Cuando una luz menor se enciende primero en esa oscuridad, nos prepara para ver las cosas que la gran luz nos enseñará cuando llegue. Juan fue esa luz menor que nos permitió ver cuando Jesús viniera como la gran luz del cielo. Juan fue enviado para preparar el camino para Cristo.[3] ¡Qué cosa más maravillosa es la salvación que se nos ha traído! Leemos en Juan, capítulo 5, que el Padre envió a Jesús para realizar obras y llevarlas a cabo hasta el final.

Durante los tres años de su ministerio, Jesús nos enseñó, nos trajo las verdades celestiales y nos mostró cómo deberíamos vivir. Pero lo que completó su obra, lo que nos posibilitó todo, fue que él fue a la cruz para morir por nosotros y luego resucitó de entre los muertos, como también les ha prometido a todos los que le siguen.[4] Jesús es la luz que nos muestra aquello que no podíamos ver antes. ¿Tienes los ojos abiertos? ¿Ves las cosas que él te está mostrando?

---

1   Rm 5:8.
2   Jn 14:17-19.
3   Lc 3:4.
4   Jn 11:25; Rm 6:5; 1 Co 15:42-44.

Ten fe en Dios. ¿Acaso no es esto algo que necesitamos escuchar cada día? ¿Estamos tan firmes en esta verdad que ya no necesitamos oírla? ¿Nuestra fe ha llegado a su máxima expresión, sin necesidad de seguir creciendo? Todos necesitamos ánimo ahora, pero llegará un día en el que ya no lo necesitaremos porque estaremos con Jesús. Hasta ese día, necesitamos todo el aliento que podamos recibir. Podemos recibir ánimo de otros, pero el mayor consuelo viene de las propias palabras de Dios. Necesitamos meditar en la Palabra de Dios, llevarla en el corazón y conocerla en la mente. Dios da a quienes lo buscan; él es la fuente de todo lo que necesitamos saber. En esta tierra hay personas con gran conocimiento, pero Dios sabe todo lo que ellos saben y mucho más. Él creó al ser humano y la tierra; habló, y las estrellas del universo empezaron a existir.

Todo el conocimiento que necesitamos está en él. ¿No es lógico, entonces, que busquemos en él la sabiduría que necesitamos? El conocimiento que tiene para nosotros está en su Palabra. Él nos ha dado su Palabra para que a través de ella encontremos el conocimiento. ¿La buscamos con el mismo anhelo con el que alguien busca agua cuando tiene muchísima sed? ¿Tenemos hambre de ella como quien busca alimento? ¿Qué es la vida verdadera? ¿Acaso no es la vida eterna? Si la vida eterna es la meta y no esta vida temporal aquí en la tierra, ¿dónde deberíamos buscar para saber de ella?

Deberíamos buscar en la Palabra de Dios. Su Palabra nos revela la verdad, la verdad acerca de esta vida en la tierra y de nuestra vida en el cielo después de nuestra existencia. Dios ha puesto en su Palabra toda la verdad que necesitamos conocer. La Palabra de Dios es viva y eficaz y actúa en nuestro interior si la dejamos entrar.[1] Nos llevará a Dios, nos guiará a Jesús, por quien debemos pasar para llegar al Padre en el cielo. Nuestras buenas obras no nos llevarán allí. Ni siquiera nuestro gran conocimiento —aun el conocimiento de la Palabra de Dios— nos ayudarán si no vamos a Jesús para recibir la vida. Dios es el Eterno, y si vamos a pasar la eternidad con él, debemos tener a Jesús en nuestro interior.

Debemos invitarlo a nuestras vidas como Señor y Rey. Jesús nos llevará al cielo si le entregamos nuestras vidas. El Dios trino es el único que es eterno, y si vamos a estar en la eternidad con él, la única manera es por medio de Jesús. «Yo soy el camino, la verdad y la vida; nadie viene al Padre sino por mí» (Jn 14:6).

En nuestra lectura del día de hoy, Jesús intenta transmitir esta verdad a aquellos con quienes está hablando. Estas personas están obsesionadas con Moisés y con el maná, cosas que fueron la verdad en su tiempo; pero Jesús intenta hablarles acerca de la verdad eterna. Jesús les dice que él es el pan eterno, el Cordero Pascual eterno y que será el sacrificio máximo a favor de toda la humanidad. Incluso dice: «Yo soy el pan vivo que descendió del cielo; si alguien come de este pan, vivirá para siempre; y el pan que yo daré es mi carne, la cual yo daré por la vida del mundo. (...) El que come mi carne y bebe mi sangre permanece en mí y yo en él. Así como me envió el Padre viviente y yo vivo por el Padre, también el que me come vivirá por mí» (Jn 6:51, 56-57).

Al no tener los pensamientos de Dios, a menudo nos resulta difícil aceptar la verdad cuando él nos habla.[2] Hubo quienes seguían a Jesús hasta que dijo todo esto, y entonces lo abandonaron. Debemos tener la esencia de Jesús en nuestras vidas. Nuestro alimento para la vida eterna proviene de él. Jesús lo pone en términos que podemos entender, comparándolo con cómo obtenemos el sustento para nuestras vidas terrenales. Jesús debe ser nuestro alimento espiritual, él debe entrar en nuestra vida para que vivamos y tengamos vida eterna. No importa cuán difícil sea aceptar algunas de las cosas que Dios nos dice en su Palabra, debemos decir junto a Pedro: «Señor, ¿a quién iremos? Tú tienes palabras de vida eterna» (Jn 6:68).

---

1   Hb 4:2.
2   Is 55:8-9.

Hay un camino que todos sabemos que debemos seguir. La lucha es esta: ¿qué parte de nosotros permitimos que nos guíe? Hay muchas fuerzas que tiran de nosotros, tanto por fuera como por dentro. Hay fuerzas externas que nos alejan de Dios; nuestra sociedad, en la que vivimos, no tiende a seguir a Dios, y es una influencia que trata de alejarnos de él. Si estudiamos en universidades o institutos, la mayoría nos aleja de Dios, incluso cuestionan si este existe. Muchas veces es en el lugar de trabajo, donde la ética divina brilla por su ausencia, lo que también nos aparta de Dios. Incluso ciertos eventos sociales y deportivos pueden apartarnos del Señor.

Y detrás de todo esto se encuentra el enemigo de Dios, el diablo, que busca destruirnos.[1] Quienes somos salvos conocemos el camino que debemos seguir, pero en ocasiones es difícil caminar por la senda correcta. Es en esos momentos cuando necesitamos volvernos a Jesús, quien siempre está con nosotros, listo para ayudarnos.[2] ¿Recuerdas a los discípulos en la tormenta del lago? Pensaban que iban a morir. No murieron, porque cuando acudieron a Jesús en busca de ayuda, él estaba listo para asistirlos. No solo les salvó la vida, sino que también hizo que la tormenta se calmara.[3] Aunque no siempre hace desaparecer la tormenta, nos ayuda a atravesarla sanos y salvos. No debemos concluir que Jesús no nos ayuda solo porque enfrentamos dificultades. Él ya nos dijo que seríamos perseguidos: «El siervo no es mayor que su señor. Si a mí me han perseguido, también a vosotros os perseguirán» (Jn 15:20).

Esto no significa que la tormenta nos vencerá, sino que Jesús nos hará pasar por ella. Quizá la persecución máxima llegue incluso a llevarse la vida de alguien, pero aun en esa situación, hay una victoria mayor, porque esa persona estará con el Señor en el cielo. Pablo luchaba con esta idea cuando dijo que si moría, sería ganancia para él, pero si seguía vivo, sería para beneficio de Cristo y de su reino.[4]

No importa en qué situación estemos, cuán tentados seamos o qué tan fuerte sea la atracción hacia la dirección equivocada, Jesús siempre está ahí para ayudarnos. Jesús es quien nos ayudará a andar por el camino que sabemos que debemos seguir. Por mucho que estemos determinados a vivir rectamente, habrá momentos en que nuestra fuerza no será suficiente. Entonces, si al final tendremos que pedirle ayuda a Jesús, ¿por qué no invitarlo desde el principio a participar en todo lo que hacemos? Jesús es grande, no le estamos quitando ayuda a nadie más; él es capaz de asistirnos a todos al mismo tiempo. Cuando Jesús dijo: «Venid a mí todos los que estáis trabajados y cargados», no dijo: Pónganse en fila.

La única manera de seguir el camino que sabemos que debemos seguir es manteniendo una relación con Jesús, quien nos guía y nos ayuda a lo largo del trayecto. Pablo nos dice que hay una lucha en nuestro interior, es la carne contra el Espíritu y el Espíritu contra la carne.[5] La pregunta es: ¿a cuál de estos permitimos que guíe nuestra vida? Si escogemos al Espíritu, eso nos ayudará a fortalecer nuestra relación con Jesús. Pero si permitimos que la carne tome el control, enfrentaremos problemas, nuestra relación será débil y necesitaremos alguien que nos saque de la tormenta. Nuestra carne nunca ha querido seguir el camino de Dios ni lo hará. Debemos fortalecer nuestro Espíritu para así fortalecer nuestra relación con Jesús.

Tal vez te preguntes, ¿cómo hago eso? Pues bien, si tienes una planta que quieres que crezca bien, ¿qué haces? Necesita lluvia y nutrientes. La lluvia viene de Dios, así que ora para que Dios derrame su bendición sobre tu espíritu. Los nutrientes son la palabra de Dios, asegúrate de que tu espíritu reciba una buena dosis de la Palabra cada día. Jesús nos da el ejemplo, como leemos hoy en el capítulo 7 del libro de Juan, cuando dice: «Mi doctrina no es mía, sino de aquel que me envió» (Jn 7:16). Jesús confió en la palabra que recibió del Padre.

Es fácil asumir que Jesús lo tenía todo desde el principio y que por eso sabía lo que el Padre quería que enseñara. Bueno, sí y no. Sin duda, Jesús tenía algo especial que le ayudaba a conocerlo todo, pero aun así siguió el mismo camino que nosotros necesitamos seguir. «Y Jesús crecía en sabiduría, en estatura y en gracia para con Dios y los hombres» (Lc 2:52). En Hebreos, se nos dice que Jesús era como nosotros, pero sin pecado. Entonces, ¿cómo creció en sabiduría? Otra cosa que Jesús hacía y que también necesitamos hacer es orar: «Pero él se apartaba a lugares desiertos para orar» (Lc 5:16). [Véase también: Mc 1:35, 6:46; Lc 6:12, 9:18, 9:29]. Pensamos que Jesús lo tenía todo bajo control, pero una parte esencial de su fortaleza era su constante comunión con el Padre por medio de la oración.

---

1   Ap 12:17.
2   Jn 14:23.
3   Lc 8:24.
4   2 Co 5:8; Flp 1:21-25.
5   Ga 5:17.

Hay amor en el mundo. No es el amor de la generación hippie, que en realidad no era amor porque no había compromiso que lo acompañara. Gran parte de la humanidad no tiene amor verdadero por la misma razón: la falta de compromiso. Nosotros, como cristianos, miramos a Dios para aprender lo que es el verdadero amor. Conocemos las palabras de Jesús cuando dijo: «*Nadie tiene mayor amor que este, que uno ponga su vida por sus amigos*» (Jn 15:13). Jesús demostró su gran amor por nosotros, los perdidos, al estar dispuesto a ir a la cruz, tomar nuestros pecados sobre sí mismo y morir por nosotros.

Jesús declaró que nos amaba y esa fue su forma de compromiso con nosotros. También dijo: «*El que cree en mí, aunque esté muerto, vivirá. Y todo aquel que vive y cree en mí, no morirá eternamente*» (Jn 11:25-26). Nadie puede alcanzar este nivel de amor, pero debemos movernos en esa dirección y llegar tan lejos como nos sea posible. En esto consiste el segundo mandamiento más grande: «*Amarás a tu prójimo como a ti mismo*» (Mt 22:39).

Este es el gran amor al que Dios nos llama en la vida. Este es el amor que Jesús demostró, pero también vemos el amor del Padre: «*De tal manera amó Dios al mundo, que ha dado a su Hijo unigénito*» (Jn 3:16). Esto es precisamente lo que Dios le pidió a Abraham: «*Toma ahora a tu hijo, tu único, Isaac, a quien amas, vete a tierra de Moriah y ofrécelo allí en holocausto sobre uno de los montes que yo te diré*» (Gn 22:2). Aquellos que somos padres no podemos ni siquiera imaginar el dolor tan profundo que sería pensar en dar a nuestro hijo como sacrificio. Sabemos cómo terminó la historia, cuando en el último momento el ángel del Señor dijo: **¡Detente, no extiendas tu mano sobre el muchacho ni le hagas nada!**.

Pero Dios **NO** pudo decirse a sí mismo ¡**Detente**! cuando sacrificó a Jesús en la cruz, ya que este era el único camino para nuestra redención. Este fue el amor del Padre hacia nosotros, con un compromiso profundo y sacrificial. Jesús nunca hizo nada malo. Él, por amor, hizo su primer sacrificio por nosotros al estar dispuesto a abandonar su lugar legítimo en el cielo y venir a la tierra, tomando la forma de un hombre: «*Él, siendo en forma de Dios, no estimó el ser igual a Dios como cosa a que aferrarse, sino que se despojó a sí mismo, tomó la forma de siervo y se hizo semejante a los hombres*» (Flp 2:6-7).

Así es como sabemos lo que es el amor: siempre se trata del otro, sea quien sea. De la misma manera que Cristo, nuestro amor hacia los demás debe llegar hasta un amor sacrificial.[1] Hace muchos años, un amigo mío me dijo que si su esposa quería que la acompañara a ir de compras, y él prefería jugar al golf, el verdadero amor por su mujer sería sacrificar su deseo de jugar golf e ir con ella, aunque no le gustara hacerlo. Muchas veces, el verdadero amor consiste en renunciar a algo, no es el tipo de amor de la generación hippie. ¿Hay amor en el mundo? Sí, porque Dios está en el mundo. Y es así como el amor está en nosotros: «*Amados, amémonos unos a otros, porque el amor es de Dios. Todo aquel que ama es nacido de Dios y conoce a Dios*» (1 Jn 4:7).

Cuando somos salvos y volvemos a nacer, ciertas cosas cambian en nosotros de maneras que no entendemos. Recuerdo que, en las semanas posteriores a mi conversión, comencé a sentir una preocupación por los demás que antes no tenía. Ese amor nació en mí al nacer de nuevo. Es un amor que nace como un niño recién nacido y comienza a crecer. Un niño recién nacido crece hasta llegar al punto en que empieza a caminar.

Ahora, el niño puede decidir caminar y hacer cosas, o puede simplemente quedarse sentado, aunque ya sepa cómo caminar. Lo mismo sucede con nosotros y el amor que ha nacido en nosotros: podemos decidir —como se nos instruye— amar a los demás, o podemos quedarnos sin usar lo que ha surgido en nosotros. Jesús dijo: «*Un mandamiento nuevo os doy: Que os améis unos a otros; como yo os he amado, que también os améis unos a otros*» (Jn 13:34). En nuestra lectura del día de hoy en el capítulo 8 del libro de Juan, leemos sobre la mujer que los escribas y fariseos llevaron ante Jesús, acusándola. Jesús, en su amor, no la acusó; al contrario, parece que la perdonó, diciéndole: «*Ni yo te condeno; vete y no peques más*» (Jn 8:11). Ella también recibió el perdón que se le ofrece a todos mediante su amor al morir en la cruz por nuestros pecados. Jesús dice pocos versículos después: «*Así que, si el Hijo os liberta, seréis verdaderamente libres*» (Jn 8:36). Hay amor en el mundo.

---

1   1 Jn 3:16.

«Soy Dios, ¿me oyes? Soy Dios, que te habla, ¿me escuchas?»

Me pregunto cuántas veces Dios nos dice esto. ¿Nos tomamos el tiempo para permitir que él nos hable? ¿Apartamos un momento de nuestra atareada vida para escuchar si Dios está tratando de hablarnos? Él quiere guiarnos y ayudarnos en nuestra vida, ¿lo estamos escuchando? En este momento, ¿qué piensas? Dios no siempre nos habla cuando lo deseamos; él elige el momento, y nosotros debemos estar atentos a su voz. En ocasiones, él nos habla en nuestro lugar de oración, y otras veces, en los lugares más insospechados, incluso mientras estamos ocupados en cosas que jamás pensaríamos que él podría hablarnos.

Dios siempre está con nosotros, así que parece que podría hablarnos en cualquier instante. Él elige el momento, ¿reconocemos su voz cuando llega? Es una voz suave y apacible que, si no estamos atentos, puede pasar de largo sin que nos demos cuenta. Los pensamientos pasan por nuestra mente todo el tiempo, pero es ese pensamiento que parece no originarse en nuestra mente lo que podría ser Dios hablándonos. Sea como sea, la forma en que él nos hable nunca irá en contra de su Palabra, la Biblia. A veces no es ni siquiera un pensamiento, sino más bien una conciencia instantánea de algo que no tiene palabras, solo un significado al que le damos palabras. Otras veces es un pasaje de las Escrituras que leemos o escuchamos de alguien más y que nos impacta de una manera inusual porque Dios quiere que prestemos atención.

Recuerdo que, hace años, cuando cursaba primer año del Instituto Bíblico, tres alumnos fuimos contratados de manera interina para realizar algunos trabajos en la institución. Durante nuestro descanso, fuimos movidos orar juntos. En medio de esa oración, uno de nosotros sintió que debíamos leer Isaías 5:8-9. Esta persona lo leyó, y luego cada uno se volvió al otro para preguntar si eso tenía algún significado para nuestras vidas en ese momento, pero ninguno pensó en nada. Sin embargo, ese pasaje ha permanecido conmigo desde entonces. En ese momento no parecía ser nada fuera de lo común, pero no se desvaneció como otras cosas. A veces, lo que Dios nos habla no se relaciona con nada en el momento, y aun así sigue siendo Dios hablándonos. Su voz es muy especial y, si no estamos atentos, fácilmente podemos dejarla pasar.

A veces me pregunto: «Señor, ¿fuiste tú quien habló?». En ocasiones, Dios actúa de alguna manera en nuestra presencia para guiarnos. Debemos ser sensibles en nuestro espíritu para reconocer estas cosas cuando él las hace. Aquellos que anduvieron con Jesús también enfrentaron la misma dificultad a lo largo del ministerio de su maestro. En nuestra lectura del día de hoy, Jesús sanó a un ciego de nacimiento. La gente se maravilló de lo que Jesús hacía, pero los líderes religiosos quisieron condenarlo por ello.

Las sanidades y milagros que Jesús realizaba no se ajustaban a lo que los líderes religiosos aceptaban, y por eso lo condenaban. Algo que Isaías 55:8-9 me ha enseñado es que, debido a que los pensamientos y los caminos de Dios son tan superiores a los nuestros, lo que él hace no siempre se alinea con nuestros pensamientos. Dios quiere hacer cosas buenas en nuestras vidas, pero necesitamos asegurarnos de que no tengamos ideas preconcebidas que nos impidan escuchar lo que él está diciendo.

Eso mismo sucedía con los líderes religiosos en el tiempo de Jesús. Dios se estaba moviendo, el Padre había enviado al Hijo, y él enseñaba a los judíos y al resto del mundo acerca de sus caminos y sus pensamientos. El plan de Dios no era poner a un <u>nuevo David</u> en el trono para gobernar el mundo, sino poner al hombre Jesús en la cruz para morir. Para ellos, esto no tenía sentido, y probablemente no tendría sentido para nosotros si no tuviéramos la Palabra de Dios para explicarnos por qué. Jesús intentaba explicarles todo, pero sus oídos estaban cerrados. Puede que Dios nos esté hablando y nosotros no lo escuchemos.

Espero que puedas quitar los obstáculos de tu camino y que inclines tu oído espiritual hacia el cielo para escuchar lo que Dios te está diciendo.

Él es aquel a quien todos deben acudir. De una manera u otra, todos acudiremos a Dios. Todos los que somos salvos hemos ido a él voluntariamente; el resto será llevado ante su presencia para juicio. En los días en que Jesús ministraba entre los judíos, hubo muchos que no lo aceptaron como el Mesías, como el Hijo de Dios. A los seres humanos se nos ha dado la vida para descubrir que necesitamos acudir a él. Se nos concede la oportunidad de conocerlo. Él llama a todos los hombres a acercarse a él, pero habrá quienes se nieguen, quienes durante toda su vida sigan el camino ancho y nunca recorran el camino angosto.

Habrá un día en que todos deberán rendir cuentas.[1] A los que somos salvos, Jesús nos dijo: «*De cierto, de cierto os digo: El que oye mi palabra y cree al que me envió tiene vida eterna, y no vendrá a condenación, sino que ha pasado de muerte a vida*» (Jn 5:24).

Nosotros hemos escuchado y hemos creído en su palabra. Son pocos los que recorren el camino angosto en este mundo.[2] Al final, aquellos que lo evitaron serán llevados a donde no quieren ir. En el libro de Apocalipsis, se nos dice que en la tribulación habrá quienes desearán que las rocas caigan sobre ellos para esconderlos de la presencia de Dios. El mundo no quiere aceptar que hay un Dios con autoridad absoluta. Ese mismo Dios autoritario, que llevará a todos los no salvos al juicio, también es el Dios amoroso y misericordioso que ofrece perdón y salvación a todos los que se acercan y los reciben. ¿Quién puede decir que Dios no es un Dios de amor? Sabemos que, por nuestros pecados, merecemos la ira de Dios, pero por su gracia y misericordia hemos sido salvados, sin costo para nosotros aparte de entregar nuestras vidas a Jesucristo.

Ahora que pertenecemos a Cristo el rey, somos recibidos con él cuando él entra. Hemos leído muchos capítulos de Apocalipsis y vemos que no será un buen tiempo para los no salvos. En este momento, Dios atrae a toda la humanidad hacia sí sin exigir nada, pero en el juicio él pedirá cuentas a su ciudadanía.[3] Jesús nos cuenta una parábola sobre un banquete de bodas, en la que un hombre es rechazado: «*Y cuando el rey vino para ver los invitados, vio allí a un hombre que no estaba vestido de boda, (...) Entonces el rey dijo a los que servían: Atadle de pies y manos, llevadle y echadle en las tinieblas de afuera; allí será el lloro y el crujir de dientes.*» (Mt 22:11, 13).

Podemos alegrarnos de haber encontrado el camino angosto y de habernos esforzado por entrar en él. Hay un Dios que siempre ha sido y siempre será, que creó todo el universo solo con su palabra y que se preocupa tanto por nosotros que envió a su Hijo a morir en una cruz por nuestros pecados y a darnos salvación. ¿Quién más podría compararse con él? Nadie; y aun así, tuvo misericordia de nosotros. Este es un Dios que es difícil de conocer, no porque no quiera ser conocido, sino por lo que él mismo es. ¿Cómo podemos conocer a un Dios tan maravilloso? Se nos dice que cuando lleguemos al cielo, entonces lo conoceremos plenamente: «*Ahora vemos por espejo, oscuramente; pero entonces veremos cara a cara. Ahora conozco en parte, pero entonces conoceré como fui conocido*» (1 Co 13:12).

Hasta que lleguemos al cielo, nuestro deber es acercarnos lo más posible a Dios, escuchar las cosas que dice acerca de sí mismo en su Palabra y creer en lo que ha dicho. Al final, él es aquel a quien todos deben acudir. Hemos recibido su misericordia y gracia al obtener la salvación por medio del Hijo, Jesús, que murió por nosotros. ¿Podemos siquiera contemplar el valor completo de nuestra salvación? Tan solo pensar en ello debería hacernos agradecerle y alabarlo. Todo lo demás en nuestra vida cristiana es secundario frente a esto. En nuestra lectura del día de hoy, en el capítulo 10 del libro Juan, Jesús nos dice lo siguiente acerca de sí mismo: «*yo he venido para que tengan vida, y para que la tengan en abundancia. Yo soy el buen pastor; el buen pastor su vida da por las ovejas*» (Jn 10:10-11).

Al acercarnos a la Navidad, debemos recordar que las palabras «***yo he venido para que tengan vida***» tienen que ver con mucho más que solo el niño Jesús en un pesebre. Se trata del inmenso amor de un Dios extraordinario que nos ofrece la salvación para que podamos pasar la eternidad con él en el cielo. Gracias a que Jesús vino, cuando todos se presenten ante Dios para el juicio, nosotros podremos entrar al cielo por la sangre de ese Cordero Perfecto.

---

1   Jn 5:29.
2   Mt 7:13-14.
3   Ef 2:19; Flp 3:20-21.

Todo está bajo el control de Dios. Muchos podrían debatir esto, pues al observar tanta maldad en el mundo, se preguntan cómo es posible que Dios esté en control con todo lo que sucede. Para entender esto, primero debemos analizar de dónde proviene todo. Dios creó un mundo perfecto, habitado por personas igualmente perfectas. La perfección de estos seres les permitía incluso escoger su propio futuro. Como bien sabemos, no eligieron sabiamente. Su deseo de conocer lo que Dios conoce fue demasiado fuerte, y comieron del fruto prohibido. A causa de esto, fueron expulsados del jardín perfecto, y desde entonces, todo ha sido imperfecto.[1]

Dios le otorga a la humanidad el derecho a elegir, y si él interviniera anulando esa elección, estaría quitando el libre albedrío que nos concedió. Así que la maldad que existe en el mundo es producto de la humanidad, y bajo su control, Dios permite que sea así. Esta maldad es la causa de todos los problemas que enfrentamos en nuestro planeta, incluso las enfermedades provienen de ella. Cuando la humanidad pecó en el jardín, una infección de pecado entró al mundo y afectó todo en él. Dios está en el mundo, pero no va en contra de la libertad que nos ha dado. En cierto sentido, podríamos decir que nos metimos en la sopa que nosotros mismos cocinamos. El caos en el que estamos es consecuencia de nuestras propias acciones; Adán y Eva pecaron, y nosotros hemos continuado en ese camino.

Sin embargo, tenemos un Dios misericordioso, que a pesar de que todo es culpa nuestra, nos ha provisto un camino para recibir perdón. El pecado no tiene que consumirnos por completo; cualquier persona que se arrepiente y recibe a Cristo como su Señor y Salvador puede alcanzar el cielo y evitar el infierno al que todos estábamos destinados. Aunque Dios no nos fuerza ni nos obliga, él nos dice: **Venid.**[2]

Dios toma el control en este acto de misericordia y nos ofrece una vía para que podamos llegar al cielo. Todas las cosas están bajo su control, y si él ejerciera ese control sin misericordia, ambos sabemos cuál sería nuestro destino. Como criaturas, muchas veces solo vemos las cosas desde nuestra perspectiva, en lugar de considerar la del Creador. ¡Oh, si pudiéramos ver el daño que nuestro pecado causa, huiríamos de él tan rápido como pudiéramos! Pero no podemos, porque estamos en esta carne que siempre nos empuja hacia el mal camino. Nuestra naturaleza ha sido así desde que la carne perfecta de Adán y Eva fue corrompida por el pecado. Lo mejor que podemos hacer es entregarnos a Dios, recibir su salvación y apartarnos de nuestro propio entendimiento para buscar el de él.

Cuando comenzamos a alinearnos con la verdad de Dios, poco a poco nos damos cuenta de lo equivocado de nuestro camino. Esto es parte del proceso de renovación de nuestra mente. Es un esfuerzo conjunto: el Espíritu Santo es quien lo realiza, pero nosotros debemos rendirnos a su obra, aceptarla y no resistirnos cuando comienza a cambiarnos desde adentro.[3] Mientras pensemos que sabemos algo, no habrá espacio para recibir el conocimiento que Dios quiere darnos.

Al rendirnos a este proceso, llegará un momento en que conoceremos algo, algo espiritual que recibimos de Dios. Dios es sabio en todos sus caminos, incluso en la manera en que nos ayuda. Él está en pleno control, y el escenario final ya está dispuesto. Cuando llegue el día, todos tendremos que comparecer ante Dios, la sentencia será suya. Como dice el libro de Apocalipsis: «*¡Aleluya! Salvación, honra, gloria y poder son del Señor Dios nuestro, porque sus juicios son verdaderos y justos, pues ha juzgado a la gran ramera que corrompía la tierra con su fornicación, y ha vengado la sangre de sus siervos de la mano de ella*» (Ap 19:1-2).

¿Acaso no parece un Dios que está en control? Hasta el juicio final, Dios no interviene en los problemas del mundo, excepto para ayudar a los suyos. En una ocasión, leemos que Jesús, en un extraordinario acto de control, calmó la gran tempestad de viento, cuando «*dijo al mar: "¡Calla, enmudece!". Entonces cesó el viento y sobrevino una gran calma*» (Mc 4:39). Sin duda, Dios estaba en control. Otra vez, en nuestra lectura de hoy en el Evangelio de Juan, Jesús dijo: «*Quitad la piedra*" (...). *Y habiendo dicho esto clamó a gran voz: "¡Lázaro, ven fuera!". Y el que había muerto salió*» (Jn 11:39, 43-44). Dios estaba claramente en control.

Cuando pienso en Jesús, me gusta imaginarlo como un guerrero victorioso: «**Él viene en un caballo blanco y con justicia juzga y pelea. Sus ojos son como llama de fuego, y hay en su cabeza muchas diademas, está vestido de una ropa teñida en sangre y de su boca sale una espada aguda, él regirá con vara de hierro**» (Tomado de Ap 19:11-13, 15). Al final, todo ESTARÁ BAJO EL CONTROL de Dios.

---

1   Rm 8:19-22.
2   Mt 11:28; Ap 18:4, 22:17.
3   Tt 3:5.

Muchos no están dispuestos a renunciar a su propia vida. Aun después de haber aceptado a Cristo en nuestras vidas y de haber recibido la salvación, enfrentamos una lucha interna para entregarnos por completo a él. La carne no se rinde fácilmente. Nos hemos entregado a Dios para nuestra salvación, pero aún nos aferramos a la idea de que podemos manejar la mayoría de las cosas en nuestra vida. A veces, entregar todo puede hacernos sentir como si fuéramos un fracaso. Pero ese sentimiento de fracaso proviene únicamente del juicio que hacemos nosotros mismos y el resto este mundo.

Según la verdad de Dios, ya somos un fracaso por nuestra incapacidad de ser realmente santos por nuestros propios medios. Sin embargo, cuando aceptamos a Cristo, Dios nos considera un éxito, porque Jesús nos ha lavado y nos ha hecho santos. ¡Qué maravilla es ser considerados santos por lo que Jesús hizo por nosotros! Una vez que somos salvos, Jesús nos llama a entregar todo lo que somos a él, a permitir que tome las decisiones y que dirija cada aspecto de nuestra vida. Como nos dice el Señor: *«Si alguien quiere venir en pos de mí, niéguese a sí mismo, tome su cruz y sígame»* (Mt 16:24).

Todos queremos seguir a Jesús, pero antes de seguirle, debemos tomar nuestra cruz, y antes de eso, debemos negarnos a nosotros mismos. Lo primero es lo más difícil de todo: renunciar al control de nuestra vida. Esto puede ser aterrador e incierto, pero en realidad es lo más seguro que podemos hacer, porque Jesús siempre sabe más que nosotros. Aun así, es difícil entregar nuestra vida a alguien más. Debemos confiar plenamente en Jesús y tener fe en todo lo que él hará en nuestras vidas.

Esto no significa levantarnos por la mañana y no movernos hasta recibir una orden directa del Señor. Significa confiar en que él obrará en nuestro futuro, hacer planes para nuestro día con la disposición de que él lo cambie en cualquier momento. Significa confiar en que él nos guiará en medio de la tormenta y nos hará atravesar el abismo de la incertidumbre cuando lo enfrentemos. Es entregar nuestra vida a él para que la use como bien le parezca, ya sea para servir en el campo misionero donde él nos quiera enviar, o para detenernos a orar por alguien que nos cruzamos en el camino cuando él nos lo indique.

Creemos que sabemos lo que es mejor para nosotros. Dios «sí» sabe lo que es mejor para nosotros. Se trata de renunciar por completo, de entregarnos completamente a él. El joven rico estaba dispuesto a cumplir con la ley, pero no estaba dispuesto a entregarse del todo a Jesús. Como está escrito: *«llegó uno corriendo y, arrodillándose delante de él, le preguntó: "Maestro bueno, ¿qué haré para heredar la vida eterna?". Jesús le dijo: "(...) Los mandamientos sabes (...)". Él entonces, respondiendo, le dijo: "Maestro, todo esto lo he guardado desde mi juventud". Entonces Jesús, mirándolo, lo amó y le dijo: "Una cosa te falta: anda, vende todo lo que tienes y dalo a los pobres, y tendrás tesoro en el cielo; y ven, sígueme, tomando tu cruz"»* (Mc 10:17, 19-21).

No es fácil estar dispuesto a renunciar a todo para seguir a Jesús. A menos que Jesús te diga específicamente que vendas todo, como lo hizo con este joven, no es el acto de venderlo todo lo que él desea, sino la disposición a entregarlo todo en cualquier momento. Esto es algo más profundo: ¿confiarás en tus posesiones o confiarás toda tu vida a Jesús? Una vez que el corazón pertenece por completo a Jesús, todo lo demás también lo hace. Probablemente, este es uno de los aspectos más difíciles en el proceso de madurar en Cristo: estar dispuesto a renunciar a todo.

Jesús estuvo dispuesto a renunciar a todo cuando dejó su lugar en el cielo para venir a la tierra. Él tenía todo el derecho de permanecer en el cielo, pero lo dejó todo.[1] Jesús se entregó completamente al plan de salvación, permitiendo que los hombres lo maltrataran, lo azotaran y lo clavaran en una cruz, aun cuando tenía el poder para escapar en cualquier momento.[2] Somos llamados a seguir a Jesús; parte de su ejemplo es que él se entregó plenamente al Padre, tal como nosotros debemos entregarnos a él. Debemos **negarnos a nosotros mismos, tomar nuestra cruz y seguirlo**. En nuestra lectura del día de hoy en el Evangelio de Juan, Jesús deja muy claro cómo debemos considerar nuestra vida: *«El que ama su vida, la perderá; y el que odia su vida en este mundo, para vida eterna la guardará»* (Jn 12:25). Jesús vino para servir y estuvo dispuesto a morir para lograrlo. Nosotros también debemos servir y estar dispuestos a morir **a nosotros mismos** para poder hacerlo.

---

1   Flp 2:5-7; 2 Co 8:9; Jn 1:29.
2   Mt 26:53.

He decidido seguir a Cristo. ¿Cuántos de ustedes conocen esta canción? Recuerdo desde mis primeros días como cristiano. Es una decisión consciente que debemos tomar. Podemos ser salvos sin haber decidido seguir a Jesús. No sé en qué estado espiritual se encontrará alguien que viva así, pero me atrevería a decir que no es un buen lugar para estar. Jesús nos llama a seguirlo, y debemos tomar esa decisión. Él habló de cuatro tipos de terreno; entonces, ¿qué tipo de terreno sería una persona que aún no ha decidido seguirlo? Yo quiero ser el cuarto tipo de terreno. Al recordar esa canción, las palabras que siguen resuenan en mi corazón: **No vuelvo atrás.**

El apóstol Pablo habla sobre esto cuando dice: «*Hermanos, yo mismo no pretendo haberlo ya alcanzado; pero una cosa hago: olvidando ciertamente lo que queda atrás y extendiéndome a lo que está delante, prosigo a la meta, al premio del supremo llamamiento de Dios en Cristo Jesús*» (Flp 3:13-14). Pablo tenía muchas razones para descalificarse a sí mismo, pero decidió no hacerlo, sino seguir a Jesús, a pesar de su pasado.

Tras recibir el llamado de Jesús, Pablo dejó todo atrás, sin darle valor alguno, y mirando solo hacia adelante, hacia su Señor, tomó la decisión de seguirlo sin importar cual había sido su pasado. ¿Te está impidiendo tu pasado tomar esa decisión, descalificándote sin darle una oportunidad a Jesús? Pablo nos recuerda que el pasado queda atrás y que debemos avanzar con Cristo. Cuando tomamos la decisión de seguir a Jesús, debemos estar dispuestos a renunciar a todo. Rara vez, Jesús le pide a alguien que lo entregue todo, pero debemos valorarlo y seguirlo más que a cualquier otra cosa en nuestras vidas.

Hubo un par de personas que quisieron seguir a Jesús, pero no estuvieron dispuestas a renunciar a ciertas cosas. «*Otro de sus discípulos le dijo: "Señor, permíteme que vaya primero y entierre a mi padre". Jesús le dijo: "Sígueme; deja que los muertos entierren a sus muertos"*» (Mt 8:21-22) y «*Entonces también dijo otro: "Te seguiré, Señor; pero déjame que me despida primero de los que están en mi casa". Jesús le contestó: "Ninguno que, habiendo puesto su mano en el arado, mira hacia atrás es apto para el reino de Dios"*» (Lc 9:61-62).

Jesús desea que estemos dispuestos a entregarlo todo, aunque no siempre nos lo pida. En nuestros días, seguir a Jesús requiere un compromiso; ya no encajamos en las cosas de este mundo. Si hemos aceptado a Jesús, ahora somos diferentes. Pablo dice: «*Él se dio a sí mismo por nosotros para redimirnos de toda maldad y purificar para sí un pueblo propio, celoso de buenas obras*» (Tt 2:14). Y Pedro afirma: «*Pero vosotros sois linaje escogido, real sacerdocio, nación santa, pueblo adquirido por Dios, para que anunciéis las virtudes de aquel que os llamó de las tinieblas a su luz admirable*» (1 P 2:9).

Cuando aceptamos a Jesús, nos convertimos en «*un pueblo adquirido*», así que es lógico que decidamos seguirle. Ya no encajamos en el mundo porque nuestro corazón no es como el de ellos. Si esto no es así, es momento de examinar nuestro corazón y hablar con Jesús al respecto. **He decidido seguir a Cristo,** ¡qué hermosa canción sobre el compromiso! Podemos cantarla con sinceridad, confirmando nuestra dedicación al Señor Jesús. Se acerca la Navidad y, poco después, el final del año; qué buen momento para tomar conciencia de lo que realmente importa en nuestra vida.

Los primeros cuatro versículos de nuestra lectura del día de hoy del libro de Apocalipsis dicen lo siguiente: «*Entonces vi un cielo nuevo y una tierra nueva, porque el primer cielo y la primera tierra habían pasado y el mar ya no existía más. Y yo, Juan, vi la santa ciudad, la nueva Jerusalén, descender del cielo, de parte de Dios, ataviada como una esposa hermoseada para su esposo. Y oí una gran voz del cielo, que decía: «El tabernáculo de Dios está ahora con los hombres. Él morará con ellos, ellos serán su pueblo y Dios mismo estará con ellos como su Dios. Enjugará Dios toda lágrima de los ojos de ellos; y ya no habrá más muerte, ni habrá más llanto ni clamor ni dolor, porque las primeras cosas ya pasaron*» (Ap 21:1-45).

No quisiera perderme eso por nada en el mundo. En el capítulo 13 del libro de Juan, Jesús nos llama hoy a ser siervos y a seguir su ejemplo. Al celebrar esta Navidad —el plan de redención que nos fue enviado por Dios en la forma de un pequeño bebé que se convertiría en nuestro salvador—, consideremos cómo viviremos nuestra vida el año que viene.

He decidido seguir a Cristo, no vuelvo atrás, no vuelvo atrás.

Tú eres mi amado. Si somos la novia de Cristo, ¿no es así como deberíamos verlo? A algunos les puede parecer una expresión demasiado romántica para dirigirse al Señor Jesús, pero, en realidad, no lo es. Él nos ve como su novia. En algunas culturas alrededor del mundo, existe la costumbre de que cuando un hombre y una mujer se comprometen, el hombre comienza a construir y preparar un hogar para llevar a su esposa cuando se casen. Leímos sobre esto mismo en nuestra lectura del día de hoy: «*En la casa de mi Padre muchas moradas hay; si así no fuera, yo os lo hubiera dicho; voy, pues, a preparar lugar para vosotros*» (Jn 14:2). Y también, hace unos días, leímos: «*Gocémonos, alegrémonos y démosle gloria, porque han llegado las bodas del Cordero y su esposa se ha preparado*» (Ap 19:7).

Los que conformamos la Iglesia somos esa novia. Seremos desposados con Cristo, y él nos ha preparado un lugar donde moraremos con él. Aunque esta expresión romántica pueda parecernos extraña, es la relación que tendremos en el cielo con Cristo. Somos llamados a acercarnos a Cristo. La Palabra de Dios nos lleva a una relación mucho más íntima que simplemente verlo como Señor, Rey o Maestro. La Palabra de Dios nos une a Cristo en un matrimonio celestial, que sobrepasará todo lo que podamos imaginar en este mundo.

¿Estás listo para ser una novia celestial? ¿Te das cuenta de que ya estás comprometido con Cristo? A menudo pensamos en Cristo como el maestro a quien debemos obedecer, pero como nuestro prometido, él es mucho más. Él es nuestro protector, nuestro refugio, nuestro proveedor, el que guía nuestro camino. Nosotros lo seguimos, escuchamos su llamado y confiamos en su guía y dirección. Él nos cuida con ternura y amor.

A los esposos, Pablo nos manda a amar a nuestras esposas como Cristo ama a la Iglesia. ¿Podríamos aplicar ese ejemplo en sentido inverso? Se nos ha enseñado cómo será nuestro matrimonio aquí en la tierra, ¿acaso no refleja también cómo será nuestro matrimonio con Cristo en el cielo? La Escritura nos dice: «*Por esto dejará el hombre a su padre y a su madre, se unirá a su mujer y los dos serán una sola carne*» (Ef 5:31).

La Escritura nos enseña que estamos en Cristo y él en nosotros. Pero esto va aún más allá: no se trata solo de que estemos en él o él en nosotros, sino que somos uno con él. Cuando estábamos comprometidos con la persona que se convertiría en nuestro cónyuge aquí en la tierra, siempre encontrábamos tiempo para estar juntos, hacíamos lo necesario para estar con ella. Tal vez, así es como debería ser nuestra relación con Cristo: siempre tener tiempo para él, siempre pensar mucho en él. Debemos clamar: **Señor Jesús, acércate a mí, quédate cerca de mí, camina conmigo.** Él nos ama; ¿lo amamos nosotros a él? Él es nuestro compañero incondicional, seamos conscientes de ello o no. La Palabra nos recuerda: «*¿No sabéis que Jesucristo está en vosotros?*» (2 Co 13:5) y «*El que guarda sus mandamientos permanece en Dios, y Dios en él*» (1 Jn 3:24).

De alguna manera maravillosa, estamos más que comprometidos con Cristo; estamos entrelazados con él. Él está en nosotros y nosotros en él, ¿lo comprendes? Se necesita fe para creerlo, porque es algo asombroso. Nosotros le amamos porque él nos amó primero. El amor que él nos da, lo reflejamos amándolo con el amor que él mismo nos dio. Ni siquiera podríamos amarlo si no recibiéramos el amor que viene de él. Sin conocer a Dios, no podríamos conocer lo que es el verdadero amor. Somos la novia, la Iglesia es la novia, y el novio nos ama con locura, al punto que estuvo dispuesto a morir por nosotros.

¡**Regocíjate**!. Nuestra confianza en Dios debe ser tan inmensa que nos haga regocijarnos de verdad. No todo será color de rosa, pero el saber que tenemos una salvación que se extiende hacia la eternidad debe hacernos confiar en el futuro y darnos una paz duradera, aun en medio de las tribulaciones. Hoy leemos que Jesús nos advirtió que vendrían días difíciles: «*Si a mí me han perseguido, también a vosotros os perseguirán*» (Jn 15:20).

Habrá días complicados, pero es precisamente porque le pertenecemos a Dios. Y si le pertenecemos, él nos llevará consigo al final de los tiempos, y estaremos con él para siempre. Esta certeza nos da motivo para regocijarnos. Recuerdo lo que hicieron Pablo y Silas a medianoche, cuando estaban en el fondo de la prisión, con los pies sujetos en el cepo: «*Pero a medianoche, orando Pablo y Silas, cantaban himnos a Dios; y los presos los oían*» (Hch 16:25).

No sé si me sentiría tan alegre como ellos en aquellas circunstancias. Sin duda, había algo que operaba en sus corazones que debemos tener también en los nuestros. Parte de este cambio parece estar en cómo valoramos lo que es importante en nuestras vidas. Es fácil quedar atrapado en lo que sucede en este mundo. Es lo que tocamos, en lo que nos movemos, donde experimentamos éxito o fracaso. Sin embargo, este mundo es un lugar temporal para nosotros, es como una sombra pasajera en la vida eterna. A veces permitimos que los problemas de este mundo nos aprisionen, pero Pablo y Silas no lo hicieron.

Hay razón para regocijarnos si podemos apartar nuestros ojos de las tribulaciones de este mundo. La mayor parte del pueblo de Israel parecía enfocarse solo en las cosas terrenales. Los profetas siempre trataban de dirigir su atención hacia Dios y las bendiciones que él tenía para ellos en el futuro. El hombre que fue considerado justo por su fe no vio en su vida el cumplimiento de la gran promesa de Dios. Dios le prometió a Abraham la tierra por la que caminaba, pero él no recibió ni un centímetro de ella. Aquí tenemos un hombre, un hombre de fe, que intercedió ante Dios por la inminente destrucción de Sodoma.[1]

Dios escuchó a Abraham y declaró que si encontraba diez hombres justos allí, no destruiría la ciudad, pero no los halló. Abraham no tenía sus ojos puestos en las cosas terrenales, sino en Dios y en la intercesión por los hombres de esta tierra. Necesitamos cambiar nuestro enfoque de las cosas de este mundo a lo que realmente importa. Cuando hacemos esto, descubriremos que podemos regocijarnos como Pablo y Silas a medianoche. Así como Dios quería que el pueblo de Israel se enfocara en el futuro, también quiere que nosotros hagamos lo mismo. Podemos estar agradecidos y regocijarnos al saber que somos parte de los pocos que han encontrado el camino: «*Pero angosta es la puerta y angosto el camino que lleva a la vida, y pocos son los que la hallan*» (Mt 7:14).

Podemos estar agradecidos de que, con la ayuda de Dios, hemos encontrado el camino que muchos no encontrarán. Conscientes de nuestra situación, debemos ser como Abraham y mantener nuestros ojos en Dios y ofrecer oraciones de intercesión por los que se han extraviado para que encuentren el camino antes de que sus días en esta tierra se terminen. Tenemos que recordar que debemos tratar a los demás como quisiéramos que ellos nos traten.[2] Y Dios nos exhorta a pedir, para que recibamos lo que él tiene reservado. Necesitamos caminar cerca de Dios, permanecer cerca de él, para conocer sus caminos.

Recordemos lo que enseñó Jesús acerca de los dos hombres que construyeron su casa.[3] Uno de ellos no la edificó sobre una base sólida y esta se derrumbó. El otro construyó su casa sobre un cimiento firme, y cuando vinieron las tormentas, las dificultades de la vida, su casa no se vino abajo, sino que se mantuvo firme sobre sus cimientos y resistió. Si encontramos ese cimiento sólido, si nos atamos a la Roca que es Jesús, encontraremos motivos para ¡**Regocijarnos**!.

---

1   Gn 18:32.
2   Mt 7:12.
3   Lc 6:48-49.

Éste es Mi camino para vosotros, para que sepáis cuál es mi camino a seguir. Jesús siempre busca ayudarnos a encontrar su camino, ya que es su camino el que nos lleva al Padre y el que nos guía al cielo. Cuando nacemos de nuevo, somos llamados a ser personas espirituales. Aprendemos por el Espíritu y aprendemos también por medio de la Palabra escrita de Dios. La Palabra de Dios nos revela quién es él y nos muestra sus caminos. Nos enseña cómo comenzar a ser personas espirituales, a caminar en el Espíritu y a estar activos en él. Estas son las maneras en que Jesús nos enseña su senda. Su camino es muy diferente al nuestro, o mejor dicho, es muy distinto al camino del mundo. El camino del mundo es lo único que conocemos hasta que somos salvos; luego, volvemos a nacer y entramos en caminos diferentes, caminos que transforman lo que somos. Aprendemos de Jesús, el gran Maestro.

Aun lo que aprendemos de los apóstoles y de los escritores de las epístolas proviene de Jesús. ¿Alguna vez te has preguntado cómo creció tan rápidamente la Iglesia primitiva sin tener el Nuevo Testamento como lo tenemos hoy? Los miembros de la Iglesia apostólica fueron quienes escribieron el Nuevo Testamento. Los apóstoles enseñaron a muchos, otros líderes de la Iglesia primitiva también enseñaron, y Pablo llegó años después, comisionado por Cristo mismo. Pero, aunque estos eran pocos en comparación con el crecimiento de la Iglesia, ¿cómo pudo producirse semejante crecimiento?

La actividad del Espíritu Santo en el cuerpo de Cristo, la Iglesia, es mucho más poderosa de lo que muchos están dispuestos a reconocer. Así como estuvo activo en ese entonces, sigue estando activo ahora. Hoy en día no tomamos el tiempo para escuchar al Espíritu Santo, porque contamos con el Nuevo Testamento al que recurrimos en busca de guía. La Iglesia primitiva no tenía lo que nosotros tenemos ahora; aprendían de lo que los apóstoles y líderes les enseñaban, y también acudían al Espíritu Santo, tal como se les había enseñado. Hoy, muchos de nosotros no contamos con esta ayuda adicional porque no se nos enseña a recurrir a él.

Estas son las formas en que Jesús nos enseña: su Palabra escrita, que es viva y eficaz, y por medio del Espíritu Santo, que nos trae lo que Jesús le da a él. Leemos sobre esto en el capítulo 16 del Evangelio de Juan: «*Pero cuando venga el Espíritu de verdad, él os guiará a toda la verdad, porque no hablará por su propia cuenta, sino que hablará todo lo que oiga y os hará saber las cosas que habrán de venir. Él me glorificará, porque tomará de lo mío y os lo hará saber*» (Jn 16:13-14).

¡Qué gran fuente de crecimiento espiritual nos estamos perdiendo muchos! A lo largo del día, no siempre tienes tiempo para leer las Escrituras, pero el Espíritu Santo, que está contigo e incluso en ti, dándote esta nueva vida, siempre está dispuesto a ayudarnos a crecer. Necesitamos aprender a escuchar su voz en medio de todo el ruido de este mundo; necesitamos escuchar lo que el Espíritu Santo nos está diciendo. Él nunca hablará nada que contradiga la Palabra de Dios. En nuestras traducciones de la Biblia, Jesús se refiere al Espíritu Santo en Juan 16:7 como Ayudador, Consejero, Consolador, Abogado. Todos estos términos describen a aquel que nos ayuda. Él está dispuesto a ayudarnos; necesitamos volvernos a él más a menudo para conocer el camino que Dios está trazando para nosotros».

Yo estoy en tu vida. ¿Sabes que Jesús te está diciendo esto? A veces no estamos seguros si él está con nosotros o no. En ocasiones, hemos hecho algo que podría ofenderle y nos preguntamos si aún sigue a nuestro lado. Pero si hemos sido salvados por la sangre de Jesús, que fue derramada en la cruz, entonces él está con nosotros. Como dice la Escritura: «Y este es su mandamiento: que creamos en el nombre de su Hijo Jesucristo y nos amemos unos a otros como nos lo ha mandado. El que guarda sus mandamientos permanece en Dios, y Dios en él» (1 Jn 3:23-24a).

Jesús está con nosotros todo el tiempo y escucha cada una de nuestras palabras. Ya sea que oremos bajo un árbol, en el jardín, en el camino, en casa o en el trabajo, él nos oye. La oración no se limita a un lugar específico como la iglesia ni es una formalidad; más bien, es una relación cercana con aquel con quien hablamos. Jesús no nos dio la salvación para luego decirnos: **Nos vemos al final de los tiempos.** Él está con nosotros en todo momento. No necesitamos hacer una cita para hablar con él en oración. Si pudiéramos ver todo lo que Jesús hace por nosotros a lo largo del día, quedaríamos asombrados.

Hablamos mucho de Dios sin diferenciar a las tres personas de la Trinidad. Sí, Jesús está en el Padre y el Padre está en Jesús. Para comprender esto, necesitamos entrar en una realidad que trasciende nuestra comprensión. La realidad divina es que Dios es uno en tres personas distintas, que siempre actúan como una sola. En la persona del Padre encontramos a Jesús y en la persona de Jesús hallamos al Padre.

El Padre nos salva mediante la sangre de Jesús. Si Jesús y el Padre fueran la misma persona, Jesús no podría haber dicho: «Nadie viene al Padre sino por mí» (Jn 14:6). El Padre es a quien nos dirigimos, y Jesús es por quien pasamos. El Padre ha puesto todas las cosas en manos de Jesús, incluyendo nuestras vidas, como dice la Escritura: «el Padre de gloria (...) sometió todas las cosas debajo de sus pies, y lo dio por cabeza sobre todas las cosas a la iglesia» (Ef 1:17, 22).

En nuestra lectura del día de hoy, en el capítulo 17 del libro de Juan, vemos la oración sacerdotal de Jesús. En ella, Jesús recibe del Padre lo que este le da, cuando dice: «Padre santo, a los que me has dado, guárdalos en tu nombre» (Jn 17:11). Jesús estará con nosotros porque le pertenecemos, somos suyos: «el que fue llamado siendo libre, esclavo es de Cristo. Por precio fuisteis comprados» (1 Co 7:22-23). La tercera persona de la Trinidad es el Espíritu Santo. Parte de su obra es testificar acerca de Jesús, nuestro Salvador: «Pero cuando venga el Consolador, a quien yo os enviaré del Padre, el Espíritu de verdad, el cual procede del Padre, él dará testimonio acerca de mí» (Jn 15:26).

El Espíritu Santo también nos habla de lo que Jesús y el Padre desean que sepamos: «Aún tengo muchas cosas que deciros, pero ahora no las podéis sobrellevar. Pero cuando venga el Espíritu de verdad (...) tomará de lo mío y os lo hará saber» (Jn 16:12-14). Además, el Espíritu Santo nos guía y nos recuerda las enseñanzas de Jesús: «Pero cuando venga el Espíritu de verdad, él os guiará a toda la verdad» (Jn 16:13) y «Pero el Consolador, el Espíritu Santo, a quien el Padre enviará en mi nombre, él os enseñará todas las cosas y os recordará todo lo que yo os he dicho» (Jn 14:26).

El Espíritu Santo es el representante de Dios en nosotros, y mora en cada persona que ha sido salvada: «El amor de Dios ha sido derramado en nuestros corazones por el Espíritu Santo que nos fue dado» (Rm 5:5). Servimos a un Dios trino, y este Dios nos dice de muchas maneras en las Escrituras: **Yo estoy en tu vida.**

¡**Vida!**. ¡Qué regalo, el de la vida eterna con Dios por siempre y para siempre! ¿Puedes imaginarte la eternidad, ese tiempo sin fin, para siempre con Dios? Hace no tanto tiempo, muchos de nosotros habríamos pensado en algo tan grande y maravilloso como un sueño inalcanzable. Sin embargo, es realidad. Dios Padre envió al Hijo, que abrió el camino para que todos pudiéramos entrar y tener eternidad. Al empezar a contemplarlo, nuestra mente se eleva hacia pensamientos que parecen de otro mundo.

Para muchos en este mundo, atrapados aún en la cautividad del pecado, pensar en la eternidad es un concepto totalmente ajeno. Algunos apenas logran lidiar con los desafíos del día a día, mucho menos considerar la perspectiva de una vida eterna. A algunos ni siquiera les importa el mañana ni la eternidad. Otros están tan ocupados con las cosas de esta vida que no se detienen a pensar en todo esto. Tal vez algunos de nosotros fuimos como ellos en algún momento, pero ahora que Cristo está en nuestras vidas, miramos hacia la eternidad con esperanza, aunque aún no comprendamos plenamente todo lo que ella implica.

Los apóstoles hablan de la esperanza que tenemos, de lo maravillosa que es. Algunos días, esa esperanza es lo único que nos sostiene hasta el día siguiente. Otros días tenemos tanta esperanza que queremos celebrarla. Muchos de los no salvos piensan que tienen vida, pero Jesús dice que están muertos[1] y ni siquiera lo saben. Si no encuentran a Cristo, pasarán de estar muertos en este mundo a estar muertos en el próximo. Nosotros, en cambio, tenemos esperanza, tenemos vida, tenemos al mismo Espíritu de Dios dentro de nosotros.

Tenemos una vida que quienes no son salvos ni siquiera pueden comprender cuando nos oyen hablar de ella. Es como tratar de explicarle a una persona que ha vivido toda su vida en el desierto, con solo el agua justa para beber, cómo es nadar en el océano. De vez en cuando, necesitamos detenernos y hacer un recuento de lo grandioso que es el regalo de la salvación que Dios nos ha dado. Eternidad en el cielo con Dios, sin más muerte, tristeza, dolor ni lágrimas. ¡Por la eternidad con Dios! ¿Puedes imaginarlo? Muchos hablan de una buena vida, pero nosotros, sin importar cuán difíciles sean las cosas en este mundo, ya estamos en la buena vida que será para siempre con Dios.

Vivimos esperando el día en que dejaremos esta tierra para unirnos a Dios en su morada celestial. Recordemos cómo lo expresó el apóstol Pablo: «*Porque para mí el vivir es Cristo y el morir, ganancia. Pero si el vivir en la carne resulta para mí en beneficio de la obra, no sé entonces qué escoger: De ambas cosas estoy puesto en estrecho, teniendo deseo de partir y estar con Cristo, lo cual es muchísimo mejor; pero quedar en la carne es más necesario por causa de vosotros*» (Flp 1:21-24).

La idea de ir a estar con Cristo era algo grandioso y gozoso para Pablo, pero el pensar en quedarse aquí un poco más para servir a su Señor y ser una bendición para nosotros era aún más glorioso. Esta debe ser nuestra mentalidad: servir cada día que se nos concede aquí, hasta que llegue el día que el Padre ha señalado para que vayamos a él. Servir a la Iglesia, que es el pueblo de Dios, y al mundo que no le conoce, debe ser nuestra meta todos los días. El día de nuestra partida es asunto de Dios, y no debemos preocuparnos por él, sino ocuparnos de lo cotidiano y de lo que el Señor nos ha encomendado hacer. Nuestra vida, nuestra esperanza, nuestra eternidad son todos grandes consideraciones, pero cómo servimos hoy debería ser aún más significativo.

Cristo nos ha llamado a servir a otros, tal como él nos ha servido. En nuestra lectura del día de hoy en el capítulo 18 del libro de Juan, escuchamos a Jesús decirle a Pilato: «*Mi reino no es de este mundo (...). Tú dices que yo soy rey. Yo para esto he nacido y para esto he venido al mundo: para dar testimonio de la verdad*» (Jn 18:36-37).

Jesús nació con este propósito, para traernos la verdad, para que por medio de él y solo por él, podamos recibir vida, vida eterna. De esta manera nos sirvió a nosotros. ¿Cómo te está llamando él a servir a otros dentro y fuera de la Iglesia? Dios te ha bendecido, ¿puedes ser de bendición para los demás? Esta Navidad puede ser un buen momento para hacerte esa pregunta, para que, si encuentras ese lugar para servir, esa actitud de servicio siga hasta el año que viene.

---

1   Jn 5:24-25.

Todos tienen tiempo para encontrar a Dios y ser salvos.[1] Habrá quienes se nieguen, pero todos tienen tiempo. Tenemos un Dios maravilloso que nos encontró cuando estábamos en pecado y nos dio un camino para que seamos perdonados. Dios es un Dios amoroso, más de lo que podremos saber hasta que lleguemos al cielo. Si Cristo es el novio, entonces nosotros somos la novia comprometida para casarse con él. Al igual que una mujer comprometida con el hombre más maravilloso a sus ojos, así debemos ver a Jesús, como la persona más maravillosa en nuestras vidas.

Recibimos cosas grandiosas ahora, pero esperen hasta que estemos casados con él, ¡qué vida nos espera después! Este pensamiento es el que nos mantiene enfocados en la vida que vivimos para él aquí y ahora, al servicio de nuestro Rey, nuestro prometido. Piensa en una vida eterna con Jesús como nuestro esposo, que se ocupará de todas nuestras necesidades y deseos.[2]

Sabemos lo que Pablo nos enseña a los esposos cristianos sobre cómo debemos amar a nuestras esposas; esto es lo que Jesús hará por nosotros y lo hará a la perfección. El tiempo puede parecer eterno o desaparecer antes de que nos demos cuenta. Si hay cosas que preparar para el novio, no las dejes pasar, el tiempo pasará rápido y él estará aquí. Cinco de las diez vírgenes hicieron esto y se quedaron afuera: «*Las insensatas, tomando sus lámparas, no tomaron consigo aceite (...). Y a la medianoche se oyó un clamor: "¡Aquí viene el novio, salid a recibirlo!". (...) Y las insensatas dijeron a las prudentes: "Dadnos de vuestro aceite, porque nuestras lámparas se apagan". Pero las prudentes respondieron diciendo: "Para que no nos falte a nosotras y a vosotras, id más bien a los que venden y comprad para vosotras mismas". Pero mientras ellas iban a comprar, llegó el novio; y las que estaban preparadas entraron con él a la boda, y se cerró la puerta. Después llegaron también las otras vírgenes, diciendo: "¡Señor, señor, ábrenos!". Pero él, respondiendo, dijo: "De cierto os digo que no os conozco"*» (Mt 25:3, 6, 8-12).

¿Está tu lámpara encendida y tu recipiente lleno? Nuestra vida se torna tan ocupada que a veces olvidamos revisar nuestro recipiente. Los que somos salvos tenemos que hacer una evaluación espiritual de vez en cuando. No podemos dejar todo en manos del pastor y de los líderes de la iglesia; debemos asumir esta responsabilidad personalmente. Si el novio llega y no se nos permite entrar, no podremos señalar a otros diciendo que es su culpa. Esperamos el tiempo por siempre, y luego, en un abrir y cerrar de ojos, se ha ido. No dejes que el tiempo te consuma.

Jesús habló del hoy y del mañana: «*Así que no os angustiéis por el día de mañana, porque el día de mañana traerá su propia preocupación. Basta a cada día su propio mal*» (Mt 6:34). Tal vez no habías pensado en este versículo de esta manera antes. Parte de nuestra preocupación de hoy, y de cada día, es asegurarnos de que nuestro recipiente esté lleno y no dejarlo para mañana. Con mucha facilidad nos convertimos en víctimas del tiempo; no dejes que se escape sin revisar tu condición espiritual. Acércate a Dios y el tiempo no te vencerá. No es difícil, te recuerdo este pasaje: «*Acercaos a Dios, y él se acercará a vosotros*» (St 4:8).

Pensemos en que cuando lleguemos al cielo, el tiempo no existirá. Hay un beneficio en hacer el esfuerzo de acercarse a Dios; una vez que llegamos a cierto punto, nuestro deseo será acercarnos más y más. Cuando encontramos ese lugar, no será difícil mantener lleno nuestro recipiente. El hambre puede ser algo doloroso o algo gozoso; cuando tenemos hambre de Dios, es gozoso, y cuanto más nos acercamos, más gozoso se vuelve. Tal vez hayas leído hoy Malaquías y visto esto al comienzo del capítulo 3: «*Yo envío mi mensajero para que prepare el camino delante de mí. Y vendrá súbitamente a su templo el Señor a quien vosotros buscáis; y el ángel del pacto, a quien deseáis vosotros, ya viene", ha dicho Jehová de los ejércitos*» (Ml 3:1).

La palabra **súbitamente** aquí puede aplicarse tanto a la primera venida de Cristo como a la segunda. Sin duda, él vino cuando Israel no lo esperaba, y la segunda vez podría ser igual: «*Por tanto, también vosotros estad preparados, porque el Hijo del hombre vendrá a la hora que no pensáis*» (Mt 24:44). Hoy, en nuestra lectura del libro de Juan, Jesús dice: «*¡Consumado es!*» (Jn 19:30). **Todos sabemos lo que se avecina: no dejes que el tiempo te atrape.**

---

1   Hch 17:27.
2   Lc 12:37.

Ahora es el momento de una gran celebración, de recordar el acto redentor de Dios que vino como un pequeño y humilde regalo. El niño Jesús, que creció hasta hacerse hombre y murió en una cruenta cruz para que pudiéramos ser perdonados. Este es un tema que necesitamos recordar, pues nos dará gran motivo de regocijo durante toda esta temporada. Hace mucho tiempo, aquel bebé en el pesebre, cuya llegada pasó desapercibida para muchos a su alrededor, vino al mundo.

Los pastores fueron los primeros en adorar a aquel de quien habían escuchado por medio de los ángeles que se les aparecieron en el cielo. Nosotros, que somos salvos por esa gracia amorosa que se manifestó en un niño enviado por Dios, seguimos adorándole. ¡Qué maravilloso es que se nos haya dado a un inocente bebé que vino de Dios para llevar sobre sí los pecados de todo el mundo! Hace poco terminamos de leer en el Evangelio de Juan sobre el juicio y la crucifixión de Jesús, todo lo que sufrió para traernos salvación y limpiarnos de nuestros pecados.

Es probable que una lágrima se nos escape cuando pensamos en este tierno y hermoso bebé que tuvo un final tan horrendo. Todo esto lo hizo por amor, primero por amor al Padre, al someterse a su voluntad en el jardín de Getsemaní, y segundo por amor a nosotros, por quienes murió para pagar por nuestros pecados. ¿Cómo se puede envolver un regalo así? ¿Podría caber bajo el árbol? ¿Es mucho más grande que cualquier cosa que se pueda ofrecer? Muchos regalos de Navidad aún están por abrirse, pero este regalo ya ha sido abierto, y todos hemos recibido de él. De alguna manera, en nuestra costumbre de dar regalos en Navidad, se refleja el evangelio.

Durante muchos días, quizás incluso semanas, esperamos con ansias el día en que podamos abrir el misterioso paquete navideño bajo el árbol y descubrir qué hay dentro. El apóstol Pablo habla del misterio de Dios, ese que la humanidad siempre quiso descubrir para saber lo que contenía: «*Y al que puede fortaleceros según mi evangelio y la predicación de Jesucristo, según la revelación del misterio que se ha mantenido oculto desde tiempos eternos, pero se ha manifestado ahora, y que por las Escrituras de los profetas, según el mandamiento del Dios eterno, se ha dado a conocer a todas las naciones para que obedezcan a la fe*» (Rm 16:25-26).

¡Qué regalo, qué misterio, qué bendición! Este regalo no solo nos trajo el perdón de nuestros pecados, no solo nos dio la salvación, sino que nos otorgó el derecho de estar en el cielo con el Padre, con el Hijo y con el Espíritu Santo por toda la eternidad. ¿Hay algún otro regalo igual de valioso? Podríamos mirar los regalos bajo el árbol y preguntarnos qué son, pero ya hemos recibido el regalo más valioso. ¿Qué pasaría si cada vez que miras uno de esos regalos bajo el árbol, pensaras en Jesús? ¿Traería esto regocijo y gratitud a tu corazón? La Navidad es un tiempo para recordar.

Hoy leemos los dos últimos capítulos del libro de Juan, y es como abrir el regalo del Padre. Es la prueba de la vida después de la muerte. Es el poder de la promesa para todos nosotros. Al final de los tiempos, nuestras tumbas estarán vacías, nuestros cuerpos resucitarán de entre los muertos. Esta es la primera vez que alguien pudo recibir el regalo de la salvación, fue el primer momento después de que Jesús murió en la cruz y pagó por nuestros pecados. En esa ocasión, Jesús se apareció a los discípulos y les dijo: «*"¡Paz a vosotros! Como me envió el Padre, así también yo os envío". Y al decir esto, sopló y les dijo: "Recibid el Espíritu Santo"*» (Jn 20:21-22). Jesús sopló sobre ellos, ¡qué acto tan maravilloso realizó! Tal vez te preguntes por qué lo hizo. La respuesta es esta: «*Entonces Jehová Dios formó al hombre del polvo de la tierra, sopló en su nariz aliento de vida y fue el hombre un ser viviente*» (Gn 2:7).

Jesús dijo que antes de ser salvos, aunque vivimos, estamos muertos, no somos más que polvo. Dios sopló en Adán, y él cobró vida. Jesús sopló sobre sus discípulos, y ellos cobraron vida espiritual en el nuevo nacimiento. También les dijo: «**Recibid el Espíritu Santo**». Pablo nos dice: *«habéis recibido el Espíritu de adopción, por el cual clamamos: "¡Abba, Padre!". El Espíritu mismo da testimonio a nuestro espíritu, de que somos hijos de Dios*» (Rm 8:15-16). Disfruta del mayor regalo que cualquier Padre podría haber dado a sus hijos.

Hoy, en nuestro plan de lectura, comenzamos a leer acerca de la venida de Cristo a la tierra para traer la salvación a la humanidad de parte de Dios. Quiero que estos pasajes nos recuerden el verdadero significado de la Navidad. En muchos países, la industria comercial nos recuerda por medio de anuncios, eslóganes e incluso canciones, que debemos comprar lo mejor para nuestros seres queridos, sin importar el costo.

Aunque se menciona el amor como motivación, este se desvanece y es reemplazado por la idea de que el verdadero valor radica en lo que compramos para otros. El mensaje que se nos presenta es que, sin importar el precio, lo importante es dar el regalo perfecto, desplazando el verdadero significado del amor con una simple cuestión de apariencia. Pero Dios no se equivoca en esto; él dio lo mejor que tenía, sin importar el costo, a un pueblo indigno, movido completamente por la fuerza de su amor.

Al entrar en esta temporada de celebración de lo que Dios ha hecho por nosotros, como cristianos, debemos proteger y mantener viva la fuerza del amor que Dios nos ha dado para amar como él ama. Esta temporada no se trata de recibir o de dar el regalo perfecto; se trata del amor y de entregar ese amor en todo lo que damos durante esta época. Debemos mantener este amor, por mucho que el mundo se nos oponga y nos tiente a dar por motivos equivocados.

Durante esta época, debemos celebrar el amor que se nos dio en nuestro Salvador, Jesucristo, y ofrecérnoslo unos a otros, tal como Jesús ordenó: «*Un mandamiento nuevo os doy: Que os améis unos a otros; como yo os he amado, que también os améis unos a otros*» (Jn 13:34). En estos cuatro días previos a la Navidad, centraré mis comentarios en lo que las Escrituras nos enseñan acerca de nuestro Salvador que vino a nosotros. En los próximos días, permite que el amor de Dios penetre en tu corazón para que seas de bendición para los demás, y al hacerlo, descubras que tú mismo eres bendecido. Recordemos lo que otros han dicho: **Jesús es la razón de la celebración.**

Desde el principio de los tiempos, en el plano espiritual se sabía que Dios enviaría un salvador a un pueblo perdido.[1] Somos los beneficiarios de ese plan de salvación y de ese salvador. Cuando él vino, los suyos no le conocieron.[2] Durante siglos, los profetas hablaron de su venida, pero el pueblo no lo comprendió.

Fue profetizado con mucha precisión, pero la humanidad no lo percibió. No se reconoció la sencillez con la que Dios trajo a ese salvador al mundo. Sí, fue milagroso, ya que hubo un nacimiento virginal, pero ¿quiénes lo sabían en aquel entonces, aparte de unos pocos? Para los de fuera, parecía un nacimiento pecaminoso. ¿Qué podría haber de santo en ello? Aunque José se casó con María, cualquiera con un poco de sentido sabía que ella estaba embarazada antes de que se casaran. Sin duda, la evidencia de la verdad no estaba en aquella situación.

La evidencia estaba en las Escrituras y en las profecías. Había muchas creencias y muchas opiniones; muchos creían que el Cristo vendría de la ciudad de David, Belén, pero Jesús era de Nazaret. También estaban aquellos que pensaban que nadie sabría de dónde vendría.[3] Parece haber existido una creencia de que el Cristo no tendría principio ni fin conocido, como lo argumenta el autor de Hebreos, quien habla de que Cristo pertenecía al orden de Melquisedec[4]: «*Este Melquisedec, (...) sin padre, sin madre, sin genealogía; que ni tiene principio de días, ni fin de vida*» (Hb 7:1, 3a).

Isaías 9:6 profetiza que el Salvador sería un recién nacido, pero parece que muchos no conocían esta profecía ni la aplicaban al Cristo. Había muchas teorías diferentes sobre cómo vendría el Cristo. Jesús lee Isaías 61:1-2 y declara que este pasaje se estaba cumpliendo mientras lo oían, pero su audiencia no estaba dispuesta a aceptar que se hablaba de él. La mayoría de los judíos no estaban preparados para aceptar que Jesús era el Salvador que Dios envió. Sin embargo, había algunos, como Simeón, de quien leemos hoy en el capítulo 2 de Lucas, que estaba en el templo y, por el Espíritu, reconoció que aquel infante en los brazos de su madre y de su supuesto padre, era el Salvador que Dios había enviado.

Aunque la Palabra de Dios ha hablado desde el principio sobre la venida del Cristo como el Salvador del mundo, aún hoy hay quienes no creen. Podemos estar agradecidos de que lo hemos encontrado, de que él nos salvó y nos ha prometido un lugar en el cielo junto con él. En esta época de Navidad, recordemos quién es él y lo que nos ha traído.

Este Melquisedec, (...) nada se sabe de su padre ni de su madre ni de sus antepasados; ni tampoco del principio y fin de su vida

---

1   Rm 16:25.
2   Jn 1:11; 1 Jn 3:1.
3   Jn 7:25-27.
4   Sal 110:4.

En todos los reinos de la tierra, no hay nadie como Jesús. Su aparición en la tierra, profetizada mucho tiempo antes, pasó desapercibida para la mayoría. Su venida había sido anunciada desde tiempos antiguos. Él vino con un poder que nadie más poseía. Ninguna persona en toda la creación había vivido una vida sin pecado. Sin embargo, el mundo no tenía excusa para no reconocerlo.

En muchísimas ocasiones en el Antiguo Testamento se habla del Cristo, aunque no se menciona su nombre. Se nos dice en algunos pasajes que será llamado Admirable, Consejero, Dios Fuerte, Padre Eterno, Príncipe de Paz. En otro lugar, se lo llama Emanuel, que significa **Dios con nosotros**. El nombre específico de **Jesús**, que se les reveló tanto a María como a José, quiere decir **Ayuda de Jehová**. Moisés y el rey David hablaron acerca de él.

Isaías, Jeremías, Ezequiel, Daniel, Zacarías, Malaquías, todos hablan de **aquel** que habría de venir. Malaquías fue el último profeta en Israel, aproximadamente en la época del retorno de los judíos de Babilonia. Pasaron más de 400 años desde Malaquías hasta la venida de Cristo, un tiempo en el que había oportunidad para reconocerlo. Jesús había sido anunciado desde el principio de los tiempos; era el misterio de Dios, y nadie sabía cuándo sería el momento. Se había dicho: *«Porque un niño nos ha nacido, hijo nos ha sido dado, y el principado sobre su hombro»* (Is 9:6) y *«Por tanto, el Señor mismo os dará señal: la virgen concebirá y dará a luz un hijo»* (Is 7:14).

El Salvador, el Cristo, había sido enviado desde tiempos inmemoriales a un pueblo perdido, a aquellos que estaban atrapados en su pecado, prohibidos de acercarse a Dios a causa de esa separación. Un verdadero salvador, lo que toda la humanidad necesitaba, un redentor que pudiera salvar al pueblo por su propia obra y lo que él haría. Él vino para sanar a los quebrantados de corazón, para liberar a los cautivos de su prisión, para dar libertad a aquellos que estaban en esclavitud. Sí, el mundo necesitaba a este salvador; él vino por todos, vino por ti, vino por mí, vino por todo aquel que le aceptara como Señor.

Es en esta época del año que celebramos la venida de Cristo como ese salvador. Que tu celebración sea plena, recuerda en las Escrituras todo lo que se nos ha dicho sobre su venida y sobre las maravillas que haría. Todos los que una vez estuvimos muertos, ahora tenemos vida gracias a su venida. **¡Celebremos con gozo!**

Hemos sido bendecidos, hemos recibido, hemos sido adoptados en la familia de Dios. Ninguno de nosotros lo merece, ninguno lo ha ganado; realmente es el gran regalo de Dios. Hoy es un día especial en el que celebramos el grandioso regalo que Dios ha dado a la humanidad. Desde tiempos antiguos se profetizó que vendría al mundo el remedio para lo que aquejaba a todos los pueblos. «*El pueblo que andaba en tinieblas vio gran luz; a los que moraban en tierra de sombra de muerte, luz resplandeció sobre ellos*» (Is 9:2).

Hemos recibido mucho de parte de Dios; el salvador fue prometido desde hace mucho tiempo. En nuestra lectura del día de hoy, hemos visto algo de lo que el profeta Isaías escribió durante el tiempo de los últimos reyes, antes de la deportación de Judá a Babilonia. Así de antiguo es el anuncio de Jesús, el Mesías (el Cristo). Incluso antes de Isaías, hubo otros que hablaron del rey venidero que reinaría para siempre. Moisés mismo dijo: «*Un profeta como yo*» (Dt 18:15).

Desde el principio, hubo un redentor que estaba en camino con la gran bendición de Dios. Isaías nos dice que vendría, pero pocos lo notarían. Aunque sería el Hijo de Dios, sería maltratado por la humanidad. Se nos dice que todos los defectos de la humanidad serían puestos sobre él, llevaría nuestros pecados hasta la cruz, donde pagaría por todos ellos. Fue apartado de la vida en esta tierra por las transgresiones del pueblo, por las transgresiones de cada uno de nosotros. No dijo nada, aunque pudo haberse librado del camino hacia la cruz en cualquier momento.

Muchos han dicho que fue culpa de los romanos y de los judíos que Jesús terminó en la cruz, pero Isaías deja muy claro que fue Dios quien lo entregó para hacer de él una ofrenda por nuestra culpa. Es por la obra de Jesús que somos considerados justos. El último versículo del capítulo 53 de Isaías dice: «*Habiendo él llevado el pecado de muchos y orado por los transgresores*» (Is 53:12). Él cargó con mis pecados y ora por mí, un transgresor. Él cargó con tus pecados y ora por ti, un transgresor. Esta es la esperanza que tenemos, una esperanza que se había anunciado desde hace muchos años, y por esta esperanza ahora hemos recibido la vida eterna. Hoy es el día en que celebramos la llegada de esa esperanza prometida durante mucho tiempo y que nos trajo la eternidad. Sí, por esto debemos celebrar y estar agradecidos.

La vida que vivimos se encuentra ante los ojos de Dios. No hay nada que él no vea, nada que no sepa de cada uno de nosotros. Podemos intentar ocultar algunos aspectos de nuestra vida o podemos entregárselo todo y permitirle entrar en lo que somos. Él nos ha conocido desde el principio de los tiempos. Recordemos las palabras del rey David, que era profeta y un hombre conforme al corazón de Dios: «*No fue encubierto de ti mi cuerpo, aunque en oculto fui formado y entretejido en lo más profundo de la tierra. Mi embrión vieron tus ojos, y en tu libro estaban escritas todas aquellas cosas que fueron luego formadas, sin faltar ni una de ellas*» (Sal 139:15-16).

El apóstol Pablo nos dice: «*Bendito sea el Dios y Padre de nuestro Señor Jesucristo, que nos bendijo con toda bendición spiritual en los lugares celestiales en Cristo, según nos escogió en él antes de la fundación del mundo*» (Ef 1:3-4). No nos damos cuenta de lo mucho que valemos cada uno para Dios y, por ende, del lugar que ocupamos en su corazón. Quienes nos volvemos a él para salvación nos convertimos de alguna manera en parte de él. No me pidas que lo explique; no puedo. De eso se trata la fe: creer en algo que no podemos explicar. Las Escrituras afirman: «*Todo aquel que confiese que Jesús es el Hijo de Dios, Dios permanece en él y él en Dios*» (1 Jn 4:15).

También se nos dice: «*Juntamente con él nos resucitó, y asimismo nos hizo sentar en los lugares celestiales con Cristo Jesús*» (Ef 2:6). Dios nos conoce más de lo que nosotros mismos nos conocemos. No hay nada que él no vea ni nada que él no sepa. Nuestro mayor logro sería entregarnos completamente a Dios. En nuestra lectura del día de hoy, en el salmo 8, reflexionamos sobre la grandeza de Dios. Hay versículos que hablan de Cristo, pero algunos versículos también se refieren a la humanidad: «*Cuando veo tus cielos, obra de tus dedos, la luna y las estrellas que tú formaste, digo: "¿Qué es el hombre para que tengas de él memoria, y el hijo del hombre para que lo visites?"*» (Sal 8:3-4).

Al contemplar algunas de las imágenes del universo captadas por nuestros telescopios, me pregunto: **¿Cómo podría Dios darse cuenta de que estoy aquí?**. Sin embargo, él lo hace; incluso conoce a cada uno de los que hemos acudido a él, ha contado cada uno de nuestros cabellos. El salmo 23, que hemos leído, habla sobre confiar en Dios. Aun cuando preguntemos **¿Cómo puedes tener memoria de mí?**, como lo hizo David en el salmo 8, nuestra lectura del día de hoy en el capítulo 6 del libro de Mateo nos asegura que él lo hace: «*Pero tú, cuando ores, entra en tu cuarto, cierra la puerta y ora a tu Padre que está en secreto; y tu Padre, que ve en lo secreto, te recompensará en público. (...) porque vuestro Padre sabe de qué cosas tenéis necesidad antes que vosotros le pidáis*» (Mt 6:6, 8).

Debemos pedir, pero él ya conoce nuestras necesidades antes de que lo hagamos. ¡Increíble! Sí, él está atento a nosotros y su mirada está sobre cada uno de nosotros. Al acercarnos a un nuevo año, recuerda que Dios te conoce, te cuidará, escuchará tus oraciones y atenderá tus necesidades.

Este es el día al que hemos llegado. Ayer no conocíamos plenamente lo que ocurría hoy y hoy no conocemos plenamente lo que ocurrirá mañana. Solo hay uno que sabe lo que ocurrirá mañana, pasado mañana, el día posterior a ese y así sucesivamente. Para él, todo el tiempo es ahora, un concepto que ni siquiera podemos comprender.

Por eso necesitamos a Dios en nuestra vida. ¡Cuán perdidos estábamos sin él, cuán extraviados antes de conocerlo! Incluso algunas cosas que pensábamos que eran buenas resultaron ser malas, y parte de lo que considerábamos malo era en realidad bueno. ¡Qué poco sabíamos! Incluso ahora, que Dios ha abierto nuestros ojos a la verdad, todavía queda mucho por conocer. Dios trata de hablarnos y envía su palabra por medio de los profetas; algunas cosas las entendemos, mientras otras aún nos dejan rascándonos la cabeza.

El rey David era considerado un profeta. Sus salmos están llenos de profecías y del conocimiento de Dios. Dios intenta alcanzarnos, intenta hablarnos de cosas, pero a veces no lo entendemos. Dios nos quiere revelar cosas celestiales, cosas eternas. Yo creo que tres son uno y uno es tres, pero no me pidas que lo explique o cómo es que no hay pasado ni presente ni futuro; todo es **ahora** para Dios. En este punto, debo volver a decir que debemos tener fe, porque no podemos conocer estas cosas de ninguna otra manera. Dios trata de explicárnoslo, y parte de ello lo comprendemos.

Hemos entendido lo suficiente, y con el Espíritu Santo que habla a nuestros corazones, hemos encontrado la salvación. A partir de allí, todo es un ascenso, hasta que un día lleguemos al cielo para estar con nuestro Señor. Dios nos ama, nos busca y trata de ayudarnos a entender. A medida que llegamos a conocer más lo que Dios nos quiere revelar, acabamos regocijándonos por lo que hemos descubierto. David comienza de esta manera en el salmo 33, con alabanza: «*Aclamad a Jehová con arpa; cantadle con salterio y decacordio. Cantadle cántico nuevo; ¡hacedlo bien, tañendo con júbilo!*» (Sal 33:2-3).

En los versículos 4 y 5 se nos dice el motivo de alabanza de David: es por el carácter de Dios y por lo que hace. Hay un versículo interesante en este pasaje, que muestra cómo las tres personas de la Trinidad participaron en la creación: «*Por la palabra de Jehová fueron hechos los cielos; y todo el ejército de ellos, por el aliento de su boca*» (Sal 33:6). Aquí se menciona la «***palabra de Jehová***», a quien conocemos desde el principio del Evangelio de Juan como Cristo. También se habla del «***aliento de su boca***». La palabra hebrea para *aliento* significa espíritu, soplo, viento. [Nota: Es similar a la palabra griega que aparece en el Nuevo Testamento]. Al mirar el versículo de esta manera, vemos que el Padre es el que habla, el Espíritu es su aliento que impulsa a la Palabra creadora, que es Jesús.[1]

Fue la acción conjunta de la Trinidad la que creó todas las cosas: «*Porque él dijo, y fue hecho; él mandó, y existió*» (Sal 33:9). Al igual que David, cuanto más sabemos acerca de Dios, más lo alabamos. En el salmo 34, David continúa hablando de Dios y le alaba por todo lo que hace y por todo lo que es. El salmo 145 es un salmo de alabanza. ¿Es tu corazón conforme al corazón de Dios? ¿Alaban tu corazón y tu boca? Ahora es un buen momento para reflexionar sobre el año que ha pasado y ver cuántas cosas maravillosas ha hecho Dios en tu vida.

---

1   Col 1:16.

El camino del Señor es bueno. Esto puede interpretarse de muchas maneras, pero para nosotros significa seguir sus caminos conforme a su dirección, la cual sabemos que es buena. Sin importar lo que suceda en esta vida, tenemos la certeza de que, al final, estaremos en el cielo, y eso será maravilloso. Por ahora, continuamos en este mundo, siguiendo los pasos de Jesús que, como él mismo nos advirtió, a veces nos pueden llevar a enfrentar persecuciones.

Algo positivo, incluso en medio de estas pruebas, es saber que ningún enemigo nos vencerá, ya sean las personas de este mundo que nos odian por llevar el nombre de Cristo en nuestras vidas o los enemigos de las fuerzas demoníacas de Satanás. Sin el Señor en nuestra vida, aunque todo pareciera ir bien en este mundo, acabaríamos en desgracia en la vida venidera. El camino del Señor es bueno; él nunca nos lleva por sendas equivocadas, sino únicamente por aquellas que nos conducen a un lugar mejor.

El pecado ha invadido la vida, ha contaminado este mundo en el que vivimos. Pero Jesús ha provisto una vía de escape para aquellos que la aceptan. Quienes recibimos a Cristo, hemos encontrado el perdón de nuestros pecados y nos hemos liberado del poder que el pecado tenía sobre nosotros. Al recordar cómo era nuestra vida antes de nuestra salvación, podemos ver que esta nueva vida realmente es buena.

Hoy, en el capítulo 15 del evangelio de Lucas, leemos sobre el hijo pródigo. Algunos podrían pensar que no han sido como el hijo pródigo porque nunca se alejaron de Dios para luego volver a él. Pero todos, en algún momento, nos hemos apartado de Dios. Desde el principio, Dios llamó a aquellos que estaban en el jardín del Edén: «*Luego oyeron la voz de Jehová Dios que se paseaba por el huerto, al aire del día; (...) Jehová Dios llamó al hombre, y le preguntó: "¿Dónde estás?"*» (Gn 3:8-9).

Dios ha deseado estar con la humanidad desde el principio. Al comienzo, el ser humano estaba en comunión íntima con Dios, hasta que el pecado entró en el mundo; desde entonces, todos hemos sido como hijos pródigos hasta que regresamos a él. Algo maravilloso que también vemos en Lucas es que, si nos desviamos, él vendrá a buscarnos como una oveja perdida hasta encontrarnos. Y cuando nos encuentre, podríamos rechazarlo y decir: **No me toques**, pero ¿no preferiríamos que él que nos recogiera, nos acariciara y nos dijera cuánto nos ha echado de menos, para luego colocarnos en sus hombros y llevarnos de regreso al redil? Desde el principio, Dios no ha dejado de llamarnos, diciendo: «**¿Dónde estás?**», incluso hoy, cuando alguno de los suyos se aparta un poco del camino. Él siempre nos desea a su lado. Tal vez ha llegado el momento de acercarnos al Buen Pastor y de descansar un rato en su presencia.

¿Cómo podría seguir adelante sin Cristo?. ¿Alguna vez te has hecho esa pregunta? ¿Has pensado eso en tu corazón? ¿Consideras el valor de tener a Cristo en tu vida? Estas son preguntas que todos deberíamos plantearnos. Si nos las hacemos, nos ayudarán a comprender el fundamento que tenemos en él. Él guía nuestro camino y hace que cada paso que damos en la fe sea firme. Me siento agradecido por todas las palabras del rey David; muchas veces vemos que él se encontraba en la misma situación que nosotros nos encontramos en ocasiones. También nos dice muchas cosas acerca de Dios que nos sirven de ayuda.

Hoy leemos algunas de sus palabras. David le dijo a Dios: «*Tú has conocido mi sentarme y mi levantarme. Has entendido desde lejos mis pensamientos. Has escudriñado mi andar y mi reposo, y todos mis caminos te son conocidos (...). Detrás y delante me rodeaste, y sobre mí pusiste tu mano. (...) ¿A dónde me iré de tu espíritu? ¿Y a dónde huiré de tu presencia? Si subiera a los cielos, allí estás tú; y si en el seol hiciera mi estrado, allí tú estás. Si tomara las alas del alba y habitara en el extremo del mar, aun allí me guiará tu mano y me asirá tu diestra*» (Sal 139:2-3, 5, 7-10).

Esta es la protección que Dios nos ofrece. ¿Cuántos de nosotros podríamos expresar nuestra experiencia con las mismas palabras que David? Debemos conocer personalmente y con entendimiento el fundamento que tenemos en Cristo. Él es el amor que nos sostiene y es la roca firme que jamás se mueve.

Jesús nos enseñó al respecto: «*Semejante es al hombre que, al edificar una casa, cavó y ahondó y puso el fundamento sobre la roca; y cuando vino una inundación, el río dio con ímpetu contra aquella casa, pero no la pudo mover porque estaba fundada sobre la roca*» (Lc 6:48).

A pesar de todas las cosas a las que podríamos aferrarnos en el mundo para obtener seguridad, Cristo es lo único realmente firme que nunca cambia: «*Jesucristo es el mismo ayer, hoy y por los siglos*» (Hb 13:8) y «*"Yo soy el Alfa y la Omega, principio y fin", dice el Señor, el que es y que era y que ha de venir, el Todopoderoso*» (Ap 1:8).

¿Cómo podríamos equivocarnos al poner nuestra confianza en Cristo? Él es el fundamento sólido; él es el que debemos tener. Sin él, la vida no sería vida. Acabamos de leer hoy en el Evangelio de Juan lo que Jesús dijo acerca de sí mismo: «*Yo soy el camino, la verdad y la vida; nadie viene al Padre sino por mí*» (Jn 14:6). Si no lo tenemos a él, sin duda no tenemos vida. La vida se encuentra en él y solo en él. Ahora, dime, ¿podrías seguir adelante sin Cristo?

Tú eres el amor de mi vida. ¿Sabes que eso es lo que Jesús te dice a ti? Primero, consideremos este mensaje en su sentido más amplio. ¿Qué es lo que todos sabemos que sucederá al final de los tiempos, después del juicio? ¿Acaso no son las bodas del Cordero? ¿Y con quién se casará? Con la Iglesia, que somos todos nosotros, la Iglesia es su novia. Y, ¿cómo se siente un hombre por su prometida? ¿No está profundamente enamorado de ella? Dios usa términos que podemos entender para hablar de sí mismo. Entonces, ¿puedes imaginar cuánto ama Jesús a su Iglesia?

Ahora, vamos a llevar esta reflexión a un nivel más personal, hasta llegar a ti y a mí. ¿Cuánto te ama Jesús a ti como individuo? Dice la Escritura: «*¿Qué hombre de vosotros, si tiene cien ovejas y se le pierde una de ellas, no deja las noventa y nueve en el desierto y va tras la que se perdió, hasta encontrarla? Cuando la encuentra, la pone sobre sus hombros gozoso*» (Lc 15:4-5).

Estas palabras hablan de nuestra salvación. Pero ¿qué nos hace pensar que nos amará menos después de habernos salvado? Los reyes terrenales no suelen tener una relación personal con cada uno de sus súbditos; seguramente, el rey David no tuvo una relación cercana con cada persona de su reino. Sin embargo, Jesús sí la tiene. Él nos ofrece una salvación personal a cada uno de nosotros. No somos salvados en grupo, sino de manera individual. Y Jesús desea tener una relación personal con cada uno de nosotros. ¿Acaso nos encerramos en nuestro lugar de oración con una multitud para pasar tiempo con el Señor?

Hay momentos en los que oramos en grupo. Pero a cada uno se nos dice esto: «*Pero tú, cuando ores, entra en tu cuarto, cierra la puerta y ora a tu Padre que está en secreto; y tu Padre, que ve en lo secreto, te recompensará en público*» (Mt 6:6).

¿Crees que sea diferente cuando pasas tiempo en oración con Jesús? Esto nos habla de una relación muy personal. En nuestra lectura del día de hoy, vemos la oración de Jesús, donde dice: «*Pues le has dado potestad sobre toda carne para que dé vida eterna a todos los que le diste*» (Jn 17:2).

Muchos podrían decir que esta oración era solo para los apóstoles, pero también leemos: «*Pero no ruego solamente por estos, sino también por los que han de creer en mí por la palabra de ellos*» (Jn 17:20). ¿Crees tú gracias a las palabras de los apóstoles que han llegado a ti por medio de la Palabra de Dios? Si tu respuesta es sí, Cristo también está orando por ti. Jesús nos ve como un todo, como su Iglesia, pero también nos mira a cada uno de manera individual, con una relación personal. Jesús piensa en «su novia», en todos y cada uno de nosotros.

Hemos llegado al final de otro año. Como dice el antiguo himno: **Cuenta tus bendiciones uno por uno.** ¿Cuántas bendiciones has recibido en el último año? ¿Puedes contarlas? Todos los que seguimos a Cristo recibimos bendiciones, y si pudiéramos ver desde la perspectiva espiritual, donde está Dios, probablemente quedaríamos asombrados. Nuestra lectura del día de hoy fue breve, pero llena de significado.

Si los caminos y pensamientos de Dios son más elevados y superiores a los nuestros, ¿cuántas más bendiciones nos da Dios de las que siquiera somos conscientes? Esto significaría que nuestro día está lleno de bendiciones, desde que sale el sol hasta que se pone y durante toda la noche también. ¿Podemos comprender la grandeza de nuestro Dios? ¿Podemos entender la magnitud de sus obras? Para conocer sus maravillas, sal una noche y mira las estrellas; no solo las creó a cada una, sino que cada una tiene un nombre diferente.

Nuestro sol permanece en su lugar para que la tierra se mantenga unida a él, girando a la velocidad justa, día tras día, año tras año. Si Dios puede hacer eso, ¿sería demasiado pensar que puede llenar nuestro día con bendiciones de principio a fin? Toda esa idea de que Dios supera nuestro entendimiento, ¿qué lo llena? ¿Qué hay en Dios que trasciende tanto nuestra capacidad de entender? Nos resulta difícil comprender que Dios está al final y al principio al mismo tiempo.

Él está ahora en aquel día en que mi vida en la tierra termine, y también está ahora en el momento de mi nacimiento. ¿Cómo podemos los que vivimos limitados por el tiempo entender a un Dios que trasciende el tiempo, para el que todo es un presente eterno? Así de grandioso es nuestro Dios. Por un lado, me pregunto por qué él querría involucrarse conmigo; pero, por otro, si él ha decidido hacerlo, ¿hay algo que él decida hacer por mí que sea demasiado difícil?

Este es el Dios que tenemos, él ha elegido bendecir a todos los que se le acercan y aceptan a su hijo, Jesucristo, como el salvador de sus almas. Con todo lo que el Padre hizo en el calvario, vemos cuán grande es su amor por nosotros; le importamos más que todas las estrellas que ves en el cielo. Al final, la tierra, las estrellas y los cielos que conocemos serán removidos y dejarán de existir, y habrá una nueva Jerusalén en una tierra nueva, donde moraremos con Dios para siempre. Nosotros existiremos, pero las estrellas no. ¿Crees tú que Dios te ama?

www.ingramcontent.com/pod-product-compliance
Lightning Source LLC
Chambersburg PA
CBHW080817120626
46556CB00010B/3319